Andreas Pečar

Die Ökonomie der Ehre

Symbolische Kommunikation in der Vormoderne

Studien zur Geschichte, Literatur und Kunst

Herausgegeben von
Gerd Althoff, Barbara Stollberg-Rilinger
und Horst Wenzel

Andreas Pečar

Die Ökonomie der Ehre

Der höfische Adel am Kaiserhof Karls VI. (1711–1740)

Wissenschaftliche Buchgesellschaft

Einbandgestaltung: Neil McBeath, Stuttgart.

Die Deutsche Bibliothek verzeichnet diese Publikation
in der Deutschen Nationalbibliografie;
detaillierte bibliografische Daten sind im Internet über
http://dnb.ddb.de abrufbar.

© 2003 by Wissenschaftliche Buchgesellschaft, Darmstadt
Gedruckt auf säurefreiem und alterungsbeständigem Papier
Printed in Germany

Besuchen Sie uns im Internet: www.wbg-darmstadt.de

ISBN 3-534-16725-2

Inhalt

Vorwort VII

I. Einleitung: Der Kaiserhof als politisches Zentrum 1
1. Fragestellung und Forschungsstand 1
2. Die Genese der politischen Figuration „Kaiserhof" 7
3. Der Hof als Interaktionssystem 15

II. Ressourcen 20
1. Die Nähe zum Kaiser: Ämter und Favoriten 22
   a) Hofehrenämter: Kämmerer und Geheimer Rat 25
   b) Amtsträger und Hofgesellschaft 31
   c) Diplomatische Missionen und Führungsämter in den
      Provinzen 41
   d) Führungsämter am Hof contra Favoriten 53
   e) Parteiungen am Kaiserhof 70
2. Soziales Kapital: Protektion, Patronage und Maklerpatronage 92
3. Ökonomisches Kapital: Investitionen und Gewinnchancen . . 103
4. Kulturelles Kapital: Interaktionsfähigkeit und Habitus 126
5. Fazit: Die Reproduktion der Herrschaftselite 138

III. Explizite Normen höfischen Handelns: Das Zeremoniell am
     Kaiserhof 141
1. Deutungskonzepte 141
   a) Das Zeremoniell in der historischen Forschung 141
   b) Das zeremonielle Handeln im Diskurs:
      Die Aporie der Zeremonialwissenschaft 146
2. Das Spektrum zeremoniell geregelter Interaktion 150
   a) Wiederkehrende zeremonielle Abläufe:
      Der „Alltag" am Kaiserhof 151
   b) Der kaiserliche Residenzenwechsel 158
   c) Der Zugang zum Kaiser:
      Kammerordnung und Kleidungsvorschriften 161
   d) Der Festkalender am Kaiserhof – die „Solennitäten" . . . 170
   e) ... und weitere Lustbarkeiten (Bauernhochzeiten und
      Schlittenfahrten) 181

f) Dynastie und Herrschaft: zeremonielle Festlichkeiten
zu besonderen Anlässen 188
3. Zeremonielle Normen und deren Entstehung 196
a) Zeremonialvorschriften am Kaiserhof 196
b) Zur Beratung über zeremonielle Normen:
Die Hofkonferenz 200
4. Zeremoniell und Öffentlichkeit 207
a) Die europäische Fürstengesellschaft 208
b) Die Hofgesellschaft am Kaiserhof 229
c) Der Untertan als Zuschauer? 244
5. Die Funktion des Hofzeremoniells am Kaiserhof – ein Fazit . 249

IV. Selbstdarstellungspraxis von Kaiser und Hofadel 253
1. Die Kaiseridee und ihre Umsetzung in kaiserlichen Repräsentationsbauten 255
2. Die Funktionalität kultureller Repräsentationsbemühungen
des Adels 266
3. Die Bautätigkeit des höfischen Adels 270
4. Der kulturelle Code der höfischen Gesellschaft 292

V. Schlußbetrachtung 297

Anmerkungen 303

Quellen- und Literaturverzeichnis 379
1. Archivalische Quellen 379
2. Gedruckte Quellen und ältere Literatur (bis 1806) 381
3. Literaturverzeichnis 385

Register 421
Personen 421
Orte und Stichwörter 428

Vorwort

Diese Monographie wurde von der Philosophischen Fakultät der Universität zu Köln im Sommersemester 2001 als Dissertation angenommen und für die Drucklegung geringfügig überarbeitet. Für die Ermutigung und Unterstützung, die ich auf dem langen Weg von der Themenwahl bis zur Fertigstellung erfahren durfte, habe ich vielen Personen und Institutionen zu danken.

An erster Stelle gilt der Dank meinem Doktorvater, Prof. Dr. Johannes Kunisch, der das Doktorvorhaben befürwortete und meine Arbeit in jeder Hinsicht gefördert hatte. Ebenso möchte ich Prof. Dr. Christoph Schmidt danken, der das Korreferat übernahm und ebenfalls zahlreiche wichtige Hinweise beisteuerte. Gespräche im Freundeskreis trugen das Ihre dazu bei, mich vor Irrwegen zu bewahren und auf wichtige Fragen aufmerksam zu machen. Hierfür bin ich Jörg Neuheisser, Ulrich Kober und Ingo Gildenhard sehr zu Dank verpflichtet. Ulrich Gotter, Kai Trampedach, Jürgen Luh, Michael Kaiser, Anke John, Katharina Ohly, Sibylle Ohly und André Krischer haben durch Korrekturen am fertigen Manuskript zahlreiche Verbesserungen bewirken können. Auch ihnen sei an dieser Stelle gedankt.

Der „Studienstiftung des deutschen Volkes" habe ich Dank zu sagen für das mir gewährte Promotionsstipendium sowie für die Möglichkeit der Organisation von und Teilnahme an mehreren Forschungskolloquien, in denen das Arbeitsvorhaben kritisch diskutiert werden konnte. Frau Prof. Dr. Stollberg-Rilinger danke ich für die Aufnahme der Doktorarbeit in die Reihe „Symbolische Kommunikation in der Vormoderne" sowie für zahlreiche Anregungen, mit denen sie das Doktorvorhaben begleitete. Und nicht zuletzt möchte ich den vielen Personen danken, die mir in Bibliotheken und Archiven mit Rat und Tat zur Seite standen und damit die Arbeit an den Quellen ermöglichten.

Von meinen Eltern erfuhr ich auf meinem Bildungsweg stets alle nur erdenkliche Unterstützung. Ihnen sei dieses Buch gewidmet.

Berlin, den 1. September 2002   Andreas Pečar

I. Einleitung:
Der Kaiserhof als politisches Zentrum

1. Fragestellung und Forschungsstand

Den besonderen Stellenwert des Kaiserhofes unter den europäischen
Höfen beschreibt Johann Basilius Küchelbecker, der Autor der ›Allerneuesten Nachricht vom römisch-kaiserlichen Hofe‹ aus dem Jahr 1729
folgendermaßen: Zwar fehle es dem Kaiserhof an herausragenden kaiserlichen Repräsentationsbauten wie dem Louvre, Versailles oder Marly,
doch werde man „*seine Augen nicht wenig ergötzen, wenn man um Ihro
Kayserliche Majestät und bey Hofe überhaupt lauter grosse Printzen, Grafen und Herren siehet, welche nicht nur gantz ausserordentliche meriten
haben, sondern auch grosse Länder und vieles Reichthum besitzen, und
dahero mit ihren zahlreichen Train und kostbaren Equipages die Magnificence des Kayserlichen Hofes sehr vermehren*".[1] Wer dagegen den französischen Königshof besuche, so führt Küchelbecker weiter aus, der könne
zwar glanzvolle Bauten bewundern, doch wäre diese Ablenkung der einzige Trost, „*weil die dasigen Marquis und Cavalliers zwar grosse Titul, aber
wenig Ansehen, und Gewalt, und noch weniger Länder und Geld haben,
folglich einen gantz mediocren Aufzug machen*".[2] Es war also vor allem
der zahlreich vertretene ranghohe und mächtige Hofadel am Kaiserhof,
der diesem seinen besonderen Glanz verlieh und ihn von anderen Höfen,
wie etwa dem französischen, unterschied.[3]

Auch in der historischen Forschung sieht man in der Präsenz zahlreicher
hoher Adliger zu Recht ein besonderes Strukturmerkmal des Kaiserhofes.[4] Von dem am Kaiserhof weilenden Adel handelt auch diese Arbeit.
In ihr soll insbesondere den Gründen für die bemerkenswerte Attraktivität nachgespürt werden, die der Kaiserhof für den Hofadel hatte: Was
zog so viele hochrangige Aristokraten nach Wien? Welche Voraussetzungen mußten für die Teilnahme an der kaiserlichen Hofgesellschaft gegeben sein, und welchen Nutzen konnten die Adligen aus ihrer Anwesenheit
am Kaiserhof erhoffen?

Daß der höfischen Interaktion an europäischen Fürstenhöfen eine spezifische Rationalität zugrunde liegen könnte, ist in der Geschichtswissenschaft keine allzu neue Erkenntnis mehr.[5] Insbesondere der Soziologe
Norbert Elias rückte den Hof in seinen beiden Hauptwerken ›Über den

Prozeß der Zivilisation‹ (1936) und ›Die höfische Gesellschaft‹ (1969) in den Mittelpunkt seiner Untersuchungen. In seinem Werk über den Zivilisationsprozeß ging es Elias darum zu zeigen, welche Rolle der Fürstenhof beim Wandel im „Affekthaushalt" des europäischen Adels spielte und welche Bedeutung dieses geänderte Sittenverhalten – dem „psychischen Habitus" (Elias) – auf lange Sicht für den Prozeß der gesellschaftlichen Zivilisierung hatte.[6] Dem Hof wurde damit, ähnlich wie bei anderen soziologischen Prozeßtheorien auch,[7] ein besonderer Platz in einem über mehrere Jahrhunderte ablaufenden Prozeß zugewiesen, mit dessen Hilfe sich die Genese der modernen Gesellschaften erklären lasse. Im Mittelpunkt dieser Arbeit von Elias standen damit noch in erster Linie die nichtintendierten Folgen höfischen Verhaltens, nicht das höfische Verhalten selbst.

Eine andere Perspektive nimmt Elias' 1969 erschienenes Buch über ›Die höfische Gesellschaft‹ ein, das zu großen Teilen bereits Ende der zwanziger Jahre verfaßt wurde. Hier erklärt Elias die spezifische Rationalität des Fürstenhofes mit dem Kontext des 17. Jahrhunderts.[8] Den Hof definierte er als „Figuration", das heißt als gesellschaftliches Beziehungsgeflecht, in dem die Individuen durch eine spezifische Art der „Interdependenz" aneinander gebunden sind.[9] Diese Figuration habe am französischen Königshof unter Ludwig XIV. insbesondere drei unterschiedliche Personen und Personengruppen eng verknüpft: den König, den „Adel" und das aufstrebende „Bürgertum".[10] Der Hof sei das Machtinstrument einer vom Monarchen gezielt zur absolutistischen Herrschaftssicherung verwendeten Strategie gewesen, um mit den Mitteln der Prestigezuteilung im Zeremoniell ein Gleichgewicht zwischen dem „Bürgertum" und dem „Adel" herzustellen, und dem „Adel" mit der Zuteilung von Ehre einen Ausgleich für seine politische Funktionslosigkeit zu ermöglichen.[11]

Elias' machtfunktionalistische Deutung des Hofes von Versailles – zum Zeitpunkt ihrer Entstehung ohne Zweifel ein epochemachender Neuansatz in der Hofforschung – stieß auch in der Geschichtswissenschaft auf große Resonanz und gab den Anstoß für zahlreiche weitere Arbeiten über die barocke Hofhaltung an europäischen Fürstenhöfen.[12] Dabei stellte sich allerdings heraus, daß wesentliche Teile seines Argumentationsgebäudes einer historisch-empirischen Überprüfung nicht standhalten können. So legte Aloys Winterling in seiner Arbeit über den Hof der Kurfürsten zu Köln exemplarisch dar, daß sich das Eliassche Interpretationsmuster keineswegs auf alle Höfe der frühen Neuzeit übertragen läßt.[13] Da in Kurköln ständestaatliche Strukturen bis weit in das 18. Jahrhundert hinein unbeschadet fortbestanden, konnte der kurfürstliche Hof schwerlich ein Mittel der absolutistischen Herrschaftssicherung sein. Wie wenig Elias' Thesen mit der neueren historischen Forschung in Einklang zu bringen sind, hat Jeroen Duindam gezeigt.[14] Als überholt gelten muß insbesondere seine Auffassung vom französischen Königshof als einem kalkulierten Machtinstrument Ludwigs XIV. zur Festigung des Absolutismus. Von einer generellen Entmachtung des Adels kann laut Duindam ebensowenig die Rede sein wie von einer Domestizierung des Adels am Hof. Auch lassen sich die am Hofe widerstreitenden Parteiungen keineswegs in die Rubriken „Adel" und „Bürgertum" einteilen. Der Hof konnte daher auch nicht dazu dienen, zwischen diesen Gruppen ein Machtgleichgewicht herzustellen, um damit den politischen Handlungsspielraum des Königs zu vergrößern.[15]

Für den Kaiserhof in Wien muß eine Revision der machtfunktionalistischen Deutung des Hofes indes noch geleistet werden. Die einzige neuere Monographie über den Kaiserhof von Hubert Christian Ehalt interpretiert den Hof vornehmlich als Element absolutistischer Herrschaftspraktiken.[16] Seine Untersuchung krankt daran, daß er Elias' Thesen, die am Beispiel des französischen Königshofes von Versailles entwickelt wurden, über die Funktion des Hofes als „Mittel zur absolutistischen Herrschaftssicherung des Monarchen" und als „Kompensation für die politische Funktionslosigkeit des Adels" ungeprüft auf die Verhältnisse der Habsburgermonarchie übertrug, ohne die spezifischen politischen Rahmenbedingungen einer genaueren Prüfung zu unterziehen.[17] Eine Analyse der vielfältigen politischen Funktionen des Adels in der Habsburgermonarchie fehlt dagegen vollkommen. Ehalts Schlußfolgerung über die höfische Repräsentation als Schlußpunkt eines allgemeinen Disziplinierungs-, Rationalisierungs- und Zivilisierungsprozesses, dem der Adel unterworfen gewesen sei, und seine These einer einseitigen Abhängigkeit des Adels vom Herrscher verkennt die Besonderheiten der Machtverteilung am kaiserlichen Hof und vermag daher die Spezifika höfischer Repräsentation in Wien nicht schlüssig zu erklären.[18] Eine historische Analyse der politisch-sozialen Funktion, die höfische Repräsentation der Hocharistokratie in Wien hatte, steht daher noch aus.[19]

Unabhängig von der Frage, ob man den Hof machtfunktionalistisch zu deuten versuchte oder diese Deutung verwarf, kreisten alle besprochenen Arbeiten um die Bedeutung der Hofhaltung für den jeweiligen Fürsten. Die Suche nach der höfischen Rationalität wurde implizit als Frage aufgefaßt, ob – und wenn ja in welcher Weise – der Hof ein wirksames Instrument der Fürstenherrschaft darstellte. Wenn im folgenden ebenfalls die höfische Rationalität in den Mittelpunkt gestellt wird, so ist die Perspektive genau entgegengesetzt. Gefragt werden soll nicht nach der Attraktivität des Hofes für den jeweiligen Landesherrn, sondern für den höfischen Adel. Welche Chancen also bot der Gang an den Fürstenhof im adligen Kalkül für den einzelnen oder die Gruppe, so daß sie die Risiken und

Belastungen zumindest im Erfolgsfalle aufwiegen konnten? Wenn man die
These von der bloßen Domestizierung des Adels am Hofe fallenläßt und
den Weg an den Hof nicht als Folge schierer Notwendigkeit, sondern vielmehr als gewählte Entscheidung oder besser als Teil aristokratischer
Lebensstrategie aufzufassen bereit ist, ist diese Frage von geradezu un-
vermeidbarer Konsequenz.

Hat die Hofforschung diese Perspektive bislang eher vernachlässigt, so
liegen dafür in anderen historischen Forschungsfeldern, insbesondere im
Bereich der Adelsforschung, bereits zahlreiche Arbeiten zu Einzelaspek-
ten vor, auf die sich diese Untersuchung stützen kann. Dies betrifft die
ökonomische Grundlage adliger Existenz in den Erblanden ebenso wie
den spezifisch adligen Bildungsweg, ferner die Karrierewege einzelner
Adliger am Kaiserhof.[20] Auch von kunsthistorischer Seite gibt es darüber
hinaus jüngere Forschung zu den adligen Repräsentationsbemühungen,
die für eine Untersuchung der höfischen Rationalität von Interesse ist.
Daneben ist das Zeremoniell am Kaiserhof in den letzten Jahren zunehmend Gegenstand historischer Untersuchungen geworden.[21] Eine Verknüpfung dieser unterschiedlichen Aspekte blieb bislang allerdings weitgehend aus. Will man jedoch die höfische Lebenswelt des Adels am Kaiserhof insgesamt betrachten und nach den spezifischen Praktiken und
Strategien fragen, mit denen sich der höfische Adel sowohl von anderen
sozialen Schichten als auch von den am Kaiserhof nicht vertretenen Adligen auszuzeichnen suchte, so läßt sich dies nicht mit einem Blick auf nur
eines der erwähnten Themenfelder beantworten. Um die Anwesenheit
zahlreicher Hocharistokraten am Kaiserhof erklären zu können, sind alle
Bereiche zu berücksichtigen, die die Lebenswelt des höfischen Adels
wesentlich ausmachen.

Die spezifische Rationalität des höfischen Adelsverhaltens am Kaiserhof zu erhellen erfordert einen Zugang, der den Hofadel nicht nur als
Projektionsfläche für moderne Vorstellungen von Handlungsrationalität
heranzieht, wie das etwa bei den machtfunktionalistischen Deutungskon-
zepten wohl der Fall ist. Statt dessen sollen die zeitgenössischen sozialen
„handlungs- und kommunikationsanleitenden Bedeutungsmuster"[22] des
höfischen Adels selbst in den Blick genommen werden. Diese Bedeutungsmuster ließen den höfischen Adligen die Einrichtung des Kaiserhofes ebenso wie das spezifisch höfische Verhalten grundsätzlich als sinnvoll und rational, ja sogar als natürlich erscheinen und machten den Kaiserhof ebenso wie die anderen Fürstenhöfe zu einem für ranghohe Adlige
erstrebenswerten Anlaufpunkt. Eine Struktur- und Funktionsanalyse des
Hofes und der höfischen Gesellschaft in Wien darf die kognitive Dimension daher nicht ausschließen. Sie muß vielmehr die Untersuchung der erforderlichen ökonomischen, sozialen und kulturellen Ressourcen mit

einer Rekonstruktion der milieuspezifischen Normenkonfiguration sowie des kollektiv geteilten Wissens kombinieren, für die Bourdieus Habitus-analysen das bisher wohl prominenteste Beispiel darstellen.[23]

Die synthetische Analyse, die im folgenden versucht werden soll, kon-zentriert sich zunächst auf die notwendigen Ressourcen, die eine Teilnah-me an der kaiserlichen Hofgesellschaft explizit und implizit erforderte (Teil II). Dabei wird in Anlehnung an Pierre Bourdieu und Anthony Gid-dens von einem erweiterten Ressourcenverständnis ausgegangen.[24] Ge-fragt wird also nicht nur nach den erforderlichen ökonomischen Grundl-agen, sondern ebenso nach den notwendigen sozialen Beziehungen, dem „sozialen Kapital", sowie nach den kulturell-habituellen Erfordernissen, dem „kulturellen Kapital", die für einen Aufstieg am Kaiserhof unabding-bar waren.

Als nächstes geht es um die spezifischen Normen, denen die höfische Interaktion – insbesondere aufgrund des Hofzeremoniells – unterworfen war. In diesem Zusammenhang wird erklärt, aus welchem Grund die Teil-nehmer an der höfischen Interaktion in jeweils unterschiedlichem Maße bereit waren, diese Normen als für sich gültige Verhaltensregeln zu akzep-tieren (Teil III). Dies geschieht durch einen Blick auf den zeremoniellen Ordnungsrahmen des Kaiserhofes.

Schließlich wird untersucht, welche Möglichkeiten der Selbstdarstellung der Kaiserhof den Teilnehmern der höfischen Adelsgesellschaft eröffnete und welchen impliziten Regeln diese Form der adligen Selbstdarstellung unterworfen war (Teil IV).

Erst durch eine Einbeziehung aller drei Bereiche, der Ressourcen, der (zeremoniellen) Normen und der impliziten Regeln der Selbstdarstellung sind die strukturellen Faktoren höfischen Handelns am Kaiserhof hin-reichend erfaßt. Auf dieser Grundlage kann abschließend eine funktionale Deutung gewagt werden, die die offensichtliche Attraktivität des Kaiser-hofes für die höfische Adelsgesellschaft zu erklären sucht.

Die Untersuchung des Kaiserhofes beschränkt sich weitgehend auf die Herrschaftszeit Karls VI. (1711–1740). Dies bietet sich aus zwei Gründen an: Zum einen war zu diesem Zeitpunkt der Kaiserhof als politisches Zen-trum im Reich[25] und in den Erblanden bereits vollständig etabliert. Auch die verschiedenen kommunikativen und interaktiven Abläufe, zum Bei-spiel der politischen Entscheidungsfindung oder des Zeremoniells, wurden nicht mehr prinzipiell in Frage gestellt. Der Betrachtungszeitraum kommt daher einer Struktur- und Funktionsanalyse stärker entgegen als eine Pe-riode beschleunigten Wandels. Zum anderen waren unter Karl VI. die spe-zifischen Elemente des Kaiserhofes, die ihn aus dem Kreis der anderen Höfe heraushoben, am stärksten ausgeprägt: Sieht man in der zahlenmäßi-gen Stärke des Hofstaates einen Indikator für die soziale und politische

Bedeutung des Kaiserhofes, so war sie unter Karl VI. am größten. Die adlige Hofgesellschaft am Kaiserhof erreichte unter ihm ihren größten Umfang an Teilnehmern. Auch die politische Herrschaft des Kaisers stand – zumindest zu Beginn der Herrschaft Karls VI. – auf dem Zenit, verbunden mit der größten territorialen Ausdehnung der Habsburgermonarchie nach dem Frieden von Passarowitz (1718).[26] Dieser Machtzuwachs bildete sich in der Internationalität des Kaiserhofes allein aufgrund der Höflinge aus den verschiedenen Herrschaftsgebieten (dem Reich, den Erblanden, den habsburgischen Besitzungen in Italien und den österreichischen Niederlanden und schließlich der verlorengegangenen Herrschaft über die spanische Krone) ab, mit allen Folgen, die dies für die Interaktion am Kaiserhof nach sich zog. Ebenso waren die Anforderungen an die Integrationsleistung der Hofgesellschaft in diesem Zeitraum am stärksten ausgeprägt.

Die Zeit nach 1740 dagegen war nicht zuletzt aufgrund der Verwaltungsreformen Maria Theresias einem starken Wandel unterworfen, und gerade die Interaktion am Kaiserhof blieb von diesem Wandel nicht ausgenommen. Die Strukturen, die sich am Kaiserhof im Laufe von mehr als hundert Jahren etabliert hatten und die die Kommunikation und Interaktion am Kaiserhof wesentlich prägten, machten neuen Formen politischer Entscheidungsfindung Platz. Im Zuge dieser Entwicklung büßte der Kaiserhof auch seine Rolle als entscheidende politische Figuration der habsburgischen Herrschaft zunehmend ein.

Die Breite der Fragestellung verlangte die Einbeziehung einer Vielzahl unterschiedlicher gedruckter wie archivalischer Quellen, ebenso aber auch deren Beschränkung und Auswahl. Wertvolle Hinweise auf die höfische Lebenswelt des Adels am Kaiserhof lassen sich den zahlreichen unterschiedlichen Berichten entnehmen, die den Kaiserhof gewissermaßen von der Außenperspektive in den Blick nahmen. Hierzu zählen Hofbeschreibungen ebenso wie Reiseberichte, vor allem aber die Gesandtschaftsberichte, die zu Beginn des 18. Jahrhunderts zahlreich angefertigt wurden. Hiervon liegen einige bereits seit längerem ediert vor, andere mußten archivalisch erschlossen werden. Da am Kaiserhof eine Vielzahl europäischer Gesandter vertreten war und diese ständig damit beschäftigt waren, ihren Fürsten Neuigkeiten von der Residenz in Wien mitzuteilen, erzwang diese Vielzahl von Berichten eine strenge Auswahl. Neben den gedruckt vorliegenden Gesandtschaftsberichten wurden daher nur die Berichte des englischen Gesandten St. Saphorin sowie diejenigen der kurbayerischen Gesandten ausgewertet.[27] Auf diese Weise kommt neben der Perspektive einer dominierenden europäischen Monarchie – England – auf den Kaiserhof mit Bayern auch diejenige eines bedeutenden Reichsstandes zur Sprache. Daneben treten offizielle Beschreibungen und Darstellungen von

Ereignissen am Kaiserhof, sei es im Wiener Diarium, einer dreimal pro Woche in Wien erscheinenden Hofzeitung, sei es in Abbildungen, die herausragende Ereignisse des höfischen Geschehens festhielten. Darüber hinaus waren natürlich vor allem diejenigen Archivbestände bedeutsam, die über die Organisation des kaiserlichen Hofes Aufschluß geben: die Abrechnung der Gehalts- und Pensionszahlungen in den Kameralzahlamtsbüchern, die Auflistung der Kämmerer und der Geheimen Räte am Kaiserhof (soweit vorhanden) und insbesondere die Zeremonialakten und -protokolle, die über die Beratung und den Ablauf zeremoniell geregelter Ereignisse am Kaiserhof Auskunft geben. Die Adelsarchive der Familien Harrach, Sinzendorf und Liechtenstein boten einen Einblick in einzelne Belange dreier bedeutsamer am Kaiserhof vertretener Adelsfamilien.

2. Die Genese der politischen Figuration „Kaiserhof"

Welche Bedeutung dem Adel am Kaiserhof in politischer Hinsicht zugeschrieben wurde, zeigt eine Denkschrift Maria Theresias aus dem Jahr 1750/51. In ihr nahm sie zu den politischen Verhältnissen, wie sie vor Anbruch ihrer Regierungszeit in Wien herrschten, ausführlich Stellung.[28] Besonderes Augenmerk widmete sie hierin den Mißbräuchen, „welche [sich] bei der österreichischen Regierung unter meinen Vorfahren nach und nach eingeschlichen".[29] Dabei nimmt das Verhältnis zwischen dem Kaiser und seinen hohen Amtsträgern, den „Ministri", den größten Raum ein. Diesen gegenüber seien ihre Vorfahren von Leopold I. bis Karl VI. zu freigebig gewesen: man habe „die meiste Cameralgüter verschenket [...], versetzt und verpfändet", so daß der landesherrliche Kameralbesitz der Staatskasse nur mehr 80 000 fl. beizusteuern vermochte. Dadurch sei der Einfluß der „Ministri" so sehr gestiegen, daß „sie in denen Ländern mehr geforchten und verehret worden als der Landesfürst selbsten", und ferner in den von ihnen bekleideten Ämtern „werktätig den Souverain abgegeben" haben.[30]

Auch das Verhältnis zwischen dem Landesherrn und den Landständen der Erblande sah sie wesentlich vom Einfluß der hohen Amtsträger am Hofe bestimmt. Bei allen Geldforderungen an die Stände sei der Kaiser gezwungen, „sich des Ansehens und Credits seines Ministri zu bedienen". Maria Theresias Ausführungen münden in der Feststellung, „daß in keinem Lande die Stände ihre Freiheiten jemals so hoch angezogen haben würden, wann nicht selbige von denen Ministris, da deren Autorität und Ansehen lediglich davon abgehangen, kräftigst wären unterstützet worden, daran aber hauptsächlich der Hof schuldig gewesen, weilen niemals keine Einrichtung in nichts und, umb Geld gleich zu haben, man alles weggeben und getan hätte; allermaßen, sobald der Landesfürst der willkürlichen Ge-

währ- oder Abschlagung deren Ständen in seinen Ansinnen nicht unterworfen gewesen wäre, selbter nicht nötig gehabt hätte, deren Ministrorum Credit und Ansehen und Erfüllung seiner Intention anzuwenden".[31] Nutznießer seien wiederum nur die *„Ministri"* gewesen, da *„der Landesfürst und der Untertan wenig oder nichts, einige Particulares aber gar viel profitieret haben".*[32]

Die Bilanz Maria Theresias, die sie in ihren beiden Denkschriften über die Herrschaftsjahre ihres Vaters Karls VI. zieht, sieht düster aus. Der Schwerpunkt ihrer Betrachtungen sind die zahlreichen *„Mißbräuche"*, die die landesherrliche Autorität, und damit ihre eigene Stellung nach ihrem Herrschaftsantritt 1740, in den Erblanden untergraben hätten. Aus der Perspektive ihrer Erfahrungen bei Regierungsantritt, dem Finanznotstand, der militärischen Niederlage gegen Brandenburg-Preußen und des daraus resultierenden Verlustes Schlesiens ist dieses Urteil folgerichtig. Vor allem aber läßt sich in Maria Theresias Beschreibung der Verhältnisse am Kaiserhof Karls VI. ablesen, welche Personengruppen während der Herrschaft Karls VI. ihren Einfluß geltend machen konnten und welcher Mechanismus der politischen Kommunikation sich zwischen dem Kaiser, den Landständen und den Amtsträgern am Kaiserhof, den sogenannten *„Ministri"*, etablieren konnte.

Maria Theresia benennt in dieser Denkschrift die wesentlichen Elemente der habsburgischen Herrschaft nach dem Dreißigjährigen Krieg. Zwei Faktoren waren dabei für die Form und die Möglichkeiten kaiserlicher Machtausübung besonders bedeutsam:

1. Eine landesherrliche, nur dem Willen des Landesherrn unterworfene Zentralverwaltung, die auch auf den lokalen Bereich in den einzelnen Erblanden unmittelbar hätte Einfluß nehmen können, fehlte vollständig. Dort blieben die landständischen Institutionen dominant, so daß die Landstände weiterhin eine Mittlerposition zwischen dem Landesherrn und den Untertanen beibehielten.[33] Besonders deutlich tritt dies in der Frage der Steuererhebung zutage. Bis zur Mitte des 18. Jahrhunderts hatten die jeweiligen Landstände das Steuerbewilligungsrecht und damit entscheidenden Einfluß auf die Finanzausstattung der Habsburgermonarchie.[34] Die einzelnen Länder der Erblande behielten damit weiterhin einen teilweise autonomen Status. Der sogenannte „österreichische Gesamtstaat" blieb bis zur Mitte des 18. Jahrhunderts eine monarchische Union einzelner Ständestaaten.[35]
2. Das zweite Strukturelement habsburgischer Herrschaft war eng damit verknüpft, ja beinahe eine notwendige Folge davon: die starke Stellung der adligen Amtsträger am Hofe, der *„Ministri"*. Ihnen fiel die Aufgabe zu, die Leerstellen zu füllen, die landesherrliche Institutionen nicht besetzten. Insbesondere waren die Amtsträger das Verbindungsglied zwi-

schen dem Kaiserhof und den einzelnen Erblanden. Sie fühlten sich dabei nicht nur zur Durchsetzung kaiserlicher Forderungen verpflichtet, sondern traten auch, wie Maria Theresia beklagte, am Kaiserhof als Anwälte der einzelnen Landstände in Erscheinung. Diese Vermittlungsrolle, die den ranghohen Aristokraten und Amtsträgern am Kaiserhof zukam, kennzeichnet am deutlichsten deren politische Bedeutung im Herrschaftssystem der Habsburger. Sie waren zur Durchsetzung landesherrlicher Forderungen in den einzelnen Erblanden offensichtlich unverzichtbar. Die Kommunikation zwischen ihnen und dem Kaiser war damit ein wesentlicher Bestandteil kaiserlicher Politik.

Beides waren in der Tat Strukturmerkmale der spezifischen Form der Herrschaftsausübung durch die drei habsburgischen Kaiser Leopold I., Joseph I. und Karl VI. Bei allen Unterschieden im Regierungshandeln dieser drei Kaiser im einzelnen blieb die prinzipiell große politische Einflußmöglichkeit der adligen Amtsträger ebenso unberührt, wie auch die traditionellen ständischen Verwaltungsstrukturen in den einzelnen Ländern weitgehend unangetastet blieben. Es ist auch nicht erkennbar, daß unter diesen drei Kaisern der Wille bestanden hätte, an der Machtverteilung zwischen den Landesherren und den Vertretern des Hochadels etwas Grundsätzliches zu ändern. Erst unter Maria Theresia ist – infolge der oben erwähnten Erfahrungen im österreichischen Erbfolgekrieg – mit den Haugwitzschen Reformen von 1749 ein neuer Weg beschritten worden, der eine landesherrliche direkte Verwaltung ebenso vorsah wie die Beschneidung adlig-ständischer Machtpositionen.

Wenn Maria Theresia indes meint, an der Machtverteilung zwischen den Kaisern und den Vertretern des Hochadels hätten nur die „*Ministri*", nicht aber der Landesfürst profitiert, so ignoriert sie die historische Entwicklung. Betrachtet man Machtverteilung zwischen Kaiser und Hocharistokratie in Wien in ihrer Genese, so muß die Bewertung der habsburgischen Politik im 17. und frühen 18. Jahrhundert anders ausfallen. Wenn sich die auftretenden Differenzen in den Staatsbildungsprozessen der europäischen Territorien vor allem auf unterschiedliche Konfliktkonstellationen zwischen Fürsten und Ständen zurückführen lassen,[36] so wird auch das spezifische Herrschaftssystem Habsburgs nur durch einen Blick auf die vorangegangenen Konflikte verständlich.

Es ist in der historischen Forschung unstrittig, daß die Habsburgermonarchie, wie sie nach 1648 bestand, weitgehend ein Produkt der Gegenreformation war. Und auch über die einzelnen Elemente dieser konfessionellen Staatsbildung besteht mittlerweile weitgehend Einigkeit. Da alle diese Elemente die Herausbildung des Kaiserhofs zum dominierenden politischen Herrschaftszentrum befördert haben, sollen sie hier noch einmal kurz in sechs Punkten dargelegt werden:

1. Zentrumsbildung: Noch zu Beginn des 17. Jahrhunderts gab es in den Erblanden nicht ein politisches Zentrum, sondern viele. Infolge der Länderteilung entstanden 1564 neben dem Hof des Kaisers, der zuerst in Wien, später, unter Rudolf II., in Prag angesiedelt war, politische Zentren an den Residenzen der anderen Erzherzöge: In Graz regierten die Erzherzöge von Innerösterreich, in Linz die Erzherzöge von Oberösterreich. Wien war teilweise nur der Sitz der niederösterreichischen Landesregierung und hatte darüber hinaus nur wenig Bedeutung für die überregionale Entscheidungsfindung. Dieser dezentralen Verteilung der Residenzen entsprachen auch die Bedingtheiten des politischen Geschäfts. Wesentliches Forum für Politik waren nicht in erster Linie die Residenzen der Erzherzöge, sondern die einzelnen Landtage, auf denen der Landesherr mit den jeweiligen Ständen zu einem Ausgleich gelangen mußte.[37] Der Grundstein für ein einheitliches politisches Entscheidungszentrum war erst gelegt, als Ferdinand II. neben der Kaiserkrone auch die Herrschaft über alle Erblande wieder auf sich vereinigte und die Hofburg in Wien zum Mittelpunkt kaiserlicher Herrschaft machte. Im Laufe des Dreißigjährigen Krieges mußte dann auch die böhmische Hofkanzlei in Wien ihren Sitz nehmen, und Prag büßte spätestens damit seine Rolle als zweites Herrschaftszentrum der Habsburger endgültig ein. Die räumliche Konzentration begünstigte wesentlich die Ausbildung des Kaiserhofes unter Ferdinand II., Ferdinand III. und Leopold I. als politische Figuration.[38]

2. Katholische Konfessionalisierung: Zeitgleich mit diesem Formierungsprozeß eines politischen und höfischen Zentrums kristallisierten sich auch die Bedingungen heraus, die der Adel für die Teilnahme am politischen Geschehen in der Habsburgermonarchie zu erfüllen hatte. Die überwiegend protestantischen Stände waren in den Erblanden mit ihrer Forderung nach freier protestantischer Religionsausübung gescheitert, und ihre Versuche, die ständische Konfessionalisierung institutionell abzusichern, wurden nach anfänglichen Erfolgen teilweise gewaltsam unterbunden.[39] Als Folge der vollständigen Durchsetzung der Gegenreformation wurde die katholische Konfession für Landesangehörige verbindlich. Dem Adel, der im Land bleiben und eine politische Rolle spielen wollte, blieb nur die Konversion zum Katholizismus.[40] Das katholische Bekenntnis galt seither als ein notwendiger Beweis der Loyalität zur Habsburgerdynastie.[41]

3. Adel als Bündnispartner: Die politischen Folgen der Gegenreformation gestalteten sich dagegen weniger eindeutig. Zwar blieb die Position der Habsburger als dynastische Landesherren in den Erblanden fortan unangetastet; die Monarchie wurde in den folgenden Jahrzehnten weder von den Ständen noch von einzelnen Adelsgruppen als Herrschaftsform

in Frage gestellt. In der katholischen Konfessionalisierung dagegen den
Hebel zu erblicken, mit dem sich der Landesherr in den Erblanden zum
absoluten Monarchen aufgeschwungen habe,[42] heißt, einen entscheidenden Punkt bei der Machtdurchsetzung Ferdinands II. gegen den Widerstand der Stände zu übersehen. Denn dieser stellte die ökonomische
und die politische Position des Adels nicht prinzipiell in Frage, sondern
knüpfte sie „nur" an das Bekenntnis zum Katholizismus. Wer dies mit-
tragen konnte, fand sich nicht selten in einem Kreis von Familien und
Personen in der Umgebung des Kaisers wieder, der von den Umwälzungen der Gegenreformation erheblich zu profitieren wußte.[43] Der Kaiser
seinerseits war auf diese Gruppe loyaler adliger Amtsträger dringend
angewiesen, wollte er den Eingriff in die politische Ordnung, der mit
den konfessionellen Umwälzungen verbunden war, so akzeptabel wie
möglich gestalten.[44] So konnten im Gegenzug zahlreiche Vertreter ka-
tholischer Adelsfamilien am Kaiserhof am politischen Entscheidungsprozeß teilhaben und bildeten als Amtsträger zusammen mit dem Kaiser das Herrschaftsgefüge der Habsburgermonarchie.[45] Der Kaiserhof
entwickelte sich zu dem Ort, an dem zumindest der hohe Adel seine
politische Bedeutung bewahren konnte. Oberstes Ziel des Kaisers war
nicht die Durchsetzung einer monarchischen Machtposition in allen Bereichen, sondern die Integration des Adels – auch in die politische Ent-
scheidungsebene. Diese Integration forderte den Verzicht auf Maßnahmen, die eine absolute Monarchie zum Ziel gehabt hätten.

4. Ökonomische Stärkung des Adels: Die größten Profitmöglichkeiten
während der konfessionellen Auseinandersetzungen ergaben sich allerdings auf ökonomischem Gebiet. Da war zum einen die Umverteilung
des konfiszierten Grundbesitzes, insbesondere der aufständischen Adligen in Böhmen und Mähren, die zahlreichen kaisertreuen Familien
enorme Zugewinne an Landbesitz bescherte.[46] Nach der Rekatholisie-
rung verfügten allein die Familien Dietrichstein und Liechtenstein über
ein Viertel der Gesamtfläche Mährens.[47] Zum anderen konnten die adligen Grundherren mit Duldung oder sogar Billigung des Kaisers den
Druck auf die eigenen Untertanen seit der Mitte des 17. Jahrhunderts
stetig ausweiten und damit nicht zuletzt den ökonomischen Ertrag ihrer
Grundherrschaft bedeutend steigern.[48] Nicht allen Adelsfamilien kam
diese Steigerung der Grundherrschaft in gleichem Maße zugute. Zeitlich
parallel zur Intensivierung der Grundherrschaft fand auch ein Prozeß
der Besitzkonzentration statt, wodurch sich immer größere Grund-
flächen auf nur noch wenige hochadlige Familien verteilten. Insbesondere der Ritterstand büßte dagegen zur gleichen Zeit massiv eigenen
Landbesitz – und damit letztlich die ökonomische Grundlage seiner
Adelsexistenz – ein.[49] Die Position derjenigen Familien allerdings, die

dann ab der zweiten Hälfte des 17. Jahrhunderts zunehmend zur Hofgesellschaft des Kaiserhofes gehörten, hat sich – als Folge des Arrangements mit dem Kaiser – eher verstärkt.

5. Marginalisierung der Stände: Diese weitgehende Integration der dominierenden Familien des Hochadels in den unmittelbaren kaiserlichen Herrschaftsapparat blieb auch für die politische Haltung der Landstände nicht ohne Folgen. Eine Entmachtung der Stände fand zwar zu keinem Zeitpunkt statt. Vielmehr hielten sich die Eingriffe der Habsburger in das traditionelle Herrschaftsgefüge in engen Grenzen: Stände und Ständeversammlungen bestanden fort und behielten ihre angestammten Rechte und Privilegien, insbesondere das Recht auf Steuerbewilligungen. Die Landtage waren immer noch das politische Versammlungs- und Entscheidungsorgan der Stände, die Landesverwaltungen blieben weitgehend in ständischer Hand. Deren Amtsträger waren nicht nur dem Kaiser, sondern auch den Ständen verpflichtet, wurden von den Ständen bezahlt und behielten ihre Mittlerstellung zwischen Kaiser und Ständen bei.[50] Und auch der Akt der Huldigung überlebte als (formal-)rechtliche Grundlage der Herrschaft in den einzelnen Erblanden.[51] Gelang es allerdings, die einflußreichsten Familien des habsburgischen Herrschaftsgebietes am Kaiserhof zu versammeln und in den politischen Willensbildungsprozeß einzubinden, so ließen sich Entscheidungen auf der Ebene der einzelnen Länder durchsetzen, ohne daß ein gesonderter landesherrlicher Erzwingungsstab hierfür vonnöten war. Waren die wichtigsten Familien in die Entscheidungsabläufe am Kaiserhof integriert, dann war von seiten der Stände Widerstand – zum Beispiel bei der Steuereinziehung – nicht zu erwarten, da hier dieselben Familien das Votum auf Länderebene wesentlich bestimmten. Zwar war es auch nach der Gegenreformation für den Kaiser nur mit den Ständen möglich, zu regieren, doch führte die erfolgreiche Integration des Hochadels am Kaiserhof dazu, daß die Landtage ihre Bedeutung als Interessenvertretung des Landes und politischer Gegenpart des Landesherren mehr und mehr einbüßten. Die tonangebenden Familien in den einzelnen Ländern, die mit denen am Kaiserhof häufig identisch waren, hatten in Folge der Ereignisse des 17. Jahrhunderts ihre politischen Bindungen an ihre Herkunftsregion zusehends gelockert und waren nicht selten in mehreren Erblanden gleichzeitig in den Landtagen vertreten.[52] Da die Habsburger die dominierende Stellung dieser Familien in den Erblanden förderten, waren diese ihrerseits bereit, dem Kaiser und Landesfürsten in dem für ihn wesentlichen Punkt entgegenzukommen: Sie bewilligten ohne größere Widerstände die stetig steigenden Steuerforderungen der Hofkammer in Wien[53] und trugen damit in erheblichem Maße zur Finanzierung der zahlreichen militärischen Unterneh-

mungen des Kaisers im Reich, auf dem Balkan, in Italien und Westeuropa bei.[54]

6. Verschiebung der politischen Figuration: Faßt man die verschiedenen Punkte zusammen, so kann man konstatieren: Die verschiedenen Prozesse, die mit der Gegenreformation verknüpft waren oder zumindest zeitlich mit ihr einhergingen, führten in den Erblanden zu einer bedeutsamen Verschiebung der politischen Figuration, innerhalb deren sich die habsburgische Herrschaft als Kaiser und Landesherr abspielte. Dies läßt sich zum einen daran erkennen, an welchen Orten und Institutionen die politische Kommunikation und Interaktion vorwiegend angesiedelt waren. Waren dies noch zu Beginn des 17. Jahrhunderts die einzelnen Landtage gewesen, so konstituierte sich – spätestens zu Beginn der zweiten Hälfte des 17. Jahrhunderts – immer mehr der Kaiserhof in Wien als maßgebliches Forum politischer Entscheidungsprozesse. Zum anderen verengte sich wegen dieser räumlichen Verschiebung auch der Kreis der an der politischen Interaktion beteiligten Personen. Waren auf den Landtagen noch alle dort vertretenen Mitglieder des Herren- und Ritterstandes in die politische Kommunikation eingebunden, so reduzierte sich die politisch einflußreiche Gruppe nun auf die am Kaiserhof anwesenden Adelsfamilien.[55] Das Ende der Länderteilung und die Vereinigung aller Erblande in der Hand Ferdinands II. begünstigte, daß sich Wien nunmehr langsam als einziges politisches Zentrum etablieren konnte. Spätestens unter Kaiser Leopold I. hatte sich dann am Kaiserhof eine höfische Gesellschaft herausgebildet. Die Etablierung eines kaiserlichen Hofstaates in Wien sowie die steigende Attraktivität dieses höfischen Zentrums für den katholischen Hochadel aus allen Herrschaftsgebieten der österreichischen Habsburger mündete schließlich in die Ausbildung des Kaiserhofes als politische Figuration, die schon in der zweiten Hälfte des 17. Jahrhunderts und im 18. Jahrhundert die politische Kommunikation und Interaktion wesentlich monopolisieren konnte.[56] Es war also kein Zufall, daß der landsässige hofferne Adel in Maria Theresias Beschreibung der habsburgischen Herrschaftsverhältnisse kaum Erwähnung findet, sondern sie sich ausführlich der für sie unmittelbar relevanten Personengruppe zuwendet: den „*Ministri*" am Kaiserhof.

Die Genese der Figuration des Kaiserhofes zeigt deutlich, daß es sich hierbei schwerlich um ein Instrument des monarchischen Absolutismus gehandelt haben kann.[57] Der Kaiser war vielmehr auf die Mitwirkung und die Kooperation des hohen Adels angewiesen und hatte deren Interessen angemessen zu berücksichtigen, um ihre Unterstützung für habsburgische Herrschaftsinteressen zu erlangen. Gerade der Verzicht auf die demonstrative monarchische Machtakkumulation war aber unabdingbar, wenn

der Adel zur Kooperation gewonnen werden sollte. So zeigt die zentrale
Rolle, die dem hohen Adel sowohl in der höfischen Repräsentation als
auch bei der politischen Entscheidungsfindung zukam, daß die Figuration
des kaiserlichen Hofes mit dem Modell des Absolutismus nicht erklärt
werden kann.[58]

Um die Kommunikation und Interaktion am Kaiserhof zu beschreiben,
soll daher auf staatsrechtliche Kategorien wie „Ständestaat" oder „Absolutismus" verzichtet werden.[59] Statt dessen wird Politik in einem relatio-
nal-praxeologischen Sinne verstanden.[60] Politik gilt hier als Gesamtheit
von Regeln und Praktiken für die Kommunikation und Interaktion der
politisch relevanten Gruppen untereinander und jeder einzelnen mit dem
Kaiser. Diese Politikdefinition weiß sich bei der Beschreibung der Funktionsweise politischer Herrschaft gegenüber dem hochaggregierten Begriff „Absolutismus" im Vorteil. Denn sie fokussiert ihr Augenmerk nicht
auf normative Diskurse, in denen Herrschaft vor allem Gegenstand philo-
sophischer oder staatsrechtlicher Reflexionen ist. Der praxeologische
Zugang zu politischem Handeln stellt dagegen die Frage nach dem Funktionieren von Herrschaft: nach den Verfahren und Abläufen, und insbesondere nach den sozialen Akteuren, die an ihr teilhaben.

Um diesem Umstand Rechnung zu tragen und der Bedeutung des Adels
im Herrschaftssystem der Habsburger gerecht zu werden, prägte Bérenger
den Ausdruck „Dyarchie",[61] der inzwischen von anderen aufgegriffen
wurde.[62] Damit soll deutlich werden, daß für die Entscheidungsfindung im
politischen System der Habsburgermonarchie neben dem Monarchen weitere Gruppen einzubeziehen waren und dem Adel darüber hinaus eine
wesentliche und eigenständige Bedeutung zukam. In diesem Sinne vermag
der Ausdruck „Dyarchie" die Herrschaftssituation der Erblande nach dem
Dreißigjährigen Krieg präziser zu charakterisieren als der Begriff „Absolutismus". Dennoch halte ich auch diesen Begriff für ungenau. Indem
Bérenger die Bedeutung des Adels in den Erblanden zum Anlaß nimmt,
diesen Zustand als Dyarchie zu charakterisieren, akzeptiert er gleichzeitig,
daß eine Monarchie ohne Einbeziehung und Integration des Adels – bzw.
anderer die Herrschaftselite darstellende Gruppen – in den politischen
Entscheidungsprozeß auskommen könnte. So orientiert sich seine Termi-
nologie ebenfalls am Idealtyp des absolutistischen Fürstenstaates, nur
eben mit der Einschränkung, daß die Erblande nicht dem Kreis der absoluten Monarchien zuzurechnen seien.

Meine Untersuchung geht dagegen davon aus, daß der Monarch in jeder
Monarchie auf die Einbeziehung weiterer Personenkreise und gesellschaftlicher Gruppen angewiesen ist und daß ohne diese Integrationsbemühungen kein Herrschaftsverhältnis existieren kann. Die starke Stellung des Adels am Kaiserhof wird daher nicht ausschließlich als ein Spe-

zifikum der Habsburgermonarchie interpretiert, sondern verweist zugleich auf ein allgemeines Strukturphänomen, das für die Funktionsweise vormoderner Monarchien generell als kennzeichnend zu gelten hat: Über absolute Macht und Entscheidungsgewalt verfügte kein Monarch, schon gar nicht in der frühen Neuzeit. Sein Handlungsspielraum bemaß sich immer nach der Art und Dichte der notwendigen Kommunikation und Interaktion mit verschiedenen Personenkreisen und gesellschaftlichen Gruppen, die erforderlich waren, um Entscheidungen nicht nur herbeiführen, sondern auch durchsetzen zu können. Dieser Handlungsspielraum war immer begrenzt: zum einen durch rechtliche Normen,[63] weit mehr aber noch durch die stark eingeschränkte Verfügungsgewalt des Monarchen über materielle Ressourcen[64] sowie bestehende soziale Erwartungshaltungen an den Herrscher, denen er zumindest teilweise genügen mußte, um nicht durch steigende Widerstände seinen Handlungsspielraum vollends einzubüßen bzw. die Stabilität seiner Herrschaft zu gefährden.

Die Stellung des Adels in der Habsburgermonarchie war daher kein prinzipieller, sondern bestenfalls ein gradueller Unterschied zu anderen Monarchien der Zeit – einschließlich der französischen Monarchie unter Ludwig XIV.[65] Auch die Integrationsbemühungen des Kaisers waren eher ein Bestandteil klassischer monarchischer Herrschaftspraktiken, wobei allerdings jede Monarchie notwendigerweise spezifische Formen der Integration ausbildete und je spezifische Personengruppen in die monarchische Herrschaftspraxis mit einbezog. In Wien war es insbesondere der Hochadel am Kaiserhof, dem die kaiserlichen Integrationsbemühungen galten.

3. Der Hof als Interaktionssystem

Die historische Forschung der frühen Neuzeit vermochte über das Phänomen des Fürstenhofes lange Jahre aufgrund zu einseitiger machtfunktionalistischer Vorannahmen keine adäquate Interpretation zu liefern. Zwar konnten die Defizite des vorherrschenden Erklärungsmodells mittlerweile in zahlreichen empirischen Einzelstudien aufgezeigt werden. Eine positive Bestimmung dessen, was unter der Figuration des Hofes verstanden werden soll, steht allerdings noch aus.[66] Zunächst soll hier versucht werden, den „Bedeutungsraum" des Begriffes Hof auszuloten.[67] Wie bereits Winterling gezeigt hat, beinhaltet der Hofbegriff mehrere durchaus verschiedene Bedeutungsfelder[68]:

1. Mit dem Begriff Hof benennt man zum einen den Ort des Hofes in einem räumlich-topographischen Sinn. Damit ist insbesondere die Residenz des Fürsten gemeint bzw. die Summe der einzelnen unterschiedlichen Residenzen, die meist in einem räumlichen Umkreis zur eigent-

lichen Residenz angeordnet sind. Der Kaiserhof bestand in diesem
Sinne insbesondere aus drei Schloßanlagen, die auch in vollem Umfang
als Residenz genutzt worden sind. Darunter fielen als eigentliche Residenz die Wiener Hofburg, in der der Kaiser mit seinem Hofstaat den
Winter über weilte, aber auch die Sommerresidenzen Laxenburg und
die Favorita in Wieden. Der Begriff Kaiserhof in Wien war daher nicht
deckungsgleich mit einer Residenzanlage, sondern umfaßte drei Residenzen in fester zeitlicher Folge. Änderungen ergaben sich nur, wenn
längere Reisen des Monarchen anstanden, die den üblichen Ablauf des
Residenzenwechsels unmöglich machten, was zum Beispiel bei den einzelnen Krönungsreisen oder bei der Entgegennahme der Erbhuldigungen der einzelnen Länder der Fall war.
2. Wenn im politischen Sinne vom Hof die Rede ist, so erfolgt meist eine
Gleichsetzung von Hof und kaiserlichen Amtsträgern in maßgeblichen
politischen Ämtern. Der Begriff Hof schließt damit als Personengruppe
alle am fürstlichen Regierungshandeln beteiligten Amtsträger mit ein.
Dies waren in Wien insbesondere die „*Ministri*", die als Leiter der verschiedenen politischen Ämter und als Mitglieder in den politisch bera-
tenden Gremien, insbesondere in der Geheimen Konferenz, größeren
Einfluß auf die kaiserliche Entscheidungsfindung ausüben konnten.
3. Ferner wird der Begriff Hof in personaler Hinsicht oft als Synonym für
den Hofstaat verwendet, das heißt für sämtliche Personen am Hof, die
kaiserliche Hofämter bekleideten. Dieser Personenkreis umfaßte in
Wien zur Zeit Karls VI. etwas mehr als zweitausend Personen, was den
kaiserlichen Hof aus der Reihe der Fürstenhöfe des Reiches deutlich
heraushob. Davon ist allerdings der Begriff der höfischen Gesellschaft
deutlich zu unterscheiden. Nicht jeder Bedienstete des Kaiserhofes kann
als Mitglied der höfischen Gesellschaft gezählt werden. Dies wird sich
sinnvollerweise nur von denjenigen Adligen am Kaiserhof sagen lassen,
denen die Möglichkeit gegeben war, zum Kaiser selbst jederzeit in Kontakt treten und an den gesellschaftlichen Veranstaltungen des Hofes teilnehmen zu können. Auf dieser Grundlage formte sich eine exklusive
Teilgesellschaft innerhalb des Kaiserhofes, der die Möglichkeiten und
Chancen der Nähe zum Kaiser in besonderer Weise zuteil wurden.
Bei jeder der drei Spezifikationen des Begriffes Hof und ihrer Übertragung auf das historische Beispiel des Kaiserhofes ist von einer anderen
Figuration des Hofes die Rede. Insbesondere unterliegt der Personenkreis,
der mit dem Begriff des Hofes am Kaiserhof jeweils gemeint sein könnte,
starken Schwankungen. Um die unterschiedlichen Personengruppen, die
hier unter dem einheitlichen Begriff des Kaiserhofes subsumiert werden,
miteinander in Deckung zu bringen, muß die Funktionsweise sowie die soziale Bedeutung des Kaiserhofes für die Akteure in den Blick genommen

werden. Keine der drei Lesarten des Hofbegriffes läßt auf den Hof als soziales Gebilde allerdings irgendwelche Rückschlüsse zu. Es ist daher zu fragen, was der Kaiserhof für die höfische Adelsgesellschaft leistete, was diese außerhalb der höfischen Sphäre nicht hätte erlangen können.

Was am Kaiserhof vor allem anderen zu erlangen war, war der direkte oder vermittelte Zugang zum Kaiser. Im ständisch-hierarchischen Herrschaftsverband des Reiches sowie der Habsburgermonarchie stand der Kaiser an der Spitze der Hierarchie. Da zahlreiche Ressourcen (kaiserliche Ämter, Gnaden und Schenkungen, höfische Rangzuteilung etc.) der Verfügungsgewalt des Kaisers unterlagen, war der Zugang zum Kaiser und die damit verbundene Chance, an diesen Ressourcen teilhaben zu können, ein entscheidender Motor zur Etablierung der politischen Figuration des Kaiserhofes und zur Herausbildung einer höfischen, auf den Kaiserhof orientierten Adelsgesellschaft. Der Personenkreis der höfischen Adelsgesellschaft zeichnete sich vor anderen sozialen Gruppen dadurch aus, daß er temporär oder dauerhaft an der Interaktion und Kommunikation mit dem Kaiser teilhatte, wodurch sich eine zunehmend stabile Interaktionsgemeinschaft zwischen dem Kaiser und dem höfischen Hochadel ausbildete. Letztlich konnte sich damit die höfische Gesellschaft, also die soziale Gruppe, die als einzige die Ressource des Zugangs zum Kaiser für sich in Anspruch nehmen konnte, als neue exklusive Herrschaftselite im ständischen Gesellschaftsgefüge etablieren.

Aufgrund dieser beiden miteinander verbundenen Prozesse, der Verfestigung der sozialen Beziehungen zwischen dem Kaiser und einem auf den Hof zentrierten Kreis hochadliger Familien einerseits sowie der zunehmenden Vergesellschaftung der höfischen Adelsgesellschaft als Herrschaftselite andererseits, bildete sich der Kaiserhof als nunmehr tragende „soziale Institution" der habsburgischen Herrschaftsausübung heraus.[69]

Die soziale Institutionalisierung der höfischen Gesellschaft beruhte dabei auf Interaktion, das heißt auf persönlicher Kommunikation unter Anwesenden.[70] Der Hof selbst soll daher als Interaktionssystem verstanden werden, das sich durch diese Interaktion konstituierte, zugleich aber damit auch den sozialen Raum darstellte, der diese Interaktion ermöglichte und aufrechterhielt.

Was bedeutet es, wenn man den Kaiserhof wesentlich als ein System persönlicher Interaktion beschreibt? Hierzu muß zunächst der Begriff der Interaktion näher bestimmt werden. Mehrere Sozialtheorien haben dabei Pate gestanden: zunächst die interpretative Kulturtheorie Erving Goffmans,[71] der den Begriff der Interaktion theoretisch elaboriert hat, ferner die Praxeologie Pierre Bourdieus, dessen Kritik an Goffman in die Definition des Interaktionsbegriffes ebenfalls einfließen wird,[72] und schließlich die Systemtheorie, der ich insbesondere die Unterscheidung zwischen

Interaktion und Organisation entnehme.[73] Diese Unterscheidung ist wesentlich, um den Begriff Interaktion genauer bestimmen zu können. Die Charakterisierung des Kaiserhofes als Interaktionssystem bedeutet zugleich, daß der Kaiserhof als formale Organisation nicht adäquat beschrieben werden kann. Dies läßt sich an zwei Punkten darlegen. 1. Die Zugehörigkeit zu Organisationen ist durch Mitgliedschaft klar geregelt. Aufnahmebedingungen regeln auf formale Weise, wer in einer Organisation Mitglied werden kann und wer nicht. Die Mitgliedschaft ermöglicht die Teilhabe an der Organisation auch im Falle persönlicher Abwesenheit.[74] Interaktionen sind dagegen nicht in gleicher Weise formal organisiert. Voraussetzung zur Interaktion ist der persönliche Kontakt, der seinerseits nicht formal festgelegt ist. Nun bestanden die Möglichkeiten des persönlichen Kontaktes, zum Beispiel zum Kaiser, aber auch zu einzelnen Hofteilnehmern, nicht für jeden, die Zugangsmöglichkeiten zur Interaktion waren daher ungleich verteilt. Wer in den einzelnen Fällen zum Interaktionssystem des Kaiserhofes gehörte, ist keineswegs eindeutig zu bestimmen. Da eine formale Mitgliedschaft zum Kaiserhof nicht existierte, kommen mehrere Kriterien der Zugehörigkeit in Frage, die jeweils andere Personenkreise – allerdings mit großen Überschneidungen – umfassen: die Inhaber von Hofehrenämtern, die den Zugang zum Kaiser ermöglichen (Kämmerer, Geheime Räte), die tatsächlich jeweils Anwesenden am Kaiserhof, der gesamte Hofstaat, der kaiserliche Hofämter bekleidete, alle Inhaber kaiserlicher Ämter in Wien etc. Nur in Ausnahmefällen konnte sich ein Adliger im Falle längerdauernder Abwesenheit noch der höfischen Adelsgesellschaft am Kaiserhof zugehörig fühlen. Persönliche Anwesenheit war daher eine bedeutsame Voraussetzung zur Teilhabe am Interaktionssystem des Kaiserhofes. 2. Auch in Organisationen gibt es vielfache persönliche Kontakte, das heißt Interaktion. Doch ist diese Interaktion weitgehend fach- bzw. themenorientiert, bedeutet also wesentlich den geregelten Vollzug von Arbeit. Die Verhaltenserwartungen gegenüber den Teilnehmern der Interaktion sind formalisiert durch deren fachliche Spezifikation und die jeweilige Rolle, die sie in der Organisation ausfüllen. Ferner ist die Interaktion in Organisationen ergebnisorientiert angelegt. Ist das Ergebnis erzielt, ist der Grund für den Interaktionsvorgang entfallen. Zeitersparnis ist für alle Beteiligten eine der wichtigsten Folgen dieser Formalisierung der Interaktion.[75] In Interaktionssystemen ist Interaktion dagegen häufig Selbstzweck. Sie ist häufig nicht ergebnisorientiert angelegt, sondern hat zum Ziel, die soziale Stellung der Beteiligten unter Beweis zu stellen und damit zu aktualisieren, das heißt zum Beispiel die Zugehörigkeit zum Kaiserhof sichtbar zu machen, den jeweiligen Rang in der Hofgesellschaft zu demonstrieren oder schlicht Geselligkeit zu pflegen. Diese Interaktionen sind nicht primär aufgrund formal geregelter Abläufe strukturiert. Sie verlaufen aber keineswegs unstrukturiert oder nur gemäß der frei verfügbaren Interessen der Akteure, wie Goffman es unterstellt.[76] Statt dessen sind die Verhaltenserwartungen an die Teilnehmer der Interaktion vor allem durch die Normen des Zeremoniells[77] sowie durch den spezifischen Habitus der Akteure[78] vorgegeben.

Der Kaiserhof konstituierte sich primär über Interaktion und vermochte diese über einen längeren Zeitraum zu stabilisieren und zu perpetuieren. Daher erscheint es legitim, ihn im Sinne der Systemtheorie als ein Interaktionssystem aufzufassen.[79] Auf der Grundlage persönlicher Interaktion etablierte sich um den Kaiser eine adlige Personengruppe, deren Kommunikation und deren Handlungen sinnhaft aufeinander bezogen waren.[80] Mit Hilfe dieser höfisch ausgerichteten Interaktion konnte die Differenz zwischen einer am Hofe versammelten Adelsgesellschaft und der übrigen Gesellschaft hergestellt und aufrechterhalten werden. Dabei handelte es sich um einen stabil reproduzierenden Vollzug einer exklusiven (Teil-)Gesellschaft innerhalb der ständisch untergliederten Gesamtgesellschaft.[81]

Die Ausdifferenzierung der kaiserlichen Hofgesellschaft als einer exklusiven Personengruppe innerhalb der ständischen Hierarchie war daher ein weiteres Element einer stratifikatorischen Differenzierung der Gesellschaft nach sozialen Schichten. Mit der Schicht des höfischen Adels bildete sich eine Personengruppe heraus, die mit der Standeszugehörigkeit allein nicht mehr umschrieben werden kann. Zusätzlich zur hohen Geburt war die Teilhabe an der höfischen Interaktion weiteres Kriterium der Exklusivität. Das Interaktionssystem des Hofes entsprach damit den Erfordernissen einer hierarchisch in Schichten differenzierten Gesellschaft, da es innerhalb des Hofes Kommunikation und Interaktion unter Inhabern eines annähernd gleichen ständischen Ranges ermöglicht. Durch diese exklusive Interaktion innerhalb der Hofgesellschaft perpetuierte es die Ungleichheit zwischen dem höfischen Adel und den anderen Schichten – zu denen sich nun auch der von der höfischen Interaktion am Kaiserhof weitgehend ausgeschlossene niedere Adel rechnen durfte – ständig aufs neue.[82] Die Interaktion am Fürstenhof war wesentlicher Bestandteil der Oberschichteninteraktion innerhalb der ständisch gegliederten Gesellschaften. Mit dem Prozeß funktionaler Differenzierung der Gesellschaft in funktional unterscheidbare Teilbereiche (wie Politik, Verwaltung, Recht etc.) kann die Ausformung des höfischen Interaktionssystems nicht in Verbindung gebracht werden. Die Eliteformation des Hofes war der funktionalen Differenzierung vielmehr zeitlich vorgelagert.

II. Ressourcen

Der Weg an den Kaiserhof war nur denjenigen auf Dauer möglich, die über die notwendigen Ressourcen verfügten, die für eine Aufnahme in die kaiserliche Hofgesellschaft unumgänglich waren. Diese Voraussetzungen waren dabei keineswegs nur finanzieller Natur. Protektion war ebenso vonnöten wie die Fähigkeit, einen spezifisch höfischen Lebensstil nicht nur zu finanzieren, sondern auch zu verkörpern. Eine Untersuchung über die zur Teilnahme am Kaiserhof notwendigen Ressourcen muß diese Aspekte daher ebenso berücksichtigen wie die finanzielle Seite des Hoflebens. Sozialbeziehungen und kulturelle Techniken des Umgangs lassen sich aber nur dann unter dem Begriff der Ressourcen subsumieren, wenn man den Ressourcenbegriff nicht ökonomisch verengt, sondern ihn auch auf Bereiche ausdehnt, die Bourdieu mit den Kategorien des sozialen und des kulturellen Kapitals zusammengefaßt hat.[83] Von diesem erweiterten Kapitalbegriff läßt sich diese Untersuchung leiten, wenn sie danach fragt, welche Ressourcen zur Teilnahme an der Hofgesellschaft des Kaiserhofes unverzichtbar waren.

Am Kaiserhof waren Ressourcen allerdings nicht nur Bedingung höfischer Interaktion; der Kaiser hatte auch Ressourcen zu vergeben: Ämter, Finanzleistungen, Ehrungen, Ländereien und Standeserhöhungen konnten den Höflingen als Lohn winken und ihr verfügbares Kapital damit bedeutsam vermehren. Von besonderem Interesse ist daher, das Verhältnis zwischen den notwendigen Investitionen und den Gewinnmöglichkeiten zu untersuchen, um auf diese Weise nachzuvollziehen, was den Kaiserhof für den höfischen Adel attraktiv werden ließ. Die Kategorien des ökonomischen, sozialen und kulturellen Kapitals erlauben, die Relation zwischen Investitionen und Gewinnchancen zunächst in allen drei Feldern einzeln zu untersuchen und sie anschließend miteinander zu vergleichen. Ein solcher Vergleich verspricht in zweierlei Hinsicht nutzbringend zu sein. Zum einen war die Abhängigkeit des Adels vom Kaiserhof als sozialem Ort und vom Kaiser als Herrschaftsträger in den drei Feldern jeweils unterschiedlich ausgeprägt, so daß Teilnahme an der kaiserlichen Hofgesellschaft in einem Falle stärker, im anderen Falle weniger stark gegeben war. Zum anderen läßt sich eine Aussage über die spezifisch höfische Rationalität insbesondere dann treffen, wenn sich zeigen läßt, daß eine der drei Kapitalsorten bei den Höflingen erkennbare Priorität genoß. Sollte der Kaiserhof sich zum Beispiel mit Blick auf das ökonomische Kapital als unprofitabel

herausstellen, aber im Bereich der Protektionsmöglichkeiten von großem
Vorteil sein, so lassen sich daraus erste Schlüsse für die Wertigkeit der drei
unterschiedlichen Kapitalsorten in der Wahrnehmung der Hofteilnehmer
ziehen.

Damit ist ein weiterer wichtiger Punkt berührt. Zum einen waren
Ressourcen unmittelbar handlungsrelevant, das heißt, die Verfügbarkeit
von Ressourcen entschied wesentlich über die Möglichkeiten der Interaktion am Kaiserhof. Zum anderen hing es aber auch von der sozialen Wahrnehmung der Akteure am Kaiserhof ab, was als Ressource angesehen
wurde und was nicht.[84] Die Ressourcenverteilung war daher nicht einfach
objektiv gegeben. Indem der Hofadel unterschiedlichen Dingen wie Hofämtern, Adelstiteln, Ehrungen etc. den Wert anzustrebender Ressourcen
für die eigene soziale Stellung am Kaiserhof zubilligte, war die soziale Ver-
ständigung darüber, was am Kaiserhof als Ressource zu gelten habe, stets
auch mit dem Habitus, den Wertvorstellungen und dem sozialen Wissen
der Höflinge am Kaiserhof verknüpft. Die Vorstellungen des Hofadels
über notwendige und anzustrebende Ressourcen waren daher an die Figuration des Kaiserhofes angelehnt und damit unmittelbar kontextgebun-
den. Was innerhalb des Kaiserhofes als Ressource aufgefaßt wurde, konnte von anderen sozialen Gruppen als bedeutungslos oder sogar als
tadelnswert aufgefaßt werden. Eine Rekonstruktion der am Kaiserhof
verfügbaren und angestrebten Ressourcen zeigt daher nicht nur die Voraussetzungen höfischer Interaktion auf, sondern gibt darüber hinaus einen
ersten Einblick in die sozialen Wertvorstellungen am Kaiserhof.

Welche Ressourcen am Kaiserhof zu erlangen waren und auf welche
Ressourcen man zurückzugreifen hatte, um am Kaiserhof zu reüssieren,
läßt sich in seiner ganzen Bandbreite am besten beobachten, wenn man
sich den verschiedenen Ämtern zuwendet, die am Kaiserhof für die adligen Hofmitglieder offenstanden. Zwar stellt die Figuration des Hofes ein
soziales Phänomen dar, das nicht auf institutionelle Aspekte wie der Bekleidung kaiserlicher Ämter reduziert werden kann. Doch steht gleichwohl außer Frage, daß die Bekleidung kaiserlicher Ämter im Umkreis des
Hofes für zahlreiche Adlige der Hofgesellschaft der geeignete Weg war, in
die Nähe des Kaisers zu gelangen und Teil der höfischen Adelsgesellschaft
zu werden. Welche Ämter der Kaiser dabei zu vergeben hatte, und welche
Ämter innerhalb der Hofgesellschaft besonders begehrt waren, welche
Voraussetzungen ein Amtsträger erfüllen mußte und welche Chancen die
verschiedenen Ämter für die Amtsträger insbesondere für deren soziale
Stellung am Kaiserhof bereithielten, dies soll im ersten Kapitel zur Sprache kommen. Dabei steht der Ressourcencharakter der verschiedenen
kaiserlichen Ämter im Mittelpunkt. Die folgenden Kapitel gliedern sich
entsprechend der Kategorien des erweiterten Kapitalbegriffs, nehmen

daher das soziale, das ökonomische und das kulturelle Kapital in den Blick, das für die Teilnahme an der kaiserlichen Hofgesellschaft notwendig war bzw. den Höflingen aufgrund ihrer Zugehörigkeit zum Kaiserhof zur Verfügung stand. Thema ist daher vor allem, welche Sozialbeziehungen am Kaiserhof notwendig und welche hilfreich waren, welche finanziellen Voraussetzungen erfüllt sein mußten, um ein Leben am Kaiserhof führen zu können, und welcher Lebensstil konstitutiv war, um in der Hofgesellschaft als zugehörig wahrgenommen zu werden.

1. Die Nähe zum Kaiser: Ämter und Favoriten

Die Ämter, die der Kaiser zu vergeben hatte, waren eine der wichtigsten am Kaiserhof verfügbaren Ressourcen. Hofämter fielen darunter ebenso wie sogenannte Verwaltungsämter, eine Unterscheidung, die allerdings an Bedeutung verliert, wenn man die Ämter als Ressource für die Interaktionsmöglichkeiten am Kaiserhof betrachtet und weniger ihren funktionalen Aspekt. Die kaiserlichen Ämter erschöpften sich nicht in ihrer Amtsfunktion. Manche Ämter, wie das Amt des Kammerherren und das des Geheimen Rates, waren sogar weitgehend jeder Amtsfunktion entkleidet worden, was ihrer Attraktivität indes keinen Abruch tat. Die Ämtervergabe am Kaiserhof war ein wesentlicher Teil der Kommunikation zwischen Kaiser und Hocharistokratie und diente als ein politisches Mittel zur Integration des Adels. Wie diese Interaktion vonstatten ging, soll im folgenden gezeigt werden. Eine Untersuchung der spezifischen Formen der Kommunikation der Herrschaftselite untereinander und mit dem Kaiser muß dabei vor allem berücksichtigen, welcher Personenkreis Zugang zu Ämtern und damit auch die Möglichkeit zur Kommunikation mit dem Kaiser hatte, welche Ämter dabei zur Verfügung standen und welche Voraussetzungen für die Annahme von Ämtern gegeben sein mußten. Ferner gilt es, das Verhältnis von Kosten und Nutzen für die einzelnen Amtsträger objektiv zu gewichten, sowie zu fragen, wie dieses Kosten-Nutzen-Verhältnis in der Zeit selbst wahrgenommen wurde. Waren die kaiserlichen Ämter selbst eine begehrte Ressource, die die adligen Amtsträger zu erlangen suchten, oder hatten diese eher instrumentellen Charakter, indem sich mit Hilfe der Ämter ein leichterer Zugang zu anderen Ressourcen bot?

Mit diesem Fragenkatalog geht also ein Perspektivenwechsel einher. Der funktionale Aspekt der hier untersuchten Ämter, das heißt der Blick auf Amtskompetenzen und formale Verfahrensabläufe, soll nicht im Mittelpunkt der Betrachtung stehen. Bei der Anzahl der verschiedenen Ämter könnte dies auch nicht geleistet werden. Hierzu ist auf bereits geleistete Forschungen zurückzugreifen, die für einzelne Ämter und bedeutende Amtsträger zum Teil vorliegen. Insbesondere die vermeintlich politischen Ämter am Kaiserhof, sei es des Reiches oder der Erblande, stießen in der historischen Forschung bislang auf größeres Interesse. Die Hofämter und ihre Amtsträger harren dagegen noch weitgehend neuerer Untersuchungen. Die unterschiedliche Gewichtung zwischen Hof- und Verwaltungsämtern lag vor allem in der Fragestellung begründet, die meist um die Untersuchung „bürokratischer" Verwaltungs- und politischer Entscheidungsstrukturen kreiste. Diesen Aspekten soll ihre Berechtigung keineswegs abgesprochen werden. Eine Untersuchung der Rationalität höfischer Lebensformen legt es indes nahe, sich den Ämtern und den Amtsträgern auf andere Weise zu nähern und statt der spezifischen Amtsrationalität – soweit vorhanden – die Funktionalität der kaiserlichen Ämter für die Interaktion der adligen Hofmitglieder in den Blick zu nehmen.

Ob die Übernahme kaiserlicher Ämter für den Adel von Nutzen sein könnte, wird im Fürstenspiegel des Fürsten Karl Eusebius von Liechtenstein an seinen Sohn ausführlich erörtert. Der Fürstenspiegel, ein umfassendes Vermächtnis an Johann Adam Andreas von Liechtenstein über alle Fragen adliger Lebensführung, dürfte ca. 1680 entstanden sein.[85] Ferner existiert eine Abschrift aus dem 18. Jahrhundert, die Falke etwas vage in die Regierungszeit des Fürsten Anton Florian von Liechtenstein datiert.[86] Unabhängig vom genauen Datum der Abschrift zeigt ihre Existenz jedoch an, daß dem Fürstenspiegel des Karl Eusebius auch im 18. Jahrhundert noch ein erzieherischer Wert zuerkannt wurde. In der Frage nach der Funktionalität kaiserlicher Ämter gelangt die Denkschrift zu einem eindeutigen Ergebnis. Nach dem Willen Karl Eusebius' sollte sich sein Sohn Johann Adam von Liechtenstein von Ämtern am Wiener Kaiserhof möglichst fernhalten.[87] In seinem politischen Vermächtnis begründet er seine Empfehlung, „*kayserliche Dienste nicht zu suchen*", zunächst damit, daß er fern von seinen Gütern den Besitz nicht angemessen verwalten könne.[88] Ferner seien die Kosten einer Ämterbekleidung zu hoch. So werde durch den Dienst für den Kaiser „*gar zu viell zeit verlohren*". Vor allem aber erfordere eine Amtsträgerschaft für den Kaiser „*jährlich ein gar zu grosse Summa geldts*", da man in Wien standesgemäß zu residieren, „*fürstlich zu zehren*" habe, was enorme Ausgaben mit sich bringe.[89] Diese Zurückhaltung solle Johann Adam auch seinem Erstgeborenen zur Aufgabe machen. Nur die jüngeren Söhne sollten sich um kaiserliche Dienste bemühen, wies Karl Eusebius seinen Nachfolger an.[90]

Er selbst hat sich in der Tat weitgehend an diese Devise gehalten und keine kaiserlichen Ämter angestrebt.[91] Seine pädagogischen Bemühungen waren allerdings von wenig Erfolg gekrönt. Johann Adam Andreas von

Liechtenstein wurde Mitglied der Geheimen Konferenz und im Jahr 1687 Geheimer Rat. Darüber hinaus betraute Kaiser Leopold I. ihn mit weiteren Sonderaufgaben: der Neuverwaltung des kaiserlichen Domänenbesitzes sowie der Präsidentschaft der 1703 neugegründeten Wiener Stadtbank.[92] Auch unter Kaiser Joseph I. wurde er für Amtsaufgaben herangezogen.[93] Um den Posten des Hofkammerpräsidenten hatte er sich beworben, trat diese Stelle dann aber schließlich nicht an.[94] Die meisten anderen Mitglieder der liechtensteinischen Familie finden sich ebenfalls im Umkreis des Wiener Hofes und bekleideten immer wieder auch kaiserliche Ämter. Offenkundig deckt sich hier die geäußerte Einschätzung, die Bekleidung kaiserlicher Ämter zöge überwiegend negative Folgen nach sich, nicht mit dem Verhalten der meisten Adligen, die es weiterhin in höfische Dienste zog. Wie läßt sich diese Diskrepanz erklären?

Auffällig ist, daß sich Karl Eusebius nur zu den negativen Aspekten einer Amtsträgerschaft äußert, die positiven indes ausspart. Deutlich kennzeichnet er die notwendigen Investitionen, die der Adel für seine Bereitschaft, Ämter am Kaiserhof zu bekleiden, zu erbringen hatte. Um am Kaiserhof reüssieren zu können, mußte man offensichtlich über Zeit und viel Geld verfügen und bereit sein, beides auch einzusetzen. Was eine Bilanz für die Amtsinhaber kaiserlicher Ämter auf der Haben-Seite aufweist, läßt sich diesem Fürstenspiegel nicht entnehmen. Auch die Aussagen anderer Adliger, die den Nutzeffekt von Ämtern am Kaiserhof stärker betonen, können diese Frage nur unvollkommen beantworten. Johann Philipp Graf von Lamberg beispielsweise sah seine Ausgaben von mehr als 100 000 fl. als kaiserlicher Botschafter in Rom durch die Hoffnung gerechtfertigt, daß er mit einer „*vornehmen Hofcharge*" nach Ende seiner Gesandtschaft die Ausgaben wieder „*cum foenore hereinbringen*" könne.[95] Wie begründet diese Hoffnung war, läßt sich jedoch nur schwer abschätzen. In der durch hohe Ämter akkumulierten Ehre sah Johann Philipp von Lamberg denn auch den größeren Nutzen kaiserlicher Ämter als in der vermeintlichen Chance zur Vermögenssteigerung: „*Geld und Gut kann von menniglich, wie wir es am gemeinen ersehen, leichtlich, aber ein unsterblicher Nachruhm von wenig erhalten werden.*"[96]

Unabhängig von der Frage nach dem ökonomischen Nutzen einer Amtsträgerschaft konnte ein Adliger in kaiserlichen Diensten also in jedem Fall einen symbolischen Gewinn davontragen. Dieser Aspekt bleibt im Fürstenspiegel des Karl Eusebius von Liechtenstein gänzlich unberücksichtigt. Ob er die Familie Liechtenstein bereits mit hinreichend sichtbarem Glanz ausgestattet sah, so daß ihm die Nähe des Kaisers zur weiteren Prestigemaximierung entbehrlich schien und andere Investitionen, beispielsweise in den Schloßbau,[97] mehr symbolischen Gewinn abzuwerfen versprachen, kann hier bestenfalls vermutet werden. Sicher ist indes, daß sich die Mitglieder auch der vornehmsten Adelsfamilien keineswegs in der Mehrzahl für ein Leben abseits des Kaiserhofes entschieden. Da die meisten Mitglieder des Hochadels in den Erblanden nach kaiserlichen Ämtern strebten, muß allerdings eine Amtsträgerschaft mit irgendeinem materiellen oder immateriellen Nutzen verbunden gewesen sein. Dabei war das Verhältnis von Kosten und Nutzen bei den einzelnen Ämtern durchaus unterschiedlich bemessen.

Ein typologischer Überblick über die verschiedenen Hof- und Verwaltungsämter am Kaiserhof vermag dies zu demonstrieren. Da die kaiserlichen Ämter nicht Teil einer modernen Verwaltungsorganisation waren, sondern sich in ihnen ein persönliches Dienstverhältnis zwischen dem Kaiser und den adligen Amtsträgern ausdrückte, gab es keine geregelte „Ämterlaufbahn", die ein Adliger am Hof hätte einschlagen können. Wohl aber gab es unterschiedliche Ämtertypen, die jeweils spezifische Anforderungen an die Amtsträger stellten. Auch eine gewisse Regelmäßigkeit der Ämterfolge läßt sich bei den Hofkarrieren der einzelnen adligen Amtsträger beobachten.

a) Hofehrenämter: Kämmerer und Geheimer Rat

An der Entwicklung zweier Ämter läßt sich die zunehmende Integrationskraft des Kaiserhofes im 17. und frühen 18. Jahrhundert in besonderer Weise verfolgen. Das Amt des Kämmerers ebenso wie das des Geheimen Rates stieß bei den Adligen des Kaiserhofes seit dem 17. Jahrhundert auf stark zunehmendes Interesse. Unter allen Ämtern des stetig wachsenden kaiserlichen Hofstaates hatten sie die mit Abstand größten Zuwachsraten, was wiederum mit dem Wandel des Amtscharakters Hand in Hand ging. Beide Ämter sollen fortan unter dem Begriff „Hofehrenämter" zusammengefaßt werden. Zweierlei war mit dem Erhalt eines Hofehrenamtes vor allem verknüpft: eine Rangposition innerhalb der kaiserlichen Hofgesellschaft mit der Möglichkeit zur Teilnahme an kaiserlichen Hofveranstaltungen und das Recht auf ungehinderten Zugang zum Kaiser. Beide Aspekte sollen im Zusammenhang mit den zeremoniellen Normen des kaiserlichen Hofes ausführlich zur Sprache kommen.[98] An dieser Stelle steht hingegen der Ressourcencharakter der beiden Hofehrenämter im Vordergrund.

Sowohl der zeremonielle Rang als auch das Zugangsrecht zum Kaiser waren notwendig zu erlangende Ressourcen, die für den weiteren Fortgang einer Karriere in kaiserlichen Diensten ebenso bedeutsam waren wie für alle anderen Ambitionen am Kaiserhof. Jeder Adlige, der an der höfischen Interaktion am Kaiserhof teilnehmen wollte, brauchte hierfür den ungehinderten Zugang zum Kaiser. Das Erlangen eines der beiden Hofehrenämter war daher das vordringliche Ziel, die elementare Voraussetzung, wollte man in die Nähe des Kaisers gelangen. Beide Ämter waren denn auch in den Kreisen des Hochadels sehr begehrt. Neben der Möglichkeit, den Kaiser jederzeit sprechen zu können, hatten sie darüber hinaus auch eine symbolische Funktion. Die Verleihung dieser beiden Ämter war vor allem ein Ehrenerweis des Kaisers gegenüber dem mit diesem Amt ausgezeichneten Adligen, eben weil sich in der Zugangsberechtigung eine besondere Nähe zum Monarchen ausdrückte, was bei den Kämmerern mit der Vergabe des goldenen Kämmererschlüssels auch symbolisch seinen Ausdruck fand.[99] Da die höfische Adelsgesellschaft untereinander einen permanenten Wettkampf um Status und Ehre austrug, war der Erhalt eines Hofehrenamtes eine begehrte symbolische Auszeichnung, über die der Kaiser verfügen konnte. Eine Nichtbeachtung bei der Vergabe dieser beiden Hofehrenämter wurde dagegen als Zurücksetzung gegenüber den adligen Konkurrenten um Rang und Ehre gedeutet.[100] Zur Erlangung des Kämmereramtes waren zwei Bedingungen notwendig: Zum einen konnten nur Adlige als Kämmerer in kaiserliche Dienste treten, wie bereits die Hofordnung Ferdinands I. verfügte. Zum anderen konnten sich beinahe ausschließlich katholische Adlige Hoffnungen machen, diese Würde zu erhalten.[101] Seit der Gegenreformation war das Bekenntnis zum Katholizismus eine der Grundvoraussetzungen, um in kaiserliche Dienste treten zu können.[102]

In dem Maße, wie die Bedeutung dieses Ehrenamtes als Ausweis der Zugehörigkeit zum Hof immer stärker symbolisch wurde, hatte das Kämmereramt in seiner ursprünglichen Funktion seine Bedeutung schon im 17. Jahrhundert zunehmend eingebüßt. Die Kämmerer waren in der Hofstaatsordnung Ferdinands I. des Jahres 1527 ursprünglich dazu vorgesehen, den Oberstkämmerer bei seinen Aufgaben zu unterstützen. Sie hatten dafür Sorge zu tragen, daß keine unbefugten Personen die Gemächer des Kaisers betreten konnten, sich um die kaiserliche Gaderobe zu kümmern und beim Lever zu Hilfe zu sein.[103] Da die Kämmerer für den persönlichen Dienst beim Kaiser vorgesehen waren, bekamen schon im 16. Jahrhundert nur Adlige dieses Amt verliehen.[104] Mitte des 17. Jahrhunderts wurde dann zwischen wirklichen – und besoldeten – und außerordentlichen Kämmerern unterschieden, von denen letztere nur für gewisse Ehrendienste am Hof zur Verfügung stehen mußten und nicht besoldet wurden.[105] Am Kaiserhof selbst mußten immer nur sechs Kämmerer zugleich verfügbar sein.[106] Die Zahl der Kammerherren lag aber schon Mitte des 17. Jahrhunderts um ein vielfaches höher. Für die Leistung dieser sporadisch anfallenden Ehrendienste war daher keine generelle Anwesenheit am Hofe erforderlich, die Kämmererwürde somit auch für Adlige interessant, die weiter-

hin auf ihren Gütern verbleiben wollten. Friedrich Carl von Moser hebt in
seinem Teutschen Hof-Recht hervor, daß insbesondere am Kaiserhof die
meisten Kämmerer „*ihr Lebtag kaum einmahl zur würcklichen Aufwartung*" an den Kaiserhof kamen.[107] Im weiteren Verlauf des 17. Jahrhunderts nahm die Anzahl dieser unbesoldeten Titularkämmerer rasant zu,
während die wirklichen Kämmerer ihre ursprüngliche Funktion mehr und
mehr verloren,[108] so daß im 18. Jahrhundert nur noch unbezahlte Titular-
kammerherren ernannt wurden.[109] Die funktionale Entwertung des Amtes
tat seiner Attraktivität indes keinen Abbruch. Da der Zugang zum Kaiser
nicht nur für eine weitere Karriere am Hof, sondern auch für jeden Versuch direkter Einflußnahme auf den Kaiser beinahe unerläßlich war und
dieser Zugang mit einer Kammerherrenstelle wesentlich leichter zu ermöglichen war, lag es im Interesse jedes Adligen, mit diesem Amt ausgestattet zu werden, weshalb die Zahl der Kämmerer weiterhin unaufhörlich
stieg: Das Hofstaatsverzeichnis des Jahres 1678 verzeichnete schon 373
Kammerherren, im Jahre 1705 waren es 423 mit weiter steigender Tendenz. Unter Karl VI. wurden in sechs verschiedenen Promotionen bis 1728
insgesamt 220 neue Kämmerer ernannt.[110] Allein am 19. Februar, anläßlich
der Hochzeit der Erzherzogin Maria Theresia mit dem Herzog Franz Stefan von Lothringen, introducierte Karl VI. auf einmal 158 neue Kammerherren.[111]

Für die symbolische Funktion des Kämmereramtes spielte neben dem
Erhalt des Amtes auch der Zeitpunkt der Amtsverleihung eine Rolle. Der
Rang der am Kaiserhof vertretenen Kämmerer untereinander hing nämlich davon ab, wann man diese Würde verliehen bekam; je früher der Zeitpunkt der Promotion lag, desto höher war der zeremonielle Rang innerhalb der Hofgesellschaft.[112] Nicht von ungefähr bildete sich daher die
Praxis aus, daß das Kämmereramt als Einstiegsamt am Hof vergeben
wurde, um das sich junge Adlige in der Regel nach dem Ende ihrer Kavalierstour bemühten. So waren beinahe alle obersten Amtsträger unter
Karl VI. auch im Besitz der Kämmererwürde, die ihnen der Kaiser fast
immer zu Beginn ihrer Amtskarriere am Kaiserhof verliehen hatte.[113] Sie
alle hatten den Kämmererschlüssel meist schon unter der Herrschaft Leopolds I. erhalten, manche auch von Joseph I. Und sie behielten diese
Würde auch unter den nachfolgenden Kaisern und neben ihren weiteren
Ämtern bei. Zwar lag es im Ermessen des Kaisers, wen und wie viele
Kämmerer er jeweils ernannte. Doch hatte er bei dieser Entscheidung die
Erwartungshaltung der adligen Prätendenten und ihrer Familien mit zu
berücksichtigen. Gehörte der Bewerber zum Kreis der besonders arrivier-
ten Familien oder war er bereits als kaiserlicher Edelknabe am Hofe prä-
sent gewesen, leitete man daraus nicht selten einen Anspruch auf das
Kämmeramt ab.[114] Auch wurde die kaiserliche Besetzungspraxis von

den Adligen am Hofe stets sehr genau registriert.[115] In der Konkurrenz-
situation der adligen Familien untereinander war es durchaus bedeutsam,
wer vom Kaiser mit einem Kämmereramt versehen wurde und wer nicht.
Die stetig steigende Anzahl von Kammerherren erhöhte dabei noch den
Druck auf die Mitglieder der hochadligen Familien, auch selbst Inhaber
dieses Ehrenamtes zu sein, was Moser in der lakonischen Bemerkung zu-
sammenfaßte: „*Es sey keine Ehre, ihn [den goldenen Kämmererschlüssel]
zu haben, wohl aber eine Schande, ihn nicht zu haben.*"[116]
   Ein Blick auf das Amt des Geheimen Rates am Kaiserhof ergibt ein
ähnliches Bild. Ebenso wie die Zahl der Kammerherren weitete sich auch
die Anzahl der Geheimen Räte seit der Mitte des 17. Jahrhunderts stark
aus. Kam Ferdinand II. noch mit vier bis sechs Geheimen Räten aus,[117]
waren es 1654 unter Ferdinand III. schon 13 und unter Leopold I. im Jahre
1692 insgesamt 62 Geheime Räte (von denen 53 wirkliche Geheime Räte
und neun Titularräte waren). Nur 13 Jahre später waren am Kaiserhof
nicht weniger als 164 Geheime Räte versammelt.[118] Parallel zu diesem
Ausweitungsprozeß verlor das Amt des Geheimen Rates am Kaiserhof
seine politische Bedeutung. Ursprünglich diente der Geheime Rat, neben
dem Hofrat, dem Kaiser als höchstes politisches Beratungsgremium.[119]
Unter Leopold I. wurde diese Funktion dann seit 1665 der Geheimen
Konferenz übertragen,[120] während das Gremium des Geheimen Rates zunehmend seine politische Rolle einbüßte und fortan vor allem als Appellationsgericht diente.[121] Leopold I. experimentierte nach 1680 zwar noch mit
alternativen Formen der Entscheidungsfindung – zum Beispiel mittels ein-
berufener Kommissionen aus dem Personenkreis der Geheimen Räte zu
einzelnen politischen Sachthemen –, wodurch die Geheime Konferenz
vorübergehend wieder an Einfluß verlor.[122] Doch schon unter Joseph I.
und ab 1712 auch unter Karl VI. wurden die politischen Entscheidungen
wieder wesentlich in der (engeren) Geheimen Konferenz beraten. Dieser
Weg des Geheimen Rates zu einem reinen Titularamt zeichnete sich spätestens ab, als Joseph I. nach seinem Herrschaftsantritt von den 160 Geheimen Räten Leopolds I. nur 33 als politische Berater übernommen
hatte, den übrigen allerdings zugestand, ihren Titel gegen die Zahlung
einer Taxe von 400 fl. erneuern zu lassen.[123]
   Was blieb, war der Amtstitel eines Geheimen Rates, der ebenso wie der
des Kämmerers den permanenten Zugang zum Kaiser ermöglichte. Ferner
war an dieses Amt ein zeremonieller Rang in der höfischen Rangfolge geknüpft, der dem Rang des Kämmerers voranging.[124] Gegen die symbolische Bedeutung des Amtes fiel der politische Bedeutungsverlust für die
adligen Bewerber offensichtlich nicht ins Gewicht, wie sich an der stets
steigenden Zahl der Geheimen Räte ablesen läßt. Allerdings war hier die
Vergabepraxis des Kaisers etwas restriktiver. Insbesondere konnte man

nicht damit rechnen, das Amt des Geheimen Rates schon zu Beginn einer Karriere am Kaiserhof verliehen zu bekommen. Vielmehr wurde diese Würde meist als Auszeichnung für treue Dienste und ebenso wie die Kämmererwürde fast ausschließlich an Katholiken verliehen.[125] Philipp Ludwig von Sinzendorf erhielt dieses Amt 1701 nach seiner zweijährigen außerordentlichen Gesandtschaft in Paris,[126] Prinz Eugen wurde drei Jahre nach seinem Sieg bei Zenta Mitglied des Geheimen Rates,[127] und Starhemberg erhielt das Amt ebenfalls erst, nachdem er sich als Vizepräsident der Hofkammer bereits einen Namen gemacht hatte.[128]

Der Verdienstaspekt hatte für den Kaiser allerdings auch eine Kehrseite. Zwar hatte allein der Kaiser über die Introduktion neuer Geheimräte zu entscheiden, doch konnte er sich dabei der Erwartungshaltung der adligen Prätendenten nicht immer entziehen. Standen die Mitglieder der hocharistokratischen Herrschaftselite längere Zeit in kaiserlichen Diensten und investierten sie dabei neben ihrer Zeit nicht selten auch größere Summen zur Finanzierung ihrer Amtsträgerschaft, dann erhoben sie nicht selten mehr oder weniger offen Anspruch auf die Verleihung der Geheimen Ratswürde. So forderte Philipp Kinsky nach der Übertragung der kostspieligen englischen Gesandtschaft energisch die Verleihung der Geheimen Ratswürde ein.[129] Andere traten eine Gesandtschaft von vornherein nur unter der Bedingung an, das Amt des Geheimen Rates als Belohnung verliehen zu bekommen.[130] Karl Joseph Graf von Kollowrat führte an, daß schon seine „*Voreltern*" im Besitz der Geheimen Ratswürde gewesen seien, er ferner langjährigen Dienst an der königlichen Appellationskammer in Böhmen geleistet habe und hier die Stelle des Vizepräsidenten bekleide. Da aber alle Vizepräsidenten zuvor auch Inhaber der Geheimen Ratswürde gewesen seien und er sich „*außer der Stadt Prag keines meinem Dienst konformen Rangs erfreuen könne*", meldete er ebenfalls Anspruch auf dieses Amt an.[131] Neben dem persönlichen Verdienst waren daher auch die Familie, vor allem aber der Verweis auf Präzedenzfälle gängige Begründungsmuster bei der Forderung nach Verleihung dieses kaiserlichen Amtes. Meist konfrontierte man nicht den Kaiser selbst mit solchen Ansprüchen, sondern wandte sich an Dritte, von denen man sich dann Protektion beim Kaiser erhoffte. Natürlich war der Kaiser nicht gezwungen, auf solche Forderungen einzugehen. Die Bereitschaft des Adels, in kaiserliche Dienste zu treten, hing sicherlich auch davon ab, welche Chancen sich daraus für die eigene Karriere am Hofe ergaben.

Sowohl am Kämmereramt als auch an dem des Geheimen Rats wird die kommunikative und soziale Bedeutung sichtbar, die Angehörige der kaiserlichen Hofgesellschaft beiden Ämtern – unabhängig von verwaltungsrationalen Aspekten – zuerkannten. Die Frage nach der Amtsfunktion dieser Ämter stand für die zahlreichen Bewerber um ein Hofehrenamt of-

fensichtlich nicht im Vordergrund. Da es sich ferner bei den meisten Kämmerer- und Geheimen Ratsstellen um unbesoldete Ämter handelte, boten
auch finanzielle Verdiensterwägungen kaum einen Anreiz, sich um diese
Ämter zu bemühen. Worin bestand also der Nutzen, den die Hofehrenämter für ihre Inhaber bereithielten? Mit der Bekleidung eines der beiden
Ämter konnte man bei zeremoniellen Anlässen im Kreise des gesamten in
Wien vertretenen Hochadels sowie der Vertreter der europäischen Fürstenhöfe für alle sichtbar die Zugehörigkeit zum Kaiserhof und die damit
einhergehende symbolische Nähe zum Kaiser dokumentieren. Da sich
außerdem der zeremonielle Rang am Hofe ausschließlich danach richtete,
ob man Kämmerer oder Geheimer Rat war, nicht dagegen nach anderen
Ämtern oder anderen Faktoren, konnte man nur mit Hilfe dieser beiden
Ämter seinen eigenen Rang am Kaiserhof sicherstellen.

Darüber hinaus hatte die Nähe zum Kaiser auch eine praktische Seite:
Um jederzeit Zugang zum Kaiser erhalten und damit mit Wünschen vorstellig werden zu können, war ein Zugangsamt unerläßlich. Zugang erhielt
aber nur, wer entweder Kämmerer oder Geheimer Rat war.[132] Hatte man
eines dieser Ämter inne, konnte man beim Kaiser vorstellig werden und
sich – oder andere Personen – in Erinnerung rufen. Dieses Zugangsrecht
war nicht nur für eine Karriere am Hof von unschätzbarem Vorteil; auch
für die Verleihung mancher landständischer Ämter konnte es sich auszahlen, beim Kaiser vorstellig zu werden. So erschien Siegmund Friedrich
Graf von Khevenhüller 1698 als Kämmerer – unmittelbar nach dem Tode
des Kärntner Landeshauptmanns, Franz Graf von Orsini Rosenberg – bei
Leopold I., um sich als Nachfolger für diese Stelle zu empfehlen; eine
Mühe, die sich auszahlte: Die kaiserliche Resolution mit seiner Ernennung
folgte weniger als einen Monat später.[133]

Dieses Fallbeispiel zeigt, daß man als Kämmerer keineswegs permanent
am Kaiserhof weilen mußte, um dort mit eigenen Anliegen erfolgreich zu
sein. Zu seiner Audienz reiste Graf von Khevenhüller aus Kärnten an, wo
er seinen Verpflichtungen als Burggraf nachkommen mußte. Diente den
einen das Kämmereramt als Einstieg in die Gesellschaft des Kaiserhofes,
bot es für die anderen die Möglichkeit, von Fall zu Fall die Nähe des Kaisers zu suchen, um abseits des Kaiserhofes von kaiserlicher Protektion
profitieren zu können. Nicht alle nachweisbaren Kämmerer waren daher
zugleich auch permanenter Teil der kaiserlichen Hofgesellschaft. So fiel
schon dem Freiherrn von Pöllnitz auf, daß nur wenige böhmische Familien Führungsämter am Kaiserhof bekleideten.[134] Andere Familien bemühten sich zwar um eine Kammerherrenwürde, sahen das allerdings vor
allem als ein Mittel an, um damit in Böhmen selbst höhere Landesämter
zu erhalten. Gerade hieran läßt sich die Integrationsfunktion des Kaiserhofes für den erbländischen Adel ablesen. Für Adelsfamilien, deren poli-

tische Aktivitäten sich auf ihr jeweiliges Erbland beschränkten, bot ein Kämmereramt am Kaiserhof eine Möglichkeit, sich um kaiserliche Unterstützung zum Beispiel bei der Vergabe der Landesämter zu bemühen, stellte also eine Ressource dar, die genutzt werden konnte, auch wenn man sich weitergehender Ambitionen am Kaiserhof enthielt.

Insbesondere für die nicht ständig in Wien weilenden Kammerherren erwies sich die funktionale Entleerung des Kämmereramtes und seine fast ausschließlich symbolische Bedeutung als ausgesprochen vorteilhaft. Sie konnten selbst darüber entscheiden, wann sie von der Nähe zum Kaiser Gebrauch machen wollten und wann nicht. Sie konnten sich jederzeit als Teil des kaiserlichen Hofstaates der Hofgesellschaft wie der europäischen Fürstengesellschaft präsentieren, waren aber keinerlei Präsenzpflicht unterworfen. Auf diese Weise waren beide Hofehrenämter zwar eine Ressource, die ausschließlich der Kaiser zu vergeben hatte. Bekam ein Adliger indes diese Würde verliehen, so war es ihm überlassen, in welcher Weise er davon Gebrauch machen wollte. War er an einer Hofkarriere interessiert, konnte er das Amt als Eintrittskarte in die höfische Gesellschaft nutzen und sich für höhere Dienste empfehlen; hierfür war allerdings eine längerdauernde Präsenz am Kaiserhof unverzichtbar.

b) Amtsträger und Hofgesellschaft

Nicht alle Mitglieder des adligen Standes konnten sich die gleichen Chancen ausrechnen, ein Hofehrenamt am Kaiserhof zu erhalten. Dies zeigt ein Blick auf den geburtsständischen Rang der Amtsträger ebenso wie ein Blick auf deren regionale Herkunft. Sucht man die notwendigen Ressourcen für eine Teilnahme an der kaiserlichen Hofgesellschaft zu ermitteln, muß zunächst geklärt werden, aus welchen Familien sich die Hofgesellschaft zusammensetzte, welcher Personenkreis also offensichtlich über die notwendigen Ressourcen verfügte und welche Teile des Adels dem Kaiserhof fernblieben. Dieser Exkurs sucht daher die Zusammensetzung des Hofstaates anhand ausgewählter kaiserlicher Amtsträger näherungsweise zu bestimmen. Warum es manchen Familien besser als anderen gelang, am Kaiserhof vertreten zu sein, diese Frage zu klären bleibt den nachfolgenden Kapiteln vorbehalten.

Um die Zusammensetzung der kaiserlichen Hofgesellschaft unter Karl VI. zu ermitteln, bietet es sich aus mehreren Gründen an, den Kreis der kaiserlichen Kämmerer als empirische Grundlage genauer zu betrachten. Zum einen erhielten zahlreiche Höflinge dieses Amt bereits zu Beginn ihrer Hofkarriere zugesprochen. Zum anderen stellten die Kämmerer unter den kaiserlichen Amtsträgern die zahlenmäßig größte Gruppe. Und

schließlich erreicht man mit den Kämmerern eine Personengruppe, die
aufgrund ihres Hofehrenamts sowohl den Zugang zum Kaiser beanspruchen konnte als auch zur Teilnahme an allen Hofveranstaltungen berech-
tigt war. Im Gegensatz zu anderen zahlreich am Hof vertretenen kaiserlichen Amtsträgern – insbesondere der niederen Hofchargen – lassen sich
die Inhaber der Kammerherrenwürde daher als potentielle Mitglieder der
kaiserlichen Hofgesellschaft ausmachen. Mit einem Blick auf die Ernen-
nungspraxis Karls VI. bei den Reichshofräten, den Geheimen Räten und
den Rittern des Ordens vom Goldenen Vlies soll das Bild der kaiserlichen
Hofgesellschaft abgerundet werden.

Den Personenkreis der adligen Hofgesellschaft mit einer Auswertung
der kaiserlichen Kämmerer, Geheimen Räte und Reichshofräte bestimmen zu wollen ist allerdings auch mit einigen Problemen behaftet. So ist
die Übereinstimmung der Personenkreise der angeführten Amtsträger
und der kaiserlichen Hofgesellschaft strenggenommen zu keinem Zeitpunkt gegeben. Zum einen weilten stets auch Personen am Kaiserhof, die
kein kaiserliches Amt bekleideten, aber am Hofleben dennoch in der
einen oder anderen Form partizipierten. Da sich die Anwesenheit dieser
Hofteilnehmer jedoch nicht systematisch in den Quellen niederschlug, ist
es schwierig, diesen Personenkreis empirisch zu erfassen. Zum anderen
waren die zahlreichen Kämmerer, wie bereits erwähnt, keineswegs stets in
toto am Kaiserhof präsent. Mit einer Auswertung der Instruktionslisten
der Kämmerer erfaßt man daher nicht die real am Kaiserhof weilende kaiserliche Hofgesellschaft selbst. Statt dessen erhält man eine Zusammenstellung der potentiellen Hofgesellschaft, das heißt einen Überblick über
den Kreis derjenigen Personen, die im Falle ihrer Anwesenheit am Kaiserhof die Hofgesellschaft formierten.

Neben solche Interpretationsprobleme treten Schwierigkeiten, die sich
aus der Quellenüberlieferung ergeben, insbesondere bei der Rekonstruktion der neu bestallten Kämmerer und der Geheimen Räte. Da es sich bei
diesen beiden Ehren- und Zugangsämtern, wie oben erwähnt, vor allem
um Rangtitel handelte, die im 18. Jahrhundert in der Regel mit keinen
Aufgaben oder Funktionen verbunden waren, finden die Kämmerer und
die Geheimen Räte in den Hofstaatskalendern keine und in den Ämter-
schematismen nur teilweise Erwähnung.[135] Auch in den Hofzahlamts-
büchern tauchen diese Ämter nicht auf, da sie in der Regel unbezahlt
waren. Kämmererlisten existieren für die Zeit Leopolds I.[136] bis Karl VI.
nur sporadisch. Diese Arbeit stützt sich bei der Rekonstruktion des kaiserlichen Hofstaates auf eine „Ordnung der kayserlichen Cammerherren" aus
dem Jahre 1717, in der 393 Kämmerer aufgelistet sind, die bereits unter Joseph I. berufen wurden.[137] Hinzu kommt eine Ordnung der kaiserlichen
Kämmerer, die in Küchelbeckers ›Allerneueste Nachricht‹ enthalten ist

und Neuernennungen anläßlich der niederösterreichischen Erbhuldigung (1712), der Krönung der Kaiserin zur Königin von Ungarn (1714), der böhmischen Königskrönung (1723) und der Erbhuldigung in Graz (1728) zusammen mit weiteren Neuernennungen des Jahres 1716 festhält.[138] Eine weitere Zusammenstellung der neuernannten Kämmerer unter Karl VI. hat Pickl von Witkenberg einer handschriftlichen Liste entnommen.[139] Und schließlich finden sich einige wenige Ernennungen zu kaiserlichen Kämmerern auch in den Zeremonialprotokollen verzeichnet. Der Aktenbestand des Oberstkämmereramtes enthält dagegen keine Auflistung kaiserlicher Kämmerer zur Zeit Karls VI. Mit diesen Quellen lassen sich für Joseph I. insgesamt 385 neu introduzierte Kämmerer nachweisen und für die Regierungszeit Karls VI. immerhin 388 Kämmerer. Wieviel Kämmerer am Kaiserhof Karls VI. diese Würde jeweils für sich beanspruchen konnten, läßt sich aus diesen Listen zwar nicht entnehmen. Neben den neu ernannten Kammerherren behielten all diejenigen, die bereits unter Leopold I. oder Joseph I. das Kämmereramt erhalten hatten, diese Würde auch weiterhin. Es ist jedoch davon auszugehen, daß unter Karl VI. stets mindestens zwei- bis dreihundert Personen mit der Kämmererwürde ausgezeichnet waren.

Nicht weniger problematisch ist eine Zusammenstellung der Geheimen Räte. Um sie zu erfassen, diente zum einen eine (undatierte) Geheime Ratsliste,[140] in der die Geheimen Räte gemäß ihrem Rang aufgeführt sind; sie ist in das letzte Regierungsjahr Leopolds I. zu datieren. Sie gibt Aufschluß über einen Großteil derjenigen Geheimen Räte, die unter Karl VI. in vorderen Positionen standen. Darüber hinaus gibt es mehrere Listen von neu introduzierten Geheimen Räten zur Zeit Karls VI. im Bestand der Reichskanzlei des Haus-, Hof- und Staatsarchives, die jedoch alle äußerst lückenhaft sind. In den Zeremonialprotokollen lassen sich darüber hinaus weitere neuernannte Geheime Räte finden. Insgesamt ergibt die Auswertung dieser unterschiedlichen Ratslisten eine Zusammenstellung von 247 Geheimen Räten, die unter Karl VI. dieses Amt erhielten (siehe Tabelle 1).

Ungeachtet der Hindernisse für eine vollständige Erfassung der Kämmerer und der Geheimen Räte am Kaiserhof lassen sich einige interessante Schlußfolgerungen über die Zusammensetzung der kaiserlichen Hofgesellschaft ziehen.[141] So war der Kaiserhof im wesentlichen eine Veranstaltung für den Hochadel der habsburgischen Erblande, des Reiches sowie der ehemaligen und der verbliebenen habsburgischen Herrschaftsgebiete des spanischen Erbes. Von den ausgewerteten 388 Kämmerern, die unter Karl VI. dieses Amt erhielten, waren allein 317 Kämmerer Fürsten oder Grafen, ca. 82 %. Deutlich geringer war bereits der Anteil der Freiherren mit 42 Kämmerern (11 %). Vollkommen marginalisiert war hinge-

Tabelle 1: Neuernannte Kämmerer unter Karl VI.

Adelsrang (Kämmerer) 388 Kämmerer ausgewertet	Anzahl	Anzahl
Fürsten	19	5 %
Grafen	298	77 %
Freiherren	42	11 %
Ritter, Barone etc.	19	5 %
Adelsrang unklar	10	2 %
Herkunft (Kämmerer)		
Erblande (insgesamt)	189	49 %
davon aus den österreichischen Erblanden	148	38 %
davon aus Böhmen/Mähren/Schlesien	21	5 %
davon aus Ungarn	21	5 %
Reich	59	15 %
Spanien/Italien	78	20 %
Sonstige Länder (Lothringen, österr. Niederlande etc.)	23	6 %
Herkunft unklar	39	10 %

gen der niedere Adel: In der Regierungszeit Karls VI. wurden insgesamt nur 19 Ritter oder Barone mit der Kämmererwürde ausgezeichnet; das entspricht einem Anteil von gerade einmal 5 %. Zieht man die Vergleichszahlen der unter Joseph I. introduzierten Kämmerer heran, so ergibt sich ein beinahe identisches Bild (siehe Tabelle 2). Von den 385 Kämmerern, die unter Joseph I. dieses Amt erhielten, entstammten mehr als 80 % Familien des Hochadels, waren also Grafen oder Fürsten. Nur 57 Kämmerer waren Freiherr, Baron oder Herr; weniger als 15 %.[142] Schon das Kämmereramt, mit dem zahlreiche Hofadlige bereits zu Anfang ihrer Anwesenheit am Kaiserhof ausgestattet wurden, lag damit in der ersten Hälfte des 18. Jahrhunderts beinahe vollständig in den Händen hoher Adelsfamilien. Angehörigen des niederen Adels war es offensichtlich nur schwer möglich, vom Kaiser mit dieser Würde betraut zu werden, oder sie suchten gar nicht erst den Weg in kaiserliche Dienste.[143]

Dieser Eindruck verstärkt sich noch bei einem Blick auf die besonders erfolgreichen Familien, von denen drei oder mehr Familienmitglieder ein Kämmereramt verliehen bekamen.[144] Unter diesen waren sowohl unter Joseph I. wie auch unter Karl VI. ausschließlich Familien vertreten, die Grafen oder Fürsten waren. Ferner deutet ein Vergleich beider Listen eine Kontinuität bei der Präsenz der erfolgreichen Familien am Kaiserhof an:

Tabelle 2: Neuernannte Kämmerer unter Joseph I.

Adelsrang (Kämmerer) 391 Kämmerer ausgewertet	Anzahl	Anzahl
Fürsten	3	1%
Grafen	332	85%
Freiherren	33	8%
Ritter, Barone etc.	20	5%
Adelsrang unklar	3	1%
Herkunft (Kämmerer)		
Erblande (insgesamt)	228	58%
davon aus den österreichischen Erblanden	164	42%
davon aus Böhmen/Mähren/Schlesien	47	12%
davon aus Ungarn	17	4%
Reich	60	15%
Spanien/Italien	27	7%
Sonstige Länder (Lothringen, österr. Niederlande etc.)	9	2%
Herkunft unklar	67	17%

Von den zwölf Familien, die unter Karl VI. drei oder mehr Mitglieder mit einer Kämmererwürde stellten, waren nur vier Familien, die unter Joseph I. nicht ebenfalls mindestens drei Familienmitglieder mit diesem Amt aufweisen konnten.[145] Doch stellten auch diese Familien unter Joseph I. einen oder zwei Kämmerer und waren damit bereits vor Karl VI. am Kaiserhof vertreten. Die meisten Familien, die unter Karl VI. besonders stark am Kaiserhof vertreten waren, hatten sich ihre Position in der Umgebung des Kaisers also bereits vor Generationen erkämpft und waren daher in der Hofgesellschaft bereits fest etabliert.

Ein Blick auf die Herkunft der Kämmerer macht neben der Kontinuität allerdings auch Unterschiede sichtbar. So stammten die meisten unter Karl VI. neu ernannten Kämmerer aus Familien der habsburgischen Erblande, ein Anteil von insgesamt 49%. Mehr als drei Viertel dieser Familien kamen aus den österreichischen Erblanden, während aus den Herrschaftsgebieten der böhmischen und der ungarischen Krone nur jeweils 11% der kaiserlichen Kämmerer stammten. Die Familien der österreichischen Länder stellten mit insgesamt 38% den Hauptanteil der neu berufenen Kämmerer Karls VI. und waren daher am Kaiserhof überproportional vertreten. Diese Dominanz des erbländisch-österreichischen Adels war unter Joseph I. noch stärker ausgeprägt: Aus den habsburgischen Erblanden stammten 58%, aus den österreichischen Erblanden immerhin noch 42% aller neuberufenen Kämmerer. Der Anteil der Familien des Reichsadels an der kaiserlichen Hofgesellschaft Josephs I. und Karls VI. war nahezu identisch. Unter Karl VI. wie unter Joseph I. stammten 15% der neu-ernannten Kammerherren aus Familien des Reiches.

Auffällig ist hingegen, daß italienische und spanische Adelsfamilien am Kaiserhof Karls VI. mit 20% stark vertreten waren, weit stärker als am Hof Josephs I. mit 7%. Dies lag wesentlich an den Auswirkungen des spa-nischen Erfolgekrieges, da zum einen zahlreiche spanische Adelsfamilien zusammen mit dem kurzzeitigen „spanischen König" Karl III. Spanien verließen, um sich in Wien weiterhin protegieren zu lassen. Zum anderen weilten auch zahlreiche Familien in Wien und wurden mit kaiserlichen Ämtern betraut, die aus den italienischen Herrschaftsgebieten des spani-schen Erbes stammten und die nun von Wien aus regiert wurden. Welche Irritationen dies in der kaiserlichen Hofgesellschaft hervorrief und wel-che Rolle den Italienern und Spaniern am Kaiserhof zugedacht wurde, soll an späterer Stelle noch ausführlich erörtert werden.[146] Hier genügt es, festzustellen, daß die Spanier und Italiener innerhalb der kaiserlichen Kämmerer am Kaiserhof eine durchaus wahrnehmbare Personengrup-pe stellten und stärker vertreten waren als der am Kaiserhof weilende Reichsadel.

Von dem generellen Befund weichen auch die unter Karl VI. neu be-stallten Reichshofräte nicht wesentlich ab (siehe Tabelle 3). Auch hier waren Grafenfamilien der Erblande am stärksten vertreten. Einschrän-kend muß allerdings hinzugefügt werden, daß nur die neu aufgenomme-nen Mitglieder der Herrenbank bei der Untersuchung berücksichtigt wur-den, die Mitglieder der Ritter- und Gelehrtenbank hingegen nicht, da das Amt für die Angehörigen der Herren- sowie der Gelehrtenbank eine durchaus unterschiedliche Bedeutung besaß. Für die Reichshofratsmitglie-der auf der Herrenbank bedeutete ihr Sitz im Reichshofrat der Anfang ihrer Hofkarriere. Sie hatten für weitere Verwendungen in kaiserlichen Diensten, insbesondere für kaiserliche Gesandtschaften, zur Verfügung zu stehen und sich mit den Fragen der Rechtsprechung nur in Ausnahmefäl-len zu befassen. Die Amtsgeschäfte ruhten dagegen weitgehend auf den Mitgliedern der Gelehrtenbank, die in Rechtsfällen auch die Masse der anstehenden Referate zu übernehmen hatten. Für sie war ihr Sitz im Reichshofrat meist „der Höhepunkt und das Endstadium der beruflichen Karriere", nicht der Anfang des Aufstiegs in kaiserlichen Diensten.[147] Nur von den Mitgliedern der Herrenbank des Reichshofrates läßt sich daher sagen, daß sie Teil der kaiserlichen Hofgesellschaft waren bzw. ihre Auf-nahme in diesen Personenkreis anstrebten. Von den insgesamt 30 neu be-rufenen Reichshofräten der Herrenbank stammten 23 (77%) aus Grafen-

Tabelle 3: Neuernannte Reichshofräte (der Herrenbank) unter Karl VI.

Adelsrang (Reichshofräte der Herrenbank) 30 Reichshofräte neu ernannt	Anzahl	Anzahl
Grafen	23	77%
Freiherren	7	23%
Herkunft		
Reich	10	33%
Erblande	20	67%

familien, aber nur 7 (23%) aus Freiherrenfamilien; ein Verhältnis, das dem der Zusammensetzung der Kämmerer weitgehend entspricht.

Über die Herkunft der Reichshofräte läßt sich gleiches anmerken: Zwei Drittel aller neuernannten Reichshofräte stammten aus den Erblanden, nur ein Drittel aus dem Reich – ein frappierender Befund, wenn man berücksichtigt, daß es sich beim Reichshofrat um die kaiserliche Gerichtsinstanz des Reiches handelte und nicht um ein Appellationsgericht der Erblande.[148] Ein Blick auf die neuernannten Reichshofräte macht indes deutlich, daß zumindest Kaiser Karl VI. nur wenig gewillt war, auf die institutionellen Unterschiede seiner Ämter bei der Besetzungspraxis Rücksicht zu nehmen und den Reichshofrat für Familien des Reiches zu reservieren. Diese Besetzungspolitik war ihrerseits Teil einer länger andauernden Entwicklung, wie ein Vergleich mit den neuernannten Reichshofräten Leopolds I. deutlich macht (siehe Tabelle 4).

Zwar ernannte auch Leopold I. bereits mehr Angehörige von Familien der Erblande zu Reichshofräten als von Familien des Reiches, doch war der Anteil der Reichsangehörigen außerhalb der habsburgischen Erblande mit 45% noch deutlich stärker als unter Karl VI. Regelmäßig geäußerter Unmut über diese kaiserliche Besetzungspraxis konnte indes nichts daran ändern, daß das Amt des Reichshofrates unter Karl VI. mit weitgehend denselben Familienmitgliedern besetzt wurde wie seine Hofehrenämter auch.

Betrachtet man dazu die Zusammensetzung der unter Karl VI. neu ernannten Geheimen Räte im Vergleich, so lassen sich einige Rückschlüsse über die Mechanismen des Aufstieges am Kaiserhof ziehen (siehe Tabelle 5). Wie bereits dargelegt, bekamen die meisten kaiserlichen Amtsträger das Amt des Geheimen Rates, im Gegensatz zum Kämmereramt, erst nach mehreren Jahren in kaiserlichen Diensten verliehen. Mit den Inhabern der

Tabelle 4: Neuernannte Reichshofräte (der Herrenbank) unter Leopold I.

Adelsrang (Reichshofräte der Herrenbank) 80 Reichshofräte neu ernannt	Anzahl	Anzahl
Fürsten	3	4 %
Grafen	54	68 %
Freiherren	21	26 %
Sonstige	2	2 %
Herkunft		
Reich	36	45 %
Erblande	40	50 %
Italien	3	4 %
Herkunft unklar	1	1 %

Würde des Geheimen Rates erreicht man daher einen Personenkreis, der stärker an den Kaiserhof gebunden war, als es bei den kaiserlichen Kämmerern der Fall sein mußte. Auf den Personenkreis der Geheimen Räte hatte dies durchaus Einfluß. Zwar bestätigt sich das Bild, das bei der Auswertung der neuernannten Kammerherren und Reichshofräte bereits gewonnen wurde, auch bei einer Untersuchung der Geheimen Räte weitgehend. Einige Unterschiede lassen sich allerdings ebenfalls ausmachen: Gegenüber den Kämmerern hat sich der Anteil der hochadligen Familien noch einmal verstärkt. Neben die mit 76 % weiterhin dominante Gruppe der Grafen sind nun auch die am Kaiserhof anwesenden Fürsten getreten, die immerhin 11 % der neuernannten Räte ausmachten. Der Anteil der Freiherren ist gegenüber den neuernannten Kämmerern nahezu unverändert, der niedere Adel war unter den Räten allerdings noch schwächer vertreten als unter den Kammerherren. Je höher die kaiserliche Auszeichnung, desto exklusiver wurde die Adelsgesellschaft, der diese Auszeichnung zuteil wurde.

Fragt man nach der Herkunft der neuernannten Geheimen Räte, ergibt sich ebenfalls eine grundsätzliche Übereinstimmung mit der regionalen Zusammensetzung der ausgewerteten Kämmerer bei Unterschieden im Detail: Der Anteil der aus den Erblanden stammenden Amtsträger hat sich noch weiter verstärkt (55 %), deren Zusammensetzung aus den verschiedenen Herrschaftsgebieten der Erblande hat sich allerdings verschoben. Insbesondere der Anteil der Adelsfamilien, die aus den Herrschaftsgebieten der böhmischen Krone stammten, war gegenüber den Kammer-

Tabelle 5: Neuernannte Geheime Räte unter Karl VI.

Adelsrang (Geheime Räte) 247 Geheime Räte ausgewertet	Anzahl	Anzahl
Fürsten	28	11%
Grafen	187	76%
Freiherren	25	10%
Ritter, Barone etc.	7	3%
Herkunft (Geheime Räte)		
Erblande	135	55%
davon aus den österreichische Erblanden	76	31%
davon aus Böhmen/Mähren/Schlesien	40	16%
davon aus Ungarn	19	8%
Reich	63	26%
Italien/Spanien	16	6%
Sonstige Länder	5	2%
Herkunft unklar	28	11%

herren deutlich höher. Ebenso waren die Familien aus dem Reich unter den neuernannten Geheimen Räten mit mehr als einem Viertel der Räte deutlich stärker präsent als unter den Kämmerern. Dafür war der herausgehobene Anteil der Familien aus den Ländern der ehemals spanischen Krone deutlich niedriger als bei den Kammerherren.

Diese Unterschiede können die weitgehende Übereinstimmung der Personenkreise der Kammerherren und der neuernannten Geheimen Räte indes keineswegs überdecken. Betrachtet man innerhalb der Geheimen Räte ebenfalls die besonders erfolgreichen Familien, denen es im Laufe der Regierungszeit Karls VI. gelungen ist, daß mindestens drei ihrer Familienmitglieder mit diesem Amt ausgezeichnet wurden, so stößt man auf beinahe dieselben Namen von Familien, die auch schon bei der Vergabe der Kämmererämter überdurchschnittlich häufig bedacht worden waren. Insgesamt zählten 15 Familien zu diesem erlauchten Kreis;[149] alle standen schon vor Karl VI. in kaiserlichen Diensten und stellten immer wieder Amtsträger aus ihren Reihen für den Kaiser. Angehörige beinahe aller Familien finden sich auch auf der Liste der Geheimen Räte Kaiser Leopolds I. aus dem Jahre 1705 wieder; die Familien Königsegg, Lamberg, Waldstein und Wratislaw sogar mit drei Räten zugleich.[150] Diese Kontinuität eines gleichbleibenden Kreises von Familien in den kaiserlichen

Tabelle 6: Neuernannte Ritter vom Goldenen Vlies unter Karl VI.

Adelsrang (Ritter vom Goldenen Vlies) insgesamt 97 Ritter neu ernannt	Anzahl	Anzahl
Fürsten	52	54%
Grafen	44	45%
Freiherren	1	1%
Herkunft (Ritter vom Goldenen Vlies)		
Erblande	38	39%
davon aus den österreichische Erblanden	25	26%
davon aus Böhmen/Mähren/Schlesien	11	11%
davon aus Ungarn	2	2%
Reich	18	19%
Italien/Spanien	31	32%
Sonstige Länder	10	10%

Ämtern verwundert nicht, wenn man berücksichtigt, daß als Argument zur Verleihung der Geheimen Ratswürde erfolgreich angeführt werden konnte, bereits die Vorfahren hätten dieses Amt innegehabt. Im Umkehrschluß bedeutet dies, daß ein überschaubarer Kreis von Familien des Hofadels vor allem der Erblande gegenüber anderen Mitbewerbern deutliche Startvorteile besaß, wenn der Kaiser neue Hofehrenämter zu besetzen hatte.

Die Aufnahme in den Ritterorden vom Goldenen Vlies gehörte zu den größten Ehren, die der Kaiser zu vergeben hatte. Es verwundert daher nicht, daß der Kreis der Ordensmitglieder noch weit exklusiver war als der Kreis der Geheimen Räte des Kaisers (siehe Tabelle 6). Unter den Ordensrittern waren die Fürsten am stärksten vertreten. Unter ihnen waren eine große Anzahl von Mitgliedern regierender Herrscherhäuser des Reiches wie der bayerische Kurprinz und spätere Kaiser Karl Albrecht (aufgenommen 1715), der sächsische Kurprinz und spätere Kurfürst von Sachsen und König von Polen, Herzog Maximilian von Braunschweig-Lüneburg, Joseph Karl Pfalzgraf bei Rhein, Ferdinand Maria Herzog von Bayern, Prinz Leopold von Schleswig-Holstein, Prinz Alexander von Württemberg und Ludwig Georg, Markgraf von Baden-Baden (alle 1721 aufgenommen) sowie schließlich Herzog Karl Eugen von Württemberg und Herzog Ernst von Sachsen-Hildburghausen, die 1739 aufgenommen wurden.[151] Auch aus dem Kreis der regierenden Herrscherhäuser Europas waren mehrere Personen im Orden vertreten: der Infant Emanuel von

Portugal, Léopold Clément Erbprinz von Lothringen, Franz Stephan von Lothringen, ebenfalls Erbprinz von Lothringen und später Kaiser Franz I. und der Herzog von Modena Franz Maria d'Este.

Angehörige erbländischer Adelsfamilien, denen der Kaiser die Ehre zuteil werden ließ, sich als Mitglieder des Ritterordens dieser Gesellschaft zugehörig fühlen zu dürfen, stellten zugleich den privilegiertesten Personenkreis der kaiserlichen Hofgesellschaft dar. Insgesamt waren es 24 erbländische Familien,[152] aus deren Reihen Karl VI. ein oder maximal zwei Personen zu Mitgliedern des Ordens ernannte, außerdem weitere sechs Adelsfamilien des Reiches.[153] Fast ausnahmslos trifft man unter den Ordensrittern, die Karl VI. neu aufgenommen hatte, auf die gleichen Familien, die auch bei den neuintroduzierten Geheimen Räten besonders zahlreich vertreten waren. Es ist dieser überschaubare Kreis von Adelsfamilien, der am Kaiserhof bevorzugt Bewerber für kaiserliche Ämter bereitstellte und davon auch zu profitieren verstand – beispielsweise durch die Aufnahme in den Orden vom Goldenen Vlies. Die Übernahme bedeutender kaiserlicher Ämter und die Bereitschaft, Leistungen für den Kaiser zu erbringen, stand dabei in engem Zusammenhang mit der Möglichkeit, in den Orden aufgenommen zu werden.

Wer nicht aus den obersten Fürstenhäusern des Reiches oder Europas abstammte, konnte sich nur aufgrund besonderer Dienste für den Kaiser Hoffnung auf Aufnahme in den Orden machen. Von den 22 Amtsträgern der führenden Ämter am Kaiserhof waren immerhin 18 zugleich Mitglied im Ritterorden vom Goldenen Vlies. Wer hingegen trotz hoher Amtsfunktionen nicht in den Kreis der Ordensritter berufen wurde, sah schnell die eigene Rangposition am Kaiserhof bedroht und empfand sich der kaiserlichen Ungnade ausgesetzt, wie Friedrich August von Harrach, der sich als Obersthofmeister der Statthalterin der österreichischen Niederlande bitter bei seinem Vater darüber beschwerte, bei der Neuberufung der Ordensritter im Jahre 1739 nicht berücksichtigt worden zu sein, während anderen Mitgliedern der adligen Hofgesellschaft wie den Grafen Franz Starhemberg und Philipp Kinsky diese Ehre zuteil wurde, obwohl sie eine kürzere Zeitspanne in kaiserlichen Diensten standen, wie Harrach ausdrücklich betonte.[154]

c) Diplomatische Missionen und Führungsämter in den Provinzen

Sollte sich an den Eintritt in die kaiserliche Hofgesellschaft auch eine Karriere in kaiserlichen Diensten anschließen, so reichte der Besitz eines Hofehrenamtes nicht aus. Hatte ein Adliger am Kaiserhof eines der Einstiegsämter erhalten und damit die Zugehörigkeit zum kaiserlichen Hofstaat sichergestellt, war er in der Regel gezwungen, diese Nähe schon bald wieder aufs Spiel zu setzen, um diplomatische Aufgaben für den Kaiser zu übernehmen. An entsprechenden Möglichkeiten mangelte es nicht: Man konnte als ständiger Vertreter des Kaisers an fremden Höfen weilen, sei es als Ambassadeur oder als Envoyé, man konnte als Sondergesandter mit besonderen Aufgaben und Kompetenzen an Höfen oder Friedensverhandlungen beauftragt werden oder als „Legations-Cavallier" einer Gesandtschaft beiwohnen. Der zeremonielle Rang, die politische Bedeutung sowie die damit einergehenden Anforderungen und Kosten waren dabei je nach Stellung äußerst unterschiedlich. Als Ambassadeur oder Envoyé hatte der damit betraute Adlige an fremden Höfen die herausgehobene Stellung des Kaisers zu verkörpern.[155] Entsprechend dieser repräsentativen Funktion gestalteten sich auch die Voraussetzungen, die zur Bekleidung dieses Amtes unerläßlich waren: „Weil auch die Absendung eines Extraordinair-Ambassadeurs sehr kostbar fällt, so pfleget man meistens Leute von hoher Geburth und Reichthum darzu zu employren, damit der Principal etwas an Unkosten erspahren möge."[156] Für diese Aufgabe kamen demnach nur Personen in Betracht, die aus begüterten und hochadligen Familien stammten.

Die Übernahme einer Gesandtschaft stellte für den Adligen am Kaiserhof in doppelter Hinsicht eine Investition dar. Für teilweise mehrere Jahre an fremden Höfen zu weilen beinhaltete sowohl ein finanzielles als auch ein soziales Risiko, das aber die meisten Höflinge eingehen mußten, wollten sie die bedeutsamen Ämter am Kaiserhof bekleiden. Mehr als die Hälfte der obersten Amtsträger Karls VI. hatte zuvor teilweise mehrjährige diplomatische Missionen innegehabt[157] und dabei die Nachteile persönlicher Abwesenheit vom Interaktionssystem des Hofes zu spüren bekommen. Insbesondere die ökonomischen Folgen einer Abwesenheit vom Hof waren gravierend. So beschwerte sich Philipp Graf von Breuner in Neapel darüber, daß er „schon über ein Jahr und etliche Monat hier stehe, und nicht meres als 600 fl. empfangen habe" und finanzielle Unterstützung der Familie benötige, damit er sich „auch anderen gleich meinem standt gemäß allhier aufführen könte".[158] Später bat er um eine monatliche finanzielle Unterstützung über seine Besoldung hinaus beziehungsweise um seine Abberufung ins Reich einschließlich Zahlung seiner Reisekosten und seiner Schulden (über 1400 fl.), da er nicht über die notwendigen Mittel verfüge, um weiter in Neapel seinen Dienst zu verrichten.[159]

Von der Unzuverlässigkeit der Hofkammer bei der Diplomatenbesoldung hatte auch Frobenius Ferdinand Fürst von Fürstenberg zu berichten. Schon in seiner Stellung als kaiserlicher Gesandter beim schwäbischen Reichskreis seit dem Jahr 1707 sollte er erfahren, wie lange es dauern konnte, bis die vereinbarte Besoldung ihn tatsächlich erreichte. 1714 hatte er von 42500 fl., die ihm als Besoldung zustanden, nur 18500 fl. erhalten, 24000 fl. standen also noch aus. Bis Ende des Jahres wuchs die Summe der Außenstände dann auf 34500 fl. an. Fürstenberg einigte sich schließlich mit der Hofkammer auf eine Zahlungsmodalität, die ihm die ausstehenden Gelder zusicherte, die letzte Zahlung allerdings erst im Jahr 1724 vorsah.[160] Gesandtschaften in kaiserlichen Diensten erforderten einen langen Atem, vor allem aber eigene finanzielle Mittel, um die Kosten aus eigener Tasche zumindest vorfinanzieren zu können. Auf seiner nächsten größeren Gesandtschaft für den Kaiser sollte Frobenius Ferdinand erfahren, daß die notorische Unterfinanzierung durch die Hofkammer keineswegs einen Einzelfall darstellte: Ende des Jahres 1725 trat er das Amt des kaiserlichen Prinzipalkommissars auf dem Reichstag in Regensburg an und sollte auf dieser Stelle zehn Jahre ausharren. Schon das vereinbarte Gehalt von 25000 fl. hielt er für keinesfalls ausreichend, konnte aber seine Forderung, die real zu erwartenden Ausgaben von 75000 fl. jährlich ersetzt zu bekommen, am Kaiserhof nicht durchsetzen.[161] Hinzu kamen zwei Erfahrungen, die er während seiner zehn Dienstjahre als Prinzipalkommissar machen mußte. Zum einen stellte sich heraus, daß seine eigenen Kostenschätzungen von 75000 fl. durchaus realistisch waren, er daher *„grosse geld-Summen aufzunemen und beschwerliche Schulden (da mein Hauß ohnedem mit dergleichen häufig beladen) aufs neue machen müssen".*[162] Zum anderen war die Hofkammer in ihren Besoldungszahlungen an die kaiserlichen Gesandten seit den Tagen beim schwäbischen Reichskreis keineswegs zuverlässiger geworden. Wiederholt beschwerte sich Fürstenberg darüber, daß *„mir seit meiner nunmehro drey viertel jährigen allhiesigen Aufenthaltung an meiner allergnädigst angeschaften Subsistenz- und Pensions geldern bis dato nicht mehr als ein einziges quartal, und dieses darzu mit langer hand entrichtet worden seye".*[163] Er drohte dem Kaiser rundheraus mit sofortiger Abreise[164] und fuhr auch den Winter über nach Wien, um sein Anliegen beim Hof vorzutragen. Dort erhielt er zwar die Zusage einer besseren finanziellen Ausstattung, doch schien sich auch in den folgenden fünf Dienstjahren wenig an der Situation zu ändern. Selbst seine endgültige Abreise aus Regensburg verzögerte sich infolge schleppender Zahlungen: *„Ich hätte meine Abreiß von hier bölder, als obgemelt, in 2 Wochen angetreten, bin aber in Ermanglung meines bey dem kayserlichen Hoff noch zu fordern habenden Ruhestands nicht ehender im Stand, sondern bemüssiget, von meinen Herrschaften Gelder zu schicken, umb mit Reputation von hinnen abkommen zu können."*[165]

Bei der unzureichenden Besoldung seiner Gesandten war der Wiener Kaiserhof beileibe kein Einzelfall; vielmehr war die unregelmäßige Bezahlung geradezu ein Wesensmerkmal der sich seit dem Spätmittelalter entwickelnden europäischen Diplomatie.[166] Die adligen Gesandten sahen sich daher immer vor große Belastungen gestellt, die sie zumindest teilweise aus eigenen Mitteln zu bestreiten hatten. Unabhängig von der Regelmäßigkeit der Besoldung war ferner keineswegs gesichert, daß alle Kosten der Gesandtschaft von der Hofkammer getragen wurden. Vielmehr waren bestimmte mit hohen Kosten verbundene Leistungen durch den Gesandten in jedem Fall zu erbringen, wie eine standesgemäße Unterkunft und ein dem diplomatischen Rang angemessenes Gefolge.[167] Da es galt, die Präzedenz des Kaisers in der europäischen Fürstengesellschaft mit der nötigen Prachtentfaltung zum Beispiel bei den feierlichen Einzügen der Botschafter zu behaupten, waren Gesandtschaften für den Kaiser auch besonders kostenträchtig. Je höher dabei die diplomatische Mission war, desto astronomischer waren die Summen, auf die man sich einzustellen hatte. Insbesondere die renommierten Botschafterposten in Rom, Madrid, Paris und London[168] waren stets mit großen finanziellen Aufwendungen verbunden, die von den Zahlungen der Hofkammer auch bei hochdotierten Subsistenzgeldern nicht abgedeckt werden konnten.[169] Der Adel war daher auf eigene Finanzmittel und Einkünfte angewiesen, wollte er größere Gesandtschaften übernehmen.[170]

Der Kaiser rechnete damit, daß die Gesandten über eigene Mittel verfügten.[171] Versuchte ein Gesandter dennoch, sämtliche Kosten beim Kaiser geltend zu machen, nahm die höfische Öffentlichkeit dieses Ansinnen durchaus mit Mißbilligung wahr: So stieß es auf Kritik, daß der zukünftige Reichshofratspräsident Ernst Friedrich Graf Windischgrätz als böhmischer Gesandter bei der Kaiserwahl in Frankfurt die Erstattung von 80 000 fl. forderte.[172] Doch wurden derartige Forderungen nur selten erhoben.

Nicht selten suchten Adlige daher, der Versetzung auf hohe Botschafterposten aus dem Wege zu gehen.[173] Daß zum Beispiel das Amt des römischen Botschafters in jedem Fall die Finanzen strapazieren würde, war allgemein bekannt.[174] So bat etwa Ferdinand Graf von Plettenberg darum, anstelle des römischen Botschafterpostens mit den Friedensverhandlungen zur Beendigung des polnischen Erbfolgekrieges betraut zu werden;[175] da die Verhandlungen in Wien stattfanden, wären die finanziellen Belastungen gegenüber den Kosten der Gesandtschaft in Rom nicht ins Gewicht gefallen. Der Wunsch wurde ihm zwar nicht gewährt, doch verstarb er kurz darauf, so daß er sich um die Unkosten der römischen Gesandtschaft keine Gedanken mehr machen mußte.[176]

Die diplomatischen Missionen waren für die adligen Höflinge jedoch nicht nur mit finanziellen Lasten verbunden. Auch in sozialer Hinsicht bedeutete die Übernahme einer Gesandtschaft ein schwer einzuschätzendes Risiko. In Folge der Abwesenheit vom Kaiserhof war man am alltäglichen Ablauf der höfischen Interaktion nicht mehr länger beteiligt. Um dennoch eigene Wünsche artikulieren und eventuell beim Kaiser vortragen zu können, war man in der Regel auf Kontaktpersonen angewiesen. Schon die zahlreichen Beschwerden über ausbleibende Zahlungen der Hofkammer verdeutlichen aber, daß die Gesandten beim Vorbringen eigener Wünsche den langen Wegen Tribut zollen mußten. So bedeutete das Ausbleiben der Bezüge nicht nur eine finanzielle Belastung. Vielmehr war es ein Zeichen für die sozialen Folgen, die persönliche Abwesenheit im Interaktionssystem Hof automatisch nach sich ziehen mußte.[177]

Die meisten Hofkarrieren beinhalteten dennoch mehrere übernommene Gesandtschaftsdienste für den Kaiser, die sich bisweilen auch über viele Jahre erstrecken konnten. Ohne diplomatische Dienste in höhere kaiserliche Ämter zu gelangen war schließlich die Ausnahme. Wem es an Geld mangelte, um kostspielige kaiserliche Gesandtschaftsaufgaben zu übernehmen, dem blieb auch ein weiterer Aufstieg verwehrt. Beispielsweise war der junge Wenzel Anton Graf von Kaunitz-Rietberg – trotz verwandtschaftlicher Verbindung zu den Familien Wurmbrand und Starhemberg – unter Karl VI. wegen fehlender Finanzen und mangelnden Kredits gezwungen, auf kostspielige Gesandtschaftsaufgaben zu verzichten, was eine weitere Karriere unter Karl VI. verhinderte.[178] Unter den Adligen, die im Jahr 1735 gemeinsam mit Kaunitz zu Reichshofräten ernannt wurden, geriet er ohne unmittelbare diplomatische Verwendung zunächst ins Hintertreffen: Johann Joseph Graf von Khevenhüller konnte aufgrund seiner diplomatischen Tätigkeit am dänischen Hof schon nicht mehr an der Juramentablegung teilnehmen und galt per kaiserliches Dekret als introduziert. Ihm war im Anschluß eine steile Hofkarriere beschieden, die ihn schließlich auch zum Obersthofmeister Maria Theresias werden ließ. Und auch Johann Karl Graf Cobenzl führten schon drei Jahre nach seiner Ernennung zum Reichshofrat diplomatische Aufträge nach Lothringen sowie an verschiedene Stellen im Reich. Er wurde 1753 zum Generalstatthalter der österreichischen Niederlande ernannt.[179] Erst nachdem es auch Kaunitz ab 1741 möglich war, diplomatischen Tätigkeiten nachzugehen und hierbei auch die Stelle eines österreichischen Gesandten in Paris zu bekleiden, öffnete sich ihm die Möglichkeit eines Aufstiegs an die Spitze der österreichischen Staatskanzlei.[180]

Diejenigen Hofmitglieder, die in der Lage waren, die erforderlichen sozialen und ökonomischen Investitionen für eine bedeutende Gesandtschaft zu erbringen, konnten von diesem Amt durchaus symbolisch profitieren. Als Vertreter des Kaisers wurden ihnen an fremden Höfen hohe Ehren zuteil, und die verschiedenen zeremoniellen Anlässe einer Gesandtschaft – insbesondere der offizielle Einzug – boten der Selbstdarstellung auch des eigenen sozialen Status sowie der ökonomischen Leistungsfähigkeit hinreichend Raum. Die glanzvollsten Gesandtschaften finden

sich im Wiener Diarium ausführlich erwähnt, so der Einzug der kaiserlichen Botschafter Marquis de Priè (1712) und kurz darauf des Grafen
Gallas (1714) in Rom oder der Einzug des kaiserlichen Botschafters Joseph Wenzel von Liechtenstein in Paris (1738).[181] Neben der minutiösen
Schilderung des zeremoniellen Ablaufs fehlt es nicht an Hinweisen auf die
besondere Art und Weise der Prachtentfaltung und der Kostspieligkeit
dieses Ereignisses.[182]

Vor allem aber boten sich im Anschluß an die Gesandtschaften zahlreiche Möglichkeiten, am Kaiserhof in hohe Positionen zu gelangen. Von den
29 Adligen, die als Botschafter und Gesandte an den Höfen in London,
Paris, Rom und Madrid zwischen 1680 und 1720 ihren Dienst verrichteten,
hatten danach 16 eines der Führungsämter am Kaiserhof bzw. in den Provinzen inne (siehe Tabelle 7). Der französische Botschafter Johann Peter
Graf von Goes trug immerhin das Amt des Landeshauptmanns in Kärnten
als Belohnung davon. Leopold Joseph Graf von Lamberg und Wenzel Ferdinand Graf von Lobkowitz starben bereits während ihrer diplomatischen
Dienste, so daß sie mit keinem Führungsamt mehr betraut werden konnten. Die Mehrzahl der Inhaber von Führungsämtern am Kaiserhof war
vorher in diplomatischen Diensten an fremden Höfen tätig. Von den 22 Inhabern hoher Führungsämter konnten immerhin 14 auf geleistete Gesandtschaftsdienste verweisen, also fast zwei Drittel.[183] Dieser für die
Regierungszeit Karls VI. festgestellte Zusammenhang zwischen der Übernahme diplomatischer Gesandtschaftsdienste und einer sich daran anschließenden Hofkarriere bestätigt nur ein allgemeines Strukturphänomen am Kaiserhof. So konnte Klaus Müller für den Zeitraum von 1648 bis
1740 bereits feststellen, daß 45 Prozent aller Personen, die hohe Führungsämter am Kaiserhof bekleideten, davor mit diplomatischen Gesandt-
schaftsdiensten betraut waren.[184]

Je höher und damit kostspieliger der diplomatische Dienst dabei für den
Kaiser war, desto größer waren auch die Aussichten, mit einem der Führungsämter am Hof oder in den Provinzen ausgestattet zu werden. Wer in
der Lage war, die hierfür erforderlichen finanziellen Mittel aufzuwenden,
konnte diese Unkosten als Investition in seine persönliche Karriere ansehen. Auch der Kaiser selbst stellte diesen Zusammenhang zwischen den
Kosten der Gesandtschaft und einem sich anschließenden Aufstieg am
Kaiserhof her. So erklärte die Hofkammerinstruktion Karls VI. aus dem
Jahre 1717 ausdrücklich, daß die persönlichen Unkosten der Gesandten
„gut abgelegt" seien, da diese nach *„solch ausländischer Gesandtschaftsver-
richtung"* durch *„ferners überkommende promotiones wieder hereinge-
bracht"* werden könnten.[185] Die Vergabe diplomatischer Gesandtschaften
ebenso wie die Bekleidung der obersten kaiserlichen Ämter am Hof war
also ein Geschäft des „do ut des": Der Kaiser vergab ehrenvolle Posten

Tabelle 7: Wichtige kaiserliche Gesandte (1680–1720)

a) England

Name	Jahr/Dauer	Rang	Karriere
Thurn, Franz Sigismund Graf	1680–1685	Ablegatus	Geheimer Rat; Feldmarschall; Hofkriegsrat
Martinitz, Georg Adam Graf	1685	Abgesandter	Obersthofmarschall
Kaunitz, Dominik Andreas Graf	1687	Ablegatus	Reichsvizekanzler
Königsegg, Sigismund Wilhelm Graf	1690	Ablegatus	Geheimer Rat
Windischgrätz, Gottlieb Graf	1691–1693		
Strattmann, Heinrich Johann Franz Graf	1691–1693	Ablegatus	Geheimer Rat (gest. 1707) Botschafter in Polen (bis 1705)
Auersperg, Leopold Graf	1694–1700	Ablegatus	Gesandtschaft Savoyen (dort gest. 1705)
Wratislaw, Johann Wenzel Graf	1701–1703	Ablegatus	Böhmischer Hofkanzler
Jörger, Johann Joseph Graf	1702	a. o. Botschafter	
Wratislaw, Johann Wenzel Graf	1703–1704	a. o. Ablegatus	s. o.
Gallas, Johann Wenzel Graf	1705–1711	Ablegatus	Vizekönig von Neapel
Volckra, Otto Christoph Graf	1715–1717	a. o. Gesandter	
Starhemberg, Konrad Sigismund Graf	1720–1726	Botschafter	
Palm, Karl Joseph (Freiherr)	1726–1727	Resident	
Visconti, Graf	1727–1728		
Kinsky, Philipp Joseph Graf	1728–1736	s. 1732 Botschafter	
Wasner, Ignaz Johann	1736–1740		

[Forts. Tabelle 7]

b) Frankreich		·	
Name	**Jahr/Dauer**	**Rang**	**Karriere**
Mansfeld, Heinrich Franz Graf	1680–1682	Ablegatus	Oberstkämmerer
Althann, Johann Graf	1683	Abgesandter	Oberststallmeister
Seilern, Johann Friedrich (Graf)	1685	Botschafter Friedensver-handlungen	Österreichischer Hofkanzler
Lobkowitz, Wenzel Ferdinand Poppo Graf	1685–1688	Abgesandter	
Sinzendorf, Philipp Ludwig Graf	1699–1701	a. o. Abge-sandter	Österreichischer Hofkanzler
Savoyen, Prinz Eugen	1713–1714	Botschafter Friedensver-handlungen	Hofkriegs-ratspräsident
Seilern, Johann Friedrich (Graf)	1714	Botschafter	s. o.
Goess, Johann Peter Graf	1714	Botschafter	Landeshauptmann (Kärnten)
Königsegg-Rothenfels, Josef Lothar Graf	1717–1719	Botschafter	(s. 1731) Konferenz; Hofkriegsrats-vizepräsident
Pentenriedter v. Adelshausen, Johann Christoph Fhr.	1719–1728	Botschafter	
Kinsky, Stephan Wilhelm Graf	1729–1732	Botschafter	
Wasner, Ignaz Johann	1732–1733	Resident	
Choiseul, François Joseph, Marquis de Stainille	1735–1737	Botschafter	
Liechtenstein, Wenzel Fürst	1737–1741	Botschafter	
c) Rom (Kurie)			
Martinitz, Georg Adam Graf	1682–1683	Sonder-gesandter	Obersthofmarschall s. o.
Liechtenstein, Anton Florian Fürst	1689–1694	Botschafter	Obersthofmeister
Goess, Johann (Graf)	1694–1695	Interim	Kardinal
Martinitz, Georg Adam Graf	1695–1700		s. o.

[Forts. Tabelle 7]

Lamberg, Leopold Joseph Graf	1700–1705	Botschafter	gestorben (1706)
Kaunitz, Franz Karl Graf	1705–1706	Interim	Bischof von Laibach
Grimani, Vincenzo Kardinal	1706–1708	Botschafter	Davor: Vizekönig von Neapel
Prie, Hercules Joseph Ludwig Marchese	1708–1714	Botschafter	Generalstatthalter der Niederlande
Gallas, Johann Wenzel Graf	1714–1719	Botschafter	Vizekönig von Neapel
Giudice, Francesco Kardinal	1719–1720	Minister	
Althann, Michael Ferdinand Graf	1720–1722	Abgesandter	
Cienfuegos, Alvarez Kardinal	1722–1735	Minister	
Colonna, Fabricio, Duca di Pagliano	1734–1735	a. o. Botschafter	
Harrach, Johann Ernst Graf	1735–1739		
Thun, Joseph Graf	1739–1740	Prominister	

d) Spanien

Caretto, Otto Heinrich, Marchese di Grana	1680–1682	Botschafter	
Mansfeld, Heinrich Franz Graf	1683–1690	Botschafter	Oberstkämmerer
Lobkowitz, Wenzel Ferdinand Poppo Graf	1690–1697	Botschafter	Gestorben
Harrach, Ferdinand Bonaventura Graf	1697–1698	Botschafter	Obersthofmeister
Harrach, Thomas Raymond Graf	1698–1700	Botschafter	Vizekönig von Neapel
Königsegg-Rothenfels, Joseph Lothar Graf	1726–1730	Botschafter	(s. 1731) Konferenz, Hofkriegsrats-vizepräsident
Stolte, Johann Philipp	1730–1734		

Erstellt nach: Repertorium der diplomatischen Vertreter aller Länder seit dem Westfälischen Frieden, hrsg. v. Ludwig Bittner, Lothar Gross, Friedrich Hausmann, Otto Friedrich Wunder, 3 Bde., Graz/Köln 1965, Bde. 1 und 2.

und Ämter, knüpfte diese aber an die Bedingung, daß die Amtsträger
selbst bereit waren, einen Teil der finanziellen Lasten zu tragen, die eine
Gesandtschaft verursachte. Um die Kosten der Gesandtschaft den Amtsträgern teilweise zumuten zu können, hatte er daher durchaus ein Interesse daran, an seinem Hof Angehörige der ökonomisch leistungfähigsten
Familien der Erblande zu versammeln. Nur finanzstarke Amtsträger
waren schließlich in der Lage, den kaiserlichen Erwartungen gerecht zu
werden.

Da die Möglichkeit, kaiserliche Gesandtschaften zu übernehmen, unmittelbar an die finanzielle Leistungsfähigkeit geknüpft war, rekrutierten
sich die diplomatischen Vertreter an den wichtigsten (und damit zugleich
kostspieligsten) Höfen aus den immer gleichen Familien, die über ausreichende ökonomische Voraussetzungen verfügten. Ein Überblick über
die kaiserlichen Gesandten an der Kurie, in Frankreich, Spanien und England enthält fast ausschließlich Namen derjenigen Familien, die sich
bereits beim Wettbewerb um die begehrten Hofehrenämter als besonders
erfolgreich herausgestellt hatten.[186] Der darüber hinaus bestehende Zusammenhang zwischen der Bekleidung einer der kostspieligen Gesandtschaften mit den sich daraus ergebenden Chancen auf ein kaiserliches
Führungsamt im Anschluß an die Gesandtschaftstätigkeit hatte zur Folge,
daß auch die obersten Ämter am Kaiserhof vorwiegend diesen Familien
des erbländischen Hochadels offenstanden, andere Hofmitglieder aus weniger finanzstarken Familien dagegen kaum Aussicht auf eines der führenden kaiserlichen Ämter hatten. War schon der Einstieg in die kaiserliche
Hofgesellschaft, wie er durch die Übernahme eines Kämmereramtes möglich wurde, vorwiegend dem Hochadel vorbehalten, so führte die Gesandtentätigkeit, die den meisten kaiserlichen Amtsträgern abverlangt wurde,
zu einer weiteren Einschränkung des Personenkreises, der sich am Kaiserhof auf eine Hofkarriere Chancen ausrechnen konnte.

Eine der Möglichkeiten, sich nach kostspieligen Gesandtschaften finanziell zu sanieren und zugleich in eines der attraktivsten und prestigeträch-
tigsten kaiserlichen Ämter vorzurücken, war die Bekleidung eines der drei
Statthalterposten, die ehemals der spanischen Krone zugeordnet waren.
Die territoriale Expansion der Habsburger im spanischen Erbfolgekrieg
verbesserte nicht nur die Stellung des Kaisers im europäischen Mächte-
gefüge, sondern schuf auch neue Betätigungsfelder für adlige Amtsträger.
So hatte der Kaiser nach der militärischen Eroberung Italiens dort das
Amt des Gouverneurs von Mailand (ab 1706) und das Amt des Vizekönigs
von Neapel (ab 1707) zu vergeben und verfügte nach dem Frieden von
Rastatt darüber hinaus über den Posten eines Statthalters der nunmehr
österreichischen Niederlande. Alle drei Ämter waren äußerst lukrativ, galt
doch der jeweilige Statthalter als direkter Repräsentant kaiserlicher Herr-

schaft über ein beachtliches Territorium.[187] Es kann daher nicht verwundern, daß die mit einem solchen Posten versehenen 17 Personen fast alle zu den besonders verdienten Amtsträgern des Kaisers zählten, die bereits über einen längeren Zeitraum in kaiserlichen Diensten standen. Dies gilt ausnahmslos für die Statthalter von Mailand sowie für die Statthalter und bevollmächtigten Minister in den österreichischen Niederlanden. Nur unter den Vizekönigen von Neapel finden sich mit Giulio Conte Borromeo und dem Principe di Sulmona, Marcantonio Borghese, zwei Interimsvertreter, die bis zum Zeitpunkt ihrer Introduktion als Vizekönig noch nicht nennenswert in Erscheinung getreten waren. Die übrigen Amtsträger traten entweder bereits durch besondere militärische Leistungen und Dienste hervor wie Prinz Eugen, Leopold Wirich Graf von Daun oder Otto Ferdinand von Abensberg-Traun oder hatten bereits langjährige diplomatische Gesandtschaften hinter sich. Im Vergleich zu den diplomatischen Gesandtschaften konnten die Inhaber eines der drei Statthalterposten zumindest auf eine angemessene finanzielle Ausstattung in diesem Amt hoffen. Die sozialen Nachteile, abseits vom Kaiserhof zu weilen und damit auch von den Patronagemöglichkeiten der Wiener Hofgesellschaft teilweise abgeschnitten zu sein, kennzeichneten indes auch die Ämter in Neapel, Mailand und Brüssel.

Wie Klaus Müller gezeigt hat, bemühten sich kaiserliche Gesandte um diese Statthalterposten nicht zuletzt unter dem Hinweis auf ihre durch die Gesandtentätigkeit angespannten Finanzen.[188] Dieser Bitte hatte der Kaiser denn auch mehr als einmal Folge geleistet.[189] Die Einkünfte der drei Statthalterposten konnten sich in der Tat sehen lassen. So bezog der Vizekönig von Neapel ein stolzes Jahresgehalt von 60000 Dukaten, was ungefähr 84000 fl. entsprach.[190] Der Statthalter von Mailand verfügte einschließlich der diversen Taxzahlungen über jährliche Einkünfte von ca. 100000 fl.,[191] und in ähnlicher Höhe bewegte sich auch das Jahresgehalt des Generalstatthalters der österreichischen Niederlande.[192] Selbst wenn man davon ausgeht, daß der Posten eines kaiserlichen Statthalters mit hohen Repräsentationsausgaben verbunden war, so dürfte doch ein nicht unerheblicher Geldbetrag die adligen Einkünfte aufgebessert haben.[193]

Trotz der großen finanziellen Einnahmemöglichkeiten und der herausgehobenen Ehrenstellung hatten die Statthalter mit den diplomatischen Gesandten ein Problem gemein: die räumliche und damit einhergehend auch die soziale Entfernung vom Kaiserhof. Es gab daher auch Statthalter, die es wieder an den Kaiserhof nach Wien zog und die darum ersuchten, den Gouverneursposten so schnell wie möglich wieder verlassen zu dürfen. So sandte Aloys Thomas Raimund Graf von Harrach – von 1728 bis 1733 Vizekönig von Neapel – zahlreiche Briefe an den Kaiserhof, um seine Ablösung zu erwirken und nach Wien zurückkehren zu dürfen.[194] Schon in

seinem Schreiben vom 24. Februar 1728 bat er den Kaiser, die Vizekönigstelle nur eine Dienstzeit lang (das heißt drei Jahre) bekleiden zu müssen.[195] Zahlreiche weitere Bittschreiben um Ablösung schlossen sich an.[196]
Als Begründung führte er seine mitgenommene Gesundheit an, die sich
wegen des Klimas noch verschlechtere,[197] sowie seine Unkenntnis in militärischen Fragen, die ihn seinen militärischen Ratgebern schutzlos aus-
liefere und als militärischen Oberbefehlshaber in Süditalien untauglich erscheinen lasse.[198] Diesen Briefen blieb der Erfolg indes versagt.[199] Der
Kaiser hat seine Ablösung zwar erwogen,[200] folgte aber schließlich der
Meinung des Prinzen Eugen, der in Graf Harrach den richtigen Mann für
das Vizekönigtum in Neapel sah.[201] Erst 1733, das heißt nach zwei „Amts-
perioden", wurde Aloys Graf von Harrach aus Neapel abberufen und
durch Graf Giulio Visconti ersetzt.

Fragt man nach den Gründen, die Harrach – jenseits von Alter, Krankheit und Klima – veranlaßt haben mögen, seine baldige Demission einzufordern, so war wohl vor allem eines entscheidend: die mangelnden Einflußmöglichkeiten, die eine Entfernung vom Interaktionssystem des Hofes
mit sich brachte. Dies betraf durchaus nicht nur, vielleicht nicht einmal
vornehmlich, die Möglichkeiten politischer Mitsprache. Auch wenn man
für sich selbst oder für Familienmitglieder Protektion zu erlangen suchte,
konnte eine Abwesenheit von Wien sich nachteilig auswirken. Zwar boten
sich für einen Vizekönig von Neapel zahlreiche Möglichkeiten der Versorgung von Verwandten und Klienten im Hof- und Verwaltungsstab des Königreiches;[202] von der Ämterverteilung in Wien war man dagegen vorübergehend ausgeschlossen.[203] Gerade das stand jedoch für die Angehörigen
des erbländischen Adels im Mittelpunkt ihres Interesses. Erst eine Rückkehr an den Hof des Kaisers ermöglichte wieder direkte Einflußnahme
zugunsten der eigenen Interessen, die der Familie und der eigenen Klientel. Die zahlreichen, häufig auch verwandtschaftlichen Kontakte zur höfischen Gesellschaft brachen auch bei längerdauernder Abwesenheit nicht
ab. Ferner war durch den regelmäßigen Briefverkehr über die Belange des
Vizekönigtums auch der Kontakt zum Kaiser immer gesichert – wenn
auch meist über den Umweg des spanischen Rates. Hielt sich das Begeh-
ren am Kaiserhof in gewissen Grenzen, reichte die Bedeutung des Vizekönigs auch in Abwesenheit aus, um weiterhin in Wien als Patron auftreten zu können. So war es für Aloys Graf von Harrach in Neapel kein
Problem, seinen jüngsten Sohn Ferdinand neben seinem Einstiegsamt als
„würklichen Cammer und Regiments Rat" auch mit einer Kammerherrenstelle am Hof versorgen zu lassen.[204]

War man wieder in Wien, ließ sich dann auch Kapital aus der ehemals
bekleideten Vizekönigstelle schlagen. Weitergehende Ansprüche konnten
dann gewissermaßen als Belohnung für die Amtstätigkeit abseits des Kai-

serhofes beim Kaiser geltend gemacht werden. Hier entsprach Karl VI.
– wenn auch widerstrebend – Graf von Harrachs Bitte, nach seinem Ableben dem ältesten Sohn Friedrich die niederösterreichische Landmar-
schallstelle zu übertragen.[205] Ferner wurde der Vizekönig von Neapel nach
seiner Rückkehr nach Wien umgehend zum Mitglied in der engeren Geheimen Konferenz ernannt.[206] Auch um diese Stelle hatte sich Aloys Graf
von Harrach noch während seiner Amtszeit in Italien mehrmals (seit dem
3. Mai 1730) beworben bzw. sich bei Prinz Eugen um Protektion in dieser
Sache bemüht.[207] Wieder zeigte sich, daß dies nur in Wien, nicht aber in
Neapel zu erreichen war. Der Kaiser ließ ihm mitteilen, daß *„es nicht ge-
bräuchig seye an jemanden, so nicht gegenwärtig, eine dergleichen Stelle zu
verleihen".*[208] Ein Interesse an der Teilnahme bei den Beratungen der Geheimen Konferenz und den damit verbundenen Einflußmöglichkeiten im
wichtigsten politischen Beratungs- und Entscheidungsgremium des Kaisers legte seine Rückkehr an den Wiener Kaiserhof also ebenfalls nahe.
Auch bei jahrelanger Abwesenheit aufgrund unterschiedlicher diplomatischer Dienste für den Kaiser lag für ein Mitglied der adligen Hofgesellschaft das Ziel der Wünsche immer am Kaiserhof selbst: in der Bekleidung
eines der obersten Führungsämter am Kaiserhof.

d) Führungsämter am Hof contra Favoriten

Der Ressourcencharakter kaiserlicher Ämter wird besonders sichtbar bei
den obersten Ämtern, die der Kaiser zu vergeben hatte: den Führungsämtern des Hofes ebenso wie bei den politischen Ämtern, die in Wien ansäs-
sig waren. Das Spektrum der obersten Führungsämter am Kaiserhof war
äußerst vielfältig. Es reichte von den obersten Hofämtern des Kaisers
(Obersthofmeister, Oberstkämmerer, Obersthofmarschall, Oberststallmeister)[209] über die Hofstäbe der Kaiserin Elisabeth Christina sowie der
verwitweten Kaiserinnen Wilhelmina Amalie und Eleonore Magdalena bis
hin zu den Hofstäben der Erzherzoginnen Maria Theresia und Maria
Anna, der Töchter Karls VI. Dazu gesellten sich die im engeren Sinne
„politischen" Ämter: der österreichische Hofkanzler, der böhmische
Kanzler, der Hofkammerpräsident, der Hofkriegsratspräsident sowie die
Mitglieder des wichtigsten politischen Beratungsgremiums, der Geheimen
Konferenz. Außerdem waren auch zwei Reichsämter in Wien lokalisiert:
das Amt des Reichshofratspräsidenten sowie das des Reichsvizekanzlers,
von denen der Kaiser nur das erste selbständig besetzen durfte,[210] während der Reichsvizekanzler – wenn auch nicht ohne kaiserliche Mitsprache – im 18. Jahrhundert vom Mainzer Kurfürsten ernannt wurde.[211] Und
schließlich gab es noch zwei weitere Beratungsgremien neben der Gehei-

men Konferenz, die sich der Verwaltung der ehemals spanischen Herrschaftsgebiete in Süditalien und in den österreichischen Niederlanden an-
nahmen: den spanischen Rat sowie den Höchsten Rat der österreichischen
Niederlande.

Schon diese Aufzählung verdeutlicht, daß es hier um eine institutionen-
geschichtliche Untersuchung kaum wird gehen können. Auch liegen zu
manchen der hier aufgelisteten kaiserlichen Ämter bzw. zu deren bedeu-
tendsten Amtsträgern bereits einschlägige Untersuchungen vor.[212] Nicht
die Ämter und deren Aufgabengebiete sollen daher hier im Mittelpunkt
stehen, sondern ihre Funktionalität für die soziale Stellung der Amtsträger, das heißt ihre Qualität als wichtige Ressource im Wettbewerb um Einfluß, Macht und Ehre am Kaiserhof. Dabei ist insbesondere die Frage von
Interesse, ob die Führungsämter selbst dem Adel am Kaiserhof eine herausragende Ehrenstellung einräumten und sozialen und politischen Einfluß bereits garantierten oder ob sie für die obersten Amtsträger vielmehr
ein besonders geeignetes Mittel darstellten, um mit ihrer Hilfe eine Ressource beanspruchen zu können, die noch weit nutzbringender war als die
bloße Amtsträgerschaft: die Nähe zum Kaiser und die damit verbundenen
Möglichkeiten, hieraus für die eigene Stellung am Kaiserhof Kapital schlagen zu können. Pointiert gefragt: Stellten die kaiserlichen Ämter Zweck
oder Mittel der adligen Teilhabe an der Hofgesellschaft dar?

Zunächst stehen daher die wichtigsten kaiserlichen Amtsträger sowie
ihre jeweilige Beziehung zum Kaiser im Mittelpunkt. Ferner bietet es sich
an, den Typus des Amtsträgers mit einem anderen sozialen Typus am Kaiserhof zu vergleichen: dem „Favoriten". Der Favorit oder Günstling läßt
sich gerade durch seine Eigenschaft definieren, in besonders außerge-
wöhnlicher Weise Einfluß auf den Herrscher zu haben und damit auf die
Ressource der Nähe zum Kaiser stärkeren Zugriff zu haben als alle anderen Mitglieder der Hofgesellschaft.[213] Stellt man fest, wer unter Karl VI.
die Rolle des Favoriten für sich beanspruchen konnte, läßt dies auch
Rückschlüsse über die Möglichkeiten zu, in die Nähe des Kaiser zu gelangen.

Wer eines der Führungsämter am Hof bekleidete, war meist am Ziel seiner Wünsche angelangt. An Bewerbern mangelte es daher nicht[214] – im
Gegensatz zu Bewerbungen um manche diplomatische Gesandtschaft.
Vielmehr führte es bei den am Kaiserhof vertretenen Adligen zu einigem
Unmut, wenn der Kaiser die führenden Hofämter über längere Zeit
vakant ließ, statt sie umgehend neu zu besetzen.[215] Doch konnten sich keineswegs alle Höflinge Hoffnungen machen, ein oberstes Amt am Kaiserhof zu bekleiden. Zuerst stellt sich daher die Frage, wer unter Karl VI.
überhaupt in den Genuß einer führenden Amtsträgerschaft am Kaiserhof
gelangte. Der Kreis der Familien, aus denen sich die Amtsträger der ober-

sten Führungsämter am Kaiserhof rekrutierten, war wesentlich kleiner, als es die zahlreichen Höflinge in Wien auf den ersten Blick vermuten lassen.[216]

Lautete der Befund bei der Auswertung der Kämmerer und Geheimen Räte am Kaiserhof, daß sich die Hofgesellschaft insbesondere aus hochadligen Familien der Erblande zusammensetzte, so zeigt sich dies bei einem Blick auf die Amtsträger der obersten Ämter am Kaiserhof noch wesentlich schärfer (siehe Tabelle 8). Alle führenden Amtsträger, zumindest soweit sie das Reich und die Erblande betrafen, stammten aus hochadligen Familien, 18 waren Grafen, vier Fürsten (knapp 20 %).[217] Je exklusiver die Ämter wurden, die der Kaiser zu vergeben hatte, desto exklusiver wurde auch der geburtsständische Rang der Amtsträger, die mit diesen Ämtern betraut wurden. Auch geographisch war der Kreis der Amtsträger bei den kaiserlichen Führungsämtern eingeschränkt. Von den Inhabern der obersten Hof- und Verwaltungsämter unter Karl VI. stammten nur zwei aus dem Reich: die beiden Reichsvizekanzler Graf Friedrich Karl von Schönborn und Graf Johann Adolf von Metsch.[218] Alle anderen Amtsträger, die eines der führenden Ämter bekleideten, kamen aus den Erblanden.[219] Auch das höchste Beratungsgremium des Kaisers, die Geheime Konferenz, war von hochadligen Familien der Erblande dominiert. Von insgesamt elf Mitgliedern in der Zeit Karls VI. stammten sechs Räte aus den habsburgischen Erblanden, immerhin vier Räte aus dem Reich.[220] Prinz Eugen stammte zwar aus Savoyen, besaß mittlerweile aber auch zahlreiche Herrschaften innerhalb der Erblande und verfügte darüber hinaus in Niederösterreich und in Ungarn auch über die Landstandschaft.[221]

Doch beschränkte sich die Dominanz des erbländischen Adels nur auf die Geheime Konferenz sowie die Führungsämter, die die Erblande oder das Reich betrafen. Die führenden Ämter für die ehemals spanischen Herrschaftsgebiete waren ebenso wie die hierfür zuständigen Beratungsgremien Karls VI., der Höchste Rat der österreichischen Niederlande und der spanische Rat, beinahe ausschließlich mit Personen besetzt, die ebenfalls den spanischen Herrschaftsgebieten entstammten. Im Höchsten Rat der Niederlande stammten von insgesamt 13 Mitgliedern unter Karl VI. vier aus Spanien und sieben aus den österreichischen Niederlanden.[222] Im spanischen Rat war unter insgesamt 25 ernannten Räten sogar nur ein Mitglied aus den Erblanden: Johann Wilhelm Graf von Sinzendorf, der älteste Sohn des österreichischen Hofkanzlers.[223]

Längerdauernde Abwesenheit vom Kaiserhof, wie sie für Reichshofräte, für Kämmerer und Geheime Räte möglich, für Gesandte sogar notwendig war, war mit der Bekleidung eines Führungsamtes am Kaiserhof unvereinbar: Der Amtsinhaber war in stärkerer Weise als andere Mitglieder der Hofgesellschaft an den Kaiserhof gebunden. Mit der dauerhaften Präsenz

Tabelle 8: Inhaber hoher Führungsämter am Kaiserhof unter Karl VI.

Amt/Inhaber	Herkunft	Dipl. Ämter	Mitglied im Orden zum Goldenen Vlies seit
Obersthofmeister			
Liechtenstein, Anton Florian Fürst (1711–1721)	Erblande	ja	1697
Trautson, Johann Leopold Donat Fürst (1721–1724)	Erblande	ja	1698
Sinzendorf, Sigmund Rudolf Graf (1724–1747)	Erblande	ja	1712
Oberstkämmerer			
Sinzendorf, Sigmund Rudolf Graf (1711–1724) s. o.			
Cobenzl, Johann Kaspar Graf (1724–1742)	Erblande	nein	1731
Obersthofmarschall			
Schwarzenberg, Adam Franz Fürst (1711–1722)	Böhmen	nein	1712
Cobenzl, Johann Kaspar Graf (1722–1724) s. o.			
Colloredo, Hieronymus Graf (1726)	Erblande	ja	–
Colloredo, Johann Baptist Graf (1726–1729)	Friaul	ja	1712
Martinitz, Adolf Graf (1729–1735)	Böhmen	nein	1731
Auersperg, Heinrich Fürst (1735–1742)	Erblande	nein	1739
Oberststallmeister			
Dietrichstein, Philipp Sigmund Graf (1711–1716)	Erblande	Spanien	1694
Althann, Johann Michael Graf (1716–1722)	Erblande	Spanien	1712
Schwarzenberg, Adam Franz Fürst (1722–1732) s. o.			
Althann, Gundaker Graf (1732–1738)	Erblande	ja	1739
Starhemberg, Franz Graf (1738–1742)	Erblande	ja	–
Reichsvizekanzler			
Schönborn, Friedrich Karl Graf (1705–1734)	Reich	(ja)	–
Metsch, Johann Adolf Graf (1734–1742)	Reich	ja	–
Reichshofratspräsident			
Windischgrätz, Ernst Friedrich Graf (1713–1727)	Erblande	ja	1700
Wurmbrand, Johann Wilhelm (1728–1750)	Erblande	ja	1739

[Forts. Tabelle 8]

Hofkammerpräsident			
Starhemberg, Gundaker Thomas Graf (1703–1715)	Erblande	nein	1712
Walsegg, Franz Anton Graf (1716–1719)	Erblande	ja	–
Dietrichstein, Johann Franz Gottfried Graf (1715–1755)	Erblande	ja	1739
Österreichischer Hofkanzler			
Sinzendorf, Philipp Ludwig Graf (1705/15–1742)	Erblande	ja	1712
Böhmischer Hofkanzler			
Wratislaw, Johann Wenzel Graf (1711–1712)	Böhmen	ja	–
Schlick, Leopold Joseph Graf (1713–1723)	Böhmen	ja	1721
Kinsky, Franz Ferdinand Graf (1723–1735)	Böhmen	ja	1731
Kolowrat, Wilhelm Albert Krakowsky Graf (1736–1738)	Böhmen	nein	–

am Kaiserhof ging im Gegenzug auch eine institutionalisierte Form der Nähe zum Kaiser einher, die durch die Bekleidung des Amts garantiert war. Ferner hatte sich in Ansätzen eine darüber hinausgehende feste Hierarchie zwischen den einzelnen Ämtern etabliert, sowohl in zeremonieller als auch in politischer Hinsicht. So stand innerhalb der obersten Hofämter der Obersthofmeister stets an erster Stelle, es folgten der Oberstkämmerer, der Obersthofmarschall und schließlich der Oberststallmeister. Zwischen den Verwaltungsämtern fand zusätzlich eine Abgrenzung von Zuständigkeiten statt: Das bekannteste Beispiel hierfür ist sicherlich der Kompetenzenstreit zwischen der österreichischen Hofkanzlei und der Kanzlei des Reichshofvizekanzlers, der zu Beginn des 18. Jahrhunderts zugunsten einer Aufgabenerweiterung der österreichischen Hofkanzlei gelöst werden sollte, bis aus ihr schließlich die Staatskanzlei wurde, die alle auswärtigen Regierungsgeschäfte zu tätigen hatte.[224] Daß die Amtsautorität das persönliche Beziehungsverhältnis zunehmend verdrängen konnte, scheint jedoch eher zweifelhaft. Stets war das bekleidete Amt nicht nur funktionales Element rationalen Regierungshandelns, sondern vor allem Ausdruck eines persönlichen Dienstverhältnisses des adligen Höflings zum Kaiser.

Der patrimoniale Charakter zeigte sich besonders deutlich, wenn mit dem Tod des Kaisers das Dienstverhältnis erlosch und die Ämter erst nach dem Herrschaftsantritt des neuen Kaisers wieder neu vergeben wurden.[225] Das persönliche Dienstverhältnis verband den Amtsträger mit der Person des Monarchen, noch nicht aber mit einem abstrakten Souverän wie dem Staat; es konnte sich daher keine Amtskontinuität über den Tod des Monarchen hinaus etablieren. Doch ist dies nur die rechtliche Seite des Herrschaftswechsels. Folgenreich waren insbesondere die sozialen Auswirkungen des persönlich gedachten Dienstverhältnisses zwischen dem Kaiser und seinen Amtsträgern. Mit dem Herrschaftswechsel ging zugleich auch ein partieller Austausch der höfischen Führungseliten einher.

Beim Herrschaftswechsel von Joseph I. zu Karl VI. zeigt sich dies besonders deutlich. In der Regierungszeit Josephs I. waren die Personenkreise um Joseph I. und Karl III. allein dadurch zwangsläufig getrennt, daß die Hofstaaten beider Monarchen in Wien und Barcelona räumlich voneinander geschieden waren. Der Tod Josephs I. zog am Kaiserhof in Wien ein Stühlerücken nach sich. Die ehemalige Kaiserin Eleonore Magdalena, von der Geheimen Konferenz als Regentin eingesetzt und durch Karl VI. bestätigt,[226] wies den Obersthofmeister umgehend an, die Entlassung, zumindest aber die Verkleinerung des kaiserlichen Hofstaates Josephs I. zu verfügen.[227] Dies ging wiederum auf eine Weisung Karls VI. zurück, der mehrfach forderte, daß *„man vor itzt alle pensionen undt gnaden suspendire undt pro bono publico anwendte, auch die chargen alle suspendire und keine vergeb […], bis ich mit Gottes hylff selbst hinauss [nach Wien] kombe".*[228]

Schon bald nach der Kaiserwahl Karls VI. am 12. September 1711 traf dieser noch in Mailand die ersten Personalentscheidungen. Die obersten kaiserlichen Hofämter besetzte er durchgehend mit neuen Personen. Bereits am 1. Oktober berief er einen neuen Obersthofmeister (Anton Florian Fürst von Liechtenstein), ferner den Oberstkämmerer (Sigmund Rudolf Graf von Sinzendorf) und den Oberststallmeister (Philipp Siegmund Graf von Dietrichstein) ins Amt. Am 4. November erklärte er schließlich den Fürsten Adam Franz Schwarzenberg zu seinem Obersthofmarschall. Damit waren die wichtigsten obersten Hofämter neu vergeben. Zwei der neuinstallierten Amtsträger gehörten bereits zum spanischen Hofstaat Karls, waren ihm also schon am 19. September 1703 nach Spanien gefolgt und folgten ihm nach dem Tode Josephs I. wieder zurück nach Wien.[229] Sie waren bereits in der näheren Umgebung Karls, als dieser noch Erzherzog von Österreich und später spanischer König war. Ferner hatte sich Karl bemüht, den Grafen Dietrichstein als Begleiter seiner Gattin Elisabeth Christina ebenfalls an seinen spanischen Hof zu ziehen, was dieser indes ausschlug.[230] Drei der vier Inhaber der obersten Hofämter standen also bereits in Wien oder in Spanien in einem persönlichen Verhältnis zum zukünftigen Kaiser. Bei der Neubesetzung der kaiserlichen Hofämter dürfte dies von ausschlaggebender Bedeutung gewesen sein.

Bei der Rekrutierung des im engeren Sinne politischen Führungsstabes griff Karl VI. dagegen weitgehend auf Personen zurück, die auch schon unter seinen Vorgängern Leopold I. und Joseph I. die politische Entscheidungsbildung maßgeblich beeinflußt hatten. Hier fanden Personen aus seiner näheren Umgebung am Hof zu Barcelona keine Verwendung. Insbesondere zum Kreis der Geheimen Konferenz kamen keine neuen Mitglieder hinzu.[231] Das Gremium setzte sich weiterhin aus folgenden Mitgliedern zusammen: dem Prinzen Eugen sowie den Grafen Wratislaw, Sinzendorf, Starhemberg, Trautson und dem zum Grafen erhobenen Seilern. Ausgeschieden waren dagegen der Fürst Mansfeld sowie die Grafen Waldstein und Windischgrätz,[232] was insbesondere die beiden Letztgenannten äußerst verstimmte.[233] Das Mißtrauen des Kaisers gegenüber den Grafen Waldstein und Windischgrätz traf sich allerdings mit der Wahrnehmung aller übrigen Konferenzminister.[234] So konnte die Regentin Eleonore Magdalena, die als Fürsprecherin beider Minister auftrat,[235] die Demission zwar für einige Monate hinauszögern, nicht aber aufhalten. Vielmehr dürfte die besondere Nähe beider Minister zur ehemaligen Kaiserin Karl in seiner Entscheidung noch bestärkt haben, beide aus dem engeren politischen Führungszirkel auszuschließen, um die Gefahr eines Parallelregiments Eleonore Magdalenas von vornherein zu unterbinden. Nach der Ankunft des Kaisers in Wien büßte die Regentin ihren politischen Einfluß am Kaiserhof denn auch weitgehend ein.

Neben den Mitgliedern der Geheimen Konferenz bestätigte Karl VI. auch die wichtigsten politischen Amtsträger in ihren Ämtern, den österreichischen Hofkanzler ebenso wie den Reichsvizekanzler, den Hofkammerpräsidenten sowie den Präsidenten des Hofkriegsrates. Nur den obersten böhmischen Kanzler tauschte er aus und legte dieses Amt in die Hände des Grafen Johann Wenzel Wratislaw, mit dem er auch in den Jahren seiner Abwesenheit in Spanien permanent in engem brieflichem Kontakt stand.[236] Doch war dieser bereits unter Joseph I. als Vizekanzler in der böhmischen Hofkanzlei tätig, so daß er mit der Amtsverleihung nur eine Stufe weiter nach oben stieg und damit den alten Grafen Kinsky an dieser Stelle ablöste. Daß der politische Führungszirkel um Joseph I. den Herrschaftswechsel zu Karl VI. beinahe unbeschadet überdauerte, war keineswegs vorherzusehen. Zwischen Joseph I. und dem spanischen König Karl hatte es mehrfach Differenzen gegeben. Dabei erwies es sich vor allem als Problem, daß die beiden Herrschaftsbereiche des spanischen Königs wie des Kaisers nicht hinreichend klar voneinander getrennt waren, so daß es in der politischen Praxis öfter zu gegenseitigen Versuchen der Einflußnahme kam. So warf Karl dem Wiener Hof insbesondere vor, sich in seine Regierungsgeschäfte in Spanien eingemischt zu haben, zum Beispiel als man die Stelle des Vizekönigs von Neapel vom Kaiserhof aus auf eigene Faust mit dem Grafen Martinitz besetzte, obwohl Karl für diesen Posten den

Kardinal Grimani vorgesehen hatte. Karl III. schickte als Mahnung an den Kaiserhof, daß *„man sich zu Wien ein oder anderer nit einzubilden [solle], dass sie meine sachen werden guberniren konen wie es ihnen gefallet".*[237] Umgekehrt warf Joseph Karl vor, sich fortgesetzt in die politischen Angelegenheiten Mailands einzumischen, das als Reichslehen in die ausschließliche Kompetenz des Kaisers falle. Ein weiterer Streitpunkt lag in den ständigen Forderungen Karls III. nach stärkerer militärischer Unterstützung auf dem spanischen Kriegsschauplatz, denen sich Wien widersetzte. Diese Differenzen hatten auch eine Trübung des Verhältnisses zwischen dem Kaiser und dem spanischen König zur Folge, für die Karl einzelne Minister in der Umgebung Josephs I. verantwortlich machte, die als *„uble ohrenblaser"* keine Gelegenheit verstreichen ließen, um die Auseinandersetzung zwischen den beiden Brüdern auf dem Thron ihrerseits *„anzuhezen".*[238] Wenn Karl in den politischen Ministern Josephs I. demnach die hauptsächlichen Urheber von Hofintrigen gegen ihn sah, wäre ein Austausch der politischen Führungsmannschaft eine naheliegende Schlußfolgerung gewesen.

Doch kam es nicht zu einem Wechsel des politischen Personals. Karl VI. erkannte die Erfahrung der politischen Führungsmannschaft und entschied sich für Kontinuität. Der spanische Erbfolgekrieg, der gerade voll im Gange war, hätte einen Wechsel der Minister zu einem riskanten Unterfangen werden lassen. Ferner stand bei mehreren Mitgliedern der Geheimen Konferenz – dem wichtigsten politischen Beratungsgremium am Kaiserhof – die fachliche Eignung außer Frage: So wurde die Ablösung des Prinzen Eugen zu keinem Zeitpunkt erwogen,[239] wie auch der für die kaiserlichen Finanzen zuständige Hofkammerpräsident Gundaker Graf von Starhemberg aufgrund seiner Verdienste im Amt niemals zur Diskussion stand.

Die Unterschiede in der Besetzungspraxis Karls VI. zwischen den Hofämtern und den politischen Ämtern sind nicht zu übersehen. Allerdings darf dieser Aspekt nicht in der Weise gedeutet werden, daß sich die Funktion und die Zuständigkeit beider Ämtergruppen bereits deutlich unterscheiden ließen. Die klare Trennung in rein höfische Führungsämter auf der einen und Verwaltungsämter mit politischen Entscheidungskompetenzen auf der anderen Seite war am Kaiserhof nicht gegeben. Vielmehr konnten die Inhaber wichtiger Hofämter auch in politischen Fragen auf den Kaiser persönlich Einfluß nehmen, sofern der Kaiser ihnen ein gewisses Vertrauen entgegenbrachte. Ferner war das Obersthofmeisteramt traditionell ein Amt mit großer politischer Bedeutung. Die Anfangszeit der Regierung Leopolds I. war noch insbesondere durch die Fürsten Johann Ferdinand von Portia und Wenzel Eusebius von Lobkowitz geprägt, die beide als Obersthofmeister des Kaisers eine dem französischen Premierminister vergleichbare Stellung innehatten.[240] Auch wenn seitdem kein Obersthofmeister am Kaiserhof mehr ihre Bedeutung erlangen konnte, zählten die nachfolgenden Amtsinhaber doch weiterhin zum engsten Führungskreis des Kaisers.

Nicht zufällig bewarben sich daher nach dem Tod des Fürsten Trautson im Jahre 1724 mit den Grafen Sinzendorf und Starhemberg zwei Personen um dieses Amt, die zu dieser Zeit bereits beide führende Verwaltungsämter auf sich vereinigten: Sinzendorf stand an der Spitze der österreichischen Hofkanzlei, während Starhemberg zuerst als Präsident der Hofkammer, dann als Leiter der Geheimen Finanzkonferenz in kaiserlichen Finanzangelegenheiten[241] zu entscheiden hatte. Wenn Sinzendorf und Starhemberg dennoch danach trachteten, zum Obersthofmeister des Kaisers ernannt zu werden, dann wohl kaum unter der Prämisse, ihre politisch bedeutsamen Ämter gegen ein unpolitisches Hofamt einzutauschen. Vielmehr schienen beide darauf zu spekulieren, ihre Position am Kaiserhof als Obersthofmeister weiter ausbauen und damit den eigenen Einfluß festigen zu können.[242]

Mit der Bekleidung eines der führenden Ämter des Kaiserhofes war generell eine hohe Auszeichnung verbunden. Jeder Inhaber eines hohen Führungsamtes war Teil eines exklusiven Personenkreises am Kaiserhof, deren Mitglieder – neben einem der obersten Ämter – meist auch noch andere hohe Ehren und Auszeichnungen in ihren Händen hielten: Sie waren selbstverständlich alle im Besitz der kaiserlichen Hofehrenämter, und die meisten von ihnen waren darüber hinaus auch noch Mitglied im Orden vom Goldenen Vlies.[243]

Welche Position allerdings die einzelnen Amtsträger innerhalb dieser exklusiven Führungsschicht am Kaiserhof einnahmen, läßt sich mit einem Blick auf die kaiserlichen Ämter allein nicht feststellen. Die Ämterbesetzung kann nur begrenzt darüber Auskunft geben, welche Personen die Nähe des Kaisers – und damit die für den politischen Entscheidungsprozeß wie für die eigene soziale Stellung am Kaiserhof zweifelsohne wichtigste Ressource – tatsächlich für sich beanspruchen konnten. Der Unterschied zwischen der Bekleidung eines wichtigen Amtes am Kaiserhof und der persönlichen Beziehung zum Kaiser läßt sich häufig demonstrieren: So mußte beispielsweise der Fürst Trautson als letzter Obersthofmeister Josephs I. aus dem wichtigsten Hofamt weichen, um Anton Florian von Liechtenstein Platz zu machen, der bereits der Obersthofmeister des spanischen Königs Karl war. Doch war dies nicht unbedingt Beleg für das größere Vertrauen, das Karl VI. seinem alten und neuen Obersthofmeister entgegenbrachte. Vielmehr suchte er in Spanien wie in Wien den Fürsten von Liechtenstein auf Distanz zu halten. Die Position des Obersthofmeisters verdankte Anton Florian denn auch stärker dem Vertrauen Leo-

polds I. als seiner Nähe zu Karl VI.[244] In Spanien gab es mehrere Reibe-
reien zwischen dem Monarchen und seinem Obersthofmeister, wobei auch
Gerüchte kursierten, daß Karl den Rücktritt Liechtensteins von seinem
Amt nicht ungern gesehen hätte.[245]

Seine reservierte Haltung zu seinem alten und neuen Obersthofmeister
legte Karl auch in Wien nicht mehr ab. So durfte Anton Florian von Liechtenstein trotz seiner Stellung als Obersthofmeister nicht als ständiges
Mitglied bei den Sitzungen der Geheimen Konferenz teilnehmen – ein Privileg, das vor ihm beinahe allen Obersthofmeistern zuteil wurde.[246] Fürst
Trautson blieb dagegen auch ohne das Amt des Obersthofmeisters weiterhin in der Konferenz vertreten und war auch bei den Sitzungen der Hofkonferenz, die den Aufgabenbereich des Obersthofmeisters betrafen, stets
präsent.[247] Ferner ließ Karl schon vor seiner Ankunft in Wien keinen
Zweifel daran, daß er dem Fürsten Trautson neben dem Grafen Wratislaw
am Kaiserhof besonderes Vertrauen entgegenbrachte. Die Regentin Eleonore Magdalena wies er an, wirkliche Arkana nicht im Kreis der Konferenz zu behandeln, sondern hierfür nur Trautson und Wratislaw zu kon-
sultieren.[248] Auch ohne das Amt des Obersthofmeisters zu bekleiden,
stand Fürst Trautson immer in unmittelbarer Nähe zu Karl VI. und mußte
diese Vertrauensstellung keineswegs mit seinem Nachfolger teilen.

Unter dem Primat persönlicher Beziehungen – wie es in der frühen
Neuzeit an allen Höfen beobachtet werden kann –[249] konnten sich formalisierte Wege der Entscheidungsfindung ebensowenig etablieren wie eine
feste Ämterhierarchie mit klar abgetrennten Amtskompetenzen. So hatte
der Obersthofmeister Liechtenstein nicht nur damit zu leben, daß sein
Vorgänger im Amt beim Kaiser offensichtlich über mehr Einfluß verfügte
als er. Auch den beiden Oberststallmeistern, dem Grafen Dietrichstein
und insbesondere seinem Nachfolger Graf Althann, brachte Karl deutlich
mehr Vertrauen entgegen. Daß der Obersthofmeister den anderen Inhabern der obersten Hofämter im Rang formal voranging, war für das Zeremoniell von Bedeutung, spielte für die persönliche Interaktion zwischen
dem Kaiser und seinen Amtsträgern aber offenkundig keine Rolle.

Auch in den sogenannten politischen Ämtern spielten die persönlichen
Beziehungen zum Kaiser die entscheidende Rolle. In den ersten Jahren
der Herrschaft Karls VI. hatte Graf Wratislaw eine dominante Position am
Kaiserhof und insbesondere in der Geheimen Konferenz inne, die sich
kaum aus seiner Stellung als oberster böhmischer Kanzler ableitete. Viel-
mehr war hierfür der jahrelange enge Kontakt zwischen Karl III. und dem
Grafen Wratislaw entscheidend, der sich auch in einer umfangreichen
Korrespondenz niederschlägt.[250] In dem Briefwechsel zeugen mehrere
Aussagen Karls von dem besonderen Vertrauen, das er dem böhmischen
Kanzler entgegenbrachte.[251] Karl hegte den Wunsch, Wratislaw als kaiser-

lichen Botschafter an seinen spanischen Hof zu holen, was dieser allerdings ablehnte, da er seine Position am Kaiserhof Josephs I. nicht gefährden wollte.[252] Sowohl während seiner neunjährigen Abwesenheit in Barcelona als auch nach seiner Rückkehr nach Wien stimmte Karl daher wichtige Arcana eher mit Wratislaw und anderen besonderen Vertrauten am
Kaiserhof ab als mit dem österreichischen Hofkanzler Graf Sinzendorf,
dem er immer mit leichtem Mißtrauen begegnete.[253] Daß dieser indes als
österreichischer Hofkanzler unter dem Gesichtspunkt der Amtszuständig-
keit besonders in die Entscheidungen hätte mit einbezogen werden müssen, beeinflußte das Kommunikationsverhalten des Kaisers und seine
Wege der Entscheidungsfindung offensichtlich nur wenig.

Umgekehrt vermochte die Nähe zwischen Karl VI. und dem Grafen
Wratislaw das Amt des obersten böhmischen Hofkanzlers nicht dauerhaft
zu stärken. So gelang es Wratislaw zwar, seinem Schwager Graf Schlick
das Amt zu überlassen, doch blieb dieser am Kaiserhof weitgehend ohne
Einfluß. Im Gegensatz zu seinem Vorgänger gelang es Graf Schlick nicht,
ein persönliches Verhältnis zu Karl VI. aufzubauen.[254] Daran nicht ganz
unschuldig waren insbesondere Prinz Eugen sowie der in dieser Frage mit
ihm verbündete kaiserliche Favorit Stella, denen es gelang, den politischen
Einfluß des böhmischen Hofkanzlers weitgehend auszuschalten.[255] Das
oberste Beratungsgremium, die Geheime Konferenz, blieb dem Grafen
Schlick wie allen weiteren Nachfolgern in diesem Amt unter Karl VI. verwehrt.

Die Geheime Konferenz war sicherlich die Institution mit dem größten
Einfluß auf die kaiserliche Politik. Gemäß der Konferenzordnung Karls
VI., die er im Jahr 1721 neu erlassen hatte, sollten in diesem Gremium alle
„besorgende staats- und hausgeschäften" beraten und dann dem Kaiser zur
Entscheidung vorgelegt werden.[256] In ihr waren die politisch führenden
Personen des Kaiserhofes vertreten: zunächst der Fürst Trautson und der
Prinz Eugen, die Grafen Wratislaw, Starhemberg, Sinzendorf und Seilern.
Nach dem Tod von Wratislaw, Seilern und Trautson wurden dann die Grafen Windischgrätz (1724–1727), Schönborn, Königsegg (ab 1731), Bartenstein (ab 1731) und Harrach (ab 1734) als Mitglieder in die Konferenz berufen. Von den insgesamt elf Konferenzräten stammten sechs – das heißt
die Mehrheit – aus den Erblanden,[257] vier weitere Räte kamen aus dem
Reich.[258] Neu in die Geheime Konferenz aufgenommene Mitglieder ver-
dankten ihre Mitgliedschaft nicht automatisch der Bekleidung eines bestimmten wichtigen Amtes am Kaiserhof. In dieses Gremium gelangte
man als Person, nicht automatisch qua Amt.[259] Neben der politischen Erfahrung, das heißt langjährigen Diensten für den Kaiser, war daher ebenfalls das persönliche Verhältnis zu Karl VI. der ausschlaggebende Faktor.
Wurde man in vorgerücktem Alter schließlich zum Mitglied der Konfe-

renz bestimmt, behielt man diese Amtsverpflichtung im Regelfall auf Lebenszeit, zumindest aber bis zum nächsten Herrschaftswechsel und der damit verbundenen Neubesetzung aller kaiserlichen Ämter.

Die Teilnahme an den Sitzungen der Geheimen Konferenz war ein entscheidender Schritt, um politischen Einfluß zu nehmen, galten ihre Mitglieder doch als die wichtigsten Berater des Kaisers. Gegen konkurrierende Einflußnahme beim Kaiser an der Konferenz vorbei war jedoch auch dieses Gremium nicht gefeit. Dies zeigt sich deutlich an der auf persönlichen Beziehungen fußenden Strategie Prinz Eugens, den Beschlüssen der Geheimen Konferenz beim Kaiser Geltung zu verschaffen. In die Rolle eines leitenden Ministers der Konferenz wuchs Prinz Eugen insbesondere nach dem Tod des obersten böhmischen Kanzlers Wratislaw (1713). War der Prinz in Wien, fanden die Beratungen der Konferenz meist in seinem Palais statt,[260] anschließend leitete man das schriftliche Ergebnis der Beratungen weiter an den Kaiser. In dieser Stellung spielte der Prinz ohne Zweifel über mehr als zwanzig Jahre eine mitunter dominierende Rolle am Kaiserhof. Doch war auch seine Position weder unangreifbar noch ungefährdet.[261] Ihm selbst erwuchs innerhalb der Konferenz nur selten Konkurrenz, die seinem Einfluß gefährlich werden konnte. Nur der Graf Sinzendorf sowie in den letzten Jahren der Graf Starhemberg und schließlich der Freiherr von Bartenstein setzten dem Prinzen einigen Widerstand entgegen. Meinungsverschiedenheiten allein vermochten indes den Einfluß des Gremiums nicht notwendigerweise zu schwächen.

Meist beschränkte sich das Opponieren allerdings nicht auf Widerspruch in der Konferenz. Vielversprechender war es, den direkten Kontakt zum Kaiser zu suchen beziehungsweise sich Personen zuzuwenden, die beim Kaiser in besonderer Gunst standen, um auf diese Weise entgegen dem Votum des höchsten Beratungsgremiums auf die kaiserlichen Entscheidungen Einfluß zu nehmen. Da der Kaiser bei den Sitzungen der Geheimen Konferenz oft nicht persönlich anwesend war und das Ergebnis der Beratungen also nur schriftlich zugeteilt bekam, barg die persönliche Interaktion des Kaisers mit seinen jeweiligen Vertrauten die Gefahr, daß Empfehlungen der Geheimen Konferenz unterlaufen wurden. Um dies möglichst zu vermeiden, gab es mehrfach Versuche, die Konferenz unter dem Vorsitz Karls VI. tagen zu lassen. Auch die Konferenzordnung des Jahres 1721 sah die persönliche Anwesenheit des Kaisers vor.[262] Dennoch war die Gegenwart Karls VI. in der Konferenz eher die Ausnahme als die Regel. Nicht zuletzt Prinz Eugen sträubte sich gegen die kaiserliche Anwesenheit, da er vor den Augen des Kaisers seine eigene Position nur ungern formulierte.

Das vorherrschende Verfahren verschaffte dem Prinzen zwar den größten Einfluß innerhalb der Konferenz, führte jedoch auch zu dem für ihn unliebsamen Nebeneffekt, daß Konferenzbeschlüsse durch den direkten Weg zum Kaiser weiterhin disponibel waren. Den direkten Weg zum Kaiser wählten insbesondere diejenigen, die bei Karl VI. eine große Vertrauensstellung besaßen, den Versammlungen der Konferenz aber gar nicht beiwohnten: die Favoriten des Kaisers sowie die Minister der sogenannten „spanischen Partei". Ihnen bot sich die Möglichkeit, aufgrund ihrer besonderen Vertrauensstellung beim Kaiser nachträglich auf die Entscheidungsbildung des Kaisers Einfluß zu nehmen, und damit die Voten der Konferenz modifizieren oder gar verwerfen zu können. Die Gesandtschaftsberichte heben insbesondere vier Personen hervor, denen eine politische Einflußnahme auf den Kaiser an der Geheimen Konferenz vorbei mit einiger Aussicht auf Erfolg möglich zu sein schien: Johann Michael Graf von Althann, dem Grafen Rocco di Stella, Don Ramón de Vilana Perlas, Marqués de Rialp, und Don Fray Antonio Folch de Cardona, Erzbischof von Valencia.

Zumindest die Grafen Althann und Stella können nicht anders denn als Favoriten am Kaiserhof bezeichnet werden. Über den Grafen Althann schrieb der englische Gesandte am Kaiserhof, St. Saphorin, *„que jamais on na' eu d'exemple d'une faveur plus parfaite que celle du Comte d'Altheim [Althann]; elle est montée à un degré qui ne peut pas l'exprimer".*[263] Diese Stellung füllte der Graf aus, ohne je ein wirklich bedeutsames politisches Amt innegehabt zu haben. Das Amt des Oberststallmeisters, das er von 1716 bis zu seinem Tode im Jahr 1722 bekleidete, übernahm er erst nach längerem Drängen Karls VI.[264] Er gehörte allerdings zu denjenigen Personen, die Karl schon als Kammerherren nach Barcelona begleiteten, als dieser noch spanischer König war. Als Neffe des Erziehers Karls VI., des Fürsten Anton Florian von Liechtenstein, ist er von diesem für das Amt empfohlen worden.[265]

Damit war es ihm möglich, ein Nahverhältnis zum Monarchen aufzubauen, das bis zu seinem Tode nicht mehr in Frage gestellt wurde.[266] Selbst die Affäre um den Grafen Johann Friedrich Nimptsch[267] – einen Schwager des Grafen Althann – und den Abbé Tedeschi hatte für die exponierte Stellung des Grafen Althann keine Folgen. In dieser Affäre versuchten Tedeschi und Nimptsch, Prinz Eugen und andere mißliebige Personen am Hof durch Verleumdung dem Kaiser zu entfremden und damit letztlich ihrer Ämter zu entkleiden. Als ihre Pläne an die Hoföffentlichkeit gelangten und der Prinz Eugen beim Kaiser Genugtuung einforderte, wurden beide verhaftet und verurteilt. Dem Grafen Althann indes, der unter anderem bei St. Saphorin als Drahtzieher bezeichnet wurde – er titulierte die Pläne daher auch als *„cabale du Comte d'Altheim"* – konnte auch das Aufdecken dieser Verschwörung nichts anhaben.[268]

Seine Stellung als Favorit löste ihn von allen Abhängigkeiten gegenüber

anderen Hofteilnehmern und machte ihn zum Anlaufpunkt für alle, die
dem Kaiser ein Anliegen vorbringen wollten. Wollte Prinz Eugen als politischer Minister daher dafür Sorge tragen, daß der Kaiser seine politische
Entscheidungsfindung an den Voten der Geheimen Konferenz orientierte
anstatt an den Einflüsterungsversuchen anderer Hofmitglieder, so blieb
ihm nichts anderes übrig, als sich um ein gutes Verhältnis zum Grafen Althann zu bemühen und zu hoffen, mit der Unterstützung des Favoriten
auch den eigenen politischen Einfluß stärken zu können. Diesen Weg hat
der Prinz zu Lebzeiten Althanns mehrfach beschritten.[269] Dies traf ebenfalls auf die Fürsten zu, die sich bei ihren Verhandlungen mit dem Kaiserhof nicht auf die offiziellen Kontakte mit der österreichischen Hofkanzlei
oder dem Reichsvizekanzler beschränken wollten. Als es für den bayerischen Kurfürsten Max Emanuel darauf ankam, den Kaiser für eine Heiratsverbindung zwischen dem bayerischen Kurprinzen und einer habsburgischen Erzherzogin zu gewinnen, sondierten die kurbayerischen Vertreter
bei dem Grafen Althann ebenso wie bei dem Grafen Sinzendorf, dem
österreichischen Hofkanzler. Und die englische Regierung befahl ihrem
Gesandten St. Saphorin trotz seines vernichtenden Zeugnisses über die Intrigen des Grafen Althann mehrere Male, neben den Mitgliedern der Geheimen Konferenz auch mit dem Grafen Althann das Gespräch zu
suchen.[270] Daß diese Position des Grafen Althann als Anlaufstation in der
Nähe des Kaisers dabei auch finanziell profitabel war, kann nicht weiter
verwundern, soll jedoch erst an späterer Stelle zur Sprache kommen.[271]
    Eine ähnliche Favoritenstellung am Kaiserhof nahm der Graf von Stella
ein. Er begleitete ebenso wie Graf Althann Karl III. nach Spanien, wo ihn
der Monarch dann auch zum Leiter des Consejo de Italia bestellte. Nach
dem Tod Josephs I. verließ Stella gemeinsam mit dem zum Nachfolger aus-
erkorenen Karl III. Barcelona und begleitete den zukünftigen Kaiser nach
Frankfurt und Wien. Über seinen großen Einfluß, den er dort auf Karl VI.
ausüben konnte, verbreiten sich alle Gesandtschaftsberichte in ähnlicher
Weise.[272] Der savoyische Gesandte San Martino di Baldissero sah in ihm
den kaiserlichen *„ministro favorito“*, der bei der politischen Entscheidungsfindung am Kaiserhof wesentlich dominierte.[273] Diesen besonderen
Einfluß verdankte Stella ebenso wie Althann nicht dem Amt, das er bekleidete. Der Consejo de Italia büßte mit dem Umzug nach Wien seine
Bedeutung immer mehr ein und verlor seine Kompetenzen zuerst an die
1711 gegründete Junta de Italia, dann an den 1713 neu geschaffenen spanischen Rat, der sowohl den Consejo als auch die Junta beerben sollte.[274]
Sowohl in der Junta als auch im spanischen Rat führte dagegen nicht mehr
Stella, sondern der Erzbischof von Valencia die Geschäfte. Stella war in
beiden Gremien nur als Ratsmitglied vertreten.
    Seinem politischen Spielraum tat diese Ämterverteilung indes keinen

Abbruch. Im spanischen Rat vermochte er seinen Willen fast immer durchzusetzen.[275] Entsprach dagegen eine Entscheidung des spanischen Rates nicht seinen Vorstellungen, wählte er den direkten Weg zu Karl VI., um seine Konzeption gegen die Empfehlungen des Rates beim Kaiser vorzutragen.[276] Diesen Weg konnte er um so leichter gehen, da der Vorsitzende des spanischen Rates sich – abgesehen von seinen Amtsgeschäften – demonstrativ vom Kaiserhof fernhielt und auch den Kontakt zum Kaiser nicht von sich aus suchte. Stella dagegen stand mit dem Kaiser jeden Tag in direktem Kontakt.[277] Schon den zeitgenössischen Beobachtern des Kaiserhofes fiel auf, daß Stella seinen Einfluß der Favoritenstellung bei Karl VI. verdankte, nicht aber einem bedeutsamen Amt. Die Wahrnehmung seiner besonderen Vertrauensstellung beim Kaiser auch durch die auswärtigen Gesandten führte dazu, daß deren diplomatische Bemühungen sich neben den offiziellen Anlaufstellen auch an Stella als politischen Ansprechpartner richteten. Als beispielsweise die kurbayerischen Bemühungen um kaiserliche Geldzahlungen nach dem spanischen Erbfolgekrieg keine Erfolge mit sich brachten, trug der bayerische Gesandte Mörmann dieses Anliegen auch dem Grafen Stella vor.[278]

Beide Favoriten waren aus dem Kreis der obersten Mitglieder des Kaiserhofes deutlich herausgehoben, obwohl dies weder ihrem Rang am Kaiserhof noch ihrer Amtsstellung entsprach. Im ersten Jahrzehnt der kaiserlichen Herrschaft Karls VI. prägten sie – gerade in der politischen Entscheidungsfindung – die Interaktion am Kaiserhof in besonderem Maße. Diese Sonderstellung stieß nicht nur unter den Hofmitgliedern des Reiches und der Erblande auf Kritik,[279] sondern führte bereits in Barcelona zu Unmut auch unter den Spaniern selbst.[280] Allerdings waren die mehr oder weniger offen vorgetragenen Proteste gegen die Favoritenstellung der Grafen Althann und Stella von wenig Erfolg gekrönt. Die besondere Vertrauensstellung beim Kaiser – einzige Grundlage für ihre Favoritenstellung am Kaiserhof – blieb bis zu ihrem Tode bestehen. Danach gelang es allerdings keinem anderen Mitglied der adligen Hofgesellschaft, eine vergleichbare Stellung einzunehmen. Nachdem der Graf Stella 1720 und Graf Althann 1722 starben, war auch der besondere Typus des Favoriten unter Karl VI. nicht mehr Teil der kaiserlichen Politik. Es ist nicht erkennbar, daß die Favoriten Althann und Stella für Karl VI. eine spezifisch politische Funktion erfüllten, daß er sich also ihrer bediente, um Entscheidungen gezielt ohne Hinzuziehung der dafür eingerichteten Gremien zu treffen. Daß sich diese Konstellation am Kaiserhof oft beobachten ließ, war daher die Folge der besonderen Vertrauensstellung der beiden Günstlinge, nicht deren Ursache.

Der frühe Tod der Favoriten Karls VI. führte allerdings nicht dazu, daß die Geheime Konferenz und mit ihr die obersten Amtsträger als Beratungsinstanz des Kaisers unangefochten blieben. Zumindest in den ersten Jahren, die auf den Tod Althanns folgen sollten, gelang es anderen Personen stärker, sich beim Kaiser Einfluß zu verschaffen, als dies Prinz Eugen für sich in Anspruch nehmen konnte. Insbesondere zwei spanische Amtsträger, die ihre starke Stellung am Kaiserhof auch ihren Ämtern, die sie bekleideten, zu verdanken hatten, vermochten von der neuen Situation zu profitieren.

Der bedeutendste von ihnen war Vilana Perlas Marqués de Rialp, der seit dem 29. Dezember 1713 das spanische Staatssekretariat führte und damit für die kaiserlichen Herrschaftsgebiete in Konkurrenz zum österreichischen Hofkanzler sowie dem Reichsvizekanzler trat. Alle Belange, die das spanische und italienische Herrschaftsgebiet betrafen, mußten den Umweg über den spanischen Staatssekretär nehmen, wenn sie dem Kaiser vorgelegt werden sollten.[281] Doch gelang es dem Marqués insbesondere in den 1720er Jahren, auch über diesen Aktionsradius hinaus auf die kaiserliche Politik entscheidenden Einfluß auszuüben und damit in direkte Konkurrenz zu dem Arbeitsbereich der Geheimen Konferenz zu treten. Von den Spaniern, die Karl von Barcelona nach Wien gefolgt waren, blieb der Marqués de Rialp zum Schluß fast der einzige, der die kaiserliche Politik auch weiterhin bis zur Aufhebung des spanischen Staatssekretariates im Jahr 1737 maßgeblich mitbestimmte, insbesondere nach dem Tod des Erzbischofs von Valencia 1725.

Dabei verdankte er seinen Einfluß sicherlich zum einen seinem bekleideten Amt, zum anderen aber auch der Tatsache, daß er sich seit dem Herrschaftsantritt Karls als spanischer König 1705 immer in der unmittelbaren Umgebung des Kaisers aufhielt, so daß er damit ebenfalls zu den kaiserlichen Vertrauenspersonen gezählt werden kann.[282] Er wechselte nicht nur mit dem Kaiser nach Wien, sondern begleitete ihn darüber hinaus auch auf dessen Fahrten zur Krönung nach Prag sowie zu den Reisen nach Preßburg, Graz und Triest. Diese Nähe verschaffte ihm auch die Erhebung in den erbländischen Grafenstand und einige Lehen in Ungarn und Kroatien.

Don Fray Antonio Folch de Cardona, Erzbischof von Valencia, war als Präsident des spanischen Rates ein weiterer bedeutsamer Amtsträger in den Reihen der Spanier. Er war ebenfalls bestrebt, die politischen Geschäfte insbesondere mit Italien maßgeblich mitzubestimmen. Ihm war nicht nur die Geschäftskorrespondenz aller Angelegenheiten, die Neapel, Mailand und Flandern betrafen, zu übermitteln, sondern er bestand auch darauf, daß die kaiserlichen Botschafter in Rom und Venedig ihm Bericht zu erstatten hatten.[283] Sicherlich kam ihm aufgrund seiner Amtsgeschäfte eine nicht unbedeutende Stellung zu. Auch war Karl zumindest zu Beginn seiner kaiserlichen Regierung von den Fähigkeiten des Erzbischofs überzeugt.[284] Doch kann er, im Gegensatz zu den anderen hier aufgeführten Amtsträgern, kaum als ein persönlicher Vertrauter des Kaisers gelten.[285] In für den Hof untypischer Weise suchte der Erzbischof von Valencia nicht die Nähe des Kaisers, sondern schottete sich gegenüber ihm und allen anderen Hofteilnehmern ab, so daß der Kaiser ihm geradezu befehlen mußte, bei ihm vorzusprechen.[286]

Fragt man abschließend nach dem Ressourcencharakter der obersten Führungsämter am Kaiserhof, so sind insbesondere zwei Aspekte zu berücksichtigen. Zum einen stellte jedes Führungsamt für sich eine bedeutsame Ressource dar. Insbesondere die obersten Hofämter vermochten die soziale Stellung ihrer Inhaber zu steigern und verschafften ihnen bisweilen sogar im Zeremoniell eine privilegierte Rangposition.[287] Zum anderen konnte ein Führungsamt auch die eigenen Einflußmöglichkeiten steigern helfen. Ob sich dieser Einfluß jedoch auch auf die Entscheidungen des Kaisers erstreckte, hing nicht nur von der Bekleidung eines Führungsamtes ab. Persönliche Beziehungen, beispielsweise die besondere Vertrauensstellung eines Höflings, konnten beim Kaiser oft mehr bewirken als die bloße Amtsträgerschaft. Ein hohes Amt am Kaiserhof bot zwar größere Chancen, in die Nähe des Throns zu gelangen und den eigenen Einfluß steigern zu können, doch war dies keineswegs eine zwangsläufige Konsequenz. Dies zeigt sich unter Karl VI. insbesondere an den Einflußmöglichkeiten der beiden Favoriten Althann und Stella, die beide zwar über kein politisches Führungsamt verfügten, aber dennoch das unbedingte Vertrauen des Kaisers besaßen und daher der Ressource Amtsträgerschaft eine andere Ressource entgegensetzen konnten: die Nähe zum Kaiser. In zahlreichen Fällen erwies sich die Ressource der kaiserlichen Gunst als die profitablere von beiden.

Hing die politische Entscheidungsfindung aber stärker von der persönlichen Interaktion zwischen dem Kaiser und seiner näheren Umgebung am Hofe ab als von formalen Kriterien der Amtszugehörigkeit, konnte der Herrschaftswechsel in Wien auch dann einen Wandel in den Entscheidungsstrukturen herbeiführen, wenn die Amtsinhaber weitgehend dieselben blieben. Die Beibehaltung der politischen Minister nach dem Herrschaftsantritt Karls VI. bedeutete keineswegs, daß die Kommunikationswege zwischen dem neuen Kaiser und seinen Ministern nun unverändert geblieben wären. Ausschlaggebend war letztlich, welche Personen der Kaiser in besonderer Weise zur politischen Beratung heranzog und für welche Ratgeber er besonders empfänglich war. Je stärker sich dabei die beiden Ressourcen Amt und Gunst am Kaiserhof auf zwei unterschiedliche Personenkreise verteilten, desto größer waren die Auswirkungen für die höfischen Kommunikationswege, und damit auch für die höfische Interaktion insgesamt. Zahlreiche Interessenten suchten die Ressource

der kaiserlichen Gunst ebenfalls zu nutzen, indem sie sich mit ihren Anliegen nicht nur an die kaiserlichen Amtsträger wandten, sondern ebenso an
die Favoriten. Einer Formalisierung und Rationalisierung der politischen
Entscheidungsfindung am Kaiserhof waren so enge Grenzen gesetzt, die
in der Regierungszeit Karls VI. nicht überschritten werden sollten. Das
Primat persönlicher Beziehungen blieb unverändert bestehen und reduzierte damit die Chancen der Amtsträger, mit Hilfe ihrer Ressource des
Amtes zugleich auch auf kaiserliche Gunst hoffen zu können.

e) Parteiungen am Kaiserhof

Wenn die kaiserliche Gunst die wichtigste Ressource darstellte, um von
den zahllosen Möglichkeiten der Auszeichnung am Kaiserhof profitieren
zu können, schließt daran die Frage an, ob sich am Hof Strukturen ausbildeten, die die kaiserliche Gunstverteilung in den Händen bestimmter Personen oder Personengruppen stabilisierten. Sicherlich war mit dem Personenkreis der Hofgesellschaft selbst sowie mit der Vergabe der obersten
kaiserlichen Ämter bereits eine entscheidende Vorauswahl getroffen. Daß
die Ämter allein die Nähe zum Kaiser nicht zu garantieren vermochten,
konnte bereits gezeigt werden. Es bleibt aber die Frage bestehen, ob es auf
sozialer Ebene nichtformalisierte Strukturen gab, die die Wahrscheinlichkeit der kaiserlichen Gunst für eine Personengruppe größer werden ließen
als für eine andere. Und auch unabhängig von der Verteilung der kaiserlichen Gunst ist von Interesse, ob am Kaiserhof Strukturen erkennbar
sind, die es nahelegen, daß sich die höfische Interaktion und die politische
Entscheidungsfindung weniger zwischen einzelnen Akteuren, sondern
vielmehr zwischen verschiedenen Personengruppen abgespielt haben oder
nicht.

Daß am Kaiserhof Intrigen und persönliche Animositäten an der Ta-
gungsordnung waren, ja die höfische Interaktion wesentlich ausmachen
konnten, betonen viele der am Kaiserhof beteiligten Personengruppen:
Karl III. beklagte sich in Barcelona ebenso über die Hofintrigen in Wien[288]
wie zahlreiche adlige Amtsträger am Kaiserhof[289] und schließlich die auswärtigen Gesandten.[290] Es fehlte dabei nicht an Versuchen, die einzelnen
persönlichen Zusammenstöße zu systematisieren und hinter ihnen struk-
turelle Unterschiede zu postulieren. Dabei sahen schon die Zeitgenossen
am Kaiserhof mehrere „*Parteyen*", die sich gegenseitig die Vorherrschaft
am Kaiserhof streitig zu machen suchten. Die historische Forschung ist
dieser Deutung bisher weitgehend gefolgt.

Welcher spezifische Charakter diesen Personengruppen dabei am Kaiserhof zukam, wie sie sich zusammensetzten und in welcher Weise sie die

Interaktion am Kaiserhof beeinflussen und steuern konnten, wurde bislang allerdings keiner gesonderten Prüfung unterzogen. Nur Jeroen Duindam unternahm es bisher, im Rahmen einer empirischen Überprüfung des Eliasschen Theoriegebäudes zur höfischen Gesellschaft zu zeigen, daß der Unterschied zwischen bürgerlichen Aufsteigern und den Angehörigen des Hochadels, den Norbert Elias der absolutistischen Hofhaltung als Fundamentalkonflikt zugrunde legte, beim Prozeß der Fraktionsbildung in Wien keine Rolle spielte.[291] Welche Aspekte für die Parteienbildung am Kaiserhof statt dessen von Bedeutung waren, bleibt hingegen weiterhin unklar. Dabei ist keineswegs offenkundig, in welcher Art und Weise das politische Handeln der Hofmitglieder von einer wie auch immer gearteten Zugehörigkeit zu einer der Gruppierungen am Kaiserhof beeinflußt wurde. Es bleibt darüber hinaus die Frage, wie sich eine „Zugehörigkeit" zu einer Partei überhaupt ermitteln läßt, und worin diese jeweils bestand.

Wie läßt sich die Beschaffenheit der Hofparteien interpretieren? Welche Kategorien entschieden am Kaiserhof über die Zugehörigkeit zu einer der drei Hofparteien? Zum einen muß die Frage nach dem Kristallisationskern der Parteizugehörigkeit zur Debatte stehen. Ferner ist zu klären, was die Inhalte der Auseinandersetzungen waren. Sofern sich politische Differenzen ausmachen lassen, stellt sich die Frage, ob diese Differenzen sich mit klaren Interessengegensätzen der drei Personengruppen erklären lassen oder nicht. Und schließlich ist zu untersuchen, wie groß der Grad der Gegensätzlichkeit in diesen politischen Auseinandersetzungen war. Je größer dabei der politische Dissens zwischen den Parteien war, desto stärker mußten sie alle Formen der Interaktion überlagern. Erst nach einer Überprüfung dieser Punkte läßt sich feststellen, ob sinnvollerweise von Parteien am Kaiserhof gesprochen werden kann.

Wenn am Kaiserhof Karls VI. von „Parteien" die Rede ist, werden damit vor allem drei klar zu unterscheidende Personengruppen bezeichnet: Auf der einen Seite gab es die „Partei des Reiches", die ihr Augenmerk vor allem auf die Interessen des Reiches richtete und den Kaiser auf seine Rolle als Garant der Sicherheit und des Friedens im Reich zu verpflichten suchte. Dagegen standen auf der anderen Seite Vertreter einer an den Interessen der Erblande ausgerichteten Politik.[292] Und schließlich suchte sich die sogenannte „spanische Partei", insbesondere Angehörige des spanischen und italienischen Adels in Wien, am Kaiserhof ebenfalls zu behaupten.[293] Die aus dieser Gruppenbildung resultierenden Konflikte spielten sich – folgt man dieser Einteilung – am Kaiserhof vor allem an zwei Fronten ab: zum einen zwischen der erbländischen Partei und der Partei des Reiches, zum anderen standen beide Parteien gemeinsam gegen die spanische Partei.

Betrachtet man hingegen die politische Interaktion sowie deren Verlauf über eine längere Zeitspanne, wachsen die Zweifel an der Kohärenz dieser Personengruppen und damit auch am heuristischen Wert der Kategorie der „Partei" zur Deutung der Interaktion am Kaiserhof.[294] Daß der Parteienbegriff nicht die geeignete Kategorie darstellt, um die Konflikte innerhalb der Hofgesellschaft zu systematisieren, zeigt sich besonders deutlich an der Art der Gegensätze zwischen der Reichspartei und der erbländischen Partei. Als Vertreter der Reichspartei wird unter Karl VI. nur noch der Reichsvizekanzler Friedrich Karl von Schönborn bezeichnet.[295] Er bekleidete dieses Amt seit dem Jahr 1705, stammte aus dem Reich und war dort seit 1729 Fürstbischof in den Bistümern Bamberg und Würzburg.[296] Ferner stand er im permanenten Austausch mit seinem Bruder Lothar Franz von Schönborn, der Kurfürst von Mainz und damit Erzkanzler des Reiches war.[297] Seine gesamte Amtszeit deutet insbesondere Hantsch als den zunehmend aussichtsloser erscheinenden Versuch, den „Interessen des Reiches" in der politischen Entscheidungsfindung Geltung zu verschaffen gegenüber den Interessen der Erblande.

Mitstreiter hatte er dabei allerdings nur wenige. Sollte über die politischen Zielvorstellungen vorrangig das jeweils bekleidete Amt entscheiden, so hatte er dabei am ehesten Hilfe von den Reichshofratspräsidenten zu erwarten: dem Grafen Ernst Friedrich von Windischgrätz sowie dem Grafen Johann Wilhelm von Wurmbrand. Von Aretin leitete daher auch aus diesen beiden Reichsämtern die Zugehörigkeit ihrer Inhaber zur Fraktion des Reiches am Kaiserhof ab.[298] Diese Verknüpfung von Amt und Fraktionszugehörigkeit ist indes fraglich. Beide stammten nicht aus dem Reich, sondern aus den Erblanden, wo auch ihre Besitzungen lagen. Auch ihre Heiratsbeziehungen verbanden sie mit nur einer Ausnahme mit erbländischen Adelsfamilien, nicht mit Familien des Reiches.[299] Darüber hinaus bestanden zwischen Friedrich Karl von Schönborn und Ernst Friedrich von Windischgrätz so starke Animositäten, daß es sogar einmal beinahe zum Duell gekommen wäre.[300] Dies übertrug sich zwangsläufig auch auf ihre politische Interaktion, in der sie nur selten gemeinsame Standpunkte vertraten.[301] Vielleicht aus diesem Grund schien sich der Graf von Windischgrätz auch für die Belange der Erblande generell mehr einzusetzen als für eine kaiserliche Reichspolitik,[302] obwohl seine Kompetenzen in Fragen der Reichsverfassung außer Frage standen.[303] Von einer gemeinsam getragenen Reichspolitik kann daher keine Rede sein. Mit Johann Wilhelm Graf von Wurmbrand, dem Nachfolger im Amt des Reichshofratspräsidenten, war eine gemeinsame Reichspolitik schon eher möglich, war er doch der Wunschkandidat Schönborns für dieses Amt.[304] Doch war auch dieses Verhältnis schon bald nicht frei von Differenzen, da sich beide Ämter in politischen Fragen den Einfluß streitig machten.[305] Sollte es daher jemals am Kaiserhof eine klar identifizierbare Reichspartei gegeben haben, so ist sie unter Karl VI. auf die Person des Grafen Schönborn zusammengeschrumpft: Kann aber von einer Partei des Reiches am Kaiserhof die Rede sein, wenn diese im wesentlichen deckungsgleich ist mit einer Person? Schon sein Nachfolger im Amt des Reichsvizekanzlers, Johann Adolf Graf von Metsch, stammte zwar ebenfalls aus dem Reich,[306] war aber weder in der Lage noch willens, die Rolle als Anwalt des Reiches weiterhin auszufüllen.

Die sogenannte „österreichische Partei" vermittelt auf den ersten Blick ein homogenes Bild. Ihr werden insbesondere die Mitglieder der Geheimen Konferenz zugerechnet.[307] Von diesen stammte in der Tat die Mehrheit der Mitglieder aus den Erblanden.[308] Für den Prinzen Eugen trifft dies als Familienmitglied des Hauses Savoyen zwar nicht zu, doch hatte seine Herkunft seine politische Orientierung nicht nachweisbar beeinflussen können. Im Gegenteil war er in der Konferenz der maßgebliche Vertreter bei der Forderung nach einer an den Großmachtinteressen der Erblande orientierten Außenpolitik.[309] Der 1713 frisch zum Grafen erhobene Johann Friedrich von Seilern stammte aus dem Reich und nicht aus den Erblanden,[310] was ihn indes nicht daran hinderte, als österreichischer Hofkanzler ebenfalls erbländische Interessen zu verfolgen.

Welche Aspekte entschieden also vorrangig über die Bindung der adligen Höflinge an die Partei des Reiches oder der Erblande: Amt, Herkunft oder (außen-)politisches Handeln? Wie gezeigt werden konnte, läßt sich weder aufgrund der Herkunft noch aufgrund der Bekleidung bestimmter Ämter eine sichere Zuordnung politischer Präferenzen treffen. Die Einteilung der wichtigsten Amtsträger – hier das Reich (Schönborn), dort die Erblande (Prinz Eugen, Sinzendorf, Wratislaw, Seilern) – geschieht demnach vor allem aufgrund ihrer politischen Ausrichtung, ihrer Zielsetzungen und Handlungsvorschläge in politischen Konfliktfällen. Kernfrage der Parteizugehörigkeit scheint demnach zu sein, ob ein Amtsträger sein politisches Handeln nach den Interessen des Reiches oder denen der Erblande ausrichtete. Um eine solche Unterscheidung treffen zu können, muß allerdings vorausgesetzt werden, daß zu Beginn des 18. Jahrhunderts das Reich und die Erblande bereits in zwei klar voneinander zu trennende Interessensbereiche zerfallen waren.

Bei der Beurteilung der Italienpolitik Kaiser Josephs I. und seiner Berater im Spanischen Erbfolgekrieg hat sich hierüber eine Kontroverse entwickelt. Charles Ingrao urteilt über Joseph I., er hätte mit seiner Entscheidung, militärisch insbesondere in Italien aktiv zu werden, österreichische Großmachtinteressen klar vor die Interessen des Reiches gestellt.[311] Dagegen sieht Hans Schmidt den Kern der Politik Josephs I. in seinen Bemühungen um eine Stärkung des Reiches und um die Wiederbelebung der Reichsidee in Italien. Den Erblanden käme hingegen nur eine dienende

Funktion bei der Verwirklichung dieser Reichsidee zu.[312] Genau die umge-
kehrte Deutung schlägt Klueting vor, der in der Wahrung der Reichsrechte in Italien lediglich ein Mittel zum Zweck erkennen mag und nur in der
Stärkung der österreichischen Großmacht allein das Ziel habsburgischer
Politik sieht.[313]

Aretin vermag zu zeigen, daß bei der kaiserlichen Politik kaiserliche
und erbländische Interessen meist unauflösbar miteinander verwoben
waren, so daß es letztlich müßig ist zu fragen, ob eine Entscheidung letztlich aus Gründen der österreichischen Großmachtpolitik oder der Wahrung der Reichsrechte in Italien erfolgt sei.[314] Dieses Argument vermag zu
überzeugen: War schließlich die Eroberung Neapels durch kaiserliche
Truppen und die Einsetzung eines Vizekönigs durch den Kaiser die
Wiederbelebung einer mittelalterlichen Kaisertradition[315] oder lag sie vielmehr im österreichischen Großmachtinteresse? Handelte es sich bei der
Eroberung von Mailand nur um die Restitution eines Reichslehens, oder
lag das eigentliche Ziel vielmehr in der territorialen Arrondierung der
Erblande, da man sich selbst damit belehnte?[316] Letztlich suchen diese
Fragen die kaiserliche Politik künstlich in zwei voneinander als different
angenommene Interessphären zu zerschneiden, die sich jedoch zumindest zu Beginn des 18. Jahrhunderts noch nicht klar voneinander trennen
lassen.

Wenn die Interessengegensätze zwischen den Erblanden und dem Reich
jedoch weniger eindeutig sind als vielfach postuliert, dann scheinen auch
die prinzipiellen Unterschiede zwischen den Parteigängern des Reiches
und denen der Erblande geringer zu sein als bisher vermutet. Schließlich
war es ja weniger die Herkunft oder das bekleidete Amt, sondern vor allem
die (außen-)politische Zielsetzung, die sich als Indikator für die Zugehörigkeit zu der einen oder anderen Partei zu eignen schien. Und hier waren die
Fronten keinesfalls eindeutig. Grundsätzlich war die kaiserliche Italienpolitik bei allen Amtsträgern am Kaiserhof unstrittig. Das betraf auch die Eroberung Süditaliens. Strittig war allerdings das harsche Vorgehen des Kaisers Joseph I. gegen den Papst und die militärische Besetzung der Grafschaft Comacchio. Dieser Schritt war dem Kaiser gegen den Widerstand
des Prinzen Eugen sowie der Grafen Wratislaw und Starhemberg insbesondere vom Fürsten Karl Theodor von Salm nahegelegt worden.

Aretin deutet diese Konfliktstellung als das Aufeinanderprallen von
Verfechtern einer Reichspolitik (Salm) mit den Verteidigern österreichischer Großmachtinteressen (Prinz Eugen, Wratislaw).[317] Doch könnte
man statt dessen auch unschwer zwischen einer Strategie kaiserlicher Ma-
ximalforderung und einer Strategie unterscheiden, die auf die Vermeidung
zusätzlicher Konflikte angelegt war. Ein weiteres Kriegsziel des spanischen Erbfolgekrieges war auf kaiserlicher wie auf reichsständischer Seite

die Eindämmung Frankreichs mit Hilfe einer Reichsbarriere. Strittig war am Kaiserhof allerdings die Frage, ob man darüber hinaus auch territoriale Forderungen an Frankreich stellen sollte oder nicht. Hier plädierten Prinz Eugen und Wratislaw ebenso wie in der Comacchio-Frage für Zurückhaltung, sahen sich aber gegenüber den Fürsten Salm und Mansfeld sowie den Grafen Sinzendorf, Seilern und Trautson in der Minderheit.[318] Ohne hier weiter inhaltlich auf diese Frage eingehen zu wollen, wird deutlich, daß die Fraktionen am Kaiserhof weder eindeutig mit den Kategorien Reich und Erblande umschrieben werden können, noch daß immer wieder dieselben Personen gegeneinanderstanden. Keinesfalls konkurrierten am Kaiserhof nur zwei kohärente Personengruppen gegeneinander, die sich durch ihre außenpolitischen Präferenzen voneinander abgrenzten. Vielmehr waren die Konfliktlinien vielfältiger, wechselten ständig und waren oft nur von geringer Dauer.

Dieser Eindruck verstärkt sich noch, wenn man den Bereich der hohen Politik verläßt und sich die Auseinandersetzungen bei verschiedenen Ämterbesetzungen am Kaiserhof vor Augen führt, wie sie im Briefwechsel zwischen Karl III. und seinem Vertrauten am Kaiserhof, dem Grafen Wratislaw, geschildert werden. So gab es über die Besetzung des Statthalterpostens in Mailand eine längere Auseinandersetzung, in die der Kaiserhof ebenso wie auch der spanische Hof Karls III. involviert waren. Konnte sich Karl III. letztlich mit seiner Forderung durchsetzen, Prinz Eugen mit diesem Posten zu betrauen, gab es gegen diese Entscheidung insbesondere durch die Kaiserin Wilhelmine Amalie hartnäckigen Widerstand, da sie aus verwandtschaftlicher Verbundenheit den mit ihrer Schwester vermählten Herzog Rinaldo von Modena lieber auf dieser Stelle gesehen hätte. Der österreichische Hofkanzler Sinzendorf, der in besonderer Nähe zur Kaiserin stand, unterstützte sie in ihrem Ansinnen, während sich Wratislaw energisch für den Prinzen einsetzte.[319]

Generell scheint Graf Wratislaw in Sinzendorf zu dieser Zeit weit eher einen Gegner gesehen zu haben als einen Verbündeten. So war er überzeugt, daß seine Ernennung zum Vermittler zwischen den Angelegenheiten Karls III. in Barcelona und Kaiser Josephs I. an einer Koalition des Grafen Sinzendorf mit den beiden Kaiserinnen sowie dem Fürsten Salm zu scheitern drohe.[320] Nach dem Rückzug Salms vom Kaiserhof ergaben sich bald neue Koalitionen. Als im Januar 1709 die Frage anstand, ob Leopold Mathias Graf Lamberg, ein Günstling Josephs I., zum Premierminister erhoben werden sollte, fand diese Idee im Grafen Windischgrätz, dem Hofkammerpräsidenten Starhemberg, dem Grafen Palm sowie der Kaiserin mehrere Befürworter. Dagegen protestierten Karl III. ebenso wie Prinz Eugen und Wratislaw energisch gegen diese versuchte Neuerung am Kaiserhof, so daß sie schließlich fallengelassen wurde.[321]

Nur wenige Monate später, im Oktober 1709, zeichnete Wratislaw in einem Brief an Karl III. wiederum ein anderes Bild der Parteienverhältnisse: *„Der Trautson, Seiler und ich halten fest zusammen und thun alles mit einander concertiren und communiciren, an dem Prinzen und Sinzendorf ist auch nicht zu zweifeln, daß sie mit uns sich setzen werden [...]. Mansfeld ist Fürst worden, dieser Waldstein, Lamberg und Reichsvizekanzler machen die contraere Partey und Windischgraetz ist squadra volante. "*[322] Schon diese wenigen Beispiele zeigen deutlich, daß von festgefügten Fronten keine Rede sein konnte. Vor allem aber lassen sich die Koalitionen und Konflikte nicht einem von zwei Personenblöcken zuordnen, die sich als Parteien klassifizieren lassen. Die „österreichische Partei" zerfällt bereits in der Regierungszeit Josephs I. bei näherer Betrachtung in einzelne Personen oder Personengruppen, die eher gegeneinander als miteinander agierten, deren unterschiedliche Konfliktlinien sich jedoch nicht eindeutig systematisieren lassen. Abhängig vom Gegenstand der Auseinandersetzung konnten sich am Kaiserhof immer wieder neue Personenkonstellationen bilden, die ebenso schnell auch wieder zerfielen, wenn ein anderer Gegenstand neue Koalitionen nahelegte. In den wichtigsten Amtsträgern unter Joseph I. und Karl VI., den Grafen Starhemberg und Sinzendorf, dem Fürsten Trautson und dem Prinzen Eugen, Mitglieder einer österreichischen Partei sehen zu wollen, die ähnliche Interessen verfolgten, heißt, das persönliche Konkurrenzverhältnis zu übersehen, das auch zwischen ihnen Konflikte jederzeit ermöglichte.

Wie schnell sich verschiedene Koalitionen am Kaiserhof bilden konnten, um kurz darauf schon wieder zu zerfallen und anderen Interessenverbindungen Platz zu machen, zeigt sich besonders deutlich in der *„Relation secrete"* des Jahres 1722, mit der der englische Gesandte St. Saphorin die politischen Verhältnisse am Kaiserhof unmittelbar nach dem Tod des Favoriten Althann zu umschreiben suchte.[323] Er sah den Kaiserhof vor allem in drei Parteien geteilt. In der ersten Partei hätten sich insbesondere Prinz Eugen und Gundaker von Starhemberg zusammengefunden, ferner sei auch der Reichsvizekanzler Schönborn einer von ihnen. Da in dieser Gruppierung vor allem diejenigen vereint seien, die dem Favoriten Althann kritisch begegneten, könnten sie beim Kaiser auf nur wenig Vertrauen hoffen. Eine zweite Personengruppe bildeten die Grafen Sinzendorf und Windischgrätz, zu denen sich auch der Fürst Trautson hinzugesellt hätte. Diese stünde beim Kaiser weit höher im Kurs: Insbesondere der österreichische Hofkanzler hat laut St. Saphorin nach dem Tod des Grafen Althann eine Vertrauensstellung einnehmen können und treffe zwei bis dreimal am Tag mit dem Kaiser zusammen. Als dritte Gruppe machte der Savoyer in englischen Diensten schließlich die „Spanier" aus: Ihre führenden Köpfe seien der Erzbischof von Valencia und der Marquis de Rialp, die sich nach dem Tod des Favoriten trotz ihrer gegenseitigen Abneigung zu einer Koalition aufgrund gemeinsamer Interessen zusammengefunden hätten.

Der Charakter dieser skizzierten Parteien wird deutlich, wenn St. Saphorin auf die Entstehung dieser Zusammenschlüsse und auf deren Strategien zu sprechen kommt. So habe ursprünglich eine deutsche Partei bestanden, *„le Party allemand"*, die sich aus den vier Konferenzmitgliedern und dem Grafen Windischgrätz zusammengesetzt hätte;[324] eine Personengruppe, die mit der oben beschriebenen Partei der Erblande deckungsgleich ist. Unterschiede bestanden innerhalb dieser Gruppe laut Saphorin vor allem im Hinblick auf ihr Verhältnis zur „spanischen Partei" und dem Favoriten Althann, da Trautson und Sinzendorf ihnen mit weniger Abneigung und mehr Zurückhaltung begegneten. In der offenen Ablehnung des Reichsvizekanzlers Schönborn seien sich hingegen alle einig gewesen, wobei sich die Grafen Starhemberg und Windischgrätz besonders hervortaten. Es wirft nun ein bezeichnendes Licht auf die Qualität dieser Allianzen, welche Gründe St. Saphorin dafür verantwortlich machte, daß dieses Personenbündnis der *„Party allemand"* zerbrach und den oben beschriebenen Koalitionen Platz machte. Ein Rechtsstreit um Ländereien zwischen Graf Windischgrätz und der Gräfin Starhemberg habe Graf Starhemberg dieser Koalition entfremdet, Vizekanzler Schönborn hingegen von dieser Entfremdung profitiert. Die ursprüngliche Gegnerschaft scheint offenbar doch eher punktueller Natur gewesen zu sein. Die Feindschaft des Grafen Windischgrätz gegen Schönborn war dagegen wohl ernsthafter, weshalb er nur für die Gegenpartei in Frage kam. Prinz Eugen hingegen zeigte sich der neu anbahnenden Koalition zwischen den Grafen Schönborn und Starhemberg aufgeschlossen. Verwandtschaftliche Verbindungen hätten laut St. Saphorin das Ihre dazu beigetragen, daß auch Prinz Eugen letztlich Teil dieser neuen „Partei" werden sollte.[325]

Dieses Verwirrspiel um vermeintliche oder tatsächliche Zuneigungen oder Ressentiments, vermeintliche gemeinsame politische Präferenzen, private Auseinandersetzungen und familiäre Verbindungen läßt den spezifischen Charakter dieser Parteiungen oder Fraktionen am Kaiserhof deutlich werden. Koalitionen konnten sich am Kaiserhof aufgrund persönlicher Bindungen ebenso ergeben wie aufgrund gemeinsamer politischer Präferenzen. Mit wem man diese jeweils teilte, bestimmte sich von Fall zu Fall jeweils neu. Daher konkurrierten am Hofe keine festgefügten Parteien gegeneinander, sondern stets wechselnde Personen und Personengruppen. Diese Personengruppen mochten bisweilen – meist mit pejorativem Unterton – „Partey" genannt werden; eine feste Größe für die Entscheidungsfindung am Kaiserhof waren sie dadurch nicht.

Hierfür ist das Verhältnis der vier Konferenzmitglieder, die als einzige

fast die gesamte Regierungszeit Karls VI. die politische Elite des Kaiserhofes stellten, ein gutes Anschauungsbeispiel. Das einzig regelmäßige Element in den Beziehungen zwischen dem Prinzen Eugen, dem österreichischen Hofkanzler Sinzendorf, dem Hofkammerpräsident Starhemberg
und dem Reichsvizekanzler Schönborn war der stete Wechsel der Koalitionen. Zuerst stand der Reichsvizekanzler einer ablehnenden Front der
übrigen Konferenzmitglieder gegenüber, dann scherte der österreichische
Hofkanzler Graf Sinzendorf in den zwanziger Jahren aus den Reihen der
anderen Konferenzmitglieder aus, und schließlich führten in den dreißiger
Jahren Differenzen zwischen dem Prinzen Eugen und dem Grafen Starhemberg zu weiteren Verstimmungen,[326] während sich das Verhältnis zwischen dem Prinzen Eugen und Graf Schönborn zunehmend freundschaft-
lich gestaltete.[327]

Die jeweiligen politischen Interessen der einzelnen Hofmitglieder
konnten sich aus vielen Quellen speisen: unter anderem auch aus den von
ihnen am Kaiserhof bekleideten Ämtern oder aber aus deren Herkunft.
Welcher der beiden Aspekte dabei jeweils den Ausschlag gab, wechselte
von Fall zu Fall. War beispielsweise Reichspolitik für den Reichsvizekanzler Schönborn ein bedeutsames Anliegen, so waren die Interessen des Reiches für seinen Vorgänger, Dominik Graf von Kaunitz, nur von untergeordnetem Interesse, was im allgemeinen mit seiner böhmischen Herkunft begründet wurde.[328] Ebenso konnte sich aber Graf von Seilern als
österreichischer Hofkanzler durchaus für die Belange der Erblande einsetzen, obwohl er aus dem Reich an den Kaiserhof kam. Nur im Aus-
nahmefall stimmten also die Kriterien des Amtes, der Herkunft und der
politischen Orientierung überein.

Darüber hinaus konnte auch die politische Richtung der einzelnen
Amtsträger am Kaiserhof durchaus wechseln. Die wenigsten politischen
Akteure waren demnach am Kaiserhof von vornherein auf eine Politik
festgelegt. Nicht selten standen darüber hinaus persönliche Familieninteressen mit denen des Amts im Widerstreit, oder persönliche Animositäten
überlagerten die Grenzen der politischen Präferenzen. Diese Grenzen
können daher nicht anders als fließend und durchlässig gedacht werden.
Über einen längeren Zeitraum ließen sich politische Koalitionen in den
seltensten Fällen stabilisieren. Am Kaiserhof konkurrierten stets einzelne
Personen um die Gunst des Kaisers, keine Parteien.

Diese Schnellebigkeit der persönlichen Zusammenschlüsse und politischen Orientierungen in der Entscheidungssphäre des Kaiserhofes wird
immer dann besonders sichtbar, wenn sich die politischen Rahmenbedingungen änderten und die Protagonisten am Kaiserhof darauf zu reagieren
hatten. Der Herrschaftsantritt Karls VI. als Kaiser und Landesherr führte
zu solchen veränderten Rahmenbedingungen: Mit ihm etablierte sich ein

neuer Personenkreis in Wien, was automatisch auch eine Verschiebung der Koalitionen am Kaiserhof nach sich zog. Nach seiner Ankunft in Wien trat am Kaiserhof eine weitere Personengruppe auf den Plan: die sogenannte „spanische Partei". Dieser Personengruppe schlug in Wien die einhellige Ablehnung fast aller anderen Hofteilnehmer entgegen. Auch die verschiedenen Gesandtschaftsberichte wissen über sie nur wenig Positives zu berichten.[329] Diese Ablehnung vermochte sogar teilweise die anderen Interessenskonflikte am Kaiserhof bisweilen in den Hintergrund zu drängen, so daß der Begriff der „Partei" nur noch auf die Spanier am Kaiserhof bezogen wurde.[330]

Das einhellige Urteil ging dahin, daß die Spanier das volle Vertrauen des Kaisers für sich in Anspruch nehmen könnten und dies hemmungslos für ihre eigenen Familieninteressen ausnutzten. In der Tat genossen die Spanier in der persönlichen Umgebung Karls eine Sonderstellung, die sie gegenüber den anderen Mitgliedern des Kaiserhofes auszeichnete. Ihnen gegenüber trat Karl nicht nur als Kaiser auf, sondern fühlte sich ihnen gleichzeitig auch als Patron verpflichtet. Schon in seinen Regierungsjahren als Erzherzog und designierter König Karl III. in Spanien (1703–1707) trat er als Förderer seiner spanischen Umgebung auf, wenn er sich mit Empfehlungsschreiben an Kaiser Joseph I. wandte oder sich der finanziellen Mittel der Statthalterschaft in Mailand bediente, um den spanischen Räten Pensionsleistungen zukommen zu lassen.[331] Diese Versorgungsleistungen Karls III. stießen am Kaiserhof auf die Kritik des Hofadels. Eine Art Generalabrechnung mit der spanischen Umgebung Karls in Barcelona formulierte Graf Wratislaw in einem Schreiben an Karl. Darin beklagte er *„die unendliche graduationes delli Grandi et Titoli"* sowie die *„vermehrung der besoldungen, Pensionen, vergebung vieller confiscationen, undt noch mehrern versprechungen derselben pro futuro"*, was schließlich die Handlungsfähigkeit Karls III. selbst einzuschränken drohe.[332] Ferner bestünde die persönliche Umgebung Karls aus Personen, die weder *„genugsame Capacitet noch experientz"* haben, um politische Geschäfte zu führen.[333] Der politische Kern seiner Kritik wird dann in einem weiteren Brief des Grafen Wratislaw deutlich. Hier beklagt er, daß die spanischen *„Ministri sich meistens von denen keys.[erlichen] heimlich oder offentlich separiren".*[334] Anders formuliert: der Einfluß des Kaiserhofes auf Karl III. war gering, sofern dieser sich von dem Rat seiner spanischen Minister leiten ließ.

Karl III. ließ diese Kritik indes unbeeindruckt. Er verteidigte seine spanische Umgebung, die nur auf sein Wohl bedacht sei,[335] und betonte immer wieder deren prekäre Lage, die sich aus ihrer Loyalität zu ihm ergeben habe.[336] Daher habe er für deren Unterhalt aufzukommen, da sie aufgrund ihrer Entscheidung für Karl im spanischen Erfolgekrieg ihrer spanischen Güter zumindest vorläufig verlustig gingen. Ob es dieser Loyalitätsbeweis war, mit dem sich die besondere Verbundenheit Karls VI. mit diesem Personenkreis erklären läßt, oder aber seine langjährige Sehnsucht nach der spanischen Krone, muß letztlich Spekulation bleiben. Zweifelsohne hatten die Spanier in Karl VI. einen verständigen Fürsprecher für ihre Belange, der den anderen Hofteilnehmern vorenthalten blieb.[337]

Daß Karl VI. sich der „Spanier", also der Personen seiner persönlichen Umgebung am Königshof in Barcelona, auch als Kaiser besonders annahm, zeichnete sich schon vor seiner Ankunft in Wien ab. Die Vorstellung indes, der Kaiser könnte seine spanische Umgebung nach Wien transferieren, erfüllte die kaiserliche Hofgesellschaft mit Schrecken. Graf Wratislaw setzte sich daher mehrfach dafür ein, „die hoffstatt herentgegen so gering alss möglich mit zu nehmen, dan E. M. die meisten von dero H. Vattern, und alle von dero H. Brudern allhier finden werden". Mit den Angehörigen des spanischen Hofes solle Karl III. daher rigide verfahren: „Alle Spanische undt Wellsche Exulanten werden E. M. vollgen wollen, in hoffnung sich allhier zu stabilliren, dieses aber wurde allhier die grösten Confusiones erweken, dahero diese leuth zurück zu lasen, mit hoffnung sie zu seiner Zeit vollgen zu machen, abzuspeisen, alsdan zu verbiethen dass niemand ohne special befehl herüber kommen derffe."[338] Ohne Zweifel drückt sich in diesem Vorschlag Wratislaws der Wunsch der bisherigen Hofgesellschaft aus, weiterhin unter sich bleiben zu können und damit automatisch zur persönlichen Umgebung auch des neuen Kaisers zu gehören. Es vermag allerdings kaum zu verwundern, daß Karl nicht bereit war, das Interesse der ehemaligen Hofmitglieder zu seinem eigenen zu erklären. Es stand für ihn außer Frage, daß er dem spanischen Hof den Weg nach Wien nicht zu versperren beabsichtigte.[339] Unmittelbar mit seiner Ankunft in Wien verband sich daher auch die Ankunft zahlreicher Höflinge des ehemals spanischen Hofes, die die Interaktion am Kaiserhof zumindest in den ersten beiden Jahrzehnten der Herrschaft Karls VI. grundlegend veränderten.

Der Begriff der „spanischen Partei" bezeichnet die Personengruppe, die nach der Wahl Karls VI. zum römischen Kaiser ebenfalls den Weg aus Spanien nach Wien antrat beziehungsweise kurz darauf infolge der militärischen Entwicklungen im spanischen Erbfolgekrieg den Weg dorthin antreten mußte, wollte sie der Verfolgung durch die Bourbonen entgehen. Es handelte sich dabei meist um Personen, die schon in Barcelona zum Hofstaat Karls III. gehörten und daher mit dem späteren Kaiser bereits in teilweise enger Verbindung standen, bevor dieser mit den adligen Höflingen in Wien zusammentraf. Neben den „Spaniern", meist Katalanen und Neapolitaner,[340] waren darunter auch diejenigen Adligen, die Wien schon 1703 gemeinsam mit Karl verlassen hatten und in Barcelona einen Teil des neugeschaffenen Hofstaates bildeten.

Insgesamt zogen 163 Adlige mit dem jungen König Karl von Wien nach Madrid,[341] unter ihnen sein Erzieher und späterer Obersthofmeister Anton Florian Fürst von Liechtenstein, die Kammerherren Michael Johann Graf Althann, Johann Graf Colloredo, Aloys Graf von Thun, Johann Caspar Freiherr/Graf von Cobenzl und Sigmund Rudolf Graf von Sinzendorf.[342] Welcher Vorteil sich daraus ergab, daß man früher als andere in der Nähe des Herrschers stand, zeigt ein Blick auf deren spätere Karrieren am Kaiserhof. Bis auf Graf von Thun traten alle später in Wien oberste Hofämter an: Fürst von Liechtenstein als Obersthofmeister, Graf von Sinzendorf zuerst als Oberstkämmerer, dann ebenfalls als Obersthofmeister, Graf Colloredo und Freiherr/Graf von Cobenzl als Obersthofmarschall und Graf Althann als Oberststallmeister.[343] Manche dieser Personen, die allesamt keine gebürtigen Spanier waren, sondern den Adelsfamilien der Erblande entstammten, wurden von den dauerhaft in Wien ansässigen Hofadligen dennoch der spanischen Partei zugerechnet. Insbesondere Graf Althann galt geradezu als Kopf dieser Personengruppe und stieß daher bei zahlreichen Adligen der Erblande auf Mißtrauen.

Wie groß der Strom der Rückkehrer und Emigranten von Barcelona nach Wien wirklich war, läßt sich nur schwer abschätzen. Einen Hinweis darauf gibt eine Liste aller Spanier, die vom Kaiserhof finanzielle Unterstützung ersuchten: Auf ihr waren nicht weniger als 350 Personen verzeichnet, wobei die Familienmitglieder nicht aufgeführt waren.[344] Man wird daher mit mehr als tausend Spaniern in Wien sicher rechnen dürfen, auch wenn nicht immer alle am Kaiserhof selbst präsent gewesen sein dürften. Exakt läßt sich dagegen bestimmen, was der Unterhalt dieses Personenkreises jährlich kostete. Ihre Pensionen schwankten je nach Rang und Person zwischen 200 und 8000 Dukaten und summierten sich auf ungefähr 300 000 Dukaten, was in etwa 450 000 fl. pro Jahr entspricht.[345] Ferner sorgte Karl VI. in den ersten 14 Jahren seiner kaiserlichen Herrschaft persönlich in zahllosen Dekreten für Pensionszahlungen an die Adligen, die ihm gegen Ende des spanischen Erbfolgekrieges nach Wien gefolgt waren, ihrer Güter vorübergehend beraubt waren und daher mittellos auf die kaiserliche Gnade angewiesen waren.[346]

Bezahlt wurden diese Pensionen aus den Einkünften der ehemals spanischen Provinzen Italiens, Neapel, Mailand und Sardinien, denen diese Einkünfte damit für ihre eigene Entwicklung entzogen wurden, was einen piemontesischen Diplomaten zu der scharfen Feststellung veranlaßte: *„les provinces d'Italie sont les Indes de la Cour de Vienne".*[347] Erst nach dem Friedensschluß mit Spanien (1725) war diesen spanischen Adligen die Rückkehr nach Spanien möglich sowie teilweise die Rückerstattung ihrer Güter gewährt worden.[348] Zwar hatte Karl VI. infolgedessen die kaiserlichen Gnadengelder um die Hälfte gekürzt,[349] doch blieben die Spanier am Kaiserhof auch weiterhin ein bedeutender Kostenfaktor. Erst als der Kaiser nach dem Ende des polnischen Erbfolgekrieges auf die Einnahmen des Königreichs Neapel verzichten mußte, verschlechterte sich die Stellung der Spanier am Kaiserhof sowie deren finanzielle Lage spürbar.[350] Diese Einbußen ließen auch den politischen Einfluß der Spanier am Kaiserhof in den letzten Jahren der Herrschaft Karls VI. sinken.[351]

Daß der Kaiser zumindest zahlreichen Personen der sogenannten spanischen Partei eine Sonderstellung am Hof zubilligte, scheint in der Tat evident zu sein. Damit zeichnete er die Spanier am Kaiserhof sichtbar aus, während sich alle anderen Hofteilnehmer symbolisch in die zweite Reihe zurückgesetzt fühlen mußten. Auch dem savoyischen Gesandten San Martino ist dies nicht entgangen, als er über das unterschiedliche Verhältnis des Kaisers zu seinen Höflingen mitteilte: *„ Tutto il genio dell' imperatore è per li spagnoli, e per li tedeschi ha qualche cosa meno che d' indifferenza. "*[352] Dieser Unterschied zeigte sich zum einen bei der kaiserlichen Praxis der Ämtervergabe, bei Gnadenerweisen oder Pensionszahlungen. Er wurde aber auch in symbolischen Gesten des Kaisers manifest, wenn er beispielsweise während des Essens mit seinen spanischen Kämmerern sprach und lachte, mit den deutschen Kämmerern indes kein Wort wechselte.[353] Da die Nähe zum Kaiser aber die symbolisch bedeutsamste Ressource darstellte, die die adligen Hofteilnehmer am Kaiserhof erlangen konnten, mußte eine solche symbolische Auszeichnung für eine Personengruppe, die man im Reich und in den Erblanden als eher fremd empfand, von allen anderen Höflingen als Zumutung empfunden werden.

Dieses Näheverhältnis des Kaisers zu den Spaniern am Hof enthob diese auch einer Kritik an ihrer jeweiligen Amtsführung.[354] Zahlreiche Beispiele verdeutlichen, daß die Spanier auch nach dem Tod der Favoriten Stella und Althann auf einen ihnen gewogenen Kaiser zählen konnten.[355] Selbst Verfehlungen, Mißerfolge oder die Gefahr einer politischen Krise konnten dieser Vertrauensstellung wenig anhaben, was wiederum die energische Kritik der anderen Hofteilnehmer hervorrief, wie die folgenden Beispiele demonstrieren sollen: Zum einen wird dies im politischen Nachspiel eines diplomatischen Vorfalls in Wien sichtbar. Den Auftakt dazu machte ein gewaltsamer Überfall auf den kurbayerischen Gesandten Graf von Törring, den der kayserliche General Fernando de Silva y Menezes, Graf von Cifuentes, Anfang Januar 1722 zu verantworten hatte.[356] Aufgrund dieses Vorfalls erging am 11. Februar 1722 eine kaiserliche Anordnung zur Arrestierung des Grafen von Cifuentes,[357] der sich zwar nach Italien absetzte, dort aber schon im Juni 1722 gefangengenommen werden konnte.[358] Erst seine nach acht Monaten Haft ausgesprochene Freilassung durch den Kaiser, der ihn dann an den Kaiserhof zurückberief, zog nun diplomatische Verwicklungen nach sich und trug so zu einer empfindlichen

Störung im politischen Verhältnis zwischen Kaiser und Kurfürst bei, zu einem Zeitpunkt, als sie sich gerade im Zuge der Heirat zwischen Erzherzogin Maria Amalia und dem bayerischen Kurprinzen Karl Albrecht wieder vorsichtig einander annäherten. Die stets gleichlautende Antwort auf die diplomatischen Bemühungen, mit denen der bayerische Gesandte Graf von Mörmann sich bei mehreren kaiserlichen Ministern um eine Satisfaktion für den bayerischen Kurfürsten bemühte, war der Hinweis auf die den Spaniern gewährte besondere Gunst. Aloys Thomas Graf von Harrach ließ gegenüber Mörmann verlauten, daß *„weilen einer von denen Teutschen Ministris, wie derselbe, sich vergangen hette, würdte man gegen denselben wohl anderst verfahren sein"*.[359] In gleicher Weise äußerte sich auch der kaiserliche Obersthofmeister, Fürst von Trautson, über diese Affäre.[360] In der Tat konnten die über mehrere Jahre andauernden bayerischen Proteste der komfortablen Stellung des Grafen Cifuentes am Kaiserhof wenig anhaben. Als Ritter des Ordens vom Goldenen Vlies nahm er weiterhin und vom Kaiser stets gern gesehen bei den Veranstaltungen der Toisonritter teil und erhielt vom Kaiser ebenso wie zahlreiche andere Spanier am Hof eine Pension ausgezahlt, die im Jahre 1724 – also während der Auseinandersetzungen mit Bayern um seine angemessene Bestrafung – sogar noch um 5000 Scudi aufgestockt wurde; was wiederum der bayerische Gesandte grimmig notierte.[361]

Auch die Beurteilung der Ausübung der Amtsgeschäfte konnte am Kaiserhof durchaus unterschiedlich ausfallen. Während Tiberius Caraffa für sein militärisches Kommando wegen vermeintlichen Fehlverhaltens von einer Untersuchungskommission ein Hofverbot ausgesprochen bekam – das später allerdings gnadenhalber aufgehoben wurde –,[362] wurde der letzte Oberbefehlshaber der kaiserlichen Truppen in Süditalien, Principe di Belmonte, mit kaiserlichem Lob bedacht und erhielt zur Auszeichnung den Orden vom Goldenen Vlies;[363] eine Diskrepanz, die in Hofkreisen mit der Zugehörigkeit des Principe Belmonte zur spanischen Partei in Verbindung gebracht wurde.[364] Da sowohl Belmonte als auch Caraffa aus dem Königreich Neapel stammten, zeigt sich hier deutlich, daß die Herkunft allein auch bei der Wahrnehmung der Spanier und Italiener in kaiserlichen Diensten nicht ausreichte, um sie automatisch mit der spanischen Partei in Verbindung zu bringen.

Der Grund, warum Karl VI. sich seiner spanischen Umgebung am Kaiserhof so annahm, wird in manchen Gesandtenberichten, aber auch in der historischen Forschung überwiegend in die Untiefen des kaiserlichen Gemütes verlagert. Da er den Verlust der spanischen Krone niemals habe überwinden können, habe er sich den spanischen Höflingen stärker verbunden gefühlt als den anderen Hofteilnehmern und sie daher in vielerlei Hinsicht begünstigt. Manche Quellen sprechen für diese Sicht der Dinge, insbesondere seine Tagebuchnotizen sowie sein Bestreben, am Herrschaftstitel als spanischer König so lange wie möglich festzuhalten und in dieser Funktion auch weit nach Ende des spanischen Erbfolgekrieges königliche Gnaden zu vergeben.[365] Dennoch verbleibt diese psychologisierende Deutung letztlich im Spekulativen.

Verloren geht dabei ein struktureller Aspekt, der die Haltung Karls VI. zu den „Spaniern" mit dem Verhalten anderer Kaiser bei ihrem Machtantritt vergleichbar macht. Hinter der besonderen Protektion der „Spanier" verbirgt sich nämlich durchaus ein rationaler Kern. So hatte Karl VI. bei seiner Ankunft in Wien die Wünsche und Erwartungen zweier Personenkreise am Kaiserhof zu erfüllen. Zum einen gab es da die obersten Amtsträger aus der Zeit Josephs I., die ihre dominante Position auch unter Karl VI. beizubehalten gedachten. Zum anderen hatte sich der soeben gewählte Kaiser auch den Erwartungen seines eigenen Hofstaates aus Barcelona zu beugen. Diese Konstellation zweier konkurrierender Hofhaltungen war indes alles andere als neu; sie war vielmehr als ein allgemeines Strukturmerkmal von Herrschaftswechseln ein stets wiederkehrendes Element einer Regierungsübernahme am Kaiserhof.

Ein kurzer Vergleich mit dem Beginn der Regierungszeit Josephs I. vermag dies zu verdeutlichen. So teilte Friedrich Karl von Schönborn noch als kurmainzischer Gesandter den Kaiserhof kurz vor dem Herrschaftswechsel von Leopold I. zu Joseph I. in zwei Personengruppen ein: Um den alternden Leopold I. waren die Minister Harrach, Kaunitz, Mansfeld, Jörger, Bucellini, Martinitz, Kinsky und Öttingen gruppiert, während sich hinter dem gewählten römischen König Joseph I. mit dem Prinzen Eugen sowie den Ministern Starhemberg, Moles, Salm, Lamberg und Mollart der sogenannte *„junge Hof"* versammelte.[366] Nach dem Tod Leopolds I. fanden sich die meisten der obersten Minister des früheren Monarchen schnell in der zweiten Reihe wieder, während die persönlichen Vertrauten Josephs I. in die obersten Ämter vorrücken konnten.[367]

Ähnlich verhielt es sich mit den Protektionsbemühungen Karls VI. Schon in seiner Funktion als spanischer König war er bemüht, den Einfluß des Kaiserhauses in Wien auf seine spanische Herrschaft zu minimieren. Dies betraf bereits seine persönliche Umgebung als proklamierter König von Spanien. Standen Mitglieder seines königlichen Hofes in Barcelona bereits in Wien in hohen Diensten, so hatten sie sich spätestens nach dem Tod Leopolds I. in Spanien mit einer Reservistenrolle zu begnügen. Hierunter fielen die Grafen Ulfeld und der Duca de Moles, ferner der königliche Beichtvater Pater Tönnemann.[368] Auch der Obersthofmeister Anton Florian von Liechtenstein mußte sich mit seiner Zurücksetzung abfinden. Zwar bekleidete er weiterhin dieses hohe Amt, büßte aber seinen Einfluß auf Karl VI. vollständig ein.[369] Nur die Interventionen aus Wien hielten ihn weiterhin in seiner Stellung als Obersthofmeister, von der Karl III. ihn ebenso wie er sich selbst zumindest zeitweise gerne befreit hätte.[370]

In die erste Reihe rückten dagegen die Personen, die ihre Ämterkarriere von vornherein in der Umgebung Karls begonnen hatten. Hierunter fielen die Kammerherren und Vertrauten, die ihn von Wien nach Spanien begleiteten, sowie zahlreiche Minister, die im spanischen Hofstaat leitende Funktionen übernahmen. Dem spanischen Hofstaat suchte Karl VI. auch nach seiner Rückkehr an den Kaiserhof die Treue zu halten. In Wien hatte er diese Personen daher mindestens ebenso zu versorgen, wie er den Amtsträgern Josephs I. gerecht werden mußte. Schließlich standen die kaiserlichen Amtsträger bis dahin nicht in einem persönlichen Dienstverhältnis zu Karl VI. und hatten sich im spanischen Erbfolgekrieg auch nicht für die Belange Karls eingesetzt. Ganz anders stellte sich die Situation dagegen bei den „Spaniern" dar. Sie hatten ihre Entscheidung, für Karl III. statt Philipp V. als spanischer König einzutreten, mit dem – zumindest vorübergehenden – Verlust ihrer sozialen Stellung in Spanien bezahlen müssen und waren nach der Konfiskation ihrer spanischen Güter vollends auf die Gnade des Kaisers angewiesen, ja bedurften seiner Unterstützung auch materiell. Solange die Bekleidung eines Amtes noch weitgehend als ein persönliches Dienstverhältnis des Adligen zu seinem Herrscher angesehen wurde, war auch der Herrscher in der Pflicht, Loyalität entsprechend zu honorieren. Wenn er diesem Personenkreis nun kaiserliche Gnadenerweise und Pensionszahlungen zukommen ließ, wenn er ihnen die Herrschaft über die spanischen Besitzungen in Italien anvertraute, ja selbst wenn er sich in außenpolitischen Belangen überwiegend nach ihrem Urteil richtete, so entsprach dies weitgehend der gängigen Praxis eines Herrschers nach seinem Regierungsantritt.[371]

Die Schärfe der Vorwürfe gegenüber den Spaniern am Kaiserhof kann allerdings gleichfalls wenig verwundern in einer sozialen Figuration wie dem Hof, in der persönliche Beziehungen das vorherrschende Mittel waren, um eigene Interessen zu verfolgen und die Entscheidungsfindung zu beeinflussen. Genoß eine separate Personengruppe die besonderen Sympathien des Kaisers, mußte dies die Einflußchancen der anderen Hofmitglieder am Kaiserhof empfindlich schmälern. Das Problem lag also insbesondere in der beinahe vollständigen Trennung der beiden Personenkreise. Durch die räumliche Trennung beider Hofhaltungen von 1704 bis 1711 waren die Personenkreise tatsächlich stärker getrennt, als wenn Karl VI. die Personen seines Vertrauens in Wien um sich geschart hätte. Dadurch war es den Mitgliedern des Hofstaates in Wien weniger möglich, auch zum Erzherzog Karl ein persönliches Näheverhältnis aufzubauen, als dies der Fall gewesen wäre, hätte er sich ebenfalls in Wien aufgehalten.

Ferner kam hinzu, daß die zahlreichen Spanier, Katalanen und Neapolitaner, die in Barcelona in die Dienste Karls traten und ihm nach Wien folgten, mit den am Kaiserhof vertretenen Familien in keinerlei Beziehung standen; insbesondere fehlten verwandtschaftliche Kontakte, die die meisten Familien in Wien sonst miteinander verbanden. Daher verliefen auch die Patronage- und Klientelbeziehungen weitgehend voneinander getrennt, was die Wahrnehmung der Spanier durch den Wiener Hofadel ebenfalls bestimmte. So wandten sich die zahlreichen in Wien weilenden Spanier mit ihren Anliegen nicht an alle Personen der höfischen Führungsschicht, sondern meist nur an die beiden spanischen Minister. Der bayerische Gesandte Mörmann berichtete seinem Kurfürsten hierüber: *„Einige der Spanier alhier addressieren sich an den Erz Bischoffen von Valenzien [Valencia], [...] andere aber an den Marquis de Perlas."*[372] Die Stellung, die der Marquis de Perlas sowie der Erzbischof von Valencia an der Patronagebörse des Kaiserhofes innehatten, war strukturell betrachtet dieselbe wie bei den anderen hohen Amtsträgern auch. Ebenso wie diese traten sie als Makler zwischen dem Kaiser und den vielen Bittstellern auf, die seine Gunst zu erlangen suchten. Ferner legte auch die Zuständigkeit ihrer Ämter, die sie bekleideten, nahe, daß sich die Spanier mit ihren Bitten vor allem an sie wandten.

Der Unterschied bestand allerdings darin, daß unter ihren Klienten überwiegend „Spanier" waren, die nach dem spanischen Erbfolgekrieg nach Wien ins Exil gingen, oder Italiener, die unter der Verwaltung des spanischen Rates standen. Die unterschiedlichen Klientelgruppen am Kaiserhof ließen sich landsmannschaftlich unterscheiden, ein Sonderfall, der entsprechend die Wahrnehmung prägte: So mußten die beiden spanischen Minister Marquis de Perlas und der Erzbischof von Valencia allen anderen Mitgliedern des Hofes als Anwälte der Spanier erscheinen, die nur zum Ziel hatten, möglichst viele Spanier in einflußreiche Positionen am Kaiserhof zu bringen, um damit den spanischen Einfluß zu steigern und die Stellung der anderen Amtsträger und Hofangehörigen zurückzudrängen. Die von allen Teilnehmern am Hof ausgeübte Praxis, eigene Klienten zu protegieren und damit den eigenen Einflußbereich zu vergrößern, die im Regelfall ohne Widerspruch blieb, wurde den spanischen Hofmitgliedern vorgeworfen.

Die Spanier blieben in Wien weitgehend eine Hofgesellschaft für sich. Auch als sie mit dem Herrschaftsantritt Karls VI. Teil der kaiserlichen Hofgesellschaft wurden, hielt sich die Integration in die Kreise des in Wien versammelten Hofadels eher in Grenzen. Dies läßt sich wohl am besten an der äußerst geringen Zahl der Eheverbindungen ablesen, die zwischen Familien beider Personengruppen am Kaiserhof geschlossen wurden. Die Ehe zwischen dem Sohn des Marquis de Perlas und der Gräfin Maria Josepha von Sinzendorf, also zwischen zwei Familien, die streckenweise auch politisch miteinander zusammenarbeiteten, stellte eine seltene Ausnahme dar. Diese weitgehende Trennung der beiden Personenkreise machte aber das am Hof alltägliche Phänomen der Protektion und Patronage zu einem prinzipiellen Problem, da sich die Konkurrenz um kaiserliche Ämter und Bonitäten nun nicht nur auf einzelne Mitglieder des Hofes erstreckte, sondern zumindest dem Anschein nach auf klar unterscheidbare Personengruppen. Diese Trennung ermöglichte auch die Unterscheidung beider Personenkreise auf besondere Weise, nämlich aufgrund ihrer nationalen Differenz, also ihrer unterschiedlichen Herkunft.

Dies mag erklären helfen, warum als Element der Abgrenzung immer wieder auch das „nationale" Argument bemüht worden ist. So wird den Spaniern von Wratislaw vorgehalten, daß *„keine Nation ist, die da weniger um E. M. alss die Spanier maeritiret".*[373] Um so unverständlicher sei es daher, daß sie in Fragen der Ämterbesetzung den Vorzug erhielten. Insbesondere zur Praxis der Ämterbesetzung in den neu eroberten italienischen Herrschaftsgebieten konstatiert Wratislaw, daß *„derley largitates respectu der fremden bey der Teutschen Nation einen übellen effect verursachet, indeme [...] E. M. auf niemandten von den Teutschen bedacht gewesen, da doch die Teutschen mit gut undt bludt, undt mit rath undt that E. M. in allen assistiren".*[373] Karl VI. lehnte hingegen den Aspekt der Landsmannschaft als Kategorie bei der Ämtervergabe rigoros ab. Generell verwahrte er sich dagegen, *„partem pro toto und ein particular vor ein ganze nazion"* zu nehmen, und führte aus, daß er an allen guten Räten – unabhängig von ihrer jeweiligen Herkunft – interessiert sei.[375]

Hinter diesem immer wieder aufflackernden nationalen Stereotyp, das die Spanier herabsetzte, verbarg sich die Sorge der adligen Hofgesellschaft der Erblande und des Reiches am Kaiserhof, ihre einflußreiche Stellung gegen die Neuankömmlinge aus Spanien einzubüßen. Wenn daher am Kaiserhof allenthalben das Mißtrauen gegen die „spanische Partei" artikuliert wurde, so war das nur zum Teil landsmanschaftlich motiviert. Noch weniger stellt es einen Ausdruck österreichischen Staatsdenkens dar, wie dies Klaus Müller zu erkennen glaubt.[376] Die Ablehnung des *„wällisch und spänischen Gesindl"*[377] beruhte dagegen weit eher auf der Sorge verminderter eigener Patronage- und Einflußmöglichkeiten am Kaiserhof als auf einem sich hierbei artikulierenden österreichischen Staatsbewußtsein.

Fast immer stehen die nationalen Schmähungen gegen die „spanische Partei" im Zusammenhang mit Fragen der Ämtervergabe oder des persönlichen Einflusses beim Kaiser. Die Sonderstellung des spanischen Adels am Kaiserhof, dem die kaiserliche Unterstützung sicher zu sein schien, bedeutete eine gravierende Einschränkung der Patronagemöglichkeiten der Adelsfamilien, die zumeist seit Generationen am Kaiserhof präsent waren, oder wurde von ihnen zumindest so wahrgenommen. Insbesondere dann, wenn spanische Prätendenten sich auf Stellen bewarben, die dem ehemals spanischen Herrschaftsgebiet entstammten, waren sie für Bewerber aus dem Reich oder den Erblanden eine Konkurrenz, gegen die auch hochrangige und einflußreiche Patrone wenig ausrichten konnten, wenn der Kaiser einen Spanier zu protegieren suchte.

Darüber hinaus wurden Spanier nicht nur von Karl VI. protegiert, sondern verfügten auch über die Möglichkeit, entweder über die Institution des spanischen Rates beziehungsweise über einzelne prominente Mitglieder der spanischen Partei einen beträchtlichen Einfluß auszuüben – und damit ebenfalls die Einfluß- und Patronagemöglichkeiten des erbländischen Adels zu beschneiden. Auf die Vergabe diplomatischer Ämter hatte die Konferenz unter dem Vorsitz Prinz Eugens zumindest in den Anfangsjahren Karls VI. teilweise weniger Einfluß als die spanische Klientel. 1720 etwa hatte die Konferenz dem spanischen Rat von sich aus ein Mitspracherecht bei der Besetzung von Gesandtschaften nach Genua und Florenz eingeräumt.[378] Die Vergabe anderer Ämter, wie etwa das des Vizekönigs von Neapel, erfolgte mitunter sogar ohne vorherige Einbeziehung der Geheimen Konferenz.[379] Und über die Besetzung wichtiger Ämter im Herzogtum Mailand entschieden zu Beginn der Herrschaft Karls VI. meist nicht Prinz Eugen als Statthalter Mailands, sondern die Angehörigen des spanischen Rates.[380] Bei dem mitunter harschen Widerspruch gegen die „spanische Partei" stand der Kampf um Ressourcen im Vordergrund. Es galt, den Einbruch einer als fremd empfundenen Personengruppe in Bereiche abzuwehren, die als eigene Domäne angesehen wurden.

All diese Indizien deuten darauf hin, daß sich mit den Spaniern im Umkreis des Kaisers eine klar von den anderen Höflingen zu unterscheidende Personengruppe etablierte, der die anderen Teilnehmer am Kaiserhof ablehnend gegenüberstanden. Immer wieder finden sich daher Äußerungen, in denen die Spanier als gesamte Personengruppe angegriffen wurden und nicht nur einzelne spanische Amtsträger in die Kritik gerieten. Im politischen Handeln war indes auch diese Trennlinie flexibler, als es die Tiraden gegen die Spanier am Kaiserhof vermuten lassen. So war beispielsweise Prinz Eugen keineswegs von vornherein skeptisch gegenüber der spanischen Hofumgebung Karls III. eingestellt. Zu Beginn seiner Amtszeit als Statthalter von Mailand sah es sogar danach aus, als ob Prinz Eugen selbst zu einem Personenkreis um den spanischen Hof Karls III. hinzugerechnet werden könnte, der zu manchen der obersten Amtsträger um Joseph I. auf Distanz ging. Es war nämlich Karl, der sich nach der Einnahme des Herzogtums Mailand dafür stark machte, Prinz Eugen zum Statthalter zu ernennen, während Joseph I., vor allem infolge der Einflußnahme der Kaiserin Wilhelmine Amalie, dieses Amt zuerst für den Herzog Rinaldo von

Modena vorgesehen hatte und sich erst im nachhinein mit der Wahl des Prinzen einverstanden erklärte.[381]

Zwar änderte sich das Verhältnis Prinz Eugens zu den „Spaniern" und dem Hof Karls III. und machte einer immer stärkeren Distanz Platz.[382] Dennoch wäre es falsch, undifferenziert von einem dauerhaft angelegten Gegensatz zwischen Prinz Eugen und der „spanischen Partei" auszugehen. Prinz Eugen war durchaus um ein positives Verhältnis zu Personen bemüht, die als Kopf der „spanischen Partei" galten: So schienen seine Beziehungen zu Marquis de Perlas zu Beginn der Regierungszeit Karls VI. durchaus gut gewesen zu sein,[383] da sich der Marquis im Jahre 1713 bei Prinz Eugen um Protektion bemühte, um möglichst schnell durch den Kaiser von Barcelona nach Wien abberufen zu werden.[384] Prinz Eugen wiederum versuchte in den ersten Herrscherjahren Karls VI., zu Graf Althann ein gutes Verhältnis aufzubauen, um dessen persönliche Nähe zum Kaiser auch für eigene Anliegen zu nutzen, wie die französischen Gesandten nach Paris vermeldeten.[385]

Aber auch nachdem die positiven Beziehungen zwischen Prinz Eugen und den wichtigsten „Spaniern" immer mehr einer zunehmend offeneren Gegnerschaft Platz gemacht hatten, führte diese Konkurrenz nicht zu der Entstehung klar abgegrenzter antagonistischer Personengruppen, die als „Parteien" aufgefaßt werden können. Es war für die anderen Mitglieder der Hofgesellschaft nicht notwendig, sich für oder gegen eine der beiden konkurrierenden Gruppen zu entscheiden. Der Nachfolger Prinz Eugens im Amt des Statthalters von Mailand, Fürst Maximilian Karl zu Löwenstein-Wertheim, demonstriert, daß die unterschiedlichen Parteiungen am Kaiserhof keine festgefügten Personengruppen waren, die eine exklusive Loyalität ihrer Mitglieder einfordern konnten. Dieser stand nämlich sowohl zum Prinzen Eugen als auch zu den spanischen Räten Marquis de Perlas, dem Grafen Stella sowie dem Erzbischof von Valencia in einem engen Verhältnis, wie aus seinem Briefwechsel hervorgeht.[386] Und Aloys Thomas Graf von Harrach galt vielen ebenfalls als Marionette der spanischen „Partei" und des Grafen Althann, ohne daß dies sein freundschaftliches Verhältnis zu Prinz Eugen hätte belasten können.[387] Das Konkurrenzverhältnis zwischen dem Prinzen Eugen und dem spanischen Rat verlangte Dritten offensichtlich nicht den Loyalitätsbeweis ab, sich für eine der beiden Seiten entscheiden zu müssen.

Auch in Fragen der Außenpolitik war die Trennlinie zwischen den „Spaniern" und den Inhabern der kaiserlichen Führungsämter keineswegs immer eindeutig zu ziehen. Plötzliche oder länger dauernde Lagerwechsel einzelner Hofmitglieder, wie es sich vielleicht am deutlichsten in der Politik des österreichischen Hofkanzlers Philipp Ludwig von Sinzendorf zwischen 1725 und 1729 abzeichnet, waren keine Seltenheit. So findet man den österreichischen Hofkanzler Philipp Ludwig von Sinzendorf unter Karl VI. in den Gesandtenberichten plötzlich auf der Seite der spanischen Partei,[388] nachdem er noch unter Joseph I. schon aufgrund seines Amtes als einer der entschiedensten Wortführer der österreichisch-erbländischen Interessen gegolten hatte. Der Grund für diese unterschiedliche Einschätzung des Grafen von Sinzendorf liegt vor allem in dessen Eintreten für einen Frieden und ein darüber hinausgehendes Bündnis mit der spanischen Krone – was dann in den Wiener Verträgen 1725 auch Wirklichkeit wurde.[389]

War Sinzendorf für dieses Bündnis der Initiator, so waren die Spanier am Kaiserhof dessen begeisterte Fürsprecher. Seit die Aussicht, Spanien militärisch für die Habsburgermonarchie zu gewinnen, am Ende des spanischen Erbfolgekrieges geschwunden war, hatten die am Kaiserhof versammelten Spanier den Kaiser gedrängt, mit Philipp V. Frieden zu schließen, da ihnen nur so eine Aussicht auf die Rückerstattung ihrer konfiszierten spanischen Besitzungen blieb. Als der österreichische Hofkanzler, der mit dem spanischen Gesandten Johann Wilhelm Freiherr von Ripperda seit Januar 1725 in engen Verhandlungen stand, das Bündnis mit Spanien favorisierte, fand er insbesondere im Marquis de Perlas den entscheidenden Fürsprecher, der dieses Anliegen seinerseits dem Kaiser nahebrachte. Mit dem Marquis de Perlas war Sinzendorf auch verwandtschaftlich verbunden, da dessen Sohn mit der Gräfin Maria Josepha von Sinzendorf verheiratet war.[390] In der Tat brachten die diplomatischen Aktivitäten im Zusammenhang mit dem Wiener Vertrag und seinen Folgen den Grafen Sinzendorf in der Konferenz in eine Opposition gegenüber dem Prinzen Eugen und anderen Ministern, die weiterhin Bemühungen um ein Bündnis mit England für ratsam hielten.[391]

Dabei ist unklar, inwieweit Prinz Eugen und die Konferenz überhaupt in die Verhandlungen einbezogen waren.[392] Tatsächlich scheint in den vier Jahren von 1725 bis 1729 die kaiserliche Außenpolitik stark von dem Personengespann Sinzendorf und dem Marquis de Perlas dominiert gewesen zu sein, wenn auch ohne nachhaltigen Erfolg.[393] Auch beim Kaiser hatte der österreichische Hofkanzler in diesen Jahren eine besondere Vertrauensstellung, wenn man hier dem Bericht St. Saphorins Glauben schenken darf.[394] Da die spanischen Hoffnungen auf eine Eheverbindung zwischen dem spanischen und dem habsburgischen Herrscherhaus unerfüllt blieben, kehrte sich 1729 mit dem Vertrag von Sevilla – einem Zusammenschluß der Seemächte, Frankreichs und Spaniens – die Bündnispolitik gegen den Kaiser.[395] Diese politische Entwicklung setzte der spanischen Orientierung des österreichischen Hofkanzlers vorerst ein Ende und stutzte auch dessen politische Ambitionen wieder auf Normalmaß. Auch wenn in den Folgejahren die Positionen Sinzendorfs mit denen anderer Minister nicht immer deckungsgleich waren, läßt sich diese Differenz mit einer wie auch immer gearteten Parteienrivalität nicht begründen.

Wie die Beispiele zeigen, waren Parteiungen am Kaiserhof eher ephemere Gebilde. Ihr Vorhandensein zeigte sich insbesondere bei außenpolitischen Entscheidungen, vor allem wenn unterschiedliche Bündnisoptionen erwogen wurden (wie vor der Unterzeichnung der Wiener Verträge) oder die Prioritätensetzung zwischen unterschiedlichen außenpolitischen Zielen strittig war (wie während des spanischen Erbfolgekrieges). Selbst wenn mehrere Amtsträger denselben politischen Kurs favorisierten und damit oft einer „Partei" zugerechnet wurden, konnte dies persönliche Animositäten nur in Ausnahmefällen überlagern. Und von einer wie auch immer gearteten Institutionalisierung der Parteienkonflikte kann schon gar keine Rede sein.

Da Koalitionen sich meist aufgrund konkreter politischer Zielsetzungen bildeten, konnten neue Entscheidungsoptionen und politische Konstellationen schon wieder ganz andere Zusammenschlüsse nach sich ziehen. Tiefergehende Gemeinsamkeiten zwischen den Mitgliedern der einzelnen Personengruppen, die die Entstehung einer politisch erkennbaren Partei am Kaiserhof begünstigt hätten, waren dabei nur in Ausnahmefällen gegeben. Die jeweilige Herkunft eines Mitgliedes der adligen Hofgesellschaft aus den Erblanden bzw. aus den Territorien des Alten Reiches hatte jedenfalls ebensowenig eindeutige politische Präferenzen zur Folge wie die Bekleidung eines bestimmten Amtes am Kaiserhof. Daher läßt sich auch zwischen den erbländischen Adelsfamilien und den Familien des Reiches am Kaiserhof keine klare Trennlinie ziehen. In der spanischen Partei ist dagegen eher eine eigene Personengruppe zu sehen, die während der gesamten Regierungszeit Karls VI. einen Sonderstatus innehatte und nur in Ansätzen in die bestehende Adelsgesellschaft in Wien integriert wurde. Aber auch die allgemeine Ablehnung dieser Personengruppe in den Kreisen der Hofgesellschaft schloß punktuelle Allianzen, wie sie der österreichische Hofkanzler mit dem Marquis de Rialp eingegangen war, keineswegs aus.

Es liegt daher nahe, den Begriff der „Partei" oder Fraktion als analytische Kategorie für diese Arbeit fallenzulassen. Allerdings stellt sich dann die Frage, weshalb die Schilderung der Parteienverhältnisse am Kaiserhof in den Gesandtschaftsberichten einen so großen Raum einnimmt, ja sich manche Gesandtschaftsberichte geradezu in der Darstellung der unterschiedlichen Parteien erschöpfen. Zweierlei Gründe könnten hierfür maßgeblich gewesen sein. So entsprach es der Zielsetzung der Gesandtschaftsberichte, die politischen Verhältnisse am Kaiserhof darzulegen, das heißt die unterschiedlichen Möglichkeiten kaiserlicher Politik möglichst vorwegzunehmen. Um auf diese Politik Einfluß ausüben zu können, war darüber hinaus ein Überblick über die unterschiedlichen Protagonisten und deren unterschiedliche Positionen vonnöten. Wenn dabei die einzelnen Akteure und ihre jeweilige politische Intention zu klar unterscheidbaren Parteien zusammengefaßt wurden, so war das zunächst ein narratives Ordnungsmuster, mit dem sich die politischen Verhältnisse am Kaiserhof nachvollziehbar darstellen und strukturieren ließen. Ferner entsprach es nicht der Aufgabe eines Gesandten, am Kaiserhof eine langfristig angelegte Beobachterperspektive einzunehmen. Was zählte, war ein Überblick über die einflußreichen Amtsträger und Höflinge am Hof, ihre Positionen und ihre Koalitionen. Welchen Bestand diese Koalitionen im Laufe von Jahren und Jahrzehnten hatten, war dagegen allenfalls von untergeordnetem Interesse. Der Begriff der „Partei" bedeutet in den Quellen daher nicht viel mehr als die Beschreibung einer zu dem Zeitpunkt existierenden Personenverbindung am Kaiserhof.

Die Verwendung des Parteienbegriffes als analytische Kategorie läßt sich mit dem Hinweis auf seine Konjunktur bei den zeitgenössischen Beobachtern daher nicht begründen. Allerdings läßt sich ableiten, daß der Begriff der „Partei" als Kategorie der (Fremd-)Wahrnehmung sowohl der einzelnen Akteure als auch der Beobachter am Kaiserhof von großer Bedeutung war. Dabei wurde der Begriff stets im pejorativen Sinne verwendet: als Abgrenzung gegen eine als illegitim verstandene Personenverflechtung.[396] Insbesondere die „Spanier" wurden in der Interaktion der adligen Hofgesellschaft ebenso wie in den Gesandtschaftsberichten als „Partei" tituliert und damit von vornherein als fremde Teilgruppe am Kaiserhof wahrgenommen. Man wird allerdings vergeblich nach Quellen suchen, in denen sich einzelne Hofteilnehmer selber einer bestimmten Partei am Kaiserhof zurechnen. Genau dieser Status einer sozialen Gruppe, die das Kriterium der Zugehörigkeit und damit eine eigene Identität hätten ausbilden können, blieb den kurzlebigen Koalitionen am Kaiserhof verwehrt.

2. Soziales Kapital:
Protektion, Patronage und Maklerpatronage

Ein Blick auf die Amtsträger und Favoriten und deren Interaktion mit dem Kaiser hat den herausragenden Stellenwert persönlicher – informeller – Beziehungen am Kaiserhof bereits deutlich werden lassen. Eine besondere Spielart informeller persönlicher Beziehungen stellt die Patronage am Kaiserhof dar. Soziale Beziehungen, genauer Patronagebeziehungen, waren vor allem in stratifikatorisch gegliederten Gesellschaften mit defizitärer Staatlichkeit, geringer Ausbildung spezialisierter Rollen und geringer Ausdifferenzierung von Politik und Gesellschaft der primäre Regelungsmechanismus von Kommunikation.[397] Patronage wird immer dann zu einem Regelfall sozialer Kommunikation, wenn Ressourcen sich in den Händen eines kleinen Personenkreises befinden, aber ein größerer Personenkreis den Zugang zu diesen Ressourcen erlangen möchte. Dieser Zugang läßt sich zum einen kollektiv erstreiten: durch Zusammenschluß der Ausgeschlossenen zu einer Gruppe und verschiedene Formen des Protestes gegen die Exklusivität der privilegierten Gruppe – dieser Fall ist für die Sozialbeziehungen am Kaiserhof irrelevant. Zum anderen läßt sich der Zugang individuell anstreben, indem man sich an Mitglieder des privilegierten Personenkreises wendet und sich um Patronage und Protektion bemüht.[398]

Diese Nachfrage der Ausgeschlossenen macht die Patronage zu einem massenhaften Interaktionsphänomen. Sie regelte auch und gerade die Interaktion am Kaiserhof. Dabei waren es unterschiedliche Ressourcen, um die sich die Nachfrage drehte: Angestrebte Ämter, kaiserliche Pensionen und Gnadenerweise, Ehrenbekundungen durch Auszeichnungen und ausstehende Gehaltszahlungen der kaiserlichen Hofkammer waren gleichermaßen begehrt. Um diese Wünsche artikulieren zu können, bedurfte es wiederum einer Ressource, die am Hofe besonders begehrt und nur für wenige verfügbar war: das unmittelbare Zugangsrecht zum Kaiser. Wer nicht über dieses Recht verfügte, bedurfte eines Patrons, der Zugang zum Kaiser hatte. An die Stelle formal geregelter Verfahren und Abläufe, die in modernen Organisationssystemen (wie zum Beispiel der Verwaltung) die Kommunikation regeln, stand am Hof die Interaktion, das heißt der direkte persönliche Kontakt. Da es weder formalisierte Bewerbungsverfahren noch formale Anforderungen gab, die die Aufnahme neuer Amtsträger am Hofe oder in der Verwaltung oder die Verteilung von Leistungen erkennbar regelten, war man auf Fürsprecher angewiesen, die das eigene Anliegen wirksam vertreten konnten. Persönliche Beziehungen waren daher integraler Bestandteil des Interaktionssystems Hof und ein wesentlicher Strukturfaktor höfischer Kommunikation.[399]

Die Strukturen persönlicher Verflechtung in der frühen Neuzeit sind in der Geschichtswissenschaft seit nunmehr dreißig Jahren Gegenstand historischer Untersuchungen. Anknüpfend an wegweisende soziologische, ethnologische und sozialanthropologische Forschung[400] liegen mittlerweile auch zahlreiche historische Studien zum Thema Vernetzung und Klientel vor. So darf die Klientelstruktur an der römischen Kurie[401] ebenso wie am französischen Königshof[402] mittlerweile als gut erforscht gelten. Auch die soziale Vernetzung in den norditalienischen Kommunen oder in der einen oder anderen Reichsstadt[403] waren bereits Gegenstand historischer Untersuchungen. Den Klientelbeziehungen am Kaiserhof in Wien hat sich allerdings bislang vorwiegend die Reichshistorie zugewandt: Hier geriet der Kaiserhof vor allem als politisches Zentrum des Heiligen Römischen Reiches ins Blickfeld. Die Reichsritter, die mindermächtigen Reichsstände, die katholischen Reichsgrafen und -herren und nicht zuletzt die Landstände der Reichsterritorien waren nach dem Dreißigjährigen Krieg gewissermaßen eine „natürliche" Klientel des Kaisers, da dieser Garant und Schutzherr war für ihre Rechte und Privilegien, ja allgemein für ihre fortdauernde Existenz im Reich trotz aller Tendenzen zur Territorialisierung. Die Unterstützung dieser Klientel begünstigte das Wiedererstarken der kaiserlichen Position im Reichsverband und war eine Folge kluger kaiserlicher Reichspolitik, die dem Kaiser in der Rolle als Wahrer der traditionellen Reichsstruktur schnell eine loyale Reichsklientel zu verschaffen vermochte.[404]

Weniger Beachtung fanden dagegen bislang die Patronage- und Klientelbeziehungen innerhalb der höfischen Gesellschaft des Wiener Kaiserhofes selbst. Dabei war die Struktur des personalen Beziehungsgeflechts dort von entscheidender Bedeutung nicht nur für die Integration des erbländischen Adels, sondern ebenfalls für die Möglichkeiten der adligen Prätendenten am Kaiserhof, kaiserliche Ämter erlangen und damit Teil der kaiserlichen Hofgesellschaft werden zu können. Ohne die erforderlichen Kontakte in den Kreisen der höfischen Adelsgesellschaft konnte schon der Kampf um den Erhalt eines Hofehrenamtes eine unüberwindliche Hürde darstellen. Konnte man am Kaiserhof dagegen mit einflußreichen Gönnern aufwarten, so war die Aufnahme in die kaiserliche Hofgesellschaft beinahe vorprogrammiert.

Wesentliche Quelle für die Patronagestrukturen am Kaiserhof sind die unzähligen Bittgesuche um Protektion, das heißt vor allem um Empfehlungsschreiben, in der Korrespondenz des Adels.[405] In der Kommunikation innerhalb des höfischen Hochadels nahm das Thema Patronage großen Raum ein. Da die Protektion von Verwandten, Freunden und Klienten in der Hofgesellschaft positiv konnotiert war, stellte es auch kein Problem dar, sich öffentlich darüber zu verbreiten.[406] Die Adelskorrespondenzen waren diesem Thema zu einem erheblichen Teil gewidmet. Von den 79 erhaltenen Briefen Prinz Eugens an den Grafen Aloys von Harrach kreisten 29 um das Thema Patronage: meist mit Bitten um „*Recommendation*" und Empfehlungsschreiben beziehungsweise als Antwort auf solche Gesuche von seiten des Grafen Harrach.[407] Die Briefe des böhmischen Landeshauptmanns Maximilian Ulrich Graf von Kaunitz-Rietberg waren in 15 von 34 Fällen Bitten um Protektion, sei es für Familienangehörige (5) oder als Makler für die eigene Klientel (10).[408]

Bei der Analyse der Sozialbeziehungen am Hof muß immer bedacht werden, daß sie sich vornehmlich auf die Quellengattung der Adelskorrespondenzen, und damit auf einen Sonderfall höfischer Kommunikation, stützen muß. Wie schon festgestellt worden ist, basierten Sozialbeziehungen am Hof meist auf direktem persönlichen Kontakt. Vorherrschend war demnach die mündliche Kommunikation zwischen den Teilnehmern am Kaiserhof. Schriftlich korrespondierte man dagegen vornehmlich mit Personen, die sich zeitweise oder auf Dauer vom Kaiserhof entfernt aufhielten. Dabei konnte es sich ebenso um Teilnehmer des Interaktionssystems Hof handeln, die kurzzeitig auf ihren Gütern oder im Rahmen längerdauernder diplomatischer Gesandtschaften an fremden Höfen weilten, wie auch um außenstehende Personen. So ist beispielsweise eine äußerst umfangreiche Korrespondenz zwischen Karl III. als König von Spanien und dem Grafen Wratislaw überliefert, doch umfaßt dieser Briefwechsel ausschließlich die Jahre, in denen Karl nicht in Wien präsent war. Nach seiner Rückkehr an den Kaiserhof bricht der Briefwechsel ab, und für die Folgejahre sind keine weiteren Briefe überliefert.[409] Für zahlreiche Adelskorrespondenzen gilt dasselbe. Wer seine Patronageziele beim Kaiser durchzusetzen wünschte, konnte sich nicht auf die Wirkung eines Briefes verlassen. Um jemanden am Kaiserhof unterbringen zu können, war vielmehr der direkte Kontakt zum Kaiser Voraussetzung. Wie diese direkte Interaktion ablief, können wir indes nur über Umwege rekonstruieren. Das Kernstück des höfischen Interaktionssystems und auch das vielversprechendste Mittel der Patronage, nämlich der direkte persönliche Kontakt, hat der historischen Interpretation leider keinerlei Spuren hinterlassen. Daher ist man weitgehend auf die schriftlichen Bitten um Patronage angewiesen.

Ronald Asch unterscheidet in seiner Untersuchung über den englischen Königshof Karls I. zwei Typen von Patronage: die Protektionspatronage und die Benefizialpatronage.[410] Im ersten Fall handelt es sich um eine relativ stabile Sozialbeziehung zwischen Patron und Klient, wobei der Patron dem Klienten Schutz, Förderung und eventuell auch wirtschaftliche Hilfe gewährt, während der Klient seinem Patron die Treue hält und ihm bei verschiedenen Gelegenheiten Unterstützung gewährt. Unter Benefizialpatronage versteht Asch dagegen eine eher punktuelle Unterstützung des Patrons gegenüber dem um Patronage Nachsuchenden in einer konkreten Angelegenheit, sei es bei der Bewerbung um Ämter oder um andere Ressourcen, zu denen Protektion erforderlich ist.

Nicht immer werden sich beide Typen von Patronage trennscharf unterscheiden lassen. Generell scheint aber die am Kaiserhof gebräuchliche Form der Patronage eher dem Typus der Benefizialpatronage zu entsprechen. Der Klient bemühte sich bei einem oder mehreren Patronen um Patronage, das heißt um Fürsprache und Unterstützung, um bei der Vergabe von Ämtern, Privilegien oder Auszeichnungen berücksichtigt zu werden.[411] Es konnte sich dabei sowohl um ein kurzzeitiges Sozialverhältnis handeln, das nur existierte, um für ein konkretes Anliegen Unterstützung zu erhalten, es konnte aber auch den Charakter einer recht dauerhaften sozialen Patronagebeziehung annehmen. Unabhängig von seiner konkreten Dauer handelte es sich dabei indes immer um eine recht unstabile Austauschbeziehung, die nur dann über längere Zeit aufrechterhalten werden konnte, wenn beide Seiten sich diese Beziehung zu ihrem Vorteil anrechneten.[412] Das Patronageverhältnis am Hofe nahm zu keinem Zeitpunkt die Form eines formalisierten Verpflichtungsverhältnisses an, wie es beispielsweise in der römischen Republik der Fall war.[413] Auch leitete sich aus einer Patronage-Klientel-Beziehung am Hofe kein wie auch immer geartetes Herrschaftsverhältnis ab. Ferner lassen sich keine sozialen Mechanismen nachweisen, welche die am Hof gepflegten Patronageverhältnisse über den reinen Opportunitätsaspekt hinaus wirksam zu stabilisieren vermochten.

Die Stabilisierung eines Patronage- und Klientelverhältnisses scheiterte wohl vor allem daran, daß keine der beiden Seiten aufgrund eines Patronageverhältnisses in ihrem Handlungsspielraum erkennbar eingeschränkt wurde. Für den Patron bedeutete das, daß er gegenüber seinem Klienten, für den er sich am Kaiserhof mit einem Empfehlungsschreiben einzusetzen bereit war, keinerlei weitergehende Ansprüche anmelden konnte. So konnten Patrone zum Beispiel keine Exklusivität bei der Vertretung fremder Interessen beanspruchen. Vielmehr war es unter Klienten üblich, sich mit persönlichen Anliegen – zum Beispiel mit der Bitte um Unterstützung bei der Bewerbung um kaiserliche Ämter – an mehrere verschiedene Personen am Hof zu wenden, falls man zu mehreren Mitgliedern der kaiserlichen Hofgesellschaft in Kontakt stand. Je größer dabei die Zahl der zu kontaktierenden Personen am Hof war, desto größer waren auch die Chancen, die notwendige Protektion zu erhalten. Stammte ein Adliger aus einer der am Kaiserhof beinahe dauerhaft vertretenen Familien des Hochadels, dürften seine Kontaktmöglichkeiten zahlreich gewesen sein. Für den Prätendenten einer Familie, die am Kaiserhof bislang unbekannt war, war die Möglichkeit, sich an mehrere Personen des Hofadels gleichzeitig zu wenden, jedoch allenfalls eine theoretische Option.

Eine erfolgreiche Patronage hatte für den Patron keine unmittelbaren Rechte oder Privilegien zur Folge. Umgekehrt hatten auch Klienten keinerlei Handhabe, die Vertretung ihrer Interessen bei ranghohen Adligen einzufordern. Die Bitte an einflußreiche Adlige am Kaiserhof um Protektion war für Klienten oft die einzige Möglichkeit, auf sich aufmerksam zu machen. Wurde dieser Bitte nicht entsprochen, konnte sie zwar beliebig oft wiederholt werden; ein möglicher Anspruch auf Protektion ließ sich aber nicht ableiten. Zu beobachten ist allenfalls der Versuch, das Patronage- und Klientelverhältnis moralisch zu überhöhen. So suchte Johann Heinrich Fichtel als Klient die Gunst des Grafen Aloys von Harrach dadurch zu erreichen, daß er an dessen Herrschaftstugenden appellierte:

„bekannt ist, das Euer hochgräfliche Excellenz die Tugenden eines vollkommenen regenten besitzen, und auch die allermindest dero clienten gnädig vorzulassen und mildreich anzuhören geruhen".[414] Was dieser Klient hier als adlige Herrschaftstugend formulierte, war die Erwartung an die am Hof versammelte Hocharistokratie, daß diese sich den Wünschen und Bitten der Klienten annahm.

Ungeachtet dieser Erwartungen darf die Wirksamkeit dieser Schreiben mit der Bitte um *„Recommendation"* nicht überschätzt werden. Bei weitem nicht alle Bitten um Protektion wurden erfüllt. Nur in den seltensten Fällen läßt sich anhand der überlieferten Korrespondenz auf den Erfolg der zahlreichen Protektionsbemühungen schließen. Man wird dabei vermuten dürfen, daß die Bereitschaft, sich für jemanden persönlich zu bemühen, mit dessen „Bedeutung" für den Patron steigen dürfte. Dabei konnte die Bedeutung des Bittstellers vom Rang seiner Familie, die man sich eventuell verpflichten mochte, wie von seiner am Hofe bekleideten Amtsstellung herrühren. Ferner konnte sie davon abhängen, ob ihr schon eine längere Patronagebeziehung vorausging oder ob sich die Person zum ersten Mal mit einer Bitte an einen wandte. Unabhängig von den Erfolgsaussichten war die Bitte um Protektion aber für alle Prätendenten am Kaiserhof das einzig mögliche Verfahren, um an Ressourcen zu gelangen, die in der Verfügungsgewalt des Kaiserhofes standen, sich also zum Beispiel um kaiserliche Ämter zu bewerben. Das Spektrum der Interessenten, die um Protektion bei hohen Hofadligen nachsuchten, war dabei weit gefächert.

Wie schon erwähnt, finden sich die Bitten an einzelne Hofadlige um *„Recommendation"*, um Empfehlungsschreiben oder persönlichen Einsatz beim Kaiser, insbesondere um eines der beiden Hofehrenämter zu erlangen, besonders zahlreich in den Adelskorrespondenzen. Dies konnte ebenso häufig zum eigenen Vorteil erfolgen wie auch für ein Mitglied der eigenen Familie. Derjenige, an den sich die Bitte richtete, konnte seinerseits nicht selbst über die Vergabe der Hofehrenämter verfügen. Er konnte sich nur, jedoch aufgrund seiner Nähe zum Kaiser mit deutlich größeren Erfolgsaussichten, beim Kaiser um seinen Klienten bemühen. Damit nahm er eine Stellung als Makler zwischen seinem Klienten und dem Kaiser ein. Auch wenn in einzelnen Briefen von erfolgreicher Protektion die Rede ist, läßt sich eine Evidenz im Einzelfall nur schwer herstellen. Ein Zusammenhang zwischen sozialen Kontakten und Patronagebeziehungen auf der einen Seite und dem Erfolg, der einem am Hofe beschieden war, auf der anderen Seite läßt sich zwar schwerlich bestreiten. Eine Kausalität, das heißt eine Gesetzmäßigkeit, das Handeln der Personen am Hofe sei durch ihre soziale Verflechtung bestimmt gewesen, ergibt sich daraus aber nicht.[415]

Auch andere Faktoren konnten schließlich den Erfolg des Prätendenten am Kaiserhof beeinflußt haben, ohne daß davon in den Briefwechseln zwischen dem Patron und dem Klienten die Rede ist. Im Erfolgsfalle stand für die Protagonisten nämlich außer Frage, daß nur die Protektion den Klienten an sein Ziel kommen ließ. So war das Dankschreiben des Grafen Gundaker von Dietrichstein an Aloys Graf von Harrach beileibe kein Einzelfall, in dem er schreibt: *„Erstatte gehorsambst Danck für die gnad, so dieselbe dem Herrn Grafen von Clary Excellenz erwiesen haben, welcher er allein zuschreibt, daß er so geschwind zu der Wircklichkeit der Geheimben Rathsstelle gelanget sey."*[416] Anhand dieses Beispiels läßt sich die gesamte Patronagekette rekonstruieren. Graf Clary wandte sich an den Grafen Dietrichstein, der seinerseits, als ehemaliger Obersthofmeister der Erzherzogin Maria Amalia, über gute Kontakte zur kaiserlichen Hofgesellschaft verfügte, allerdings nicht mehr selbst am Kaiserhof präsent war, sondern in Böhmen weilte. Graf Dietrichstein wiederum wandte sich an Graf Harrach, mit dem er im langjährigen Briefkontakt stand und der seinerseits als Mitglied der Geheimen Konferenz zum engsten Personenkreis um den Kaiser zählte. Ob dieser sich tatsächlich für den Grafen Clary starkgemacht hatte, wie der Brief unterstellt, geht aus den Briefen nicht hervor. Allein die Tatsache aber, daß eine Berufung zum kaiserlichen Geheimen Rat erfolgte, wurde automatisch auf erfolgreiche Protektion zurückgeführt und damit auch dem (vermeintlichen) Patron als „Leistung" angerechnet. Ebenso wie Graf Clary ging auch Joseph Fürst von Fürstenberg davon aus, daß er die Verleihung des Ordens vom Goldenen Vlies nur der Patronage des Grafen Harrach zu verdanken habe.[417]

Strenggenommen lassen sich beide Beispiele schon nicht mehr einer Patronage-Klientel-Beziehung zuordnen, auch wenn es sich in beiden Fällen um Protektionsvorgänge handelte. Es fehlt das Element der unsymmetrischen sozialen Austauschbeziehung, das heißt der sozialen Ungleichheit,[418] die den um Patronage Nachsuchenden zum Klienten werden läßt. Eher betritt man statt dessen das Feld der symmetrischen sozialen Austauschbeziehung, der instrumentellen Freundschaft zwischen Adligen gleichen Ranges: die „amicitia". Auch hier waren bestimmte Ressourcen – insbesondere die jeweilige Nähe zum Kaiser – ungleich verteilt: weshalb sich ja auch der Graf Clary sowie der Fürst von Fürstenberg mit ihrem Anliegen an Aloys Harrach wenden mußten.

Aloys Harrach brauchte seinerseits am Kaiserhof einen Fürsprecher, insbesondere als er als Vizekönig in Neapel weilte und er von der unmittelbaren Teilnahme am Interaktionssystem des Kaiserhofes ausgeschlossen war. Er wandte sich daher mehrfach mit seinen Anliegen an den Prinzen Eugen: um seinem jüngsten Sohn das Kämmereramt zu verschaffen, um seinem ältesten Sohn die niederösterreichische Landmarschall-

stelle gewissermaßen vererben zu können und schließlich, um seine Aufnahme in die Geheime Konferenz zu erwirken.[419] Generell scheint der
Prinz Eugen für die Familie Harrach ein wichtiger Fürsprecher am Kaiserhof gewesen zu sein. Auch Friedrich Harrach, kaiserlicher Prinzipalkommissar am Regensburger Reichstag und später Obersthofmeister am erz-
herzoglichen Hof der österreichischen Niederlande in Brüssel, umschrieb
Prinz Eugens Bedeutung als Fürsprecher seiner Familie mit den höchsten
Worten, nachdem er von ihm mit der ersten diplomatischen Mission zum
König von Sardinien gesandt worden war: *„Votre Altesse que je considère
comme mon unique et très puissant protecteur, sur lequel je compte absolu-
ment et entre les mains duquel je prends la liberté de mettre tous mes intérêts."*[420] Prinz Eugen bemühte sich seinerseits, in den Anfangsjahren der
Herrschaft Karls VI. gute Kontakte zu dem Favoriten Graf Althann herzustellen, um diesen Kanal zur Einflußnahme auf den Kaiser nutzen zu können – allerdings mit wenig Erfolg.[421] In allen hier aufgezeigten Fällen ging
es darum, mit Hilfe von Kontakten Ressourcen zu erlangen, die der Kaiser
zu vergeben hatte: kaiserliche Ämter ebenso wie kaiserliche Ehrungen, so
die Auszeichnung mit dem Orden vom Goldenen Vlies.

Den größten Nutzen vermochten aus der Patronagestellung der adligen
Amtsträger am Kaiserhof stets die Familienangehörigen zu ziehen. Es verwundert kaum, daß die Mitglieder der adligen Hofgesellschaft die meiste
Energie dafür aufwandten, eigene Familienangehörige zu protegieren, und
hierbei nicht selten Erfolg hatten. So gelang es dem böhmischen Hofkanz-
ler Graf Wratislaw, seinen Schwager, Leopold Joseph Graf Schlick, als
Nachfolger auf seinem Posten durchzusetzen.[422] Die bereits angeführten
Beispiele, wie es Aloys Graf Harrach gelang, seine Verwandten auf kaiserliche Ämter zu hieven, demonstrieren ebenfalls, welcher Vorteil sich für
einen jungen Adligen daraus ergeben konnte, daß ein Familienmitglied am
Kaiserhof in hohen Diensten stand. Mit dem Grafen Sigmund Rudolf von
Sinzendorf verstand auch der österreichische Hofkanzler Philipp Ludwig
Graf Sinzendorf im Jahr 1724 einen entfernten Verwandten in das kaiser-
liche Obersthofmeisteramt zu befördern.

Ferner wird es kein Zufall gewesen sein, daß als einer der ersten Reichs-
hofrate Karls VI. der Bruder des – ebenfalls neuernannten – Reichshofratspräsidenten Ernst Friedrich von Windischgrätz in dieses Gremium
aufgenommen wurde.[423] Der Stellenwert persönlicher Protektion für die
Aufnahme in dieses Gremium höchster kaiserlicher Rechtsprechung
schien ein länger anhaltendes Phänomen am Kaiserhof zu sein. Noch in
einem Handbuch über den Reichshofrat aus dem Jahre 1792 wird festgestellt, daß man nicht leicht im Reichshofrat Aufnahme fände, wenn man
nicht *„einem wirklichen Reichshofrathe oder einer anderen Person in Wien,
deren Empfehlung in einer so wichtigen Sache etwas gilt, persönlich be-*

kannt ist".[424] Und in der Tat ist die Verflechtung zwischen den Personen, die unter Karl VI. in den Reichshofrat gelangten, und der damals am Kaiserhof weilenden Amtselite mit Händen zu greifen. So gelangten in den Reichshofrat aufgrund der Protektion von Familienmitgliedern: Graf Johann Wilhelm von Trautson (Sohn des Obersthofmeisters Trautson), Graf Franz Wenzel von Sinzendorf (Schwiegersohn des österreichischen Hofkanzlers Sinzendorf), Franz Wenzel von Nostitz (Schwager des Reichsvizekanzlers Schönborn), Graf Heinrich Karl von Ostein (Neffe des Reichsvizekanzlers Schönborn), Graf Johann Joseph von Khevenhüller (Schwiegersohn des Reichsvizekanzlers Metsch), Graf Johann Karl von Cobenzl (Sohn des Oberstkämmerers Cobenzl), Graf Josef von Sinzendorf (Sohn des österreichischen Hofkanzlers Sinzendorf), Graf Anton Christoph Karl von Nostitz (Sohn des Oberststallmeisters der Kaiserinwitwe Wilhelmine Amalie, Graf Nostitz).[425]

Nicht alle Ressourcen, die am Kaiserhof zu verteilen waren, lagen in der Verfügungsgewalt des Kaisers. Daher war die Nähe zum Kaiser auch nur eine – wenn auch wichtige – Ressource, die über die Stellung der Hofadligen als Patrone entschied. Die Möglichkeiten der Protektion, und damit verbunden die Stellung eines Patrons am Kaiserhof, waren abhängig von mehreren Faktoren. Zum einen war es vorteilhaft, selber ein hohes Amt am Hof oder in der Zentralverwaltung zu bekleiden. Die Inhaber der Obersten Hofämter waren gleichzeitig auch potentielle Patrone aller Mitglieder ihres jeweiligen Hofstabes, häufig auch über ihre Zeit als Amtsträger hinaus. Der Graf von Daun beispielsweise wandte sich als ehemaliger Vizekönig von Neapel gleich mehrfach an seinen Nachfolger, um für Angehörige seines ehemaligen Hofstaates um *„Recommendation"* zu bitten und ihnen damit auch unter seinen Nachfolgern die soziale Stellung abzusichern.[426]

Stammte man darüber hinaus aus einer einflußreichen Familie, so ergaben sich aufgrund der verwandtschaftlichen Verbindungen ebenfalls zahlreiche Möglichkeiten, andere erfolgreich zu protegieren. Dabei gingen die Patronagemöglichkeiten häufig auch weit über den Bereich der kaiserlichen Ämter hinaus. So suchte Franz Josef Graf von Dietrichstein bei Aloys Graf von Harrach darum nach, seinem Sohn im Erzbistum Salzburg zu einem geistlichen Amt zu verhelfen, da dessen Bruder Franz Anton von Harrach zur gleichen Zeit Erzbischof von Salzburg war.[427] Und der bereits erwähnte Johann Heinrich Fichtel bekam ebenfalls aufgrund der Protektion von Aloys von Harrach in Salzburg die Stelle eines Geheimen Rates und Hofkanzlers in Salzburg zugesprochen, obgleich Erzbischof Harrach zu diesem Zeitpunkt bereits verschieden war.[428]

Aufgrund der exklusiven Verwandtschaftsverhältnisse und Sozialbeziehungen der kaiserlichen Hofgesellschaft waren damit auch Möglichkeiten der Protektion gegeben, die weit über den Kreis des Kaiserhofes hinausführten. In diesen Fällen resultierte die Anziehungskraft der Adligen als Patrone am Kaiserhof nicht ausschließlich aus ihren kaiserlichen Ämtern oder ihrer persönlichen Beziehung zum Kaiser. Die Stellung der Familie, ihr Einfluß sowie ihre weitverzweigten Kontakte stellten ebenfalls eine Ressource dar, die die Anziehungskraft des Kaiserhofes erhöhte. Die Qualität der Hofmitglieder als Patrone läßt sich daher nicht einfach auf ihre Teilnahme am Kaiserhof beschränken. Von einer Monopolisierung der Klientelbeziehungen in der Hand des Kaisers konnte in Wien keine Rede sein – sie war wohl auch niemals angestrebt worden. Gerade die – von den habsburgischen Kaisern erwünschte – Tatsache, daß sich die kaiserliche Hofgesellschaft vor allem aus den Reihen der hochadligen Familien der Erblande und des Reiches rekrutierte, beließ den einzelnen adligen Hofmitgliedern Möglichkeiten der Protektion über ihre soziale Rolle als Mitglied des Kaiserhofes hinaus.

Die vielfältigen Patronagemöglichkeiten aller Beteiligten ließen oftmals wechselseitige Protektionsverhältnisse entstehen, wie sie beispielsweise der Mainzer Erzkanzler mit mehreren Teilnehmern der Hofgesellschaft unterhielt. So setzte er sich für die Koadjutorie des Grafen Franz Anton von Harrach ein, während umgekehrt die Familie Harrach die Bewerbung des Grafen Friedrich Karl von Schönborn für das Reichsvizekanzleramt unterstützte. Bei der Erhebung von Franz Anton in den Reichsfürstenstand erließ ihm Lothar Franz darüber hinaus die hierfür erforderliche Taxe – immerhin eine Summe von 12 000 fl.[429] Bei Standeserhöhungen auf die Taxe zu verzichten gehörte zum Standardrepertoire der Versuche des Lothar Franz von Schönborn, sich Mitglieder des Kaiserhofes zu verpflichten. Dieses Mittel wandte er auch bei den Standeserhöhungen des österreichischen Hofkanzlers Johann Friedrich von Seilern (Reichsgrafenstand, 1713), des Oberstjägermeisters Leopold Mathias von Lamberg (Reichsfürstenstand, 1707), einem Favoriten des Kaisers Joseph I., des zweifachen Obersthofmeisters Leopold Donat von Trautson (Reichsfürstenstand, 1711) sowie des späteren Gouverneurs von Mailand, Maximilian Karl von Löwenstein-Wertheim (Reichsfürstenstand, 1711) an.[430]

Inwieweit es sich in den hier aufgeführten Fällen immer um eine Patronagebeziehung handelte, die auf Gegenseitigkeit beruhte, läßt sich leider nicht hinreichend bestimmen. Alfred Schröcker kommt zu dem Ergebnis, daß der Erzkanzler Lothar Franz nur zu wenigen Angehörigen der kaiserlichen Hofgesellschaft ein Patronageverhältnis aufbauen konnte.[431] Gleichwohl zeigen die zahlreichen Bemühungen das Interesse eines Reichsfürsten, Mitglieder der kaiserlichen Hofgesellschaft zu protegieren, um damit im Gegenzug Patrone für die eigenen Familieninteressen zu gewinnen und somit indirekten Einfluß auf die kaiserliche Politik erlangen zu können.

So wie der Kurfürst von Mainz seine Kontakte an den Wiener Kaiserhof dafür zu nutzen suchte, eine kaiserliche Politik zu befördern, die seiner Auslegung der Reichsinteressen möglichst entsprach, so suchten andere Adlige mit Hilfe ihrer Kontakte an den Kaiserhof den ständischen Interessen ihrer jeweiligen Länder Geltung zu verschaffen. So wandte sich im Jahr 1735 Gundaker Graf von Dietrichstein an Aloys Graf von Harrach als Mitglied der engeren Konferenz mehrfach mit der Bitte, *„die böhmen unter dero Protection zu nehmen"* und den Kaiser auf die prekäre Finanzlage hinzuweisen, welche die Zahlung höherer Steuerbeträge unmöglich mache.[432] Inmitten des polnischen Erbfolgekrieges und der enormen Finanzschwierigkeiten bei der Finanzierung des Krieges[433] war es sicher kein leichtes Unterfangen, gegenüber dem Kaiser als Patron von Länderinteressen aufzutreten. Dennoch war den Anwälten der österreichischen Erblande hierin einiger Erfolg beschieden. Nicht ohne Grund sah Maria Theresia in den *„Ministri"* eher die Anwälte der einzelnen Erblande als für die Interessen der Dynastie.[434]

Zu klären bleibt, welche Rolle dem Kaiser bei den Patronagebeziehungen am Kaiserhof zukam. Die Adligen konnten sich am Hofe als „Makler" für ihre Klienten verwenden, indem sie sich beim Kaiser für bestimmte Personen einsetzten. Nur den Teilnehmern des Interaktionssystems, also einem kleinen Personenkreis am Hofe, war es möglich, sich mit ihren Anliegen direkt an den Kaiser zu wenden, da sie jederzeit Zugang zum Kaiser hatten. Den zahlreichen anderen Prätendenten um die kaiserliche Gunst blieb dieser direkte Kontakt allerdings verwehrt. Ihnen blieb nur der Weg, eines dieser Mitglieder des Interaktionssystems als Patron und Makler für die eigene Sache zu gewinnen. Aber auch die Makler konnten nicht selbst über die Anliegen ihrer Klienten verfügen, sie konnten sich nur beim Kaiser für deren Belange einsetzen. Im System der „Maklerpatronage" oblag es dem Kaiser, die Ämter zu vergeben und Pensionen oder Benefizien zu verteilen, wogegen die am Hof versammelten Adligen bemüht waren, mit Empfehlungsschreiben, Personalvorschlägen und Petitionen Einfluß auf diesen Verteilungsprozeß auszuüben.

Der Einfluß eines Adligen am Kaiserhof bemaß sich entscheidend auch nach der Fähigkeit, Familienmitgliedern und Klienten zu Ämtern und Versorgungsmöglichkeiten zu verhelfen. Dabei hing der Grad dieses Einflusses, wie gezeigt wurde, von der Größe und Bedeutung der Familie ebenso ab wie von dem Amt, das man bekleidete. Die (Ehren-)Stellung der Patrone ließ sich daher auch an dem Umfang des Kreises eigener Klienten sichtbar machen. Es verwundert nicht, daß um die Ämter, die der Kaiser zu vergeben hatte, nicht nur zwischen den einzelnen Bewerbern, sondern auch zwischen deren Patronen heftige Konkurrenz herrschte.[435] Denn mit jeder Personalentscheidung des Kaisers war immer auch eine Prämierung des jeweiligen Patrons verbunden sowie eine Zurückweisung anderer Adliger, die sich für die nicht berücksichtigten Kandidaten eingesetzt hatten.

Der Kaiser hatte die privilegierte Stellung inne, unter den konkurrierenden Bewerbern den ihm genehmen auszuwählen. Bei allen Möglichkeiten für die adligen Amtsträger, auf die kaiserliche Ämtervergabe Einfluß zu nehmen, blieb die Entscheidung doch immer in den Händen des Kaisers. Die Bemühungen um Patronage waren zwar auf ihn gerichtet, er selbst aber stand außerhalb dieser Familien- und Patronage-Netzwerke. Es erscheint daher wenig sinnvoll, den Kaiser selbst als Patron des Kaiserhofes und alle Angehörigen der Hofgesellschaft als kaiserliche Klienten anzusehen.[436] Die Adligen waren an den Kaiser als ihren Lehnsherren in anderer Weise gebunden als die Klienten an die adligen Patrone. Der Lehensnexus war ein dauerhaftes Rechtsverhältnis mit Eidesleistung, keine mehr oder weniger punktuelle Sozialbeziehung ohne tiefergehende Verpflichtung. Der Modus von Gehorsam und Loyalität war viel stärker ausgeprägt als bei den Patronage- und Klientelbeziehungen.

Nur für den Fall, daß das Bemühen des Monarchen erkennbar wird, den Adligen am Hofe ihre Stellung als Patrone zu nehmen, die patrimonialen Klientelstrukturen des Adels zu unterbinden und statt dessen als Monarch selbst die Patronagefunktion zu übernehmen und zu monopolisieren,[437] läßt sich das Verhältnis zwischen Monarch und Hofadel sinnvoll als Klientelbeziehung umschreiben. Diese Konstellation mag eventuell die historische Situation am Hof von Versailles unter Ludwig XIV. zutreffend beschreiben, die des Kaiserhofes dagegen nicht.[438] In Wien blieb die Stellung der Adligen als Patrone am Hof unangetastet und mit ihr das Grundprinzip der Maklerpatronage: Der Kaiser vergab die Ämter, doch die adlige Herrschaftselite am Hof vermittelte den Zugang zu ihnen.

3. Ökonomisches Kapital: Investitionen und Gewinnchancen

Die Patronage war nur eine von mehreren erforderlichen Ressourcen am Kaiserhof, um in kaiserliche Ämter zu treten. Als weitere notwendige Ressource waren finanzielle Mittel ebenfalls entscheidend, ja bisweilen ausschlaggebend insbesondere bei der Ämtervergabe. Je mehr indes der finanzielle Faktor bei der Ämtervergabe den Ausschlag gab, desto geringer waren die Möglichkeiten, sie mit den Mitteln der Patronage zu beeinflussen. Dies galt für Ämter am Hof genauso wie für die Landesämter, bei denen der Kaiser ein Mitspracherecht zu beanspruchen hatte. So war Gundaker Graf von Dietrichstein der festen Überzeugung, daß die im Jahr 1734 anstehende Neubesetzung des kaiserlichen Oberstburggrafen in Böhmen vor allem durch Geldzahlungen entschieden würde: „Waß daß

*Obristburggraffen Ambt anbelangt seint beyde hiesige Pretendenten zwi-
schen forcht und Hoffnung obwollen die selbige große Protection glauben
bey Hof zu haben, ich bin aber der gänzlichen Meinung der mehrer geld
gäben wirt, desen meriten werden dem andern vorgezogen werden.*"[439] Und
Gundaker Graf von Dietrichstein beurteilte die Chancen des kaiserlichen
Oberthofmarschalls Adolf Graf von Martinitz, Oberthofmeister der Kaiserin zu werden, auch deshalb gut, da er *„zugleich alß ein guter geheimber
Zahl Meister Ihro Mayestät der kayserin wird können an die Hand gehen,
welches auch zu penhsiren Graf Gundaker von Starhemberg nicht erman-
glen wird [...]“.*[440] Neben guten persönlichen Beziehungen scheint Geld
ein bedeutendes Mittel gewesen zu sein, um in kaiserliche Dienste treten
zu können und auch die Auswahl und Berufung auf eines der obersten
Ämter durchaus zu beeinflussen. Die Bekleidung kaiserlicher Ämter war
wesentlich abhängig von materiellen Ressourcen. Dabei waren die finanziellen Lasten, die der Kaiserhof seinen Höflingen abverlangte, durchaus
vielfältig.

Der erste Kostenfaktor kaiserlicher Dienste waren die Kredite, die man
dem Kaiser bzw. der notorisch geldarmen Hofkammer zu verschiedenen
Anlässen gewährte. Ein wesentlicher Grund für solche Kreditdienste war
dabei die Bewerbung um kaiserliche Ämter. Die Kredithöhe richtete sich
vor allem nach der Höhe des zu vergebenden Amtes. So gewährte Graf
Gundaker Thomas von Starhemberg dem Kaiser für eine unbesoldete (!)
Hofkammerratsstelle einen Kredit über 50000 fl. zu 5%. Für die nachträgliche Besoldung dieser Stelle (1300 fl.) leistete er nochmals einen Kredit
über 31000 fl. Um später das Amt des Hofkammervizepräsidenten zu erlangen, war schon ein Darlehen über 400000 fl. notwendig.[441] Und für die
Stelle des Hofkammerpräsidenten war der Konkurrent Starhembergs,
Fürst Adam von Liechtenstein, sogar bereit, dem Kaiser einen Kredit von
3 Mio. fl. zu gewähren. Daß er diese Stelle schließlich doch ausschlug,
hatte dagegen seinen Grund in Differenzen über die Art und Weise der
Amtsführung.[442]

Bonität war damit eine wesentliche Bedingung, um kaiserliche Ämter
zu erlangen, bisweilen sogar die ausschlaggebende Voraussetzung. Wie bereits dargelegt, war Gundaker Graf von Dietrichstein der festen Überzeugung, daß die im Jahre 1734 anstehende Neubesetzung des kaiserlichen
Oberstburggrafen in Böhmen vor allem durch Geldzahlungen entschieden
würde.[443] Doch war dies beileibe kein Einzelfall. Bei der Vergabe der Stelle des bömischen Hofvizekanzlers im Jahre 1735/36 waren ebenfalls hohe
Summen im Spiel.[444] Und Fürst Adam von Schwarzenberg war zu großen
Investitionen bereit, um die von ihm gewünschte Stelle als Oberststallmeister zu erhalten. Er überschüttete Kaiser Joseph I. förmlich mit Geschenken im Wert von 100000 fl. und steuerte zur Finanzierung des spani-

schen Erbfolgekrieges noch einmal eine halbe Million Gulden bei.[445] Sein Erfolg war dennoch nur von kurzer Dauer. Keine zwei Monate, nachdem ihm das Amt des Oberststallmeisters übertragen worden war, starb Kaiser Joseph I., und der kaiserliche Hofstaat wurde entlassen. Unter Karl VI. fand sich der Fürst als Obersthofmarschall in kaiserlichen Diensten wieder. Erst 1722 sollte es Adam von Schwarzenberg wieder vergönnt sein, das Amt eines kaiserlichen Oberststallmeisters zu bekleiden.

Diese Beispiele erwecken den Anschein, daß am Kaiserhof das Phänomen der Ämterkäuflichkeit verbreitet war und sich dies auch auf die obersten Ämter des Kaiserhofes erstreckte. An zahllosen anderen Höfen war die Käuflichkeit ebenfalls ein allgemeines Strukturmerkmal der Ämtervergabe. Dennoch läßt sich der Kaiserhof nicht ganz dieser Reihe zuordnen. Ohne Zweifel konnte Geld bei der Vergabe kaiserlicher Ämter von großer, bisweilen sogar von ausschlaggebender Bedeutung sein. Was sich indes in keiner Weise ausbildete, war ein organisierter und institutionalisierter Handel mit kaiserlichen Ämtern. Es war weder klar definiert, welche Ämter in jedem Fall Geldzahlungen erforderten, noch waren besondere Summen festgelegt, die zum Erhalt gewisser Ämter erforderlich waren. Vielmehr lag die Vergabe der Ämter am Hof ganz in der Hand des Kaisers, in dessen Belieben es auch gestellt war, welcher Stellenwert dem ökonomischen Faktor bei der Ämtervergabe zukommen sollte. Eine Struktur der Ämtervergabe, die eine erfolgreiche Kandidatur um Ämter im Falle hoher Geldzahlungen erwartbar machte, also eine Institutionalisierung von Ämterkäuflichkeit, läßt sich am Kaiserhof nicht beobachten. Der wichtigste Aspekt der Ämterkäuflichkeit gemäß der Definition des Begriffes durch Roland Mousnier war damit in Wien nicht gegeben.[446] Ämterkäuflichkeit im strengen Sinne war in Wien nur bei der Vergabe von Offiziersstellen ein übliches Verfahren;[447] bei den leitenden Stellen in Hof und Verwaltung fand es indes – im Gegensatz zu Frankreich – keine Anwendung.

Ein weiterer Aspekt ist für die Ämtervergabe am Kaiserhof ebenfalls bedeutsam. Der Einsatz finanzieller Mittel bei der Bewerbung um kaiserliche Ämter am Hof hatte keine erhöhte soziale Mobilität zur Folge. Die Berücksichtigung des finanziellen Faktors bei der Ämtervergabe führte nicht zu einer Ausweitung der Amtsbewerber über den Kreis des Hochadels hinaus. Nur zwischen verschiedenen adligen Prätendenten konnte Geld bei der Besetzung kaiserlicher Ämter den Ausschlag geben. Es bedeutete daher keine generelle Bedrohung der Herrschaftsstellung des Hochadels, wenn bei der Vergabe einzelner Ämter die Zahlungsbereitschaft einzelner Bewerber den Ausschlag gab, da die Prätendenten nicht mit zahlungskräftigen Vertretern des Bürgertums in Konkurrenz traten. Dies war allein dadurch unmöglich, daß es ein wirtschaftlich prosperierendes Bürgertum in den Erblanden nicht einmal in Ansätzen gab. Mit der ökonomischen Potenz der führenden Adelsfamilien konnten Vertreter anderer Schichten es unter keinen Umständen aufnehmen. Die adlige Exklusivität am Kaiserhof blieb also in jedem Falle gewahrt.

Kredite gewährten die adligen Hofmitglieder dem Kaiser allerdings nicht nur bei der Bewerbung um Ämter. Immer wieder gaben die führenden Familien Finanzspritzen an die kaiserliche Hofkammer, um mit hohen Summen die schlimmsten finanziellen Engpässe überbrücken zu helfen. Zur Zeit des polnischen Erbfolgekrieges, als die militärische Handungsfähigkeit infolge der prekären Finanzsituation auf dem Spiel stand, unterstützten die Familien Gallas, Waldstein, Liechtenstein und Cernin den Kaiser mit Krediten von insgesamt 600 000 fl.[448] Auch traten bisweilen einzelne Adlige als Bindeglied zwischen dem Kaiser und den Ständen auf, indem sie auf bewilligte Kontributionszahlungen der Stände der Hofkammer einen Vorschuß erteilten. So gewährte der böhmische Kanzler Graf Kinsky dem Kaiser einen Vorschuß von 400 000 fl.[449]

Trat man in kaiserliche Dienste, waren weitere Ausgaben bereits vorprogrammiert.[450] Insbesondere diplomatische Gesandtschaften für den Kaiser wurden regelmäßig zu einem äußerst teuren Unterfangen. Die Kosten lassen sich zuerst an den im Vergleich zu anderen Gehältern deutlich höheren Zahlungen für die kaiserlichen Gesandten ablesen. So wurde die Hofkammer 1720 angewiesen, dem kaiserlichen Prinzipalkommissar in Regensburg 25 000 fl. zukommen zu lassen,[451] und der Botschafter in Paris Graf von Königsegg sollte gar mit 60 000 fl. bedacht werden.[452] Dem kaiserlichen Botschafter in Venedig, Johann Baptist Graf von Colloredo, sollten *„zu seinem offentlichen Einzug und Ausstaffierung"* 40 000 fl. ausbezahlt werden.[453] Insgesamt verschlangen die diplomatischen Vertretungen des Kaisers im Jahr 1720 ca. 318 000 fl. – mit steigender Tendenz.[454] Weitere Kosten kamen hinzu, so daß die Hofkammer jedes Jahr bis zu einer Millionen Gulden für die Gesandten aufwenden mußte.[455]

Daß die kaiserlichen Gesandtschaften trotz dieser hohen Bezüge für die Gesandten keine profitable Einnahmequelle darstellten, hatte mehrere Ursachen. Zum einen sollte man den Zahlen in den Hofkammerprotokollen mit einiger Skepsis begegnen. Hier waren nicht die geleisteten Auszahlungen, sondern nur die Zahlungsanweisungen an die Hofkammer verzeichnet. Wenn die Hofkammer die Auszahlung von Geldern verfügte, heißt das nicht, daß der Empfänger das Geld auch erhalten hat. Vielmehr drohten die zu zahlenden Gelder bisweilen im Wirrwarr der unterschiedlichen Institutionen unterzugehen. Die Anweisung zur Bezahlung der Gesandten traf seit dem frühen 18. Jahrhundert die Hofkammer, was in den Hof- bzw. Kameralzahlamtsbüchern verzeichnet wurde.[456] Die Hofkammer entrichtete das Geld aber nicht selbst, sondern wies einzelne Bancal-

Länderkammern zur Zahlung der Bezüge an,[457] was teilweise nur mit großen Verzögerungen geschah. So mußte der Kaiser persönlich bei den Länderkammern die Bezahlung ausstehender Gehälter seines Hofkammerpräsidenten Johann Franz Graf von Dietrichstein anmahnen, was dennoch nichts daran ändern konnte, daß die Gehaltszahlung nur sehr schleppend erfolgte und auch die Rückzahlung von noch ausstehenden 210 Dukaten auf sich warten ließ.[458] Insbesondere bei den sogenannten „Subsistenzgeldern", die während der Dauer des Gesandtschaftsdienstes ausbezahlt wurden, waren Verzögerungen an der Tagesordnung. So weist das Kameralzahlamtsbuch aus dem Jahre 1727 für den Prinzipalkommissar in Regensburg Ferdinand Fürst von Fürstenberg die Auszahlung von 25 000 fl. an.[459] Fürstenberg beschwerte sich aber bei hochrangigen Adelsvertretern am Kaiserhof in zahlreichen Briefen darüber, daß nur eine Quartalszahlung ihn in Regensburg erreicht habe.[460] Und wie er warteten viele auf die Auszahlung ihrer Gelder, die sie zur Bekleidung der Gesandtschaft dringend benötigten.

Daß die Auszahlung der Gehälter bisweilen äußerst schleppend erfolgte, lag auch an der prekären Finanzsituation der kaiserlichen Hofkammer. Mehrere Male stand eine generelle Beschneidung der ohnehin im Vergleich zu den Kosten zu knapp bemessenen Bezüge auf der Tagesordnung. Zuerst suchte die Hofkammer im Jahre 1677, später dann erneut die Geheime Finanzkonferenz 1719 und schließlich 1728 die Bezüge für sämtliche Gesandtschaften festzuschreiben, statt sie wie bisher individuell auf die Person und die Kosten der Gesandtschaft abzustimmen.[461] Diese Pläne einer generellen Reduzierung der Entgelder für die kaiserlichen Gesandten kamen indes über zaghafte Realisierungsversuche nicht hinaus. Statt dessen begnügte man sich in der Geheimen Finanzkonferenz damit, finanzielle Engpässe dadurch zu überbrücken, daß die Hofkammer die Zahlung von nur drei Quartalen anwies oder sich auf die Auszahlung der dringendsten Posten beschränkte, was in der Regel die Bezüge derjenigen waren, die über die besten Beziehungen zur Hofkammer oder Finanzkonferenz verfügten.[462] Im Dezember 1721 beliefen sich die ausstehenden Bezüge auf 2 Millionen Gulden, und das bei einem Gesamtetat der Hofkammer von ca. 6,5 Millionen Gulden für die Personalkosten des Hofstaates und des Verwaltungsstabes.[463] Zwar wurden Kürzungsmaßnahmen öfter in der Finanzkonferenz debattiert als hinterher in die Tat umgesetzt.[464] Die Verzögerung einzelner Auszahlungen war dagegen ein gängiges Mittel, die öffentlichen Finanzen kurzfristig zu entlasten.

Aber selbst das Bekleiden hoher Führungsämter in Wien konnte nicht garantieren, daß alle Kosten adliger Präsenz am Kaiserhof damit gedeckt werden konnten. Neben den Kosten des Amtes schlugen für jedes Hofmitglied die Aufwendungen für einen standesgemäßen Lebensstil in der Residenzstadt zu Buche. Schon die Kämmerer hatten, sofern sie am Kaiserhof weilten, mit regelmäßigen Ausgaben zu rechnen. Nahmen sie an einem Faschingsfest des Hofes teil, so konnten die Kosten allein für die erforderliche Kleidung anläßlich einer „Bauernhochzeit" bis zu 3000 fl. betragen.[465] Hinzu kamen die Repräsentationskosten, die mit jedem sozialen Aufstieg am Kaiserhof stark anstiegen. So waren beispielsweise die Ausgaben des österreichischen Hofkanzlers Philipp Ludwig von Sinzendorf für das *„Hauswesen"*, das heißt den Haushalt seines Wiener Palais, meist deutlich höher als die Einnahmen aus seinen kaiserlichen Ämtern, obwohl er sich über mangelnde Einkünfte nicht beschweren konnte (siehe Tabelle 9).[466] Präsenz am Kaiserhof durch die Errichtung eines Familienpalais zu zeigen war ein noch kostspieligeres Unterfangen.[467]

Es läßt sich daher bilanzieren, daß ohne Zweifel jeder Adlige über Geld verfügen mußte, wenn er am Kaiserhof Karriere machen wollte. Insbesondere der Einstieg in die Hofkarriere erforderte finanzielle Ressourcen, da man mit Kreditleistungen an die Hofkammer, auf unbezahlten Ämtern und insbesondere während der diplomatischen Gesandtschaftsdienste erhebliche finanzielle Vorleistungen zu erbringen hatte. Die adligen Bewerber um kaiserliche Ämter waren offensichtlich zu diesen finanziellen Vorleistungen bereit, die sie, wie der Graf Johann Philipp von Lamberg, als Investition ansahen, welche sich im späteren Verlauf ihrer Hofkarriere auszahlen würde.[473]

Erklärungsmodelle, die die Zunahme des höfischen Adels damit zu deuten versuchen, daß der Hof Versorgungsmöglichkeiten für den Adel bereitstellte, greifen daher zu kurz,[474] insbesondere wenn man Versorgung im eingeschränkten ökonomischen Sinne versteht. Dennoch findet sich diese Deutung auch noch in der jüngsten Handbuchliteratur über den Hof.[475] Auch muß es verwundern, wenn Ehalt die Verhöflichung des erbländischen Adels mit dessen ökonomischer Krise zu erklären sucht.[476] Sowohl die steten Klagen der Amtsträger über die finanziellen Lasten ihrer Dienste für den Kaiser als auch die Informationen über die erforderlichen finanziellen Aufwendungen der Hofmitglieder sprechen dagegen eine andere Sprache. Ohne Geld blieb der Weg an den Kaiserhof den meisten Adligen von vornherein versperrt.

Um den Weg an den Kaiserhof nach Wien überhaupt einschlagen zu können, mußte man über genügend Eigenbesitz verfügen, um auf eine kostendeckende Ämterbesoldung vorerst nicht angewiesen zu sein. Welches jährliche Einkommen hierfür aber im einzelnen vonnöten war, läßt sich bestenfalls annäherungsweise bestimmen. Als Existenzminimum für einen Grafen weist Elia Hassenpflug-Elzholz 1200 fl. aus, während sie zwischen 5000 fl. und 10 000 fl. für einen Adligen als ausreichend ansieht, um wirtschaftlich vollkommen unabhängig zu sein, den Besitz vergrößern zu können und in kaiserliche Dienste zu treten.[477] Vermutlich dürfte die für den Aufenthalt am Kaiserhof erforderliche Summe sich eher 10000 fl. nähern. Das Beispiel des Grafen Wenzel von Kaunitz, der über eine jährliche Finanzausstattung von 20000 fl. verfügen konnte, ohne damit hinreichend finanziell abgesichert zu sein, um eine kaiserliche Gesandtschaft unter Karl VI. übernehmen zu können,[478] zeigt deutlich die finanziellen Hürden einer kaiserlichen Amtsträgerschaft, die nur von Mitgliedern der reichsten Adelsfamilien ohne Schwierigkeiten zu überwinden waren. So erbat sich Johann Adam von Liechtenstein von seinem Onkel, dem Fürsten Hartmann von Liechtenstein, zusätzlich zu seinen jährlichen Einnahmen aus seinen Gütern von 6000 bis 7000 fl. noch eine Jahresrente von 12000 fl., um standesgemäß leben zu können.[479] In seinen Erziehungsvorschriften empfahl Karl Eusebius von Liechtenstein seinem Nachfolger, daß dieser seinem erstgeborenen Sohn für seinen Unterhalt 40000 fl. jährlich Unterhalt zahlen solle.[480] Die nachgeborenen Söhne sollten immerhin mit 6000 fl. jährlich bedacht werden, mit der ausdrücklichen Begründung, nur so in kaiserliche Dienste treten zu können.[481]

Vor diesem Hintergrund gewinnt der „Versorgungsaspekt" des Hofes für ranghohe Adlige eine etwas andere Bedeutung. In der Tat waren eine große Anzahl der höchsten Amtsträger am Kaiserhof nachgeborene Sprößlinge ihrer Adelsfamilie, die – insbesondere nach der Einrichtung der Fideikommisse in den meisten der hohen Adelsfamilien – nicht damit rechnen konnten, mit der Verwaltung der eigenen Familiengüter betraut zu werden.[482] Bei diesen Adligen spielte damit der „Versorgungsaspekt" des Hofes sicherlich eine Rolle, doch keine im engeren Sinne ökonomische. Für sie war der Hof vor allem eine Gelegenheit, ein standesgemäßes Leben zu führen. Doch auch diese Nachgeborenen konnten nur dann am Kaiserhof reüssieren, wenn ihnen von ihrer Familie genügend finanzielle Unterstützung zuteil wurde, um die notwendigen Kosten einer Ämterkarriere erbringen zu können.

Nur wenige Familien waren indes so wie die Fürsten von Liechtenstein dazu in der Lage, jedem nachgeborenen Fürsten eine finanzielle Unterstützung von 6000 fl. zu gewähren.[483] Für Söhne weniger zahlungskräftiger Adelsfamilien war dieser wie selbstverständlich erscheinende Gang an den Kaiserhof versperrt, strapazierte dieser doch die Finanzen der Adelsfamilien immer wieder. So weisen die Ausgaben in den „Cassa-Rechnungen" des Grafen Philipp Ludwig von Sinzendorf jährliche Unterhaltszahlungen an seine Söhne aus, wenn auch von unterschiedlicher Höhe: Meist bewegten sich diese Bezüge im Rahmen von 10000 fl., doch konnten diese Unterstützungsleistungen auch auf bis zu 28000 fl. in die Höhe schnellen (siehe Tabelle 9).[484] Der Kaiserhof mit seinen finanziellen Anforderungen machte solche Finanzzuschüsse immer wieder notwendig, da insbesondere

Tabelle 9: Einnahmen und Ausgaben des Philipp Ludwig Graf von Sinzendorf[468]

Einnahmen	1721	1722	1724	1725	1732	1733	1734	1736	1737	1738
Güter	28802[469]	92037	79211	82104	47270	44844	56636	82019	90153	78032
Besoldung	4000	4000	4000	4000	4000	4000	4000	4000	4000	4000
Tax	41924	46448	40631	40478	45031	46086	31400	29875	38650	37650
Kreditaufnahme	–	1229	–	45562	13012	159900	77339	75000	21075	100000
Wechsel etc.	123000	98974	110297	92051	31462	14000	36200	–	2000	1000
„Vermögenskontrakt"	–	–	–	–	75770	78599	100037	87400	106926	87962
Gesamt	208903	244537	244400	283593	280520	374505	390245	419838[470]	270658	235991

Ausgaben	1721	1722	1724	1725	1732	1733	1734	1736	1737	1738
Hauswesen	65200	49070	62484	50186	28843	46703	45793	59337	43897	49145
Schuldenrückzahlungen	20600	18530	5000	2300	29533	167644	40279	130518	5040	4062
Bezahlte Wechsel	58208	51551	33543	78088	43237	4120	20548	28781	10866	–
„Vermögenskontrakt"	–	–	–	–	81520	48227	138847	62500	88125	82300
Zinsen auf Hypothek	31578	32315	42460	27706	61973	64168	58705	66167	56766	58555
Reisekosten	–	2746	–	1300	9335[471]	2354	3113	1435	2042	1102
Ausgaben für Besitzungen	–	–	46570	66420	23661	10074	17319	34284	37924	27735
Familienzahlungen[472]	10928	8043	25169	15124	7450	17509	28560	7000	14075	7000
Gesamt	208831	242512	238934	277904	276862	373621	381892	418842	270686	242687

die hohen Ausgaben diplomatischer Gesandtschaften zumindest teilweise von den jeweiligen Amtsträgern selbst vorfinanziert werden mußten. Am Kaiserhof waren Adlige aus finanzstarken Familien daher eindeutig im Vorteil, die kurzfristige Kostenanforderungen begleichen konnten, sei es weil sie über eigene Mittel verfügten, sei es weil sie hinreichend kreditwürdig waren, um die notwendigen Mittel zu beschaffen.

Woher stammten aber die Gelder, mit denen die Höflinge ihren Aufenthalt am Kaiserhof finanzierten? Grundlage für die finanzielle Unabhängigkeit des Adels sowie seine davon unmittelbar abhängige Handlungsfähigkeit waren die Einkünfte aus den eigenen Besitzungen. Zum Thema der adligen Grundherrschaft in den Erblanden der frühen Neuzeit – und damit zu den ökonomischen Grundlagen adliger Lebensführung – liegen mittlerweile einige Untersuchungen vor.[485] Auch die zahlreichen Maßnahmen des grundbesitzenden Adels zur Steigerung seiner Erträge mittels einer Gewerbeförderung und einer damit einhergehenden „Kapitalisierung der Grundherrschaft" dürfen mittlerweile als gut erforscht gelten. Dennoch steht eine Gesamtschau der finanziellen Einnahmen aus den adligen Besitzungen zumindest der wichtigsten Amtsträger am Kaiserhof, sofern die Quellenlage Aussagen darüber zuläßt, bisher leider noch aus. Auch diese Untersuchung kann sich dieser Aufgabe nicht annehmen. Für die Fragestellung dieser Arbeit kommt es vielmehr darauf an, einen Überblick über die Vermögensverhältnisse der obersten Amtsträger zu erhalten und diese mit der Höhe der kaiserlichen Ämterbesoldung sowie anderen Einkünften durch kaiserliche Ämter in Beziehung zu setzen.

Generell war es zu Beginn des 18. Jahrhunderts um die Einkünfte aus Landbesitz gut bestellt. Von militärischen Verheerungen blieben die Erblande nach dem Ende des Dreißigjährigen Krieges fast hundert Jahre verschont. Zudem blieben in diesem Zeitraum harte ökonomische und politische Umwälzungen – wie die Konfiskationen nach der Schlacht am Weißen Berg – weitgehend aus. Nur in Ungarn kam es als Folge des Rákóczi-Aufstandes zu Beginn des 18. Jahrhunderts zu einigen Konfiskationen, die sich aber nicht in Ansätzen vergleichen lassen mit der Umverteilung des böhmischen Grundbesitzes nach der Niederschlagung des Aufstandes der böhmischen Stände.[486] Auch in der ökonomischen Entwicklung waren die Jahrzehnte von 1680 bis 1740 für Landeigentümer eine gewinnbringende Zeit, da sie von der steigenden Nachfrage und einem damit verbundenen allgemeinen Preisauftrieb in diesem Zeitraum profitierten.[487] Dies drückt sich auch in den wenigen Daten aus, die die Dimension möglicher und notwendiger Einnahmen aus Landbesitz illustrieren sollen. Da die Adelseinkünfte in den Erblanden für das ausgehende 17. Jahrhundert besser untersucht sind als für die erste Hälfte des 18. Jahrhunderts, werden auch Zahlen für das späte 17. Jahrhundert als Material herangezogen. Dies erscheint vertretbar, da der Kapitalertrag des adligen Eigenbesitzes in der ersten Hälfte des 18. Jahrhunderts nicht nennenswert zurückging, Erhebungen aus dem späten 17. Jahrhundert also auch noch für die ersten Jahrzehnte des 18. Jahrhunderts einige Gültigkeit beanspruchen können.

Zieht man beispielsweise die Einnahmen der Familie Liechtenstein zu Rate, erhält man einen Einblick in die Höhe der Einkünfte, die einzelne Adelsfamilien Jahr für Jahr aus ihrem Grundbesitz abschöpfen konnten. Da für die Familie Liechtenstein für die zweite Hälfte des 17. Jahrhunderts die vollständigen Hofzahlamtsrechnungen überliefert sind, läßt sich daran das Finanzgebaren des Hauses Liechtenstein in groben Zügen ablesen.[488] Das Gros der Einnahmen stammte in diesem Zeitraum aus Grundbesitzerträgen: Der Anteil am Gesamteinkommen schwankte zwischen 70% und 97%. Nur in den Jahren, in denen größere Kredittransaktionen vorgenommen worden sind, war der Anteil geringer. Dabei handelte es sich im Jahresdurchschnitt um veritable Summen, die im Laufe von 34 Jahren – auch infolge günstiger Konjunkturentwicklung –[489] von 109000 fl. (1665) auf 360000 fl. (1699) anwuchsen. Dies sind bereits die Nettoerträge der eigenen Besitzungen; die Ausgaben für den Wirtschaftsbedarf sind schon abgerechnet. Das Geld stand damit vollständig für „soziale Investitionen" der Familie wie Repräsentationsausgaben etc. zur Verfügung. Leider liegen für die Amtszeit Anton Florians Fürst von Liechtenstein vergleichbare Hofzahlamtsrechnungen nicht vor. Man kann allerdings aufgrund einer Auflistung der Brutto- und Nettoeinnahmen aus dem Jahre 1711, die Nettoeinnahmen aus Landbesitz in Höhe von 190064 fl. verzeichnete, mit einiger Sicherheit annehmen, daß in der ersten Hälfte des 18. Jahrhunderts kein signifikanter Einbruch bei den Einnahmen aus dem liechtensteinischen Eigenbesitz erfolgte.

Nun sind die Einkünfte der Fürsten von Liechtenstein natürlich für die am Wiener Hof vertretenen Adelsfamilien nur eingeschränkt repräsentativ. Schließlich handelte es sich bei den Liechtensteins um eine der am meisten begüterten Familien der Habsburgermonarchie, die nach der Landumverteilung in Böhmen und Mähren als Folge des Böhmischen Aufstandes allein ein Fünftel aller Untertanenhäuser Mährens ihr eigen nannten.[490] Nur wenige Familien konnten einen vergleichbaren Besitz für sich reklamieren. Prinz Eugen beispielsweise kam als jüngstes männliches Mitglied seiner Familie mittellos in Wien an und konnte von seinen Einkünften in der Armee allein ein standesgemäßes Leben am Kaiserhof nicht finanzieren. Er war angewiesen auf gelegentliche Zuwendungen seiner Familie, bis er 1688 vom Herzog Victor Amadeus von Savoyen zum Abt zweier Abteien in Savoyen-Piemont ernannt wurde.[491] Deren Güter und Rechte stellten einen Wert von ca. 150000 fl. dar,[492] was ihm wohl, eine jährliche Rendite von 5% vorausgesetzt, ein jährliches Einkommen von ca. 7500 fl. beschert haben dürfte. Die Einnahmen des österreichischen Hofkanzlers Sinzendorf aus seinen Gütern bewegten sich jährlich zwischen 55000 fl. und 90000 fl.[493] Dies waren durchaus stattliche Einkünfte, die aber neben weiteren großen Einkünften aus seinem Amt am Kaiserhof dennoch nicht ausreichten, um die Summe der Ausgaben vollständig decken zu können.

Einen umfassenderen Überblick über die adligen Einnahmen aus Landbesitz ermöglicht die Studie von Hassenpflug-Elzholz, die sich insbesondere auf die unter Maria Theresia zwischen 1748 und 1755 in den Erblanden im Zuge der theresianischen Reformen durchgeführte Erhebung des Untertanen- sowie des Herrenbesitzes in Böhmen stützt (siehe Tabelle 10). Daneben lassen quantitative Untersuchungen für Niederösterreich[495] weitere Annäherungen an das durchschnittliche Einkommen des höfischen Hochadels aus Grundbesitz zu. Für die in Böhmen begüterten Familien wurden von Hassenpflug-Elzholz die Dominikalerträge des Jahres 1741 aus dem theresianischen Rustikal- und Dominikalsteuerkataster sowie weiteren für Böhmen vorliegenden Besitzstandsverzeichnissen bestimmt.[496] Mit Hilfe dieser Zahlen läßt sich ein genauerer Überblick darüber gewinnen, welche der Familien, die im Zeitraum von 1683 bis 1740 die obersten Amtsträger in den Hof- und Verwaltungsämtern stellten, in Böhmen begütert waren und bei welchen Familien schon allein die Dominikaleinkünfte aus diesen Besitzungen ausreichten, um über eine hinreichende finanzielle Grundlage für eine Ämterkarriere zu verfügen. Ferner läßt sich auch dokumentieren, ob in den anderen Erblanden oder im Reich weitere Besitzungen und damit weitere Einnahmequellen der Adelsfamilie vorhanden waren oder ob die Einnahmen aus dem böhmischen Besitz die gesamte finanzielle Grundlage der Familie darstellte.

Hieraus lassen sich folgende Schlüsse bereits ziehen: Von den 23 Familien, deren Mitglieder am Kaiserhof die wichtigsten Hof- und Verwaltungsämter bekleideten, hatten nur sieben keinerlei Besitz in Böhmen (30%). Immerhin zwölf verfügten allein durch ihre böhmischen Einkünfte über eine hinreichend stabile finanzielle Basis, um in kaiserliche Dienste zu treten (52%), sofern man 30000 fl. als hierfür ausreichende Summe ansieht. Dabei besaß die Hälfte dieser Familien noch teilweise große Besitzungen außerhalb Böhmens, verfügte also über noch weit höhere Dominikaleinkünfte. Von den Familien, die nur in Böhmen begütert waren, waren dagegen die meisten auch nur in der böhmischen Hofkanzlei in Wien tätig; nur Mitglieder der Familien Schwarzenberg und Martinitz bekleideten darüber hinaus weitere Ämter am Kaiserhof. Beide Familien bezogen aber 84000 fl. und sogar 329000 fl. jährliche Einkünfte aus ihren Dominien, so

Tabelle 10: Einnahmen aus böhmischem Landbesitz (um 1740)
der obersten Amtsträgerfamilien Karls VI. am Kaiserhof[494]

Familie	Anzahl der Amtsträger (1683–1740)	Dominikaleinkünfte aus böhm. Landbesitz	Besitzungen außerhalb Böhmens
Dietrichstein (Gf)	5	59 000 fl.	ja
Waldstein (Gf)	3	120 000 fl.	ja
Martinitz (Gf)	3	84 000 fl.	nein
Kinsky (Gf)	3	165 000 fl.	nein
Schwarzenberg (Fü)	2	329 000 fl.	nein
Colloredo (Gf)	2	82 000 fl.	ja
Sinzendorf (Gf)	2	29 000 fl.	ja (überwiegend)
Althann (Gf)	2	(16 000 fl.)	ja (überwiegend)
Windischgrätz (Gf)	2	(6 000 fl.)	ja (überwiegend)
Liechtenstein (Fü)	1	53 000 fl.	ja (überwiegend)
Auersperg (Fü)	1	31 000 fl.	ja (überwiegend)
Lamberg (Fü)	1	(12 000 fl.)	ja (überwiegend)
Trautson (Gf)	1	(21 000 fl.)	ja (überwiegend)
Wratislaw (Gf)	1	32 000 fl.	nein
Schlick (Gf)	1	53 000 fl.	nein
Krakowsky von Kolowrat (Gf)	1	50 000 fl.	nein
Wurmbrand (Gf)	1	–	ja
Starhemberg (Gf)	1	–	ja
Stürkh (Gf)	1	–	ja
Seilern (Gf)	1	–	ja

daß der Weg in kaiserliche Dienste kein allzu großes ökonomisches Risiko mehr dargestellt haben dürfte.

Welcher Betrag letztlich ausreichte, um den Weg nach Wien an den Kaiserhof zu ermöglichen, hängt von mehreren Faktoren ab. Neben dem Familieneinkommen war dabei ferner entscheidend, wieviel Personen sich dieses Familieneinkommen zu teilen hatten. Meist kamen die Einnahmen aus dem Landbesitz ja nicht nur einer Person zugute, sondern dienten zur finanziellen Versorgung der ganzen Familie, sofern nicht jeder männliche Nachfahre mit eigenem Landbesitz versorgt wurde – was nach der Einführung des „Fideikommiß" für zahlreiche Adelsfamilien nur noch selten der Fall war. Verteilten sich die Jahresdominikaleinkünfte aber auf mehrere Personen, die eventuell zur gleichen Zeit in kaiserliche Dienste zu treten beabsichtigten, so konnten die Mittel knapp werden.

Neben den Fürstenhäusern, die alle mit den notwendigen finanziellen Ressourcen ausgestattet waren, verfügten nur 35 von 130 in Böhmen ansässigen Grafengeschlechtern (27%) über so hohe Dominikaleinkünfte, daß jedem huldigungsfähigen Familienmitglied ein Einkommen von mehr als 10000 fl. im Jahr zuerkannt werden konnte. Schon aus der Reihe der in Böhmen beheimateten Grafengeschlechter konnte also nur der kleinere Teil die finanziellen Voraussetzungen für die Teilnahme an der Hofgesellschaft – und die damit einhergehende Bekleidung von Ämtern – erfüllen. Für die Freiherren- und Ritterfamilien war eine Teilnahme meist von vornherein ausgeschlossen. Sie verfügten nur in seltenen Ausnahmefällen über finanzielle Einnahmen in dieser Höhe. Über 10000 fl. jährlicher Dominikaleinkünfte pro huldigungsfähigem Familienmitglied konnten in Böhmen nur ganze drei Freiherrengeschlechter vorweisen, und über ein Einkommen von 5000 fl. jährlich pro huldigungsfähigem Familienmitglied verfügten auch nur sechs Freiherren und drei Ritterfamilien.[497] Es verwundert daher nicht, daß in hohen kaiserlichen Diensten Angehörige des niederen Adels, insbesondere aus dem Ritterstand, eine vernachlässigbare Größe darstellten.[498] Der Mangel an finanziellen Ressourcen trug demnach in entscheidender Weise dazu bei, den niederen Adel aus dem Kreis der kaiserlichen Herrschaftselite „auszuschließen".

Die Marginalisierung des Ritterstandes war die Folge eines längerandauernden Prozesses der Besitzumschichtungen im 17. Jahrhundert, in dessen Verlauf sich der Landbesitz immer stärker in den Händen der hohen Adelsfamilien konzentrierte. Am stärksten vollzog sich dieser Prozeß in Mähren, wo Ende des 17. Jahrhunderts 90% des Untertanenbesitzes in den Händen der Herren und Prälaten konzentriert war, während dem Ritterstand seine ökonomische Grundlage zunehmend entzogen wurde.[499] In dieser Dimension war Mähren ein Einzelfall. Doch auch in den übrigen Erblanden lassen sich vergleichbare Tendenzen feststellen. In dem Maße, wie der niedere Adel seiner ökonomischen Grundlagen zusehends verlustig ging, sanken auch seine Möglichkeiten zur Partizipation an der politischen Entscheidungsfindung in der Habsburgermonarchie erheblich. Zwar blieben bescheidene Möglichkeiten der Teilnahme an den Beratungen der Landstände, doch gingen hiermit aufgrund der sinkenden politischen Bedeutung der einzelnen Landtage keine realen Einflußchancen einher.

Die zur politischen Einflußnahme entscheidende Teilhabe an der Kommunikation und Interaktion am Kaiserhof in Wien war indes nur noch für den eingeschränkten Kreis meist hochadliger Familien möglich, der die dafür erforderlichen ökonomischen Ressourcen in seiner Hand wußte. Es ist derselbe Familienkreis, der auch die kaiserlichen Ämter – vom Kämmereramt angefangen bis hin zu den führenden Hof- und Verwaltungs-

ämtern in Wien – über Generationen in seiner Hand zu konzentrieren
vermochte.

Bisher ist nur von den notwendigen Ressourcen die Rede gewesen, die
am Kaiserhof als Investitionen zu erbringen waren, wollte man dort in kaiserliche Dienste treten, sowie von dem Kreis der Familien, die zu Beginn
des 18. Jahrhunderts zu solchen Zahlungen in der Lage waren. Offen
bleibt aber weiterhin die Frage nach den finanziellen Gewinnmöglichkeiten, die der Kaiserhof für seine Amtsträger bereithielt. Lohnte es sich für
einen hohen Adligen angesichts der finanziellen Belastungen, in kaiserlichen Diensten zu stehen? Und wenn ja, in welcher Hinsicht konnte man
davon profitieren? Hier ein generelles Bild zu zeichnen ist unmöglich. Die
Gewinnaussichten waren je nach bekleidetem Amt und je nach Person zu
unterschiedlich, um die Frage eindeutig beantworten zu können. Wohl
aber kann hier demonstriert werden, welche unterschiedlichen Gewinnchancen für die adligen Hofteilnehmer am Kaiserhof bestanden. Dabei
gab es durchaus mehrere Einnahmequellen, die man in kaiserlichen Ämtern erschließen konnte: die reguläre Besoldung, Pensionszahlungen, kaiserliche Gnadenerweise und Geschenke, Einkünfte des Amtes selbst und
schließlich finanzielle Zuwendungen Dritter, die mit der Bekleidung eines
kaiserlichen Amtes ebenfalls verbunden waren. Die entscheidende Frage
dabei war stets, wer von diesen Einkünften jeweils profitieren konnte.

Die regulären jährlichen Einkünfte eines Amtes waren nur eine von
mehreren möglichen Einnahmequellen, und bei manchen Amtsträgern
vielleicht nicht einmal die wichtigste. Über diese regulären Gehaltszahlungen sind wir durch die Hof- und Kameralzahlamtsbücher am besten unter-
richtet (siehe Tabelle 11). So erhielten die adligen Räte 1727 im Reichshofrat jährlich 2600 fl., die Freiherren sogar 4000 fl.[500] Die Bezahlung
anderer Ratsposten war weniger einträglich. Wer über eine der wenigen
besoldeten Geheimen Ratsstellen verfügte, bekam jährlich 2000 fl.,[501] Mitglieder des Hofkriegsrates sogar nur 800 fl. jährlich.[502] Die obersten
Ämter am Kaiserhof waren naturgemäß einträglicher, doch gestalteten
sich auch hier die Zahlungen sehr unterschiedlich. Der österreichische
Hofkanzler Johann Friedrich Graf von Seilern wird mit einer Bezahlung
von 2000 fl. in den Büchern geführt,[503] der Oberstkämmerer Johann Graf
von Cobenzl erhielt 2500 fl. jährlich.[504] Deutlich höher waren dagegen die
Jahreszahlungen an den Reichshofratspräsidenten Ernst Friedrich Graf
von Windischgrätz (8000 fl.)[505] und den Oberhofmeister Sigmund Rudolf
Graf von Sinzendorf (17 200 fl.).[506] Und den größten finanziellen Nutzen
vermochte Prinz Eugen aus seinem Amt als Hofkriegsratspräsident zu ziehen: Er erhielt jährlich 22 000 fl. zugeteilt, davon 18 000 fl. als reguläres Gehalt und 4000 fl. als sogenannte „Adjuta".[507]

Besonders auffällig sind dabei die großen Unterschiede zwischen den

Tabelle 11: Gehaltszahlungen und Besoldungen am Kaiserhof (1720)[508]

Amtsfunktion	Besoldung (jährlich)	Besoldungskosten (nach Stäben)
Obersthofmeister Anton Florian von Liechtenstein	17 200 fl.	
Obersthofmeisterstab		74 070 fl.
Oberstkämmerer Sigmund Rudolf Graf von Sinzendorf	2 500 fl.	
Oberstkämmererstab		48 905 fl.
Oberststallmeister Johann Michael Graf Althann	2 000 fl.	
Obersthofmarschall Adam Franz Fürst Schwarzenberg	1 200 fl.	
Obersthofmarschallstab		7 148 fl.
Oberstküchenmeister	600 fl.	
Vorschneider	360 fl.	
Reichshofratspräsident Ernst Friedrich Graf von Windischgrätz	8 000 fl.	
Reichshofräte (Grafen)	2 600 fl.	
Reichshofräte (Freiherren)	4 000 fl.	
Reichshofrat (Summe)		92 052 fl.
Reichsvizekanzler Friedrich Karl Graf von Schönborn	5 000 fl.	
Hofkriegsratspräsident Prinz Eugen von Savoyen	18 000 fl.	
Hofkriegsräte (im Ritterstand)	3 000 fl.	
Hofkriegsrat (Summe)		70 012 fl.
Hofkammerpräsident Johann Franz Gottfried Graf Dietrichstein	12 000 fl.	
Statthalter der niederösterreichischen Regierung Sigmund Friedrich Graf von Khevenhüller	2 500 fl.	
Hartschieren-Hauptmann Leopold Graf von Herberstein	2 000 fl.	
kaiserliche Hartschieren-Leibgarde		32 680 fl.
Trabanten-Hauptmann Johann Philipp von Westerloo	1 000 fl.	
kaiserliche Trabanten-Leibgarde		18 291 fl.
Hofmedicus	600 fl. bzw. 360 fl.	
Hoftrompeter	200 fl.	
Leibkutscher	120 fl.	
Meisterkoch	120 fl.	
Saaltürhüter	24 fl.	
Gesamtausgaben für Personal und Hofkosten		6 654 237 fl.

Besoldungen der einzelnen Führungsämter am Kaiserhof, insbesondere bei den obersten Hofämtern. Diesem Umstand hat sich auch eine Hofkonferenz zu Beginn der Regierungszeit Karls VI. zugewandt. Die Konferenz schlug zum einen vor, die Besoldung des Obersthofmeisters Anton Florian von Liechtenstein in gleicher Höhe vorzunehmen wie bei seinem Vorgänger im Amt, dem Fürsten Donat von Trautson, ihm also 17 200 fl. jährlich auszubezahlen. Zum anderen stellte die Konferenz fest, daß für die anderen obersten Hofämter *„die alte ordinari besoldungen gar gering, indeme ein Obrister Cammerer nur 2000 fl., der Hoff Marschall 1200 fl. und der Obrist Stallmeister inclusive des quartier gelts in allem 2016 fl. genossen"*.[509] Die Konferenz wertete die drei obersten Hofämter neben dem Obersthofmeisteramt als deutlich unterbezahlt. Dadurch sei es möglich, daß *„einige von ihren Untergebenen"* mehr als das Doppelte an kaiserlichen Bezügen erhielten als die Inhaber der obersten Hofämter. Außerdem seien *„die grossen Spesen, welche sie destwegen bey Hoff zu machen gemüssiget werden"*, mit den jährlichen Pensionsleistungen nicht zu begleichen. Das Gutachten gipfelte in dem Vorschlag an den Kaiser, den Amtsträgern in den drei verbleibenden obersten Hofämtern eine *„reputierliche und zulängliche Besoldung"* zuzuerkennen und dem Oberstkämmerer künftig 15 000 fl., dem Obersthofmarschall 14 000 fl. und dem Oberststallmeister 12 000 fl. jährlich auszuzahlen. Bei Karl VI. stieß dieses Ansinnen allerdings auf wenig Gegenliebe. Er verfügte, daß die Bezahlung auch künftig nicht verändert werden solle, behielt sich allerdings die Entscheidung vor, *„pro tempore et persona, bey meinem belieben, ein oder andern eine beyhülff"* zuzulegen.

Nicht alle Einnahmen aus kaiserlichen Ämtern stammten auch aus der kaiserlichen Hofkammer. Daneben boten manche Ämter ihren Inhabern auch einen Anteil an den verschiedensten Ämterprovisionen und -gebühren als zusätzliche Einnahmequelle. So hatten beispielsweise neuernannte Kämmerer dem Oberstkämmerer eine Kämmerertaxe von 200 Dukaten zu zahlen. Im Jahre 1736, als der Kaiser anläßlich der Hochzeit Maria Theresias mit Franz Stefan von Lothringen auf einmal 158 neue Kämmerer ernannte, belief sich diese zusätzliche Einnahme für den Oberstkämmerer Johann Kaspar Graf Cobenzl auf 31 500 Dukaten, fast 45 000 fl.[510] Die beiden Kanzler am Kaiserhof konnten sich ebenfalls reichhaltiger Taxeinnahmen erfreuen. So war das Reichstaxamt für die Familie Schönborn eine äußerst einträgliche Einnahmequelle: Aus ihr vermochte der Mainzer Erzkanzler Lothar Franz von Schönborn insgesamt mehr als 500 000 rheinische Gulden abzuschöpfen.[511] Auch für den Reichsvizekanzler fielen in manchen Jahren bisweilen mehrere 1000 fl. als Sondereinnahmen ab (siehe Tabelle 12). Ferner konnte er neben seinem ordentlichen Gehalt von 6045 fl. noch ein vielfaches an Taxgebühren für sich beanspruchen, die die Reichsstände für Lehensfälle zu zahlen hatten: die Taxa, die Jura Can-

Tabelle 12: Tabelle der unterschiedlichen Einnahmen des Reichsvizekanzlers[515]

Jahr	Gehalt	Tax/Gebühren	Summa
1701	4045 fl.	16377 fl.	20422 fl.
1706	4045 fl.	19896 fl.	23941 fl.
1711	6045 fl.	6570 fl.	12615 fl.
1721	6045 fl.	10948 fl.	16993 fl.
1725	6045 fl.	21169 fl.	27214 fl.
1730	6045 fl.	9149 fl.	15194 fl.
1732	6045 fl.	39448 fl.	45493 fl.
1739	6045 fl.	7393 fl.	13438 fl.

cellaria, die Kapseltaxe etc.[512] Diese Taxeinnahmen waren allerdings ziemlichen Schwankungen unterworfen und lagen jährlich zwischen 6570 fl. (1711) und 39448 fl. (1732).[513] Desgleichen machten auch beim österreichischen Hofkanzler Philipp Ludwig Graf von Sinzendorf die Einnahmen aus dem „Hofkanzleytaxamt" den größten Teil der Amtseinkünfte aus: Erhielt er als Geheimer Rat und österreichischer Hofkanzler jährlich 4000 fl. zugesprochen, konnten sich die Einnahmen aus der Taxe auf bis zu 50000 fl. pro Jahr belaufen.[514]

Es wäre allerdings verfehlt, bei der Bezahlung der Amtsträger nur die materielle Seite in den Blick zu nehmen. Die Finanzleistungen der Hofkammer und des Kaisers trugen nicht nur dazu bei, dem adligen Höfling materiell sein Auskommen zu sichern, sondern demonstrierten darüber hinaus auch seinen Rang in den Augen des Kaisers. Auch außerhalb der Ämtervergabe suchte der Kaiser mit Geldzuweisungen persönliche Bindungen zu fördern und zu verstärken. Allein im Jahr 1715 gab die Hofkammer 244466 fl. für Pensionen und Provisionen aus, die größtenteils einzelnen Hofmitgliedern zugute kamen.[516] So erhielt Leopold Donat Fürst von Trautson als „Interzenimenta sub Nomine einer Besoldung" sein ehemaliges Gehalt als Obersthofmeister von 17000 fl. zugesprochen,[517] obwohl dieses Amt im neu errichteten Hofstaat Karls VI. Anton Florian von Liechtenstein bekleidete. Da Karl VI. das Amt mit seinem bisherigen Obersthofmeister besetzen wollte, er aber Fürst Trautson das verlorene Amt nicht adäquat ersetzen konnte, suchte er sich seiner Dienste mit der Fortsetzung der Gehaltszahlungen zu versichern. So konnte Leopold Donat von Trautson von 1712 bis 1720 weiterhin über die Einkünfte des Obersthofmeisteramtes verfügen, bis ihm nach dem Tode Anton Florians von Liechtenstein auch das Amt des Obersthofmeisters wieder zur Verfügung gestellt werden konnte. In den gleichen Genuß einer „continuiren-

den Besoldung" kam auch Gundaker von Starhemberg[518], der sein Jahresgehalt von 30 000 fl. auch nach seiner Demission als Hofkammerpräsident im Jahre 1715 weiter bezog.[519]

Und schließlich wurde langjährige Amtstätigkeit für den Kaiser bisweilen auch mit Schenkungen des Kaisers an verdiente – oder ihm nahestehende – Amtsträger belohnt. So erhielt der Fürst Adam Franz von Schwarzenberg dafür, daß er neue Pferde für den kaiserlichen Stall aus Neapel hatte kommen lassen, ein mit Diamanten besetztes Porträt des Kaisers überreicht. Den Wert dieses Präsentes schätzte der kurbayerische Agent Franz Joseph Kistler auf 15 000 fl.[520] Dies dürfte einem üblichen Geschenk des Kaisers für besondere Verdienste entsprochen haben. Doch konnte die kaiserliche Dankbarkeit auch größere Dimensionen einnehmen. Prinz Eugen beispielsweise bekam nach seinen militärischen Erfolgen vom Kaiser umfangreiche Ländereien übertragen. Er erhielt nach dem Sieg bei der Schlacht von Zenta bis 1702 Ländereien in Ungarn im Wert von ca. 80 000 fl.[521] Karl VI. entlohnte Prinz Eugen dann 1717 mit einer Geldzahlung von 400 000 fl., als Ausgleich für die Zusage seines Vorgängers Josephs I., ihm in Ungarn Güter im Wert von 300 000 fl. zu übertragen.[522] Und 1734 erhielt Prinz Eugen von Kaiser Karl VI. eine weitere Gnadengabe im Wert von 100 000 fl.[523] Gundaker Thomas Graf von Starhemberg wurden für seine Sanierungsbemühungen der kaiserlichen Finanzen nach seiner Demission als Hofkammerpräsident 100 000 fl. in bar von der Wiener Stadtbank ausbezahlt. Ferner erhielt er die Kameralherrschaft Haus in Oberösterreich als erbliches Eigentum zugesprochen, die ihm zuvor als Gegenleistung für dem Kaiser gewährte Kredite als Pfand übertragen worden waren.[524] Auch wenn der rein materielle Umfang der kaiserlichen Schenkungen bisweilen in astronomische Höhen kletterte, darf hierbei nicht übersehen werden, daß die eigentliche Bedeutung dieser Schenkungen eine symbolische war. Nur selten wird dieser Zweck so deutlich angesprochen wie in dem Brief Karls VI. an Gundaker von Starhemberg, in welchem er ihm die Schenkung von 100 000 fl. mit der Begründung zusicherte, *„nicht nur Euch, und den Eurigen, sondern auch allen offentlich zu zeigen, daß mir Eurer bis anjetzo mir, und meinem Haus erzeigten Dienst gar lieb, und genehm"* sei.[525] Diese Begründung verdeutlicht, daß es bei den 100 000 fl. nicht allein um materielle Wohltaten ging. Wichtig war bei dieser Schenkung insbesondere, daß der Kaiser mit ihr die kaiserliche Nähe zu seinem ausgezeichneten Amtsträger ausdrücken konnte. Das soziale Beziehungsverhältnis zwischen Kaiser und Höfling konnte so auch öffentlich innerhalb der Hofgesellschaft wahrgenommen werden. Schenkungen waren daher vor allem ein sichtbares Zeichen der persönlichen Nähe des Kaisers. Dies traf ebenso auch für die zahlreichen Gaben zu, die Karl VI. seinem Favoriten Althann zuteil werden ließ, damit dieser

„auvois donné des témoignages de mon amitié, de la nature à faire voir à toute l'Europe".[526]

Der Fall des Favoriten Althann zeigt, daß der Kaiser keineswegs nur langjährige Verdienste in hohen kaiserlichen Ämtern mit Geschenken bedachte. Es war vielmehr die Nähe zum Kaiser, die sich für einen exklusiven Personenkreis auch dann auszahlte, wenn diese Nähe nicht mit außergewöhnlichen Amtsleistungen einherging. Wenig verwunderlich erscheint daher, daß gerade auch sein Favorit Graf Althann vom Kaiser mit Geschenken bedacht wurde. So konnte Graf Althann nach der gemeinsamen Ankunft in Wien sogleich in das sogenannte „spanische Haus" einziehen, das der Kaiser seinem Favoriten übereignete. In diesem Haus wohnte ursprünglich der jeweilige spanische Botschafter.[527] Da Karl VI. den Titel des spanischen Königs für sich selbst beanspruchte, hielt er den Sitz eines spanischen Botschafters in seiner Kaiserresidenz offensichtlich für überflüssig. Weitere Gnadenerweise folgten: 1714 erhielt Graf Althann das Reichserbschenkenamt zugesprochen, 1719 übertrug Karl VI. seinem Günstling die Herrschaft Murakos in Ungarn nahe der steirischen Grenze, und bereits zwei Jahre zuvor, nach dem Aussterben der Fürsten von Eggenberg, suchte der Kaiser dem Grafen Althann die gefürstete Herrschaft Gradisca zu verleihen, was dieser allerdings ausschlug.[528]

Nach dem Tode seines Favoriten im Jahr 1722 kannten die kaiserlichen Wohltaten für die Familienangehörigen des Grafen Althann keine Grenzen mehr.[529] Der Kaiser beglich Schulden, die Althann hinterlassen hatte, im Wert von 300 000 fl. Er war auch nach dem Tod des Favoriten bereit, seine Pension weiterhin an die Witwe des Verstorbenen auszahlen zu lassen, insgesamt 48 000 fl. pro Jahr. Sie erhielt ferner weitere 24 000 fl. jährlich für Althanns Tätigkeit im Vizekönigreich Neapel, außerdem ausgedehnte Lehensgüter aus dem Vizekönigreich. Der älteste Sohn erhielt das Fürstentum Gradisca zugesprochen, ein Präsent, das der Vater noch abgelehnt hatte. Und für den zweitgeborenen Sohn blieb immerhin noch die Übertragung einer Hofcharge, die ihm stattliche 12 000 fl. pro Jahr einbrachte.[530] Der Neffe des Grafen Althann, Kardinal Michael Friedrich Graf Althann, wurde 1722, also unmittelbar nach dem Tod des Favoriten, mit dem lukrativen und repräsentativen Posten des Vizekönigs von Neapel bedacht und behielt diese Stellung über sechs Jahre.[531] Darüber hinaus wurde das Haus Pignatelli, dem die Witwe des Grafen Althann angehörte, 1723 in den Fürstenstand erhoben.[532] Alles zusammengenommen machte sich die Nähe des kaiserlichen Kammerherrn und späteren Oberststallmeisters Johann Michael Graf von Althann zu Karl VI. für seine Familie mehr als bezahlt.

Die tatsächliche oder zumindest die vermutete Nähe zum Kaiser eröffnete den jeweiligen Hofmitgliedern aber auch noch ganz andere Einkunftsmöglichkeiten. So konnte es sein, daß sich auswärtige Fürsten oder deren Gesandten mit Geldzuweisungen oder Sachschenkungen einzelne einflußreiche Amtsträger am Hofe geneigt zu machen versuchten. Um eigene Interessen am Kaiserhof zu verfolgen, war dies ein durchaus gebräuchliches Mittel. Der spanische Gesandte Baron von Ripperda verteilte 1725 insgesamt 1 320 255 fl., um die einflußreichen Amtsträger und Höflinge am Kaiserhof für ein Abkommen zwischen dem Kaiser und dem spanischen König zu gewinnen; die Wiener Verträge waren das Ergebnis dieser diplomatischen Bemühungen, wenn auch nicht notwendigerweise der Geldzuwendungen.[533] Dabei erhielten allein die beiden wichtigsten Minister Prinz Eugen und Graf Philipp Ludwig von Sinzendorf jeweils 36 000 fl. zugesprochen.[534] Um das Heiratsprojekt zwischen dem bayerischen Kurprinzen Karl Albrecht und einer der habsburgischen Erzherzoginnen zu einem für Bayern guten Abschluß zu bringen, waren Bestechungszahlungen von insgesamt 600 000 fl. vorgesehen.[535] Daß der sächsische Kurfürst dabei als Konkurrent auftrat, trieb die Kosten noch zusätzlich in die Höhe.

Davon konnten insbesondere die hohen Amtsträger am Kaiserhof profitieren. So riet der bayerische Sonderbeauftragte Fürst Portia seinem Kurfürsten Max Emanuel, die Reise des bayerischen Kurprinzen nach Wien auch dadurch zu befördern, daß er dem österreichischen Hofkanzler Graf von Sinzendorf eine Zahlung von 16 000 fl. zukommen lassen solle; eine Summe, die dessen jährliches Amtseinkommen um das Vierfache überstieg.[536] Wer alles in die Gunst solcher Geschenke kommen konnte, geht aus einer Abrechnung des Grafen von Toerring über die Kosten seiner Gesandtschaft im Zusammenhang mit der Reise des Kurprinzen hervor. Hier listete er auch auf, *„was an presenten in Juwelen an verschiedene kayserliche ministres und andere personen von distinction durch mich abgereicht worden".*[537] Diese Geschenke allein hatten einen Gesamtwert von 275 000 fl. Eine Auflistung der Empfänger von Einzelgeschenken über 10 000 fl. vermittelt dabei einen Eindruck, welcher Personenkreis vor allen anderen am Kaiserhof in den Genuß solcher Zusatzeinnahmen gelangte: So war der Obersthofmeister unter den Empfängern (14 000 fl.), ferner der österreichische Hofkanzler (20 000 fl.), das Mitglied der Geheimen Konferenz Gundaker von Starhemberg (12 000 fl.), der Oberstküchenmeister (10 000 fl.), die Gräfin von Breuner als Aya (12 000 fl.) sowie die verwitwete Gräfin von Althann (24 000 fl.).[538] Daß neben den Inhabern der obersten Ämter auch die Gräfin von Althann zu den Empfängern dieser Geschenke zählte, hängt mit ihrer besonderen Stellung am Kaiserhof zusammen. Als Witwe des kaiserlichen Favoriten Althann fühlte sich der Kaiser ihr ebenfalls verpflichtet.[539] Sie als Fürsprecherin für ein Projekt wie den bayerischen Heiratsplan zu gewinnen konnte für den Erfolg entscheidend sein. Die Stellung eines Favoriten am Hof machte sich daher in solchen Fällen besonders bezahlt. Die besondere Nähe des Grafen Althann zum Kaiser war allgemein bekannt, was dem Grafen wiederum ungeahnte Einkünfte verschaffte. In der gleichen Heiratsangelegenheit versprach der bayerische Kurfürst dem Grafen Althann vor seinem Tod nicht weniger als eine „*Expectanz*" auf die Grafschaft Ortenburg sowie 100000 fl. für seine Gattin.[540]

Da insbesondere für Reichsfürsten viele Vorhaben von der Zustimmung des Kaisers abhingen, hatten die obersten Amtsträger und die Favoriten in den Bestechungssummen eine selten versiegende zusätzliche Einnahmequelle. Insbesondere der Reichsvizekanzler konnte sich bei einer ganzen Reihe von Gelegenheiten Zahlungen einzelner Reichsstände sicher sein: So listete Rudolf Joseph Graf Colloredo, Reichsvizekanzler unter Kaiser Joseph II., 1767 die Tätigkeitsfelder der Reichskanzlei auf, die besondere „*Verehrungen*" für den Reichsvizekanzler und andere Amtsträger in der Kanzlei mit sich brachten: Hierzu zählten mit den Thronbelehnungen, den Bestätigungen von Primogeniturnachfolgen, den neuen Lehensvergaben, Bischofswahlen und Standeserhöhungen alle wesentlichen Geschäftsbereiche der Reichshofkanzlei in Wien.[541] Dabei handelte es sich auch hier jeweils um stattliche Summen, die dem Reichsvizekanzler zufielen: Allein die bevorstehende Bischofswahl in Regensburg brachte dem Reichsvizekanzler Friedrich Karl von Schönborn eine „*Verehrung*" von 30000 fl. ein, die der bayerische Kurfürst Max Emanuel zahlte, um seinem jüngsten Sohn Johann Theodor das Bistum zu sichern.[542]

Um die Nähe des Grafen Althann zum Kaiser und seinen damit verbundenen Einfluß auf die kaiserliche Entscheidungsfindung für die eigenen Interessen auszunutzen, war auch der englische Gesandte St. Saphorin geneigt, Althann durch Geschenke und eine jährliche Pension geneigt zu machen. Allerdings starb Graf Althann, bevor die Zahlungen realisiert werden konnten.[543] Es war durchaus gebräuchlich, solche Präsente anzunehmen und damit die eigenen Einnahmen am Kaiserhof aufzubessern. Nur selten erfährt man von einer Ablehnung von Geschenken durch einzelne Amtsträger. So schlug Prinz Eugen das Angebot des preußischen Königs Friedrich Wilhelms I., ihm für seine Menagerie Pferde und wilde Tiere zu stellen, mit den Worten aus, daß „*ich aber niemalen presenten anzunehmen pflege*"[544] – doch blieb diese Haltung bei den obersten Amtsträgern am Kaiserhof die Ausnahme.

Dennoch sollte man bei der Bewertung solcher Zahlungen mit dem Begriff der Korruption vorsichtig umgehen. Zum einen setzt die Verwendung des Korruptionsbegriffes voraus, daß die persönliche Vorteilsnahme für die Inhaber kaiserlicher Ämter als illegal oder zumindest als illegitim angesehen wurde. Dies war jedoch noch in der ersten Hälfte des 18. Jahrhunderts keineswegs der Fall.[545] Vielmehr läßt sich der Bereich des Amtes von dem der Person in vielen Fällen nur sehr unvollkommen trennen. Da viele Ämter den Einsatz persönlicher Ressourcen geradezu voraussetzten, war umgekehrt auch die Vorteilsnahme aus der Bekleidung einträglicher Führungsämter das damit korrespondierende Phänomen. Zum anderen läßt sich in keinem der hier aufgeführten Fälle wirklich nachweisen, daß die Geldzahlungen auswärtiger Gesandter auch tatsächlich die entsprechenden Leistungen der Amtsträger nach sich gezogen hatten und diese ohne die Schenkungen nicht erfolgt wären. Es muß daher meist offenbleiben, ob mit Hilfe der Finanzleistungen tatsächlich auch die Richtung der Politik am Kaiserhof gestaltet werden konnte oder ob den Zahlungen eher eine unterstützende Funktion für eine einmal eingeschlagene Politik zukam. In den meisten Fällen wird man eher das letztere annehmen dürfen.

Die unterschiedlichen Einkünfte konnten sich zu üppigen Summen addieren, die Adlige aufgrund ihrer Ämtertätigkeit auf der Habenseite verbuchen konnten. Rudolf von Sinzendorf konnte im Jahr 1720 immerhin 13500 fl. von der Hofkammer in Empfang nehmen, 2000 fl. für seine Geheime Ratsstelle, 2500 fl. als Oberstkämmerer und 9000 fl. als „Adjuta".[546] Und der Reichshofvizekanzler Friedrich Karl von Schönborn ist in den Kameralzahlamtsbüchern des gleichen Jahres gleich viermal als Empfänger kaiserlicher Zuwendungen aufgeführt: als Geheimer Rat (2000 fl.), als Vizekanzler im Reichshofrat (5000 fl.), als Empfänger seiner „Adjuta" (5000 fl.) sowie als Adressat eines Postens, der als „Geheime Ausgaben" deklariert ist (6000 fl.).[547] Nur aus kaiserlichen Kassen ergibt das Gesamteinkünfte über 18000 fl. Und das war nur der kleinere Teil der Einnahmen, wie oben bereits demonstriert werden konnte.

Daß die von der Hofkammer ausgewiesenen Geldzahlungen bisweilen nur einen geringen Teil der aus Ämtern resultierenden Einnahmen verzeichnen, zeigt sich wieder einmal besonders deutlich an Prinz Eugen von Savoyen. Das Kameralzahlamtsbuch zeichnet nur zwei Geldzahlungen der Hofkammer an ihn aus, das Gehalt von 18000 fl. als Hofkriegsratspräsident sowie die „Adjuta" von 4000 fl. Den größten Teil seiner Einnahmen zog Prinz Eugen jedoch aus den Statthalterposten, mit denen der Kaiser ihn seit dem Jahre 1706 für die Dauer von fast zwei Jahrzehnten bedachte. So ernannte Joseph I. ihn zum Gouverneur von Mailand, womit jährlich die Einnahme von ungefähr 150000 fl. einherging.[548] Zwar war an die Bekleidung dieses Amtes vor Ort – mitten in den militärischen Auseinandersetzungen des spanischen Erbfolgekrieges – für mehrere Jahre nicht zu denken. Den wohltuenden finanziellen Versorgungsaspekt dieses Amtes dürfte der Prinz gleichwohl nicht geringgeschätzt haben. Die Stelle als Statthalter der österreichischen Niederlande, die er im Anschluß an den Posten in Mailand von 1716 bis 1725 innehatte – jedoch ebenfalls, ohne in Brüssel selbst tätig zu sein –, brachte ihm jährlich zwischen 100000 und 150000 fl. ein,[549] überstieg also die von der Hofkammer verbuchten kaiserlichen Gehälter ebenfalls um ein vielfaches. Dieser Statthalterposten wurde wiederum nahtlos durch das Amt eines Vicario Generale d'Italia abgelöst, das ihm ebenfalls 150000 fl. einbrachte. Dieses Amt war für den Prinzen Eugen nach seiner Ablösung als Statthalter als Ersatz eigens für ihn ins Leben gerufen worden und dürfte dementsprechend überwiegend zur finanziellen Belohnung des um das Haus Habsburg so verdienten Amtsträgers gedient haben. Große politische Energien zur Verbesserung der politischen und ökonomischen Verhältnisse in den österreichischen Herrschaftsgebieten Italiens gingen von Prinz Eugen – im Gegensatz zu seiner Anfangszeit als Statthalter Mailands – nun nicht mehr aus. Der Regierung Italiens durch den italienischen Rat setzte er nunmehr keinen allzu großen Widerstand mehr entgegen. In einem Gesandtenbericht von 1736 warf ihm der venezianische Botschafter Marco Foscarini denn auch vor, Italien den „Spaniern" ausgeliefert zu haben.[550] Ob allerdings bei der Ämtervergabe überhaupt beabsichtigt war, ihn führend an der Regierung Italiens zu beteiligen, erscheint eher fraglich. Zur Absicherung seines sozialen Status am Kaiserhof trug das neu geschaffene Amt allemal bei.

Diese kurze Gegenüberstellung von Kosten und Einkunftsmöglichkeiten einer Karriere am Kaiserhof erlaubt nun einen abschließenden Blick auf die Bedeutung des ökonomischen Faktors in der Interaktion zwischen Kaiser und adliger Herrschaftselite. Den Inhabern der obersten Hof- und Verwaltungsämter oder einer Favoritenstellung im Umkreis des Kaisers bot der kaiserliche Hof zahlreiche Gelegenheiten, aus ihrer Stellung am Hof ökonomischen Gewinn zu ziehen. Doch war dieser Personenkreis der Profiteure stets beschränkt auf wenige Personen aus einem noch engeren Kreis weniger Familien. Ferner waren die Gewinnmöglichkeiten auch in den leitenden Funktionen von Amt zu Amt jeweils unterschiedlich.

Im Regelfall mußte man in die oberste Stufe der Ämterhierarchie aufsteigen, damit sich die Amtsträgerschaft für die adligen Amtsinhaber auch finanziell auszuzahlen begann. Hatte man es bis zu einem der obersten Hof- oder Verwaltungsämter geschafft, waren die Einkünfte aus dem Amt oft den Einnahmen aus eigenem Landbesitz ebenbürtig. So bewegten sich die Einnahmen des österreichischen Hofkanzlers Philipp Ludwig von Sinzendorf aus seinen Gütern zwischen 50000 fl. und 90000 fl., die Einkünfte aus seinem Amt zwischen 35000 fl. und 50000 fl.[551] War man gar mit einer Statthalterschaft in Neapel, Brüssel oder Mailand betraut, so hatte man sich um seine finanzielle Situation nur noch wenig Sorgen zu machen. Doch von den zahlreichen adligen Hofteilnehmern – das heißt von den bis zu zweitausend Personen, die teilweise am Kaiserhof präsent waren – hatten nur wenige Aussichten, diese einträglichen Spitzenämter am Kaiserhof bekleiden zu können.

Diesen Gewinnchancen standen die Investitionen gegenüber, die jeder Adlige, der sich am Kaiserhof um Ämter bemühte, gewissermaßen als Vorausleistung zu erbringen hatte. Vor allem die Höhe dieser Investitionen hatte Karl Eusebius von Liechtenstein im Blick, als er seinem Nachfolger nahelegte, von der Bekleidung kaiserlicher Ämter generell abzusehen. Schließlich stand zu Beginn einer adligen Existenz am Kaiserhof keineswegs fest, daß man den Eintritt in die ökonomischen Profit versprechenden Ämter überhaupt erreichte. Den wenigen, die aus ihren kaiserlichen Diensten ökonomischen Gewinn herauszuschlagen vermochten, standen die vielen gegenüber, für die der Dienst für den Kaiser in ökonomischer Hinsicht vor allem Kosten bereithielt.

Die meisten Adligen hatten sich daher am Kaiserhof eher auf Verluste einzustellen, als auf ökonomischen Zugewinn zu hoffen. Und sie mußten über finanzielle Ressourcen verfügen, um diese Kosten tragen zu können. Reichten die verfügbaren Mittel nicht aus, so mußte man hinreichend kreditwürdig sein, um sich auf diese Weise die notwendigen Mittel beschaffen zu können. Dies wiederum war beinahe ausschließlich denjenigen Adligen möglich, die aus dem besonders begüterten Kreis der hochrangigen Adelsfamilien entstammten, so daß sie auf finanzielle Unterstützung durch die Familie bauen konnten oder zumindest von deren Kreditwürdigkeit zu profitieren vermochten. Ökonomisches Kapital war für die Übernahme kaiserlicher Dienste unverzichtbar. Geldmangel war kein explizites Ausschlußkriterium, Reichtum wohl aber eine implizite Voraussetzung zu einer Ämterkarriere im Umkreis des Kaisers. Alle Versuche, den Fürstenhof als eine Versorgungsanstalt für verarmte Aristokraten erscheinen zu lassen, übersehen daher den historischen Befund.

4. Kulturelles Kapital: Interaktionsfähigkeit und Habitus

Bildung und Lebensstil sind gleichermaßen Bestandteile dessen, was Bourdieu mit dem Begriff des kulturellen Kapitals umschrieben hat.[552] Um sich von den anderen Mitgliedern der Gesellschaft sichtbar abgrenzen und soziale Unterschiede legitimieren und damit stabilisieren zu können, war und ist kulturelles Kapital unerläßlich. Im Gegensatz zum ökonomischen Kapital läßt sich das kulturelle Kapital allerdings nicht ohne weiteres an die nachfolgende Generation vererben; es muß von jedem jeweils neu erworben und verinnerlicht, es muß „inkorporiert" werden.[553] In der Moderne macht Bourdieu für die Inkorporierung des kulturellen Kapitals vor allem zwei Institutionen verantwortlich, die Familie und die Schule.

Auch der geburtsständische Adel, der seine exklusive Position bereits durch Geburt verliehen bekam, konnte auf den Erwerb von kulturellem Kapital nicht verzichten, um die eigene soziale Position abzusichern und wenn möglich auszubauen. Er hatte sich seine adlige Standesidentität ebenso anzueignen wie sozialdistinguierende Techniken zu erlernen. Der Weg an den Fürstenhof war ein wesentlicher Bestandteil dieser Strategie, die soziale Exklusivität durch einen spezifisch höfischen Lebensstil auch kulturell abzusichern.

Dies hatte allerdings die Inkorporierung des höfischen Lebensstils, die Entstehung eines höfisch-adligen Habitus, zur Voraussetzung.[554] Wer am Interaktionssystem des Hofes teilzunehmen gedachte, hatte sein Auftreten und Verhalten bestimmten Erwartungen zu unterwerfen. Er mußte über Verhaltensweisen verfügen, die ihn dazu befähigten, sich in der höfischen Sphäre des Kaiserhofes routiniert bewegen zu können. Darüber hinaus mußte er in der Lage sein, in kaiserliche Dienste zu treten. Wie bereits dargelegt wurde, diente dem Kaiser die Hofgesellschaft auch zur Rekrutierung seiner Herrschaftselite.[555] Im Gegensatz zu anderen Fürstenhöfen bestand für den Adel am Kaiserhof zu keiner Zeit ernsthafte Gefahr, aus den Führungspositionen in der Umgebung des Kaisers durch bürgerliche Aufsteiger verdrängt zu werden. Allerdings stiegen die Kommunikationsanforderungen, denen die adlige Herrschaftselite gerecht werden mußte, stark an. Wollte die Elite ihren Einfluß erhalten, galt es nicht nur, die Verfügbarkeit der Ressourcen in den Händen dieser obersten Schicht zu konzentrieren, sondern auch die steigenden funktionalen Erwartungen, die die Politik an die Amtsträger stellte, zu erfüllen.[556]

Schon die Zeitgenossen erblickten in den gestiegenen Anforderungen an die adlige Herrschaftselite und den verstärkten Bildungsbemühungen des Hochadels einen Zusammenhang. So stellte Johann Basilius Küchelbecker in seiner ›Allerneuesten Nachricht vom römisch-kaiserlichen Hofe‹ fest: *„Und weil zu diesen Zeiten, da die Studia auf den höchsten Grad gestiegen, große Herren und vornehme Standespersonen sehen, daß es heut nicht allein mit dem Degen ausgerichtet ist, wenn einer sein Glück in der Welt machen will, und großen Herren sowohl bei Hofe wie als im Kriege dienen will, so applicieren sich dieselben anjetzo mehr auf die belles lettres und studia als vor diesen.“*[557] Wer in höfische Dienste treten wollte, hatte sich daher gestiegenen Bildungsansprüchen zu stellen. Die noch zu Beginn des 17. Jahrhunderts gebräuchliche Privaterziehung des adligen Nachwuchses verlor zunehmend an Bedeutung, da das umfangreiche Curriculum der Adelserziehung die Kompetenz eines Hofmeisters und der wenigen anderen Personen im adligen Haushalt überstieg.[558]

Dagegen läßt sich in der zweiten Hälfte des 17. Jahrhunderts eine deutliche Zunahme vornehmlich an italienischen Adelskollegien[559] und Universitäten[560] eingeschriebener hoher Adliger aus den Erblanden feststellen. Da im gleichen Zeitraum die Zahl der eingeschriebenen bürgerlichen Studenten sowie der Angehörigen des niederen Adels an den italienischen Universitäten stetig sank,[561] kommt diesem Anstieg des adligen Bildungsinteresses besondere Bedeutung zu. Er dokumentiert die Bereitschaft des Hochadels, sich auf höhere Anforderungen in den Bereichen einzustellen, die der Adel als Domäne seines Standes ansah: den Dienst im Militär, in der Verwaltung und am Hof. Nicht nur die Mitglieder der Herrschaftselite am Kaiserhof hielten diese Intensivierung der Adelserziehung offensichtlich für unerläßlich. Noch Ende des 17. Jahrhunderts mahnte Kaiser Leopold I. gegenüber Johann Christoph Wagenseil ein Bildungsdefizit des Adels an, das es zu beheben gelte.[562] In diesem Lamento äußerten sich vor allem die gestiegenen Anforderungen, denen die Herrschaftselite gerecht werden mußte, wollte sie nicht von anderen gesellschaftlichen Schichten ersetzt werden.

Worin bestand nun das spezifische Anforderungsprofil, dem die adligen Prätendenten um kaiserliche Ämter gerecht zu werden hatten? Um für den Kaiser Gesandtschaften übernehmen zu können, sei es, wie Lünig ausführt, *„sehr nötig und nützlich, wenigstens dreyer Sprachen, der Lateinisch-Französisch- und Italienischen kundig zu seyn, auch sich in denen sogenannten galanten Studiis, als Geographie, Genealogie, Historie, Politique, Staats-Recht, Mathei etc. umgesehen, und die Exercitia mit Fundament tractiret zu haben, damit sie sich gegen alle sattsam erklären können“*.[563] Wie bereits aus diesem Fächerkanon hervorgeht, waren keine besonderen Spezialkenntnisse vonnöten, um in kaiserliche Dienste zu treten. Für Belange, die tiefere Detailkenntnisse oder juristische Fachkompetenz erforderten, standen den Gesandten meist ein oder mehrere Sekretäre zur Seite.[564] Diese waren der höfischen Sphäre weitgehend entzogen, nahmen also am Einzug, der Audienz etc. nicht teil. Hier hingegen hatte sich der adlige Gesandte zu bewähren. Hierfür waren alle Fähigkeiten bedeutsam, die in der höfischen Sphäre nötig waren,[565] da die Teilnahme an der Interaktion der jeweiligen Hofgesellschaft für den Gesandten das wichtigste Mittel darstellte, sich Zugang zu wichtigen Amtsträgern am Hofe zu verschaffen sowie die kaiserliche Stellung zu repräsentieren. Die Gabe höfischer Beredsamkeit zählte insbesondere dazu.[566]

Welcher Bildungs- und Verhaltenskanon für den Hochadel maßgeblich war, geht auch aus mehreren Erziehungsschriften des Hauses Liechtenstein hervor. Dabei sind im Zeitraum vom Dreißigjährigen Krieg bis in die erste Hälfte des 18. Jahrhunderts in den Lehrinhalten keine größeren Veränderungen festzustellen. Die Instruktion des Fürsten Karl Eusebius von Liechtenstein an seinen Sohn um die Mitte des 17. Jahrhunderts, ferner die Instruktion des Fürsten Hartmann von Liechtenstein an Anton Florian aus dem Jahre 1674 sowie schließlich die Instruktion Anton Florians von Liechtenstein an seinen Neffen Joseph Wenzel aus dem Jahr 1705 sahen alle denselben Fächerkanon als verbindlich an.[567] Hier soll exemplarisch die Instruktion für den Fürsten Anton Florian herangezogen werden, da dieser später auch unter den bedeutenden Amtsträgern des Hofes Karls VI. zu finden ist. So war die Adelserziehung für den Fürsten Anton Florian von Liechtenstein, den späteren Obersthofmeister Karls VI., explizit darauf angelegt, am Kaiserhof eine Karriere zu ermöglichen, damit er *„heut oder morgen [...] Einen ministri abgeben könne"*.[568] Da ihm als jüngerem Sohn die Übernahme der fürstlichen Herrschaft vorerst verwehrt blieb, war dies für ihn fast die einzige Möglichkeit, ein standesgemäßes Leben bestreiten zu können.

Um diesem Ziel näherzukommen, habe er mehrere Sprachen zu lernen, vor allem Italienisch, Französisch und Latein. Daneben solle er sich insbesondere mit Fragen des Rechts vertraut machen, was mit dem Hinweis auf die anzustrebende Ministerlaufbahn hervorgehoben wurde. Des weiteren standen auch die Fächer Mathematik, Arithmetik, Geometrie und Fortifikationswesen auf dem Stundenplan. Und schließlich waren noch zahlreiche Übungsstunden in den *„adlichen Exercitien"* vorgesehen, in denen insbesondere das Tanzen, Fechten und Reiten Bestandteil des Unterrichts waren.[569] Diese adligen Standesübungen waren das spezifische Element der Adelserziehung und unterschieden diese deutlich von einem rein universitären Studium, wie es Angehörige des Bürgertums zur gleichen Zeit absolvierten. Die große Bedeutung der adligen Körperübungen zeigt sich in den Stundenplänen, in denen die Lehrinhalte der beiden jüngeren Söhne des Fürsten Hartmann von Liechtenstein zusammengestellt sind. Bei den unterschiedlichen Stationen der Adelserziehung nahmen diese Übungen stets mindestens ein Drittel der Unterrichtszeit in Anspruch, bisweilen auch die Hälfte oder mehr.[570] An späterer Stelle soll noch genauer zur Sprache kommen, welcher besondere Stellenwert diesen Übungen bei der Selbstformung des höfischen Adels zukam.

Orte der Adelserziehung waren Ritterakademien[571] und Universitäten gleichermaßen. Dabei zog es den erbländischen Hochadel meist ins Ausland, insbesondere an die Akademien und Universitäten der katholischen Nachbarländer, vor allem nach Italien,[572] aber auch nach Bayern[573] und Lothringen. Die Erblande selbst verfügten zwar auch über entsprechende Bildungseinrichtungen, vermochten es aber nicht, den Nachwuchs hochadliger Familien im Land zu halten. Der Anstieg der Studentenzahlen an den Universitäten in den Erblanden, aber auch im Reich ergab sich vor allem aufgrund eines rasanten Zuwachses mittelloser Studenten des bürgerlichen Standes.[574] Zwar kam es nach dem Dreißigjährigen Krieg auch in den Erblanden zur Gründung einiger Ritterakademien: in Wien (gegründet 1692), in Liegnitz (1708) oder in Olmütz (1724).[575] Die Gründung dieser Bildungseinrichtungen ging ebenso wie die ersten Reformbemühungen an den Universitäten auf das Bestreben der Stände[576] zurück, insbesondere dem adligen Nachwuchs eine „Ausbildung" in den Erblanden zu ermöglichen und ihnen den kostspieligen Weg an ausländische Universitäten oder Ritterakademien zu ersparen.

Nutznießer dieser Bestrebungen waren allerdings weniger die begüterten Angehörigen hochadliger Familien, die sich eine Kavalierstour an italienische Bildungseinrichtungen auch weiterhin leisten konnten, sondern vielmehr die Mitglieder des niederen Adels, die zur Absicherung ihrer Position eine Adelserziehung benötigten, aber nicht über die notwendigen Mittel einer Reise an ausländische Bildungseinrichtungen verfügten.[577] Aus dem Kreis der hochadligen Familien hatten diese Institutionen in den Erblanden nur wenig Zulauf.[578] Angehörige dieser Schicht verfügten in der Regel über hinreichendes Kapital zur Finanzierung einer standesgemäßen Erziehung ihres Nachwuchses und grenzten sich vom Bildungsgang des niederen Adels ab, indem sie auch weiterhin vor allem die Akademien und Universitäten im Ausland besuchten. Landesherrliche Reiseverbote, die in den einzelnen Erblanden insbesondere im 17. Jahrhundert zahlreich erlassen worden waren und das Studium außerhalb des Reiches verboten, brachten zwar den kaiserlichen Willen zum Ausdruck, den Adel im Lande zu halten, konnten aber an der Situation vorerst wenig ändern.[579] Meist gelang es den Angehörigen des Hochadels, für ihren Nachwuchs eine Reisegenehmigung zu erhalten, wenn diese auch bisweilen erst nach längeren Verhandlungen gewährt wurde.[580]

Zwar handelte es sich bei den Ritterakademien und Universitäten für den Adel um funktional äquivalente Einrichtungen, die sich in gegenseitiger Konkurrenz um den zahlungskräftigen adligen Nachwuchs bemühten.[581] Doch brachten die Ritterakademien für die Bildungsinteressen des Hochadels einige Vorzüge mit, weshalb sie im Zeitraum von 1660 bis 1730 von Studenten des hohen Adels aus dem Reich und den Erblanden einen stärkeren Zulauf hatten als die Universitäten.[582] Insbesondere an den italienischen Adelskollegien machte der Anteil der Adligen aus dem Reich oder den Erblanden bisweilen bis zu 70 % der Studenten aus.[583] Unterschiede zu den Universitäten lassen sich vor allem bei den Teilnehmern, der Intensität der Betreuung und schließlich den Lehrinhalten erkennen.

Im Gegensatz zu den Universitäten, die adlige und bürgerliche Studenten in gemeinsamen Veranstaltungen und auf gleiche Weise ausbildeten[584] – nur die Unterbringung konnte hier getrennt erfolgen –, waren die Ritterakademien für den Adel exklusive Bildungseinrichtungen,[585] die meist von kirchlichen Orden, insbesondere von Jesuiten[586] und Benediktinern, getragen wurden. Diese Abgrenzung antizipierte gewissermaßen schon während der Adelserziehung die Exklusivität der adligen Hofgesellschaft und lag durchaus im adligen Interesse. So wurde Anton Florian von Liechtenstein besonders unterwiesen, bürgerliche Gesellschaft im Umfeld der Universitäten zu meiden, während der ihn begleitende Hofmeister statt dessen dafür sorgen solle, daß *„sein junger Fürst mit guett Ehrbahren und adelichen leuthen in Gesellschaft seye".*[587] Schließlich galt das Fernhalten der niederen Schichten als ein Mittel, um zur Vortrefflichkeit zu erziehen.[588]

An den Ritterakademien war nicht nur die Adelserziehung gewährleistet, sondern auch die standesgemäße Unterbringung und Verpflegung. Die beiden nachgeborenen Söhne der Familie Liechtenstein nahmen an den Ritterakademien Turin und Siena, die sie in Italien besuchten, Quartier[589] und trafen in Turin darüber hinaus auch noch auf weitere Söhne erbländischer Adelsfamilien.[590] An den Universitäten spielte die standesgemäße Betreuung keine Rolle, so daß hier adlige Studenten oft selbst für ihre Unterbringung zu sorgen hatten.[591] Bei der Wahl möglicher Ritterakademien schien dieser Aspekt offensichtlich keine geringe Rolle zu spielen. So traten an der Wiener Ritterakademie wiederholt Klagen über schlechte Kost und Unterbringung auf, was neben den nicht geringen Kosten dieser Akademie einen wesentlichen Grund für ihre geringe Zahl an Akademisten darstellen dürfte.[592]

Der Hauptvorteil der Ritterakademien waren die besonders auf die Bedürfnisse des höfischen Adels abgestimmten Lehrinhalte. Die Ausbildung beschränkte sich nicht auf den an Universitäten üblichen Lehrkanon, sondern umfaßte darüber hinaus auch die Unterrichtung in praktischen Kenntnissen und Fertigkeiten, die vor allem für die höfische Interaktion große Bedeutung besaßen. Dies waren die bereits erwähnten adligen Exerzitien ebenso wie adelsspezifische Wissensbereiche, Heraldik, Geographie und Landvermessung, Zivil- und Militärarchitektur.[593] Auch das Wissen um die höfischen Rangunterscheidungen, die Zeremonialwissenschaft, war an den Ritterakademien angesiedelt.[594] Besonderer Wert wurde schließlich auf den Unterricht der an den Höfen vorherrschenden Sprachen gelegt, die die Dominanz des Lateinischen zunehmend verdrängten.[595]

Die Erfordernisse des Hoflebens sowie des Verwaltungsdienstes am Fürstenhof bestimmten dabei weitgehend die Lehrinhalte, wobei manche Akademien bei ihrer Ausbildung sogar die Qualifikation für einen bestimmten Hof im Blick hatten. So erhielten die niederösterreichischen Stände vom Kaiser die Zusage, daß Absolventen der ständischen Landschaftsakademie Wien bei der Ämtervergabe vor anderen Bewerbern berücksichtigt werden sollten.[596] Auch spielte an dieser ständischen Ritterakademie in Wien die Unterrichtung von Spanisch und Italienisch eine große Rolle,[597] um der Etikette und den Erfordernissen des Kaiserhofes zu entsprechen, während andere Akademien ihren Schwerpunkt auf das Französische als am meisten gebräuchliche Hof- und Diplomatensprache legten. Daß die Hauptaufgabe der Adelserziehung an den Ritterakademien darin bestand, den Adelsnachwuchs zur Interaktion an Fürstenhöfen zu befähigen, läßt sich anhand der Privilegien und der Selbstdarstellung der landständischen Ritterakademie in Wien ebenfalls gut demonstrieren. Schüler der Akademie, die über 18 Jahre alt waren, waren zu besonderen Anlässen, beispielsweise bei Hoffesten (Gala), bei Hof zugelassen und hatten Zugang bis zur ersten Antecamera des Kaisers.[598] Eine erfolgreiche Erziehung an der Ritterakademie brachte also einen – eingeschränkten – Zugang zur Interaktion am Hofe mit sich. Und als in den Jahren 1730 bis 1732 im Zuge der Erweiterung der Ritterakademie die Fassade neu gestaltet wurde, verlieh man dieser Aufgabe der Ritterakademie als Erziehungsschule des Kaiserhofes auch sichtbar Gestalt: Statuen und Vasen verkörperten *„alle die Adelige Exercitien, so in der Academie zu Lehren"*[599] gebräuchlich und für kaiserliche Dienste notwendig waren, während im Frontgiebel die Zöglinge zum Teil in Rüstung, zum Teil in höfischer Tracht dargestellt waren und so auf ihre künftige Bestimmung als Offiziere und Höflinge des Kaisers hingewiesen wurde.[600] Die militärischen Funktionen des Adels fielen bei den Curricula der Ritterakademien allerdings weniger ins Gewicht.[601] Der Fürstenhof war eindeutig die Wirkungsstätte, auf die das Lehrangebot der Ritterakademie sich besonders eingerichtet hatte. Die Ritterakademien waren für den adligen Nachwuchs deswegen so attraktiv, da sie es besser als die Universitäten verstanden, sich ganz den praktischen Bedürfnissen der zukünftigen Hofgesellschaft zuzuwenden, was um so leichter fiel, als sie dem Bildungsziel einer einzigen Schicht zu genügen hatten. Da die Akademien im Gegensatz zu den Universitäten keine akademischen Grade oder Titel vergaben, hatten sie ferner auch auf keinen traditionellen, festgefügten Lehrkanon Rücksicht zu nehmen, was die Anpassung an die Bedürfnisse des Adels noch erleichterte.[602]

Dieser Gegensatz zwischen praktischer Adelserziehung auf der einen und universitärer Gelehrsamkeit auf der anderen Seite schlug sich auch im Diskurs des 17. und 18. Jahrunderts nieder. Es entwickelte sich geradezu ein höfisches Wissenschaftsideal,[603] das sich zum Ziel setzte, den adligen Nachwuchs für die politische und höfische Sphäre tauglich zu machen, wobei politisches und höfisches Verhalten seit dem späten 17. Jahrhundert weitgehend synonym zu verstehen sind.[604] Hier galt es, praktische Kenntnisse und Fertigkeiten zu vermitteln, die dem angehenden Höfling die Orientierung und kluges Verhalten ermöglichen sollten, anstatt abstraktes Wissen zu vermitteln. Die Nützlichkeit der Ausbildung hatte im höfischen Wissenschaftsideal Priorität.[605] Idealtypisches Beispiel hierfür sind die

Schriften der „Zeremonialwissenschaft", die dem Adel als Erziehungsschriften dienten,[606] um ihn mit bedeutsamen Aspekten höfischer Interaktion, insbesondere Fragen der Rangfolge und des Zeremoniells, vertraut zu machen. Das Gelehrtenideal der Universitäten blieb dem Adel dagegen weitgehend suspekt. Insbesondere der geringere Praxisbezug zur höfischen Lebenswelt führte immer wieder zu harscher Kritik. Da die Universitäten nicht auf die praktischen Anforderungen des Hofes und der Politik eingingen, sondern ihrerseits den Bedürfnissen adliger Exercitien ablehnend gegenüberstanden[607] und statt dessen weiterhin ihren hergebrachten Lehrkanon zu vermitteln suchten, lautete der Vorwurf nicht selten „*Pedantismus*" und „*Schulfüchserei*".[608]

Geistige Beharrungstendenzen und Abschottungsbestrebungen vor allem süddeutscher Universitäten taten ein übriges, um bei der Adelsausbildung an Stellenwert einzubüßen.[609] Zwar gab es bei den universitären Neugründungen im Reich, den Universitäten Halle und Göttingen, Bestrebungen, auf den Lehrkanon der Ritterakademien einzugehen, und insbesondere die Bedeutung der praktischen Wissenschaften, das heißt Jus, Historie und Philosophia practica (aulica) zu stärken, doch waren diese Universitäten protestantisch ausgerichtet und daher für den katholischen Adel der Erblande und des Reiches nur selten eine Alternative. So schärfte Anton Florian von Liechtenstein seinem Neffen Joseph Wenzel ein, nur solche Orte aufzusuchen, „*wo man das publicum exercitium Religionis nicht nur allein haben, sondern auch allen umgang mit wiedrigen Religions Verwandten evitiren kan*".[610] Zum Studium blieben daher nur Universitäten im Süden des Reiches ebenso wie in west- und südeuropäischen Ländern, die von den Reformentwicklungen bis zur Mitte des 18. Jahrhunderts weitgehend abgekoppelt waren.[611]

Während die Landschaftsakademie in Wien seit ihrer Gründung 1692 die Fächer ius publicum und Historie unterrichtete, wurde an der von Jesuiten getragenen Wiener Universität erst 1729 ein Lehrstuhl für Geschichte eingerichtet; öffentliches Recht fand im universitären Curriculum sogar erst nach der theresianischen Universitätsreform Aufnahme.[612] Andere Universitäten in den Erblanden waren hier zwar etwas fortschrittlicher. So gab es in Freiburg bereits seit 1716, in Innsbruck seit 1734 die Disziplinen Natur- und Völkerrecht sowie Geschichte.[613] Gegen den Fächerkanon der Ritterakademien waren sie dagegen weiterhin im Rückstand und damit für Interessenten einer Hofkarriere nur zweite Wahl.

Um die höfische Adelserziehung zu vervollkommnen, war die Kavalierstour neben dem Besuch einer Ritterakademie oder Universität ein weiterer bedeutsamer, seit dem 16. Jahrhundert schon traditioneller Bestandteil der Adelsbildung. Dabei waren beide Elemente immer öfter miteinander verwoben.[614] So führten die Reiserouten der Fürsten von Liechtenstein Maximilian (1659–1663), Anton Florian (1674–1676), Philipp Erasmus (1682/83), Hartmann (1684–1686) und schließlich Joseph Wenzel (1716) nicht mehr ausschließlich zu attraktiven Fürstenhöfen und lohnenden Reisezielen,[615] sondern darüber hinaus auch zu diversen Ritterakademien, die als Bildungsstationen für die Adelserziehung dienten.[616]

Die Reiserouten der Kavalierstour waren dabei Ende des 17. und Anfang des 18. Jahrhunderts schon weitgehend standardisiert: Insbesondere Frankreich und Italien waren integraler Bestandteil einer Kavalierstour. Etwas seltener führte die Reise in die österreichischen Niederlande, nach Spanien oder England.[617] Dabei sollte laut Karl Eusebius von Liechtenstein Ziel der Kavalierstour sein, *„nicht allein ein vornehmes Studium sondern auch optimi mores und Sitten zu erlöhrnen".*[618] Am französischen Hof sei dies am ehesten möglich, weshalb er Paris als Aufenthalt zur Adelserziehung besonders nahelegte. *„Je länger sie nun zu Pariß verbleiben werden, und selbigen adl und die fürsten practiciren und den königlichen hof zum öfteren sehen werden, je feiner sie in ihren moribus werden lehren und obligant und höfflich, so vor allen allein einen fürsten nötig."*[619] Aber auch bei den anderen Reisestationen waren die Fürstenhöfe meist der erste Anlaufpunkt. Neben der höfischen Lebensweise, die man durch Anschauung kennenlernen und einüben sollte, war das Ziel ferner, wichtige Kontakte zu knüpfen sowie zu Audienzen eingeladen zu werden. Daneben galt das Interesse Kunstschätzen, Gebäuden, und Raritäten[620] sowie der Art und Weise, wie die fremden Länder regiert und verwaltet wurden.[621] Zur Formung eines höfischen Lebensstils gehörte entscheidend auch die Ausprägung eines spezifischen Geschmacks, der sich an den neuesten kulturellen Ausprägungen adliger Selbstdarstellung orientierte. Nicht selten standen die Repräsentationsbemühungen des höfischen Adels am Kaiserhof im Zusammenhang mit den Sinneseindrücken der eigenen Bildungsreise.[622]

Hatte ein Adliger die Kavalierstour und den höfischen Fächerkanon absolviert, stand dem Eintritt in kaiserliche Dienste eigentlich nichts mehr im Wege. Was hierfür erforderlich zu sein schien, geht auch aus dem Schreiben von Franz Graf Esterházy hervor, in welchem er die einflußreichsten Adligen am Hof um Protektion bittet, um seinem Sohn den Weg zu einer Karriere am Kaiserhof zu ebnen: *„Demnach ich meinen älteren Sohn, nach vernohmner rechten und standtmähßigen Übung, in die Länder nach frembden Höfen geschicket, umb alda sich tanzlicher und geschickter zu machen, in Diensten Seiner Mayestät, Unßers allergnädigsten Herrens, in und außer Landt gebracht werden zu können."*[623] Die Ausbildung in adligen Exercitien sowie die sich daran anschließende Kavalierstour waren die Vorleistungen, die zu erbringen waren, wollte man in kaiserliche Dienste treten. Damit erwarb man sich hinreichende Eignung für den kaiserlichen Dienst und für diplomatische Missionen, wie Graf Esterházy in seinem Schreiben anführte. Offenbar befand er es nicht für nötig, auf eine gesonderte Fachkompetenz hinzuweisen, da diese für die Karriere am Hof nicht erforderlich war. Die Herstellung einer höfischen Konversations- und Interaktionsfähigkeit stand demgegenüber im Zentrum. Eine praktische Erfahrung in politischen Amtshandlungen war dabei ebenfalls von Vorteil.[624] Akademische Grade spielten dagegen für Angehörige des Hochadels beim Eintritt in kaiserliche Dienste keine Rolle.

Der kaiserlichen Bereitschaft, die höheren Positionen an Hof und Verwaltung fast vollständig für Angehörige des Hochadels zu reservieren, entsprach die Bereitschaft des Hochadels, den gestiegenen Anforderungen am Hofe durch eine Intensivierung der Adelsausbildung Rechnung zu tragen. Doch darf der spezifische Charakter der Adelserziehung nicht ausschließlich auf seinen funktionalen Aspekt, die Tauglichkeit für den Fürstendienst, reduziert werden. Vielmehr verschmelzen bei der Adelserziehung (externe) Anforderungen des Hofes mit dem originären Selbstverständnis des Adels oder zumindest der Angehörigen des Hochadels. Zwar war durch Geburt vorgegeben, wer zum exklusiven Kreis des Hochadels gehörte. Schon der Begriff der „Adelserziehung" legt aber nahe, daß zum Adel nicht nur die standesgemäße Geburt, sondern auch die standesgemäße Lebensweise gehörte und daß Angehörige des Adels gewissen Erwartungen gerecht werden mußten, um dem Anspruch eigener Vortrefflichkeit zu genügen. Hierzu bedurfte es spezifischer Qualitäten, um in der vom Adel exklusiv beanspruchten Lebenswelt des Hofes bestehen zu können: die Kommunikationsfähigkeit in den am Hofe gebräuchlichen Sprachen, Kenntnisse politischen Handelns sowie der Kulturtechniken, über die ein Höfling zu verfügen hatte, kurz gesagt die Interaktionsfähigkeit am Hofe. Diese Eigenschaften waren wiederum keine Qualifikationsbedingung, sondern vielmehr tragender Bestandteil des aristokratisch-höfischen Habitus. Interaktionsfähigkeit war dabei nicht so sehr eine formale Qualifikation, die man mit Titeln unter Beweis stellen konnte, als vielmehr eine Qualität, die man von der Hofgesellschaft zugeschrieben bekam.

Der höfische Habitus war ein entscheidendes Kriterium, um von der Hofgesellschaft als zugehörig wahrgenommen zu werden und sich auch nach außen als Teil dieser Hofgesellschaft präsentieren zu können. Hierfür galt es, die durch Geburt beanspruchte Teilhabe an der höfischen Gesellschaft mit Hilfe sichtbarer Praktiken permanent unter Beweis zu stellen und damit dem Idealbild des Honnête Homme zu genügen.[625] Insbesondere die adligen Exercitien (Reiten, Tanzen, Fechten etc.) waren sichtbare Praktiken der Hofgesellschaft, die beherrschen mußte, wer als zugehörig gelten wollte. Dabei war der entscheidende Aspekt, diese Exercitien vollständig zu beherrschen und sie gleichsam als angeboren erscheinen zu lassen. Die „Natürlichkeit" im Auftreten des Adligen war, wenn man hier den höfischen Verhaltenslehren und Erziehungsschriften des 16. bis 18. Jahrhunderts Glauben schenken darf,[626] die wichtigste Voraussetzung und eine wesentliche Kategorie bei der Frage, ob jemand in der Hofgesellschaft als zugehörig wahrgenommen wurde oder nicht.[627]

Das höfische Verhaltensideal, das die Familien des Hochadels für sich als verbindlich ansahen, hatte weitreichende politische und gesellschaftliche Implikationen. Die Kategorien schön und natürlich, die für das Auftreten eines höfischen Adligen verbindlicher Maßstab seines Handelns darstellten, sind nicht nur Teil ästhetischer Fragen der Wahrnehmung, sondern ebenso Teil einer politisch-sozialen Strategie. Das proklamierte Ideal der Schönheit und Natürlichkeit war Teil einer Distinktionsstrategie, mit der sich der höfische Adel sichtbar von anderen gesellschaftlichen Gruppen abgrenzte. Dies wird in der Instruktion des Karl Eusebius von Liechtenstein sogar explizit angesprochen, wenn er sich auch der Wirkung des adligen Auftretens zuwendet. So hebt er bei den adligen Exercitien hervor, daß insbesondere auf die Schönheit der Gebärden und der körperlichen Bewegungsabläufe zu achten sei. Als Nutzen dieser schönen Gebärden führt er an: wer *„den Cavallier schen und zierlich zu Ross"* sehen könne, insbesondere aber der *„gemeine Mann, so sonsten das Reuthen nicht verstehen, [wird] dennoch in dergleichen Fall die schönheit erkennen, so ob sie zwar nicht wissen wie die Schönheit zu Ross zeigen solle, so sehen sie doch und erkennen ein schönheit und gutte Manir an dem schönen und zierlichen Reüthen".*[628]

Die vollkommene Hexis – gleich, ob beim Reiten, Tanzen, Fechten oder nur durch die Reverenz einer Verbeugung – sollte also zweierlei bei den nichthöfischen Betrachtern bewirken: zum einen das Wissen um die Schönheit, und damit Vortrefflichkeit, der Erscheinung, zum anderen das Wissen, aus dem Kreis der Schönen und Vortrefflichen ausgeschlossen zu sein und nicht dazuzugehören. Wenn die Schönheit des Auftretens als natürlich erscheint, dann erscheint auch als natürlich, daß die betreffende Person zur Herrschaftselite am Hof zählte, die restliche Gesellschaft von diesem Kreis indes ausgeschlossen war. Die „natürliche" Erscheinung konnte dann verdecken, daß die adlige Hofgesellschaft aufgrund eines sozialen Formationsprozesses die Herrschaftselite bildete, also Resultat eines sozialen Vorganges war, nicht Folge „natürlicher" Unterschiede. Als „natürlich" konnte das Verhalten eines Höflings allerdings nur dann erscheinen, wenn er die Verhaltens- und Wahrnehmungsdispositionen der höfischen Herrschaftselite vollständig habitualisiert hatte. Ein junger Adliger hatte also alle Praktiken höfischen Verhaltens und Auftretens so zu beherrschen, daß sie Teil seiner Person waren und sein Auftreten gleichsam automatisch bestimmten: Erst dann war das höfische Verhaltensideal auch Teil seines persönlichen kulturellen Kapitals.[629]

Diese Internalisierung des höfischen Habitus war Aufgabe und Zielsetzung der gesamten Adelserziehung, von der Unterrichtung durch den Hofmeister über das Studium an den Ritterakademien bis hin zur Kavalierstour an fremde Höfe.[630] Der große Stellenwert der adligen Exerzitien, die diese Schönheit der Bewegungsabläufe perfektionieren sollten, war daher keine Spielerei, sondern konstituierender Bestandteil der Selbstformung des Adels zu einer höfisch ausgerichteten Elite. Die Naturalisierung sozialer und historisch gewachsener Unterschiede war die Folge intensiver Bemühungen des Hochadels, die distinktiven Praktiken höfischen Auftretens stets aufs neue zu reproduzieren. Die Adelserziehung sollte darüber hinaus gewährleisten, daß auch die nachfolgende Generation die legitime Zugehörigkeit zum Kreis der höfischen Gesellschaft für alle sichtbar demonstrieren konnte. Dieses Verhaltensideal war keineswegs auf das Feld höfischer Geselligkeit beschränkt. Bis zur Mitte des 18. Jahrhunderts läßt sich zwischen einem politischen und einem höfischen Verhaltensideal zumindest an den Fürstenhöfen kein Unterschied ausmachen;[631] auch in der politischen Interaktion, beispielsweise der politischen Rede zu diplomatischen Anlässen oder generell dem Auftreten von Gesandten an fremden Höfen, war die „Natürlichkeit" Maßstab des Handelns.[632]

Die beträchtlichen Investitionen der Familien des Hochadels in die spezifische Adelserziehung ihres männlichen Nachwuchses verliehen dieser Schicht neben der Geburt eine weitere, nicht minder bedeutsame Distinktionsfähigkeit: den Habitus des höfisch geprägten Adels. Dieser Habitus und die mit ihm einhergehende Qualität höfischer Interaktionsfähigkeit waren zum einen die Eintrittsbedingung zur kaiserlichen Hofgesellschaft. Zum anderen prägte der Habitus maßgeblich die Wertmaßstäbe, die Wahrnehmungsweisen und das eigene Verhalten in allen Feldern höfischer Interaktion,[633] das politische Handeln ebenso wie das Auftreten am Hofe. Aufgrund dieser Selektionsmechanismen stand der Kaiserhof daher keineswegs für alle Mitglieder des Adels offen, auch wenn sich der Ausschluß großer Teile des Adels nicht aufgrund formaler Regelungen vollzog. Vielmehr zerfiel der Adel in den Erblanden in einen hoffähigen Teil, der aufgrund seiner Adelserziehung dem Typus des Höflings entsprach und den sozialen und politischen Anforderungen der Hofgesellschaft gewachsen war, und einer wachsenden Gruppe, die diese Investitionen nicht erbringen konnte oder wollte und die sich mit dem adligen Landleben zu begnügen hatte. Für diesen Teil insbesondere des niederen Adels war der damit einhergehende Selbstausschluß aus der adligen Herrschaftselite die zwangsläufige Folge.[634]

Da bei der Adelserziehung große Anstrengungen unternommen wurden, die höfisch geprägten Verhaltens- und Wahrnehmungsdispositionen stets aufs neue annähernd identisch hervorzubringen,[635] bildete sich mit dem höfischen Habitus ein Strukturelement von großer Beharrungskraft heraus. Er gewährleistete, daß sich die Formen höfischer Kommunikation und Interaktion über den Zeitraum von mehr als hundert Jahren nur unwesentlich veränderten. Davon abweichende Verfahren oder Praktiken, die Ausdifferenzierung der obersten Ämter nach Verwaltungszuständigkeiten mit einhergehender Fachqualifikation als Zugangsvoraussetzung, waren dagegen von vornherein ausgeschlossen. Die Amtsträgerschaft für den Kaiser wurde vom Hochadel als originärer Bestandteil der adligen Lebenswelt wahrgenommen. Den Amtsträgern bedeutete die Übernahme kaiserlicher Dienste eine selbstverständliche Wahrnehmung standesgemäßer Rechte und Pflichten.

Dieses Selbstverständnis stand einer funktionalen Auffassung von Amtsträgerschaft, wie sie später dann in der Rollenerwartung an den spezialisierten Fachbeamten sichtbar wurde, diametral entgegen. Zumindest solange Angehörige derselben Schicht, des Hochadels, mit allen höheren Positionen der Habsburgermonarchie betraut wurden und innerhalb dieser Schicht die Modalitäten der Wahrnehmungen in der Adelserziehung stabil reproduziert werden konnten, stand der Habitus der Akteure allen Tendenzen einer „Modernisierung", das heißt funktionaler Differenzierung und institutioneller Erneuerung, im Wege. Eine Verwaltungsrationalität konnte daher nur entstehen, wenn sich die Herrschaftselite aus neuen Gruppen zusammensetzte oder wenn der Habitus des Hochadels entscheidende Veränderungen erfuhr. Beides war erst im Zuge des aufgeklärten Absolutismus der Fall. Dadurch wurde ein umfassender Wandel der politischen Interaktion am Kaiserhof begünstigt und sowohl die funktionale Ausdifferenzierung von Politik und Gesellschaft als auch die Rationalisierung politischer Verwaltungstätigkeit in die Wege geleitet. Als Folge dieses Transformationsprozesses sollten auch die adlige Lebenswelt insgesamt sowie ihre tragenden Bestandteile wie die Kavalierstour einer immer fundamentaleren Kritik unterzogen werden.[126] In der gesamten Regierungszeit Karls VI. war dieser Wandlungsprozeß hingegen noch nicht abzusehen.

5. Fazit: Die Reproduktion der Herrschaftselite

Es hat sich gezeigt, daß die auffallend starke Dominanz des Hochadels am Kaiserhof im Zusammenhang mit den notwendigen Ressourcen zu sehen ist, die für eine Teilnahme an der kaiserlichen Hofgesellschaft unabdingbar waren. Die Verfügbarkeit auch größerer Geldsummen war notwendig, um kaiserliche Ämter zu erhalten und um den Finanzbedarf zu decken, der mit der Bekleidung dieser Ämter einherging. Protektion war unverzichtbar, um frühzeitig in kaiserliche Dienste treten zu können, wichtige

Ämter wie das Kämmereramt zu erhalten, die den Zugang zum Kaiser ermöglichten und auch dann mit eigenen Wünschen an den Kaiser heran-
treten zu können, wenn man abseits des Hofes weilte – beispielsweise als
kaiserlicher Gesandter. Und um die verschiedenen Aufgaben erfüllen zu
können, mit denen der Kaiser seine Hofmitglieder betraute, hatten sie sich
juristische Grundkenntnisse ebenso anzueignen wie einen höfischen Lebensstil, der es ihnen ermöglichte, sich angemessen in der höfischen Welt
zu bewegen, sei es am Kaiserhof, sei es in kaiserlichen Diensten an den anderen Fürstenhöfen Europas. Da über diese Ressourcen Angehörige des
Hochadels insbesondere der Erblande in außerordentlicher Weise verfügen konnten, gelang es ihnen auch, ihre sozial und politisch dominante
Position am Kaiserhof zu stabilisieren und auszubauen. Die Herrschaftselite der Kaiserhöfe von Leopold I. bis Karl VI. rekrutierte sich daher aus
einem beinahe gleichbleibenden Kreis hochadliger Familien.

Was die Angehörigen des Hochadels in Scharen an den Kaiserhof zog,
waren keine im engeren Sinne ökonomischen Gründe. Mit den finanziellen Einkunftsmöglichkeiten läßt sich die Bereitschaft vieler Adliger, eine
Amtsträgerschaft am Kaiserhof anzustreben, nicht erklären. Geld war die
Voraussetzung, nicht aber in erster Linie das Ziel einer adligen Hof-
existenz. Um daher die Gewinnchancen am Kaiserhof adäquat beurteilen
zu können, darf man nicht auf „moderne" Vorstellungen ökonomischer
Rationalität zurückgreifen. Von einer „Irrationalität" des höfischen Adels,
wie sie die ältere Kulturgeschichte zu erkennen glaubte, ist gleichfalls
nicht auszugehen. Um die spezifische Rationalität der sich um Ämterbekleidung bemühten Adelsschicht erfassen zu können, bedarf es der Berücksichtigung sozialwissenschaftlicher Erklärungsmodelle. Eine soziale
Logik der adligen Konkurrenz um Ämter wird erkennbar, wenn im Sinne
einer „allgemeinen Ökonomie praktischer Handlungen" der Ökonomie-
begriff weiter gefaßt wird, so daß nicht nur ökonomisches Kapital, sondern
auch soziales und symbolisches Kapital als Maßstab für die Bewertung der
Rationalität von Handlungen zu berücksichtigen ist. Zwei Aspekte sind
hierbei entscheidend. Nicht nur ökonomisches, sondern auch soziales und
symbolisches Kapital läßt sich akkumulieren. Ferner ist auch die „Um-
wandlung" zwischen diesen unterschiedlichen Kapitalsorten möglich.[637]
Berücksichtigt man diese beiden Aspekte, so waren die mit der Amtsträgerschaft verbundenen hohen Ausgaben nicht notwendigerweise ein Ver-
lustgeschäft, sondern stellten auch dann Investitionen dar, wenn sie sich
nicht auf dem ökonomischen Feld als Gewinn auszahlten, wohl aber einen
großen Zugewinn an sozialem und symbolischem Kapital ermöglichten.

Die Möglichkeiten zur Akkumulation der verschiedenen Kapitalsorten
waren dabei in unterschiedlicher Art und Weise an den Kaiserhof gebunden. Das ökonomische Kapital beruhte im wesentlichen auf dem Landbe-

sitz der Adelsfamilien, war daher weitgehend autonome Grundlage des Adels, zu der es der Nähe zum Kaiser nicht notwendigerweise bedurfte. Legte man daher bei der Wahl der adligen Lebensform – zwischen Grundherr oder Höfling – vor allem ökonomische Faktoren zugrunde, war es eher ratsam, das persönliche Dienstverhältnis für den Kaiser zu meiden und statt dessen den eigenen Besitz zu vergrößern, wie es auch Fürst Karl Eusebius von Liechtenstein in seinem Testament seinem Sohn nahegelegt hatte. Zur Akkumulation des sozialen Kapitals war jedoch die Anwesenheit am Kaiserhof beinahe unverzichtbar. Als Kontaktbörse und Ort der Interaktion mit den wichtigsten Vertretern des Adels der Erblande war der Kaiserhof von großer Bedeutung.

Vor allem aber bestanden Aussichten, von der Teilnahme an der kaiserlichen Hofgesellschaft symbolisch zu profitieren. Allein die sichtbare Nähe zum Kaiser, dokumentiert durch die Teilnahme an Hofveranstaltungen und am Hofzeremoniell, steigerte das Ansehen und bot den Angehörigen einer Adelsfamilie zahlreiche Anlässe, auf der Ebene der europäischen Adelsgesellschaft den eigenen Rang sichtbar zu dokumentieren. Um symbolisches Kapital am Kaiserhof zu erwerben, schien es für die Hofmitglieder also durchaus vertretbar zu sein, ihre eigenen Ressourcen zu investieren und symbolischen Gewinn zu erhoffen. Insbesondere auf zwei Feldern boten sich am Kaiserhof Chancen für den adligen Amtsträger und seine Adelsfamilie, symbolische Gewinne erzielen zu können: im Zeremoniell und der zeremoniell festgelegten Rangfolge und in der Selbstdarstellung der Adelsfamilien inmitten der kaiserlichen Residenzstadt Wien.

III. Explizite Normen höfischen Handelns: Das Zeremoniell am Kaiserhof

1. Deutungskonzepte

a) Das Zeremoniell in der historischen Forschung

Politik hat immer auch eine symbolische Dimension. Dieses allgemeine Strukturphänomen findet in der frühen Neuzeit seinen besonderen Ausdruck. Zum einen war Politik in dieser Zeit in besonderer Art und Weise mit symbolischen Praktiken und Ritualen unterschiedlichster Art verknüpft. Zum anderen war gerade in der frühen Neuzeit die theoretische Reflexion symbolischen Handelns besonders ausgeprägt. Die „symbolkritischen Bewegungen" der Reformation und der Aufklärung stellten geltende symbolische Praktiken in Frage und bewirkten damit entweder ihre Abschaffung oder ihre Transformation und kreierten darüber hinaus eigene Symbole und Rituale.[638] Der dadurch hervorgerufene Wandlungsprozeß hat die symbolische Dimension politischen Handelns stärker ins Bewußtsein der Zeitgenossen gerückt. Aber auch politische Herrschaft und soziale Gruppenbildung kamen nicht ohne symbolische Praktiken aus, mit denen politische Autorität ebenso wie soziale Zusammengehörigkeit oder aber soziale Abgrenzung jeweils hergestellt wurden. Im politischen Diskurs der frühen Neuzeit waren die sichtbaren Zeichen von Politik wesentlicher Gegenstand theoretischer Reflexion.

Seitdem sich die historische Forschung zunehmend als Teil einer allgemeinen Kulturwissenschaft versteht, hat sie sich der symbolischen Dimension menschlichen Handelns ebenfalls verstärkt zugewandt. Ein „Ritual", in welchem die Verknüpfung politischer Herrschaft mit symbolischer Zeichenhaftigkeit auf eine spezifische Weise zum Ausdruck kommt, stößt in den letzten Jahren in der Fruhneuzeitforschung auf besonderes Interesse: das Zeremoniell. Das Interesse für zeremonielle Verhaltensformen hat in der Geschichtswissenschaft einen ähnlichen Konjukturverlauf wie die soziale Figuration des Fürstenhofes auch.[639] Lange Zeit reduzierte sich der Blick der politischen und verfassungsgeschichtlichen Historiographie auf die etatistischen Kernbereiche Militär und Finanzen, während sie Fragen der Rangfolge und des Zeremoniells entweder vollkommen ignorierte oder abfällig als Eitelkeit, Prunksucht und leere Äußerlichkeit charakterisierte. Und auch die Sozialgeschichte konnte in symbolischen Praktiken und Ausdrucksformen keinen Gegenstand von größerer Bedeutung erkennen. Diese Einschätzung, die aus der Übertragung moderner Rationalitätskriterien auf vormoderne Phänomene zu erklären ist, mußte zwangsläufig zu einer verzerrten Interpretation frühneuzeitlichen politischen Handelns führen. Das Zeremoniell war von dieser Blickverengung besonders betroffen. Selbst in älteren kulturhistorisch orientierten Arbeiten, die der symbolischen Dimension politischer Herrschaft besondere Aufmerksamkeit geschenkt haben, richtet sich der Blick meist nicht auf zeremonielle Verfahrensweisen, Normen und Handlungen. Eher standen Herrschaftssymbole und Herrschaftszeichen im Mittelpunkt, die in materieller Form überliefert sind.[640] Symbolische Praktiken waren dabei nur in Ausnahmefällen Gegenstand des Interesses.[641] Generell jedoch blieben historische Arbeiten, die sich den Zeichen politischer Herrschaft zuwandten, lange Jahre eher die Ausnahme. Für den Fürstenhof hatte dies zur Folge, daß er in der Forschung bis in die 1970er Jahre hinein ein Schattendasein führte. Solange man die symbolische Dimension politischen Handelns aussparte, konnte man sich auch der höfischen Gesellschaft, deren ganze Existenz eine „semiotische" war und die aus nichts bestand als aus „sozialen Riten", nicht adäquat nähern.[642] Ließ beispielsweise die Politik auf dem Reichstag oder das Gesandtschaftswesen auch unter einer verkürzenden etatistischen Perspektive noch etwas Raum für historische Analysen, so fielen der Fürstenhof und die höfischen Formen der Interaktion dieser eingeschränkten Perspektive völlig zum Opfer.[643]

Mittlerweile ist mit der gestiegenen Aufmerksamkeit zahlreicher kulturwissenschaftlicher Disziplinen für die höfische Gesellschaft diese Geringschätzung symbolischer Praktiken und Rituale einem neuerwachten Interesse auch an zeremoniellen Ordnungen als Formen symbolischen Handelns gewichen.[644] Dieses Forschungsinteresse ist dabei keineswegs auf die Geschichtswissenschaft beschränkt; vielmehr sind zahlreiche Untersuchungen zur höfischen Welt benachbarten Disziplinen wie der Germanistik zu verdanken. Mit der stärkeren Beachtung des Zeremoniells ging allerdings auch eine stete Ausweitung der möglichen Bedeutungen des Begriffs einher. Es läßt sich daher mittlerweile kaum noch überblicken, was unter Zeremoniell jeweils genau verstanden werden soll. Im Vordergrund steht bei den neueren Untersuchungen meist der Zeichencharakter des Zeremoniells. Dadurch rückte das Zeremoniell bei manchen Arbeiten in die Nähe der Rhetorik.[645] Berns versuchte darauf aufbauend das Zeremoniell als höfische Ästhetik zu charakterisieren, ferner als Mechanismus, Distinktion durch das immer neue Hervorbringen von höfischen Moden zu gewährleisten.[646] Andere sehen im Zeremoniell einen Motor für den Prozeß der Sozialdisziplinierung am Hofe[647] oder einen

wichtigen Faktor für den von Elias hervorgehobenen Prozeß der Affektbeherrschung und Zivilisierung.[648] All diesen Deutungsansätzen ist ein ge-
nereller Trend zur Entpolitisierung und Entrechtlichung des Zeremoniells
gemeinsam.[649] Darüber hinaus werden zahllose Phänomene der höfischen
Welt unter dem Begriff des Zeremoniells zusammengefaßt. Ungeachtet
der Bedeutung von Modeströmungen für den höfischen Geschmack und
der Affektbeherrschung für das Verhalten der Höflinge haben diese Phänomene mit dem Zeremoniell jedoch nichts oder nur wenig gemein.

Neben der Bedeutungsvielfalt des Begriffes Zeremoniell sind auch die
kategorialen Grenzen des Begriffs nicht immer eindeutig bestimmt. Häufig werden Zeremoniell oder Etikette als synonyme Begriffe parallel gebraucht.[650] Auch in den Quellen findet sich der Begriff der Etikette häufig
in der gleichen Bedeutung wie der des Zeremoniells. So verwendeten
französische Höflinge den Begriff „etiquetas", um das Zeremoniell am
spanischen Hof wie am Kaiserhof zu umschreiben.[651] Und das Zedler-Uni-
versallexikon vermerkt unter dem Stichwort „Etikette" lapidar, hierbei
handele es sich um das Zeremoniell am spanischen Königshof.[652] Beide
Begriffe werden aber auch in einem anderen Wortsinne verwendet und als
Oberbegriff für höfische Verhaltensformen allgemein verstanden.[653] Damit ergeben sich Überschneidungen mit dem Begriff der „Höflichkeit",
die das höfische Verhaltensideal des „honnête homme" darstellte. Daß es
sich bei Zeremoniell und Höflichkeit allerdings um unterschiedliche Kategorien der höfischen Welt handelt, war zumindest seit dem 18. Jahrhundert auch den Zeitgenossen bekannt. So forderte Gottlieb Stieve die Unterscheidung zwischen Norm und Höflichkeit ein und betonte den Rechts-
charakter des Zeremoniells: *„Der Ursprung solches Ceremoniels, ist nicht,
wie etwan bey den Complimentisten, die Höflichkeit, denn diese hat keine
Leges: sondern vielmehr die aus einer grösseren Dignität […] herrührende
Superbia, welcher man die Qualitatem Juris zueignet […]."*[654]

Unter Etikette sollen hier – ähnlich wie bei dem Begriff der Höflichkeit
– Verhaltensmaximen verstanden werden, die jeder Adlige internalisieren
mußte, wollte er am Fürstenhof reüssieren. Seit Baldassare Castigliones
Werk über den „Hofmann" riß die Reihe der Werke nicht ab, die sich
der Frage nach dem richtigen Verhalten am Hofe zuwandten.[655] Dieser
Diskurs einer höfischen Klugheits- und Verhaltenslehre bildete sich im
16. Jahrhundert heraus und sollte bis zur Dämmerung der höfischen Welt
nicht mehr verstummen. Zugleich war es erklärte Aufgabe der Adelserziehung, den adligen Nachwuchs mit der Etikette vertraut zu machen, das
heißt sein Verhalten nach den sozialen Verhaltenserwartungen des höfischen Milieus auszurichten. Unbestritten war diese Kompetenz zur höfischen Interaktion eine wichtige Voraussetzung für jeden Höfling, um am
Hofgeschehen teilzunehemen. Diesen Aspekt auszublenden hieße ein

wesentliches Strukturelement zu übersehen. Doch nicht alles, was in der höfischen Welt von Bedeutung war, läßt sich mit dem Begriff Zeremoniell umschreiben.

Die Interaktion souveräner Fürsten sowie hochrangiger Adliger unterlag bestimmten Normen, die das Zusammentreffen – und hier insbesondere die Frage des Vortrittes und des Ranges – regelten. Diese Normierung der konkreten Rangfolge, das Rangreglement, ist das Kernelement des Zeremoniells – doch läßt sich das Zeremoniell nicht darauf reduzieren. Das Zeremoniell regelte vielmehr auch weitere Bereiche des höfischen Lebens: den Tagesablauf des Herrschers, die Möglichkeiten des Zugangs zum Herrscher, die Abfolge höfischer Feste und die Kleidung der Höflinge, um nur einige Bereiche zu nennen. Nicht alle zeremoniellen Normen waren daher für die konkrete Rangzuteilung von gleicher Bedeutung, obwohl die meisten Normen sich zumindest indirekt Fragen des höfischen Ranges zuwendeten. Diese Normen bilden zusammen ein Ordnungssystem, das das Hofleben rechtlich reglementierte und organisierte. Dieses Ordnungssystem ist im folgenden gemeint, wenn von Zeremoniell die Rede ist, genauso wie Handlungen, die solchen Normen unterworfen waren, fortan als zeremonielles Handeln beschrieben werden. Zeremonielles Handeln und zeremonielle Vorschriften sind überall anzutreffen, wo souveräne Fürsten und Mitglieder der Adelsgesellschaft miteinander in Kontakt traten, und insbesondere dort zu finden, wo dies über einen längeren Zeitraum und gleichsam institutionalisiert geschah: bei Reichstagen, Gesandtschaften, bei Lehensvergaben, bei Erbhuldigungen[656] und – besonders ausgeprägt – an den Fürstenhöfen als den Zentren adliger Interaktion.

Um die Kategorien der Etikette und des Zeremoniells zu trennen, sollen die Begriffe Zeremoniell und zeremonielles Handeln hier wieder in einem engeren, politisch-rechtlichen Sinne verstanden werden. Zeremoniell soll als ein formalisiertes, aus expliziten Normen bestehendes Ordnungssystem gelten, das Handlungen einen spezifischen, genau bestimmbaren Symbolwert zuweist, der auf den Rang der beteiligten Person bezogen ist, damit die soziale Ordnung der am Zeremoniell beteiligten Personen herstellt und sie für alle Beteiligten sichtbar und erkennbar widerspiegelt.[657] Der Modus, in dem die Etikette (Höflichkeit) eine soziale Ordnung hervorbringt, ist mit dem des Zeremoniells nicht deckungsgleich. Daher sollen beide Bereiche begrifflich und analytisch voneinander getrennt werden. Die Soziologie liefert zur Unterscheidung dieser beiden Begriffe die notwendigen Kategorien. So stellt das Zeremoniell eine explizite, rechtlich-soziale Norm[658] für Verhalten dar. Im Gegensatz dazu ist die Etikette[659] ein spezifischer Verhaltens- und Wahrnehmungscode des höfischen Milieus und als solcher Bestandteil des impliziten kulturellen Wissens[660] oder des Habitus[661] jedes adligen Höflings.

Fragt man nach der politischen Bedeutung des Zeremoniells, so sieht man sich, ebenso wie bei der Frage nach der Rationalität fürstlicher Hofhaltung, vor allem mit machtfunktionalistischen Deutungen konfrontiert. Zeremoniell wird hier vor allem als eine Technik zur Herrschaftssicherung des Monarchen verstanden. Spiritus rector dieser Deutung ist auch hier wieder Norbert Elias, der dem Zeremoniell vor allem die Aufgabe zuerkannte, die Machtbalance zwischen den Höflingen „labil" zu halten und der königlichen Steuerung zu unterwerfen.[662] Elias deutete das Zeremoniell daher vornehmlich als „höchst flexibles Herrschaftsinstrument" in der Hand des Monarchen.[663] Zahlreiche Historiker sind ihm in dieser Deutung gefolgt. So sieht Ehalt im Zeremoniell das „organisatorische Instrument, dessen sich die Herrscher bedienten, um das Ranggefüge labil zu halten".[664] Und für Bernd Wunder ist das Zeremoniell ein Mittel, den Adel „durch eine künstliche Differenzierung und Hierarchisierung der Oberschicht politisch in den Untertanenverband zu integrieren".[665] Am weitesten geht auch hier von Kruedener, für den das Zeremoniell die Funktion hatte, die große Anzahl der „politisch funktionslosen" Adligen so zu organisieren, daß sie beschäftigt, kontrolliert und bei Laune gehalten wurden.[666]

Ob das Zeremoniell tatsächlich ein vom Fürsten kalkuliert eingesetztes Mittel zur Herrschaftssicherung war, gilt es im folgenden am Beispiel des Kaiserhofes in Wien kritisch zu prüfen. Die Bestimmung der politisch-sozialen Funktion des Hofzeremoniells erfordert eine genaue Untersuchung einzelner zeremoniell geregelter Abläufe. Ebenso ist der politische Kontext zu berücksichtigen, der Öffentlichkeitsrahmen, in dem die jeweiligen zeremoniellen Praktiken angesiedelt waren. Und schließlich muß die Entstehung der Zeremonialvorschriften genauer untersucht werden, um feststellen zu können, ob mit Hilfe zeremonieller Vorschriften am Kaiserhof Machtpolitik betrieben wurde oder nicht. Allen hier vorgestellten Arbeiten, die das höfische Zeremoniell als kalkuliertes herrscherliches Machtmittel ausdeuten, fehlt es an einer empirischen Untersuchung dieser Fragen. Sie begnügen sich vielmehr mit der Übernahme eines soziologischen Modells zur Rationalität fürstlicher Hofhaltung, ohne es weiter auf seine Tauglichkeit zu prüfen. Als empirische Grundlage zur Bestätigung des Modells dienen dabei Texte des zeremonialwissenschaftlichen Diskurses. In der Tat wandten sich auch schon die Autoren der zeremonialwissenschaftlichen Literatur der Frage nach der Rationalität zeremonieller Normen zu. Inwieweit eine wissenschaftliche Untersuchung ihren Antworten folgen darf, muß indes erst kritisch überprüft werden.

b) Das zeremonielle Handeln im Diskurs:
Die Aporie der Zeremonialwissenschaft

Johann Christian Lünig beginnt seine materialreiche Kompilation des ›Theatrum Ceremoniale‹ mit einigen Grundüberlegungen zur Funktion des Zeremoniells allgemein, die er mit folgenden Worten charakterisiert: *„Doch nunmehro auf den Endzweck, oder den Nutzen des Ceremoniels zukommen [...]. Grosse Herren sind zwar sterbliche Menschen, wie andere Menschen; Weil sie aber Gott selbst über andere in dieser Zeitlichkeit erhoben, und zu seinen Stadthaltern auf Erden gemacht, also daß sie von der Heil. Schrifft in solchem Verstande gar Götter genennet werden, so haben sie freylich Ursache, sich durch allerhand euserliche Marquen vor andern Menschen zu distinguiren, um sich dadurch bey ihren Unterthanen in desto grössern Respect und Ansehn zu setzen. Denn die meisten Menschen, vornehmlich aber der Pöbel, sind von solcher Beschaffenheit, daß bey ihnen die sinnliche Empfind und Einbildung mehr, als Witz und Verstand vermögen, und sie daher durch solche Dinge, welche die Sinne kützeln und in die Augen fallen, mehr, als durch die bündig und deutlichsten Motive commoviret werden.“*[667] Die Grundaussagen dieses Textes ergeben folgende Argumentationskette: Das Zeremoniell stiftet eine Ordnung unter den Menschen. Diese Ordnung weist jedem Menschen seinen Platz zu. Da die Monarchen bzw. Fürsten in dieser Hierarchie ganz oben stehen, so ist das Zeremoniell das Mittel, diese Exklusivität sichtbar zum Ausdruck zu bringen. Adressat dieser sichtbaren Ordnung ist der Untertan, oftmals auch mit dem Wort *„Pöbel"* bezeichnet. Um dessen notwendigen Gehorsam zu erreichen, bedarf es sinnlicher Formen der Überredung, also die verschwenderische Prachtentfaltung, da jeder Appell an die Vernunft aufgrund mangelnder Fähigkeit zur Einsicht ins Leere gehen muß. Lünig steht mit dieser Funktionsbestimmung des Zeremoniells innerhalb der Zeremonialwissenschaft keineswegs allein. Die Erklärung, das Zeremoniell solle die Untertanen mit sinnlich wahrnehmbarer Glanzentfaltung zum Gehorsam gegenüber der monarchischen Herrschaft anleiten, ist vielmehr ein Gemeinplatz beinahe aller zeremonialwissenschaftlichen Autoren.[668]

Die Funktion des Zeremoniells ist also eine politische: Es geht um die Herstellung gehorsamer Untertanen. Die Wahl des Mittels Zeremoniell erklärt sich aus einer spezifischen Anthropologie, die die Vernunftfähigkeit nur wenigen Menschen, nämlich der politischen Herrschaftselite oder dem höfischen Adel, zuschreibt und für die Untertanen prinzipiell ausschließt. Seinen diskursiven Ursprung hat der Konnex von Anthropologie und Zeremoniell in der Philosophie der deutschen Frühaufklärung, vor allem in der Affektlehre des Christian Thomasius sowie der Erkenntnistheorie von Christian Wolff.[669] So wird bei Christian Wolff unter der Über-

schrift *„Von der Macht und Gewalt der Obrigkeit"* zuerst lapidar festgestellt, daß die Untertanen der Obrigkeit gehorchen müssen, um dann
auf die mangelnde Erkenntnisfähigkeit der Untertanen zu sprechen zu
kommen: Der Gehorsam sei nötig, da *„die Unterthanen nicht immer in
dem Stande sind zu urtheilen, was zum gemeinen Besten gereichet, weil sie
von der Beschaffenheit des gantzen gemeinen Wesens und seinem wahren
Zustande nicht genugsame Erkänntniß haben."*[670] Daraus ergebe sich auch
die Funktion des Hofzeremoniells, mit dem die Untertanen erkennen sollten, daß beim Monarchen *„die höchste Gewalt und Macht sey [...]. Der gemeine Mann, welcher bloß an den Sinnen hanget, und die Vernunfft wenig
gebrauchen kan, vermag auch nicht zu begreifen, was die Majestät des Königs ist: aber durch die Dinge, so in die Augen fallen und seine übrigen
Sinne rühren, bekommet er einen obzwar undeutlichen, doch klaren Begriff
von seiner Majestät oder Macht und Gewalt. Und hieraus erhellet, daß eine
ansehnliche Hoff-Staat und die Hoff-Ceremonien nichts überflüßiges, viel-
weniger etwas tadelhafftes sind."*[671] Die direkte Verknüpfung des Zeremoniells mit der Notwendigkeit, den Untertanen Gehorsam abzunötigen, ist
hier bereits formuliert.[672]

In der historischen Forschung werden vor allem die Auslassungen Lünigs oft illustrativ zitiert, bisweilen sogar als hinreichende Erklärung für
das Zeremoniell übernommen.[673] Zumindest die Annahme, daß das Zeremoniell sich vor allem an die eigenen Untertanen richtete, fand bislang
nur selten kritische Einwände.[674] Für Elisabeth Kovacs war das Hofzeremoniell gar eine „Massensuggestion ohne Beispiel"[675]. Äußerungen wie
diese rücken das Zeremoniell in eine kritische Nähe zu propagandisti-
schen Herrschaftsmitteln. Die machtfunktionalistische These des Zeremoniells als monarchisches Herrschaftsmittel findet so in den Quellen selbst
ihre scheinbare Bestätigung. Welche politisch-soziale Bedeutung das Zeremoniell in der Hofgesellschaft hatte, läßt sich den Texten der Zeremonialwissenschaft jedoch nicht entnehmen. Nur ein Blick auf die zeremoniellen
Normen und Praktiken selbst vermag aufzuhellen, welche Bedeutung dem
Zeremoniell am Kaiserhof zugesprochen werden kann. Die Aussagen des
zeremonialwissenschaftlichen Diskurses gehorchen dagegen einer anderen Logik. Diese wird am deutlichsten in den Aporien erkennbar, die in
den zeremonialwissenschaftlichen Texten aufzufinden sind. Diese Aporien
verdeutlichen auch, weshalb die Aussagen der Zeremonialwissenschaft
über die Legitimation und Funktion des Zeremoniells für eine historische
Analyse des Zeremoniells in der Praxis nur sehr eingeschränkt brauchbar
sind.

Die zeremonialwissenschaftlichen Traktate sind keine geschlossen-ein-
heitlichen Texte.[676] Vielmehr enthalten sie mehrere, sich teilweise auch
widersprechende Diskurse, die für die Semantik des Adels, und hier vor

allem des höfischen Adels, zu Beginn des 18. Jahrhunderts bedeutsam
waren.[677] Die Beschreibungen von zeremoniellen Abläufen, vor allem die
in den zeremonialwissenschaftlichen Werken enthaltenen unzähligen Ein-
zelschilderungen von höfischen Anlässen und Ereignissen,[678] werden in
allen Werken, die das Zeremoniell betreffen, eingerahmt von Aussagen, in
denen die Funktion, die Legitimität und der Nutzen des Zeremoniells hervorgehoben werden. Alle Traktate der Zeremonialwissenschaft enthalten
also einen „berichthaften" und einen „maximischen Diskurs".[679] Der ma-
ximische Diskurs reflektiert die Funktion des Zeremoniells, indem er ihm
die Bedeutung zuschreibt, die Untertanen mit sinnlich wahrnehmbaren
Mitteln der Überwältigung zum Gehorsam gegenüber der Obrigkeit zu
bewegen. Der berichthafte Diskurs führt dem Leser dagegen eine riesige
Bandbreite verschiedener zeremonieller Anlässe vor, von Begegnungen
der Potentaten untereinander, dem zeremoniellen Handeln auf Friedenskongressen, auf dem Reichstag, bei fürstlichen Hochzeiten, Traueranläs-
sen, Schlittenfahrten etc., bis hin zu Anlässen, die in der Mehrzahl der
Fälle auf die Welt des Hofes, das heißt des Regenten und des ihn umge-
benden Hofadels – wer immer auch im Einzelfall hinzugehören mag – beschränkt sind.[680] Geht es also um die konkrete Beschreibung zeremoniell
geregelter Vorgänge, so waren die Untertanen meist ausgeschlossen.[681]
Wie konnten sie dann aber Adressat des Zeremoniells sein, wie es der ma-
ximische Diskurs in seinem Legitimationsversuch zeremonieller Regelungen vorgibt? Welchen Sinn hatte dann die genaue Abstufung in der höfischen Prachtentfaltung, die Regelung des Vortritts usw., wenn der (vermeintliche) Adressat, zu dessen sinnlicher Überredung und damit
einhergehender politischer Disziplinierung das ganze Verfahren angeblich
ablief, gar nicht anwesend war und somit keine sinnlichen Eindrücke empfangen konnte?

Fragen dieser Art sind mittlerweile bereits Bestandteil wissenschaft-
licher Untersuchungen über den zeremonialwissenschaftlichen Diskurs.
Sofern sich historische Untersuchungen indes mit den zeremoniellen
Praktiken auseinandersetzten, werden die Aporien der zeremonialwissenschaftlichen Texte gerne zugunsten ihrer besseren Verwertbarkeit als historische Quelle vernachlässigt. So betont Vec zu Recht, daß die historische Forschung das Zeremoniell zwar mittlerweile als historisches Thema entdeckt habe, dabei aber die zermonialwissenschaftlichen Texte vor
allem als „Fundgrube" zur Beschreibung des Zeremoniells selbst zu nutzen versucht und den theoretischen Gehalt, die Konstruktionsweise der
Texte außer acht gelassen habe.[682] Nun ist diese Arbeit zwar ebenfalls am
zeremoniellen Handeln interessiert und nicht am Diskurs der Zeremonialwissenschaft, doch bedarf es auch zur Untersuchung des zeremoniellen
Handelns einer vorgängigen theoretischen Verortung der Zeremonialwis-

senschaft, zumindest wenn man nicht gänzlich darauf verzichten will, sich dieser Texte als Quelle zu bedienen.

Warum also spielt der Untertan in der Zeremonialwissenschaft offensichtlich eine größere Rolle als im Zeremoniell? Um dies zu beantworten, erweist sich ein Blick auf den geschilderten Charakter der Untertanen bei Wolff, Lünig und zahlreichen anderen Theoretikern des Zeremoniells als hilfreich. Der gemeine Mann wird in diesen Schriften als wenig erkenntnisfähig angesehen. Er sei zum Gebrauch seines Verstandes nicht fähig und ließe sich nur von äußeren Sinneseindrücken leiten. Damit wird ein Topos des niederen Volkes bemüht,[683] der letztlich seine Ursprünge bereits in der Antike hat, insbesondere in der Philosophie der Stoa, in der eine kleine Anzahl vernunftbegabter Weiser von der Masse abgegrenzt werden, die nur ihren Sinneseindrücken zu folgen vermag. Dieses Bild des dummen und verstandesunfähigen Volkes lebte zu Beginn der frühen Neuzeit wieder auf und hatte insbesondere zur Zeit des Neustoizismus Hochkonjunktur.[684] Neu war bei diesem Rezeptionsvorgang die immer stärker schichtbezogene Differenzierung, die einer vernunftbegabten Elite zunehmend die Unterschichten gegenüberstellte, die als „Pöbel" klassifiziert wurden und der Vernunft nicht zugänglich seien. Dieses Konstrukt, daß menschliche Vernunftfähigkeit nur in den oberen Gesellschaftsschichten anzutreffen sei, sollte die Konjunktur des Neustoizismus überleben und auch in die Schriften des Frühaufklärers Wolff Aufnahme finden, obwohl diese Unterscheidung mit den Grundsätzen des Naturrechts nur schwer in Übereinstimmung zu bringen war.

Andreas Gestrich weist zu Recht darauf hin, daß man in der zeremonialwissenschaftlichen Literatur vergeblich nach Belegen sucht, mit denen die Autoren ihre These der sozial ungleichen Verteilung menschlicher Verstandesfähigkeit zu begründen suchten. In dem gesellschaftlichen Umfeld, in das die Zeremonialwissenschaft eingebunden war, war eine weitergehende Begründung auch nicht notwendig. Hier gehörte es zum fraglos geteilten Weltbild, daß sich die gesellschaftliche Oberschicht auch durch größere Vernunftfähigkeit auszeichnete. Das Argument, das Zeremoniell diene zur sinnlichen Überwältigung der verstandesunfähigen Untertanen, ist daher keine empirisch gewonnene Erkenntnis der Autoren der Zeremonialwissenschaft. Für die Funktionsanalyse der zeremoniellen Praktiken am Kaiserhof besitzt es daher geringe Aussagekraft. Vielmehr war es prägender Bestandteil einer Ideologie, aus der sowohl die Autoren wie auch die Adressaten der zeremonialwissenschaftlichen Literatur ihre Identität ableiten konnten. Dabei war die Zeremonialwissenschaft nur Teil eines neuen praktischen Erziehungs- und Wissenschaftsideals, das sich zur Qualifikation für die Sphäre der Politik und des Fürstenhofes eignen sollte.[685] Der Ort dieser praktischen Wissenschaft waren insbesondere die zahlreichen Ritterakademien,[686] die vor allem zu Beginn des 18. Jahrhunderts einen großen Zulauf aus zahlreichen Adelsfamilien hatten. In diesem Umfeld dürfte die Annahme höherer Vernunftfähigkeit aufgrund gesellschaftlicher Exklusivität fraglos zum gemeinsam geteilten Weltbild gezählt haben. Es war dieses gemeinsam geteilte soziale Selbstverständnis, das dem maximischen Diskurs seine Glaubwürdigkeit verlieh, obwohl er offenkundig nicht als Erklärung für die zeremoniellen Handlungen dienen konnte, die er zu interpretieren vorgab. Dieser zeitgenössische Deutungsversuch hatte nicht die Funktion, die soziale Wirklichkeit des Zeremoniells adäquat abzubilden, sondern vielmehr seine Praxis zu legitimieren. Die Zeremonialwissenschaft war daher Teil einer „Selbstbeschreibung der Gesellschaft"[687], die dem Weltbild des höfischen Adels entsprach, nicht aber den zeremoniellen Praktiken, die der höfische Adel hervorbrachte.

Wenn die Funktion des Zeremoniells aber nicht im wesentlichen darin bestand, auf die Untertanen mit sinnlich wahrnehmbaren Mitteln der Glanzentfaltung einzuwirken, bleibt die Frage bestehen, welche Bedeutung die unterschiedlichen Akteure am Kaiserhof dem Zeremoniell beimaßen. Dies läßt sich jedoch nur dem zeremoniellen Handeln selbst entnehmen, nicht dem maximischen Diskurs der Zeremonialwissenschaft. Wenn indes zur Analyse der zeremoniellen Praktiken am Kaiserhof, neben den Zeremonialakten und Zeremonialprotokollen, auch auf zeremonialwissenschaftliche Traktate zurückgegriffen werden soll, so deshalb, weil diese Texte – in unterschiedlichem Ausmaß –[688] einen berichthaften Diskurs enthalten, der Informationen über einzelne zeremonielle Handlungen an unterschiedlichen Höfen bereitstellt.

2. Das Spektrum zeremoniell geregelter Interaktion

Ein wesentlicher Aspekt des Hofzeremoniells bestand darin, Interaktionen am Kaiserhof zu regeln sowie einen allgemeinen Ordnungsrahmen für das Leben am Hof bereitzustellen. Die Bedeutung der Einrichtung einer klaren Ordnung durch das Zeremoniell ist auch in der Zeremonialwissenschaft immer wieder hervorgehoben worden.[689] Sie entsprach der zeittypischen Anschauung von Sozialregulierung und formaler Normierung. Allerdings existierte am Kaiserhof – wie an allen Fürstenhöfen Europas – eine große Bandbreite verschiedenster Ereignisse, die durch zeremonielle Normen geregelt waren, vom täglichen „lever" des Monarchen bis zur großen höfischen Festgesellschaft. Je nach Ereignis war der Aufwand, den die Festschreibung des Zeremoniells erforderte, unterschiedlich, und ebenso das Ausmaß an Öffentlichkeit, in der sich das zeremonielle Ereignis jeweils vollzog. Unterschiede zwischen den europäischen Fürstenhöfen zeigen sich nicht so sehr in der Bandbreite der höfischen Ereignisse; diese waren vielmehr Bestandteil einer gesamteuropäischen Hofkultur. Wohl aber unterschieden sich die einzelnen Fürstenhöfe in der Art und Weise, wie diese Ereignisse durch das jeweilige Hofzeremoniell geregelt wurden. War beispielsweise der Zugang zum Herrscher bei allen Höfen zeremoniellen Normen unterworfen, so betonte das Zeremoniell in einem Falle stärker die Offenheit des Monarchen (Frankreich), im anderen Falle dagegen stärker die Distanzierung des Fürsten (Spanien). Auch am Kaiserhof waren es nicht die unterschiedlichen zeremoniellen Regelungsbereiche selbst, die Abfolge der Hofveranstaltungen, die dem kaiserlichen Hof ein eigenes Profil verliehen. Für die höfische Interaktion war vielmehr bedeutsam, in welcher Weise das Zeremoniell die höfischen Ereignisse regelte, welche Möglichkeiten der Beteiligung sich für die Mitglieder der Hofgesellschaft jeweils boten und welche Öffentlichkeit in die Hofveranstaltungen einbezogen war. Da sowohl die Abstufungen der jeweils involvierten Öffentlichkeit als auch die Möglichkeiten der Interaktion mit dem Kaiser jeweils abhängig war von den stattfindenden Ereignissen am Kaiserhof, sollen die unterschiedlichen zeremoniell geregelten Lebensbereiche hier Berücksichtigung finden.

a) Wiederkehrende zeremonielle Abläufe:
Der „Alltag" am Kaiserhof

Zahlreiche zeremonielle Abläufe waren unmittelbar an den Tagesablauf des Kaisers geknüpft und kehrten daher ständig wieder. Diese zeremoniellen Normen regelten den „Alltag" am Kaiserhof. Mit dem Begriff des Alltags sind vor allem regelmäßig vollzogene Handlungen und Abläufe gemeint, denen aufgrund ihrer ständigen Wiederholung das Singuläre des Ereignisses fehlte.[690] Und die größte Wiederholungsdichte erreichten eben alle Zeremonien, die den Tagesablauf des Kaisers selbst betrafen.[691] Dieser unterlag dabei einer immer gleichen Regelmäßigkeit. Zwar betont Lünig die größeren Freiräume, die das kaiserliche Zeremoniell im Vergleich zum spanischen aufweise. Doch hebt er ebenfalls hervor, daß der Kaiser „*seine gewisse Stunden [habe], die an einem Tage eingetheilet bleiben, wie an dem andern, und genau in Acht genommen werden, wo nicht sonderliche Verhinderungen darzwischen kommen*".[692] Jeder Tag enthielt folgende Abfolge von gleichbleibenden Ereignissen: das Aufstehen des Kaisers („lever"), die Morgenandacht und die Frühmesse in der Hofkapelle, die kaiserliche Tafel, die Sitzungen der Geheimen Konferenz, sofern er daran teilzunehmen wünschte, die Abendtafel und schließlich das Zubettgehen („coucher").

Die zeremoniellen Normen, die den kaiserlichen Alltag regelten, werden in den Quellen vergleichsweise selten erwähnt. Die Zeremonialprotokolle, die sämtliche Beratungen über zeremonielle Normen am Kaiserhof festhielten, enthalten nur selten Eintragungen, die den kaiserlichen Tagesablauf betreffen. Auch in den beschreibenden Darstellungen bleibt der kaiserliche Alltag weitgehend ausgespart.[693] Und selbst in jenen großen Kompilationen, die die Zeremonialwissenschaft hervorgebracht hat, finden sich über den kaiserlichen Tagesablauf nur spärliche Hinweise. Diese Abwesenheit läßt sich unter anderem mit jeweils gattungsspezifischen Gründen erklären. So enthalten die Zeremonialprotokolle über den kaiserlichen Tagesablauf wohl deswegen keinerlei Hinweise, da in den Hofkonferenzen hierüber nicht befunden wurde. Die Hofkonferenz hatte sich meist mit Ereignissen zu befassen, die zeremonielle Streitigkeiten entweder entstehen oder zumindest erwarten ließen.[694] Der „Alltag" des Hoflebens am Kaiserhof schien offensichtlich von solchen Auseinandersetzungen um das Zeremoniell verschont geblieben zu sein. Die zeremonialwissenschaftlichen Traktate widmeten sich ebenfalls meist stärker den Fragen des sogenannten Staatszeremoniells als Belangen des höfischen Alltags.[695] Doch war ein anderer Aspekt ebenfalls entscheidend: Der Tagesablauf des Kaisers war nur sehr bedingt Teil des allgemeinen Hoflebens am Kaiserhof. Meist vollzog sich der kaiserliche Alltag nicht öffentlich innerhalb der kaiserlichen Hofgesellschaft, sondern abgeschottet von den übrigen am Kaiserhof Anwesenden. Häufig war er nur von wenigen Personen umgeben – Kammerdiener und einige zum persönlichen Dienst eingeteilte Kammerherren –, die ihm als persönliche Bedienung zur Seite standen. Eine Öffentlichkeit, für die die alltäglichen Verrichtungen des Kaisers zu einer kaiserlichen Selbstinszenierung hätten dienen können, wie dies am französischen Königshof zumindest unter Ludwig XIV. der Fall war, blieb am Kaiserhof vom Alltag des Herrschers ausgeschlossen.

Der Unterschied zur Lebensführung Ludwigs XIV. in Versailles zeigt sich wohl am deutlichsten beim Lever, dem täglichen Aufstehen des Kaisers, was schon von den Zeitgenossen hervorgehoben wurde.[696] War das „lever" in Frankreich ein wesentlicher Bestandteil der Selbstdarstellung des Königs vor seinem Hofstaat wie vor seinen Ministern[697] und damit ein wichtiger Ort politischer Interaktion, so fand es am Kaiserhof immer weitgehend ohne Anwesenheit der Hoföffentlichkeit im kleinen Rahmen statt. Dem Oberstkämmerer oblag es, den Kaiser zu einer festgesetzten Uhrzeit zu wecken. Beim Ankleiden selbst waren nur die Kammerdiener und Kammerherren anwesend, die jeweils zum Dienst eingeteilt waren. Weitere Personen waren nicht zugelassen.[698] Für das „lever" und „coucher" am Kaiserhof könnte man bereits beinahe von einem Privatzeremoniell sprechen. Dem entsprach auch, daß die kaiserlichen Privatgemächer, in denen

sich das „lever"vollzog, nicht für eine größere Öffentlichkeit bestimmt
waren. Sie waren nicht mehr Teil der offiziellen Raumfolge, sondern
schlossen sich an diese als eine kaiserliche Reservatzone an, die dem Zugang der Hofgesellschaft weitgehend entzogen war. Diese strikte Separie-
rung von öffentlichen und der Öffentlichkeit nicht zugänglichen Räumen
blieb am Kaiserhof für das Zeremoniell bestimmend. Während manche
Fürsten des Reiches zu Beginn des 18. Jahrhunderts den Versuch unternahmen, das „lever" Ludwigs XIV. auch auf ihre eigenen Höfe zu übertragen und damit zum Bestandteil ihrer zeremoniellen Selbstdarstellung zu
machen,[699] wurden am Kaiserhof keinerlei Bemühungen in dieser Richtung unternommen.

Auch andere Bereiche des kaiserlichen Tagesablaufs blieben der Hoföffentlichkeit verborgen, so zumindest teilweise die kaiserlichen Mahlzeiten. Unter der Woche speiste der Kaiser mittags in seinen Appartements. Hier wurden unter keinen Umständen Gäste empfangen. Dies galt
sowohl für Angehörige der Hofgesellschaft als auch für auswärtige Gesandte und ranghohe Gäste am Kaiserhof. Bei den Mahlzeiten war daher
die Möglichkeit des Zugangs also ebenfalls meist nicht gegeben. Auch hier
fällt der Unterschied zum französischen Hofzeremoniell ins Auge, da der
französische König jederzeit in Gesellschaft der Königin, meist auch gemeinsam mit seinem Bruder und dessen Gemahlin die Mahlzeiten einnahm und der Zugang der Hoföffentlichkeit gestattet war.[700] Allerdings
waren die kaiserlichen Mahlzeiten nicht zu jeder Zeit von der Öffentlichkeit abgeschottet wie das Lever. Zu bestimmten, genau festgelegten Zeit-
punkten waren sie am Kaiserhof Bestandteil der kaiserlichen Repräsentation. Dabei war der Grad an Öffentlichkeit bei den Mahlzeiten genau
abgestuft. So bestand an Sonn- und Feiertagen sowie während eines Galatages, einem im kaiserlichen Festkalender festgelegten Festtag, die Möglichkeit, dem Mittagsmahl beizuwohnen, das der Kaiser und die Kaiserin
in der Ratsstube einnahmen. Dies war jedoch nur denjenigen möglich, die
über einen Hofrang verfügten, der zum Zugang zur Ratsstube ermächtig-
te.[701] Hier war es zwar für die Hofangehörigen möglich, der Mahlzeit zuzusehen, doch war es dabei auswärtigen Botschaftern und selbst Fürsten
nicht gestattet, an dieser Mahlzeit teilzunehmen. Sie warteten stehend, bis
der Kaiser den Hut abnahm und den ersten Schluck zu sich nahm, um sich
anschließend zu entfernen.[702] Wurden auswärtige Personen zur kaiserlichen Tafel hinzugezogen, so immer „auf der Kayserin Seite", das heißt in
den Appartements der Kaiserin.[703] Dies geschah in seltenen Fällen mittags, meist abends, da dann der Kaiser regelmäßig bei der Kaiserin speiste.
Hier waren die Erzherzoginnen ebenfalls anwesend, ebenso auswärtige
Fürsten, sollten sie am Kaiserhof zu Gast sein. Zu dieser Tafel konnte man
als Zuschauer auch als Hofangehöriger nach Anmeldung bei dem Oberst-

hofmeister der Kaiserin vorgelassen werden. Voraussetzung war allerdings die Hoffähigkeit, das heißt die Bekleidung eines kaiserlichen Ehrenamtes. Nur viermal im Jahr konnte eine größere Öffentlichkeit dem kaiserlichen Mahl regelmäßig beiwohnen, speiste der Kaiser „öffentlich": an Ostern, Pfingsten, Weihnachten und am 30. November, dem Namenstag des heiligen Andreas, zugleich Titularfesttag des Ordens vom Goldenen Vlies. Weitere öffentliche Festtafeln fanden nur anläßlich besonders herausgehobener Festereignisse statt: anläßlich der Huldigungsfeierlichkeiten der Landstände, bei denen der Kaiser von den Landeserbämtern feierlich bedient wurde, und im Zuge der Hochzeitsfeierlichkeiten bei einem Mitglied der kaiserlichen Familie. Speiste der Kaiser „öffentlich", fand die Mahlzeit im Rittersaal statt.[704] Zum Rittersaal hatten zahlreiche Personen Zugang, womit sich auch das Privileg, der kaiserlichen Mahlzeit beiwohnen zu dürfen, bei diesen Gelegenheiten auf einen größeren Personenkreis erstreckte.[705] Die Wahl der Räumlichkeiten war direkt durch den vom Zeremoniell jeweils vorgegebenen Rahmen bestimmt. Das Zeremoniell bestimmte zugleich den Grad an Öffentlichkeit, der mit der Tafel des Kaisers einherging.[706]

Damit korrespondierte der unterschiedliche Aufwand, der bei den Mahlzeiten betrieben wurde, sowie der Personenkreis, den man zu den einzelnen Anlässen jeweils mit der Bedienung betraute. Speiste der Kaiser alleine, so genügten die Truchsesse, die die Speisen herantrugen, sowie die diensthabenden Kammerherren, die sie servierten. Nahm er die Mahlzeit gemeinsam mit der Kaiserin ein, so warteten bei der Tafel noch zusätzlich der Obersthofküchenmeister sowie zwei Mundschenken und zwei Vorschneider auf. Speiste der Kaiser öffentlich, war die Tafel darüber hinaus von Hartschieren und Trabanten umgeben.[707] Auch der zeremonielle Regelungsbedarf variierte je nach Öffentlichkeit. Finden sich zu den gewöhnlichen, nichtöffentlichen Mahlzeiten keine Eintragungen in den Zeremonialprotokollen, so waren gemeinsame Mahlzeiten mit auswärtigen Gästen teilweise ausführlich vermerkt; insbesondere die jeweilige Sitzordnung ist in solchen Fällen häufig festgehalten worden.[708] Hatten einzelne Vorfälle bei solchen Mahlzeiten zeremoniellen Zeichencharakter, so wurden sie ebenfalls vermerkt.[709]

Solche Festanlässe blieben allerdings am Kaiserhof die Ausnahme. Insbesondere die Teilnahme einer größeren Öffentlichkeit während der Mahlzeiten des Kaisers war in Wien ein seltenes Erlebnis, nur auf wenige Tage im Jahr beschränkt. War das kaiserliche Lever den Augen der Hofgesellschaft fast völlig entzogen, so war der öffentliche Rahmen bei den kaiserlichen Mahlzeiten zumindest weit eher die Ausnahme als die Regel. Die „Sichtbarkeit" des Kaisers war damit durch das Zeremoniell am Kaiserhof stark reduziert, der kaiserliche Tagesablauf nur in sehr eingeschränktem Sinne Bestandteil einer kaiserlichen Hofhaltung. Eine auf Permanenz angelegte Inszenierung der kaiserlichen Stellung im Rahmen der Hoföffentlichkeit war am Kaiserhof nicht oder bestenfalls im vermittelten Sinne gegeben. Nicht dadurch, daß der Kaiser sich permanent zeigte, sondern daß er die Zugangsmöglichkeiten einschränkte und sich im Alltag des Hofes weitgehend von der höfischen Gesellschaft distanzierte, drückte sich am Kaiserhof der herausgehobene Status des Herrschers aus.[710] Der höfische Alltag des Kaisers war nur in diesem vermittelten Sinne Teil monarchischer Selbstinszenierung. Damit zeigt sich hier erneut ein typisches Element kaiserlicher Hofhaltung: die alltägliche Distanz des Kaisers zu seiner Hofgesellschaft. Der Zugang zum Kaiser war strenger Reglementierung unterworfen und blieb der Hofgesellschaft zu vielen Gelegenheiten sogar verwehrt. Für viele Hofangehörige blieb die Interaktion mit dem Kaiser daher auf wenige regelmäßig wiederkehrende Festereignisse beschränkt. Dies unterschied das kaiserliche Hofzeremoniell deutlich von dem in Versailles praktizierten, das die ständige Inszenierung des königlichen Status vor allem mit dem Mittel ständiger Präsenz des Monarchen in der Hofgesellschaft zum Ausdruck brachte. In viel stärkerem Maße als der Kaiser in Wien war Ludwig XIV. Teil der Hofgesellschaft, wenn er bereits während des Levers Mitglieder der Hofgesellschaft empfing oder wenn er abends regelmäßig innerhalb der Hofgesellschaft dem Spiel frönte. Dauerhafte Anwesenheit wurde in Versailles nicht nur dem Hofadel abverlangt. Auch der französische König selbst war stets innerhalb der Hofgesellschaft präsent.[711] Gerade die Teilnahme an der permanenten Interaktion zwischen dem König und den Mitgliedern der Hofgesellschaft im höfischen Alltag war in Frankreich ein entscheidender Indikator dafür, ob man Teil der Hofgesellschaft war oder nicht.

Am Kaiserhof hingegen war die höfische Gesellschaft kein Alltagsphänomen, zumindest nicht unter Einbeziehung der Person des Kaisers selbst. Das Hofzeremoniell schloß die Dauerpräsenz des Kaisers im Kreis seiner Hofgesellschaft aus. Die höfische Vergesellschaftung vollzog sich daher für die Mitglieder der Hofgesellschaft nicht permanent, zumindest nicht in der Interaktion mit dem Kaiser. Sie war vielmehr auf zeremoniell festgelegte Termine und Ereignisse am Kaiserhof beschränkt, die der höfische Festkalender bereithielt. Dieser Aspekt hat jedoch auch eine Kehrseite. Es war der Kaiser selbst, der in seinen Handlungen am Kaiserhof den Normen des Zeremoniells zu jeder Zeit unterworfen war. Mehr als jeder andere Hofteilnehmer am Kaiserhof hatte er der zeremoniellen Ordnung Folge zu leisten, hatte sich in Tagesablauf und Auftreten nach den althergebrachten zeremoniellen Normen zu richten. Die zeremonielle Ordnung galt es dadurch zu bewahren, daß er sich ihren Normen unterwarf. Nur für ihn selbst war der Kaiserhof mit seinem Hofzeremoniell eine permanente

Veranstaltung, waren die zeremoniellen Anlässe nicht auf die Ereignisse des Festkalenders beschränkt. Für den Kaiser selbst war der gesamte Tagesablauf durch das Zeremoniell bestimmt;[712] dieser kaiserliche Alltag wiederum war an zeremonielle Normen gebunden, die ihrerseits bereits länger Bestand hatten. Die Mitglieder der kaiserlichen Hofgesellschaft konnten sich hingegen darauf beschränken, fallweise, zum Beispiel anläßlich größerer Festereignisse, am Kaiserhof zu erscheinen, sofern sie nicht in das alltägliche Hofzeremoniell eingebunden waren, was indes nur bei einer kleinen Zahl kaiserlicher Amtsträger, den Inhabern der obersten Hofämter oder den jeweils diensttuenden Kämmerern oder den Kammerdienern etc., der Fall war. Zwar hatten die obersten Amtsträger am Kaiserhof ihren Amtsverpflichtungen nachzugehen, ebenso wie die politischen Amtsträger aus Beratungsgründen permanent in der Nähe des Hofes weilten. Mit dem kaiserlichen Hofzeremoniell kamen sie dabei jedoch nur am Rande in Berührung. Wer darüber hinaus zur Hofgesellschaft zählte, konnte seine Zugehörigkeit bei den zahllosen Festereignissen unter Beweis stellen, die im Kreise des Hofadels veranstaltet wurden. Dem kaiserlichen Hofzeremoniell waren die Teilnehmer dieser vom höfischen Adel getragenen Festivitäten nicht unterworfen.[713]

Ein Vergleich des Kaiserhofes mit dem Versailles Ludwigs XIV. hat vor allem Unterschiede erkennbar werden lassen. Im Vergleich zu den anderen Fürstenhöfen des Reiches war das kaiserliche Zeremoniell allerdings keineswegs ungewöhnlich. Daß der Herrscher an seiner Residenz über Reserваträume verfügte, in denen sich der höfische Alltag oftmals abspielte, läßt sich neben dem Kaiserhof auch für zahlreiche Höfe des Reiches feststellen, beispielsweise für die Residenzen in München und Berlin.[714] Dort war ebenso wie in Wien das „lever" kein Bestandteil öffentlicher Herrschaftsrepräsentation, da an all diesen Höfen der Zuschauer fehlte, dem die Repräsentation hätte gelten können. Das Zeremoniell am Kaiserhof war demnach alles andere als ein Sonderfall, sondern es war für zahlreiche Höfe eher die Referenzadresse, an der man sich in zeremoniellen Belangen ebenfalls orientierte.[715] Dagegen scheint die kulturelle Ausstrahlungskraft, die das Beispiel Versailles zweifelsohne auf die meisten deutschen Territorialfürsten gehabt hat, sich nicht in gleichem Maße auch auf das Zeremoniell erstreckt zu haben.

Erich Konter stellt in seiner Untersuchung über den brandenburg-preußischen Hof in Berlin bzw. die sozio-politische Funktionalität der Berliner Herrschaftsresidenz fest, daß sich auch am Hof des Kurfürsten in Berlin mit den kurfürstlichen Privatgemächern für den Herrscher Möglichkeiten des Rückzugs aus der Hoföffentlichkeit ergaben, die den kurfürstlichen Hof von Versailles unterschieden.[716] Diesen Befund, der sich weitgehend mit der Situation am Kaiserhof deckt, sucht er machtfunktionalistisch zu erklären. Er sieht einen direkten Zusammenhang zwischen dem Grad an Öffentlichkeit und der damit verbundenen dauerhaften Präsenz des Herrschers am Hof auf der einen und dem Grad absolutistischer, von ständischen Einflußmöglichkeiten befreiter Regierungsgewalt auf der anderen Seite. Die Reservatszone, die Kurfürst Friedrich Wilhelm mit baulichen Erweiterungen seiner privaten Gemächer im Berliner Schloß noch einmal vergrößerte, sei daher zugleich als ein Eingeständnis mangelnder Durchsetzungsfähigkeit gegenüber den Ständen zu verstehen.[717] Träfe diese Deutung für die Hofhaltung an der Berliner Residenz zu, so könnte sie auch für die kaiserliche Hofhaltung Gültigkeit beanspruchen. Schließlich bestanden in der Abschottung des Herrscheralltags von der Öffentlichkeit der Hofgesellschaft offenkundige Parallelen, und auch das Fortbestehen der Stände war in den Erblanden weiterhin gegeben. Gleichwohl vermag diese Deutung aus mehreren Gründen nicht zu überzeugen. Zum einen ist die ursprünglich von Elias vorgetragene These, der französische Königshof sei als königliches Machtinstrument gegenüber dem Hochadel zu verstehen – eine These, die Konter zur Grundlage seiner Unterscheidung macht –, von der historischen Forschung mittlerweile zu Recht in Zweifel gezogen worden. Zum anderen läßt sich zwischen dem Zeremoniell am Hofe und der politischen Regierungspraxis kein unmittelbarer Kausalzusammenhang herstellen. Die zeremonielle Praxis sowie das Hofzeremoniell eines Fürstenhofes spiegelten kaum die Regierungsweise eines Fürsten wider. In viel stärkerem Maße leitete sie sich aus dem zeremoniellen Herkommen ab oder lehnte sich an das Zeremoniell anderer Fürstenhöfe an. Aber auch bewußte zeremonielle Neuordnungen waren nicht notwendigerweise die Folge machtfunktionalistischer Strategien zur Entmachtung des Adels oder der Stände. Weit stärker standen hierbei Überlegungen im Vordergrund, wie man den eigenen Ranganspruch innerhalb der europäischen Fürstengesellschaft mit Mitteln des Zeremoniells durchsetzen könnte. Schließlich war das Zeremoniell nicht in erster Linie ein Regelungsinstrument der Interaktion mit den Ständen, sondern normierte die Interaktion ganz unterschiedlicher Personen und Personengruppen in gleicher Weise. Die stärkere Distanzierung des Herrschers von der Hoföffentlichkeit an zahlreichen Höfen des Reiches vor allem auf eine Machtstrategie gegenüber den Landständen zu reduzieren heißt, die Vielfältigkeit der höfischen Interaktionen unzulässig auf eine Gruppe einzuschränken. Sowohl in Berlin als auch besonders am Kaiserhof dürften die Stände jedoch von allen am Hof anwesenden Personengruppen keineswegs die bedeutendste gewesen sein.

Mit dieser Kritik an der rein machtfunktionalistischen Deutung des Hofzeremoniells soll nicht die politische Bedeutung des Hofzeremoniells generell in Frage gestellt werden. Selbstverständlich war politisch bedeutsam, in welcher Weise das Zeremoniell die Aura des Fürsten zu unterstreichen suchte: ob die besondere Stellung des Fürsten in der Gesellschaft des Hofes durch permanente Präsenz zum Ausdruck gebracht wurde oder durch betonte Distanzierung von der Hofgesellschaft. Daß das Hofzeremoniell der höfischen Interaktion mit dem Kaiser starke Beschränkungen auferlegte, prägte entscheidend das Bild der kaiserlichen Herrschaft in der Hofgesellschaft sowie in der europäischen Fürstengesellschaft. Außerdem hatte die Distanzierung des Kaisers auch unmittelbare Auswirkungen auf die Möglichkeiten des Zugangs zum Herrscher. Die persönliche Interaktion mit dem Kaiser war aufgrund der dem Zeremoniell geschuldeten Distanzierung nur dem Kreis der Hofgesellschaft möglich, der über Zugangsrechte verfügte und damit eine privilegierte Stellung am Hof innehatte. Für alle anderen Personen bedeutete die Distanzierung des Kaisers im höfischen Alltag zugleich die Einschränkung ihrer Möglichkeiten, für ihre Anliegen Gehör zu finden. Die politische Bedeutung des Hofzeremoniells steht daher außer Frage. Fraglich ist nur die periodisch aufzufindende Behauptung, mit dem Hofzeremoniell hätte der Herrscher bewußt und kalkuliert die politische Interaktion lenken und somit einzelne soziale Gruppen beherrschen wollen. Nicht das Machtkalkül des Kaisers gegenüber seiner Hofgesellschaft bewirkte die alltägliche Distanzierung des Kaisers, sondern schlicht das zeremonielle Herkommen, das für den kaiserlichen Alltag den Ordnungsrahmen lieferte, ob es seinen Machtinteressen nun förderlich sein mochte oder nicht.

b) Der kaiserliche Residenzenwechsel

Neben dem gleichbleibenden Tagesrhythmus war auch das Jahr durch zahlreiche, jährlich wiederkehrende Ereignisse gegliedert und in unterschiedliche Zeitabschnitte unterteilt.[718] So unterschied man im zeremoniellen Jahreskreislauf Sommer- und Wintermonate. In den Wintermonaten hielt sich der Kaiserhof in der Hofburg auf. Für die Frühlingsmonate, zwischen Ende April und Mitte Mai, zog der Hof nach Laxenburg, einer Wasserburg in habsburgischem Besitz,[719] die auch im 18. Jahrhundert weiterhin als kaiserliche Residenz genutzt wurde. Ab Ende Juni residierte der Kaiser dann während des Sommers in der „Favorita auf der Wieden" unweit von Wien. Erst Mitte Oktober kehrte man wieder in die Hofburg zurück, wo man dann den ganzen Winter über verblieb.[720] Die Vielzahl unterschiedlicher Schloßanlagen war beileibe keine Besonderheit des kaiserlichen Hofes. Nahezu alle größeren Fürsten Europas wie auch des Reiches waren spätestens seit dem 17. Jahrhundert bestrebt, neben der eigentlichen Residenz weitere Schloßbauten zu errichten, um damit der Herrschaft nicht nur mit Hilfe eines Repräsentationsbaus zu größerem Glanz zu verhelfen, sondern in diese fürstliche Selbstdarstellung auch die umliegende Landschaft mit einzubeziehen und sie zur Residenzenlandschaft auszubauen. Meist handelte es sich dabei um einzelne Lust- und Jagdschlösser, die in der Nähe der Residenz für verschiedene Lustbarkeiten der Fürsten genutzt wurden.

Der Residenzenwechsel der Habsburger fügt sich jedoch nur teilweise in dieses Schema ein. So handelte es sich bei den beiden Schloßanlagen, die der Kaiser während der Frühlings- und Sommerzeit mit Teilen seines Hofstaates bezog, nicht um Lustschlösser, sondern ebenso wie bei der Hofburg in Wien um vollwertige Residenzbauten.[721] Dieser Residenzcharakter ließ sich allerdings an der äußeren baulichen Gestalt der beiden Anlagen in Laxenburg und der Favorita auf der Wieden nur sehr unvollkommen ablesen. Beide Schlösser waren nur eingeschränkt repräsentativ und darüber hinaus ebenso wie die Hofburg vollkommen aus der Mode geraten. So behielt die Laxenburg ihren äußeren Charakter als Wasserburg auch unter Karl VI. unverändert bei, was in den Augen barockverwöhnter Zeitgenossen wenig Eindruck hervorgerufen haben dürfte. Und über die kaiserliche Sommerresidenz der Favorita vermerkt Küchelbecker, daß sie *„von keiner sonderlichen Magnificence, sondern nur mittelmäßig gebauet ist"*.[722] Auch mit den beiden Sommerresidenzen der Habsburger war demnach wenig Staat zu machen.

Dieser Aspekt ist jedoch nicht entscheidend für die Frage, ob beide Schloßanlagen als vollwertige Residenzen Verwendung fanden. Bedeutsam hierfür ist allein die Tatsache, daß in beiden Schloßbauten unter Karl VI. ohne Ausnahme sämtliche zeremoniell geregelten Ereignisse vollzogen wurden wie in der Hofburg. So wurde der Herzog von Sachsen-Merseburg im Jahr 1715 in der Laxenburg belehnt.[723] Ebenso war die Favorita Ort zeremonieller Empfänge, deren berühmtester der kaiserliche Empfang des russischen Zaren Peter der Große war, der auf seiner inkognito veranstalteten Reise an verschiedene Höfe Europas im Jahr 1697 und 1698 auch am Kaiserhof zu Gast war.[724] Kaiser Leopold I. empfing die große Gesandtschaft des Zaren in den Räumlichkeiten der Favorita und traf mit ihm dort auch in den folgenden Tagen mehrfach zusammen. Ferner gab der Kaiser zu Ehren des Zaren in der Favorita einen Maskenball sowie eine Bauernhochzeit, die bald zu den prominentesten Festveranstaltungen dieser Gattung in Europa zählen sollte.[725] Eine Oper wurde ebenfalls im großen Saalzimmer der Favorita abgehalten. Den Abschluß der vielen Festveranstaltungen bildete die erste öffentliche Audienz am 28. Juli, die erst nach langwierigen Verhandlungen über das Zeremoniell schließlich ebenfalls in der Favorita zustande kam.[726] Auch Karl VI. sollte die Favorita während der Sommermonate als vollgültige Residenz für

Festveranstaltungen nutzen. So fanden die Hochzeitsfeierlichkeiten ein-schließlich des Banketts anläßlich der Hochzeit zwischen der Erzherzogin Maria Josepha und dem sächsischen Kurprinzen Friedrich August von Sachsen in der Favorita statt.[727] Und diese Feierlichkeiten waren wieder-um der Präzedenzfall für die nächste anstehende Vermählung einer Erz-herzogin mit einem Kurprinzen[728]: Hierbei handelte es sich um die Hoch-zeit zwischen dem bayerischen Kurprinzen und späteren Kaiser Karl Albrecht mit der Erzherzogin Maria Amalia, die in denselben Räumlich-keiten der Favorita feierlich begangen wurde.[729]

Als reines Jagdschloß ohne zeremonielle Funktion diente den Habsbur-gern in der Umgebung von Wien die damals noch kleine Schloßanlage von Schönbrunn, ferner das Jagdschloß Ebersdorf. Auch nach Wiener Neu-stadt, Wolkersdorf und Halbthurn wurden regelmäßig Jagdausflüge unter-nommen.[730] Solche Jagdausflüge waren jedoch meist auf einen Tag be-schränkt und hatten keine weiterreichende zeremonielle Funktion.

Der jährliche Ablauf des kaiserlichen Residenzenwechsels wurde regel-mäßig eingehalten; nur bei längerer Abwesenheit des Kaisers von Wien – für die Huldigungsfahrten in die einzelnen Erblande – fand der Schloß-wechsel nicht in der gewohnten Weise statt. Hielt sich der kaiserliche Hof in einer der beiden Sommerresidenzen auf, so ergaben sich daraus einige zeremonielle Änderungen.[731] Insbesondere die Kleidungsvorschriften waren außerhalb der kaiserlichen Hofburg nicht ganz so streng. Vor allem aber gingen mit dem Aufenthalt an den Sommerresidenzen die Höhe-punkte der kaiserlichen Jagdsaison einher. Eröffnet wurde die jährliche Jagdsaison zwar in den Wochen vor Ostern noch von der Hofburg aus mit einer Fuchsjagd im Prater, dem sogenannten Fuchsprellen. Die meisten kaiserlichen Jagden waren allerdings an den Aufenthalt in den Sommer-residenzen geknüpft. In Laxenburg befaßte man sich dabei fast täglich mit der Beizjagd. Hierbei kam die kaiserliche Falknerei zum Einsatz, die vor allem auf Reiher angesetzt wurde. Zur allgemeinen Belustigung ließ man die Falken allerdings auch auf Raben, Krähen, Enten, Geier und Hasen los und erfreute sich an den ungleichen Tierkämpfen.[732] War das Jahr etwas weiter fortgeschritten, so folgten die Hirschjagden,[733] bei denen die Mit-glieder der kaiserlichen Familie meist eine stattliche Anzahl Hirsche erleg-ten. Den Mitgliedern des kaiserlichen Hofes war es hingegen nicht gestat-tet, bei solchen Hirschjagden einen Hirsch zu erlegen. Sie hatten sich statt dessen mit der Rolle als Zuschauer zu begnügen. Neben den Mitgliedern der kaiserlichen Familie durften nur die Inhaber derjenigen Hofämter, die dem Oberstjägermeister unterstellt waren, Jagdkleidung anlegen und der Jagd nachgehen.[734] Im Herbst folgte dann die Wildschweinjagd, die soge-nannte Sauhatz, bei der es ebenfalls einer gesonderten kaiserlichen Er-laubnis bedurfte, um daran teilnehmen zu können. Gemeinsam war allen

Jagdformen, daß oftmals neben dem Kaiser und den Mitgliedern der kaiserlichen Familie ein großer Teil der Hofgesellschaft ebenfalls an den Jagdereignissen teilnahm, wenn auch oft nur als Zuschauer.[735] Hinzu kamen andere sogenannte Divertissements wie das kaiserliche Cränzlschießen, das am Jacobitag in der Favorita eröffnet und dann bis zur Abreise von der Favorita in die Hofburg bis zu zehn verschiedene Male veranstaltet wurde.[736] Dieses Scheibenschießen fand jeweils im Garten der Favorita statt, wo ein provisorischer Schießstand aufgebaut wurde. Die Mitglieder der kaiserlichen Hofgesellschaft spendeten dabei für die Gewinner des Wettschießens verschiedene Silberarbeiten. Wer im Laufe eines Wettschießens,[737] das bis zu drei Tage andauern konnte, den größten Gewinn davontrug, hatte für das folgende Schießen die Ausrichtung der Silbergewinne zu übernehmen. Die Unkosten für diese Gewinnprämie konnten dabei bis zu 2000 fl. betragen – eine auch für die Mitglieder der adligen Hofgesellschaft keineswegs unerhebliche Summe.[738]

c) Der Zugang zum Kaiser: Kammerordnung und Kleidungsvorschriften

Die alltägliche Distanzierung des Kaisers von der Hoföffentlichkeit hatte in einem Bereich besondere Auswirkungen, der zu den Kernbereichen monarchischer Herrschaft gehörte: bei dem persönlichen Zugang zum Herrscher. Wie jede Interaktion mit dem Kaiser war auch diese dem Zeremoniell unterworfen. Der Zugang zu den Räumlichkeiten des Kaisers sowie der kaiserlichen Familie war – ebenso wie an den Höfen der meisten Reichsfürsten[739] – wesentlich stärker eingeschränkt als beispielsweise am französischen Königshof in Versailles.[740] War es hier für Hofbesucher der oberen Stände möglich, bei Audienzen ungehinderten Zugang zu allen Zimmern des Schlosses von Versailles zu erhalten, einschließlich des königlichen Schlafgemachs,[741] so unterlag der Zugang zu den kaiserlichen Räumen in der Hofburg zahlreichen Beschränkungen. Nicht für alle Räume der Hofburg war der Zugang gleichermaßen eingeschränkt. Nur die im engeren Sinne kaiserlichen Gemächer – die Staatsappartements – bildeten eine zeremoniell geregelte Sphäre,[742] deren Raumfolge nur ein ausgesuchter Personenkreis zu betreten hatte. Wer nicht zu den Personen zählte, die jederzeit beim Kaiser Zutritt beanspruchen konnten, mußte sein Glück bei den allgemeinen Audienzen des Kaisers versuchen. Die Bittsteller hatten dabei ihren Namen und ihr Anliegen dem Oberstkämmerer bzw. dem jeweils aufwartenden Kammerherrn mitzuteilen und sich zur für die allgemeine Audienz vorgesehenen Zeit in der Ante-Camera des Kaisers aufzuhalten.[743] Der Kammerherr übergab dann dem Kaiser die Namensliste, der seinerseits dem Kammerherrn mitteilte, wen er davon

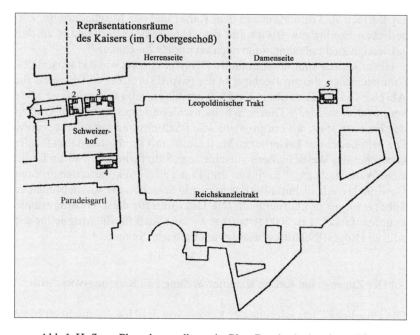

Abb. 1: Hofburg Planschema allgemein; Plan: Bundesdenkmalamt, Wien.
1 = Hofburgkapelle, 2 = ehemalige große Treppe (abgebrochen 1748),
3 = Botschafterstiege (errichtet 1748), 4 = Säulenstiege (errichtet um 1750),
5 = Schwarze-Adler-Stiege (errichtet um 1750).

zu sprechen wünschte. Mit etwas Glück wurde der Name der wartenden
Person vom Kammerherrn aufgerufen. Doch blieb stets unsicher, ob man
auf diesem Wege Zugang zum Kaiser erhielt. Lünig bemerkte dazu lako-
nisch, daß „viele gantze Wochen, ja gantze Monate in der Anti-Camera auf-
und abgehen, ehe sie einmahl zum Vortrag gelangen können".[744] Es läßt
sich unschwer vorstellen, daß die Frage, wer zum Kaiser Zugang hatte und
wer nicht, größte politische Bedeutung für alle am Hofe anwesenden Personen hatte. Nur wer zuverlässig über Zugang zum Herrscher verfügte,
konnte mit gewisser Berechtigung darauf hoffen, daß seine Wünsche
Gehör finden würden. Die Zugangsmöglichkeit zum Kaiser war daher entscheidende Voraussetzung dafür, Einflußchancen und damit politische
Macht am Kaiserhof zu erhalten.[745]

Das allgemeine Zutrittsrecht zu den kaiserlichen Gemächern war allerdings an bestimmte Rangvoraussetzungen geknüpft. Der erforderliche
zeremonielle Rang hatte um so höher zu sein, je näher man den Privatgemächern des Kaisers kam. Im innersten Bereich der kaiserlichen Räume

lagen die sogenannten Privatgemächer des Kaisers, eine Art Reservatzone, die sich an die Raumfolge anschloß und die in der Regel von öffentlichen zeremoniellen Handlungen ausgenommen war. Davor durchschritt der Besucher, sofern er Zugangsrecht hatte, eine Raumfolge aus vier Gemächern mit der Ratsstube als Endpunkt. Je näher man zu der Ratsstube als innerstem Gemach des Kaisers vordrang, desto kleiner wurde der Personenkreis, der Zutritt beanspruchen konnte. Mit der Hierarchie der Räumlichkeiten korrespondierte also die Hierarchie der Personen. Die Raumhierarchie nahm dabei direkt Bezug auf die Nähe zu den kaiserlichen Privatgemächern, welche die hohe Rang- und Ehrenstellung des Kaisers anzeigen sollte, zu dem nicht jeder in gleichem Maße Zutritt hatte. In dieser zeremoniellen Sphäre der kaiserlichen Gemächer hatte jeder Schritt semantischen Stellenwert, da bereits die bloße Anwesenheit in den kaiserlichen Räumen automatisch einen bestimmten Rang ausdrückte. Anwesenheit in den kaiserlichen Gemächern bedeutete Exklusivität – nicht nur innerhalb der Gesamtheit der ständischen Gesellschaft, sondern sogar innerhalb der Adelsgesellschaft selbst. Und diese Exklusivität sollte bei der Neuordnung der Kammerordnung durch Karl VI. – wie zuvor durch Joseph I.[746] – erneut bekräftigt und hervorgehoben werden.

Mit der Kammerordnung war detailliert geregelt, welche Personen Einlaß in die kaiserlichen Räume beanspruchen konnten und welche sich mit einer gewöhnlichen Audienz zu begnügen hatten. Im Jahre 1715, also drei Jahre nach seiner Ankunft in Wien, beauftragte Karl VI. eine Hofkonferenz mit der Neuabfassung einer „Kammerordnung", das heißt mit einer erneuten Regelung der Zutrittsrechte zum Kaiser. Insbesondere solle sich die Konferenz um die „Abstellung der bißhero darin eingeschlichener Confusionen" bemühen.[747] Diese Hofkonferenz kam schon in der ersten Sitzung am 6. Oktober auf der Grundlage der Kammerordnungen der Kaiser Ferdinand [III.], Leopold I. und Joseph I. darin überein, sich weitestgehend an die Vorlage der Kammerordnung Josephs I. zu halten, während man die leopoldinische Vorlage für völlig untauglich, die Ordnung Ferdinands III. dagegen für zu rigoros hielt.[748] Auch Karl VI. war nicht an einer umfassenden Überarbeitung der josephinischen Kammerordnung interessiert. Am Kreis der für die einzelnen Räume zugelassenen Personen sollte nichts geändert werden, wohl aber an der strikten Durchsetzung dieser Zutrittsordnung. Insbesondere die Türhüter sollten instruiert werden, an welchen Stellen die Kontrolle des Zutritts zu verbessern sei.[749] Im Jahre 1716 wurde diese Ordnung dann von Karl VI. in Kraft gesetzt. Die Cammerfouriere waren angewiesen, die Hofgesellschaft und die auswärtigen Gesandten hiervon in Kenntnis zu setzen.[750]

Der Zutritt in die kaiserlichen Repräsentationszimmer der Hofburg ge-

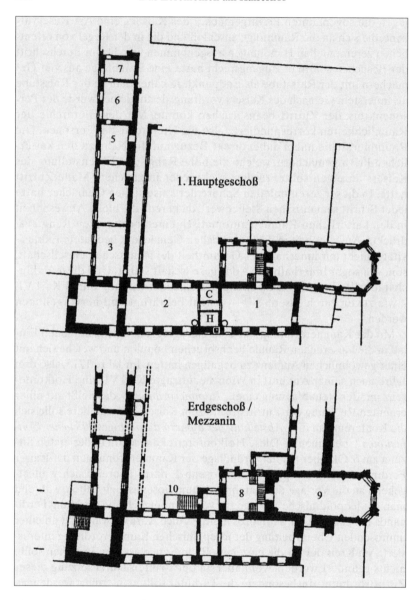

Abb. 2: Raumfolge der kaiserlichen Staatsappartements; Plan: Bundesdenkmalamt, Wien. Grundrisse Erdgeschoß und 1. Hauptgeschoß.

1 = Trabantenstube, 2 = Ritterstube, 3 = Anticamer, 4 = Geheime Rathstube, 5 = Conferenzzimmer, 6 = Retirade, 7 = Cabinet, 8 = Große Treppe, 9 = Hofburgkapelle, 10 = Freitreppe; C = Cämmererstube, H = Heitzraum.

staltete sich nach dieser Kammerordnung folgendermaßen: Insgesamt gab es für die Regelung der Aufwartung bei Hof eine Raumfolge von fünf Räumen. Hatte man das Stiegenhaus verlassen, so gelangte man zuerst in eine Trabantenstube.[751] An sie schloß sich dann die Ritterstube an, das erste Gemach der Raumfolge der kaiserlichen Gemächer. Zu ihr hatten nur noch adlige Personen oder „*Doctores*" Zutritt. Die begleitenden Personen einer Gesandtschaft, die dem Botschafter oder Envoyé bei der Audienz folgten, hatten hier für die Dauer der Audienz zu verbleiben.[752] Hier fanden alle zeremoniellen Ereignisse statt, die für eine breite Hoföffentlichkeit zugänglich sein sollten, also „öffentlich" stattfanden: Huldigungen der niederösterreichischen Stände ebenso wie die öffentlichen Festessen des Kaisers etc. Da die weiteren Zimmer der Raumfolge nur noch von einem zunehmend exklusiver werdenden Personenkreis betreten werden durften, befand sich in der Ritterstube auch einer der beiden Baldachine, unter dem, falls es ein zeremonieller Herrschaftsakt wie beispielsweise die Entgegennahme der Huldigung der Ständevertreter erforderte, der kaiserliche Thron aufgestellt werden konnte.[753]

Der folgende Raum im Widmertorturm erhielt erst durch den leopoldinischen Neubau eine zeremonielle Bedeutung als erste oder kleine Ante-Camera.[754] Bis hierher durften die geringeren kaiserlichen Hofchargen (Kapellmeister, Hofkontrolleur, Tanz-, Fecht- und Sprachmeister, die übrigen kaiserlichen Oberoffiziere und Hoffouriere, die Musikanten und die Kammertrabanten) eintreten, ferner die kaiserlichen Edelknaben sowie schließlich die königlichen, kurfürstlichen oder fürstlichen Gesandtschaftssekretäre und Agenten und die begleitenden Kavaliere von Botschaftern oder Kardinälen.[755] Der Obersthofmarschall erhielt die ausdrückliche kaiserliche Weisung, den in Wien anwesenden Gesandten mitzuteilen, daß die adligen Begleitpersonen einer Gesandtschaft hier und nicht erst in der zweiten Ante-Camera zu warten hatten.[756] Ferner sollte fortan nicht nur vor der zweiten Ante-Camera, sondern bereits vor der ersten Ante-Camera in den Ritterstuben Wachpersonal, bestehend aus einem Hartschierer und einem Trabanten, aufgestellt werden, um fremde Besucher abweisen zu können.[757]

Das darauffolgende erste Zimmer des leopoldinischen Traktes schließlich wurde zur zweiten oder großen Ante-Camera.[758] Hier hatten nur noch alle Grafen, Freiherrn und Ritter Zutritt, ferner königliche und kurfürstliche Residenten, hohe Offiziere bis zum Obrist-Leutnant und Obrist-Wachtmeister, ferner hochgestellte kaiserliche bzw. landständische Amtsträger (Statthalter, Landeshauptleute, Oberst-Landeshofmeister, Oberst-Landhofmarschall etc.), geistliche Führungspersonen (Prälaten und Domherren aus adligen Stiftern, Ordenspriore etc.), kaiserliche Amtsträger (Reichshofräte, wirkliche kaiserliche Räte, geheime Referendare) sowie höhere Hofbedienstete (Leibmedici, Leib-Barbier, Silberdiener etc.).[759]

Daran schloß sich dann als letzter Raum der offiziellen Raumfolge die Ratsstube an, zu der als Außenstehende nur noch Botschafter und Envoyés gekrönter Häupter und Republiken, Kur- und Reichsfürsten Zutritt hatten sowie kaiserliche Feldmarschälle, geistliche Ordensgenerale, Erzbischöfe und Bischöfe.[760] Neben den hier aufgezählten Personen hatten aus dem Kreis der kaiserlichen Hofgesellschaft sämtliche Kämmerer und Geheimen Räte das Privileg, in die Ratsstube eintreten zu dürfen. Wer also am Kaiserhof mit einem dieser beiden Hofehrenämter betraut war, konnte für sich dasselbe Zugangsrecht zu den kaiserlichen Gemächern beanspruchen wie sonst nur Reichs- und Kurfürsten und hochrangige Gesandte. Dieses Zugangsprivileg war eine besondere Auszeichnung, die den Kämmerern und Geheimen Räten zuteil wurde und mit dem der Kaiser den Personenkreis seiner Hofgesellschaft im engeren Sinne vor anderen am Kaiserhof vertretenen Adelspersonen sichtbar auszeichnete. Neben den Inhabern von Hofehrenämtern sollte nur noch ausgesuchten Reichshofräten der Zugang zur Ratsstube erlaubt werden, nicht aber anderen kaiserlichen Amtsträgern; ein wesentlicher Grund für die Attraktivität der Hofehrenämter in der Hofgesellschaft.[761] Ferner sollte künftig verhindert werden, daß sich unbefugte Personen im Eingangsbereich an der Tür zur zweiten Ante-Camera postieren konnten.[762] In der Ratsstube befand sich ebenfalls ein Baldachin, unter dem der Thron bei Bedarf Platz finden konnte, insbesondere bei den öffentlichen Audienzen des Kaisers für die Gesandten am Kaiserhof.[763]

Die sich als nächstes daran anschließende Retirada war nicht mehr Bestandteil der offiziellen Raumfolge und fand nur bei Privataudienzen zeremonielle Verwendung.[764] Sie war bereits Bestandteil der „Privatgemächer" des Kaisers und vom öffentlichen Zeremoniell daher ausgenommen. Wenn der Kaiser hier einem Gast die Audienz gewährte, eine sogenannte „Privataudienz", so wurde dem Besucher eine besondere Ehre zuteil, die allerdings keinerlei Rückwirkung auf die zeremonielle Rangfolge am Hofe hatte, da sie nicht in der zeremoniell dafür vorgesehenen Räumlichkeit stattfand, sondern der für das zeremonielle Zeichensystem verbindliche räumliche Rahmen der offiziellen Raumfolge verlassen wurde. Wie genau diese Unterscheidungen eingehalten wurden, läßt sich an der Handhabung der Audienzen für den bayerischen Kurprinzen Karl Albrecht sowie seinen jüngeren Bruder, den Prinzen Ferdinand aus Bayern, im Jahre 1717 demonstrieren.[765] Beide erhielten in unmittelbarer Folge eine Audienz beim Kaiser. Doch da es sich beim Kurprinzen um eine öffentliche Audienz handelte, wurde er durch den Obersthofmarschall Fürst Adam von Schwarzenberg an der Kutsche empfangen und bis zum Eingang in die erste Ante-Camera geführt, dann vom Oberst-Hofmeister Anton Florian von Liechtenstein übernommen, der den Besucher bis zur zweiten Ante-Camera geleitete, wo er schließlich vom Oberst-Kämmerer bis zu den Ratsstuben geleitet wurde, wo die Audienz stattfand. Prinz Ferdinand von Bayern erhielt dagegen nur eine *„particular audienz all' incognito"* unter dem Namen Graf von Haag, mußte daher auf das Geleit der obersten Hofwürdenträger verzichten und erhielt die Audienz in der Retirada anstatt in der Ratsstube.[766]

Die Sommerresidenz des Kaisers in Laxenburg und die Favorita auf der Wieden besaßen zumindest vergleichbare Raumfolgen, um ein angemessenes Empfangszeremoniell gewährleisten zu können. So leitete man die Besucher des Kaisers in der Favorita über die Feststiege in den Peregrinsaal, der die Funktion der Ritterstube übernahm. Daran schloß sich die Ante-Camera an, allerdings nicht weiter unterteilt in eine kleine und eine große Ante-Camera. Zielpunkt der öffentlichen Audienzen war dann das sogenannte Konferenzzimmer, das der Geheimen Ratsstube in der kaiserlichen Hofburg entsprach.[767]

Ein Pendant zur Kammerordnung und zur Regelung des Zutritts zu den Gemächern des Kaisers bildeten die Vorschriften zur Kutscheneinfahrt in den inneren Burghof der kaiserlichen Hofburg. Die Möglichkeit, mit der Kutsche bis in den inneren Hof einfahren zu dürfen, mußte schon aus praktischen Erwägungen streng limitiert werden – der Burghof war schlicht zu klein, um einer größeren Anzahl von Kutschen ausreichend Platz zum Halten und Wenden bieten zu können. Zugleich bot die Frage, wem es vergönnt sein sollte, mit seiner Kutsche in den inneren Burghof einfahren zu dürfen und die letzten Meter nicht zu Fuß gehen zu müssen, eine weitere Möglichkeit zur zeremoniellen Rangunterscheidung am Kaiserhof. Der Personenkreis, dem das Privileg der Einfahrt erteilt wurde, deckte sich im wesentlichen mit dem Personenkreis, der auch zur Ratsstube Zutritt beanspruchen konnte. Es zählten hierzu also insbesondere die Botschafter und Gesandten, hier aber nur die königlichen und kurfürstlichen Envoyés, alle fürstlichen Personen, die Geheimen Räte und Kämmerer sowie die Reichshofräte, die zur Ratsstube Zutritt hatten, und schließlich die kaiserlichen hohen Offiziere und Präsidenten [leitende Hofchargen] sowie die Generalkriegsoffiziere. Nur den hochadligen Damen wurde zusätzlich erlaubt, mit der Kutsche in den inneren Burghof einzufahren.[768]

Die Regelungen zum Einlaß in die kaiserlichen Gemächer, wie sie in der Kammerordnung von 1715 noch einmal bekräftigt worden sind, demonstrieren deutlich, wie in der persönlichen Umgebung des Kaisers die sozialen Abstände in feinen Abstufungen räumlichen Abstand zum Kaiser bewirkten und nur bestimmten Rängen der direkte Zugang zum Kaiser ermöglicht wurde. Insgesamt finden sich dabei in der Kammerordnung fünf unterschiedliche Ranghierarchien, die in der kaiserlichen Raumfolge beachtet werden sollten: die Adelsränge, die Ränge der kaiserlichen und ständischen Ämter sowie der Hofämter, die verschiedenen Gesandtschaftsränge sowie schließlich die Ränge der militärischen und der kirchlichen Amtshierarchie. Von besonderem Interesse ist nun, wie die einzelnen Rangordnungen im Hofzeremoniell zueinander in Beziehung standen. Für den Kreis der erbländischen Adelsfamilien zum Beispiel war der Zugang zum Kaiser am ehesten über den Erhalt eines Hofehrenamtes zu erreichen. Schließlich war nur Reichs- und Kurfürsten der direkte Zugang zur Ratsstube gestattet, der erbländische Adel dagegen davon ausgeschlossen, sofern er nur auf seinen Adelsrang Bezug nehmen konnte. Die Zugehörigkeit zum Adel allein, aber auch die Bekleidung anderer kaiserlicher oder landständischer Ämter reichte nicht aus, um den Zugang zum Kaiser beanspruchen zu können.

Umgekehrt gehörten die Inhaber eines der beiden Hofehrenämter zusammen mit den auswärtigen Gesandten und den obersten Mitgliedern des Reichsadels zu der privilegierten Gesellschaft, die den Kaiser in der Ratsstube aufsuchen konnte. Mit den anderen kaiserlichen Ämtern ging dieses Zugangsrecht zum Kaiser dagegen nicht automatisch einher. An die beiden Hofehrenämter war damit zugleich die Einrichtung einer spezifisch höfischen Rangfolge geknüpft, die den Zugang zum Kaiser ermöglichte und damit die institutionalisierte Nähe zum Kaiser sichtbar unter Beweis stellte. Diese Hierarchie hing allerdings nur von der Praxis der kaiserlichen Ämtervergabe ab, war also durch den Kaiser selbst zu beeinflussen. Das Hofzeremoniell gab daher nicht nur den Rang wieder, den die Teilnehmer an der Hofgesellschaft aufgrund ihres geburtsständischen Adelsranges etc. beanspruchen konnten, sondern formte eine eigens mittels der Amtsträgerschaft eines kaiserlichen Hofehrenamtes konstruierte spezifisch höfische Hierarchie am Kaiserhof, die nur an den Besitz eines Hofehrenamtes gebunden war. Diese höfische Gesellschaft der Kämmerer und Geheimen Räte war gegenüber den anderen Anwesenden am Kaiserhof eine sichtbar ausgezeichnete Hofgesellschaft für sich.

Auch die Kleidungsvorschriften am Kaiserhof formten einen Personenkreis, der die Zugehörigkeit zur Hofgesellschaft sichtbar machte, über geburtsständische Unterschiede innerhalb der Adelsgesellschaft indes hinwegging. So hatte, wer an der Interaktion mit dem Kaiser teilnahm, in einer bestimmten Hoftracht „al imperiale" zu erscheinen, in der auch der Kaiser selbst gekleidet war. Im wesentlichen bestand diese Hoftracht aus schwarzen Hofkleidern mit einem seidenen, halblangen Mantel.[769] 1715 verabschiedete Karl VI. eine Mantelkleiderordnung für die „Minister und Cavalliers" und rief hierin die schon unter Leopold I. geltenden Kleidungsvorschriften erneut in Erinnerung.[770] Neben der kaiserlichen Hoftracht gab es noch verschiedene Kleidungsvorschriften für besondere Anlässe. So war es während der Sommermonate, wenn sich der Kaiserhof nicht in der Hofburg, sondern in den Sommerresidenzen aufhielt, üblich, in „*Campagne-Kleidern*" zu erscheinen, das heißt, der Kaiser trug einen farbigen Anzug, in dem die Hofmitglieder ebenfalls erscheinen bzw. als Kammerherren ihren Dienst verrichten durften.[771] Auf das Mantelkleid, das der Kaiser sowie der anwesende Hofstaat normalerweise als reguläre Hofkleidung trugen, wurde während der Sommermonate verzichtet. Ferner gab es eine besondere Festtracht anläßlich von Feierlichkeiten am Kaiserhof, den sogenannten Galatagen. Bei den Festlichkeiten befahl der Kaiser entweder die schwarze Gala, eine Tracht ähnlich der normalen Hoftracht mit schwarzen Kleidern und schwarzem Mantel mit einigen zusätzlichen Zierelementen, unter anderem farbigen Ärmeln und Strümpfen. Zu besonderen Anlässen ließ der Kaiser auch eine goldene Gala veranstalten, wo der Hofstaat dann in goldbestickter Kleidung und mit goldbestickten Mänteln zu erscheinen hatte.[772] Welche Kleidung am Kaiserhof für die adlige Hofgesellschaft jeweils verbindlich war, bekam sie vom kaiserlichen Hoffourier mitgeteilt. Neben diesen durch den kaiserlichen Jahres- und Festkalender vorgegebenen Anlässen gab es noch die unterschiedlichen Trauervorschriften, wenn anläßlich eines Todesfalls in der europäischen Fürstengesellschaft eine Hoftrauer festgesetzt wurde. Dies hatte ebenfalls besondere Kleidungsvorschriften zur Folge, die sich vor allem nach der Art der befohlenen Trauer richteten.

Die Höflinge am Kaiserhof unterlagen dabei alle den gleichen Kleidungsvorschriften, die sich wiederum an der kaiserlichen Tracht selbst orientierten. Die einheitliche Hoftracht ließ erkennbar werden, wer zur Hofgesellschaft gezählt werden konnte. Damit war die Hofkleidung vor allem ein sichtbarer Ausdruck der Zugehörigkeit zum Kaiserhof. Eine genaue Abbildung der Rangunterschiede innerhalb der Hofgesellschaft war dagegen nicht Bestandteil der kaiserlichen Kleidungsvorschriften. Ausgenommen von der Einheit der Hoftracht waren nur Angehörige des niederen Adels. Ihnen war es untersagt, in gleicher Weise an der Hofkleidung „Geschmeide" zu tragen, wie es den hochadligen Hofmitgliedern erlaubt war.[773] Doch betraf diese Einschränkung eine Personengruppe, die ohnehin am Kaiserhof marginalisiert und daher nicht zahlreich vertreten war. Für das Gros der Höflinge galt indes: Es war die Teilhabe an der höfischen Adelsgesellschaft in Wien, nicht der jeweils spezifische Adelsrang, der durch die höfische Kleidung ausgedrückt werden sollte. Damit läßt sich die symbolische Bedeutung der Kleiderordnung für die Hofmitglieder nicht ohne weiteres mit der Intention „policeylicher" Kleiderordnungen gleichsetzen.[774] Galt es hier vor allem, die geburtsständische Gesellschaftsordnung mit Hilfe detaillierter Kleiderordnungen minutiös abzubilden und damit lesbar zu machen,[775] so war es das Ziel der höfischen Kleiderordnung, die Zugehörigkeit zur kaiserlichen Hofgesellschaft zu unterstreichen. Die symbolisch zum Ausdruck gebrachte Nähe zum Kaiser vermochte auf dem Feld der höfischen Kleidung die adligen Rangunterschiede zu überdecken.

d) Der Festkalender am Kaiserhof – die „Solennitäten"

Wie bereits gezeigt wurde, trat die Hofgesellschaft am Kaiserhof während des höfischen Alltags kaum in Erscheinung. Der Kaiser pflegte Interaktion mit seinen Ministern sowie mit einzelnen Personen der Hofgesellschaft, nicht jedoch mit der höfischen Gesellschaft insgesamt. Große Bereiche des alltäglichen kaiserlichen Zeremoniells fanden unter Ausschluß der höfischen Öffentlichkeit statt, nur im Beisein der diensttuenden Kammerherren und Kammerdiener. Wahrnehmbar war die höfische Gesellschaft als Ganzes nur während besonderer Anlässe, den Festlichkeiten am Kaiserhof. Hier wurde die kaiserliche Hofgesellschaft gleichsam inszeniert, hier konnten meist alle Mitglieder der adligen Hofgesellschaft teilnehmen und damit sichtbar die Zugehörigkeit zur kaiserlichen Hofgesellschaft demonstrieren. Der Unterschied zwischen Festereignissen und dem höfischen Alltag fiel dabei am Kaiserhof besonders ins Auge. War während der alltäglichen Verrichtung des höfischen Lebens für den Betrachter von Prachtentfaltung nicht eben viel zu erkennen, so wurden die höfischen Festlichkeiten – insbesondere bei der verwendeten Kleidung – um so stärker zur ostentativen Darstellung von Pracht und Reichtum genutzt.[776]

Die höfischen Feste waren der nichtalltägliche Teil des Hoflebens.[777] Gleichwohl waren es meistens gleichbleibende Anlässe, die als *„Solennitäten"* am Kaiserhof begangen wurden und damit zumindest unter Karl VI. einer bereits langjährig etablierten Routine folgten. Die meisten Feste fanden in jährlich wiederkehrender Folge statt, waren also durch den Festkalender bereits zu Jahresbeginn genau festgelegt. Der seit 1701 jährlich erscheinende Hof- und Ehrenkalender verzeichnete diese jährliche Abfolge höfischer Festveranstaltungen.[778] Hierin lassen sich drei Kategorien von Festen unterscheiden: die Galatage, das heißt die Geburts- und Namenstage der kaiserlichen Familie, die Feste für die Ordensmitglieder vom Goldenen Vlies (Toison-Feste) und schließlich die unterschiedlichen geistlichen Festtage, Andachten und Prozessionen.[779] All diesen Veranstaltungen ist gemeinsam, daß sie nicht spontan stattfanden, sondern geregelt abliefen. Dies besagte schon der Begriff „Solennität": Er bedeutete nicht nur Feierlichkeit, sondern bezeichnete auch den formalen Rahmen, der für ein Rechtsgeschäft eingehalten werden mußte.[780] Die solennen Feierlichkeiten boten daher am Kaiserhof den zeremoniellen Rahmen, um die Rangpositionen der verschiedenen Teilnehmer an diesen Feierlichkeiten in der Interaktion verbindlich festzulegen. Die „Solennitäten" unterlagen daher genauso zeremoniellen Vorschriften und Praktiken wie sogenannte „Herrschaftsakte", also Einzüge und Audienzen, Huldigungen und Lehensvergaben. Und sie boten, je nach Veranstaltung, einen festlichen Rahmen für die unterschiedlichsten Personengruppen und Gesellschaften, die am Kaiserhof zeitweise oder dauerhaft präsent waren. Diese Festlichkeiten hatten wenig gemein mit unseren Vorstellungen von privaten oder öffentlichen Festveranstaltungen. Sie dienten den beteiligten Personen nicht zur Erholung, sondern waren für sie meist mit Anstrengung und Arbeit verbunden.[781] Insbesondere für den Kaiser konnten die regelmäßigen Feste des jährlichen Festkalenders eine Belastung bedeuten, vor allem da er ihnen unabhängig von seiner körperlichen Verfassung selbst beizuwohnen pflegte.[782] Nicht zufällig unterscheidet Küchelbecker auch in seiner ›Allerneuesten Nachricht‹ zwischen den „*Solennitäten*", zu denen er die Galatage, die Andachten und die Toisson-Feste zählte, und den „*Divertissements und Lustbarkeiten*" am Kaiserhof.[783]

Die Galatage waren wichtiger Bestandteil der kaiserlichen Repräsentation vor seiner Hofgesellschaft und den auswärtigen Gesandten. Schon der Anlaß, die Geburts- und Namenstage der Mitglieder der kaiserlichen Familie, diente der Huldigung des Herrscherhauses. Dabei wurden alle lebenden Mitglieder durch Galatage geehrt. So fanden im Jahre 1715 sechzehn Galatage statt: für die Kaiserin Elisabeth Christina und den Kaiser Karl VI., die ehemaligen Kaiserinnen Maria Magdalena Theresia, Eleonora Magdalena Theresia und Wilhelmina Amalia, die Erzherzoginnen Maria Amalia, Maria Josepha Leopoldina, Maria Elisabeth und Maria Magdalena, die Königin in Portugal [Erzherzogin] Maria Anna und den König Johann V. von Portugal.[784] Allerdings waren die verschiedenen Formen der kaiserlichen Prachtentfaltung dabei höchst unterschiedlich. Allen Galatagen war gemein, daß sie mit einer Messe oder Andacht begannen. Anschließend speiste der Kaiser öffentlich. Darüber hinaus waren aber nur wenige Galatage mit weiteren Festivitäten verbunden.[785] Diese umfaßten meist eine theatralische Darbietung, sei es eine Oper, sei es eine Komödie oder Serenade. Beim Umfang der theatralischen Vorstellungen und dem finanziellen Aufwand, mit denen ein Galatag gekrönt wurde, gab es durchaus große Unterschiede, die mit der Bedeutung des Anlasses bzw. der gefeierten Person korrespondierten. So kam die Hierarchie zwischen dem Kaiser, der Kaiserin und den weiteren Mitgliedern der kaiserlichen Familie dadurch zum Ausdruck, daß man die kostspieligste und aufwendigste musikalische Gattung, die Oper, nur für das Herrscherpaar reservierte. Dabei wurden keine Kosten gescheut. Küchelbecker berichtet, daß der Aufwand für eine Oper bis zu 60 000 fl. betragen konnte.[786] Große Opernaufführungen fanden meist – neben einer Opernaufführung in der Karnevalszeit – am Geburtstag der Kaiserin (28. August) sowie am Namenstag des Kaisers (4. November) statt.[787] Mehr als drei Opern pro Jahr wurden am Hof nicht veranstaltet;[788] allerdings wurden diese Opern unter Karl VI. für die Hofgesellschaft in der Regel noch drei- bis viermal wiederholt.[789] An den anderen Galatagen gelangten Komödien und kleinere musikalische Werke zur Aufführung.[790]

Diese besonderen Veranstaltungen konnten in zweierlei Öffentlichkeit ausgetragen werden: entweder als öffentliche Aufführung, zu der neben der kaiserlichen Familie der gesamte Hofstaat, adlige Standespersonen, die Geistlichkeit und vor allem die auswärtigen Gesandten und Botschafter erscheinen durften, oder als Kammerfest.[791] Hier waren nur die kaiserliche Familie sowie der hoffähige Teil des Hofstaates (Kämmerer und Geheime Räte) zugelassen. Den auswärtigen Gesandten und Botschaftern war dagegen die Teilnahme an diesen Festen versagt, sie konnten dem Treiben nur inkognito von einer Bühne aus zusehen. Daß eine Hoffestivität als Kammerfest und nicht als öffentliche Festveranstaltung durchgeführt wurde, konnte mehrere Gründe haben. Zum einen waren die Räumlichkeiten der Veranstaltung, beispielsweise in der Favorita, nicht immer ausreichend für einen größeren Rahmen. Ein Kammerfest bot ferner Möglichkeiten der Interaktion zwischen Mitgliedern der kaiserlichen Familie und der Hofgesellschaft, die nicht für die europäische Fürstenöffentlichkeit bestimmt waren. So kam es vor, daß sich Mitglieder der kaiserlichen Familie an Theater- oder Musikaufführungen beteiligten – was sich zumeist im Rahmen eines Kammerfestes abspielte.[792] Zum anderen aber wollte man am Kaiserhof auch zeremonielle Streitfälle von vornherein dadurch unterbinden, daß man insbesondere den Personenkreis von der Teilnahme ausschloß, bei dem Präzedenzstreitigkeiten am ehesten aufkommen konnten: die auswärtigen Gesandten. Hierfür spricht vor allem, daß Kammerfeste meist dann ausgerufen wurden, wenn bei auswärtigen Gästen am Kaiserhof nicht sämtliche Rangfragen geklärt waren.[793] So verzichtete man beispielsweise bei der Opernaufführung am Namenstag des Kaisers im Jahre 1736 darauf, die Botschafter einzuladen, da der Herzog von Lothringen und sein Bruder dieser Veranstaltung beiwohnten und man hierbei auswärtigen Botschaftern – insbesondere dem spanischen Botschafter – nicht den Vortritt überlassen wollte.[794] Bei theatralischen Aufführungen bestand für die auswärtigen Gesandten und Fürsten allerdings die Möglichkeit, dem Ganzen inkognito beizuwohnen.[795] Während die Teilnehmer im Parkett der Aufführung folgten, saßen die auswärtigen

Gäste inkognito entweder in den hinteren Reihen[796] oder waren in den Logen plaziert.[797] So wohnte beispielsweise der in Wien am kaiserlichen Hof weilende sächsische Kurprinz mit einigen seiner Höflinge der Opernaufführung am Geburtstag der Kaiserin im Komödienhaus der Favorita inkognito bei.[798]

Die Fixierung auf die Fragen der Rangfolge und der Sitzordnung war nicht nur bei dem Kampf um den gebührenden Rang vorherrschend, sie prägte auch die Wahrnehmung aller am Hofe Beteiligten. Daß die Zeremonialprotokolle bei den theatralischen Hofveranstaltungen immer minutiös den Teilnehmerkreis sowie die Rangabfolge unter den Teilnehmern festhielten, aber nur selten den Namen der Oper und nie den Komponisten, mag sich noch aus der Gattung begründen lassen. Es verdeutlicht indes zugleich, welche soziale Funktion diesen Feierlichkeiten vor allem zukam. Sie boten den unterschiedlichen Personenkreisen am Kaiserhof die Möglichkeit, ihren Rang unter Beweis zu stellen, innerhalb der Hofgesellschaft Präsenz zu zeigen. Die Aufmerksamkeit der Teilnehmer, insbesondere der diplomatischen Gesandten, war ebenfalls vor allem auf diesen Punkt gerichtet. Und auch die Berichte des Grafen Sigmund Friedrich von Khevenhüller in seinem Tagebuch enthalten mitunter minutiöse Beschreibungen zeremonieller Details.[799]

Die Feste des Ordens vom Goldenen Vlies, die sogenannten „Toisonfeste", unterschieden sich von den Galatagen insbesondere durch ihren eindeutig definierten Teilnehmerkreis. Aktiv einbezogen waren in diese Feierlichkeiten, mit wenigen Ausnahmen, nur die Ordensmitglieder selbst. Allein für das Jahr 1729 listet Küchelbecker mehr als vierzig dieser Toisonfeste auf.[800] Die meisten dieser Festlichkeiten waren gemeinsame Kirchgänge, meist in der Hofkapelle, bisweilen auch in der Augustiner-Hofkirche, dem Stephansdom und verschiedenen weiteren Kirchen in Wien.[801] Der Grad an Öffentlichkeit hing eng mit dem Ort der Veranstaltung zusammen. Fast alle gemeinsamen „Toisonfeste" fanden in einem Rahmen statt, der nur innerhalb der Hofgesellschaft wahrgenommen werden konnte. Eine größere Öffentlichkeit erreichten die Festlichkeiten der Ordensgesellschaft nur zu bestimmten Anlässen.

Der Höhepunkt waren zweifellos die Feierlichkeiten am 30. November 1712,[802] als zum ersten Mal unter Karl VI. in Wien der Namenstag des Heiligen Andreas begangen wurde, der zugleich Schutzpatron des Ordens war. Karl VI. hatte die Feierlichkeiten des Ordens vom Goldenen Vlies neu am Kaiserhof eingeführt, unmittelbar nachdem er aus Spanien nach Wien gelangte. Indem er die Position als Oberhaupt des Ordens für sich reklamierte, verband sich damit zugleich auch der sichtbare Anspruch auf das burgundische und spanische Erbe. Der bourbonische König Spaniens, Philipp V., betrachtete den Orden dagegen als spanische Institution und

sah sich ebenfalls als Oberhaupt des Ordens, so daß bis zum Frieden von
Wien 1725 zwei Orden vom Goldenen Vlies parallel nebeneinander exi-
stierten.[803] Diese durch den spanischen Erbfolgekrieg erzwungene Konkurrenz um die wahre Inhaberschaft des Ordens ließ es sinnvoll und geraten erscheinen, die Wiedereinführung des Ordensfestes am St.-Andreas-
Tag mit dem größtmöglichen Aufwand zu begehen, um den eigenen
Anspruch damit unter Beweis zu stellen.[804]

Die Zeremonie begann mit einem feierlichen Einzug in den Stephansdom. Bei diesem Einzug erschienen zuerst die Diener der anwesenden
Kammerherren, Geheimen Räte und der Ordensritter in festlicher Livrée-
kleidung zu Fuß. Darauf folgten die kaiserlichen Kammerherren und Geheimen Räte in Galakleidung zu Pferd. Als nächstes erschienen kaiserliche Bedienstete (Heiducken, Sesselträger, Leiblakaien, Trompeter, Edelknaben etc.) zu Fuß. Hieran schloß sich nun der Zug der Ordensritter an,
die zu Pferd mit Ordenskleidung und Ordenskette in der Reihenfolge
ihrer Anciennität (nach dem Datum der Amtsvergabe) als Mitglieder des
Ritterordens auftraten.[805] Als höchster Ordensritter trat dann der Kaiser
selbst auf, gefolgt von mehreren Abordnungen der kaiserlichen Leibgarde.
Vor dem Stephansdom traf dieser Zug mit den auswärtigen Fürsten und
Botschaftern zusammen,[806] die diesem Ereignis ebenfalls beiwohnten.
Unter der Leitung des Bischofs von Wien und unter der Begleitung des
Domkapitels folgte dann der Einzug in den Dom, mit anschließender
Messe. An diese Messe schloß sich der Rückmarsch aus der Kirche in die
Hofburg an, unter „Zuschauung vieler tausend Personen", wie das Wiener
Diarium ausdrücklich feststellte. Mit einem gemeinsamen Festessen des
Kaisers und der Ordensritter in der Ritterstube der Hofburg wurden dann
die Feierlichkeiten beschlossen.

Das diesem Festereignis zugrundeliegende Hofzeremoniell stellte die
besondere Nähe des Kaisers zu den Ordensmitgliedern gleich mehrfach
heraus: zum einen durch die Ordenskleidung, die der Kaiser ebenso trug
wie die übrigen Ordensritter, womit er die Ordensgesellschaft von den anderen Teilnehmern des Festes deutlich hervorhob; zum anderen durch die
Reihenfolge beim Einzug, bei dem der Kaiser unmittelbar auf die Ordensritter folgte, während die Geheimen Räte und Kammerherren vom Kaiser
durch einen größeren räumlichen Abstand getrennt waren;[807] dann durch
die Sitzordnung im Stephansdom, wo die Ordensritter auf der rechten
Seite des Kaisers Platz nehmen konnten, während die Botschafter dem
Kaiser und den Rittern gegenüber plaziert waren, und die Geheimen Räte
und Kammerherren sogar außerhalb des Chores zu sitzen hatten;[808] und
schließlich und vor allem durch das exklusive gemeinsame Festmahl der
Ordensmitglieder mit dem Kaiser, das anderen Mitgliedern der Hofgesellschaft am Kaiserhof nie zuteil wurde.[809]

Abb. 3: J. A. Delsenbach: Einzug der Ritter vom Goldenen Vlies (1712);
Bild: Albertina, Wien.

Dieses Festereignis war durchaus für verschiedene Öffentlichkeiten bestimmt. So war es kein Zufall, daß der Bericht des Wiener Diarium auf die
vielen tausend Zuschauer hingewiesen hat, die in der Residenz diesem Ereignis beiwohnten, auch wenn deren Funktion eher darin bestand, Kulisse
des Ereignisses zu sein statt Adressat.[810] Vor allem richtete sich die zeremoniell geregelte Inszenierung an die europäische Fürstengesellschaft, um
die Rechtmäßigkeit des kaiserlichen Anspruchs, legitimes Oberhaupt des
Ordens zu sein, mit den Feierlichkeiten zu dokumentieren. Um das „Toisonfest" am St.-Andreas-Tag dieser Öffentlichkeit unterbreiten zu können, wurde ein Kupferstich in Auftrag gegeben, der den Einzug der Ordensritter im Detail festhielt und darüber hinaus auch sämtliche anwesenden Ordensmitglieder namentlich aufführte.[811] Ferner wurde eigens eine
Medaille geprägt, die dieses Ereignis ebenfalls festhalten sollte. Sie zeigt
Karl VI. in der Haltung eines altrömischen Kaisers während eines „Ad-
ventus" im Ordensgewand.[812] Und auch die ausführliche Wiedergabe des
Ereignisses im Wiener Diarium dürfte sich nicht nur an die Leser in der
Residenzstadt, sondern ebenso auch an das europäische Fürstenpublikum
gewendet haben. Ebenso hielten auch zahlreiche weitere historiographi-
sche Werke über Karl VI. dieses Ereignis fest.[813] Schließlich finden sich

solche Beschreibungen nicht selten den diplomatischen Gesandtschaftsberichten über den Wiener Kaiserhof jeweils beigelegt.[814] Wer dieser erlauchten Gesellschaft innerhalb der Hofgesellschaft angehörte, blieb
daher auch an den anderen Höfen im Reich und in Europa nicht verborgen. Zwar fand das Ordensfest am Namenstag des heiligen Andreas auch
in den folgenden Jahren jedesmal statt, der Aufwand allerdings war nicht
mehr derselbe. Man veranstaltete das Ereignis daher auch nicht mehr im
Stephansdom, sondern begnügte sich meist mit der Augustiner-Hofkirche.[815] Auch wenn das Wiener Diarium jedes Jahr eine Beschreibung der
Zeremonie mit einer Liste aller teilnehmenden Ordensritter festhielt,
blieb das höchste Fest des Ordens vom Goldenen Vlies vor allem auf die
höfische Öffentlichkeit, insbesondere die Ordensritter, beschränkt.

Diese ließen sich das Festereignis allerdings nur selten entgehen. Im
Falle ihrer Anwesenheit in Wien ließen die Ordensritter selten die Gelegenheit verstreichen, dem Ereignis beizuwohnen. Insbesondere die Inhaber der obersten kaiserlichen Ämter am Kaiserhof, die unter den Mitgliedern des Ordens zahlreich vertreten waren, finden sich besonders oft
als Teilnehmer dieser Feierlichkeiten (siehe Tabelle 13).[817] So waren der
Prinz Eugen, der österreichische Hofkanzler, die Obersthofmeister Liechtenstein, Trautson und Sinzendorf, der Obersthofmarschall Schwarzenberg, die Oberststallmeister Dietrichstein und Althann sowie der Hofkammerpräsident Starhemberg auf fast jeder der Teilnahmelisten vermerkt –
das Toisonfest am St.-Andreas-Tag wurde so zu einer glanzvollen Lei-
stungsschau der obersten Amtsträger am Kaiserhof; eine Feststellung, die
man keineswegs für alle Festereignisse am Kaiserhof so treffen kann, wie
noch zur Sprache kommen wird. Die Bereitschaft der führenden Hofmitglieder, an den Feierlichkeiten des Ordens regelmäßig teilzunehmen, dürfte nicht zuletzt auf die besonders herausgehobene Behandlung der Ordensritter im kaiserlichen Hofzeremoniell zurückzuführen sein.

Am zahlreichsten unter den „Solennitäten" waren die sogenannten
„Andachten", die geistlichen Feierlichkeiten am Kaiserhof. Die besondere
Bedeutung religiöser Elemente im zeremoniellen Festkalender wird auf
unterschiedliche Weise deutlich. Zum einen waren die meisten Festlichkeiten am Kaiserhof, sei es an Galatagen, sei es bei den Festen des Ordens
zum Goldenen Vlies, mit Kirchgängen verknüpft, die oftmals auch in großem Rahmen stattfanden. Hinzu kamen allein im Jahr 1729 nicht weniger
als 101 verschiedene geistliche Feierlichkeiten, bei denen der Kaiser anwesend war. Diese hohe Anzahl geistlicher Festivitäten erklärt sich vor allem
aus dem gegenreformatorischen Impetus der Habsburgerdynastie, der im
17. Jahrhundert die Zahl der öffentlich abgehaltenen Gottesdienste stetig
anschwellen ließ.[818] In diesem Zusammenhang beförderten die habsburgischen Herrscher tatkräftig die Entstehung einer Sakrallandschaft mit zahl-

Tabelle 13: Anwesenheit der Ritter vom Goldenen Vlies (1712–1739)
(beim Toisonfest anläßlich der Feierlichkeiten für den Ordenspatron St. Andreas)[816]

Anwesende Ordensritter (nach Anciennität)	1712	1713	1714	1715	1716	1717	1718	1719	1720	1721	1725	1730	1731	1732	1733	1736	1737	1738	1739
Savoyen, Eugen Prinz (1687)		*	*	*	*	*	*	*	*	*	*	*	*	*	*				
Avelino, Marinus Franciscus Maria Caraccioli Fürst (1694)		*	*	*	*	*	*	*											
Abensberg-Traun, Otto Ehrenreich Gf. (1694)	*	*	*																
Dietrichstein, Philipp Sigmund Gf. (1694)	*	*	*																
Westerloo, Johann Philipp Eugen Marchese (1694)					*	*	*				*								
Harrach, Aloys Thomas Raymund Gf. (1697)	*	*	*	*	*	*	*	*	*	*					*	*	*	*	*
Liechtenstein, Anton Florian Fürst (1697)	*	*	*	*	*	*	*	*											
Trautson, Johann Leopold Donat Fürst (1698)	*	*	*	*	*	*	*	*	*	*									
Waldstein, Karl Ernst Gf. (1698)	*																		
Windischgrätz, Ernst Gf. (1700)	*		*		*	*	*		*	*									
Aremberg, Leopold Herzog (1700)					*	*	*						*						
Savoyen, Emanuel Prinz von (1712)			*		*							*							
Thurn und Valaßina, Max Gf. (1712)	*	*	*																
Sinzendorf, Philipp Ludwig Gf. (1712)		*	*	*	*	*	*	*	*	*	*	*		*	*		*		
Starhemberg, Gundaker Gf. (1712)	*	*	*	*	*	*	*	*	*	*	*	*	*	*	*	*	*	*	*
Paar, Carl Joseph Gf. (1712)	*	*	*	*	*	*	*	*	*	*									
Sinzendorf, Rudolf Sigmund Gf. (1712)	*	*	*	*	*	*	*	*	*	*	*	*				*	*	*	*
Althann, Michael Johann Gf. (1712)	*	*	*	*	*	*	*	*	*	*									
Cifuentes, Ferdinand de Sylva Gf. (1712)	*		*	*	*	*	*	*	*	*	*	*							
Schwarzenberg, Adam Franz Fürst (1712)	*	*	*	*	*	*	*	*	*	*			*						
Palffy, Nicolas Gf. (1712)	*																		
Kollowrat, Norbert Gf. (1712)	*																		
Oropesa, Vincent Pierre de Toledo et Portugal Gf. (1712)	*	*	*	*	*	*	*	*	*	*									

[Forts. Tabelle 13]

Anwesende Ordensritter (nach Anciennität)	1712	1713	1714	1715	1716	1717	1718	1719	1720	1721	1725	1730	1731	1732	1733	1736	1737	1738	1739
Portugal, Don Emanuel Infant (1721)										*									
Braunschweig-Lüneburg, Prinz Max Herzog (1721)										*	*								
Schleswig-Holstein, Leopold Prinz/Herzog (1721)										*	*	*	*	*	*	*	*	*	*
Cardona, Joseph Folk de (1721)										*									
Martinitz, Maximilian Guido Gf. (1721)										*		*	*						
Herberstein, Leopold Gf. (1721)										*	*								
Schlick, Leopold Gf. (1721)										*									
Khevenhüller, Sigmund Friedrich Gf. (1721)										*	*	*	*	*	*	*	*	*	*
Fürstenberg, Frobenius Fürst (1721)											*								
Wrtby, Johann Joseph Gf. (1721)										*									
Visconti-Borromeo, Julius Gf. (1721)															*				
Liechtenstein, Joseph Fürst (1721)										*	*	*	*						
Savalla, Johann Anton de Boxador Gf. (1721)										*	*	*	*		*	*			
Cardenas, Alfons Fürst (1721)																*	*	*	*
Lothringen, Franz Stephan Prinz (1723)											*								
Lobkowitz, Philipp Fürst (1731)													*		*				
Dietrichstein, Walter Xaver Fürst (1731)													*						
Paar, Joseph Ignatz Gf. (1731)													*	*	*				
Cobenzl, Johann Kaspar Gf. (1731)													*	*					
Kinsky, Franz Ferdinand Gf. (1731)													*	*	*				
Martinitz, Adolf Bernhard Gf. (1731)													*	*	*				
Monte Santo, Joseph de Norona Gf. (1731)													*	*	*	*	*	*	*

[Forts. Tabelle 13]

Anwesende Ordensritter (nach Anciennität)	1712	1713	1714	1715	1716	1717	1718	1719	1720	1721	1725	1730	1731	1732	1733	1736	1737	1738	1739
Pignatelli et Aragona, Diego Herzog di Monte Leone (1731)														*					
Schaffgotsch, Johann Anton Gf. (1731)													*						
Königsegg, Lothar Joseph Gf. (1731)													*	*	*		*		*
Santa Croce, Scipio Pubblicola Fürst (1731)														*					
Plettenberg, Ferdinand Gf. (1731)																*			
Schönborn, Franz Erwin Rudolf Gf. (1731)														*					
Trivulzio, Antonio Ptolomeo Fürst (1731)													*	*			*	*	
Alcaudete, Anton Diego von Portugal Gf. (1731)														*					
Schwarzenberg, Joseph Adam Fürst (1732)																	*	*	*
Lubomierski, Theodor Fürst (1734)																*			
Auersperg, Heinrich Fürst (1739)																			*
Dietrichstein, Johann Franz Gottfried Gf. (1739)																			*
Windischgrätz, Leopold Victor Gf. (1739)																			*
Wurmbrand, Johann Wilhelm Gf. (1739)																			*
Castellvi de Cervellon, Johann Basilius Gf. (1739)																			*
Althann, Gundaker Gf. (1739)																			*
Pesora, Johann Marchese (1739)																			*
Salm, Nikolas Fürst (1739)																			*
Pignatelli Stongoli, Ferdinand Fürst (1739)																			*
Sangro, Lucio Gf. (1739)																			*
Althann, Michael Johann Gf. (1739)																			*

reichen Klöstern, Kirchen und Heiligtümern, die sich in der ersten Hälfte
des 18. Jahrhunderts überall in den Erblanden voll entfaltete. Das kaiserliche Zeremoniell war mit den Kirchen und Klöstern Wiens und der näheren Umgebung stark verwoben. So nahm der Kaiser an zahllosen Andachten und Stiftungsfesten einzelner Kirchengemeinden und Klöster in Wien
und Umgebung teil.[819] Hinzu kamen besondere Wallfahrten, die jährlich
stattfanden: so die zweitägige Wallfahrt der Habsburger zum Grab des heiligen Leopold nach Klosterneuburg sowie die Wallfahrt nach Mariazell.[820]
Allerdings war der Grad an Öffentlichkeit sowie der jeweils praktizierte
Aufwand bei den unterschiedlichen geistlichen Anlässen durchaus verschieden. Zahlreiche kleinere Andachten fanden nur in der Hofkapelle
statt, waren also lediglich für die höfische Öffentlichkeit zugänglich. Die
Gottesdienste, denen der Kaiser in den verschiedenen Kirchen und
Klöstern der Stadt und Umgebung beiwohnte, waren dagegen nicht auf
die höfische Öffentlichkeit beschränkt.[821] Dies galt in noch stärkerem
Maße für die feierlichen Prozessionen und Gedenkveranstaltungen, an
denen der Kaiser und die höfische Adelsgesellschaft teilnahmen. Der Höhepunkt bei den feierlichen Prozessionen war dabei unzweifelhaft die
Fronleichnamsprozession, an der neben dem Klerus und dem Kaiser auch
ein großer Teil der Hofgesellschaft anwesend war.

Die Gesamtzahl der „Solennitäten" am Kaiserhof belief sich auf mehr
als 150 Festveranstaltungen im Jahr – eine eindrucksvolle Bilanz des Fest-
geschehens am Kaiserhof. Vor diesem Hintergrund wird verständlich, weshalb in der Forschung bisweilen von einem Alltag des Festes an den europäischen Fürstenhöfen die Rede ist.[822] Doch ist mit der bloßen Anzahl der
Festereignisse noch wenig ausgesagt. Die Mehrheit dieser „Solennitäten"
vollzog sich am Kaiserhof in einem überaus bescheidenen Rahmen und
erforderte keinen größeren Aufwand. Insbesondere die zahlreichen Gottesdienste, waren sie nun als Toisonstage oder als Andachten deklariert,
hatten wenig gemein mit der Vorstellung von rauschenden Festen am Hof.
Auch wenn die kaiserliche Familie im Anschluß an die Messe noch ein öffentliches Mittagsmahl zu sich nahm, blieb der festliche Rahmen meist
äußerst bescheiden. Auch die Öffentlichkeit blieb bei zahlreichen im Festkalender eingetragenen Hofereignissen am Kaiserhof auf wenige Teilnehmer der Hofgesellschaft beschränkt. Selbst die Galatage fanden oft
nur im Kreis der Hofgesellschaft statt, auch wenn hier der Aufwand recht
beträchtlich sein konnte. Andere Festlichkeiten wiederum entfalteten sich
vor den Augen der Hofgesellschaft wie auch der städtischen Untertanen
und verursachten beträchtliche Unkosten. Doch blieben solche Glanz-
punkte auf wenige Ereignisse des Festkalenders, meist nur auf die Galatage, beschränkt. „Solenn" war daher am Kaiserhof kein Sammelbegriff
für große Prachtentfaltung, sondern kennzeichnete vor allem, daß der kaiserliche Tagesablauf sich nicht in alltäglicher Weise vollzog.

e) ... und weitere Lustbarkeiten
(Bauernhochzeiten und Schlittenfahrten)

Neben den „Solennitäten" gab es am Kaiserhof noch einige „Lustbarkeiten", an denen die kaiserliche Hofgesellschaft teilnehmen konnte. Trotz dieser Bezeichnung waren sie wie die jährlich wiederkehrenden Hoffeiertage keineswegs reine Vergnügungsveranstaltungen. Sie unterlagen vielmehr strengen zeremoniellen Regelungen und erforderten darüber hinaus einen großen finanziellen Aufwand, wollte man an ihnen teilhaben. Dabei waren es vor allem zwei Veranstaltungsformen, die am Kaiserhof jährlich wiederkehrten: die „Wirtschaften" bzw. „Bauernhochzeiten" sowie die gemeinsame Schlittenfahrt.

Wirtschaften oder Bauernhochzeiten fanden am Kaiserhof unter Karl VI. nur noch in der Karnevalszeit statt.[823] Das berühmte Exempel einer Bauernhochzeit am Kaiserhof, die Kaiser Leopold I. aufgrund eines besonderen Anlasses, nämlich anläßlich des Besuches von dem inkognito reisenden Zar Peter dem Großen am 21. Juli 1698 veranstaltete,[824] fand unter Karl VI. keine Wiederholung. Ebenso wie bei anderen Hofereignissen auch waren die Festereignisse zunehmend an den zeremoniellen Jahresverlauf am Kaiserhof geknüpft. Abweichungen von der alljährlichen Vorgabe kamen dabei immer seltener vor. Auch die Lustbarkeiten folgten dem zeremoniellen Festkalender und wurden vom Kaiser nicht als flexibles Mittel zur Herstellung höfischer Geselligkeit eingesetzt. Bei den Bauernhochzeiten und Wirtschaften trat der Kaiser in der überwiegenden Mehrzahl der Fälle selbst als Veranstalter auf. Hierfür schlüpften der Kaiser und die Kaiserin in die Rolle von Wirt und Wirtin und traten sowohl während des Festmahles als auch während des sich daran anschließenden Balls als Gastherren der anwesenden Hofgesellschaft auf. Die übrigen Rollen sowie die jeweils gemeinsam auftretenden Paare wurden bereits etliche Monate zuvor ausgelost,[825] so daß die erforderlichen Vorbereitungen von den Teilnehmern an der Wirtschaft rechtzeitig getroffen werden konnten. Dieses Los bestimmte vor allem, in welcher Kleidung die Hofmitglieder bei der Wirtschaft am Kaiserhof aufzutreten hatten.[826]

Die Anzahl der Teilnehmer bei diesen Bauernhochzeiten war unterschiedlich und schwankte zwischen 12 und 60 männlichen Teilnehmern aus dem Kreis der adligen Hofgesellschaft, zusammen mit den Festpartnerinnen also zwischen 24 und 120 Personen. In der Regel nahmen zwischen 50 und 60 Personen an einer Bauernhochzeit am Kaiserhof teil. Nicht immer schien die Teilnahme aus vollkommen freien Stücken zu erfolgen. So bemerkte Johann Georg Keyssler zu der Bauernhochzeit im Jahre 1730, daß der Kaiser *„etlichen Kammerherren, Partey dabey zu machen befohlen"* mußte, um eine hinreichende Anzahl von Paaren zusammenzubringen, da sich der Andrang aus dem Kreis der Hofgesellschaft offenbar in Grenzen hielt.[827] Es ist durchaus denkbar, daß auch die Teilnehmer an anderen Bauernhochzeiten nicht sämtlich freiwillig erschienen, sondern sich ebenfalls kaiserlichen Anweisungen zu beugen hatten. Zwar gibt es für diese Annahme keinen eindeutigen Beleg. Die hohe Anzahl der Kämmerer bei sämtlichen Bauernhochzeiten legt diese Vermutung allerdings nahe. Offenbar war es übliche Praxis, die Teilnahme an den Karnevalsfeierlichkeiten als Teil der Dienstpflichten eines kaiserlichen Kammerherren zumindest dann einzufordern, wenn die Festgesellschaft allzu klein zu werden drohte. Da die Bauernhochzeiten nicht nur eine Vergnügungsveranstaltung waren, sondern darüber hinaus Bestandteil höfischer Repräsentationsbemühungen des Kaisers vor seiner Hofgesellschaft, hätte mangelnde Teilnahme immer auch als Zeichen fehlender Attraktivität des Kaiserhofes interpretiert werden können. Dies um so mehr, als die Liste der auf der Bauernhochzeit anwesenden Personen stets im Wiener Diarium auch öffentlich publik gemacht wurde. Sollte daher das Bild des Kaiserhofes in der höfischen Öffentlichkeit keinen Schaden nehmen, so mußte der Kaiser sich notfalls seiner Kämmerer bedienen, damit die Inszenierung einer höfischen Gesellschaft am Kaiserhof nicht scheiterte.

Auffällig ist an den Bauernhochzeiten aber nicht nur, wer daran teilnahm, sondern weit stärker noch, wer davon fernblieb. Vor allem die obersten Hofangehörigen und Minister des Kaisers schienen diesen Lustbarkeiten wenig Interesse entgegenzubringen. Den Namen Prinz Eugen sucht man unter den Verkleideten vergebens, ebenso die Namen anderer berühmter Minister. Von den Mitgliedern der Geheimen Konferenz unter Karl VI. war kein einziger Minister als Teilnehmer einer kaiserlichen Bauernhochzeit verzeichnet.[828] Aber auch die Teilnahme der obersten Hofchargen war eher spärlich. Der Obersthofmeister Anton Florian von Liechtenstein war nur einmal (1719) auf einer kaiserlichen Bauernhochzeit, sein Nachfolger Fürst Trautson keinmal, Sigmund Rudolf von Sinzendorf immerhin zweimal, einmal als Oberstkämmerer (1719), einmal als Obersthofmeister (1731). Ebenfalls einmal auf einer Bauernhochzeit vertreten war auch der Oberstkämmerer Johann Kaspar Graf Cobenzl sowie der Obersthofmarschall Adolf Graf Martinitz (1732). Nur drei Inhaber oberster Hofämter waren häufiger auf den kaiserlichen Bauernhochzeiten vertreten: der Obersthofmarschall und Oberststallmeister Fürst Adam Franz Schwarzenberg (fünfmal), der Oberststallmeister und Favorit des Kaisers Johann Michael Graf Althann (dreimal) sowie der Obersthofmarschall Fürst Heinrich von Auersperg (mindestens zweimal).

Bei dem Letztgenannten ist von besonderem Interesse, daß er zu einer Zeit regelmäßig als Teilnehmer bei den kaiserlichen Bauernhochzeiten erschien (1715–1732), als der Kaiser ihn noch nicht mit dem Amt des

Obersthofmarschalls oder einer vergleichbaren Hofcharge ausgezeichnet hatte, sondern er nur kaiserlicher Kämmerer war. Dies könnte auch eine Erklärung für die Zusammensetzung des Teilnehmerkreises dieser Festveranstaltungen am Kaiserhof sein. Bei den kaiserlichen Lustbarkeiten zeigten sich insbesondere diejenigen, die entweder gezielt die Nähe zum Kaiser suchten, um sich bei ihm für höhere Aufgaben in Erinnerung zu rufen und sich für ein hohes Amt am Kaiserhof zu empfehlen, also vor allem Mitglieder der höfischen Adelsgesellschaft, denen ein höheres Amt bisher versagt geblieben war. Oder es waren Kämmerer, denen der Kaiser die Teilnahme an dem Festereignis schlicht befohlen hatte. Deutlich zeigt sich dies bei einem Blick auf die Bauernhochzeit des Jahres 1719, an der auch der sächsische Kurprinz teilnahm. Insgesamt waren sechzig männliche Mitglieder der kaiserlichen Hofgesellschaft anwesend. Davon waren allein 31 Kämmerer, also mehr als die Hälfte der Teilnehmer. Weitere zehn hatten Ämter inne, die ebenfalls vor allem als Einstiegsämter in die kaiserliche Hofgesellschaft dienten; sieben waren Reichshofräte, drei weitere entweder niederösterreichischer Regimentsrat oder Hofkammerrat. Immerhin zwei von drei Teilnehmern bekleideten daher am Kaiserhof Ämter, mit denen sie zwar die Zugehörigkeit zum Kreis der adligen Hofgesellschaft unter Beweis stellen konnten, die allerdings keinen besonderen Einfluß verbürgten. Der hohe Anteil von Adligen, die am Kaiserhof Einstiegsämter bekleideten, läßt sich nicht nur am konkreten Beispiel der Bauernhochzeit des Jahres 1719 beobachten, sondern trifft in vergleichbarem Maße auf alle kaiserlichen Bauernhochzeiten zu. Das letzte Drittel unter den Teilnehmern dieses Jahres waren zum einen Inhaber oberster Hofämter (zehn Teilnehmer), was in dieser Häufung eine Ausnahme darstellte und wahrscheinlich mit der Teilnahme des sächsischen Kurprinzen in Zusammenhang stand. Ebenfalls recht stark vertreten waren daneben kaiserliche hohe Offiziere (ebenfalls zehn Teilnehmer). Die hohen Offiziere stellten auch bei anderen kaiserlichen Festveranstaltungen immer eine größere Gruppe der Teilnehmer. Entweder waren sie als Hofkriegsräte ohnehin die meiste Zeit am Kaiserhof persönlich anwesend, oder sie nutzten die Gelegenheit, anläßlich ihrer Anwesenheit in der kaiserlichen Residenz die Nähe zu Karl VI. zu suchen.

Wer allerdings aufgrund seiner Amtsgeschäfte in regelmäßigem persönlichen Kontakt zum Kaiser stand und darüber hinaus bereits hohe Positionen am Kaiserhof erreicht hatte, der schien es nicht mehr nötig zu haben, bei einem kaiserlichen Festereignis wie der Bauernhochzeit mit Anwesenheit zu glänzen. Ganz im Gegensatz zur regelmäßigen Teilnahme der obersten Minister an den Feierlichkeiten des Ordens vom Goldenen Vlies sucht man die bekannten Namen führender Minister am Kaiserhof bei diesen Veranstaltungen vergebens. Über die Gründe des Ausbleibens wichtiger

Personen der kaiserlichen Hofgesellschaft läßt sich nur spekulieren. So könnten die zeremoniellen Normen das Ihre dazu beigetragen haben, die Attraktivität der Bauernhochzeiten für die adlige Hofgesellschaft zu mindern. An keinem europäischen Hof waren die Bauernhochzeiten so scharfen Reglementierungen unterworfen wie am Kaiserhof. Der Zugang zu dem Verkleidungsbankett war streng geregelt und beschränkte sich ausschließlich auf den Personenkreis, der als „hoffähig" angesehen wurde. Insbesondere als Damen wurden nur diejenigen zur Bauernwirtschaft zugelassen, die über das Zugangsrecht zum Kaiser verfügten.[829] Die zeremoniellen Normen trugen dazu bei, daß die Teilnehmer die Veranstaltung eher als Mühe denn als Freudenereignis zu empfinden vermochten. Während an anderen Höfen Wirtschaften und Bauernhochzeiten dazu genutzt wurden, mit Hilfe der Verkleidung und dem damit einhergehenden Rollenwechsel die zeremoniellen Normen des Umgangs untereinander zu lockern,[830] blieb am Kaiserhof der strenge zeremonielle Rahmen weiterhin bestehen.[831] So notierte Johann Georg Keyssler in seinem Reisebericht über den Kaiserhof des Jahres 1730: *„Unter den Ergötzungen, welche sich der kaiserliche Hof machet, ist die Wirthschaft, so in der Carnevalzeit gehalten wird, zu rechnen, ob es gleich wegen des strengen Ceremoniels so lustig dabey nicht zugeht, als an andern Höfen bey solchen Maskeraden geschieht."*[832]

Neben den Zugangsbeschränkungen und dem strengen Zeremoniell waren es vermutlich auch die horrenden Kosten, die manches Mitglied der adligen Hofgesellschaft davor zurückschrecken ließen, an einer Bauernhochzeit des Kaiserhofes teilzunehmen. Da jeder Teilnehmer an der Bauernwirtschaft neben seiner eigenen Maskerade auch noch die Verkleidung seiner ihm zugelosten Dame zu finanzieren hatte, konnten sich die erforderlichen Unkosten leicht auf 3000 fl. summieren, was das Vergnügen merklich trüben konnte.[833] Hatte der Kaiser allerdings einen seiner Kämmerer zur Teilnahme an der Bauernhochzeit bestimmt, so blieb diesem keine Möglichkeit mehr, diesen Kosten auszuweichen. Unabhängig von der Frage nach seinen Einkünften hatte er die finanziellen Ausgaben als notwendige Investition anzusehen, wenn er am Kaiserhof Karriere machen wollte. Die Nähe zum Kaiser brachte bei solchen Anlässen Belastungen mit sich, von denen man nie genau sagen konnte, ob sie sich in Zukunft einmal auszahlten oder nicht. Für den Kaiser wiederum war es von Vorteil, wenn die Mitglieder der adligen Hofgesellschaft ihr ökonomisches Kapital für einen Anlaß investierten, der dem Glanz des Kaiserhofes und damit auch der kaiserlichen Selbstdarstellung unmittelbar zugute kam.

Neben den kaiserlichen Bauernhochzeiten führt das Wiener Diarium in zwei Fällen auch ein *„Faschings-Festin"* an, das im Ablauf einer kaiserlichen Wirtschaft ähnelte, jedoch nicht vom Kaiser veranstaltet wurde, sondern von herausragenden Mitgliedern des Kaiserhofes. So veranstalte-te Fürst Joseph von Liechtenstein, Geheimer Rat und Ritter des Golde-nen Vlieses, im Jahr 1725 ein solches Fest mit 52 namentlich erwähnten Gästen aus der kaiserlichen Adelsgesellschaft. Und im folgenden Jahr lud der Graf Aloys Thomas von Harrach ebenfalls eine Faschingsgesellschaft in sein Palais in der Residenz. Neben den 54 namentlich erwähnten Gästen in Verkleidung hatte ferner der *„gesamte alhiesige hohe Adel"* sowie der französische und der venezianische Botschafter dem Fest beige-wohnt. Daß diese Festveranstaltungen außerhalb der zeremoniellen Sphä-re des Kaiserhofes ebenfalls eine kostspielige Angelegenheit sein konnten, verwundert kaum, allenfalls in der Größenordnung: So soll allein der Wert der Verkleidungen beim Faschingsfest im Hause Harrach in der Summe über drei Millionen Gulden betragen haben und hat damit den am Kaiser-hof üblichen Aufwand bei den Verkleidungen der Bauernhochzeiten sogar noch übertroffen. Dennoch mochten die Karnevalsfeierlichkeiten in der Stadt Wien abseits des Kaiserhofes und dem Hofzeremoniell für viele Mit-glieder der adligen Hofgesellschaft attraktiver gewesen sein als die vom Kaiser veranstalteten Bauernhochzeiten.[834]

Ein besonderes „Divertissement" am Wiener Kaiserhof waren schließ-lich die winterlichen Schlittenfahrten, die je nach Schneelage mehrfach im Jahr veranstaltet wurden.[835] Diese höfische Form des Zeitvertreibs konnte auf eine noch längere Tradition zurückblicken als die Bauernhochzeiten und reichte bis in das 15. Jahrhundert zurück.[836] Ab der Mitte des 17. Jahr-hunderts läßt sich allerdings auch bei den Schlittenfahrten eine Steigerung der Prachtentfaltung konstatieren.[837] Es war insbesondere diese gesteiger-te Prachtentfaltung, die die Schlittenfahrt in Wien von denen in anderen Residenzstädten abhob. So konnte der Zug aus einer Folge von bis zu 51 Schlitten bestehen,[838] wobei jeder Schlitten prunkvoll gestaltet war und bis zu 30 000 fl. kostete.[839] Unter Karl VI. waren anläßlich der Hochzeit der Erzherzogin Maria Josepha mit dem sächsischen Kurprinzen im Jahre 1719 immerhin 41 Schlitten im Einsatz.[840] Die meisten anderen Schlitten-fahrten begnügten sich mit einem Zug aus zwanzig bis dreißig Schlitten. Der Ablauf wiederholte sich immer in ähnlicher Weise: Der Kaiser ordne-te den Zeitpunkt der Schlittenfahrt an und bestimmte die Teilnehmer. An-schließend wurden die Paare zugelost, ähnlich wie bei den Bauernhoch-zeiten auch. Zum vereinbarten Zeitpunkt fanden sich die namentlich be-stimmten Hofmitglieder zusammen, die alle in festlicher Hofkleidung zu erscheinen hatten.

Karl VI. nahm nur selten selbst an der Schlittenparade teil. Meist wurde der Zug von einem Mitglied der kaiserlichen Hofgesellschaft angeführt. Dann zog die Schlittenparade aus der Hofburg aus und fuhr durch die Straßen der kaiserlichen Residenzstadt.[841] Für dieses Spektakel wurden

Abb. 4: Anonym. Schlittenfahrt am Kaiserhof (1718); Bild: Albertina, Wien.

die für die Route festgelegten Straßen für den öffentlichen Kutschenverkehr gesperrt, um eine geschlossene Schneedecke möglichst lange zu konservieren. Bisweilen war es sogar erforderlich, mit aufgeschüttetem Schnee für eine ausreichende Unterlage zu sorgen, damit die kostbaren Schlitten keinen Schaden nahmen.[842] Fand das Ereignis statt, so waren auf jedem öffentlichen Platz Reiter der kaiserlichen Leibgarde postiert, die sich dem Zug der Paradeschlitten anschlossen.

Die Beobachtungen über den Teilnehmerkreis der Bauernhochzeiten lassen sich zum größten Teil auch auf die Teilnehmer der Schlittenfahrten übertragen. So blieben die meisten Minister der Geheimen Konferenz den Schlittenfahrten ebenfalls fern. Eine Ausnahme stellte nur die Schlittenfahrt des Jahres 1719 dar, die zu Ehren der Hochzeit des sächsischen Kurprinzen Friedrich August mit Erzherzogin Maria Josepha veranstaltet und vom Kaiser selbst angeführt wurde. Hieran nahmen sowohl der österreichische Hofkanzler Philipp Ludwig Graf von Sinzendorf als auch Gundaker von Starhemberg teil. Für beide Minister war es das einzige Mal, daß sie an dieser Lustbarkeit am Kaiserhof mitwirkten. Nur Friedrich Karl von Schönborn nahm zweimal im Jahre 1716 an einer Schlittenfahrt teil, wobei er die zweite Schlittenfahrt selber ausrichtete und den Zug der 36 Schlitten auch persönlich anführte. Dies blieb indes die absolute Ausnahme. Von den zehn Personen, die unter Karl VI. einen Platz in der Geheimen Konferenz innehatten, hatten nur drei jemals an einer Schlittenfahrt des Kaiserhofes teilgenommen. Auch bei den Schlittenfahrten waren es daher vor allem die Inhaber kaiserlicher Einstiegsämter, die den Teilnehmerkreis bildeten. Selbst auf der bereits erwähnten Schlittenfahrt des Kaisers im Jahre 1719, an der überdurchschnittlich viele Inhaber von hohen Ämtern am Kaiserhof teilnahmen,[843] stellten die Kämmerer, Reichshofräte und die anderen Räte (niederösterreichischer Regimentsrat, Hofkammerrat etc.) 18 von 34 adligen Teilnehmern, also mehr als die Hälfte.

Offensichtlich waren die Lustbarkeiten am Kaiserhof Veranstaltungen, die vor allem die Debütanten dazu zu nutzen versuchten, sich beim Kaiser in Erinnerung zu rufen. Mit ihrer Teilnahme konnten sie ihre Zugehörigkeit zur Hofgesellschaft demonstrieren, was für sie von größerer Bedeutung war als für die hohen Amtsträger in Wien, da diese ihre Zugehörigkeit bei zahlreichen Gelegenheiten untermauern konnten und sie allen Beobachtern des Hofes ohnehin bekannt waren. Da eine Beteiligung an einer Bauernhochzeit ebenso wie an einer kaiserlichen Schlittenfahrt eine kostspielige Angelegenheit war, verwundert es nicht, daß die meisten der Mitwirkenden, obgleich sie noch nicht in hohe Positionen am Kaiserhof gelangt waren, wohl aber überwiegend aus den vornehmsten Familien der Hofgesellschaft stammten, die sich eine Investition in das teure Festereignis leisten konnten, solange es als Zeichen der Verbundenheit mit dem

Kaiserhof vonnöten war. Daß der Kaiser mehrfach dazu gezwungen war, Kämmerern die Teilnahme an einer Bauernhochzeit als Amtspflicht aufzuerlegen, macht indes gleichfalls deutlich, daß die Lustbarkeiten in den Kreisen der Hofgesellschaft keineswegs ein allseits beliebtes Mittel der Interaktion darstellten. Wer es sich in sozialer Hinsicht leisten konnte, der suchte die finanziellen Kosten einer Bauernhochzeit und auch einer Schlittenfahrt zu meiden.[844]

f) Dynastie und Herrschaft: zeremonielle Festlichkeiten zu besonderen Anlässen

Neben den Festtagen, die der Kalender jedes Jahr vorsah, gab es auch Feierlichkeiten, die aufgrund eines besonderen Ereignisses veranstaltet wurden. Dies waren meist Anlässe, die das Kaiserhaus und die kaiserliche Familie betrafen, wie die Feier anläßlich der Geburt eines männlichen (vermeintlichen) Herrschernachfolgers, verschiedene Hochzeitsfeierlichkeiten oder aber die Trauerzeremonien anläßlich eines Todesfalls in der kaiserlichen Familie. Daneben konnten mit besonderen Festlichkeiten auch herausgehobene politische Ereignisse feierlich zelebriert werden. Insbesondere bei Huldigungen der erbländischen Stände, bei den Krönungen im Reich in Ungarn und Böhmen fanden solche Feste statt. Aber auch der Besuch eines Kurfürsten am Kaiserhof wurde mit besonderen Festlichkeiten begangen. Nicht alle Feierlichkeiten fanden am Kaiserhof selbst statt. So wurden die Krönungsfeierlichkeiten an den jeweiligen Krönungsorten in Frankfurt, in Preßburg und in Prag begangen. Ebenso vollzogen sich die Huldigungsfeierlichkeiten in den Residenzstädten der einzelnen Erblande, also in Linz, Graz und Innsbruck; nur die niederösterreichischen Stände huldigten Karl VI. in der kaiserlichen Hofburg. Zwar waren an all diesen Festlichkeiten außerhalb Wiens stets auch zahlreiche Mitglieder der kaiserlichen Hofgesellschaft anwesend. Dennoch lassen sich nur die Feste an den kaiserlichen Residenzen selbst im engeren Sinne als Feste des Kaiserhofes umschreiben, weshalb im folgenden auch nur solche Festlichkeiten zur Sprache kommen sollen.

Zahlreiche „Familienereignisse", die das Kaiserhaus betrafen, waren keineswegs nur auf den familiären Rahmen beschränkt. Sie waren nicht privater, sondern in höchstem Maße politischer Natur. Die Geburt eines Nachfolgers oder der Tod des Kaisers entschied über den Fortbestand der Dynastie und damit über die weitere Existenz der Habsburgermonarchie. Dementsprechend waren Ereignisse, die die Nachfolgefrage des habsburgischen Herrscherhauses berührten, auch für die ganze europäische Fürstengesellschaft von großem Interesse. Alle Neuigkeiten wurden daher

einer breiten Öffentlichkeit bekannt gemacht. War ein Thronfolger zu erwarten, so wurde diese Nachricht schon frühzeitig an den europäischen
Fürstenhöfen verkündet. Bereits die Schwangerschaft wurde „*allenthalben
public gemacht*", anderen Höfen ebenso gemeldet wie den eigenen Landständen, und besondere Gebete in allen Kirchengemeinden für eine ge-
sunde Niederkunft bezogen auch die Untertanen in diese Öffentlichkeit
mit ein.[845]

In Wien gab es unter Karl VI. nur einmal – vorübergehend – Anlaß zur
Freude über die Geburt eines männlichen Nachfolgers. So gebar die Kaiserin Elisabeth Christina am 13. April 1716 einen Sohn, der sogleich auf
den Namen Leopold getauft und mit dem Herrschaftstitel Erzherzog von
Österreich und Prinz von Asturien bedacht wurde. Dies ging mit besonderen Feierlichkeiten einher.[846] Zuerst teilte man den in der kaiserlichen
Ante-Camera wartenden „*aus- und inheimischen Ministern und Cava-
lieren*" die erfolgreiche Entbindung mit und ließ kurz darauf die Glocken
von St. Stephan läuten, die ebenfalls von der Geburt künden sollten. Eine
Abendlitanei mit dem gesamten Domkapitel eröffnete dann die Dankes-
feiern, die am Abend mit „*Jubel-Geschrey und Freuden Schießen*" in der
Stadt Wien und in den Vorstädten begangen wurden. Am nächsten Morgen folgten dann die Dankesfeierlichkeiten im Rahmen der höfischen Öffentlichkeit: In Gegenwart des Kardinals von Sachsen, des päpstlichen
Nuntius, des venezianischen Botschafters sowie der Ritter vom Goldenen
Vlies wurde in der Hofkapelle ein Dankgottesdienst abgehalten. Am
Abend desselben Tages folgte dann die Taufzeremonie, zu der ebenfalls
zahlreiche Geistliche, darunter der päpstliche Nuntius, die Erzbischöfe
von Prag und Valencia sowie 23 weitere Bischöfe und Prälaten erschienen.[847] Ferner fanden sich 16 Angehörige des Ordens vom Goldenen Vlies
ein sowie zahlreiche Geheime Räte, Kämmerer und Vertreter der niederösterreichischen Landstände.

Entsprechend der größeren Öffentlichkeit fand die Taufe in der Ritterstube der Hofburg statt, zu der ja nicht nur ausgewählte Mitglieder der
Hofgesellschaft Zutritt hatten. Der Einzug in diesen Raum vollzog sich in
strenger Rangreihenfolge: Zuerst hatten die Vertreter der niederösterreichischen Landstände zusammen mit den Adligen ohne Hofamt einzutreten, dann folgten die Kämmerer sowie die Geheimen Räte, dahinter der
Kardinal von Sachsen und der venezianische Botschafter, dann die Ritter
vom Goldenen Vlies, unter denen sich in Begleitung des Prinzen Eugen
und des Grafen Philipp von Dietrichstein auch der Kaiser selbst befand,
und schließlich die weiblichen Mitglieder der kaiserlichen Familie, mit den
verwitweten Kaiserinnen, den Erzherzoginnen und der Kaiserin selbst
samt Hofstaat. Der Säugling wurde zuerst von der Aya des Erzherzoges
aus dem Schlafzimmer der Kaiserin bis in die Ante-Camera getragen,

dann übergab sie ihn an den kaiserlichen Obersthofmeister, der ihn bis in die Ritterstube zu tragen hatte. Hier erfolgte dann die Taufe mit der Namensgebung und der Titelverleihung. Direkt im Anschluß an die Taufe fand dann die Aufnahme des jungen Erzherzogs in den Ritterorden vom Goldenen Vlies statt, gemäß dem Beispiel des Herzogs Philipp des Guten von Burgund, der seinem Sohn Karl dem Kühnen ebenfalls unmittelbar nach der Taufe die Ordenskette umgelegt hatte.[848] Begleitet wurden diese Zeremonien durch Salutschüsse der Stadtguardia, die auf der Burgbastei und der Stadtmauer Aufstellung genommen hatte. Die Feierlichkeiten in der Stadt dauerten noch zwei Tage an. Dabei errichteten mehrere adlige Höflinge vor ihren Stadtpalästen Ehrengerüste (kurzzeitig aufgestellte Denkmalarchitektur), um des Ereignisses zu gedenken. Der Kaiser wiederum vergab an mehrere Adlige kaiserliche Ehrenämter und ernannte mehrere Adelspersonen zu Kämmerern, Geheimen Räten und zu Rittern vom Goldenen Vlies.

Die politische Bedeutung des Festereignisses kommt in der großen Öffentlichkeit zum Ausdruck, die in die Feiern mit einbezogen war. Die Feierlichkeiten waren nicht auf die höfische Gesellschaft beschränkt, sondern bezogen die eigenen Untertanen ebenso ein wie die Gesandten der europäischen Fürstengesellschaft. Die Stadtbevölkerung in Wien stand dabei gewissermaßen stellvertretend für die gesamte Untertanenschaft der Habsburger. Ebenso hatten die Vertreter der niederösterreichischen Landstände die symbolische Funktion, mit ihrer Grußadresse die Glückwünsche der Landstände sämtlicher Erblande sichtbar zu machen. Ferner waren die beiden anwesenden europäischen Gesandten im Botschafterrang, der päpstliche Nuntius Spinola sowie der venezianische Botschafter Grimani, als sichtbare Zeugen der europäischen Fürstengesellschaft persönlich zugegen. Die Beschreibung des Ereignisses sowie der Festlichkeiten im Wiener Diarium tat ein übriges, die Geburt des kleinen Leopold bekannt zu machen. Welche Personengruppen in den Festablauf einbezogen waren, blieb dabei keineswegs dem Zufall überlassen. Der Fortbestand der Dynastie war für die Hofgesellschaft, die Landstände und die Untertanen sowie für die Vertreter der anderen europäischen Dynastien gleichermaßen von Interesse. Daher waren alle Personengruppen auch in die Festlichkeiten integriert.

In noch stärkerem Maße zeigt sich die Ausweitung der Hoföffentlichkeit bei den Trauerfeierlichkeiten, mit denen der Tod eines Mitgliedes der kaiserlichen Familie begleitet wurde. Starb ein Kaiser, die Kaiserin oder eines ihrer Kinder, sofern es älter als 12 Jahre war, so hatte sich am Kaiserhof um die Mitte des 17. Jahrhunderts für die Trauerfeierlichkeiten ein zeremonielles Verfahren etabliert, von dem man nur in seltenen Ausnahmefällen – zum Beispiel bei einem Todesfall aufgrund einer ansteckenden

Krankheit – in einzelnen Punkten abwich.[849] Zwar setzte die Hofkonferenz, die über die zeremoniellen Regelungen der Trauerfeierlichkeiten zu beraten hatte, dieses Zeremoniell immer wieder aufs neue fest, doch folgte sie dabei im 18. Jahrhundert stets dem zeremoniellen Verfahren, das sich bereits bei der Beisetzung Ferdinands III. etabliert hatte.[850] Dieses Verfahren lief folgendermaßen ab[851]: Nach dem Tod des Kaisers hatten kaiserliche Kammerherren die folgenden drei Tage im Sterbezimmer Totenwache zu halten. Außerdem wurden die Tapeten an den Wänden der Ritterstube abgenommen und durch schwarze Tücher ersetzt. Dann erfolgte die Entnahme der Organe sowie die Einbalsamierung des Leichnams. Anschließend trugen vier Kammerdiener den Leichnam in die Ritterstube und bahrten ihn auf dem Paradebett auf – zusammen mit seinen Herrschaftsinsignien, der Kaiserkrone, dem Reichsapfel, dem Zepter, dem Orden vom Goldenen Vlies sowie der böhmischen und der ungarischen Krone. Vor der Ritterstube und vor dem Paradebett standen ebenfalls vier Kammerherren sowie einige Mitglieder der kaiserlichen Leibgarde und hielten Wache. Nach weiteren drei Tagen legte man den kaiserlichen Leichnam in den Sarg, bestattete das Herz des Kaisers in der Loretokapelle und das Hirn des Kaisers sowie seine anderen Eingeweide in der Hofkapelle. Anschließend begann am Abend der Trauerzug. Zuerst trugen zwölf kaiserliche Kämmerer den Sarg von der Ritterstube über einen Verbindungsgang in die Augustinerkirche, die zugleich als kaiserliche Hofkirche diente. Von dort startete die Trauerprozession, die bis zu 1500 Personen umfassen konnte.[852] Sie umfaßte neben zahlreichen Delegationen von Männern, Frauen und Kindern der Hospitäler und Armenspitale in Wien und der Mönche der verschiedenen Klöster der Stadt die Mitglieder des äußeren und des inneren Stadtrates, des kaiserlichen Stadt- und Landgerichts, Vertreter der Wiener Universität und der niederösterreichischen Stände, das Domkapitel sowie schließlich die Mitglieder der kaiserlichen Hofgesellschaft: die Kämmerer, Geheimen Räte und die Ritter vom Goldenen Vlies. Ferner gingen die auswärtigen Botschafter ebenfalls hinter den vier obersten kaiserlichen Hofämtern im Trauerzug mit. Ziel des gesamten Zuges war die Kapuzinerkirche, in der der kaiserliche Leichnam unter den Augen der kaiserlichen Familie, der obersten Amtsträger sowie der anwesenden Geistlichkeit beigesetzt wurde. Der gesamte Ablauf der Trauerfeierlichkeiten war dabei zeremoniell geregelt: die Ordnung innerhalb des Trauerzuges, die streng abgestuft nach der Rangzugehörigkeit erfolgte, sowie alle weiteren Details – der Weg des Leichenzuges, die Trauermusik, die zu tragende Trauerkleidung,[853] die Anzahl der Kämmerer, die den Sarg zu tragen hatten,[854] sowie die Öffentlichkeit und das Verfahren bei der Beisetzung in der Kapuzinerkirche selbst.

Vor allem die Teilnahme der verschiedenen Personen und Personengruppen am Trauerzug des verstorbenen Kaisers war keine Folge spontaner Trauerbekundungen. Wer am Begräbnismarsch anwesend zu sein hatte, wurde den unterschiedlichen Korporationen und sozialen Gruppen vielmehr entweder schriftlich oder durch Läufer mitgeteilt. Dieser Befehl regelte auch, ob die jeweiligen Personengruppen vollständig „in corpore" zu erscheinen hatten oder „per deputatos".[855] Die Teilnahme einer breiten Öffentlichkeit an den Trauerfeierlichkeiten war vom Hofzeremoniell so vorgesehen. Beim Tod eines regierenden Herrschers, seiner Gemahlin oder derjenigen Kinder, die älter waren als zwölf Jahre, wurde die Landestrauer ausgerufen und den Untertanen ebenso wie den europäischen Höfen bekannt gemacht.[856] Wie in der Bezeichnung der Landestrauer schon anklingt, waren die Trauerregelungen nicht nur auf den Hofstaat beschränkt, sondern betrafen die gesamten Erblande. In allen Kirchen mußte die Landestrauer von den Pfarrern verlesen werden, ferner läuteten sechs Wochen lang täglich zur Mittagsstunde zwischen elf und zwölf Uhr in allen Kirchen des Landes die Glocken. Musik, Tanz, Komödien und ausgelassene Festlichkeiten waren den Untertanen auf ein Jahr verboten.[857] Diese allgemeinen Trauerkundgebungen im gesamten Herrschaftsgebiet der Habsburger galten als Ausdruck der kaiserlichen Magnifizenz sowie der Verehrung der Untertanen gegenüber ihrem Landesherrn. Dadurch, daß das gesamte Land an den Trauerbekundungen teilnahm, wurde die enge Verbundenheit auch derjenigen sichtbar symbolisiert, die nicht im persönlichen Kontakt zum Kaiser standen.

Es war daher nur folgerichtig, daß man am Kaiserhof bemüht war, diese inszenierte Verbundenheit der Untertanen sowie der Hofgesellschaft mit ihrem verstorbenen Landesherrn in verschiedenen Medien zu dokumentieren. Es lassen sich daher insbesondere von den Trauerzügen zahlreiche Kupferstiche und Radierungen finden,[858] die wohl vor allem dazu dienen sollten, die Trauerfeierlichkeiten auch in der europäischen Fürstengesellschaft bekannt zu machen. Die Art der stilisierten Darstellung dieser Trauerkondukte war dabei stets dieselbe: Nicht enden wollende Menschenschlangen, die sich am oberen Bildrand meist im Horizont verlieren, veranschaulichen die Menschenmengen, die zusammenströmten, um dem Kaiser die letzte Ehre zu erweisen. Zugleich aber sind die teilnehmenden Menschen in strikter Regelmäßigkeit aneinandergereiht, um die zeremonielle Ordnung des Zuges und ihre genaue Einhaltung zu verdeutlichen. Bisweilen werden die teilnehmenden Personen und Personengruppen auch in einer Legende namentlich aufgeführt.[859] Es war wohl kein Zufall, daß die Größe der dargestellten Personen und die damit verbundene Erkennbarkeit auf den Abbildungen der Trauerzüge direkt mit deren Stellung in der höfischen Rangfolge korrespondierte. Im Vordergrund war daher stets der Sarg des Kaisers zu sehen, umringt von 24 Kämmerern, die ihrerseits von 48 Edelknaben sowie Trabanten der kaiserlichen Leibgarde begleitet wurden. Aber auch die Erkennbarkeit der kaiserlichen Hofgesellschaft war auf den Abbildungen gewährleistet. Die zeremonielle Rangfolge war damit auch für die bildliche Darstellung des Ereignisses unmittelbar bestimmend. Neben den Bildquellen nahmen sich auch Textbeschreibungen des Zeremoniells der Trauerfeierlichkeiten an und hielten den Ablauf des Trauerzeremoniells minutiös fest, sowohl im Wiener Diarium als auch in separaten Druckwerken.[860]

Das Trauerreglement sah Trauerbestimmungen nicht nur bei einem Todesfall in der kaiserlichen Familie vor, sondern ebenso bei jedem prominenten Todesfall in einer europäischen Dynastie. In diesem Fall rief die Hofkonferenz eine Hof- oder eine Kammertrauer aus. Dabei konnte das Trauerreglement unterschiedlich ausfallen, abhängig vom Rang des verstorbenen Fürsten sowie von der Nähe zur kaiserlichen Familie.[861] So waren die Trauerbestimmungen für den 1729 verstorbenen Herzog von Lothringen besonders umfangreich und aufwendig, vermutlich da sich die enge Verbindung zwischen der habsburgischen und der lothringischen Dynastie bereits abzuzeichnen begann. Der Sohn des Herzogs, Franz Stephan von Lothringen, weilte bereits seit 1723 am Kaiserhof und galt bereits als möglicher Gemahl für die Erzherzogin Maria Theresia.[862] Auch die verwandtschaftliche Verbindung hatte Auswirkungen auf die Gestaltung des Trauerzeremoniells. So trat im März 1736 nach dem Tod des Prinzen Carlos von Portugal eine Hofkonferenz zusammen, um die Art der Trauerbestimmungen exakt auf den festgestellten Verwandtschaftsgrad anpassen zu können.[863] Lag ein verwandtschaftliches Verhältnis nicht vor, begnügte man sich am Kaiserhof meist mit einer Kammertrauer, nur in Ausnahmefällen fand auch die Hoftrauer Anwendung – doch waren die Unterschiede zwischen beiden Trauerreglements ohnehin fließend.[864] Im einzelnen hatte jeweils die Hofkonferenz über Art und Dauer der Hoftrauer zu befinden. So erhielt der verstorbene französische König Ludwig XIV. eine „Große Cammerklag" zugesprochen,[865] die sechs Wochen andauerte und dann vermindert wurde.[866] Beim Tod anderer Mitglieder königlicher oder fürstlicher Häuser erteilte die Hofkonferenz meist eine „Kleine Cammerklag", so anläßlich des Todes des älteren Sohnes des Großherzoges der Toskana, Cosimos III.,[867] der Großherzogin der Toskana, Margarete Ludmilla, geborene Herzogin von Orleans,[868] des Ablebens der Duchesse de Berry,[869] der Tochter Philipps II. von Orléans oder des Landgrafen Ernst Ludwig von Hessen-Darmstadt.[870] Die Hoftrauer dauerte in den meisten Fällen sechs Wochen, bisweilen auch drei Monate. Kammertrauern waren dagegen oft auf vier Wochen beschränkt. In Einzelfällen waren hingegen Abweichungen möglich. Grundsätzlich waren allerdings nur die kaiserliche Hofgesellschaft sowie die kaiserliche Familie selbst vom Trauerreglement betroffen und die Trauerbestimmungen weitestgehend auf die höfische Öffentlichkeit beschränkt.[871] Das Trauerreglement erstreckte sich vor allem auf Kleidungsbestimmungen, ferner wurden die kaiserlichen Gemächer sowie die kaiserlichen Kutschen mit schwarzem Taft behängt. Hoffestivitäten wurden dem Anlaß entsprechend in reduzierter Form ausgetragen.[872] Einen Teil der Kosten der Traueranordnungen für die Mitglieder und Bediensteten des kaiserlichen Hofes trug die Hofkammer, die den einzelnen Bediensteten gemäß ihrer Stellung einen Unkostenbeitrag für die Trauerbestimmungen zuteilte.[873]

Sieht man in dem Grad der medialen Inszenierung einen Indikator für die Bedeutung, die das dargestellte Ereignis am Kaiserhof über den Kreis der höfischen Gesellschaft hinaus für die europäischen Fürstenhöfe hatte, so waren auch und gerade die Hochzeitsfeierlichkeiten der kaiserlichen Familie von großer Wichtigkeit. Kupferstiche dokumentierten die dabei sichtbare Entfaltung der höfischen Pracht der Fürstenhochzeit für die europäischen Fürstenhöfe.[874] Eheschließungen waren vor allem dynastische Verbindungen mit strategischer Bedeutung, da sie den Fortbestand des habsburgischen Herrschaftsgebietes sichern, aber auch Erbansprüche anderer Dynastien nach sich ziehen konnten, die die weitere Existenz der habsburgischen Herrschaft in Frage stellten. Die kriegerischen Auseinandersetzungen um die österreichische Erbfolge nach dem Tod Karls VI. sind hierfür ein eindrucksvolles Beispiel. Da die Hochzeit darüber hinaus stets mit einem Mitglied einer anderen Herrscherdynastie europäischen Ranges erfolgte, waren die Hochzeitsfeierlichkeiten auch auf europäischer Bühne von großem Interesse. Eheverbindungen mit den Habsburgern waren unter Karl VI. noch von zusätzlicher Brisanz, wußten doch alle Fürstenhäuser sehr genau, daß eine männliche Erbfolge nach dem Tod Karls VI. nicht zu erwarten war – seine Bemühungen, der Pragmatischen Sanktion überall in Europa zu völkerrechtlicher Anerkennung zu verhelfen, hatten nicht nur den außenpolitischen Handlungsspielraum des Kaisers zunehmend gelähmt. Sie trugen auch dazu bei, dem Nachfolgeproblem der Habsburger die Aufmerksamkeit der europäischen Fürsten zu sichern. Die Dynastie, der es gelang, mit den Habsburgern eine Heiratsverbindung einzugehen, konnte sich zumindest eine gewisse Option offenhalten, nach dem eingetretenen Erbfall vielleicht doch – trotz der festgeschriebenen Erbfolge in der Pragmatischen Sanktion – von dem Erbe zu profitieren. Es verwundert daher kaum, daß die Hochzeitsfeierlichkeiten am Kaiserhof unter Karl VI. eine gesteigerte Aufmerksamkeit beanspruchen konnten.

Der Kaiserhof erlebte unter Karl VI. drei Hochzeitsfeierlichkeiten, in denen sich die Erzherzoginnen mit Prinzen der europäischen Fürstengesellschaft verbanden. Im einzelnen war dies die Vermählung Erzherzogin

Maria Josephas mit dem sächsischen Kurprinzen Friedrich August (1719), dann die Verbindung Erzherzogin Maria Amalias mit dem bayerischen Kurprinzen Karl Albrecht (1722) und schließlich die Ehe zwischen Erzherzogin Maria Theresia und dem Herzog des Hauses Lothringen, Franz Stephan (1736). Alle drei Hochzeitsfeierlichkeiten wurden als zeremonielles Großereignis für die Öffentlichkeit der europäischen Fürstengesellschaft inszeniert. Zum einen hatten alle drei Veranstaltungen einen großen Planungsvorlauf, in dem in mehreren Sitzungen der Hofkonferenz über den Ablauf und alle Modalitäten des Zeremoniells beraten wurde. Zum anderen hielt man alle zeremoniellen Regelungen dieses Festereignisses schriftlich fest, so daß das Zeremoniell der vorangehenden Hochzeitsfeierlichkeiten stets als Grundlage für die Ausrichtung der folgenden Hochzeit dienen konnte. Aber auch auf ältere Hochzeitsveranstaltungen konnte die Hofkonferenz als Präzedenzfall zurückgreifen: So war in den Zeremonialprotokollen der Ablauf aller drei Hochzeiten des Kaisers Leopold I. enthalten.[875]

Im Vergleich zu dem Aufwand, mit dem die erste Vermählung Leopolds I. mit der spanischen Infantin Margarete Theresia begangen wurde, blieben die Feierlichkeiten unter Karl VI. in wesentlich bescheidenerem Rahmen.[876] Die Inszenierung der Hochzeiten der drei Erzherzoginnen hob sich nicht wesentlich von den sonstigen Galafeierlichkeiten am Kaiserhof ab. Alle Festveranstaltungen blieben in dem Rahmen, den das zeremonielle Herkommen dafür vorsah. Karl VI. suchte die Vortrefflichkeit der kaiserlichen Stellung nicht noch dadurch zu unterstreichen, daß er sich um eine besonders herausgehobene Prachtentfaltung und Opulenz bemühte. Insbesondere im Vergleich zu den Hochzeitsfeierlichkeiten, mit denen die Eheverbindungen jeweils am Dresdner und später am Münchner Hof begangen wurden, zeigte sich der zurückgenommene Charakter der Feierlichkeiten am Kaiserhof. Dies wird besonders deutlich, wenn man die Hochzeitsfeierlichkeiten anläßlich der Vermählung der Erzherzogin Maria Josepha mit dem sächsischen Kurprinzen Friedrich August von Sachsen vergleicht, die hintereinander zuerst am Kaiserhof in Wien und dann am polnisch-sächsischen Hof in Dresden im Jahr 1719 abgehalten wurden. Der Aufwand, mit dem in Dresden die Hochzeit feierlich begangen wurde, übertraf die Festlichkeiten in Wien bei weitem.[877] Dies läßt sich ebenso auch für die Hochzeitsbankette feststellen, die in beiden Residenzen zeitversetzt stattfanden. Dabei hielt man sich in Wien an den für diese Anlässe herkömmlichen Rahmen: Die Festtafel war im Opernsaal der Favorita errichtet und stand allen Mitgliedern der Hofgesellschaft offen. An der auf einem Podest erhöhten Tafel saßen neben dem Kaiserpaar nur die Braut und der Bräutigam sowie die beiden verwitweten Kaiserinnen und die Erzherzoginnen Magdalena, Elisabeth und Maria Amalia. Vor den

Augen der Hofgesellschaft trugen der Oberstküchenmeister und der Oberstsilberkämmerer die Speisen auf, wie es auch an Galatagen am Kaiserhof üblich war.[878] Der türkische Botschafter war ebenfalls zugegen und betrachtete die Tafelfreuden inkognito von einer Loge.[879] Die anderen Botschafter hatte man hingegen nicht eingeladen, um Rangstreitigkeiten mit dem sächsischen Kurprinzen aus dem Weg zu gehen, weshalb sie auch nicht erschienen.[880] Der Ablauf des Festbanketts folgte in allen Punkten dem Zeremoniell, das auch für die Galatage am Kaiserhof vorgesehen war.[881] Eine darüber hinausgehende Prachtsteigerung hielt man in Wien nicht für opportun. In Dresden war man dagegen bemüht, die Wiener Festlichkeiten in allen Punkten, auch beim Tafelzeremoniell, zu übertreffen.[882] So wurden August dem Starken und seiner Gemahlin alle Speisen und Getränke erst nach dreifacher Aufwartung übergeben. Die Brautleute wurden dagegen nur mit einer zweifachen Aufwartung bedacht. Beim Tafelzeremoniell am Kaiserhof waren alle nur mit einer zweifachen Aufwartung bedacht worden, eine Unterscheidung, die den Rang des sächsischen Kurfürsten und polnischen Königs noch besonders herausstellen sollte. Auch verzichtete man in Wien beim Hochzeitsbankett auf das förmliche Kredenzen der Speisen, während es bei der „Solennen Tafel" in Dresden mit großem Aufwand praktiziert wurde – ein zeremonielles Verfahren, das sich an das französische Tafelzeremoniell anlehnte.[883] In Dresden setzte August der Starke das Zeremoniell daher in der Tat als Mittel ein, die eigene Repräsentation und Prachtentfaltung in Konkurrenz zum Kaiserhof zu unterstreichen, und paßte die zeremoniellen Normen des Dresdner Hofes an diese Situation an, indem er sich bemühte, das kaiserliche Zeremoniell noch zu übertreffen.

3. Zeremonielle Normen und deren Entstehung

a) Zeremonialvorschriften am Kaiserhof

Zahlreiche Bereiche der höfischen Interaktion waren durch zeremonielle Normen unterschiedlichster Art reglementiert und formalisiert. Dabei bildete die Summe der Zeremonialvorschriften die rechtliche Grundlage für die zeremoniell geregelte Interaktion. Die umfassendste Regelung des Hoflebens findet sich meist in sogenannten Hofordnungen, die der jeweilige Landesherr zur Organisation seines Hofes verabschiedete. Diese Hofordnungen haben in der „Policeygesetzgebung" ihr rechtliches Pendant.[884] Wie bei der Policeygesetzgebung gehen auch bei den Hofordnungen die Bereiche der Verwaltungsanweisung und der Gesetzgebung nahtlos ineinander über. Der wichtigste Unterschied beider Gattungen besteht in dem

Verzicht, die Hofordnungen in Druck zu geben. Der Aspekt landesherrlicher Selbstdarstellung, die mit dem „Publikationsakt der Norm" immer
verbunden war und in der frühen Neuzeit einen mitentscheidenden Grund
für obrigkeitliche Gesetzgebungsbemühungen darstellte, bleibt für die
Hofordnungen ausgespart. Die Landesherren verzichteten bis in die Mitte
des 18.Jahrhunderts darauf, Normen, denen die Hofgesellschaft unterworfen war, auch einer außerhöfischen Öffentlichkeit bekannt zu machen.[885]
    Wenn das Zeremoniell am Hofe als ein wichtiges fürstliches Herr-
schaftsmittel anzusehen ist,[886] ja wenn damit gar zwischen unterschiedlichen Gruppen eine Machtbalance am Hof immer wieder neu hergestellt
werden sollte,[887] dann müßte sich das in zahllosen Eingriffen des Fürsten
in das Hofzeremoniell niederschlagen. Ein Blick auf die am Kaiserhof gül-
tigen Zeremonialvorschriften läßt diese Deutung jedoch zumindest für
den Wiener Hof äußerst fraglich erscheinen. Allgemeine Grundlage des
Hofzeremoniells sowie der Zusammensetzung des Hofstaates waren auch
im 18.Jahrhundert immer noch die Hofordnungen, die Ferdinand I. in den
Jahren 1527 und 1537 erlassen hatte.[888] Noch im Jahre 1837 wurden sie als
grundlegende Norm des Hofzeremoniells aufgeführt.[889] Daß ihnen eine so
lange Gültigkeit vergönnt sein sollte, dürfte ihr Schöpfer damals nur
schwerlich geahnt haben. Schließlich waren beide Hofordnungen aus ganz
praktischen Bedürfnissen erwachsen. Mit dem Beginn der Regierungszeit
Ferdinands I. als Erzherzog der österreichischen Erblande im Jahr 1521
entstand auch die Keimzelle einer fürstlichen Hofhaltung in Wien.[890]
Diese erste Etablierung des königlichen Hofes samt Hofstaat in Wien
machte Anfang des 16.Jahrhunderts eine grundlegende Ordnung der Hof-
dienste, Hofämter und Rangverhältnisse erforderlich. Mit diesen Ordnungen sowie weiterer Instruktionen, die die einzelnen Hofämter betrafen,
wurden die wesentlichen Hofämter überhaupt erst ins Leben gerufen.
Dabei waren die Hof- sowie die Verwaltungsämter zum Zeitpunkt ihrer
Entstehung nicht klar getrennt – was sich bis in die Mitte des 18.Jahrhun-
derts nicht wesentlich ändern sollte.
    Die Entstehungsgeschichte des Zeremoniells sowie die daran geknüpfte
Frage nach den kulturellen Wurzeln ist für diese Untersuchung eher ein
Randaspekt. Vielfach wird in der historischen Forschung die Ansicht
wiedergegeben, der Kaiserhof hätte das spanisch-burgundische Hofzeremoniell übernommen. Dagegen führt Christina Hofmann mit gutem
Grund den Zeitpunkt der Einrichtung des kaiserlichen Zeremoniells an.[891]
Da das berühmte spanische Hofzeremoniell erst 1548 in Kraft trat, konnte
es schwerlich die 1527 eingeführte Hofordnung Ferdinands I. beeinflußt
haben. Und auf welchen Wegen sich eventuell Einflüsse des burgundischen Hofzeremoniells am Kaiserhof ausgewirkt haben könnten, ist ebenfalls ziemlich unklar.[892] Es gab in den folgenden Jahrhunderten immer

wieder einzelne Modifikationen am Hofzeremoniell und es wurden die
zeremoniellen Normen insbesondere immer mehr verfeinert – auch unter
spanischem Einfluß, beispielsweise aufgrund der zahlreichen Heiraten mit
der spanischen Linie der Habsburger.[893] Ferner sind Parallelen des Hofzeremoniells bei der über zwei Jahrhunderte währenden Einheit der Casa
d'Austria wenig verwunderlich. Aber die Grundlage für das Hofleben am
Kaiserhof blieben auch weiterhin die beiden Hofordnungen Ferdinands I.
Wenn die Quellen daher immer wieder vom spanischen Zeremoniell des
Kaiserhofes sprechen,[894] ist über die tatsächliche Verwandtschaft zwischen
dem spanischen und dem kaiserlichen Zeremoniell noch wenig ausgesagt.

Um das Zeremoniell am Kaiserhof des frühen 18. Jahrhunderts analysieren zu können, ist die Frage nach den kulturellen Wurzeln in der Entste-
hungszeit des Hofzeremoniells zweitrangig. Von größerer Bedeutung ist
dagegen die Frage, wie im 17. und 18. Jahrhundert mit den zeremoniellen
Regelungen verfahren wurde, die bereits Ferdinand I. festgelegt hatte. Das
Festhalten an den bestehenden Normen schien dabei stets im Vordergrund zu stehen. Unter den Nachfolgern Ferdinands I. blieben die beiden
Hofordnungen also weiterhin in Kraft. Allerdings wurden sie, meist durch
die Verabschiedung neuer Instruktionen für die einzelnen Hofämter, den
sich wandelnden Gegebenheiten jeweils angepaßt. Dies war insbesondere
nach dem Ende des Dreißigjährigen Krieges erforderlich, als vor allem auf
der Ebene der Gesandten die Bedeutung und Komplexität zeremonieller
Regelungen stark zunahm und sich Klagen über Mißstände am Kaiserhof
zunehmend häuften.[895] Eine von Ferdinand III. im Jahre 1651 einberufene
Hofkommission sollte hier Abhilfe schaffen und insbesondere sämtliche
Instruktionen für die vier Hofstäbe grundlegend überarbeiten.[896] Zwar
kam es nach den Vorschlägen dieser Kommission weder zu einer generellen Neuordnung der Ämterstruktur noch zu einer Neuordnung des zeremoniellen Ablaufs am Kaiserhof.[897] Aber die Arbeit der Kommission hatte
dennoch große Auswirkungen insbesondere auf den weiteren formalen
Umgang mit zeremoniellen Normen am Kaiserhof, das heißt auf die Art
und Weise, wie in der Folgezeit über zeremonielle Fragen beraten und entschieden werden sollte. So sorgte sich die Kommission nicht allein um die
Neufassung der Instruktionen für die einzelnen Hofstäbe. Sie verfügte
auch eine „Verschriftlichung" der geltenden zeremoniellen Normen am
Kaiserhof. Sowohl die Zeremonialprotokolle, in denen die wichtigsten
zeremoniellen Beratungen und Ereignisse eines Jahres zusammengefaßt
wurden, als auch die Zeremonialakten, die ebenfalls zeremonielle Hofereignisse oder Beratungen über das Zeremoniell festhielten, hatten in
den Vorschlägen der Kommission ihren Ursprung. Damit war es nun leichter möglich, bei Fragen des zeremoniellen „Traktaments" auf Präzedenzfälle zurückzugreifen. Mit der Verschriftlichung ging daher eine Steige-

rung des „institutionellen Gedächtnisses" am Kaiserhof einher, was wiederum die Möglichkeiten ausweitete, angemessen auf strittige Fragen des Zeremoniells zu reagieren.[898]

Die von Ferdinand III. eingeführten Beratungs- und Entscheidungsverfahren zur Festlegung zeremonieller Normen ebenso wie die zeremoniellen Regelungen selbst – zum Beispiel die eindeutigere Festlegung einer höfischen Rangfolge – blieben auch unter Karl VI. weitgehend verbindlich. Karl VI. unternahm keine größeren Anstrengungen, das Zeremoniell am Kaiserhof grundlegend zu reformieren. Er begnügte sich statt dessen ebenso wie seine Vorgänger mit einzelnen Modifikationen schon bestehender Zeremonialvorschriften. Hinter diesen partiellen Änderungen lassen sich die Bereiche vermuten, die für das Hofzeremoniell von besonderer Bedeutung waren und die daher nach dem Herrschaftsantritt Karls VI. erneuert wurden. Dabei war die Verabschiedung einer „neuen" Kammerordnung im Jahre 1715, die insbesondere die Möglichkeiten des Zugangs zum Kaiser regeln sollte, von allen Zeremonialvorschriften, die Karl VI. am Kaiserhof erlassen hatte, die umfangreichste. Sie ist bereits bei der Regelung des Zugangs zum Kaiser ausführlich zur Sprache gekommen.[899] Doch hielten sich hier wirklich neue Elemente in engen Grenzen. Eher handelte es sich um eine erneute Bestätigung und Wiederholung bereits bestehender zeremonieller Regelungsvorschriften, deren Umsetzung in der täglichen zeremoniellen Praxis bisweilen Probleme aufwarf und so zu den vielbeschworenen Mißständen führte.[900] Weitere Zeremonialvorschriften unter Karl VI. waren ebenfalls bestrebt, bereits bestehende ältere Regelungen erneut zu veröffentlichen und damit zu bekräftigen. So rief die Mantelkleiderordnung, die Karl VI. im Jahr 1715 für die „Minister und Cavalliers" verabschiedete, vor allem die schon unter Leopold I. geltenden Kleidungsvorschriften am Kaiserhof erneut in Erinnerung.[901] Und bei der Regelung der Kutscheneinfahrt in die Hofburg, das heißt bei der Frage, wem das Privileg zukommen sollte, mit seiner Kutsche durch das Schweizertor in den inneren Burghof einfahren zu dürfen, beschränkte man sich ebenfalls darauf, die ältere Einfahrtsordnung ohne Veränderungen neu zu veröffentlichen, anstatt eine Neugestaltung vorzunehmen.[902] Sie wurde durch ein neuverabschiedetes Patent des Obersthofmarschalls am 1. August 1722 allen Hofpersonen und Gesandten erneut zur Kenntnis gebracht.

Die Neuordnung zeremonieller Normen war unter Karl VI. im wesentlichen darauf gerichtet, die Einhaltung der bereits bestehenden Zeremonialvorschriften zu gewährleisten. Dies gelang nicht immer, da die tägliche zeremonielle Praxis durchaus eine schleichende Entfernung von zeremoniellen Normen zur Folge haben konnte. Außerdem waren die zeremoniellen Anweisungen der Hofkonferenz, insbesondere wenn es um Empfehlungen für ein bestimmtes Ereignis ging, keineswegs immer konsequent und frei von Widersprüchen. So untersagte ein kaiserliches Dekret im Jahr 1724 dem venezianischen Botschafter und dem päpstlichen Nuntius, mit ihrer Kutsche in den Innenhof der Favorita einfahren zu dürfen.[903] 1727 jedoch wurde der Obersthofmeister angewiesen, allen Botschaftern das Einfahren in den Innenhof der Favorita zu erlauben.[904] In der täglichen Praxis waren pragmatische Abweichungen vom zeremoniellen Normengefüge durchaus denkbar. Eine wirkliche Änderung des Zeremoniells schien jedoch zu keinem Zeitpunkt im Interesse des Kaisers zu stehen. Damit stand Karl VI. ganz in der Tradition früherer habsburgischer Kaiser. Größere Eingriffe in das Zeremoniell wurden nur vorgenommen, wenn die „Mißstände" überhandnahmen, das heißt, wenn zeremonielle Normen entweder nicht eingehalten wurden oder über deren Inhalt unter den Mitgliedern der Hofgesellschaft bzw. den Gesandten am Kaiserhof keine hinreichende Einigkeit bestand. Dies war unter Ferdinand III. der Fall, was einige Neuregelungen im Umgang des Kaiserhofes mit dem Hofzeremoniell erforderlich machte. Auch unter Maria Theresia stellte sich erneut ein fundamentales Problem, das zeremonielle Neuerung erforderte: Der zeitweilige Verlust des kaiserlichen Ranges zog auch im Zeremoniell Konsequenzen nach sich, die mit dem Festhalten an althergebrachten Vorschriften allein nicht gelöst werden konnten.[905] Von solchen fundamentalen Herausforderungen blieb das Zeremoniell unter Karl VI. indes weitgehend verschont. Daher blieben auch die zeremoniellen Normen unter Karl VI. so gut wie unverändert bestehen. Daß das Festhalten am zeremoniellen Herkommen, insbesondere bei der Interaktion mit den europäischen Gesandten am Hof, durchaus auch im Interesse des Kaisers lag, wird im Zusammenhang mit der Öffentlichkeit der europäischen Fürstengesellschaft am Kaiserhof noch zur Sprache kommen.

b) Zur Beratung über zeremonielle Normen: Die Hofkonferenz

Wenn das Zeremoniell eine normierte Ordnung darstellt, die den Modus der Interaktion am Kaiserhof regelte, so stellt sich die Frage, wer diese Ordnung festlegte. Wer befand darüber, was als normativ zu gelten hatte? Das Verfahren, mit dem die zeremoniellen Bestimmungen im einzelnen festgelegt wurden, bleibt in den Beschreibungen der Zeremonialwissenschaft – und leider meist auch in der Forschungsliteratur – ausgespart. Statt dessen wird darauf hingewiesen, wem die letztendliche Verfügungsgewalt über das Zeremoniell zukommt: dem jeweiligen Landesherrn. Lünig beispielsweise beschreibt das Zeremoniell als Bestandteil landesherrlicher Herrschaftsgewalt: *„Anordnungen im Ceremonien-Wesen zu* *machen, fallen einem Souverain gar leicht; weil sie lediglich von seiner Willkühr dependiren.* "[906]

Es reicht indes nicht aus, das Zeremoniell nur als Herrschaftsrecht des souveränen Fürsten, hier des Kaisers, zu benennen. Damit perpetuiert man nur die Aussagen des juridischen Diskurses, ohne jedoch den Modalitäten der Entstehung von zeremoniellen Normen näherzukommen. Viel bedeutsamer ist die Frage, ob und wie der Kaiser dieses Recht in der täglichen Regierungspraxis wahrnahm und von welchen Kriterien er sich bei der Festlegung zeremonieller Bestimmungen leiten ließ. Am Kaiserhof hatte sich dabei ein spezifisches Verfahren der Entscheidungsfindung herausgebildet. Ein Blick in die Zeremonialprotokolle ermöglicht eine recht detaillierte Rekonstruktion des Verfahrens, mit dem das Zeremoniell am Kaiserhof anläßlich besonderer Ereignisse jeweils festgelegt worden ist. Erst vor dem Hintergrund einer solchen praxeologischen Analyse ist dann auch die Rolle des Kaisers genauer zu bestimmen.

Standen für den Hof bedeutsame Anlässe bevor, die zeremonielle Regelungen erforderlich machten, berief der Kaiser eine Hofkonferenz ein, die über das jeweilige erforderliche Hofzeremoniell zu beraten und anschließend dem Kaiser Vorschläge zu unterbreiten hatte. Dies war bei verschiedensten Anlässen der Fall. So hatten Hofkonferenzen für die Neufassung der Kammerordnung, der Mantelkleiderordnung und der Neuregelung der Kutscheneinfahrt in den innersten Burghof der Hofburg Vorschläge zu unterbreiten. Ferner kamen Hofkonferenzen anläßlich von Erbhuldigungen und Krönungen zusammen und hatten insbesondere über Ereignisse zu beraten, in denen der Umgang zwischen dem Kaiser und anderen Souveränen beziehungsweise deren Gesandten zu regeln war: bei Einzügen und Audienzen, bei der Teilnahme auswärtiger Gesandten oder Fürsten an Festlichkeiten des Kaiserhofes, bei Hochzeiten eines Mitglieds der kaiserlichen Familie mit einem Mitglied der europäischen Fürstengesellschaft und schließlich bei Todesfällen in einem der europäischen Fürstenhäuser.

Die große Zahl zeremonieller Ereignisse machte auch immer neue Regelungen zeremonieller Abläufe erforderlich und mündete in einem beträchtlichen Arbeitsaufwand für alle an der Hofkonferenz beteiligten Personen. Dennoch wurde auch in der Zeit zunehmender zeremonieller Regelungsdichte kein oberstes Hofamt vom Kaiser exklusiv mit dem Zeremoniell betraut, wie es an anderen Höfen die Regel war.[907] Das Amt eines Oberzeremonienmeisters sucht man am Kaiserhof vergeblich.[908] Zwar gab es am Kaiserhof einen Audienzkommissar, doch war dieser nur dafür zuständig, einen auswärtigen Botschafter bei seiner feierlichen Audienz von seinem Quartier bis in die Hofburg zu begleiten. Ein dauerhaftes Amt bildete sich aus dieser Funktion am Kaiserhof nicht heraus. Vielmehr betraute der Kaiser vor einer Audienz ad hoc eine Person der

kaiserlichen Hofgesellschaft mit dieser Aufgabe.[909] Auf die Regelung zeremonieller Normen und auf den zeremoniellen Ablauf der Audienz hatte
der Audienzkommissar keinerlei Einfluß. Statt dessen lag das Zeremoniell
in der Verantwortung des jeweiligen Obersthofmeisters am Kaiserhof – als
ein Aufgabenfeld unter vielen. Sekretäre des Obersthofmeisteramtes hatten die Zeremonialprotokolle zu führen und dafür zu sorgen, daß auf zeremonielle Präzedenzfälle, Normen und Entscheidungen stets zurückgegriffen werden konnte, wenn in der Hofkonferenz über zeremonielle
Regelungen zu beraten war. Größere Entscheidungsbefugnisse über das
Zeremoniell konnte indes auch der Obersthofmeister nicht beanspruchen.
Sollte Regelungsbedarf bestehen, war stets die Hofkonferenz für die Beratung des Kaisers zuständig, in der der Obersthofmeister nur ein Mitglied
unter vielen war.

Obwohl sich die Fälle häuften, in denen zeremonielle Beratungen innerhalb der Hofkonferenz notwendig wurden, so war die Hofkonferenz doch
kein permanent tagendes Gremium, wie beispielsweise die Geheime Konferenz oder die Geheime Finanzkonferenz. Sie wurde nur zu bestimmten
Anlässen vom Kaiser jeweils neu bestimmt. Der Teilnehmerkreis dieser
Hofkonferenz hing dabei vom jeweiligen Beratungsgegenstand wesentlich
ab. So setzte sich die Hofkonferenz, die über das Trauerzeremoniell für die
Beerdigung des verstorbenen Kaisers Joseph I. zu beraten hatte, vorwiegend aus den Inhabern der verschiedenen Hofämter zusammen.[910] Dies
gilt in der Tendenz auch für die Hofkonferenzen, die zur Neuordnung der
kaiserlichen Kammerordnung (1715) und zur Beratung der bevorstehenden Heirat des sächsischen Kurprinzen mit der Erzherzogin Maria Josepha zusammenkamen.[911] Als die Konferenz allerdings über die Rangfolge der Reichsfürsten bei den Huldigungszeremonien der innerösterrei-
chischen Stände im Jahre 1728 zu befinden hatte, kam ein gänzlich anderer
Personenkreis zuammen. Neben dem österreichischen Hofkanzler Philipp
Ludwig von Sinzendorf waren dies der Graf Starhemberg, der Graf Monte
Santo als spanischer Ratspräsident, der Reichsvizekanzler Graf von
Schönborn sowie der Reichshofratspräsident Wurmbrand. Da es um die
Rangordnung der Reichsfürsten ging, war die Teilnahme der beiden am
Kaiserhof ansässigen Reichsämter selbstverständlich. Der spanische Rats-
präsident wiederum war vermutlich deswegen anwesend, da die erneute
Klärung der Rangfolge aufgrund von Rangauseinandersetzungen zwi-
schen den Fürsten Fürstenberg, Lobkowitz und Cardona notwendig geworden war und der Fürst Cardona dem spanischen Adel angehörte. Doch
nahm Graf Monte Santo an den weiteren Beratungen nicht teil, da er zugleich der Schwiegervater des Fürsten Cardona war.[912] In wieder anderer
Besetzung trat die Hofkonferenz zusammen, als es aufgrund der Privataudienz des inkognito am Kaiserhof anwesenden päpstlichen Nuntius Do-

minicus Passionei zu Unstimmigkeiten kam.[913] Hier waren neben dem
österreichischen Hofkanzler auch der Oberstkämmerer Graf Cobenzl
sowie der Obersthofmarschall Graf von Auersperg vertreten.[914]

Eine Einladung zur Teilnahme an der Hofkonferenz erhielt man zumeist dann, wenn das zu regelnde Zeremoniell die eigenen Amtsaufgaben
betraf. Doch läßt sich auch hieraus keine strenge Regel ableiten. So findet
man beispielsweise in den frühen Hofkonferenzen neben dem Obersthofmeister Anton Florian von Liechtenstein immer auch den ehemaligen
Obersthofmeister Johann Donat von Trautson als Teilnehmer verzeichnet,
obwohl dieser in den Anfangsjahren unter Karl VI. gar kein Hofamt bekleidete. Dies mag damit zusammenhängen, daß er als Vorgänger bereits
mit den geltenden zeremoniellen Normen und den hierfür maßgeblichen
Präzedenzfällen vertraut war. Eventuell spiegelt sich hierin auch das Mißtrauen Karls VI. gegenüber seinem neuen Obersthofmeister wider. Diese
Beispiele verdeutlichen, daß die Hofkonferenz keine feste Einrichtung
darstellte, bei der die Zugehörigkeit zu diesem Gremium formal geregelt
war. Viel eher entsprach die Hofkonferenz den vom Kaiser wiederholt ins
Leben gerufenen Deputationen oder Kommissionen, die zur Beratung
einzelner Sachthemen vom Kaiser ad hoc ins Leben gerufen und deren
Mitglieder ebenfalls themenorientiert ausgewählt wurden.[915]

Karl VI. wohnte den Sitzungen der Hofkonferenz nicht bei. Statt dessen
war der Obersthofmeister – von wenigen Ausnahmen abgesehen – fester
Teilnehmer der Hofkonferenz, in dessen Räumlichkeiten in der Hofburg
die Konferenz meist zusammentrat. Ihm war auch die formale Leitung der
Hofkonferenz überlassen. Diese Leitungsfunktion beschränkte sich allerdings auf die formale Geschäftsführung und hatte keinerlei Auswirkungen
auf die Reihenfolge bei der Abgabe der Voten. Als der Kaiser den Grafen
Rudolf von Sinzendorf im Jahr 1724 zum neuen Obersthofmeister ernannte, mahnte der österreichische Hofkanzler Philipp Ludwig von Sinzendorf
sogleich an, daß der Obersthofmeister auch als Leiter dieses Gremiums
nicht das erste Votum beanspruchen könne, sondern „selbens nach der
rang, wie sye als Geheime Rhäte die pflicht abgelegt, gegeben werden“.[916]
Zwar schränkte Karl VI. diesen Fall nunmehr nur auf die Geheimen Räte
ein, die zugleich auch Mitglied in der Geheimen Konferenz waren. Sollten
allerdings der österreichische Hofkanzler, der Graf Gundaker von Starhemberg oder der Reichshofratspräsident Graf von Windischgrätz als
Konferenzmitglieder einer Hofkonferenz beiwohnen, so konnten sie in
diesem Gremium ihr Votum vor dem Obersthofmeister abgeben.[917]

Von welchen Kriterien sich die Hofkonferenz bei ihren Vorschlägen zur
Festlegung zeremonieller Normen leiten ließ, zeigt sich deutlich in den
Zeremonialprotokollen. Hier war nach den Teilnehmern der Konferenz
regelmäßig auch vermerkt, welche Präzedenzfälle als Grundlage der Bera-

tungen jeweils dienten. In der überwiegenden Mehrheit der Fälle orientierten sich die Vorschläge der Konferenz zur Regelung des Zeremoniells an diesen den Protokollen entnommenen Vorlagen. So wurde der Trauerzug und das Begräbnis des Kaisers Joseph I. getreu den vorangegangenen Begräbnissen für die Kaiser Ferdinand III. und Leopold I. veranstaltet.[918] In der Frage nach dem erforderlichen *„Krönungshabit"* – der Krönungskleidung – griff die Konferenz ebenfalls auf die Regelungen Ferdinands III. und Leopolds I. zurück.[919] Und als zum wiederholten Male die Frage anstand, wie man den türkischen Gesandten in Wien zu empfangen hatte, führte man das Vorgehen der Jahre 1659, 1689, 1704 und 1719 als Exempel an.[920] Man könnte eine Fülle weiterer Beispiele nennen, um zu demonstrieren, daß die Hofkonferenz sich in den allermeisten Fällen auf das Herkommen stützte, wenn es galt, das zeremonielle Verfahren erneut festzulegen.

Es war dabei kein Zufall, daß sich die Verhandlungen in der Hofkonferenz meist nur auf Präzedenzfälle stützen konnten, die längstens bis zu Ferdinand III. zurückreichten. Erst seit dem Jahr 1653 gab es am Kaiserhof eine kontinuierliche schriftliche Überlieferung zeremoniell geregelter Vorgänge in Form der Zeremonialprotokolle sowie der Zeremonialakten, auf die man jederzeit wieder zurückgreifen konnte. Diese sind 1653 bewußt angelegt worden, da man am Kaiserhof nach dem Ende des Dreißigjährigen Krieges über nur wenige Aufzeichnungen und Dokumente früherer zeremonieller Regelungen und Ereignisse verfügte, an denen man sich hätte orientieren können. Die Bedeutung des Zeremoniells insbesondere in der Interaktion mit den europäischen Gesandten nach dem Westfälischen Frieden nahm indes immer stärker zu und machte eine Archivierung vergangener zeremonieller Ereignisse als Grundlage künftiger Beratungen über das Zeremoniell zwingend notwendig. Mit den nun kontinuierlich angelegten Zeremonialprotokollen und den Zeremonialakten verfügte die Hofkonferenz nun über eine stetig wachsende Exempelsammlung, die über zeremonielle Regelungen bei unterschiedlichsten Anlässen am Kaiserhof detailliert Auskunft gab und als Maßstab für die immer wieder neu erfolgende Festlegung bestimmter zeremonieller Verfahrensabläufe und Normen diente. Diese Präzedenzfälle waren insbesondere auch in den Fällen für die Beschlüsse der Hofkonferenz bindend, wenn mit diplomatischen Gesandten das Zeremoniell ausgehandelt werden mußte und es hierüber – was keine Seltenheit war – mit den am Kaiserhof weilenden Gesandten zu Meinungsverschiedenheiten kam. Auch wenn der kursächsische Kronprinz beanspruchte, im Zeremoniell nicht nur als Kurprinz, sondern als königlicher Prinz traktiert zu werden[921] oder vergleichbare Prätentionen geäußert wurden, stets diente bei dem Zeremoniell gegenüber auswärtigen Gesandten das Herkommen als Richtschnur.

Wie bereits erwähnt, wohnte der Kaiser den Beratungen der Hofkonferenz nicht bei. Er ließ sich statt dessen die Beratungsprotokolle der Konferenz vorlegen, traf bisweilen in Einzelpunkten eine von der Konferenz abweichende Entscheidung oder segnete die Vorschläge der Konferenz vollständig ab. Änderungen an den Vorschlägen der Konferenz waren dabei eher selten. Meist findet sich in den Protokollen nur die kaiserliche Einverständniserklärung, das *„placet in toto"* am Ende des Dokuments. Wenn das Zeremoniell also zur bewußten Steuerung von Machtverhältnissen diente, wie von Kruedener annimmt, so hat der Kaiser von diesem Instrument bemerkenswert wenig Gebrauch gemacht. Um zu prüfen, welche Maßstäbe der Kaiser an das Zeremoniell anlegte bzw. nach welchen Kriterien die zeremoniellen Normen seiner Meinung nach gestaltet werden sollten, soll hier einer der wenigen Fälle angeführt werden, in denen der Kaiser erkennbar selbst über einen Teilaspekt des Hofzeremoniells entschied. Dieser Fall trat immer dann ein, wenn er bei Dissens innerhalb der Konferenz zwischen unterschiedlichen Voten zu entscheiden hatte. So konnte sich im Jahre 1722 die Hofkonferenz zur Regelung des Zeremoniells bei der Hochzeit zwischen der Erzherzogin Maria Amalia und dem bayerischen Kurprinzen Karl Albrecht nicht darüber einigen, an welchem Ort die Hochzeit veranstaltet werden sollte. Entgegen dem Votum des Obersthofmeisters Fürst von Trautson, der sich für die Favorita als Ort der Hochzeit aussprach, schlug der österreichische Hofkanzler Graf von Sinzendorf mit Zustimmung des Oberstkämmerers vor, die Hochzeit zu verschieben, um sie in der Hofburg veranstalten zu können: *„weylen ohne dem das Beylager biß in den October hinein würde verschoben werden müssen, ob es nicht besser seyn mögte, noch etwas weiter hinaus darmit zu warthen, und selbiges alsdan in der kayserlichen burgs in der Statt zuveranstalten, weylen alda sowohl wegen der Kirchen function als hochzeitlichen Mahls, und der etwa zuhalten allergnädigst beliebige opera besser raum und mehr gelegenheit, das Theatrum und opera-zimmer auch vill schöner und magnifiquer wäre [...]".*[922] Bedeutsam ist an diesem Vorstoß zweierlei: Zum einen suchte der österreichische Hofkanzler mit Hilfe von Sachargumenten, nämlich dem des Raumangebotes und der Prachtentfaltung, eine Verschiebung des Hochzeitstermins zu erwirken. Zum zweiten kam aber auch ihm nicht die Idee, aufgrund dieser Sachargumente die Hochzeit in der Hofburg stattfinden zu lassen, ohne den Zeitpunkt zu ändern beziehungsweise früher in die Hofburg zurückzukehren; da beide Residenzen in unmittelbarer Nachbarschaft liegen, wären beide Verfahren durchaus denkbar gewesen. Doch war auch ihm das Herkommen des jährlichen Schloßwechsels zu annähernd gleichen Zeiten so geläufig und festgefügt, daß hier keinerlei Änderungsvorschläge unterbreitet wurden.
Dem Vorstoß des österreichischen Hofkanzlers war wenig Erfolg be-

schieden. Der Kaiser traf in seiner Antwort auf die Vorschläge der Hofkonferenz die Entscheidung, *„ratione loci auf alde weis in der favorita,
weylen nicht gewöhnlich, selbe in der Residenz zu halten".*[923] Mit den lapi-
daren Worten *„weylen nicht gewöhnlich"* war das Herkommen bereits als
Grund für diese Entscheidung angeführt. Ebenfalls ausschlaggebend
mochte bei dieser Entscheidung gewesen sein, daß nur wenige Jahre
zuvor, am 20. August 1719, eine Hochzeit veranstaltet worden war, die sich
in allen Punkten mit der jetzt anstehenden Heirat vergleichen ließ: die
Hochzeit zwischen dem sächsischen Kurprinzen und der Erzherzogin
Maria Josepha.[924] Daß diese Feierlichkeiten ebenfalls in der Favorita veranstaltet wurden, sprach sicherlich ebenfalls dafür, den Ort unverändert zu
lassen, um den auswärtigen Betrachtern dieses Ereignisses auch nicht den
kleinsten Anhaltspunkt einer Vorzugsbehandlung zu geben. Das strikte
Beharren auf dem Herkommen war offensichtlich auch in dieser Frage für
den Kaiserhof der beste Weg, um eventuellen diplomatischen Protesten
vorzubeugen. Wie in so vielen Fällen, waren auch hier politische Überlegungen aufs engste verknüpft mit der habituellen Grundhaltung am Kaiserhof, strikt an der hergebrachten Tradition festzuhalten. Der konserva-
tive Umgang mit den zeremoniellen Normen am Kaiserhof war daher zum
einen funktional, um Ansprüche der europäischen Fürsten abzuwehren,
denen an einer Aufwertung ihrer Rangposition im kaiserlichen Hofzeremoniell gelegen war. Zum anderen war das strikte Festhalten an der Tradition auch im Zeremoniell eine zunehmend automatisiert erfolgende
Grundhaltung, mit der die Kaiser spätestens seit Leopold I. im Bereich des
Zeremoniells, aber auch in Fragen politisch-symbolischer Selbstdarstellung, Entscheidungen zu treffen pflegten.

In jedem Fall waren beide Aspekte für den Kaiser von größerer Bedeutung als die Vorstellung, das Zeremoniell als politisches Macht- und Steuermittel variabel einzusetzen, um damit die eigene Position am Hof besonders herauszustellen. Wäre bei der Verabschiedung zeremonieller Regelungen die bewußte Maximierung der kaiserlichen Prachtentfaltung das
vordringliche Kriterium der kaiserlichen Entscheidung gewesen, hätte sie
laut den Argumenten Sinzendorfs anders ausfallen müssen. Dieser wies
schließlich besonders darauf hin, daß eine Veranstaltung in den Räumlichkeiten der Hofburg für den Kaiser *„vill schöner und magnifiquer wäre".*
Die lapidare kaiserliche Antwort zeigt aber, daß sich der Kaiser von anderen Überlegungen leiten ließ und Fragen des Zeremoniells unter Karl VI.
ja stets nach dem Herkommen entschieden wurden. Diese Haltung hatte
ihrerseits bereits Tradition. Leopold I. lehnte ebenfalls Änderungsvorschläge des Zeremoniells auch dann ab, wenn sie zur Vergrößerung der
kaiserlichen Prachtentfaltung dienen sollten.[925]

Das Verfahren zur Festlegung zeremonieller Normen am Kaiserhof gibt einigen Aufschluß darüber, ob es sich beim Hofzeremoniell um ein vom Herrscher bewußt und kalkuliert eingesetztes politisches Macht- und Steuermittel handelte. Im Falle des Kaiserhofes spricht wenig dafür, diese Frage zu bejahen. Zum einen regelte die Mehrzahl der in der Hofkonferenz festgesetzten Normen nicht das Verhältnis des Kaisers zu seinem Hofadel oder gar zu seinen Untertanen, sondern zu den zahlreichen Repräsentanten der europäischen Fürstengesellschaft – insbesondere den zahlreichen am Kaiserhof vertretenen Gesandten. Ihnen gegenüber war der Kaiser aber nicht frei in seiner Festlegung des zeremoniellen Umgangs. Vielmehr hatte er sich dabei an den an anderen europäischen Höfen ebenfalls gebräuchlichen zeremoniellen Praktiken zu orientieren. Zum anderen ist die strenge Beachtung des zeremoniellen Herkommens, wie sie offensichtlich sowohl für die Entwürfe der Hofkonferenz als auch die Entscheidungen des Kaisers charakteristisch war, nicht vereinbar mit der Vorstellung, mit Hilfe des Zeremoniells ließen sich Machtverhältnisse am Kaiserhof gezielt steuern. Folgt man dieser Annahme, müßte die zeremonielle Rangordnung am Kaiserhof flexibel an die sich stetig wandelnden Machtverhältnisse angepaßt werden, das heißt, der Kaiser und die Hofkonferenz hätten die zeremonielle Rangfolge permanent verändern müssen. Das Gegenteil war aber offenkundig der Fall. Gerade das Festhalten am Herkommen zeigt, daß alle daran Beteiligten das Zeremoniell nicht als das geeignete Mittel ansahen, die persönlichen Beziehungsverhältnisse am Kaiserhof zu lenken. Auch lassen sich in den Protokollen der Hofkonferenz keinerlei Überlegungen finden, in denen auf die Frage nach dem Einfluß bzw. der Macht einzelner Hofmitglieder Bezug genommen wurde, dem es mit zeremoniellen Mitteln zu begegnen gelte. Da darüber hinaus in der Hofkonferenz einige der potentiell einflußreichsten Minister am Kaiserhof selbst dem Kaiser Vorschläge über zeremonielle Regelungen zu unterbreiten hatten, kann man wohl ausschließen, ihnen ginge es bei der Ausarbeitung ihrer Vorschläge um die Frage, wie sie im Sinne des Kaisers zu domestizieren seien.

4. Zeremoniell und Öffentlichkeit

Nur in der täglichen zeremoniellen Praxis am Kaiserhof konnte sich wirklich erweisen, ob sich die zeremoniellen Normen gegenüber allen am Kaiserhof vertretenen Gruppen durchsetzen ließen. Dabei hatte das Zeremoniell die Interaktion des Kaisers mit vielen unterschiedlichen Hofteilnehmern zugleich zu regeln, deren Ranginteressen durchaus verschieden gelagert waren. Insbesondere drei unterschiedliche Formen höfischer Öffentlichkeit lassen sich ausmachen. Da waren zum einen die europäischen

Fürsten, die am Kaiserhof mit Gesandten vertreten waren und mit Argusaugen darüber wachten, wie sie im kaiserlichen Zeremoniell traktiert wurden. Ferner gab es die adlige Hofgesellschaft, die sich ebenfalls mit eigenen Rangerwartungen am Kaiserhof aufhielt. Und schließlich hatte das Zeremoniell auch die Interaktion zwischen dem Kaiser und ausgewählten Untertanengruppen zu gewährleisten. Die herausgehobenen Anlässe, bei denen die Hierarchie mit den Mitteln des Zeremoniells hergestellt wurde, variierten abhängig von der jeweils involvierten Öffentlichkeit. War für die diplomatischen Gesandten der europäischen Fürsten insbesondere das Antrittszeremoniell konstitutiv für ihren Rang am Kaiserhof, so ließ sich die zeremonielle Rangfolge der Hofgesellschaft eher bei den diversen Festlichkeiten des Kaiserhofes ablesen.

Allerdings lassen sich diese Personengruppen nicht immer klar voneinander trennen. Ein Reichsfürst mit kaiserlichem Hofamt war beispielsweise am Wiener Hof sowohl Teil der europäischen Fürstengesellschaft als auch der Hofgesellschaft. Und die Gesandten standen keineswegs nur mit dem Kaiser in Auseinandersetzungen um Rangfragen. Auch in der Interaktion zwischen den Gesandten und den adligen Hofmitgliedern ergaben sich immer wieder zeremonielle Streitigkeiten. Um den Stellenwert der zeremoniellen Rangzuteilung für die Mitglieder der adligen Hofgesellschaft abschätzen zu können, ist daher auch ein Blick auf die Interaktion mit den europäischen Gesandten unerläßlich.

a) Die europäische Fürstengesellschaft

Von herausragender Bedeutung war das Zeremoniell bei der Interaktion zwischen dem Kaiser und der europäischen Fürstengesellschaft. Die zahlreichen europäischen Fürstenhöfe waren – neben den Friedenskongressen – der zentrale Ort, an dem das zeremonielle Rangverhältnis der europäischen Fürsten untereinander permanent hergestellt wurde. In diesem Rahmen stellte jede formal geregelte Interaktion zugleich ein Rangverhältnis her, bedeutete jedes Zusammentreffen eine Visualisierung und damit verbunden eine Perpetuierung bzw. Modifizierung der hierarchischen Ordnung innerhalb der Fürstengesellschaft. Dabei war eine wesentliche Voraussetzung für Interaktion, die persönliche Anwesenheit der Protagonisten, strenggenommen nur in wenigen Ausnahmefällen gegeben. Meist waren es nur die Gesandten der europäischen Fürsten, die an den Höfen bzw. auf den Friedenskongressen zusammentrafen. Diese Gesandten waren allerdings immer auch zeremonielle Repräsentanten ihres jeweiligen Fürsten, wenn auch in unterschiedlichen Abstufungen. In der Interaktion mit ihnen mußte also der Rang des repräsentierten Fürsten berücksichtigt werden. Dabei gab es an den Höfen besondere Anlässe, die fast ausschließlich zum Ziel hatten, das Rangverhältnis zwischen den beteiligten Fürsten durch zeremonielles Handeln herzustellen und zu visualisieren: Hierzu gehörte insbesondere der offizielle Einzug eines Gesandten, die Audienz, sowie die Teilnahme an verschiedenen Hofveranstaltungen auf eigens dafür vorgesehenen Plätzen. Der vom Gesandten hierbei bekleidete Rang verkörperte den Stellenwert seines Fürsten in der europäischen Hofgesellschaft.

Zeremonielle Normen im Sinne einer sichtbaren Darstellung von Rangunterschieden sind dabei so alt wie die Rangunterschiede selbst. Dennoch erfuhren sie im Laufe der frühen Neuzeit eine stetige Intensivierung und Verfeinerung. Insbesondere nach dem Westfälischen Frieden nahm die Bedeutung des Zeremoniells an den europäischen Höfen immer mehr zu.[926] Dies steht in engem Zusammenhang mit dem zunehmenden Aufkommen des europäischen Gesandtschaftswesens. Die Anwesenheit zahlreicher Gesandten an den europäischen Fürstenhöfen bedeutete eine unermeßliche Zunahme und letztlich eine Perpetuierung der Interaktion innerhalb der europäischen Fürstengesellschaft. Der Rang eines Fürsten innerhalb der europäischen Fürstengesellschaft stand nun nicht mehr nur dann zur Disposition, wenn er persönlich mit anderen Fürsten zusammentraf, sondern mußte nun auch bei jedem Zusammentreffen auf Gesandtenebene verteidigt werden. Dabei standen die einzelnen Fürsten in einem Interdependenzverhältnis zueinander. Aufgrund der Gesandten vor Ort, aber auch aufgrund zunehmend einsetzender medialer Vermittlung in Hofzeitungen und der zeremonialwissenschaftlichen Literatur waren die Fürsten Europas über das jeweils praktizierte Zeremoniell an den wichtigen europäischen Fürstenhöfen immer gut im Bilde. Auch bestand zwischen den zeremoniellen Normen an den zahlreichen Höfen ein großes Maß an Übereinstimmung, waren auch die strittigen Punkte meist an den verschiedenen Höfen dieselben. Das Zeremoniell mußte zwar an jedem einzelnen Hof für den jeweiligen Anlaß neu ausgehandelt werden, wobei das festgelegte Zeremoniell wiederum Rückwirkungen auf das Zeremoniell an den anderen Fürstenhöfen hatte. Doch war deshalb die jeweils festgelegte zeremoniale Ordnung nicht kontingent. Daß sich die Interaktion innerhalb der europäischen Fürstengesellschaft an vielen Höfen zugleich abspielte, konnte nur funktionieren, weil ihnen mit dem Zeremoniell eine gemeinsame symbolische Normensprache zugrunde lag. Zwar war die Interpretation des jeweiligen Ranges oft unterschiedlich, was zu zeremoniellen Streitigkeiten Anlaß gab. Allen unterschiedlichen Interpretationen war aber gemein, daß sie das Zeremoniell als Ausdruck eines legitimen hierarchischen Ordnungsrahmens ansahen, der jedem Herrschaftsträger seinen ihm zustehenden Platz einräumte.

Diese gemeinsame Symbolsprache des Zeremoniells, ferner die Interdependenz zwischen den einzelnen Höfen sowie die Perpetuierung der gemeinsamen Kommunikation trugen dazu bei, daß sich eine Öffentlichkeit der europäischen Fürstengesellschaft – gewissermaßen als imaginäre Gesamtheit der Fürstenhöfe – etablieren konnte. Innerhalb dieser gemeinsamen Öffentlichkeit hatte der Kaiserhof einen prominenten Platz. Auch er war in das Interdependenzgeflecht der europäischen Höfe eingebunden, der Kaiser war nicht frei in seiner Verfügungsgewalt über zeremonielle Normen, die die Interaktion mit den europäischen Gesandten betraf. Doch wurde das „Traktament" der europäischen Gesandten am Kaiserhof von den anderen europäischen Fürsten aufmerksam verfolgt. Insbesondere für den zeremoniellen Umgang mit den Fürsten und Kurfürsten des Reiches hatte das Hofzeremoniell des Kaiserhofes durchaus Vorbildfunktion.[927]

Im Vordergrund stand dabei die zeremoniell geregelte Interaktion des Kaisers mit den am Kaiserhof vertretenen Gesandten der europäischen Fürsten. Da die europäischen Herrscher zu Beginn des 18. Jahrhunderts nur noch selten persönlich zusammentrafen,[928] hatte sich im Laufe der frühen Neuzeit ein die europäischen Höfe umspannendes Netz aus gegenseitigen und permanenten Gesandtschaften herausgebildet. Über die jeweiligen Rangansprüche wachte also am Kaiserhof ein recht umfangreicher Personenkreis auswärtiger Gesandter: einige wenige Botschafter des ersten Ranges, sogenannte Ambassadeure, und zahlreiche Gesandte zweiter Ranges, Envoyés, Agenten, Abgesandte oder Residenten. Vor allem die Unterscheidung zwischen diesen beiden Gesandtengruppen, den Ambassadeuren und den Gesandten zweiter Ordnung, war für die zeremonielle Behandlung und den Rang am Kaiserhof entscheidend: *„An keinem Hofe in der Welt geschiehet denen Ambassadeurs so viel Ehre und grosse Distinction, als an dem Kayserlichen; hingegen denen Envoyés an keinem Hof weniger."*[929] Die besondere Stellung der Ambassadeure unter den diplomatischen Gesandten geht schon auf einen Entscheid Karls V. zurück.[930] Dagegen fielen andere gängige Differenzen, zwischen ordentlichen und außerordentlichen Botschaftern[931] oder zwischen den verschiedenen Gesandtschaftsgraden zweiter Ordnung,[932] in Wien weniger ins Gewicht.

Die Ambassadeure konnten an allen Höfen gewisse Vorrechte für sich in Anspruch nehmen. Die anderen am Hofe bereits anwesenden Gesandten hatten einem Botschafter die erste Visite abzustatten, außerdem hatte er als Gast immer Anspruch auf Vorrang. Ferner hatte man ihnen mit dem Titel „Exzellenz" zu begegnen.[933] Darüber hinaus hatten die Botschafter am Kaiserhof noch weitere Privilegien. Wie Lünig auflistet, wurde ihnen seit Kaiser Karl V.[934] das Recht zugestanden, mit drei sechsspännigen Kutschen in den inneren Burghof einzufahren, sich nach der Aufforderung des

Kaisers das Haupt zu bedecken, ein besonderes Zeremonienkleid (die sogenannte Vesta Romana) zu tragen, bei einer Hochzeit der kaiserlichen Familie an der kaiserlichen Tafel zu speisen und zu Festivitäten des Hofes eingeladen zu sein, ja selbst den Kammerfesten inkognito beiwohnen zu dürfen.[935] Gemeinsam mit den am Kaiserhof weilenden Kardinälen, den Fürsten und ihren Prinzen stand den Botschaftern außerdem das Privileg zu, ihre Pferde mit sogenannten „Fiochi" schmücken zu dürfen; den Gesandten blieb dieses Privileg versagt.[936] Ferner hatten die Botschafter das Recht, den Kaiser sonn- und feiertags zur Messe zu begleiten, an höfischen Galatagen zu Beginn der Mahlzeit der kaiserlichen Familie zugegen zu sein und an den Namens- und Geburtstagen eines Mitgliedes der kaiserlichen Familie mit Glückwünschen aufzuwarten.[937]

Trotz dieser herausgehobenen Stellung eines Botschafters ersten Ranges unterhielten nur wenige Könige Europas am Kaiserhof ordentliche Ambassadeure. Zum Teil lag dies an Rangstreitigkeiten der europäischen Fürsten untereinander, die sich mitunter über Jahrhunderte hinziehen konnten. Der wohl prominenteste Streitfall, der Rangkonflikt zwischen der spanischen und der französischen Krone, war bereits im 16. Jahrhundert Gegenstand diplomatischer Verwicklungen und führte auch am Kaiserhof unter Karl VI. noch zu diplomatischer Betriebsamkeit. An diesem Fallbeispiel läßt sich exemplarisch veranschaulichen, welche unterschiedlichen Faktoren den Ablauf des Gesandtschaftszeremoniells bestimmten und mit welchen Strategien die einzelnen Akteure versuchten, ihre Rangposition durchzusetzen oder zumindest nicht revidieren zu müssen.

Auch für das zeremonielle „Traktament" auswärtiger Gesandten war das zeremonielle Herkommen ein bedeutsamer Faktor. Der Rang, der den Gesandten zu früheren Zeiten am Kaiserhof zugestanden wurde, blieb meist auch für die zeremonielle Regelung zukünftiger Zusammentreffen verbindlich. Dies begünstigte die Stellung des spanischen Botschafters in Wien. So war der spanische König das ganze 17. Jahrhundert hindurch mit einem Ambassadeur in Wien vertreten. Ferner war der Kaiserhof der einzige Hof in Europa, der dem Ambassadeur des spanischen Königs eine Präzedenz vor den Botschaftern der anderen Könige Europas einräumte. Diese Ehrenstellung war ursprünglich die Folge der familiären Bande zwischen Wien und Madrid – das Herkommen blieb jedoch auch im 18. Jahrhundert bestehen, als die Bourbonen den spanischen König stellten. Den Anspruch auf den Vorrang vor den anderen europäischen Monarchen, insbesondere vor dem französischen König, suchten spanische Ambassadeure auch an anderen Höfen Europas durchzusetzen – wie der Gesandtenstreit in London zeigte, mit ungewöhnlichen und bisweilen durchaus gewaltsamen Mitteln.[938] Der Erfolg blieb Spanien allerdings verwehrt. Es gab keinen Hof außerhalb Wiens, an dem sich der Vorrang des spanischen vor dem französischen Gesandten durchsetzen ließ, was indes keineswegs dazu führte, daß die spanische Krone auf diesen Anspruch verzichtete. Welcher Rang dem spanischen König am Kaiserhof zuerkannt wurde, zeigte sich besonders deutlich zu dem Zeitpunkt, als die spanische Krone sich – zumindest nominell – in der Hand des habsburgischen Erzherzogs Karl befand, nachdem er am 12. Dezember 1703 in der kaiserlichen Hofburg in Wien zum König von Spanien deklariert wurde. Ihm wurde sogar der Vorrang über den römischen König, seinen älteren Bruder Joseph, eingeräumt. Nur der Kaiser behielt auch im Zeremoniell mit dem deklarierten spanischen König stets die Oberhand, er ging, stand und saß stets zur Rechten des spanischen Königs.[939] Aus demselben Grund, der Wahrung des kaiserlichen Vorrangs, verweigerte Karl VI. auch dem spanischen König den Titel Majestät, um den Rangunterschied zwischen dem Kaiser und dem spanischen König unter keinen Umständen zu verwischen.[940] Da man von französischer Seite in keiner Weise bereit war, dem spanischen Botschafter den Vorrang einzuräumen, am Kaiserhof indes dem spanischen Ambassadeur stets die „Oberhand" zugesprochen wurde, vermied Frankreich den Konflikt, indem es über Jahrhunderte – seit Karl V. – nur Gesandte zweiter Ordnung an den Wiener Hof entsandte.[941] Umgekehrt war auch der Kaiser seit dieser Zeit nur mit einem Envoyé am französischen Königshof präsent.

Der spanische Erbfolgekrieg und der damit verbundene Wegfall eines spanischen Gesandten brachte allerdings Bewegung ins Spiel. Das politische Großereignis blieb auch für das Zeremoniell nicht ohne Folgen. Mit dem Aussterben der habsburgischen Linie erhob Erzherzog Karl – der nachmalige Kaiser Karl VI. – selbst Anspruch auf den spanischen Thron. Solange die österreichischen Habsburger während des spanischen Erbfolgekrieges und danach darauf bestanden, rechtmäßige Erben des spanischen Thrones zu sein, gab es auch keinen spanischen Gesandten am Kaiserhof. Erst nachdem der Kaiser 1725 schweren Herzens seinen Anspruch auf die spanische Krone fallenließ und Philipp V. als rechtmäßigen König von Spanien anerkannte, war der Weg für die Stellung eines spanischen Gesandten wieder frei. Die Abwesenheit eines spanischen Botschafters am Kaiserhof machte allerdings umgekehrt den Weg frei für die Ankunft eines französischen Botschafters, da dieser nun keine Rangauseinandersetzung mit dem spanischen Botschafter mehr zu fürchten hatte.[942] Am 19. April 1716 – also fast ein Jahr nach seinem Eintreffen in Wien am 4. Juli 1715 – hielt mit Charles François de Vintimille Duc de Luc zum ersten Mal seit langer Zeit wieder ein französischer Ambassadeur Einzug in Wien,[943] begleitet von 59 Kutschen der Kammerherren und Geheimen Räte des Kaiserhofes, des Kardinals von Sachsen, des päpstlichen Nuntius und des venezianischen Botschafters.[944] Im Gegenzug sandte der Kaiser den Grafen von Königsegg als Botschafter nach Paris, der dort am 23. Oktober 1718 seinen ebenfalls äußerst prachtvoll gestalteten Einzug hielt.[945]

Die politische Auseinandersetzung Karls VI. mit der spanischen Krone sollte allerdings nicht ewig andauern. Diplomatische Verhandlungen zwischen Wien und Madrid führten 1725 zu einem politischen Ausgleich und der Unterzeichnung eines Bündnisabkommens.[946] Damit war auch der Weg für einen spanischen Botschafter am Kaiserhof wieder frei, und zugleich die Möglichkeit eines Zusammentreffens des französischen und des spanischen Botschafters gegeben. Trotz des Dynastiewechsels auf dem spanischen Thron, der dazu führte, daß sowohl die französische als auch die spanische Krone in den Händen eines Bourbonen lagen, war der zeremonielle Rangstreit damit keineswegs beseitigt,[947] wie sich bei den Verhandlungen über ein mögliches Zusammentreffen der beiden Botschafter in Wien denn auch zeigen sollte. Am 22. August – also unmittelbar nach dem in den Wiener Verträgen festgelegten Frieden zwischen dem Kaiser und der spanischen Krone – erfolgte der Einzug des spanischen Botschafters Duca di Ripperda[948] in Wien mit der Teilnahme von 63 Kutschen mit Mitgliedern der adligen Hofgesellschaft.[949] Zu diesem Zeitpunkt weilte kein französischer Botschafter in Wien, bestand also keine Gefahr eines Rangstreits. Wenige Monate später, am 7. November, fand allerdings der Einzug des französischen Botschafters Louis François Armand Duc de Richelieu et Firensac statt,[950] der den seit der Abberufung des Duc de Luc verwaisten französischen Botschafterposten in Wien bekleiden sollte.[951] Beide Einzüge waren außergewöhnlich in ihrem Prachtaufwand – was auch die offiziösen Darstellungen dieses Ereignisses hervorheben.[952] Der Einzug des französischen Botschafters fand, wie der bayerische Gesandte Baron von Mörmann an seinen Kurfürsten ausführlich berichtete, in der gleichen Art und Weise statt wie der des spanischen Botschafters drei Monate zuvor.[953] Selbst die Wahl der Kleidung war ganz auf das Beispiel des spanischen Einzugs abgestimmt: So betonte Mörmann ausdrücklich, daß trotz des Dauerregens *„sein französischen Pottschafters sammentliche Bediente zu Pferdt- und zu Fuß mit keinem Mantl, auf welche Weis es auch verwichen bey hiesig- spanischen Pottschafters Einzug [...] beobachtet worden, angethan waren"*.[954] In manchen Dingen suchte man den spanischen Einzug sogar noch an Prachtaufwand zu übertreffen. So fuhr man mit einer noch größeren Anzahl an Kutschen in die Stadt ein.[955] Dabei war die spannendste Frage im Zusammenhang mit dem Einzug des französischen Botschafters, wie der spanische Botschafter sich dazu verhielt. Hierüber beriet die Hofkonferenz unter der Leitung des Obersthofmeisters Rudolf Graf von Sinzendorf im Beisein des spanischen Botschafters,[956] und auch zwischen dem spanischen Botschafter in Wien und dem Königshof in Madrid gab es einen Briefwechsel in dieser Frage.[957] Vom spanischen Botschafter war vor dem Einzug noch zu vernehmen, er werde dem Duc de Richelieu *„den Rang auf keine Weis verstatten [erlauben]"*, bestünde indes nicht auf einer Teilnahme an dem Zeremoniell, so daß sich die Rangfrage nicht stellte.[958] Beim Einzug war der spanische Botschafter denn auch auf Weisung aus Madrid gar nicht in Wien, sondern befand sich *„auf einige Täg in Hungarn"* auf *„Spazierrais"*, während der französische Botschafter seinen Einzug hielt, die Audienz bei den kaiserlichen Majestäten wahrnahm und auch an den Feiern zum Namenstag der Kaiserin in seiner Funktion als französischer Botschafter teilnahm.[959] Nach der Rückkehr des spanischen Botschafters nach Wien wählte der Kaiser die elegante Lösung, keinen auswärtigen Botschafter mehr *„nacher Hof zu der Capellen und dergleichen ansagen [zu] lassen"*, um einen Rangstreit zu vermeiden.[960]

Der Kaiser suchte also eine Entscheidung über die Frage der „Praecedenz" zwischen dem spanischen und dem französischen Botschafter dadurch zu umgehen, daß er gewissermaßen als Regisseur des Hofzeremoniells ein Zusammentreffen der beiden Akteure zu vermeiden suchte. Das Herkommen am Kaiserhof, dem spanischen Botschafter stets den Vorrang vor dem französischen Botschafter einzuräumen, war damit zwar nicht ausdrücklich außer Kraft gesetzt worden, wurde aber auch nicht sichtbar erneut unter Beweis gestellt. Die politischen Ereignisse ließen diese Modifikation des zeremoniellen Herkommens opportun werden.

Neben der spanischen und der französischen Krone, die unter Karl VI. zumindest zeitweise am Kaiserhof mit einem Botschafter vertreten war, entsandten auch der König von Portugal, ferner die Republik Venedig und der Papst Gesandte im Range eines Botschafters nach Wien. Dabei war Venedig als einzige Republik unter Karl VI. durchgehend mit einem Botschafter am Kaiserhof vertreten. Entscheidend für das Recht, Botschafter zu entsenden, war demnach die Souveränität eines Fürsten bzw. einer Republik. Diese Position sollte sich auch im völkerrechtlichen Diskurs des 17. Jahrhunderts zunehmend verfestigen.[961] Daß Venedig an den Kaiserhof einen Ambassadeur entsenden durfte, hatte in Wien Tradition und geht bereits auf einen Entscheid Karls V. zurück.[962] Damals wurde Venedig als Republik, die keinem Lehnsherrn unterworfen war, das Recht zugestanden, Botschafter zu entsenden. Erneuert wurde dieses Recht durch einen Vertrag, den die Republik 1636 mit Ferdinand II. abschloß.[963] Venedig ließ es sich nicht nehmen, seine Stellung als souveräne Republik auch in Wien eindrucksvoll zur Schau zu stellen. Da es seine in Wien residierenden Botschafter mindestens alle drei Jahre auswechselte, konnte der jeweils neu eintreffende Botschafter mit einem prächtigen Einzug seinen Rang demonstrieren, der auch der Selbstdarstellung der von Monarchen entsandten Botschafter in Wien in nichts nachstand.[964] So wurde beispielsweise der öffentliche Einzug des venezianischen Botschafters Vettor Zane am 30. März 1712 von einem Aufgebot von 39 Kutschen mit kaiserlichen Kammerherren zur Hofburg begleitet,[965] den Botschafter Andreas Errizo begleiteten sogar siebzig ranghohe Angehörige des Kaiserhofes.[966] Ferner wohnte der venezianische Botschafter zahlreichen öffentlichen Hofveranstaltungen an prominenter Stelle bei. Ebenso war auch der Papst mit einem Nuntius im Range eines Botschafters dauerhaft am Kaiserhof vertreten. Seine zeremonielle Stellung war am Kaiserhof mit der des venezianischen Botschafters durchaus vergleichbar. Bei besonderen Festanlässen erhielten sie benachbarte Plätze zugewiesen.[967] Bisweilen trugen beide Botschafter sogar ihre Rangprätentionen gemeinsam vor. So ersuchten beispielsweise beide Gesandten darum, anläßlich einer Opernaufführung zu Ehren der Kaiserin in der Favorita mit ihren Kutschen in den Innenhof der Favorita einfahren zu dürfen, was ihnen jedoch versagt blieb.[968] Generell kam es aufgrund von Rangfragen häufiger zu Verstimmungen mit dem päpstlichen Nuntius am Kaiserhof, da der diplomatische Vertreter des Papstes stets versuchte, aus der Stellung des Papstes als geistliches Oberhaupt der katholischen Kirche eine zeremonielle Vorrangstellung abzuleiten.[969]

Einen zeremoniellen Sonderstatus hatten schließlich Gesandte des türkischen Sultans. Dem sogenannten „Großbotschafter" wurde am Kaiserhof ein den Botschaftern der europäischen Fürsten vergleichbarer Rang am Kaiserhof zugebilligt. Mit wenigen Ausnahmen wurde er traktiert wie die Botschafter anderer europäischer Fürsten auch. So erhielt er ebenfalls eine Antrittsaudienz beim Kaiser[970] und konnte während seiner Anwesenheit am Kaiserhof auch kaiserlichen Festereignissen beiwohnen.[971] Handelte es sich indes um einen Gesandten ohne den Status eines Großbotschafters, so war das Zeremoniell bei der Audienz erheblich eingeschränkt. Im Gegensatz zu den europäischen Gesandten zweiter Ordnung wurde beispielsweise der türkische Gesandte Omer Aga bei seiner Audienz vom Kaiser in Campagne-Kleidern empfangen. Auch wurde er nicht mit der Botschafterkutsche abgeholt und durfte auch nicht in den inneren Burghof einfahren.[972] Neben den Audienzen beim Kaiser gab es stets auch eine Antrittsaudienz des türkischen Gesandten beim jeweiligen Vorsitzenden des Hofkriegsrates.[973] Diese Audienz war ebenfalls mit einem Einzug verbunden, der in seiner Prachtentfaltung und in der Zusammensetzung des Audienzzuges eine besondere Attraktion des Kaiserhofes darstellte. Solche Einzüge ereigneten sich in Wien in den Jahren 1711, 1715, 1719, 1726, 1731 und 1740.[974] Führten die ersten Einzüge noch zum Stadtpalais des Prinzen Eugen, der dort den türkischen Gesandten empfing, so war bei den letzten beiden Einzügen das obere Belvedere

Endpunkt des feierlichen Zuges.[975] Die Zusammensetzung des Zuges war
dabei ungewöhnlich. Wurden die Botschafter auswärtiger Mächte von
zahlreichen Kämmerern und Geheimen Räten des Kaisers begleitet, so
waren es beim Einzug des türkischen Gesandten überwiegend Soldaten
der Stadtgarde und kaiserliche Offiziere, aber auch in türkischer Art
gekleidete Amtsträger, aus denen sich der Zug zusammensetzte.[976]

Für die zeremonielle Rangfolge innerhalb der europäischen Hofgesellschaft war der Einzug des türkischen Großbotschafters von eher untergeordneter Bedeutung. Zwar begegnete ihm der Kaiser ebenfalls in der
Form des Zeremoniells, doch war der Sultan nicht eigentlich Teil der europäischen Fürstengesellschaft.[977] Das zeremonielle „Traktament" eines türkischen Gesandten hatte daher auch nicht vergleichbare Auswirkungen
auf die eigene Rangposition innerhalb der europäischen Fürstengesellschaft wie der zeremonielle Umgang beispielsweise mit dem französischen
Botschafter. Doch stellte der Empfang eines türkischen Gesandten stets
einen Anlaß zu gesteigerter Prachtentfaltung dar. Die Länge des Gesand-
tenzuges beim offiziellen Einzug stand hinter den Empfängen der europäischen Botschafter in keiner Weise zurück. Auch waren die Einzüge des
türkischen Großbotschafters willkommener Gegenstand medialer Verbreitung. So finden sich Beschreibungen der Einzüge im Wiener Diarium
wieder.[978] Johann Bernhard Fischer von Erlach suchte die Bedeutung des
Prinz Eugenschen Stadtpalais in seiner Kupferstichabbildung auch dadurch zu unterstreichen, daß er vor der Palastfassade den Empfang des
türkischen Aga in Szene setzte.[979] Und auch andere Einzüge des türkischen Gesandten schlugen sich in bildlicher Darstellung nieder, so der des
türkischen Großbotschafters Tschanibei Ali Bassa im August 1740.[980]
Beide Darstellungen hatten indes eine andere Zielsetzung, als die zeremonielle Rangposition der Akteure festzuhalten.

Die anderen europäischen Fürsten waren am Kaiserhof nur mit Gesandten unterhalb des Botschafterranges vertreten. Daß viele Fürsten darauf verzichteten, einen ordentlichen Botschafter nach Wien zu entsenden,
hatte mehrere Gründe. Zum einen erwies sich die Symbiose des kaiserlichen Hofzeremoniells mit der katholischen Konfession des Kaiserhauses
als Hindernis für den protestantischen Teil der europäischen Fürstenwelt.
Da die Rechte und Pflichten eines Ambassadeurs am Kaiserhof – insbesondere die Pflicht, als Botschafter am sonn- und festtäglichen Gottes-
dienst teilzunehmen – mit der Teilnahme an katholischen Riten verbunden waren, unterließen die protestantischen Monarchen die Entsendung
eines Ambassadeurs.[981]

Vor allem aber lag es am herausgehobenen kaiserlichen Ranganspruch
selbst, wenn viele Monarchen Europas sich weigerten, Ambassadeure zu
entsenden. Während sich nämlich im diplomatischen Verkehr der europäi-

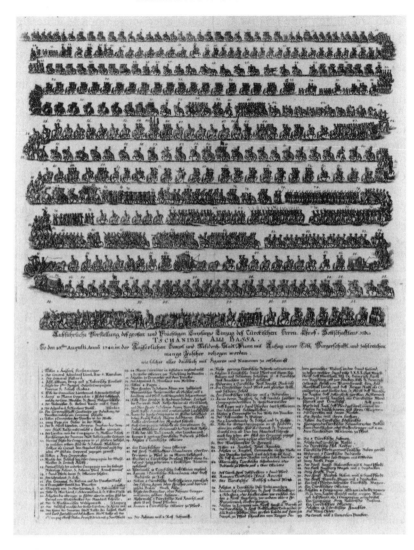

Abb. 5: Einzug des türkischen Großbotschafters Tschanibei Ali Bassa (1740);
Bild: Albertina, Wien.

schen Gesandten eine relative Gleichheit aller souveränen Mächte ab-
zeichnete,[982] war der Kaiserhof entschieden bemüht, dieser Gleichbehand-
lung entgegenzusteuern und die kaiserliche Präzedenz zu behaupten. Dieser Kampf um die zeremonielle Vorrangstellung wurde zum Teil an den
europäischen Höfen ausgetragen. Den kaiserlichen Gesandten wurde in
ihren Instruktionen eingeschärft, bei jeder Gelegenheit die *„kaiserliche
Präeminenz"* herauszustellen.[983] Diese Ehrenstellung wurde zwar von seiten der europäischen Fürsten meist allgemein zugestanden, in konkreten
Streitfragen des Zeremoniells allerdings immer mehr angezweifelt.[984] Insbesondere waren zahlreiche Monarchen nicht mehr bereit, kaiserlichen
Gesandten zeremonielle Vorrechte zuzugestehen. Dies hatte zur Folge,
daß der Kaiser nach dem Westfälischen Frieden oftmals darauf verzichtete, weiterhin Ambassadeure an die europäischen Höfe zu entsenden, und
sich meist mit nachgeordneten Gesandten begnügte. Zwar suchte Wien zu
erreichen, daß auch den kaiserlichen Envoyés manche Ehrung zuteil
wurde, auf die normalerweise nur Ambassadeure Anspruch hatten, doch
blieben solche Anstrengungen im Laufe des späten 17. und des frühen
18. Jahrhunderts zunehmend ohne Erfolg. So gestand man den kaiserlichen Gesandten in Frankreich, England, Dänemark und Schweden spätestens seit der Mitte der 1680er Jahre nur noch dieselbe zeremonielle Behandlung zu, wie sie ihre Gesandten am Kaiserhof erfuhren.[985]
    Der andere Ort, an dem die kaiserliche Präeminenz gewahrt werden
sollte, war der Kaiserhof selbst. Für die kaiserliche Seite war dies durchaus
problematisch, gab es doch bei zahlreichen Gesandten immer wieder Beschwerden über ihre Behandlung im kaiserlichen Hofzeremoniell.[986] Der
englische Gesandte St. Saphorin nahm auch an, daß der zeremonielle Vor-
ranganspruch des Kaisers die politischen Verhandlungen mit den auswärtigen Mächten am Kaiserhof stark beeinträchtigte: *„Tous les Ministres
Etrangers qui résident a' cette Cour, sans exeption, sont si rebuttès de son
procedé hautain envers leurs Maitres, quil n'y a aucun d'eux qui n'en fas se
des Relations les plus propres à engager leurs Cours dans toutes les mésures
les plus contraires aux interêts de l'Empereur."*[987] In jedem Fall führte der
kaiserliche Ranganspruch zu atmosphärischen Störungen, zeigte sich
immer wieder deutlich, daß die europäischen Fürsten immer weniger bereit waren, den kaiserlichen Vorrang zu akzeptieren. Dies führte dazu,
daß zahlreiche europäische Mächte ihrerseits keinerlei Bereitschaft zeigten, Ambassadeure an den Kaiserhof zu entsenden, da der Kaiser seinerseits auf die Entsendung von kaiserlichen Botschaftern überall dort verzichtete, wo den kaiserlichen Botschaftern keine Präzedenz mehr zugestanden wurde.[988] Der Austausch von Botschaftern mit dem Kaiserhof
kam daher nur in – meist politisch begründeten – Ausnahmefällen zustande. Dies traf auch für die beiden hier erwähnten Fälle des französischen

und des spanischen Botschafters zu. So hielt der Botschafter der französischen Krone seinen Einzug nicht umsonst nach dem Ende langjähriger militärischer Auseinandersetzungen im spanischen Erbfolgekrieg. Ein weiterer französischer Botschafter traf erst anläßlich der Beendigung des polnischen Erbfolgekrieges ein und erhielt am 12. Oktober 1738 seine Audienz beim Kaiser.[989] Und auch der spanische Botschafter hielt seinen Einzug erst nach der Unterzeichnung eines Bündnisvertrages zwischen Wien und Madrid.

Der Kaiser war indes nicht nur ein um die Präeminenz bemühtes Mitglied in der europäischen Fürstengesellschaft, sondern ebenso auch Oberhaupt des Heiligen Römischen Reiches. Diese Stellung galt es nicht nur im Zeremoniell mit den europäischen Gesandten, sondern auch innerhalb der Fürstengesellschaft des Reiches hinreichend zum Ausdruck zu bringen. Das Zeremoniell, mit dem der Kaiser die einzelnen Reichsstände am Kaiserhof traktierte, war dabei auch für den Rang der Reichsstände innerhalb der europäischen Fürstengesellschaft von besonderem Interesse. Strukturphänomene des Reiches und Entwicklungstendenzen der europäischen Diplomatie überlagerten sich in vielfältiger Weise und hatten permanente Rangauseinandersetzungen zur Folge, die die Interaktion zwischen dem Kaiser, den Abgesandten des Reiches und den Vertretern der europäischen Fürstengesellschaft deutlich erschwerten, bisweilen sogar unmöglich werden ließen.

Als hauptsächlicher Störfaktor erwiesen sich dabei die Ransprüche der Kurfürsten. Sie kämpften darum, unter keinen Umständen schlechtergestellt zu werden als die Gesandten der auswärtigen Potentaten. Sie bemühten hierbei die Tradition. In der Goldenen Bulle wurde den Kurfürsten zum Teil noch ein Rang vor den Königen zugebilligt.[990] Auf dem Basler Konzil wurde den Kurfürsten zumindest der Rang unmittelbar nach den Königen zuerkannt.[991] Der privilegierte Status der Kurfürsten in der Ranghierarchie geriet auf europäischer Bühne allerdings in der Folgezeit immer stärker unter Druck. Fortan mußten sich die Kurfürsten bemühen, nicht auch noch hinter die Republiken zurückzufallen, die für sich Souveränität beanspruchen konnten. Die Republik Venedig hatte diesen Status schon seit dem 16. Jahrhundert inne, und seit dem Westfälischen Frieden folgte ihr auch noch die Republik der Vereinigten Niederlande nach.[992] Daß die Republiken den Kurfürsten ihren Rang auf europäischer Bühne streitig machen konnten, lag insbesondere an der zunehmenden Durchsetzung des Souveränitätsprinzips im Zeremoniell. An die Stelle der Vielfalt unterschiedlicher Rangkategorien trat eine prinzipielle Unterscheidung nach dem Westfälischen Frieden immer stärker in den Vordergrund: ob ein Fürst als Souverän gelten könne oder nicht.[993] Souveräne Fürsten billigten sich dabei im Zeremoniell – zumindest im Diskurs der Zeremonialwissenschaft und des Naturrechts – gegenseitig den gleichen Rang zu.[994] Nicht-souveräne Fürsten hingegen blieben aus diesem Kreis der vollwertigen Herrschaftsträger ausgeschlossen und konnten nicht denselben Rang beanspruchen wie die Souveräne. Da die Kurfürsten aber dem Kaiser lehenspflichtig waren, galten sie nicht als souverän und hatten daher im Laufe des 17. Jahrhunderts zuzusehen, wie ihre Ransprüche von den europäischen Fürsten immer wieder zurückgewiesen wurden. Zuletzt konnten sich die Kurfürsten auf dem Westfälischen Friedenskongreß mit ihrem Anspruch nach königsgleichem „Traktament" durchsetzen,[995] danach blieb ihnen dieser Anspruch sowohl auf den europäischen Friedenskongressen als auch an den europäischen Fürstenhöfen versagt.[996]

Die Kurfürsten suchten der Marginalisierung ihrer Rangposition auch dadurch zu begegnen, daß sie den Kaiser in Wahlkapitulationen darauf verpflichteten, ihre Rangforderungen anzuerkennen und am Kaiserhof zu beachten. Wenigstens innerhalb des Reiches sollte die Rangposition der Kurfürsten gebührende Beachtung finden. Schon Ferdinand III. mußte in seiner Wahlkapitulation zugestehen, den Kurfürsten den Rang unmittelbar nach den gekrönten Häuptern einzuräumen.[997] Es blieb allerdings Interpretationssache, ob man auch die Republiken zu den gekrönten Häuptern zählen konnte oder nicht.[998] Die eigentliche Streitfrage, ob die Republiken oder die Kurfürsten Vorrang beanspruchen konnten, blieb also weiterhin in der Schwebe. Bei den Verhandlungen zur Wahl Karls VI. zum Kaiser des Reiches unternahmen die Kurfürsten einen neuen Anlauf, ihre Rangposition am Kaiserhof und allgemein innerhalb des Reiches mit den Mitteln der Wahlkapitulation zu stabilisieren. Der schließlich vereinbarte Text präzisiert nicht nur die vorgesehene Rangposition der Kurfürsten, er nimmt auch Bezug auf die vorangehenden zeremoniellen Auseinandersetzungen um diese Rangposition am Kaiserhof und den sich daraus ergebenden zeremoniellen Mißstand: „*Nachdem mahlen sich auch eine Zeitlang zugetragen, daß ausländiger Potentaten, Fürsten, Republiquen Gesandte, und zwar diese unter dem Namen und Vorwand, als wären die Republiquen vor gecrönte Häubter, und also denenselben in Würden gleich zu achten, an denen kayserlichen und königlichen Höfen und Capellen die Praecedenz vor denen Chur-Fürstlichen Gesandten praetendiren wollen.*" Dies solle künftig am Kaiserhof nicht mehr erlaubt sein. Sollten daher am Kaiserhof zugleich kurfürstliche Gesandte und die Botschafter auswärtiger Fürsten und Könige vertreten sein, so „*mögen und sollen zwar dieselbe denen Chur-Fürstlichen Gesandten, diese aber allen anderen auswärtiger Republiquen Gesandten, und auch denen Fürsten in Person ohne Unterschied vorgehen.*" Auch die Rangposition der Kurfürsten untereinander wird mit den Worten geregelt, daß „*unter ihnen, nemlich denen Churfürstlichen Gesandten primi ordinis, es mögen auch deren mehr als einer seyn an*

*Unserm Kayserlichen Hof, auch sonsten aller Orthen in- und ausser dem
Reich keine Distinction mehr gemacht, sondern allen und jeden gleiche honores in allem, wie denen königliche Gesandten gegeben werden [...]".*[999]
Was die Kurfürsten hier mit dem Kaiser aushandelten, wurde unmittelbar
nach der Verabschiedung der Wahlkapitulation am Kaiserhof auch zur
verbindlichen Grundlage des Hofzeremoniells erklärt. So findet sich in
den älteren Zeremonialakten ein bereits Ende Dezember 1711 verfertig-
tes Memorial, das den Mitgliedern der Hofkonferenz unter Bezugnahme
auf die Wahlkapitulation einzuprägen sucht, daß kurfürstliche Gesandte
wie königliche zu behandeln seien.[1000]

Unbeschadet aller Versuche zur rechtlichen Festlegung der kurfürstlichen Rangposition am Kaiserhof konnte sich nur in der zeremoniellen
Praxis erweisen, ob es den Kurfürsten gelang, ihre Ansprüche durchzusetzen. Und dies hing wiederum wesentlich davon ab, welchen Rang die am
Kaiserhof vertretenen Gesandten der europäischen Fürsten ihrerseits bereit waren den kurfürstlichen Gesandten zuzugestehen. Die europäischen
Fürsten und Republiken dachten aber nicht daran, die Kurfürsten als
gleichrangige Mitglieder der Fürstengesellschaft zu behandeln.[1001] An dieser ablehnenden Haltung konnte auch die – ihm abgerungene – Selbstver-
pflichtung des Kaisers in der Wahlkapitulation wenig ändern, da der Kaiser seinerseits daran interessiert war, die europäischen Gesandten so zu
traktieren wie an anderen europäischen Höfen auch. Um diesen Rangkonflikt zwischen den Kurfürsten und den europäischen Gesandten am Kaiserhof in der Schwebe zu halten, ohne die Interaktion generell zu gefährden, war man am Kaiserhof bestrebt, beide Personenkreise bei offiziellen
Anlässen möglichst zu trennen. Dies entsprach der eingespielten Praxis
nicht nur am Kaiserhof, sondern auch bei unterschiedlichen Anlässen im
Reich, wenn die europäische Fürstengesellschaft mit der Adelsgesellschaft
des Reiches in Berührung kam. So berichtet Lünig über den kurfürstlichen Kollegialtag zu Augsburg im Jahre 1689, daß der spanische Botschafter sich am 11. November, dem Leopoldstag zu Ehren des Kaisers
Leopold I. nicht am Hof eingefunden habe, um nicht den Kurfürsten von
Mainz und der Pfalz, die ebenfalls am Hofe waren, weichen zu müssen.[1002]
Am Kaiserhof ließ sich diese Trennung der beiden Personenkreise um so
leichter durchsetzen, da die Botschafter nur nach kaiserlicher Einladung
am Hof erscheinen durften.

Daß die Kurfürsten sich mit ihren Rangforderungen am Kaiserhof
gegenüber den Ranansprüchen der europäischen Gesandten nicht durchsetzen konnten, läßt sich auch daran ablesen, daß sie spätestens seit dem
Ende des 17. Jahrhunderts immer nur mit Gesandten, niemals jedoch mit
Botschaftern vertreten waren.[1003] Lünig wähnt die Gründe für diesen kollektiven Verzicht auf kurfürstliche Ambassadeure im Dunkel staatspoliti-

scher Arkana verborgen, stellt aber dennoch darüber Vermutungen an: Es sei entweder die Sorge vor andauernden Rangstreitigkeiten mit den Botschaftern der Republiken, die sich ja mit der Wahlkapitulation keineswegs erledigt hätten, oder die Angst vor zu hohen Ausgaben oder schließlich – für die protestantischen Kurfürsten – die Bedenken hinsichtlich der Teilnahmepflicht ihrer Gesandten an den katholischen Zeremonien, die den Verzicht auf die Stellung von Ambassadeuren begründeten.[1004] Die Angst vor zu hohen Ausgaben fiel wohl kaum ins Gewicht, bedenkt man die teilweise horrenden Kosten, die insbesondere die weltlichen Kurfürsten auf sich nahmen, um durch diesen Repräsentationsaufwand ihren Rang in der europäischen Fürstengesellschaft unter Beweis zu stellen.[1005] Das konfessionelle Argument ist zwar ernst zu nehmen, betraf allerdings nur die protestantischen Kurfürsten. Entscheidend war hingegen das Rangargument. Weder vom Kaiser noch von den Gesandten am Kaiserhof wären kurfürstliche Ambassadeure als Gesandte erster Ordnung anerkannt worden, da das Recht, Ambassadeure zu entsenden, unmittelbar an den souveränen Status des entsendenden Fürsten gekoppelt war. Ein Kurfürst, der dies zu ignorieren suchte, hätte keine Anerkennung seines Ranganspruches, sondern nur den Spott der Fürstengesellschaft geerntet.[1006]

An der Permanenz der Rangstreitigkeiten änderte sich allerdings auch dadurch wenig, daß die Kurfürsten stets nur mit Gesandten zweiter Ordnung am Kaiserhof vertreten waren und wohlweislich darauf verzichteten, Ambassadeure zu schicken. Selbst die kurfürstlichen Gesandten zweiter Ordnung suchten die kurfürstlichen Ranganspüche gegen die auswärtigen Botschafter am Kaiserhof durchzusetzen, was die Interaktion der einzelnen Gesandten untereinander oftmals erschwerte. Ein Brief des bayerischen Gesandten Mörmann an seinen Kurfürsten über die zeremoniellen Schwierigkeiten am Kaiserhof vermag dies zu veranschaulichen.[1007] Hier berichtet er unter anderem nach München, daß der päpstliche Nuntius Kardinal Spinola nur bereit sei, mit den bayerischen Gesandten zusammenzutreffen, wenn diese vorher eine zeremonielle Visite bei ihm abgelegt hätten, worin sich sein Vorrang sichtbar dokumentiert hätte.[1008] Dazu waren die bayerischen Gesandten jedoch ebensowenig bereit wie zu einer Antrittsvisite beim venezianischen Botschafter Cornaro. Hier war der Rangstreit zwischen der Republik Venedig und den Kurfürsten des Reiches ausschlaggebend.[1009] Und auch die Begegnung zwischen dem französischen Botschafter Duc de Richelieu und den bayerischen Gesandten Mörmann und Seinsheim ging nicht ohne zeremoniellen Zwischenfall vonstatten. Überall hatten diese Auseinandersetzungen den gleichen Ursprung: die Diskrepanz zwischen den Ranganspüchen der Kurfürsten und der zeremoniellen Praxis in der europäischen Hofgesellschaft. Den Anspruch auf Gleichrangigkeit mit den europäischen Königen konnten die

Kurfürsten erheben, durchsetzen ließ er sich weder an den europäischen Höfen noch am Kaiserhof.

Den Kurfürsten blieben daher nur die Momente persönlicher Anwesenheit in der Residenzstadt Wien, um ihren Rang gebührend herauszustreichen. Solche Besuche eines Kurfürsten in Wien ereigneten sich allerdings nicht eben häufig. Zur Zeit Karls VI. wurde nur dem Kurfürsten von Mainz Franz Ludwig aus dem Hause Pfalz-Neuburg 1731 ein offizieller Empfang am Kaiserhof bereitet.[1010] Dieser Empfang orientierte sich in allen Punkten an dem letzten öffentlichen Einzug eines Kurfürsten in Wien, der noch zu Zeiten Leopolds I. stattfand, als der damalige Kurfürst von Sachsen und spätere König von Polen August der Starke in Wien empfangen wurde.[1011] Zur Darstellung des kurfürstlichen Ranges waren solche persönlichen Fürstenbegegnungen zwar nicht in gleicher Weise geeignet wie die Antrittsaudienz eines Botschafters, da hier auch persönliche Beziehungen das Zeremoniell beeinflussen konnten. Dies konnte den Zeichencharakter eines solchen Zusammentreffens mindern.[1012] Auch das Zeremonialprotokoll hält für das dem Kurfürsten von Mainz gewährte Zeremoniell fest, der Kaiser habe ihn *„familiar als einen befreyndten tractiret".*[1013]

Aber man sparte für diesen Anlaß weder Aufwand noch Mühe. Es begann mit der ersten Begegnung des Kaisers mit dem Kurfürsten außerhalb der Stadtmauern an der Taborbrücke. Zur Begrüßung kam der Kaiser dem Kurfürsten mit einem Gefolge von siebzig sechsspännigen Kutschen entgegengefahren.[1014] Für das bei der Begegnung beobachtete Zeremoniell gibt es dann zwei unterschiedliche Darstellungen. Der bayerische Gesandte stellt die Einzelheiten der Begegnung erwartungsgemäß dar. Danach ist der Kurfürst von Mainz *„ohngefehr 60 Schritt weith [...] von der kayserlichen Leibgutschen ausgestiegen",* um dem Kaiser entgegenzugehen, während dieser *„noch etwas fortfahret, als von denenselben Sye Ihre Churfürstliche Durchlaucht etwan 20 Schritt weith entfehrnet waren",* um dann ebenfalls aus der Kutsche zu steigen und den Kurfürsten zu empfangen.[1015] Der in den Zeremonialprotokollen festgehaltene Bericht weicht von dieser Schilderung allerdings etwas ab. Hier habe der Kurfürst von Mainz seine Kutsche schon früher halten lassen und ging dem Kaiser 150 Schritte entgegen, *„welches aber aus puren weil rührigen Respect, und besonders Ihro Mayestät dem Kayser zu tragenden veneration geschehen, weilen sonst nicht mehr als 50 bis 60 Schritt erfordert worden".*[1016]

Ungeachtet der Frage, welche der beiden Beschreibungen die zutreffende ist, enthalten beide zwei wichtige Gemeinsamkeiten. Zum einen hat der Kaiser Anspruch darauf, daß der Kurfürst seinen Vorrang bei einer persönlichen Begegnung herausstreicht, indem er vor der Begegnung eine größere Wegstrecke zu Fuß zurücklegt als der Kaiser. Zum anderen

scheint das Herkommen in dieser Frage die von beiden Seiten zurückzulegenden Distanzen recht genau festzulegen: 60 Schritt kann der Kaiser
vom Kurfürsten verlangen, nur 20 Schritt dagegen dieser vom Kaiser.
Sollte es also zu den 150 Schritt gekommen sein, die Franz Ludwig auf
Karl VI. zu Fuß zurücklegte, so läßt das keinerlei Rückschlüsse auf das generelle zeremonielle Verfahren bei persönlichen Begegnungen zwischen
Kaiser und Kurfürsten zu. Auch das Zeremonialprotokoll hält ausdrücklich besondere Beweggründe fest, die das gleichsam familiäre Zusammentreffen der beiden Personen unterstreichen, und suchte nicht daraus einen
Präzedenzfall zu entwerfen. Auch die weiteren Stationen des kurfürstlichen Besuches hoben die kaiserliche Präeminenz immer wieder hervor.
So mußte der Kurfürst bei der gemeinsamen Fahrt zur Favorita in der kaiserlichen Leibkutsche mit dem *„unteren Sitz"* vorliebnehmen.[1017] Bei der
Audienz stand der *„Armlainsessel für Seine kayserliche Mayestät auf einem
kleinen Fus-Teppich"*, der des Kurfürsten indes *„auf freyem Boden ohne
Fusteppich"*.[1018] Auch die Audienz bei der Kaiserin lebte von solch feinen
Unterschieden. Hier brauchte man keinen Teppich, sondern begnügte sich
mit der unterschiedlichen Anordnung der beiden Audienzstühle.[1019]

Der Kaiserhof war sichtlich bemüht, dieses Ereignis in der europäischen
Fürstengesellschaft bekannt zu machen. Das „Wiener Diarium" berichtete
von allen Festivitäten am Kaiserhof, die der Kaiser gemeinsam mit dem
Mainzer Kurfürsten beging.[1020] Ein Kupferstich hielt darüber hinaus den
Einzug des Kurfürsten für die Nachwelt fest.[1021] Da sich dieser Stich unter
den Gesandtschaftsberichten des bayerischen Gesandten Mörmann verbarg, ist anzunehmen, daß Stiche dieses Ereignisses an alle oder zumindest
an zahlreiche auswärtige Gesandten am Kaiserhof verteilt wurden. Ferner
zeigen diese Berichte auch, mit welcher Aufmerksamkeit die in Wien anwesenden Gesandten zeremonialen Ereignissen folgten. Die Detailgenauigkeit bei der Schilderung einzelner Begegnungen zwischen dem Kaiser
und dem Kurfürsten – beim Empfang, der Kutschenfahrt, der Audienz, der
gemeinsamen Tafel etc. – verdeutlicht ferner, welche Punkte bei solchen
Begegnungen in der europäischen Fürstengesellschaft, und vielleicht noch
mehr in der Fürstengesellschaft im Reich, von großer Bedeutung waren:
Es finden all die Bereiche genaue Erwähnung, aus denen sich Fragen der
Rangzuteilung zwischen dem Kaiser und dem besuchenden Mainzer Kurfürsten ablesen lassen.

Mit dem Zusammentreffen eines Kurfürsten mit dem Kaiser in dessen
Residenz konnten beide Seiten ihre Stellung im Reich unter Beweis stellen. Der Kaiser demonstrierte mit einer Summe kleiner Unterscheidungen
seine unangefochtene Stellung als Reichsoberhaupt, der Kurfürst hingegen demonstrierte seine Nähe zum Kaiser und damit auch den Anspruch,
einer seiner „innersten Räte" zu sein.[1022] Sowohl in der Hofkapelle als

auch an der kaiserlichen Tafel bekam der Kurfürst von Mainz Ehrenplätze zugewiesen. Für die Rangstellung der Kurfürsten in Relation zu den europäischen Gesandten blieben diese Zeichen der Nähe allerdings ohne Aussagekraft. Solange der kurfürstliche Besuch nämlich am Kaiserhof weilte, hielt man die in Wien anwesenden Botschafter bewußt vom zeremoniellen Geschehen fern.[1023] Auch beim Besuch des Mainzer Kurfürsten war in Wien kein auswärtiger Botschafter außer dem polnischen Gesandten präsent, auch nicht anläßlich des Galatages für die Königin in Portugal.[1024] Eine Anerkennung der königsgleichen Rangposition der Kurfürsten blieb am Kaiserhof von allen beteiligten Gruppen aus.

Die kurfürstlichen Gesandten waren nicht nur mit den europäischen Gesandten in zeremonielle Rangstreitigkeiten verwickelt. Auch innerhalb des Kreises der Kurfürsten selbst suchte man sich einander den Rang streitig zu machen. Insbesondere der Umstand, daß drei der weltlichen Kurfürsten auch gleichzeitig außerhalb des Reiches gekrönte Häupter waren, barg für das Zeremoniell am Kaiserhof einigen Sprengstoff. Was rechtlich so klar geregelt wurde – daß sowohl die Könige in Preußen, von Polen und von England als auch ihre Botschafter im Reich nur ihrem Rang gemäß als Kurfürsten traktiert werden –[1025], erwies sich in der Praxis als höchst problematisch. Dabei soll hier weniger interessieren, daß unmittelbar nach der Krönung insbesondere der brandenburgische Kurfürst alles unternahm, um auch gegenüber dem Kaiser seinen Rang als König herauszustellen.[1026] Von größerer Bedeutung ist hier die Frage, welche Auswirkungen diese Kurfürsten im Königsmantel für das kaiserliche Zeremoniell selbst hatten. Dabei scheinen einige Unregelmäßigkeiten im zeremoniellen Handeln am Kaiserhof dieses Problem zu verdeutlichen. So war die bayerische Gesandtschaft, bestehend aus dem Grafen von Mörmann und dem Grafen von Seinsheim, die sich zur kaiserlichen Audienz in der Hofburg eingefunden hatte, einigermaßen darüber erstaunt, daß der Kaiser den kurbraunschweigischen Abgesandten Baron von Huldenberg vor der bayerischen Gesandtschaft zur Audienz berufen habe, was sofort den Verdacht auslöste, es könne ein königlicher Gesandter einem kurfürstlichen vorgezogen worden sein.[1027] Die sofortige Nachfrage ergab dann die Antwort, daß „*Sr. Kayerl. May. nit nach dem Rang der Gesandt- oder Abgesandten, sondern wie Sye sich umb die Audienz bewerben lassen, zu selber zu admittiren pflegen*".[1028] Da sich diese Szene allerdings kurz darauf erneut ereignete und diesmal die Reihenfolge der Anmeldung ersichtlich keine Rolle spielte, berichtete Mörmann nach München, daß „*nach solchem exempel alle churfürstl. Ministri deren Principallen in die königliche Würdte erhoben, […] als Königliche den Caracter vor andren- sonst Ihnen vorgehenten Ministris besorglich den Rang, und oberhand werden behaubten wollen*".[1029] Mörmann erwähnt hier nicht nur die Gefahr eines

Präzedenzfalles, der am Kaiserhof Schule machen und den Rang des bayerischen Kurfürsten zurücksetzen könnte. Er kritisiert darüber hinaus, daß
mit dieser neuen Praxis am Kaiserhof die Rangreihenfolge unter den Kurfürsten auf den Kopf gestellt wird. Danach hätte der kurbraunschweigi-
sche Gesandte dem kurbayerischen nachzufolgen, da Braunschweig die
Kurwürde später erlangt habe. Zwar blieb diese Episode für das Zeremoniell am Kaiserhof folgenlos und wuchs sich nicht zu einem Präzedenzfall
aus, doch zeigt die unmittelbare Reaktion des bayerischen Gesandten
Mörmann, daß man stets aufmerksam darüber wachte, die alte Ranghierarchie des Reiches am Kaiserhof zu bewahren, und jedes Zeichen einer
möglichen Veränderung des Zeremoniells als Warnsignal einer zeremoniellen Zurücksetzung deutete. Bei offiziellen Anlässen war man am Kaiserhof dagegen bemüht, auf die Königswürde des brandenburgischen,
sächsischen und braunschweigischen Kurfürsten keine Rücksicht zu nehmen und so die althergebrachte Hierarchie der Kurfürsten weiterhin zu
achten. So verlangte der Kurprinz von Sachsen zwar, als er aufgrund seiner
Hochzeit mit der Erzherzogin Maria Josepha die Reise nach Wien antrat,
ein herausgehobenes Zeremoniell, das ihn nicht nur als Kurprinzen, sondern auch in seinem Rang als königlicher Prinz traktieren sollte. Diesem
Ansinnen stellte sich die Hofkonferenz allerdings entgegen. Als Folge verzichtete der sächsische Kurprinz völlig auf einen offiziellen Empfang an
der Grenze und absolvierte seine Anreise bis zum letzten Nachtlager vor
Wien inkognito.[1030]

Hatten schon die ungekrönten Kurfürsten Sorge, am Kaiserhof ins
Hintertreffen zu geraten, so galt dies noch mehr für die Fürsten des Reiches. Während die Kurfürsten mit dem Mittel der Wahlkapitulation am
Kaiserhof durchsetzen konnten, auf das gleiche Zeremoniell Anspruch erheben zu können, wie es auch den europäischen Monarchen vergönnt war,
so fehlte den Fürsten ein solches Druckmittel. Folglich wurden sie in der
zeremoniellen Praxis sichtbar schlechtergestellt, was auch aufmerksamen
Beobachtern in Wien nicht entging. Dies zeigte sich insbesondere daran,
welchen Sessel man für den jeweiligen Besucher des Kaisers am Wiener
Hof bereithielt. Für regierende Kurfürsten ebenso wie für die Botschafter
waren am Kaiserhof Sessel mit Armlehnen vorgesehen.[1031] Weilten allerdings Prinzen des Reiches oder europäischer Herrscherhäuser am Kaiserhof, so war das zeremonielle „Traktament" am Kaiserhof unterschiedlich.
Als beispielsweise Prinz Emanuel von Portugal 1716 an der gemeinsamen
Tafel im Spiegelzimmer der verwitweten Kaiserin teilnahm, war ihm ein
Sitz mit Rücken- und Armlehne zugedacht worden, was dem kurbayerischen Gesandten eine Meldung nach München wert war.[1032] Dem „Cade-
ten" des kurfürstlichen Hauses Pfalz-Neuburg blieb hingegen ein solcher
Sessel versagt. Die offizielle Begründung für die zeremonielle Sonderbe-

handlung des portugiesischen Prinzen lautete, man habe ihm als Verwandten der Habsburger eine besondere Rangposition angedeihen lassen, ohne damit einen Präzedenzfall schaffen zu wollen. Als drei Jahre später der sächsische Kurprinz Friedrich August anläßlich seiner Hochzeit in Wien weilte, mußte er sich ebenfalls mit einem Sessel ohne Armlehnen zufriedengeben.[1033] Auch regierende Reichsfürsten konnten nicht darauf hoffen, in einem Sessel der ersten Kategorie Platz nehmen zu dürfen. So erhielt der Erzbischof von Salzburg bei seiner Privataudienz zwar einen Sessel *„mit hinten und seiten Lähn"*, jedoch ohne Armlehnen. Auch dem regierenden Deutschordensmeister wurde kein Stuhl der ersten Kategorie angeboten, als er den Hof Karls VI. aufsuchte. Dieser war darüber erzürnt und ließ verlauten, daß er *„in der Qualität eines regierenten Fürsten des Reiches, und ohne Churfürst zu sein, alhier nit mehr einzutreffen gedenkhe"*.[1034] Dem früheren Hochmeister des deutschen Ritterordens, dem Pfalzgrafen bei Rhein, war unter Leopold I. offenbar noch ein Armlehnsessel angeboten worden. Vielleicht hing dies auch mit der damaligen kaiserlichen Politik zusammen, gemeinsam mit den Reichsfürsten die kurfürstliche Präeminenz in Frage zu stellen und deren zeremonielle Sonderrechte und Privilegien anzuzweifeln – eine Politik, wie sie insbesondere am Regensburger Reichstag wiederholt versucht worden ist.[1035] Unter Karl VI. war die Bereitschaft, den regierenden Fürsten des Reiches den gleichen Status einzuräumen wie den Kurfürsten oder Mitgliedern einer Königsfamilie, jedenfalls nicht mehr vorhanden, wie die Beispiele zeigen. Der Anspruch der Kurfürsten, gegenüber dem Fürstenstand des Reiches eine herausgehobene zeremonielle Behandlung zu erfahren, wurde am Kaiserhof daher auch im 18. Jahrhundert akzeptiert, trotz periodisch auftretender Beschwerden der kurfürstlichen Gesandten, der Kaiser habe vor, *„denen hohen Herren Churfürsten in dem Ceremonial zugestandtene praerogativen nach und nach und mit gutter Manier zu verkleinern"*.[1036]

Das Zusammentreffen zwischen den am Kaiserhof versammelten Botschaftern und den regierenden Reichsfürsten in Person war ein weiteres Problem. Da die regierenden Reichsfürsten den Botschaftern die Oberhand hätten einräumen müssen – was sie als Affront gegen ihre Position im Reich ansahen[1037] –, galt es auch hier, ein Zusammentreffen möglichst auszuschließen, also beispielsweise neben den Reichsfürsten keine auswärtigen Gesandten zum Kaiserhof hinzuzuziehen.[1038] Bei Hofveranstaltungen suchte der Obersthofmeister bisweilen auch eine der beiden Parteien dazu zu überreden, auf die Rangprätention zu verzichten und inkognito teilzunehmen.[1039] Manche Reichsfürsten, wie der Erzbischof von Salzburg im Jahr 1718 bei seinem Besuch am Kaiserhof, verzichteten sogar von vornherein auf das erforderliche Zeremoniell und reisten inkognito an.[1040] Als der Erzbischof anläßlich des Namenstages Karls VI. am 5. November an einer Opernaufführung teilnahm, hatte er der Oper ebenfalls inkognito zu folgen, während der päpstliche Nuntius und der venezianische Botschafter offiziell als Zuschauer geladen werden konnten.[1041]

Das Zeremoniell, das der Kaiser der Interaktion mit den am Kaiserhof vertretenen Gesandten zugrunde legte, sowie die dahinter erkennbaren Normen, nach denen die zeremonielle Interaktion ausgerichtet wurde, stießen bei den anderen Höfen Europas und des Reiches stets auf große Resonanz. Alle in Wien anwesenden Gesandten waren permanent damit befaßt, die Geschehnisse am Kaiserhof zu beobachten und ihren fürstlichen Dienstherren mitzuteilen. Dabei standen Beobachtungen des Hofzeremoniells und der Rangfolge anderen politischen Themen in nichts nach. Von großer Bedeutung waren insbesondere alle Praktiken und Symbole, die sich zur Herstellung und Visualisierung von Rangunterschieden eigneten – insbesondere die zahlreichen Einzüge und Audienzen, aber auch Fragen der Teilnahme an Hofveranstaltungen, die Sitzordnung in der Hofkapelle, das Schmücken der Pferde etc. Deren Semantik hatte die europäische Fürstengesellschaft zum Adressaten. Zahlreiche zeremonielle Handlungen waren daher direkt an die Fürsten gerichtet, auch wenn die Gesandten als Repräsentanten und „Platzhalter" der Fürsten an ihnen stellvertretend teilnahmen. Die Gesandtenberichte sorgten dann, neben anderen Medien[1042] – Berichten des Wiener Diariums, Kupferstichen von bedeutsamen zeremoniellen Ereignissen und weiteren „Druckerzeugnissen" –, für die Verbreitung der bedeutsamen Zeichen, die jeweils Rangunterschiede signalisierten. Mit den Gesandten hatte sich auch am Kaiserhof demnach die europäische Fürstengesellschaft als permanenter Beobachter etabliert. Aufgrund dieses Systems der Beobachtung des Zeremoniells an allen Höfen durch alle Höfe stellten sich immer wieder Rückkopplungseffekte ein. Verlief das Zeremoniell an einem europäischen Fürstenhof nicht den Erwartungen entsprechend, konnte das durchaus Folgen für die zeremonielle Praxis an anderen Höfen nach sich ziehen.

Auch der Kaiser war eng an dieses Geflecht der europäischen Fürstenhäuser gebunden. Wollte er seine Rangansprüche an den europäischen Höfen beachtet sehen, hatte er am Kaiserhof auf die Rangvorstellungen der anderen regierenden Fürsten ebenfalls einzugehen. Dies wurde allerdings dadurch erschwert, daß die kaiserlichen Rangansprüche nach Präeminenz im zeremoniellen „Traktament" an den europäischen Fürstenhöfen zunehmend zurückgewiesen wurden und man den kaiserlichen Gesandten nur das gleiche Zeremoniell zugestand, das auch den Gesandten europäischer Monarchen gewährt wurde. Gegen diesen Trend, der sich Ende des 17. Jahrhunderts bereits an zahlreichen Höfen durchgesetzt hatte, konnte der Kaiser nur wenig unternehmen. Da die Kaiser Leopold I., Joseph I. und Karl VI. allesamt nicht bereit waren, auf die Forderung nach kaiserlicher Präeminenz zu verzichten, blieb ihnen nur der Weg, auf die Stellung von kaiserlichen Botschaftern an all denjenigen Höfen fortan zu verzichten, die den Vorrang des Kaisers in der europäischen Fürstengesellschaft in der zeremoniellen Praxis in Frage stellten, und statt dessen „bevollmächtigte Minister" zu entsenden. Dies ließ jedoch in der Folge auch den Kreis der am Kaiserhof vertretenen Ambassadeure kleiner werden und minderte damit die Stellung des Kaiserhofes als Zentrum höfischer Interaktion zwischen den europäischen Fürsten. Um die Legitimität des Anspruches auf Präeminenz im Zeremoniell zu unterstreichen, bediente man sich am Kaiserhof des immer gleichen Mittels: Man hielt am zeremoniellen Herkommen mit allen Mitteln fest und beharrte darauf, die zeremonielle Interaktion stets nach der überlieferten Art und Weise zu gestalten.[1043] Hinter dem steten Rückgriff auf das zeremonielle Herkommen, das die Hofkonferenz bei ihren Beratungen über zeremonielle Regelungen stets zum Maßstab erhob, verband sich daher zumindest im Zeremoniell mit den europäischen Fürsten eine Rationalität, den kaiserlichen Anspruch auf Vorrang auf diese Weise zu sichern. Weitergehende Ansprüche der europäischen Gesandten ebenso wie der Reichsfürsten wurden stets mit dem gleichbleibenden Hinweis auf frühere Präzedenzfälle abgewiesen. Dies erlaubte zwar dem Kaiser, im Zeremoniell am Kaiserhof weiterhin seine herausgehobene Rangposition herauszustreichen, legte aber die kaiserliche Haltung zu zeremoniellen Streitfragen von vornherein auf die Bewahrung der zeremoniellen Traditionen fest und erschwerte somit die Interaktion innerhalb der europäischen Fürstengesellschaft erheblich.[1044] Nur innerhalb der Fürstengesellschaft des Reiches blieb der kaiserliche Anspruch auf Vorrang, zumindest noch in der Regierungszeit Karls VI., weitgehend unbeanstandet, waren die Kurfürsten und die Fürsten des Reiches doch bei der Durchsetzung ihrer eigenen Ranganprüche vom kaiserlichen Wohlwollen und Entgegenkommen unmittelbar abhängig.

b) Die Hofgesellschaft am Kaiserhof

Bei jedem zeremoniellen Ereignis am Kaiserhof waren Mitglieder der adligen Hofgesellschaft in unterschiedlich großer Zahl präsent. An allen Einzügen und Audienzen auswärtiger Fürsten und Gesandter nahmen Mitglieder der Hofgesellschaft teil, seien es die zahlreichen Kammerherren, die sich zur prachtvollen Eskorte bei den Einzügen einstellten, oder die Inhaber der obersten Hofämter, die den auswärtigen Gesandten zum Kaiser, zur Kaiserin und wieder zum Ausgang zu geleiten hatten. Die Exklusivität der adligen Hofgesellschaft war wesentlicher Bestandteil der kaiserlichen Repräsentation innerhalb der europäischen Fürstengesell-

schaft. Durch ihre Anwesenheit am Kaiserhof, ihre Präsenz bei den zahlreichen Hofgesellschaften und ihre Fähigkeit, dabei „*grosse Figure zu machen*", trugen sie laut Johann Basilius Küchelbecker entscheidend dazu
bei, „*Splendeur und Magnificence des kayserlichen Hofes dadurch ungemein zu vermehren*".[1045] Die große Zahl ranghoher Hofadliger sei es auch,
die den Kaiserhof gegenüber dem französischen Hof überlegen erscheinen
lasse.

Ihre Anwesenheit war indes nicht nur für die kaiserliche Selbstdarstellung von einigem Nutzen. Den hoffähigen Mitgliedern der Adelsgesellschaft, denen die Würde eines Kammerherren oder Geheimen Rates vom
Kaiser verliehen wurde, bot sich am Kaiserhof die Möglichkeit, bei derlei
Gelegenheiten ihren Rang der europäischen Fürstengesellschaft zur
Schau zu stellen. Über die Position innerhalb der höfischen Ranghierarchie konnte der Hofadel indes nicht selbst verfügen. Er hatte sich vielmehr den Normen des Hofzeremoniells zu beugen. Dabei hing von der
Bereitschaft des Hofadels, sich in die höfische Hierarchie einzuordnen und
keine weitergehenden Prätentionen zu äußern, das Funktionieren des Zeremoniells wesentlich ab. Permanente Rangauseinandersetzungen zwischen allen Beteiligten, wie sie in der Interaktion zwischen den europäischen Gesandten am Kaiserhof und an den anderen europäischen Höfen
die Regel waren, hätten den Fortgang des höfischen Lebens schnell zum
Erliegen gebracht. Die unübersehbare Vielzahl möglicher Kriterien, nach
denen sich der Rang der Hofmitglieder hätte bemessen lassen, stand dabei
dem Ziel einer einheitlichen und für alle Beteiligten erkennbaren Ranghierarchie der Hofmitglieder entgegen. Als mögliche Kategorien einer
Rangfolge innerhalb der Hofgesellschaft war der Adelsrang der Hofmitglieder ebenso denkbar wie das Alter der Familie, aber auch das bekleidete Amt am Hofe, in der Zentralverwaltung oder im Militär; besondere Verdienste des einzelnen oder das Ansehen der Familie etc. hätten Berücksichtigung finden können. Hätten bei jeder Interaktion alle diese Kriterien
in Rechnung gestellt werden müssen, wären permanente Rangstreitigkeiten am Kaiserhof die wohl unvermeidliche Folge gewesen. Die höfische
Interaktion insgesamt wäre dadurch ständig vom Scheitern bedroht gewesen.

Eine stabile höfische Ranghierarchie erforderte den Verzicht auf die
Vielfalt von Aspekten, mit denen Adlige ihre Vortrefflichkeit zu begründen suchten. Vielmehr durfte der höfische Rang nur von wenigen Kriterien abhängen. Dies war am Kaiserhof der Fall. Unter dem Hofadel war
die Zugangsberechtigung ebenso wie der höfische Rang nur an zwei Faktoren geknüpft: Zum einen hatte man eines der beiden Hofehrenämter zu
bekleiden, um am Kaiserhof rangfähig zu sein und an allen Hofveranstaltungen teilnehmen zu können, man mußte also entweder die Würde des

Kammerherren oder des Geheimen Rates erhalten haben; die Geheimen Räte hatten dabei vor den Kammerherren den Vorrang. Zum zweiten bemaß sich der höfische Rang unter den Inhabern des gleichen Hofamtes nach der Anciennität.[1046] Darüber hinaus hatten die Ritter des Ordens vom Goldenen Vlies einen eigenen Rang in der Hofgesellschaft inne, der sie über die anderen Mitglieder heraushob. Andere Ehrungen oder Ämter waren für die zeremonielle Rangfolge am Kaiserhof dagegen ohne Belang, außer man hatte als Inhaber eines der Obersten Hofämter besondere Funktionen im Zeremoniell zu erfüllen, wie der Obersthofmeister und der Oberstkämmerer bei den Audienzen auswärtiger Gesandter oder der Oberststallmeister bei kaiserlichen Ausritten.[1047]

Für die höfische Interaktion am Kaiserhof hatte die Reduzierung rangrelevanter Kategorien stabilisierende Funktion. Die Rangpositionen am Kaiserhof waren immer eindeutig bestimmbar. Es lassen sich daher auch in der Tat unter Karl VI. nur noch wenige Rangkonflikte innerhalb des Hofadels am Kaiserhof feststellen.[1048] Der Verzicht auf zahlreiche Kriterien, die für den Rang und das Selbstverständnis des Adels konstitutiv waren, zugunsten von nur zwei Rangkategorien, die beide zudem noch ausschließlich von kaiserlichen Entscheidungen abhingen, traf im 17. Jahrhundert allerdings noch auf stärkeren Widerspruch der am Kaiserhof weilenden Adligen. Wohl erst im Laufe der Regierungszeit Kaiser Leopolds I. gelang es, die höfische Ranghierarchie, die nur noch auf Anciennität der Inhaber von Hofehrenämtern fußte, weitgehend durchzusetzen. In den Anfangsjahren der Regierungszeit Leopolds I. hingegen gab es noch mehrere Anfechtungen von seiten einzelner Hofmitglieder. Insbesondere die im Laufe des 17. Jahrhunderts vom Kaiser neu ernannten Reichsfürsten suchten gleich in zweifacher Hinsicht ihre Rangposition gegenüber anderen Personengruppen zu verbessern.

Dies stieß bei den alten Reichsfürsten, die sich den Rangprätentionen dieser neuen Fürsten zu erwehren hatten, auf Mißtrauen. Die neuen Fürsten beanspruchten nun Ranggleichheit, so schon im Vorfeld des Regensburger Reichstages 1653/54, mit der Begründung, der vom Kaiser verliehene Fürstenbrief sei ein ausreichendes „*fundamentum*" für die Zugehörigkeit zum Reichsfürstenstand.[1049] Diesen Anspruch vermochten sie allerdings nicht durchzusetzen. Neben der Verleihung des Fürstentitels, den der Kaiser vergeben konnte, benötigte man zusätzlich noch Sitz und Stimme auf dem Reichstag, um wirklich die Zugehörigkeit zum Reichsfürstenstand beanspruchen zu können. Hierfür war allerdings der Besitz einer reichsunmittelbaren Herrschaft im Reich unerläßlich. Manche der gefürsteten Familien konnten jedoch nur böhmische Besitzungen bzw. österreichische Lehen nachweisen. So erging es der Familie Liechtenstein, der daher auch der Sprung auf die Reichsfürstenbank des Reichstages zunächst verwehrt blieb. Dagegen konnten sich die neu gefürsteten Familien Lobkowitz, Salm, Dietrichstein, Piccolomini und Auersperg glücklich schätzen, da ihnen Session und Votum im Reichstag zugestanden wurden, wie der Reichstagsabschied verkündete.[1050] In der zweiten Hälfte des 17. Jahrhunderts gelang der Sprung auf die Reichsfürstenbank darüber hinaus noch den Familien Schwarzenberg und Fürstenberg, die allerdings beide bereits im Reich über Herrschaftsgebiete verfügten. Die Familie Liechtenstein fand dagegen erst 1713 ihren Platz im Reichsfürstenrat des Reichstages, nachdem Kaiser Karl VI. die Reichsgrafschaft Vaduz sowie die reichsunmittelbare Herrschaft Schellenberg im schwäbischen Reichskreis zum Fürstentum Liechtenstein erhob – ein diplomatischer Erfolg Anton Florians von Liechtenstein, dem hierfür sein langjähriger Dienst als Obersthofmeister Karls sicher förderlich war. Andere Familien verloren dagegen wieder ihren Sitz im Reichsfürstenrat, oder es gelang ihnen nicht, Eintritt in dieses Gremium zu erlangen. So verloren die Portia ihren Platz im Reichstag ebenso wie die Fürsten von Lamberg, während der 1711 gefürstete Leopold Donat von Trautson ohne Reichsterritorium keine Möglichkeiten besaß, im Reichstag Sitz und Stimme zu erlangen. Aber selbst wenn es den Familien gelang, einen Platz auf der Reichsfürstenbank zu sichern, so waren die alten Reichsfürsten nicht ohne weiteres bereit, die Ranggleichheit der neuen Reichsfürsten im Zeremoniell anzuerkennen. Noch 1746 weigerten sich die Comitial-Gesandten der alten Fürsten, den neuen Fürsten Ranggleichheit zuzugestehen, unabhängig von der Frage nach Sitz und Stimme im Reichstag. Man solle sie keinesfalls mit *„Durchlaucht"*, sondern allenfalls mit *„Fürstliche Gnaden"* anreden und ihnen auch *„niemahlen eine gleiche Bedienung, als denen alt-Fürsten zu geben".* Ferner dürften ihnen *„die Honneurs mit der Wacht auch niemahlen auf gleichen Fuß, wie denen alten Fürsten"* erlaubt werden.[1051]

Obwohl der Kaiser allen Fürsten ihren Fürstenbrief ausgestellt hatte, war auch für das Hofzeremoniell am Kaiserhof die Frage bedeutsam, wer am Reichstag Sitz und Stimme besaß und wer nicht. Auch am Kaiserhof hatten sich die in den Fürstenstand erhobenen Familien der Ranghierarchie des Reiches zu beugen, wie sie in den Reichstagsabschieden und Wahlkapitulationen festgelegt war. Dies verdeutlicht ein Gutachten der Hofkonferenz über *„den Rang zwischen den Fürsten des Reichs"* anläßlich der Huldigungsfeierlichkeiten in Innerösterreich 1728.[1052] Dort wurde bekräftigt, daß die Reichsfürsten mit Sitz und Stimme auf dem Reichstag den anderen Reichsfürsten vorzugehen hätten. Zwischen den am Reichstag vertretenen Fürsten entscheide die Anciennität der Teilnahme am Reichstag. Nur bei den Reichsfürsten, die nicht auf dem Reichstag präsent sein durften, entschied das Alter des Fürstenstandes und damit ein Kriterium, das ausschließlich von einer kaiserlichen Entscheidung abhing. Die

Rangfolge innerhalb des Reiches konnte der Kaiser daher auch durch seine Nobilitierungspolitik nicht beeinflussen. Hier vermochten die Fürsten des Reiches ihren Rang zu behaupten.

Die Bemühungen um eine zeremonielle Aufwertung der mit einem Fürstentitel versehenen Mitglieder der Hofgesellschaft erstreckten sich aber auch auf die höfische Rangfolge selbst. Insbesondere im 17. Jahrhundert war es, wie Winkelbauer feststellte, immer wieder das Bestreben der neu gefürsteten Hofmitglieder, einen eigenen höfischen Rang am Kaiserhof zugesprochen zu bekommen, so wie auch die Ritter des Ordens vom Goldenen Vlies, die Geheimen Räte und die Kämmerer einen eigenen Rang bekleideten. Hierbei hätte man ihnen einen herausgehobenen Rang unmittelbar nach den Botschaftern zuzugestehen, indem man beispielsweise den Fürsten eine eigene Bank in der Hofkapelle oder in der Hofkirche zuerkannt hätte.[1053] Allerdings waren diese Vorstöße ebenfalls nicht von Erfolg gekrönt. Die Mitglieder der kaiserlichen Hofgesellschaft hatten sich sämtlich dem Hofzeremoniell und der damit verbundenen höfischen Rangfolge zu unterwerfen. Demnach leitete sich der höfische Rang am Kaiserhof nur von der Bekleidung einer Geheimen Ratsstelle bzw. eines Kämmereramtes ab. Nur den Rittern des Goldenen Vlieses war eine zeremoniell herausgehobene Ehrenstellung zugedacht. Auch weiterhin hatten sich daher die neuen Fürsten auf die Bank für die Geheimen Räte zu begeben, sofern sie dieses Amt innehatten. Auch der Anspruch der neuen Fürsten, im Geheimen Rat allen nichtfürstlichen Mitgliedern voranzugehen, den eigenen Adelsrang über die höfische Rangfolge der Ancienität im Amt zu stellen, hatte auf Dauer nicht den gewünschten Erfolg. Gab es im Laufe des 17. Jahrhunderts über diese Frage noch teilweise erbitterte Auseinandersetzungen,[1054] so war die höfische Rangfolge am Kaiserhof im 18. Jahrhundert zunehmend unstrittig.[1055] Versuche, diese Rangfolge für die Reichsfürsten an den Adelsrang zu koppeln, wurden unter Karl VI. nur noch selten unternommen. So bemühte sich der Reichsvizekanzler als neugewählter Bischof von Bamberg und Würzburg 1729, aufgrund seines Ranges als regierender Reichsfürst auch seinen Rang innerhalb der Geheimen Konferenz zu verbessern.[1056] Schließlich seien die Reichsfürsten des Kaisers „innerste und geheimste räte" schon aufgrund ihrer Stellung im Reich und damit anderen Räten des Kaisers am Hof in jedem Falle übergeordnet. Da das Hofzeremoniell für die Reichsfürsten am Kaiserhof denselben Rang wie für die Botschafter und Kardinäle vorsehe, sei dies auch für die Rangfolge innerhalb der Hofgesellschaft – und damit auch innerhalb der kaiserlichen Entscheidungsgremien – verbindlich. In der Tat verbesserte sich für Friedrich Karl von Schönborn sein Rang innerhalb der Konferenz. Doch hatte er sich weiterhin damit abzufinden, daß in zahlreichen Fragen der österreichische Hofkanzler Graf von Sinzendorf sein

Votum in der Konferenz vor ihm abgab.[1057] Eine generelle Berücksichtigung seines Fürstenstandes in der höfischen Rangfolge am Kaiserhof blieb daher aus, selbst bei Friedrich Karl von Schönborn, einem regierenden Fürsten des Reiches. Ein höfischer Rang, der sich nur vom Adelsrang ableiten ließ, hätte den Kaiser seiner Möglichkeit beraubt, mit der Praxis der Vergabe von Hofehrenämtern selbst den Personenkreis der kaiserlichen Hofgesellschaft und die höfische Rangfolge bestimmen zu können.

Neben dem Adelsrang versuchten manche Hofmitglieder auch weitere Kategorien ins Feld zu führen, um ihren eigenen Rang innerhalb der Hofgesellschaft zu verbessern. Dabei läßt sich an dem Präzedenzstreit zwischen dem Hofkammerpräsidenten Georg Ludwig Graf von Sinzendorf und dem österreichischen Hofkanzler Hans Joachim Graf von Sinzendorf aus dem Jahre 1658, unmittelbar nach dem Herrschaftsantritt Kaiser Leopolds I., darlegen, weshalb eine Reduzierung der Rangkriterien innerhalb der Hofgesellschaft für das Gelingen des Hofzeremoniells so bedeutsam war.[1058] Da der Hofkammerpräsident der ältere Kämmerer war und daher den Vorrang beanspruchte, suchte der Hofkanzler in einer Bittschrift an den Kaiser weitere Kriterien der Rangunterscheidung ins Feld zu führen, um den Vorrang für sich zu beanspruchen: Er leiste bereits zwei Jahre länger in kaiserlichen Ämtern Dienst als der Hofkammerpräsident, habe die höheren Ämter durchlaufen, da er Mitglied des Reichshofrats gewesen sei, sein Konkurrent indes nur Mitglied der Hofkammer, und er sei als Kanzler bereits länger mit der Leitung der Hofkanzlei betraut als jener mit der Leitung der Hofkammer. Weitere Bereiche seiner Amtstätigkeit sprächen ebenso wie zusätzliche persönliche Leistungen für einen Vorrang gegenüber dem Hofkammerpräsidenten. So sei er es, der *„allen geheimben Räthen, und allen Hoff ambtern die Juramenta"* vorhalte. Auch war er in Frankfurt anläßlich der Kaiserkrönung mit der tatarischen Audienz betraut worden. Aus diesen Gründen sei es nicht gerechtfertigt, ihm eventuell vorzuhalten, er bekleide nur das Amt des österreichischen Hofkanzlers, während jener das eines kaiserlichen Hofkammerpräsidenten innehabe. Seine Amtsverpflichtungen auch in Belangen des Reiches machten vielmehr deutlich, daß man ihn *„ia auch für einen kayserlichen Hoff Canzler pasiren lassen"* müsse. Er bitte daher den Kaiser, die Präzedenz des Hofkammerpräsidenten nur auf diejenigen Fälle zu beschränken, wo *„wür alß Cammerer consideriret worden"*. Sollten sie jedoch im Rahmen ihrer leitenden Ämter aufeinandertreffen, sei diese Rangfolge nicht als verbindlich anzusehen.

Diese Argumentation des Grafen Hans Joachim von Sinzendorf gibt eine Vorstellung davon, welche Bandbreite möglicher Rangunterscheidungen die Interaktion zwischen den einzelnen Amtsträgern am Kaiserhof – also noch nicht einmal zwischen allen Mitgliedern am Hofe – hätte be-

stimmen können: die Anciennität in weiteren Ämtern neben den Hofehrenämtern, der Rang der kaiserlichen Ämter, die persönlichen Amtsleistungen sowie die Unterscheidung zwischen landesherrlichen und kaiserlichen Ämtern. Eine Einbeziehung all dieser Rangunterschiede hätte
eine eindeutige Ranghierarchie innerhalb der Hofgesellschaft ohne lang-
wierige Entscheidungsverfahren einer Rangzuteilung in jedem Einzelfall
vermutlich unmöglich werden lassen. Die periodisch wiederkehrenden
Bitten mancher Hofmitglieder, den höfischen Rang auch nach anderen
Kriterien als denen der Anciennität der Bekleidung eines Hofehrenamtes
zu bestimmen, vermochten denn auch weder unter Leopold I. noch bei
seinen Nachfolgern etwas zu bewirken. Die adlige Hofgesellschaft hatte
sich damit abzufinden, daß ihr Rang innerhalb der Hofgesellschaft nur an
die genannten Kategorien gekoppelt war. Wer Teil der kaiserlichen Hofgesellschaft sein wollte, hatte sich dieser Rangzuteilung zu unterwerfen.

Einen besonders herausgehobenen Rang nahmen am Kaiserhof die
Mitglieder des Ordens vom Goldenen Vlies ein. Diese Ordensritter waren
zweifelsohne der privilegierteste Personenkreis innerhalb der Hofgesellschaft. Wie bereits an früherer Stelle zur Sprache kam, hielt der höfische
Festkalender im Laufe eines Jahres zahlreiche Termine bereit, an denen
der Kaiser sich im Kreise seiner Ordensritter bewegte und damit seine besondere Nähe zu ihnen symbolisch dokumentierte. Darüber hinaus konnten die Ordensritter auch bei zahlreichen weiteren Hofveranstaltungen
einen besonderen Platz für sich beanspruchen, aus denen ihre privilegierte
Rangstellung für alle sichtbar wurde. Dies betraf zum einen ihre Rangstellung gegenüber den auswärtigen Gesandten. Waren die Ordensritter bei
einer zeremoniellen Feierlichkeit der gesamten Hofgesellschaft zugegen
wie zum Beispiel anläßlich der Taufe des neugeborenen Erzherzogs Leopold, so erhielten sie einen Rang vor dem venezianischen Botschafter
zugesprochen und konnten als persönliche Begleitung des Kaisers in die
Ritterstube der Hofburg einziehen.[1059] Noch stärker aber waren die Ordensritter gegenüber den anderen Mitgliedern der Hofgesellschaft hervorgehoben. So war ihnen oftmals eine eigene Bank zugedacht, in der sie im
Rang den Geheimen Räten und den Kämmerern vorgesetzt wurden. Dies
war zum Beispiel der Fall bei der Sitzordnung für die Krönung Karls VI.
zum ungarischen König, wo die Ordensritter rechts vom Kaiser Platz nehmen konnten, während die mitgereisten Geheimen Räte ihnen gegenüber-
saßen.[1060] Anläßlich der Hochzeitsfeierlichkeiten bei der Vermählung der
Erzherzogin Maria Theresia mit Franz Stefan von Lothringen bekamen
die Ordensritter in der Augustiner-Hofkirche ebenfalls vor den Geheimen
Räten und Kammerherren ihre Sitzplätze zugewiesen.[1061] Weitere feine
Unterscheidungen kamen hinzu. So war die Kniebank der Ordensritter
mit einem türkischen Teppich ausgelegt, die Kniebänke der Geheimen

Räte und der Kämmerer dagegen nur mit gewöhnlichen Teppichen, wie das Wiener Diarium in seiner Beschreibung der kirchlichen Hochzeitsfeierlichkeiten ausdrücklich festhielt.[1062] Wer dem Ritterorden angehörte, der konnte seine Nähe zum Kaiser bei zahlreichen Anlässen der Hofgesellschaft und der europäischen Fürstengesellschaft vor Augen führen und den herausgehobenen zeremoniellen Rang in der höfischen Hierarchie zur eigenen Statussteigerung nutzen. Die sichtbare Privilegierung der Mitglieder des Ordens vom Goldenen Vlies vor allen anderen Mitgliedern der Hofgesellschaft im Zeremoniell und deren exklusive Rangposition am Kaiserhof machte die Zugehörigkeit zur Ordensgesellschaft für verdiente Hofmitglieder besonders begehrenswert.[1063]

War bislang immer von Personengruppen die Rede, denen das Hofzeremoniell eine herausgehobene Stellung innerhalb der Hofgesellschaft – dauerhaft oder auf einen Anlaß bezogen – zuerkannte, so ist nun noch der Sonderfall zu erwähnen, daß einer Person allein eine besondere zeremonielle Behandlung zuteil wurde: Dies war unter Karl VI., soweit erkennbar, nur bei Prinz Eugen der Fall, hier aber in ungewöhnlich ausgeprägter Weise. Seinen im Hofzeremoniell zugewiesenen Rang betraf dies nur in geringem Maße. Wie bei den anderen Mitgliedern der adligen Hofgesellschaft leitete sich dieser ausschließlich von seiner Geheimen Ratsstelle ab, die er seit 1700 innehatte, bzw. aus seiner Stellung als Ordensritter im Orden des Goldenen Vlieses, wo er seit 1688 Mitglied war; eine Würde, die zu diesem Zeitpunkt noch der spanische König Karl II. zu vergeben hatte.[1064] Als erste Begünstigung für die Rangposition des Prinzen innerhalb der Hofgesellschaft erhielt er von Karl VI. nach dessen Herrschaftsantritt förmlich die erste Geheime Ratsstelle zugesprochen, obwohl er streng nach der Anciennität den ersten Platz innerhalb der Geheimen Räte nicht hätte beanspruchen können.[1065] Mit dieser Entscheidung sorgte Karl VI. persönlich dafür, daß Prinz Eugen innerhalb der Hofgesellschaft bei zeremoniellen Anlässen nunmehr den ersten Rang bekleiden konnte. Allerdings war diese Stellung als Primus inter pares noch nicht gleichbedeutend mit einer qualitativ neuen Rangposition, die ihn aus dem Kreis der Hofgesellschaft entrückt hätte. Dies vollzog sich erst nach seinem Tod. Dies war sicherlich zum einen die Folge der außergewöhnlichen Leistungen des Prinzen: Insbesondere auf militärischem Gebiet, aber auch in der Diplomatie mit den europäischen Mächten trug er entscheidend zum Aufstieg der habsburgischen Machtstellung in Europa bei. Zum anderen war es der Bekanntheitsgrad des Prinzen in der europäischen Fürstengesellschaft, der ihn schon zu Lebzeiten deutlich aus dem Kreis der übrigen kaiserlichen Amtsträger heraushob und zu einer Erscheinung des Wiener Hofes werden ließ, ja der den Kaiser in der Wahrnehmung mancher Außenstehender sogar bisweilen in den Schatten stellte. Da der Kaiser fer-

Abb. 6: Anonym: Vermählung Franz Stephans von Lothringen
mit Maria Theresia, 1736); Bild: Albertina, Wien.

ner keinen Grund hatte, an der Loyalität des Prinzen gegenüber dem
Hause Habsburg zu zweifeln und das Fehlen direkter Nachkommen es
darüber hinaus unwahrscheinlich machte, daß eine zeremonielle Sonderstellung des Prinzen von anderen Mitgliedern der Familie Savoyen ebenfalls eingefordert wurde, war Karl VI. bereit, ihn nicht als kaiserlichen
Amtsträger, sondern vielmehr als fürstlichen Herrscher mit den größten
Ehren zu bestatten.

Mit den offiziellen Begräbnisfeierlichkeiten, die dem Prinzen am Kai-
serhof nach seinem Tod im Jahr 1736 zuteil wurden, erbrachte Karl VI. vor
den Augen der europäischen Fürsten den endgültigen Beweis dafür, daß
Prinz Eugen innerhalb der kaiserlichen Hofgesellschaft ein Sonderstatus
zukam. Ziel der Trauerfeierlichkeiten sei gewesen, so führt das Wiener
Diarium aus, die kaiserliche Hochachtung für den Prinzen *„der gantzen*
Welt zu erkennen zu geben" und hierfür *„eine so prächtig als sumptuose*
Leich-Begängnuß und darauf folgende Exequien so viel das Ansehen Dero
Allerhöchsten Gegenwart in dieser Dero Kaiserlichen Residentz-Stadt
immer zulasset, auf dero eigene Unkosten anstellen zu lassen".[1066] Bei die-
sem kaiserlichen Ansinnen sind mehrere Dinge bemerkenswert. So wird

deutlich hervorgehoben, daß sich die Trauerfeierlichkeiten nicht nur an die Mitglieder des kaiserlichen Hofes richteten, sondern an die europäische Fürstengesellschaft. Anderen verstorbenen Mitgliedern des kaiserlichen Hofes blieb diese Öffentlichkeit unter Karl VI. verwehrt. Ferner betont der Bericht, daß der Kaiser selbst dieses Begräbnis ausrichtete, was seine besondere Wertschätzung für Prinz Eugen untermauerte. Und schließlich sei der zeremonielle Rahmen dieses Begräbnisses so hoch anzusetzen, wie es noch möglich sei, ohne damit die höchste Ehrenstellung des Kaisers in Frage zu stellen. Die zeremonielle Gleichstellung mit dem Herrscherhaus für einen – wenn auch herausragenden – Minister war nicht denkbar. Daher mußte Karl VI. auch den Vorschlag zurückweisen, das Herz des Verstorbenen feierlich in der Antoniterkirche beisetzen zu lassen, wie es mit den Herzen der kaiserlichen Familie zu geschehen pflegte.[1067] Es wurde statt dessen in der Metropolitankirche in Turin, der Grabkirche des Hauses Savoyen, beigesetzt.[1068]

Auch wenn man den verstorbenen Prinzen Eugen nicht als gleichrangiges Mitglied des Kaiserhauses beerdigen konnte, waren seine Trauerfeierlichkeiten doch von einem unglaublichen Aufwand und für jeden anderen Angehörigen der Hofgesellschaft unerreichbar. Zuerst wurde sein Leichnam in seinem Stadtpalais in der ersten Ante-Camera aufgebahrt, zusammen mit seinen Ehrenzeichen: der Kette des Goldenen Vlieses, seinem Degen, seinem Kommandostab sowie einem Schwert, das der Papst ihm als einem *„Beschützer der Heiligen Religion"* als Geschenk übertragen hatte.[1069] Ferner hatten sämtliche Kirchen der Stadt vom Zeitpunkt der Aufbahrung bis zum Begräbnis eine Stunde lang von zwölf Uhr mittags an zu läuten, eine Maßnahme, die das Trauerzeremoniell sonst nur im Falle der Landestrauer vorsah, bei dem Ableben eines Mitglieds der kaiserlichen Familie.[1070] Bewacht wurde das Stadtpalais von Soldaten der kaiserlichen Leibgarde.[1071] Fünf Tage nach dem Tod wurde das Begräbnis angesetzt. Für den Leichenzug[1072] von seinem Stadtpalais in den Stephansdom, der insgesamt zwei Stunden dauerte, waren Vertreter nicht nur des Hofes, sondern auch des Militärs, des Klerus und der Stadt hinzugezogen worden. Die Spitäler entsandten knapp siebenhundert Personen, die zahlreichen Klöster sowie verschiedene Stadtpfarreien stellten ebenfalls um die siebenhundert Trauergäste. Darauf folgten knapp fünfhundert Soldaten verschiedener Regimenter. Der Sarg wurde angeführt von den Domherren und der übrigen Geistlichkeit des Metropolitanstiftes von St. Stephan, auf die der Sarg folgte, der von vierzehn kaiserlichen Feldmarschall-Leutnants begleitet wurde. Daran schlossen sich dann die Hofkriegsräte an, auf die wiederum weitere Militärabordnungen folgten. Diese Prozession führte unter dem Läuten sämtlicher Kirchenglocken der Stadt vom Eugen-Stadtpalais an der Hofburg vorbei bis zum Kohlmarkt und dann über den Graben zum Stephansdom, wo bereits die Ritter vom Goldenen Vlies, die Geheimen Räte, die Kammerherren und weitere Amtsträger den Zug erwarteten. Im Stephansdom fand dann die Beisetzung statt, an der allerdings nur noch die hoffähigen Mitglieder des Trauerzuges teilnehmen konnten. Einen Monat später folgten dann die kirchlichen Trauerfeierlichkeiten im Stephansdom, da erst zu diesem Zeitpunkt das Castrum Doloris fertiggestellt war, das Johann Lukas von Hildebrandt für diesen Anlaß geschaffen hatte.[1073] Dieses Castrum Doloris entsprach in Form und Größe vollständig der Beisetzung regierender Herrscher. Die Trauerarchitektur überragte mit ihrer Größe sogar noch die vergleichbaren Trauergerüste der verstorbenen Kaiser Leopold I. und Joseph I. um zehn Fuß, was ebenfalls den Stellenwert des verstorbenen Prinzen unterstreicht.[1074]

Da sich die Trauerfeierlichkeiten nicht nur auf die Hof- und Stadtöffentlichkeit in Wien beschränken sollten, sondern man mit ihnen auch die anderen Höfe in Europa erreichen wollte, wurden parallel zu den Feierlichkeiten zahlreiche Druckwerke in Auftrag gegeben. So finden sich allein in den Wiener Historischen Blättern Kupferstiche über die Aufbahrung des Prinzen Eugen, außerdem zwei Darstellungen des Trauerzuges, der *„Pompa Triumphalis in funere"*, ferner eine Darstellung des Castrum Doloris sowie eine *„Erklärung des Trauer- und Ehren Gerüstes"*;[1075] zusammengenommen erinnerten alle Maßnahmen des Trauerzeremoniells für Prinz Eugen weit stärker an die Feierlichkeiten anläßlich eines Todesfalls in der kaiserlichen Familie als an das Trauerzeremoniell zugunsten eines wenn auch prominenten Mitglieds der adligen Hofgesellschaft.[1076]

Für den Prinzen Eugen erwies sich seine Stellung am Kaiserhof daher auch in zeremonieller Hinsicht als ausgesprochener Glücksfall, da er hier eine Rangstellung zugewiesen bekam, die er als fünfter Sohn auch eines so angesehenen Herrscherhauses wie desjenigen der Herzöge von Savoyen nur schwer anderswo hätte erreichen können. Aber auch für die anderen Hofmitglieder, die als Kämmerer, als Geheimer Rat oder als Ordensritter über einen Rang am Kaiserhof verfügten, konnte sich die Teilhabe an der höfischen Gesellschaft des Kaiserhofes bei vielen Anlässen als ausgesprochenes Privileg erweisen. So kamen die Inhaber von Hofehrenämtern zu zahlreichen Anlässen in den Genuß sichtbarer Zeichen demonstrativer Nähe zum Kaiser. Heiratete beispielsweise ein Mitglied der kaiserlichen Hofgesellschaft eine kaiserliche Hofdame oder Kammerfrau, so ging damit das Privileg einer Hochzeit am Kaiserhof in Anwesenheit der kaiserlichen Familie einher. Handelte es sich darüber hinaus um Verwandte von besonders hochstehenden Personen der Hofgesellschaft, konnte dies durchaus auch größere Feierlichkeiten am Kaiserhof nach sich ziehen. So war es dem Bräutigam Franz Graf von Starhemberg, einem Sohn des Hofkammerpräsidenten, vergönnt, mit einem Gefolge von bis zu neunzig Hofadligen, Kammerherren und Ministern in die Hofburg einen prächtigen Einritt zu halten. Angeführt wurde dieser Zug vom Obersthofmeister Fürst von Liechtenstein sowie dem Obersthofmarschall, dem Fürsten von Schwarzenberg. Braut war die kaiserliche Kammerfrau Antonia Gräfin von Starhemberg, eine Tochter des verstorbenen Rüdiger Graf von Starhemberg. Vollzogen wurde die Heirat vom päpstlichen Nuntius am Kaiserhof, dem Monsignore Spinola. Insbesondere aber *„hatten hierauf beyde brautleuthe die allerhöchste Gnade mit der allergnädigsten Herrschaft zu speysen"* sowie anschließend *„in der kayserlichen burg zu übernachten"*.[1077] Auch diese Bewirtung höfischer Brautpaare war eine institutionalisierte und zeremoniell formalisierte Geste, mit der der Kaiser die Nähe zu seiner Hofgesellschaft bekundete.

Neben solchen Demonstrationen vermochten Mitglieder der Hofgesellschaft vom kaiserlichen Rangreglement zu profitieren, da es ihnen bei mehreren Angelegenheiten einen Rang zuwies, der sie vor allem gegenüber dem Personenkreis der auswärtigen Gesandten zweiter Ordnung, dem Gros der Gesandten am Kaiserhof, sichtbar auszeichnete. Insbesondere die Sitzordnung bei den öffentlichen Hofveranstaltungen, zu denen auch die auswärtigen Gesandten geladen waren, hob die Rangstellung der Hofmitglieder hervor. So waren bei Veranstaltungen häufig drei Zuschauerbänke für die Gesandten und die Hofmitglieder vorgesehen, wobei die Botschafter in der ersten Bank, die Hofgesellschaft in der zweiten und die Envoyées in der dritten, das heißt nach den Hofmitgliedern, Platz zu nehmen hatten.[1078] Dabei waren die adligen Hofangehörigen nicht bereit, Verstöße gegen diese ihrer Selbstdarstellung förderliche Rangzuteilung hinzunehmen. Bei einer Auseinandersetzung in dieser Frage noch in der Regierungszeit Leopolds I., in der Wenzel Fürst Lobkowitz den französischen Gesandten Chevalier de Grémonville lautstark aus der zweiten Bank zu entfernen suchte, scheute der Obersthofmeister auch vor Handgreiflichkeiten nicht zurück.[1079] Um solche Szenen von vornherein zu unterbinden, drangen die Teilnehmer der Hofkonferenz anläßlich der Beratungen zur Neufassung der Kammerordnung 1715 auf schärfere Kontrollen. So solle vor den *„Bäncken in der Hof-Capellen, welche sonst so wohl unten als oben nur vor die Ministri destinirt"*, an beiden Enden jeweils ein Trabant der Leibgarde postiert werden, um diese Plätze freizuhalten und insbesondere *„keine unbekante frembde hineinzulassen"*.[1080] Dies sei nötig, da diese Plätze, laut den in der Hofkonferenz getroffenen Aussagen, des öfteren *„von anderen indistincte eingenohmen"*, so daß daher für die *„Ministris öffter kein Platz übrig"* geblieben sei.[1081] Doch dürfte es in dieser Frage weniger um die Anzahl der verfügbaren Sitzplätze gegangen sein. Vielmehr wird man auch hier die Absicht der adligen Hofteilnehmer vermuten dürfen, sich ihre privilegierte Rangposition am Hof von niemandem streitig machen zu lassen.

Bei einigen Veranstaltungen war den auswärtigen Gesandten am Kaiserhof gar die Teilnahme verwehrt, während die adlige Hofgesellschaft ungehinderten Zugang beanspruchen konnte. Dies war insbesondere bei den sogenannten Kammerfesten[1082] der Fall. Es waren indes nicht alle auswärtigen Gesandten gewillt, das Kammerfest als geschlossene, nur der Hofgesellschaft selbst zugängliche Gesellschaft zu akzeptieren. Immer wieder kam es vor, daß auswärtige Gesandte auf die Teilnahme bei den Kammerfesten Anspruch erhoben.[1083] Dagegen zeigten sich die Mitglieder der höfischen Gesellschaft fest entschlossen, ihre Exklusivität gegen die auswärtigen Gesandten zu verteidigen; eine Konfliktsituation, die mehrmals am Hofe zeremonielle Auseinandersetzungen hervorrief.

Der wohl prominenteste Zwischenfall ereignete sich anläßlich der Verlobung König Josephs I. mit der Prinzessin Wilhelmine Amalie von Braunschweig-Lüneburg am 28. Januar 1699. Er ist auch bei Lünig und anderen Autoren der Zeremonialwissenschaft erwähnt.[1084] Lünig schildert, wie der französische Envoyé Marquis de Villars bei dem aus diesem Anlaß veranstalteten Kammerfest des Erzherzogs Karl von Österreich – des späteren Kaisers Karl VI. – erschien, um diesem Fest beizuwohnen. Da es sich allerdings um ein Kammerfest handelte, waren auswärtige Gesandte nicht als Teilnehmer zugelassen. Außerdem hatte er noch keine Antrittsvisite bei dem Erzherzog abgelegt, was seiner Teilnahme zusätzlich entgegenstand.[1085] Dennoch bedurfte es mehrerer Aufforderungen seitens des Obersthofmeisters Anton Florian von Liechtenstein, um den Marquis de Villars zum Verlassen des Kammerfestes zu bewegen. Soweit Lünigs Schilderung der Ereignisse. Der bayerische Gesandte Mörmann geht in seinem Bericht an den bayerischen Kurfürsten noch näher auf die zeremonielle Auseinandersetzung ein. So führte der Marquis de Villars, um seine Teilnahme doch noch zu ermöglichen, einen Präzedenzfall an. Zur Zeit Kaiser Maximilians seien die französischen Ministri bei den Festen des damaligen Erzherzogs zugegen gewesen. Der Fürst von Liechtenstein wies dieses Argument allerdings zurück. Unter Maximilian hätte es die Unterscheidung zwischen Botschaftern und Envoyés noch nicht gegeben, daher lasse sich auch die Teilnahme der Minister nicht mit der des französischen Gesandten vergleichen.[1086]

Die diplomatischen Verwicklungen, die sich aus diesem Vorfall ergaben, waren für beide Seiten nicht unbedeutend. Schließlich waren politische Verhandlungen zwischen Frankreich und dem Kaiser über den beiderseitigen Umgang mit dem zu erwartenden spanischen Erbfall der eigentliche Grund für die Anwesenheit des Marquis de Villars am Kaiserhof.[1087] Als er nun damit drohte, sofort wieder abzureisen, sollte der Obersthofmeister Anton Florian von Liechtenstein sich nicht bei ihm in gebührender Form entschuldigen, drohte dies die Verhandlungen zu verzögern oder gar zum

Scheitern zu bringen. Daher begannen nun eifrige Verhandlungen mit dem Ziel, die Affäre ohne Ehrverlust für beide Seiten aus der Welt zu schaffen. Am Kaiserhof befaßten sich zwei Hofkonferenzen mit der Frage nach einer möglichen Einigung.[1088] Die Forderung des Marquis de Villars, der Fürst von Liechtenstein möge ihn aufsuchen und um Entschuldigung bitten, war für den Fürsten allerdings nicht tragbar. Um die schon anberaumte Abreise des französischen Gesandten doch noch zu verhindern, schalteten sich auch der päpstliche Nuntius, der spanische, der venezianische sowie der savoyische Botschafter Marquis de Prié in die Vermittlungsversuche ein.[1089] Der dabei erzielte Kompromiß sah vor, daß der Fürst von Liechtenstein während eines Besuches bei seiner Schwester, bei der der französische Gesandte untergebracht war, mit ihm zusammentreffen und eine Entschuldigung aussprechen könnte.[1090] Der zeremonielle Konflikt war für alle sichtbar ausgeräumt, als der Marquis de Villars – nach Anweisung durch den französischen Hof – am Kaiserhof eine Audienz beim Kaiser ablegte und hierbei zur Vermählung Josephs I. gratulierte.[1091] Nur die Audienz beim Erzherzog Karl sollte sich noch um fast ein weiteres Jahr verzögern. Hier blieb dem französischen Gesandten letztlich keine andere Wahl, als das Herkommen des Kaiserhofes zu akzeptieren, das heißt mit entblößtem Haupt die Audienz abzulegen, während der Erzherzog seine Kopfbedeckung aufbehielt.[1092]

Diese Streitfälle deuten an, daß das Zeremoniell der adligen Hofgesellschaft und den am Kaiserhof anwesenden europäischen Gesandten immer wieder Anlaß zu Auseinandersetzungen bot. Die europäischen Gesandten – und nicht nur die Botschafter unter ihnen – beanspruchten, im Hofzeremoniell dem Rang ihres Herrschers gemäß behandelt zu werden, was indes nur den Botschaftern am Kaiserhof gewährt wurde. Da die meisten am Kaiserhof anwesenden Gesandten allerdings keinen Botschaftsrang besaßen, mußten sie sich im Hofzeremoniell mit einem niedrigeren Rang zufriedengeben, der sie bei manchen Gelegenheiten auch den Mitgliedern der adligen Hofgesellschaft nachfolgen ließ. Diese besondere Stellung der Hofgesellschaft am Kaiserhof war wiederum für das symbolische Kapital jedes Mitglieds der Hofgesellschaft von entscheidender Bedeutung, so daß man peinlich genau darauf bedacht war, sie gegen Ansprüche seitens auswärtiger Diplomaten zu behaupten. Die verschiedenen Personenkreise am Kaiserhof konnten in der Rangfolge des Hofzeremoniells nicht vollständig integriert werden. Konkurrierende Rangansprüche und periodisch auftretende Streitigkeiten waren die unvermeidliche Folge.

Wer zum Kreis der Hofgesellschaft am Kaiserhof zählte, konnte im Hofzeremoniell seine „Nähe zum Kaiser" für alle Beteiligten sichtbar unter Beweis stellen. Das adlige Mitglied der Hofgesellschaft profitierte in hohem Maße von der kaiserlichen Rangordnung, da es in der höfischen

Hierarchie einen Platz besetzen konnte, der ihm nur aufgrund seines Adelstitels meist versagt geblieben wäre. Insbesondere der landsässige Adel der Erblande hätte am Kaiserhof keine zeremonielle Behandlung durch den Kaiser erfahren. Die Teilnahme an der kaiserlichen Hofgesellschaft ermöglichte ihm also auch ohne Rangerhöhung die Teilnahme an der höfischen Interaktion und sogar eine privilegierte Rangposition gegenüber auswärtigen Gesandten. Die historische Forschung hat die Vorzüge, die das Zeremoniell den adligen Höflingen bieten konnte, bislang zu sehr vernachlässigt und das Zeremoniell statt dessen vor allem auf den Bereich der fürstlichen Repräsentation reduziert. Gerade die Möglichkeiten der Teilnahme an dieser Repräsentation eröffneten dem Adel hingegen die Chance, neben dem Rang des Kaisers auch ihre eigene – durch ihre Teilnahme an der Hofgesellschaft erworbene – Rangposition zu repräsentieren. Das Zeremoniell war also in seinen Auswirkungen kein einseitiges Machtmittel des Kaisers gegenüber seinen Höflingen, wie es in der Literatur bisweilen anklingt.[1093] Allerdings war die Möglichkeit der Teilnahme am Zeremoniell an ein Hofehrenamt geknüpft, der Adlige insofern vom kaiserlichen Gunsterweis abhängig. Seine durch Geburt angestammte Rangposition allein reichte nicht aus, um im Kreis der am Hofe vertretenen europäischen Fürstengesellschaft und des Hofadels einen Platz zu erlangen. Dies trennte auch sichtbar den an den Hof gebundenen Adel von den übrigen Aristokraten, die ein Hofehrenamt nicht innehatten. Ohne den – kostspieligen und zeitaufwendigen – Weg in die „Nähe des Thrones" blieben sie von dieser Möglichkeit der Repräsentation ausgeschlossen. Hatten sie aber ein solches Hofehrenamt inne, waren sie durch das Zeremoniell weder primär domestiziert noch diszipliniert, sondern vor allem in ihrem Rang in die Hofgesellschaft erhoben worden. Der Hofadel hatte also selbst ein großes Interesse am Erhalt der höfischen Normen des Zeremoniells, hing doch von ihnen seine exklusive Stellung am Kaiserhof wesentlich ab.

Welche Vorteile das kaiserliche Hofzeremoniell den Hofadligen gewährte, wird bei zeremoniellen Anlässen ersichtlich, in denen die Mitglieder der kaiserlichen Hofgesellschaft keinen Anspruch auf Teilnahme reklamieren konnten. Als einige Hofadlige dem sächsischen Kurfürsten Friedrich August anläßlich seines Besuches am Kaiserhof im Jahre 1695 ihre Aufwartung machten, konnten sie erleben, welche Stellung ihnen die Reichsfürsten zuzuerkennen bereit waren. Den Reichsfürsten mit Sitz und Stimme auf dem Reichstag Ferdinand von Dietrichstein, Ferdinand von Schwarzenberg und dem Fürsten von Eggenberg hatte der sächsische Kurfürst eine reguläre Audienz zugestanden, doch saß der Kurfürst dabei *„unbedeckt, unter dem Baldachin auf einem Lehn-Stuhl"*, während sich die Fürsten mit *„einem schlechten Stuhl oder halbe Chaise à Dos"* begnügen mußten. Die Fürsten Anton Florian von Liechtenstein und Raimund von Montecuccoli, die zwar vom Kaiser in den Fürstenstand erhoben worden waren, ohne daß sie jedoch zu diesem Zeitpunkt mit Sitz und Stimme auf dem Reichstag vertreten waren, bekamen nur eine Privataudienz „*ohne Ceremonie*" zugeteilt. Weitere Inhaber oberster Hofämter, wie der böhmische Hofkanzler Franz Ulrich Graf von Kinsky, der Oberststallmeister Ferdinand Bonaventura Graf von Harrach oder der Hofkriegsratspräsident Rüdiger Graf von Starhemberg, die ebenfalls eine ordentliche Audienz beim sächsischen Kurfürsten beanspruchten, empfing er nur „*stehend mitten im Gemach*", ohne ihnen eine Sitzgelegenheit zuzuweisen.[1094] Da sich die überwiegende Mehrheit des am Kaiserhof vertretenen Adels aus landsässigem Adel der Erblande zusammensetzte, blieb diesen eine zeremonielle Behandlung außerhalb des Kaiserhofes verwehrt. Nur der Kaiserhof bot ihnen die Möglichkeit, an der Interaktion mit der Fürstengesellschaft des Reiches teilhaben zu können, ohne dabei Gefahr zu laufen, im Rang marginalisiert zu werden.

c) Der Untertan als Zuschauer?

Von den Untertanen, die laut übereinstimmendem Urteil der zeremonialwissenschaftlichen Autoren der wichtigste Adressat des Zeremoniells an den europäischen Höfen waren, ist in den Akten und den Protokollen, die das zeremonielle Geschehen am Kaiserhof sowie die hierzu erforderlichen Beratungen ausführlich festhielten, nur sehr vereinzelt die Rede. Die meisten zeremoniell normierten Interaktionen am Kaiserhof blieben den Untertanen verborgen.

Teilnehmer zeremoniell geregelter Handlungen waren Untertanen nur in seltenen Ausnahmefällen. Ein solcher Fall ereignete sich am Kaiserhof jedes Jahr in der Osterwoche anläßlich der „Fußwaschung" zu Gründonnerstag,[1095] ein bereits im byzantinischen Kaisertum praktiziertes Ritual, das am Wiener Kaiserhof spätestens seit Karl V. ebenfalls vollzogen wurde. Zwölf alte Männer wurden auserwählt, sich vom Kaiser die Füße waschen zu lassen. Desgleichen wuschen die Kaiserin sowie die verwitwete Kaiserin jeweils zwölf alten Frauen die Füße. Der Fußwaschung selbst ging eine Speisung der alten Männer und Frauen voran, ferner wurden sie neu eingekleidet und erhielten anschließend einen Beutel mit einem Reichstaler überreicht. Anschließend vollzog der Kaiser symbolisch das Ritual, kniend und ohne Mantel und Degen.[1096] Daß die Fußwaschung durch den Herrscher bzw. die Gemahlin des Herrschers erfolgte, war ein auch an anderen katholischen Höfen gebräuchliches Ritual und keine Besonderheit des kaiserlichen Hofes.[1097] Im 18. Jahrhundert wurden die

Namen und das Alter der Männer und Frauen, die in den Genuß der kaiserlichen Fußwaschung kamen, dann im Wiener Diarium abgedruckt und damit einer größeren Öffentlichkeit zugänglich.[1098] Als Geste der Bescheidenheit, Demut und Frömmigkeit war die Fußwaschung ein zeremoniell geregeltes Mittel der Interaktion zwischen Kaiser und Untertanen.

Größere Prozessionen oder Aufzüge durch die Stadt Wien setzten sich ebenfalls zu manchen Anlässen auch aus Untertanen zusammen. So begleiteten den Trauerzug für den verstorbenen Kaiser Joseph I. nicht nur zahlreiche Angehörige des kaiserlichen Hofstaates, Vertreter der niederösterreichischen Landstände und Deputierte aus den zahlreichen Klöstern Wiens, sondern auch sogenannte *„arme Männer und Weiber"* aus den Spitälern und Armenhäusern der Stadt Wien.[1099] Mit diesen Abordnungen aus Spitälern und Armenhäusern sollte die landesweite Trauer und die Verbundenheit aller Untertanen mit dem verstorbenen Kaiser sichtbar inszeniert werden – auf die Teilnahme kaiserlicher Untertanen am Trauerzeremoniell konnte daher nicht verzichtet werden. Die Einbeziehung von Angehörigen aller Schichten war nicht auf Trauerzüge für die Mitglieder der kaiserlichen Familie begrenzt. Bei herrscherlichen Einzügen wie dem Kaiser Karls VI. in die Residenzstadt Wien zu Beginn des Jahres 1712 nach der Kaiserkrönung oder in die Stadt Preßburg anläßlich der ungarischen Königskrönung setzte sich der Zug ebenfalls neben Herrschaftsträgern und Mitgliedern der Hofgesellschaft auch aus Delegationen der Universität oder des Klerus zusammen.[1100]

Bei der überwiegenden Mehrzahl der öffentlich zur Schau gestellten zeremoniellen Ereignisse waren Untertanen dagegen nur als „Zuschauer" anwesend. Es gehörte zur topischen Darstellungsweise von größeren öffentlichen Festanlässen und Einzügen von Botschaftern und Reichsfürsten in der kaiserlichen Residenzstadt, daß häufig auch auf die unzählbare Masse an Zuschauern verwiesen wurde. Ob es sich dabei um die erste öffentliche Teilnahme des Kaisers an einer Messe im Stephansdom handelte[1101] oder um die öffentlichen Einzüge des Kaisers in Innsbruck, Wien oder Preßburg,[1102] um die Krönungsfeierlichkeiten in Frankfurt oder Preßburg, um die Tauffeierlichkeiten für den neugeborenen Erzherzog Leopold, stets enthalten die Beschreibungen dieser Feierlichkeiten auch einen Hinweis darauf, daß das Zeremoniell sich unter *„Zuschauung einer unaussprechlichen Menge Volcks"* vollzogen habe.[1103] Auch der öffentliche Einzug eines Gesandten vollzog sich vor einer Kulisse zuschauender kaiserlicher Untertanen. In beinahe identischem Wortlaut wies das Wiener Diarium sowohl beim Einzug des spanischen Botschafters, dem Duca di Ripperda, als auch beim französischen Botschafter, dem Duc de Richelieu, auf die große Menge der Zuschauer hin: *„Auf diesem gantzen Weg, wie auch an denen fenstern dieser Straßen, befande sich eine ungemeine menge*

Volcks, einen so Majestätischen Einzug, desgleichen in langer Zeit nicht gehalten worden, zu sehen, daß es unmöglich zu beschreiben ist. "[1104] Ohne Zweifel waren bestimmte zeremoniell geregelte Ereignisse wie die Einzüge von Mitgliedern des Herrscherhauses und von europäischen Gesandten auf Inszenierung angelegt. Dies geht beispielsweise aus der Wegstrecke hervor, die der Zug in Wien genommen hatte. Mit der Einfahrtsroute über die Stationen Kärntnertor, Kärntnerstraße, Graben, Kohlmarkt, Herrengasse passierte der aus 68 Wagen bestehende Zug wichtige Straßen und Plätze der Residenzstadt.[1105] Ob die Straßen und Häuser tatsächlich von Trauben von Menschen gesäumt waren, läßt sich den offiziösen Beschreibungen des Zeremoniells nicht entnehmen. Insbesondere die stereotype Verwendung der immer gleichen Formulierungen über „unzählige Mengen Volcks" macht es unwahrscheinlich, daß damit auf die Realität des Hofereignisses notwendigerweise Bezug genommen wurde. Auch finden sich solche Formulierungen nicht nur bei der Beschreibung öffentlicher Festanlässe des Kaiserhofes, sondern sie waren Bestandteil aller Festbeschreibungen an europäischen Höfen. Diese Wendungen traten in Zeremonialbeschreibungen immer dann regelmäßig auf, wenn damit auf die Öffentlichkeit des Ereignisses verwiesen werden sollte.

Einiges spricht daher für die These, daß die Untertanen nicht die Adressaten des aufwendigen Zeremoniells waren, sondern deren Bestandteil.[1106] Die Untertanen hatten dem Zeremoniell als Staffage zu dienen, nicht umgekehrt. Das Zeremoniell wies ihnen eine Rolle nicht als Zuschauer, sondern als Statisten zu. Die topische Erwähnung der großen Masse an Zuschauern in den gedruckten Beschreibungen des Ereignisses sollte innerhalb der europäischen Fürstengesellschaft, dem eigentlichen Adressatenkreis des Zeremoniells, unter Beweis stellen, daß das Zeremoniell in guter Ordnung vonstatten ging und sich vor einer breiten Öffentlichkeit vollzog. Eine darüber hinausgehende Bedeutung hatten die anwesenden Zuschauer beim Vollzug der zeremoniellen Handlungen dagegen nicht.[1107] Verzichtet man auf die Annahme, die Untertanen seien die eigentlichen Adressaten des Hofzeremoniells, läßt sich auch erklären, warum deren Wahrnehmung bei allen Zeremonialbeschreibungen vollständig ausgespart bleibt. Ihre Haltung zum Zeremoniell blieb für den Erfolg des Hofereignisses ohne Bedeutung. Auch die Teilnehmer an den Beratungen der Hofkonferenz, die sich mit der Anwendung zeremonieller Normen anläßlich eines bestimmten Hofereignisses befaßten, verschwendeten an die Untertanen keinerlei Gedanken. An keiner Stelle taucht in den Zeremonialakten oder -protokollen ein Hinweis darauf auf, daß ein zeremonielles Ereignis im Hinblick auf die Zuschauer zu veranstalten sei und daher deren Ansprüchen gerecht werden müsse. Breiter Raum wurde dagegen in den Hofkonferenzen der Erwartungshaltung der europäischen Fürsten und Gesandten eingeräumt. Sollten die Untertanen eigentliche Adressaten des kaiserlichen Hofzeremoniells gewesen sein, hätte ihre Erwartungshaltung in den Beratungen über die Regelung zeremonieller Ereignisse größeren Raum einnehmen müssen. Auch wenn die Zeremonialwissenschaft beinahe einhellig dem Untertan eine große Bedeutung für die Existenz des Zeremoniells bescheinigte, spielte er bei zeremoniellen Ereignissen allenfalls eine zu vernachlässigende Nebenrolle. Adressaten zeremonieller Handlungen waren nicht die Zuschauer, sondern die Mitwirkenden. Da eine Hauptfunktion des Zeremoniells darin bestand, soziale Rangfolgen festzulegen und damit Hierarchien zu definieren – sei es innerhalb der europäischen Hofgesellschaft, sei es innerhalb der Hof- und Adelsgesellschaft am Kaiserhof –, waren die Hauptinteressenten des Zeremoniells diejenigen, die Rang im Zeremoniell durchzusetzen suchten.[1108] Von diesen Rangauseinandersetzungen blieben die Untertanen am Kaiserhof allerdings ausgeschlossen, und zwar als Teilnehmer ebenso wie als Zuschauer. Ein großer Teil der Anlässe – also Audienzen, zahlreiche Hoffeierlichkeiten etc. –, deren Zeremoniell stets wiederkehrende Beratungen in der Hofkonferenz erforderte, blieb vollständig hinter den dicken Mauern der Hofburg den Augen der Untertanen verborgen.

Bekamen die Untertanen – insbesondere die Stadtbevölkerung der kaiserlichen Residenz – den Kaiser bei höfischen Festveranstaltungen zu Gesicht, so war die Funktion dieser Ereignisse eine andere als bei Einzügen, Audienzen etc., die insbesondere um Fragen der zeremoniellen Rangfolge kreisten. Wenn der Kaiser und die Untertanen – in gebührendem Abstand – zusammentrafen, so meist anläßlich kirchlicher Feierlichkeiten. Ob es sich um das Titularfest des Ordens vom Goldenen Vlies handelte, das der Kaiser zusammen mit den Inhabern des Ordens am 30. November beging, um Feierlichkeiten des Sternkreuzordens oder um die Festivitäten anläßlich herausgehobener dynastischer Ereignisse, viele Feierlichkeiten vollzogen sich nicht nur in den Räumen der kaiserlichen Residenz, sondern wurden zugleich mit einem öffentlichen Kirchgang des Kaisers, seiner Familie und Mitgliedern des Hofstaates zelebriert. Hinzu kamen die zahlreichen öffentlichen Kirchgänge des Kaisers in den verschiedenen Kirchen der Residenzstadt sowie die Teilnahme an mehreren Prozessionen in der Karwoche und an Fronleichnam sowie die Wallfahrten nach Mariazell und Klosterneuburg.[1109] Neben den Meßfeiern, an denen der Kaiser anläßlich kirchlicher Festtage teilnahm, und den Gottesdiensten, die aufgrund von Hoffeierlichkeiten stattfanden, gab es noch eine besondere Form kaiserlicher Freudenfeste, die ebenfalls in einen kirchlichen Rahmen eingebunden waren: die Gedenkveranstaltungen anläßlich herausragender historischer Ereignisse. So wurde jedes Jahr der Entsatz Barcelonas im spanischen Erbfolgekrieg (1706), der Entsatz von Wien (1683) sowie die 1679 abgewendete Pest mit einem Te Deum sowie einer sich daran anschließenden Prozession ins kollektive Gedächtnis zurückgerufen und rituell begangen. Fanden die Feierlichkeiten anläßlich der Befreiungen der Städte Wien und Barcelona im Stephansdom statt,[1110] so vollzog sich das Te Deum anläßlich der Befreiung von der Pest in der Peterskirche, von der aus sich dann die Prozession zur berühmten Pestsäule auf dem Graben anschloß. Die Botschaft dieser Gedenkfeierlichkeiten dürfte für alle Beteiligten nicht schwer zu entschlüsseln gewesen sein: Militärische Sieghaftigkeit galt ebenso wie das Ende der Pest als Zeichen göttlichen Beistands, der wiederum von der Gottgefälligkeit des habsburgischen Herrscherhauses zeugte.

Die Inszenierung der Pietas Austriaca, der Frömmigkeit als Tugend des Herrscherhauses, die sich an den Gedenkfeierlichkeiten ebenso wie an den zahlreichen Gottesdiensten in der Stadt unter Anwesenheit des Kaisers ablesen ließ, war sicherlich vorwiegend an die kaiserlichen Untertanen gerichtet. Insofern waren die Untertanen bei diesen kirchlichen Feierlichkeiten, bei denen sie Teil der Öffentlichkeit waren, auch die Adressaten dieses Zeremoniells. Auch andere Formen der kaiserlichen Repräsentation – insbesondere die unter Karl VI. errichteten kaiserlichen Repräsentationsbauten, die an späterer Stelle noch ausführlich zur Sprache kommen sollen – wandten sich mit derselben Botschaft ebenfalls auch an die eigenen Untertanen. Teil des Hofzeremoniells waren diese kirchlichen Feierlichkeiten insofern, als sie durch den höfischen Festkalender geregelt und Teil des kaiserlichen Hoflebens waren. Die Semantik dieser kirchlichen Feierlichkeiten, an denen der Kaiser vor den Augen der Stadtbevölkerung Wiens teilnahm, war allerdings vom Zeremoniell mit den europäischen Gesandten oder im Kreis seiner adligen Hofgesellschaft deutlich verschieden. Die Untertanen verfügten über keinerlei Ranganspriiche in der höfischen Ranghierarchie und machten es daher auch nicht notwendig, deren Rangpositionen untereinander im einzelnen festzulegen. Nur der gebührende respektvolle Abstand zwischen Stadtbevölkerung, Hofgesellschaft und den Mitgliedern des kaiserlichen Herrscherhauses hatte stets gewährleistet zu sein. Da die Rangzuteilung unter den Untertanen keine Regelungen von seiten des Kaisers erforderlich machte, unterblieben auch Beratungen der Hofkonferenz über den Ablauf der Gedenkfeierlichkeiten – nur das Ereignis als solches wurde daher in den Zeremonialprotokollen erwähnt. Wenn aber die unterschiedliche Bedeutung des Zeremoniells bei der Interaktion des Kaisers mit den verschiedenen sozialen Gruppen am Hof und in der Residenzstadt sich an dem Aufwand erkennen ließ, der zur Festlegung des zeremoniellen Ablaufs erforderlich war, spielten die Untertanen im Zeremoniell nur eine Nebenrolle. Umgekehrt wird man vermuten dürfen, daß auch bei der Wahrnehmung des Zeremoniells durch die Stadtbevölkerung Fragen der zeremoniellen Rangfolge von untergeordneter Bedeutung waren, ja daß ihr die Einzelheiten der Rangunterscheidung am Kaiserhof unbekannt waren. Wollte der Kaiser mit seinen Untertanen kommunizieren und den Glanz der kaiserlichen Herrschaft vor ihren Augen entfalten, war ein Zeremoniell mit differenzierten Rangunterscheidungen nicht notwendig erforderlich.

5. Die Funktion des Hofzeremoniells am Kaiserhof – ein Fazit

Zuerst und vor allem anderen war das Hofzeremoniell eine Norm. Sie regelte den Rang aller Teilnehmer am Kaiserhof sowie deren Interaktion miteinander. Zum einen war das Zeremoniell ein Ordnungsrahmen für alle Lebensbereiche des Hofes, die mit dem Kaiser in unmittelbarer Verbindung standen. Insbesondere dessen Existenz war vollständig durch das Hofzeremoniell geregelt: Sein Tagesablauf, sein Aufenthaltsort an den unterschiedlichen Residenzen, die Abfolge von Alltag und feierlichen Anlässen, alles lief stets in gleichbleibenden zeremoniell normierten Bahnen ab. Nicht alle Hofmitglieder waren in gleicher Weise von diesen zeremoniellen Regelungen betroffen – dies hing vielmehr davon ab, wie stark man in die offiziellen Ereignisse des Hoflebens am Kaiserhof involviert war. Es gab sowohl besondere räumliche Zonen (Gemächer der kaiserlichen Familie), besonders herausgehobene Personen (insbesondere die Mitglieder der kaiserlichen Familie) als auch besondere Anlässe (Einzüge und Audienzen, Festlichkeiten der Hofgesellschaft, Huldigungen, Lehensvergabe etc.), die über eine große zeremonielle Regelungsdichte verfügten. Zum anderen regelte das Hofzeremoniell die hierarchische Rangfolge aller Hofteilnehmer. Es suchte die Rangunterschiede aller an der Interaktion beteiligten Personen umzusetzen in sichtbare Unterscheidungskriterien. Die Regelung der Rangunterschiede innerhalb der europäischen Fürstengesellschaft ebenso wie innerhalb der Hofgesellschaft stand für alle Hofteilnehmer im Mittelpunkt ihres Interesses.

In den zeremoniellen Praktiken am Kaiserhof wurde diese auf den Kaiser fixierte Ranghierarchie bei zahlreichen unterschiedlichen Anlässen permanent reproduziert. Insbesondere bei bestimmten Anlässen oder in besonderen Zonen der Kaisernähe war die Hierarchie des Ranges im Auftreten der Akteure eindeutig ablesbar. Oft übertrug sich dabei die Ranghierarchie auf konkret erkennbare – und damit wahrzunehmende – räumliche Abstände im Raum. So konnte bei einer Opernaufführung eben nur der Sessel des Kaisers genau in der Mitte stehen: Der Rang der einzelnen anwesenden Mitglieder der Hofgesellschaft ließ sich am jeweiligen Abstand zum Kaiser genau bestimmen. Desgleichen spiegelte auch die Reihenfolge bei Einzügen die Ranghierarchie exakt wieder und war für alle, die um die Semiotik des Zeremoniells wußten, genau und eindeutig ablesbar. Ebenso übertrug die in der Kammerordnung immer wieder erneut festgelegte Raumfolge die höfische Ranghierarchie in meßbare Abstände. Die einzelnen Türschwellen dienten dabei als Maßeinheit des Ranges am Kaiserhof. Das Zutrittsrecht war gleichzeitig ein sichtbares Zeichen, da hier an die Stelle des ehrfurchtgebietenden Abstandes zum Kaiser ein zeremoniell geregeltes Nahverhältnis an die Stelle trat. Selbst die Abgabe der Voten in den kaiserlichen Beratungsgremien wie der Geheimen Konferenz erfolgte nach der höfischen Rangfolge, das heißt nach der Anciennität der Geheimen Räte. Jeder dieser Anlässe trug dazu bei, das Zeremoniell und damit die höfische Hierarchie allen Teilnehmern vor Augen zu führen und aufs neue zu befestigen. Auch für den Kaiser hatte die Zuteilung des Ranges für die verschiedenen Personen am Hof Priorität. Da er selbst über die zeremoniellen Normen zu verfügen hatte, läßt sich an der Art und Weise, wie das Zeremoniell eingesetzt wurde – wie die Rangzuteilung im einzelnen erfolgte und welche Kriterien dafür maßgeblich waren –, genauer bestimmen, welche Funktion das Zeremoniell am Kaiserhof zu erfüllen hatte.

Dabei waren vor allem zwei unterschiedliche Personenkreise von den zeremoniellen Regelungen tangiert: die europäische Fürstengesellschaft, die am Kaiserhof durch zahlreiche Gesandte vertreten war, und die adlige Hofgesellschaft. Den Gesandten der auswärtigen Fürsten gegenüber suchte man die kaiserliche Präeminenz dadurch zu wahren, daß man allen Ansprüchen auf Änderungen des zeremoniellen Ablaufs stets mit dem Hinweis auf das Herkommen begegnete und damit Neuerungen im zeremoniellen „Traktament" weitgehend vermeiden konnte. Dies war sicherlich ein Mittel, das dazu diente, die kaiserlichen Ranganprüche zu wahren oder zumindest aufrechtzuerhalten. Zugleich minderte es jedoch die Möglichkeit, das Zeremoniell flexibel einzusetzen. Immer stärker entwickelte sich am Kaiserhof bereits seit Leopold I. das Festhalten an der Tradition auch im Bereich des Zeremoniells zu einem Wert an sich, was sich insbesondere an den Beratungen der Hofkonferenz über die Regelung bevorstehender Hofereignisse zeigte. So hielt der Kaiser auch dann an den überlieferten zeremoniellen Verfahren fest, wenn es sich nicht funktional als Mittel zur Steigerung der Repräsentativität des Kaisers begründen ließ, ja sogar wenn es einer solchen Glanzentfaltung im Wege stand.

Bei der Regelung des zeremoniellen „Traktaments" gegenüber den am Kaiserhof weilenden Gesandten war der Kaiser weitgehend gebunden an die etablierten Standards des Gesandtschaftszeremoniells, zumindest wenn man eine Isolierung des Kaisers unter den europäischen Herrschern vermeiden wollte. Gegenüber der adligen Hofgesellschaft konnte er dagegen in stärkerer Weise auf die Rangfolge Einfluß nehmen. Die höfische Rangfolge war gleich mehrfach auf den Kaiser bezogen. Wer einen Rang am Kaiserhof bekleiden wollte, hatte entweder Kämmerer, Geheimer Rat oder Ritter im Orden vom Goldenen Vlies zu sein. Alle drei Ämter bzw. Ehren vergab nur der Kaiser selbst. Zusätzlich konnte der Kaiser die Rangfolge durch die Reihenfolge der Ämterverleihung auch im einzelnen bestimmen, da die Rangfolge unmittelbar an die Ancienität der Hofehrenämter geknüpft war. Wer diese Hofehrenämter bekleidete, befand sich also aufgrund dieses persönlichen Dienstverhältnisses in der Umgebung des Kaisers, in der „Nähe zum Thron". In der Rangfolge hatten die Mitglieder der adligen Hofgesellschaft zu akzeptieren, ausschließlich auf das persönliche Dienstverhältnis zum Kaiser, das in der Bekleidung der Hofehrenämter zum Ausdruck kam, reduziert zu werden.

Welcher Erfolg den zeremoniellen Normen letztlich beschieden war, zeigte sich vor allem daran, ob die Interaktion am Kaiserhof störungsfrei ablaufen konnte oder aber steten Anfechtungen ausgesetzt war. Das Zeremoniell konnte die höfische Interaktion sowohl ermöglichen als auch behindern. Dies war vor allem abhängig von der Bereitschaft der Teilnehmer, den im Zeremoniell zugewiesenen Rang zu akzeptieren. Bei den Gesandten und dem höfischen Adel am Kaiserhof war diese Akzeptanz durchaus unterschiedlich ausgeprägt. Innerhalb der Gesandten der Fürsten Europas und des Reiches konnte von einer Eindeutigkeit der Ranghierarchie keine Rede sein. Vielmehr gab es einen permanenten Überschuß an Prätentionen. Rangkonflikte waren hier nicht die Ausnahme, sondern eher die Regel. Dabei war diese Permanenz zeremonieller Auseinandersetzungen am Kaiserhof keineswegs ein Sonderfall, sondern spiegelte weitgehend die Situation auch der anderen europäischen Fürstenhöfe. Häufig kam ein Zusammentreffen aufgrund zeremonieller Rangstreitigkeiten gar nicht erst zustande, oder man einigte sich darauf, das Zeremoniell mit dem Mittel des „Incognito" vorübergehend zu suspendieren, um Interaktion überhaupt zu ermöglichen.

Die Mitglieder der kaiserlichen Hofgesellschaft waren dagegen unter Karl VI. stärker bereit, die vom Kaiser durchgesetzte Ranghierarchie zu akzeptieren und den eigenen höfischen Rang als Folge einer kaiserlichen Entscheidung anzunehmen. Die auf diese Weise vom Kaiser festgelegte Ranghierarchie war die zeremonielle Grundlage aller Hofveranstaltungen im Kreise der Hofgesellschaft. Mit ihrer Teilnahme an diesen Veranstaltungen bekundeten die Hofteilnehmer nicht nur ihre Nähe zum Thron, sie perpetuierten darüber hinaus auch die zeremonielle Ordnung sowie die Rangfolge innerhalb der Hofgesellschaft. Hierdurch war das Zeremoniell nicht mehr nur ein Normensystem expliziter Verhaltenserwartungen, sondern zugleich Bestandteil der adligen Handlungsregeln, die die Akteure selber für sich und andere als verbindlich ansahen. Als Norm hätte das Zeremoniell durchaus das Schicksal zahlreicher landesherrlicher Verfügungen teilen können, die zwar immer wieder erneuert, aber kaum eingehalten wurden.[1111] Nur weil das Zeremoniell gleichzeitig zum Bestandteil des adligen Sinnhaushaltes werden konnte, entsprach es der Disposition des Hofadels, zeremonielle Praktiken hervorzubringen und die zeremonielle Ordnung damit aufrechtzuerhalten. Den Mitgliedern der adligen Hofgesellschaft dürfte dies um so leichter gefallen sein, als sie gegenüber allen, die kein Hofehrenamt am Kaiserhof bekleideten, eine privilegierte Rangposition innehatten. Das Zeremoniell war somit kein Mittel zur Domestizierung des Adels, sondern bot den Hofmitgliedern eine Möglichkeit, den eigenen Rang zu erhöhen.

IV. Selbstdarstellungspraxis
von Kaiser und Hofadel

Was den höfischen Adel am Kaiserhof ebenso wie an den anderen Fürstenhöfen Europas auszeichnete und als soziale Gruppe erkennbar machte, war sein höfischer Lebensstil. Mit diesem Lebensstil waren zahllose Distinktionsbemühungen des höfischen Adels in den unterschiedlichsten Bereichen verbunden: bei der Art und Weise des Auftretens, der Kommunikation und der höfischen Rede, bei der Körperhaltung, insbesondere aber bei allen Formen der Artikulation von „Geschmack". „Geschmack" soll hier nicht als individuelle Unterscheidung von Gefallen und Mißfallen verstanden werden, sondern als sozial relevantes Klassifikationsmuster sozialer Gruppen.[1112] Von Interesse sind daher Äußerungen des „Geschmacks" immer dann, wenn sie als sozial bedeutsames Unterscheidungskriterium wahrgenommen wurden, das heißt, wenn sich anhand dieser Geschmacksartikulation für die Zuschauer ebenso wie für die beteiligten Akteure die Zugehörigkeit zum Beispiel zur höfischen Adelsgesellschaft ablesen ließ. Die Summe dieser Geschmacksäußerungen bildete zusammen einen spezifischen Lebensstil, der sich im Falle des höfischen Lebensstils hinreichend von dem Lebensstil anderer sozialer Gruppen unterschied, um wahrnehmbar und damit sozial bedeutsam zu sein. Es war dieser Lebensstil und es waren die damit einhergehenden kulturellen Praktiken der Selbstdarstellung, mit denen sich der höfische Adel als eigenständige Gruppe überhaupt erst sozial und symbolisch von anderen Adelsgruppen abhob und mit Hilfe dieser Praktiken diesen Unterschied aufrechterhielt und perpetuierte.[1113]

Eine umfassende Untersuchung über diesen höfischen Lebensstil in der ganzen Breite der unterschiedlichen Artikulationsformen des höfischen „Geschmacks", so wie sie beispielsweise Pierre Bourdieu für den Lebensstil des französischen Bürgertums in den siebziger Jahren des 20. Jahrhunderts geleistet hat,[1114] würde allerdings nicht nur die Grenzen dieser Untersuchung sprengen, sie dürfte für den Zeitraum des frühen 18. Jahrhunderts aufgrund der lückenhaften Quellenlage auch ein letztlich nicht zu verwirklichendes Unterfangen sein. Statt dessen beschränkt sich diese Untersuchung auf einen Bereich, in welchem der höfische Lebensstil besonders sichtbar und dauerhaft Ausdruck gefunden hatte: die Praxis des herrschaftlichen Bauens insbesondere von Stadtpalästen innerhalb der kaiserlichen Residenzstadt Wien sowie von Sommerschlössern in unmittelbarer Umgebung. Es bietet sich aus mehreren Gründen an, sich auf diesen Bereich des höfischen Lebensstils zu beschränken. Zum einen fand hier der höfische „Geschmack" in einer besonders vornehmen und kostspieligen Form der höfischen „Kunstpatronage"[1115] seinen vielleicht sichtbarsten Ausdruck. Noch heute sind diese Adelspaläste im Stadtbild Wiens an vielen Orten präsent, auch wenn meist nur die Fassade und der Baukörper den Zeitwandel unbeschadet überstanden haben.[1116] Zum anderen vollzog sich das Gros adliger Baumaßnahmen im Umkreis der kaiserlichen Residenz überwiegend an der Wende vom 17. zum 18. Jahrhundert. Gerade in diesem Zeitraum schienen Investitionen in den adligen Palastbau als Teil des höfischen Lebensstils einen besonders hohen Stellenwert zu besitzen.

Vor allem aber bietet sich die Möglichkeit, für diesen Bereich auf bisher geleistete kunsthistorische Forschungen über die barocken Stadtpaläste des Adels zurückgreifen zu können. Zwar ist Matsche zuzustimmen, der feststellt, kunsthistorische Forschung sei vor allem an der Formensprache und der Stilgeschichte interessiert.[1117] Ferner stehe meist der Künstler und dessen Werk im Mittelpunkt, weniger der soziale Rahmen, in dem die Kunstwerke entstanden, bzw. die adligen Auftraggeber, die mit ihrem Repräsentationsstreben erst den Anlaß für die Schaffung der Barockbauten boten. Allerdings sind seitdem gerade innerhalb der Kunstgeschichte zahlreiche Einzelstudien entstanden, die durchaus auch den sozialen und politischen Rahmen der zunehmenden barocken Bauentfaltung nach 1660 mit in ihre Interpretation einbezogen.[1118] Eine historische Untersuchung, die bedeutsame Felder spezifisch höfischer Interaktion der Adelsgesellschaft am Kaiserhof zu interpretieren sucht, kann es sich daher nicht leisten, auf den Dialog mit der Kunstgeschichte zu verzichten. Umgekehrt läßt sich die besondere Rationalität der kostspieligen Investitionen des Hofadels in barocke Bauprojekte nur erschließen, wenn man diese Form kulturellen Handelns in Beziehung setzt zu den Ressourcen des Hofadels, zu seiner politischen Stellung am Kaiserhof sowie zu seiner Position innerhalb der höfischen Ranghierarchie im Hofzeremoniell. Erst vor dem Hintergrund all dieser Kategorien wird die Strategie erkennbar, die die Adelsfamilien mit ihren Investitionen in prachtvolle Schloßbauten verfolgten. Diese Strategie soll im folgenden rekonstruiert werden.

Daß der Bau moderner Stadtresidenzen bei den Repräsentationsbemühungen des Hofadels einen so prominenten Stellenwert gegenüber anderen Formen eines ostentativen Lebensstils einnahm, hing auch damit zusammen, daß der Kaiser sich bei der Errichtung repräsentativer Schloßbauten auffällig zurückhielt und damit eine Leerstelle entstand, die von in Wien ansässigen Adelsfamilien genutzt werden konnte. Diese kaiserliche

Zurückhaltung war allerdings weder dem Zufall noch leeren Kassen geschuldet. Vielmehr entsprach sie der spezifischen Form kaiserlicher Selbstdarstellung, die ihre Herrschaftslegitimation mit anderen Mitteln zum Ausdruck brachte als mit denen des Palastbaus. Die Möglichkeiten und Grenzen der aristokratischen Selbstdarstellung mit Hilfe herrschaftlicher Baumaßnahmen hingen entscheidend auch davon ab, welche Haltung der Kaiser zu dieser Entfaltung eines ostentativen höfischen Lebensstils in unmittelbarer Umgebung zu seiner Residenz einnahm. Es ist daher unerläßlich, vor den Baumaßnahmen des höfischen Adels zuerst einen Blick auf die Baupolitik des Kaisers zu werfen, die den Handlungsspielraum aristokratischer Selbstdarstellung entscheidend ausweiten oder aber einschränken konnte.

1. Die Kaiseridee und ihre Umsetzung in kaiserlichen Repräsentationsbauten

Die Entfaltung der barocken Architektur in Wien stieß in der kunstgeschichtlichen Forschung bereits in den 1930er Jahren auf größere Resonanz. Hans Sedlmayr prägte für die architektonischen Neuerungen in der kaiserlichen Residenzstadt den Begriff des „Reichsstils", mit dem er insbesondere die politische Bedeutung der Bauwerke zu erfassen suchte.[1119] So habe sich auch und gerade in der Baukunst ein wiedererstarktes Reichsbewußtsein manifestiert, das nach den militärischen Erfolgen gegen die Türken (1683) und in der permanenten Konkurrenz zu Ludwig XIV. auch einen eigenen Stil, den „Reichsstil" hervorbrachte. Dieser „gemeindeutsche Stil" habe von Österreich, von Wien seinen Ausgang genommen und war damit eine kaiserliche Antwort auf die Repräsentationsleistungen des französischen Königs mit den Mitteln der Kunst.[1120] Hellmut Lorenz hat gegen diese Deutung berechtigterweise mehrere Einwände geltend gemacht. Zum einen ist Sedlmayrs Begriff und Deutungskonzept des „Reichsstils" unverkennbar der nationalsozialistischen Reichsideologie sowie der Anschlußeuphorie des Jahres 1938 verpflichtet.[1121] Zum anderen lassen sich kaiserliche Bauten, die einen „Reichsstil" hätten begründen können, in den Jahren und Jahrzehnten nach 1683 kaum finden – wenn man von der Pestsäule einmal absieht, die jedoch schwerlich als Manifestation neuerwachter kaiserlicher Stärke dienen kann.[1122] Die einzige empirische Grundlage für Sedlmayrs Begriff des „Reichsstils" war Johann Bernhard Fischer von Erlachs Idealprojekt für Schloß Schönbrunn, das Sedlmayr als „erste adäquate architektonische Darstellung des Kaisertums der Neuzeit" ansah. Lorenz vermag indes schlüssig zu zeigen, daß die inszenierte Darstellung eines sich auf einer Anhöhe befindlichen kaiserlichen Schlosses aller Wahrscheinlichkeit nach von vornherein nicht zur

praktischen Umsetzung gedacht war, sondern sich in eine Sammlung ar-
chitektonischer Phantasieprojekte einreiht.[1123] Dem Deutungskonzept
eines „Reichsstiles", der sich vom kaiserlichen Zentrum in Wien aus-
gehend über das ganze Reich verbreitet habe, ist damit der Boden entzogen.

Generell läßt sich konstatieren, daß sich zur Regierungszeit Leopolds I.
und Josephs I. eine auffällige Enthaltsamkeit der Kaiser auf dem Gebiet
des barocken Schloßbaus beobachten läßt.[1124] Während zahlreiche Fürsten
in Europa und im Reich neue Residenzen errichteten, um damit auch ihre
Herrschafts- und Ranganspräche zu dokumentieren, waren die habsburgischen Kaiser der Barockzeit auf diesem Feld erstaunlich wenig aktiv. Insbesondere die kaiserliche Residenz, die Hofburg, entsprach keineswegs
mehr dem Stand einer zeitgemäßen Schloßanlage und rief daher bei den
Betrachtern des 18. Jahrhunderts vor allem mitleidiges Erstaunen hervor.
So schrieb selbst der wohlmeinende Johann Basilius Küchelbecker über
die Hofburg, daß „solche ein sehr altes, und so wohl wegen der Architecture,
als auch wegen der Situation unansehnliches Gebäude ist, welches zwar
einen großen Umfang hat, auch weitläufftig genug ist, aber so verwincklicht
und unbequem gebauet, daß man sich wundern muß, wie der Kayserliche
Hof [...] so lange Zeit darinnen hat residiren können".[1125] Diese Ansicht
war nicht nur bei den zahlreichen Besuchern in Wien verbreitet.[1126] Auch
bei den Mitgliedern des Kaiserhofes selbst galt die kaiserliche Residenz
als wenig ansehnliches Gebäude.[1127] Und auch die anderen kaiserlichen
Residenzbauten, das kaiserliche Wasserschloß in Laxenburg und die Favorita auf der Wieden, ernteten keinen größeren Beifall.[1128] Dennoch sah
man von einer völligen Neugestaltung der kaiserlichen Residenz ab, und
es wurden nach der Errichtung des sogenannten Leopoldinischen Traktes,
einem langgestreckten Verbindungsflügel der Hofburg aus dem Jahre
1660, für mehr als fünfzig Jahre keine weiteren Baumaßnahmen mehr getroffen. Die partiellen Neubauten, die unter Karl VI. entstanden und der
Hofburg ein zunehmend geschlossenes Aussehen verleihen sollten, konnten an diesem Gesamteindruck nur wenig ändern.[1129]

Auf den ersten Blick liegt es zwar nahe, die mangelnden Schloßbaube-
mühungen mit fehlenden Finanzmitteln zu begründen. Sicherlich waren
die kaiserlichen Finanzen infolge der zahlreich geführten Kriege ange-
spannt, doch greift diese Antwort zu kurz. Für andere Formen der kaiserlichen Repräsentation hatte der Kaiser erhebliche Summen parat, insbesondere für die Oper[1130] und die Hofmusikkapelle[1131] am Kaiserhof. Wenn
der Kaiser die Hofburg zu weiten Teilen in ihrem Aussehen beließ, so war
dies eine Folge kaiserlichen Kalküls und bewußter Entscheidung. Hellmut
Lorenz hat dies damit begründet, daß die Kaiser in dem teilweise mittelalterlichen Baukern ihrer Residenz die lang zurückreichende Tradition

ihrer dynastischen Herrschaft abgebildet sahen.[1132] Diese Tradition galt als wichtiges Element der Legitimation kaiserlicher Herrschaft. Ihr wurde daher größere Bedeutung zugemessen als der Frage, ob der Residenzbau noch zeitgemäß und repräsentativ sei.

Hinzu kam, daß die Regierungszeit Leopolds I. und Josephs I. generell nicht von großen kaiserlichen Baumaßnahmen geprägt war. Erst Karl VI. ließ wieder zahlreiche kaiserliche Bauten errichten, an denen sich auch die Idee einer spezifisch kaiserlichen Repräsentation ablesen läßt. Es fällt auf, daß unter den neuerrichteten Bauten erneut kein Schloßbau zu finden ist. Statt dessen ließ Karl VI. die Karlskirche errichten, eine Josephsäule auf dem Hohen Markt aufstellen und begann mit dem Vorhaben, die Abtei Klosterneuburg zu einer Art Klosterresidenz auszubauen, ein Unternehmen, das jedoch im Vergleich zum Planungsmaßstab über bescheidene Ansätze nicht hinauskam.[1133] Ferner ließ er die Hofbibliothek, die Hofreitschule, die kaiserlichen Hofstallungen sowie den Reichskanzleitrakt erbauen, alles Bauten, die sich an bislang bestehende Gebäudeteile der Hofburg anschlossen oder sich in nächster Nähe befanden. Hinzu kamen Spitäler, Invalidenhäuser, Kirchen und Klosteranlagen.[1134] Alle hier aufgeführten Bauten enthalten Hinweise auf eine kaiserliche Herrschaftsauffassung, die bei der Errichtung dieser Gebäude Pate stand. Wenn bei der seit den zwanziger Jahren zunehmend umfassenden kaiserlichen Bautätigkeit Investitionen in einen modernen kaiserlichen Palast beinahe vollständig fehlen, so ist dies für die Form der kaiserlichen Selbstdarstellung bedeutsam.

Vermutlich unterblieben auf dem Gebiet des barocken Schloßbaus größere Anstrengungen, weil sich eine kaiserliche Schloßanlage mit der spezifisch kaiserlichen Repräsentationsweise, wie sie sich unter Karl VI. etablierte, nicht vereinbaren ließ. Franz Matsche hat die besondere kaiserliche Form der Selbstdarstellung, die sich unter Karl VI. dann auch in kaiserlichen Bauten niederschlug, mit dem Begriff des „Kaiserstils" gekennzeichnet.[1135] Um in der Konkurrenz mit den europäischen Dynastien die herausgehobene und einzigartige Herrschaftsstellung der Kaiserwürde unter Beweis zu stellen, so Matsche, hatten sich die kaiserlichen Repräsentationsbemühungen vor allem Bauprojekten zugewandt, die die Semantik des Kaisertums auf besondere Weise übermitteln konnten. Kaiserliche Investitionen in den barocken Schloßbau hätten den Kaiser nur zum bereits in Europa etablierten Standard moderner Residenzbauten aufschließen lassen. Um aber die besondere Tradition und Bedeutung der Kaiserwürde zu unterstreichen, waren andere Bauvorhaben besser geeignet.

In einem Gebäude aber sollte sich die kaiserliche Herrschaftsauffassung Karls VI. in besonders umfassender und konzentrierter Weise niederschlagen: in der Karlskirche vor den Toren der Stadt Wien. Zwar war die Karlskirche nur ein Bauwerk unter anderen, die von Karl VI. errichtet wurden. Doch können an ihr exemplarisch alle Elemente aufgezeigt werden, die für die spezifisch kaiserliche Form der Repräsentation kennzeichnend waren.[1136] An diesem Sakralbau sollen daher die besonderen Merkmale des kaiserlichen Herrscherbildes beispielhaft aufgezeigt werden. Gerade der Blick auf die Karlskirche verdeutlicht, weshalb sich der „Kaiserstil" nicht auf alle Bereiche barocker Architektur erstreckte, sondern bewußt zahlreiche Felder aussparte, die sonst zum üblichen Programm barocker Herrschaftsarchitektur zählten.

Schon der Anlaß, die Karlskirche zu errichten, wirft ein Licht auf das kaiserliche Herrschaftsverständnis. Die kaiserliche Residenzstadt wurde 1712/13 von einer Pestepidemie heimgesucht, die Wien schon mehrfach erlebt hatte. Karl VI. brachte seine Verbundenheit mit der leidenden Stadtbevölkerung zuerst mit einer symbolischen Handlung zum Ausdruck: Entgegen der Gepflogenheit, in einem solchen Fall sofort den Hof zu evakuieren, um den Kaiser nicht der Gefahr einer Ansteckung auszusetzen, weigerte sich Karl VI., die Stadt zu verlassen, und blieb weiterhin in der kaiserlichen Residenz.[1137] Nur die Zugangsmöglichkeit zur kaiserlichen Residenz wurde eingeschränkt,[1138] weitere Schutzvorkehrungen indes unterblieben. Um der Gefahr zu begegnen, legte Karl VI. statt dessen das Gelübde ab,[1139] daß er nach dem glücklichen Ende der Pestepidemie aus Dankbarkeit für die Errettung der Stadt eine Kirche errichten wolle.[1140] Diese Pietasgeste hatte in Wien bereits Tradition. Schon Leopold I. verpflichtete sich bei der letzten großen Pestwelle, die Wien 1679 heimgesucht hatte, nach der Epidemie zu Ehren der Heiligen Dreifaltigkeit auf dem Graben eine Pestsäule aufstellen zu lassen, um der Errettung der Residenzstadt aus der Not zu danken.[1141] Diese Dreifaltigkeitssäule zeigt den Kaiser Leopold I. nicht in herrscherlicher Pose, sondern mit der abgelegten Krone auf Knien betend. Dargestellt war kein triumphierender Kaiser, sondern ein Herrscher, der mit Hilfe seiner Frömmigkeit und Gottesfürchtigkeit Leid von den Untertanen abzuwenden vermochte. Es war diese besondere Ausprägung der „Pietas Austriaca", an die Karl VI. bei der Errichtung der Karlskirche wieder anknüpfte.[1142] Ein weiteres Zeichen der Pietas erfolgte von seiten des Bauherren durch die Namensgebung der Kirche gegenüber dem Namenspatron Karl Borromäus. Es bot sich aus mehreren Gründen an, die Kirche nach dem ehemaligen Kardinal-Erzbischof von Mailand zu benennen. Zum einen wurde Karl Borromäus als Schutzheiliger vor der Pest verehrt, der im 16. Jahrhundert zahlreiche Pestkranke auf wundertätige Weise geheilt haben soll. Zum anderen handelte es sich bei dem Mailänder Erzbischof um einen entschiedenen Vertreter der Gegenreformation, was der kirchenpolitischen Ausrichtung des Habsburgerhauses entgegenkam.[1143] Vor allem aber konnte der Bau aufgrund der Namensgleichheit zwischen seinem Namenspatron und dem Bauherren stets zugleich mit dem Erbauer der Kirche, also Karl VI., in Verbindung gebracht werden. Der Verdienst Karls lag in dieser Lesart darin begründet, daß er durch seine Heiligenverehrung, die sich dann nicht zuletzt in der Errichtung der Karlskirche ausdrückte, die Untertanen von der Pest erlöst hatte; ein weiteres steingewordenes Beispiel der „Pietas Austriaca". Dies begründet auch, weshalb Küchelbecker die Errichtung der Karlskirche als „*das vollkommenste Zeugnis der Gottesfurcht*" des Kaisers beschrieb.[1144]

Was die Karlskirche selbst zu einem so symbolbehafteten Gebäude machte, das neben der üblichen Ikonographie barocker Kirchbauten zugleich auch eine politische Herrschaftskonzeption beinhaltete, waren vor allem die beiden Säulen, die Johann Bernhard Fischer von Erlach der Fassade voranstellte. Diese beiden Säulen evozierten unterschiedliche Assoziationen und Anknüpfungspunkte, sei es als Säulenpaar an die Säulen vor dem Salomonischen Tempel oder die Säulen des Herkules, sei es aufgrund der Relief-Gestaltung an die beiden Kaisersäulen in Rom, die Trajans- und die Mark-Aurel-Säule, und boten der kaiserlichen Herrschaftsidee somit ein ganzes Bündel legitimatorischer Vorläufer: das alttestamentarische Königtum, der griechisch-antiken Mythologie entnommene Herrschaftstugenden sowie schließlich das Imperium Romanum mit dem Kaiser des Römischen Reiches.

Die Vorstellung, die Könige des Alten Testaments, insbesondere die Könige David und Salomon, seien Vorläufer des christlichen Kaisertums, ist beinahe so alt wie das christliche Kaisertum selbst. Dies hier im einzelnen auszuführen ist nicht das Thema dieser Untersuchung. Es genügt festzustellen, daß der Rückbezug auf die Könige David und Salomon zum klassischen Inventar kaiserlicher Herrschaftsideologie gehörte. An diese bereits bestehende Verbindung knüpfte auch die Karlskirche an. Mit den beiden der Kirchenfassade vorangestellten Säulen sollte ein Bauwerk geschaffen werden, das an die Errichtung des Salomonischen Tempels erinnerte. Die Fassade des Tempels wird im 1. Buch der Könige (7, 13–22) mit den Worten umschrieben: „*Und [Hiram] machte zwei Säulen [...] und richtete die Säulen auf vor der Halle des Tempels.*" Auch war die Fassade der Karlskirche den frühneuzeitlichen Vorstellungen vom Salomonischen Tempel nicht unähnlich.[1145] Aber nicht nur die äußere Gestaltung der Säulen, auch die Namensgebung weist auf das alttestamentarische Vorbild hin. So hießen die Säulen vor dem Tempeleingang „Jachin" und „Boas", was übersetzt „Er stellt fest" und „In ihm ist Stärke" bedeutet.[1146] Die Säulen der Karlskirche trugen wiederum als Namen das Herrschermotto Karls VI., „*constantia et fortitudo*", und damit annähernd die gleichen Namen wie die Säulen des Tempels.[1147] In der Karlskirche den neuen Salo-

Abb. 7: Salomon Kleiner: Die Karlskirche; Bild: Universitätsbibliothek Rostock.

monischen Tempel zu vermuten ist daher keine willkürliche Bedeutungs-
zuschreibung, vor allem da die Tradition des Kaisertums weitere Beispiele
für kaiserliche Kirchbauten aufweist, die auf den Tempelbau Salomons
Bezug nahmen und ihn zu übertreffen suchten.[1148] Auch die ›Historische
Architektur‹ Fischer von Erlachs, die 1721 erschien, setzt Karl VI. in direkten Bezug zum König Salomon, indem er seine Sammlung berühmter Beispiele der Weltarchitektur mit der Errichtung des Salomonischen Tempels
beginnen und mit den Neubauten Karls VI. enden läßt. Und die herr-
schaftsapologetischen Lobgedichte Karl Gustav Heraeus' liefern weitere
Beispiele dafür, daß die Herrschaft Karls VI. mit der des Königs Salomon
in direkten Bezug gesetzt wurde.[1149] Laut Heraeus kam der Kaiser der
Herrschaft des Königs nicht nur gleich, insbesondere an Tugend und
Frömmigkeit habe er sie noch übertroffen.[1150]
    In den Kaisern des Reiches die direkten Nachfolger der römischen Kai-
ser zu sehen war ebenfalls fester Bestandteil der kaiserlichen Herrschafts-
auffassung seit Karl dem Großen und der Vorstellung von der „Translatio
Imperii". Seit die Habsburger die Kaiserwürde innehatten, suchten sie die
Nachfolge der römischen Cäsaren nicht nur für ihr Herrschaftsamt, son-

dern auch für ihre Dynastie zu reklamieren. Ein frühes prominentes Beispiel für dieses Ansinnen sind die Repräsentationsbemühungen Kaiser Maximilians, insbesondere seine Pläne für die kaiserliche Grablegung in Innsbruck, die allerdings erst achtzig Jahre später in reduzierter Form von seinem Urenkel in der Innsbrucker Hofkirche vollendet werden konnten.[1151] Auch Karl VI. knüpfte an diese Tradition an, mit Mitteln der Kunst die Nachfolge der römischen Kaiser für sich zu reklamieren. Allerdings war es hierfür nicht mehr erforderlich, die Genealogie oder die Person des Kaisers selbst in demselben Maße in den Mittelpunkt zu rücken, wie sich dies noch bei der Grablegung Kaiser Maximilians I. beobachten läßt.[1152] Die Kaiserwürde lag mittlerweile seit mehr als zweihundert Jahren ununterbrochen in der Hand der Habsburgerdynastie, so daß es nicht notwendig war, den dynastischen Bezug explizit zu betonen. Es reichte völlig aus, das Besondere der kaiserlichen Herrschaftsstellung selbst hervorzuheben – durch die Betonung ihrer Wurzeln in der universalen Herrschaft der römischen Imperatoren.

So sind die Säulen der Karlskirche als Reliefsäulen bewußt so gestaltet, daß sie auf den ersten Blick an die beiden in Rom erhaltenen antiken Kaisersäulen verweisen, auf die Säule Mark Aurels sowie auf die wesentlich bekanntere Trajanssäule.[1153] Zwar erstreckte sich diese Parallelität nicht auf den Inhalt der Szenen, die sich auf den Säulen jeweils finden ließen – sind bei den Kaisersäulen die militärischen Feldzüge der jeweiligen Kaiser dargestellt, so zeigen die Säulen vor der Karlskirche das Werk des wundertätigen Karl Borromäus bei der Heilung der Pestkranken.[1154] Dennoch kann aufgrund der formalen Gestaltung der Säulen mit spiralförmig aufsteigenden Motivreliefs an ihrem Verweischarakter insbesondere auf die Trajanssäule kein Zweifel bestehen. Des weiteren ist der Rückgriff auf die römische Kaiserzeit auch bei den anderen Bauwerken Karls VI. ein ständig wiederkehrendes Mittel der kaiserlichen Repräsentation. So preist die Inschrift Karl VI. in direkter Anspielung an die Bauinschriften der römischen Kaiserzeit als *„Divi Leopoldi Augusti filius"*.[1155] Die Symbolik und Emblematik kaiserlicher Bauten enthielt ferner zahlreiche römisch-antikisierende Elemente, die sich an die Herrschaftszeichen der römischen Kaiser anlehnten.[1156] Und das kaiserliche Hofstallgebäude außerhalb der Stadtmauer entsprach in seiner Anlage dem Vorbild der „Domus Aurea Neronis", wie sie Johann Bernhard Fischer von Erlach in seiner ›Historischen Architektur‹ rekonstruiert hatte.[1157] Daß die Verwendung einer spezifisch römisch-imperialen Ikonographie nicht nur dem Stilempfinden der Zeit geschuldet war, sondern durchaus auch einem an der römischen Antike orientierten kaiserlichen Bauprogramm entsprach, geht bereits aus der Einstellung Joseph Emanuel Fischers von Erlach als Hofarchitekt hervor, der in diesem Amt seinem verstorbenen Vater nachfolgte. Seine besondere Qualifikation wurde unter anderem mit den Worten begründet, daß er – wohl infolge seines längeren Romaufenthalts – in *„der heutigen Neuen so wohl als in der dermahlen fast in Abgang gekommen alt Römischen architektur"* über die nötige Erfahrung verfüge.[1158] Ausführliche Kenntnisse der antiken Herrschaftsbauten in Rom schienen demnach erforderlich gewesen zu sein, um als Hofarchitekt die Wünsche des Kaisers nach einem spezifisch kaiserlichen Repräsentationsstil Realität werden zu lassen. Welche Vorstellungen mit diesen Bauwerken beim Betrachter einhergehen sollten, findet bei Heraeus in mehreren seiner Lobgedichte auf Kaiser Karl VI. Ausdruck. So heißt es in einem Gedicht anläßlich der Wahl Karls VI. zum Kaiser des Reiches schon sehr früh: *„Rom ist die Königin, und Rom, wo Kayser wohnen, So kennt das Römische Reich, als Königin, nur Wien."*[1159] Mit solchen und ähnlichen apologetischen Lobgedichten stellte Heraeus einen direkten Bezug des Alten Reiches zum Römischen Reich her und sah Karl VI. ganz in der Nachfolge der römischen Kaiser.[1160] Da der kaiserliche Herrschaftssitz nun in Wien angesiedelt sei, habe Wien auch die Rolle eingenommen, in der Welt das „neue Rom" zu verkörpern.[1161] Diese imperiale Traditionsstiftung sowie den Topos vom „neuen Rom" mit den Mitteln der Architektur und der Bildersprache zum Ausdruck zu bringen war wesentliches Element des Kaiserstils, der insbesondere unter Karl VI. zur Anwendung kam. Damit sollte die Botschaft von der einzigartigen Stellung der kaiserlichen Herrschaft und deren besonderer Legitimation zu einem Zeitpunkt verbreitet werden, als der herausgehobene Rang des Kaisers in der europäischen Fürstengesellschaft bestritten wurde. Dies könnte auch der Grund dafür gewesen sein, daß die Kunst zur Darstellung und Legitimation eines Herrschaftsanspruches zu Hilfe genommen wurde, als dieser Anspruch mit den Mitteln der Machtpolitik nicht länger durchzusetzen war.

Eine weitere Bedeutungsschicht der beiden Säulen der Karlskirche wird erkennbar, wenn man die Bedeutung des Säulenpaares in der antiken Mythologie berücksichtigt und sie damit als Hinweis auf die Herakleischen Säulen versteht. Demnach errichtete Herkules diese Säulen am äußersten Ende der damals bekannten Welt. Auch wenn Herkuleszitate zum allgemeinen Repertoire frühneuzeitlicher Herrschaftssymbolik gehörten, die bei zahllosen unterschiedlichen Fürsten in ganz Europa zu Repräsentationszwecken Verwendung fanden, so standen sie in der Dynastie der Habsburger doch auch in einer besonderen Tradition. Insbesondere Karl V. machte die Säulen des Herkules zu seinem persönlichen Herrschaftssymbol und brachte damit vor allem einen universalen Herrschaftsgedanken zum Ausdruck, der sich mit der Königskrone Spaniens und der Kaiserkrone des Reiches sowie mit einem stetig wachsenden Kolonialraum in Übersee auch in der politischen Realität niederschlug. Deutet man das Säulenpaar vor der Karlskirche als Verweis auf die Säulen des Herkules, so ist damit zugleich der Verweis auf den Namensvetter in der Habsburgerdynastie enthalten.[1162] Karl V. war der letzte Herrscher der Habsburger, der zugleich König von Spanien und Kaiser des Reiches war – und damit die gleichen Herrschaftstitel innehatte, die Karl VI. ebenfalls für sich beanspruchte, auch wenn dieser um die spanische Krone letztlich vergeblich kämpfen sollte.[1163] Die Übernahme eines Elementes der politischen Symbolik Kaiser Karls V. war daher mehr als nur eine Geste familiärer Verbundenheit gegenüber einem verstorbenen prominenten Vorfahren. In ihr drückte sich ferner ein Herrschaftsanspruch auf die spanische Krone aus, der sich zwar politisch im europäischen Mächtekonzert nicht durchsetzen ließ, jedoch mit den Mitteln der symbolischen Bildersprache weiterhin aufrechterhalten werden konnte.

Die kaiserlichen Bauten unter Karl VI. hatten daher vor allem eine Funktion: an bestimmte Traditionselemente der Vergangenheit anzuknüpfen, um so mit den Mitteln visueller Inszenierung einen politischen Machtanspruch für die Zukunft zu formulieren und zu legitimieren. Ein spezifisch kaiserlicher Herrschaftsanspruch ließ sich am wirkungsvollsten mit solchen Traditionselementen formulieren, die bereits mit kaiserlicher Herrschaft konnotiert waren. Wie das Beispiel der Säulen vor der Karlskirche deutlich macht, konnte es sich dabei um vollkommen unterschiedliche Traditionslinien handeln, die zum Zwecke der Herrschaftsdarstellung aktiviert wurden. Es stellte kein Problem dar, daß Karl VI. aufgrund der additiv verwendeten Herrschaftssymbolik und zahlreicher unterschiedlicher Analogien sich zugleich den Königsmantel Salomons, das Imperatorengewand eines römischen Kaisers sowie das Löwenfell des Herkules über die Schultern legte. Zwar waren die drei vereinnahmten „Herrscherrollen" denkbar unterschiedlich, ihre Tugenden und „Exempla" konnten jedoch ohne spezifischen Zeitbezug von ihrem politischen und kulturellen Entstehungskontext gelöst werden und als neu zusammengefügter Tugendkatalog Verwendung finden. Nicht die Stimmigkeit der benutzten Beispiele untereinander war dabei von Bedeutung, sondern ihre Verwendbarkeit für legitimatorische Zwecke. Unter dem Aspekt des göttlichen Heilsplans für die Welt konnte auch die willkürliche Addition von einzelnen Heroen und Herrschergestalten miteinander zu einer Einheit verbunden werden.[1164] Nicht das Erinnern stand bei dieser Traditionsformung im Vordergrund, sondern das Zitieren vergangener „Exempla Virtutum" und deren Übertragung auf Karl VI. Die Einzigartigkeit seiner reklamierten Herrschaftsstellung war an den verwendeten „Exempla" abzulesen, die in ihrer Summe einen spezifisch kaiserlichen Traditionskanon ergaben und deren Visualisierung in der Kunst den Kaiserstil insbesondere unter Karl VI. entscheidend prägte.

Vor dem Hintergrund dieses Kaiserstils erklärt sich die Zurückhaltung von Leopold I. und Karl VI., mit den anderen Fürstenhäusern Europas auf dem üblichen Feld der Repräsentation, dem Residenzschloß als Abbild und Ausdruck der dynastischen Herrschaft, in Konkurrenz zu treten. Statt dessen betonte das kaiserliche Bauprogramm bewußt die Elemente, die in besonderer Weise mit der kaiserlichen Tradition verknüpft waren, und nicht die Ausdrucksformen, die die Habsburger mit den anderen Dynastien bestenfalls teilen konnten. Die Einzigartigkeit der kaiserlichen Herrschaftsstellung konnte nur mit Bauwerken hervorgehoben werden, die sich vom üblichen Repräsentationsprogramm anderer Monarchen abhoben.[1165] Solange dieses spezifische Herrschaftsverständnis des Kaisertums vorhielt, waren Investitionen in den barocken Palastbau zumindest zur Vermittlung der Kaiseridee daher nur eingeschränkt nützlich. Dies war ein wesentlicher Grund dafür, daß die Habsburger sich lange nur wenig engagierten, um einen Residenzbau zu schaffen, der den Ansprüchen der Zeit gerecht werden konnte.

Berücksichtigt man den Adressatenkreis der kaiserlichen Bauten, so ergibt sich noch ein weiterer Grund für die Zurückhaltung des Kaisers auf dem Feld des barocken Schloßbaus. Während das Zeremoniell am Kaiserhof nicht in erster Linie an die Untertanen gerichtet war,[1166] läßt sich von den kaiserlichen Bau- und Repräsentationsbemühungen wohl eher das Gegenteil annehmen. Die Herrschaftsidee, die sich durch den „Kaiserstil" in der verwendeten Bilder- und Formensprache niederschlug, dürfte den Untertanen zwar meist verschlossen geblieben sein und richtete sich eher an die europäischen Fürsten, die zumindest mit Hilfe von Kupferstichwerken wie Fischer von Erlachs ›Entwurff einer Historischen Architectur‹ von den kaiserlichen Bauprojekten Kenntnis erhielten.[1167] Die Symbolsprache wandte sich an den Kreis der europäischen Fürsten, die ja auch ihrerseits stets bemüht waren, das Politisch-Imaginäre ihrer Herrschaft in symbolisch-allegorische Formeln zu kleiden, und an deren Höfen sich genügend Gelehrte befanden, die mit der emblematischen Symbolsprache hinreichend vertraut waren und ihre Bedeutungsschichten dechiffrieren konnten.

Die praktische Funktion der kaiserlichen Bauten war jedoch in zahlreichen Fällen für die eigenen Untertanen von Nutzen, indem sie mit ihrer Zweckbestimmung einen Beitrag zur Frömmigkeit der Untertanen und für deren materielles Wohl leisteten. In einer Kupferstichserie faßt Anton Höller die Bauten Karls VI. unter fünf Kategorien zusammen. Zuerst führt er seine „*Aedificia sacra*" auf, die Karlskirche ebenso wie die vollendete Josephsäule und den Prunksarkophag für Friedrich III. im Stephansdom sowie weitere Kirchbauten. Dann folgen die „*Aedificia docta*", zu denen Höller vor allem die Hofbibliothek und den Reichskanzleitrakt zählte, aber auch die Akademiegebäude für die Maler und Bildhauer sowie die von Karl VI. ins Leben gerufene und öffentlich zugängliche kaiserliche Gemäldegalerie in der Stallburg. Als nächstes führt Höller dann die *„Aedificia oeconomica"* vor und bildet Hafenbauprojekte, neuerrichtete Manufakturen und ausgebaute Verkehrswege ab. Auf dem Kupferstichblatt mit den *„Aedificia civilia"* stellt Höller verschiedene Maßnahmen Karls VI. zur Stadtpflege in Wien und anderen Städten der Erblande vor: nächtliche Beleuchtungsanlagen, berittene Polizeipatrouillen, Wasseranlagen sowie diverse Krankenhäuser, die in und um Wien errichtet wurden: das Johannes-von-Nepomuk-Hospital, das wie das ebenfalls neu errichtete große Armenhaus außerhalb des Stubentores errichtet wurde, und das Spanische Hospital, das zur Versorgung der zahlreichen sich am Kaiserhof aufhaltenden Spanier entstand. Die Reihe der Schautafeln endet mit Beispielen der *„Aedificia bellica"* Karls VI., auf denen Befestigungsanlagen, Invalidenhäuser und Kasernen dargestellt sind.

Insgesamt zeigt diese Auflistung unterschiedlichster Bauprojekte eine beeindruckende Reihe von Bauwerken, die alle auf unterschiedliche Weise dem öffentlichen Wohl dienen sollten. Die Hofbibliothek verkündete bereits mit ihrer Fassadeninschrift, daß sie dem *publico commodo"* dienen sollte. Die kaiserlichen Bauaufträge waren daher durchaus ein Mittel, um mit den Untertanen zu kommunizieren und sich als Landesvater darzustellen, der um das öffentliche Wohl besorgt war.[1168] Auch für diese Botschaft waren größere Investitionen in barocke Prunkbauten disfunktional, da sie das Bemühen des Kaisers um die Förderung der Wohlfahrt der Untertanen, die *„salus subditorum"*, eher verdunkelt hätten. Aus demselben Grund lehnten die Habsburger von Leopold I. bis Karl VI. auch Denkmäler, die ausschließlich zur Verherrlichung der Person des Herrschers dienten, wie öffentliche Reiterstandbilder oder Herrschaftsstatuen, explizit ab – und enthielten sich damit Repräsentationsformen, die beispielsweise für Ludwig XIV. bestimmend waren.[1169] Der französische König ließ zwar ebenfalls Bauten errichten, die einer größeren Öffentlichkeit zugute kommen sollten; die Inszenierung seiner monarchischen Herrscherrolle war für das entworfene Bild seiner Regierung jedoch von weitaus größerer Bedeutung als in Wien. Standen Investitionen in barocke Palastanlagen für den Kaiser aus den genannten Gründen nicht zur Debatte, so war diese Form der Selbstdarstellung für die am Kaiserhof versammelten Adelsfamilien um so interessanter. Sie trugen mit ihren zahlreichen Palastbauten in Wien dazu bei, der Stadt neben dem Kaiserstil noch ein zweites Gesicht zu verleihen: das einer blühenden Metropole des Barocks.

2. Die Funktionalität
kultureller Repräsentationsbemühungen des Adels

Der in Wien weilende Adel war nicht ohne tieferen Grund bereit, sich für die Errichtung neuer Prachtbauten finanziell zu verausgaben. In diesen Ausgaben nur den Hang zur Verschwendung zu sehen wird der sozialen Funktion dieser Ausgaben nicht gerecht.[1170] Vielmehr scheint es geboten, in den kostspieligen Bemühungen um kulturelle Prachtentfaltung eine Investition zu vermuten, die sich für die Adelsfamilien sehr wohl auszahlen konnte, wenn auch nicht auf ökonomische Art und Weise. Der Schloßbau bot den investierenden Familien die Möglichkeit, ihre Rang- und Statusansprüche in der Hofgesellschaft sichtbar zu dokumentieren. Soziale Unterschiede, die sich sonst vor allem in der persönlichen Interaktion darstellen ließen, konnten mit den Mitteln der Architektur in Stein gemeißelt werden und kamen auf diese Weise deutlicher und dauerhafter zum Ausdruck. Der Besitz eines repräsentativen Familienschlosses in der Nähe des Kaiserhofes war damit ein „symbolisches Kapital", das dazu beitrug, die eigene soziale Stellung am Kaiserhof zu dokumentieren und zu legitimieren.

Dies war auch den adligen Akteuren durchaus bewußt. In einer seiner umfangreichen Instruktionen für seinen Nachfolger, dem sogenannten ›Werk von der Architektur‹,[1171] ermahnt Fürst Karl Eusebius von Liechtenstein seinen Sohn, sich intensiv der Errichtung neuer Palastbauten zu widmen und die Pflege der Architektur als eine der vornehmsten Aufgaben der Fürstenexistenz wahrzunehmen. Hier sind neben zahlreichen konkreten Vorschlägen zur Baugestaltung auch prinzipielle Aussagen darüber enthalten, welche Aufgabe und Funktion der barocke Schloßbau für die eigene Adelsfamilie zu erfüllen hatte. Hellmut Lorenz datiert die Entstehung dieser Instruktion in das Jahr 1675;[1172] sie dürfte daher im selben Zeitraum entstanden sein wie die ›Instruktion für seinen Nachfolger‹, die bereits an anderer Stelle zur Sprache gekommen ist.[1173] Damit fällt diese Schrift an den Beginn einer Zeitspanne von fünfzig Jahren, innerhalb deren das Gros der barocken Neubauten des Adels in und um Wien entstanden ist. Zwar hat das ›Werk von der Architektur‹ diese Entwicklung wohl weder programmatisch vorweggenommen noch entscheidend beeinflußt. Allenfalls die gewaltigen Bauanstrengungen des Fürsten Johann Adam Andreas von Liechtenstein, für den diese Empfehlungen vor allem verfaßt wurden, standen unter dem Einfluß der mahnenden Worte seines Vaters Karl Eusebius.[1174] Wohl aber spiegelt es eine Einstellung, die in weiten Kreisen des hohen Adels vorherrschend war und die zu den zahlreichen Bauprojekten des Adels beigetragen haben dürfte. Die Bautätigkeit der in Wien weilenden Aristokraten war keine Folge individueller Kunstleidenschaft, sondern Teil eines spezifisch aristokratischen Lebensstils sowie eines höfischen Habitus, der sich unter anderem auch in gesteigerter Mäzenatentätigkeit zu erkennen gab. Daher können auch zahlreiche Aussagen des Karl Eusebius über den Nutzen der Baukunst als Ausdruck dieses Habitus verstanden werden.[1175] Dies macht seine Ausführungen zu einer herausragenden Quelle, wenn es gilt, die Funktionalität der aristokratischen Repräsentationsbemühungen zu analysieren.[1176] Dabei schien diese Gedenkschrift im Hause Liechtenstein auch im 18. Jahrhundert keineswegs vollständig veraltet gewesen zu sein. Eine erhaltene Abschrift, die Falke in die Zeit Anton Florians von Liechtenstein datiert,[1177] läßt vermuten, daß sich der Text wohl auch noch im 18. Jahrhundert für didaktische Zwecke zur Erziehung des Nachfolgers nutzen ließ. Waren auch einige ästhetische Werturteile des Karl Eusebius zu sehr dem Manierismus verhaftet und damit nicht mehr auf der Höhe der Zeit,[1178] so blieben doch seine generellen Urteile über den Nutzen adliger Prachtbauten weiterhin aktuell.

Nach Karl Eusebius von Liechtenstein war der Grund für die Investitionen in die Architektur *„der unsterbliche Nahmen und Ruhm und ebige Gedechtnus, so von dem Structore hinterlassen wiert"*.[1179] Das Errichten barocker Neubauten hatte zum Ziel, die Memoria der eigenen Familie zu fördern und sie damit vor dem sozialen Vergessen zu bewahren. Da jedoch alle menschlichen Taten vergänglich seien – *„unsichtbahre, so sie nicht in Historien kommen"* –, waren Investitionen notwendig, um die Taten der Adelsfamilie weiterhin im kulturellen Gedächtnis zu verankern. Die Architektur sei dabei am besten in der Lage, den Ruhm der Familie auch für die Zukunft zu sichern, da sie den Betrachter unmittelbarer ansprechen könne als andere Medien wie beispielsweise die Geschichtsschreibung. In der Tat war die Botschaft, die der Nachwelt mit dem Bauwerk überliefert werden sollte, auf einen Aspekt reduziert: Durch *„Nahmen und Wapen"* des Palastes könnten die einstige Größe der Adelsfamilie auch noch zu einer Zeit erkennbar bleiben, in der die Familie selbst eventuell bereits erloschen sei. Was dann als Botschaft immer noch erhalten bliebe, sei der Name der Adelsfamilie und der Palastbau als eindrucksvolles Abbild einstiger Größe. In dieser Erinnerungskultur war daher nicht der Name des Bauherren von Bedeutung, sondern der Name der Adelsfamilie, der er entstammte. Deren Namen sowie Herrschaftszeichen, das Adelswappen, galt es unter anderem mit den Mitteln der Architektur zu bewahren. Die barocken Schloßbauten am Kaiserhof waren somit zuerst und vor allem wesentlicher Bestandteil aristokratischer Memorialpraktiken. Die sichtbare Abbildung von Größe und Magnifizenz stellte das symbolische Kapital dar, das mit Hilfe der Bautätigkeit für die kollektive Erinnerung dauerhaft bewahrt werden sollte.

In der adligen Kosten-Nutzen-Rechnung überstieg dieser symbolische Nutzen die ökonomischen Kosten des Bauens bei weitem.[1180] Immer wieder beteuerte Karl Eusebius von Liechtenstein, daß das ökonomische Kapital im Gegensatz zu den Herrschaftsgebäuden weder sichtbar noch dauerhaft sei: Der Geizige, so Liechtenstein, mag *„ohne alles Gedächtnis verbleiben".*[1181] Ein entscheidendes Kriterium für den jeweiligen Nutzeffekt der geleisteten Investition war demnach Dauerhaftigkeit. Investitionen in prachtvolle Architektur waren deswegen von Vorteil, weil hier der symbolische Gewinn dauerhaft zu erwarten war. Wer daher auf diese Investition verzichte, so Liechtenstein, könne in der Vorstellungswelt des Adels mit dem Anspruch der Superiorität keinen herausgehobenen Platz beanspruchen. Dem Geld fehle ferner jede nobilitierende Eigenschaft, weshalb sich darauf allein keine Repräsentation gründen lasse. Ökonomisches Kapital könne schließlich, unabhängig von der geburtsständischen Stellung, jeder besitzen,[1182] während nur der Adel sich im Besitz herausragender Prachtgebäude befinde. Es sei daher ehrenvoll und notwendig, zu Repräsentationszwecken große Summen zu investieren, um damit die Zugehörigkeit zum adligen Stand sichtbar unter Beweis zu stellen.[1183]

Soziale Exklusivität zu demonstrieren war denn auch das hauptsächliche Anliegen, das Karl Eusebius von Liechtenstein seinem Nachfolger ins Stammbuch schrieb. Diese Exklusivität lasse sich im Schloßbau schon allein deswegen erkennen, weil Bauen sowohl als Standespflicht als auch als Standesprivileg wahrgenommen werde.[1184] Die soziale Exklusivität zu wahren verpflichte die Nachfolger jedoch auch dazu, auf die Wahl der ästhetischen Mittel zu achten.[1185] Warum die Wahl der richtigen künstlerischen Mittel von so großer Bedeutung erschien, findet in einer recht eigenwilligen Anthropologie ihre Begründung. So zeichnet sich der „gemeine Mann" in Karl Eusebius' Architekturtraktat dadurch aus, daß er für Fragen des Stils und der Form nur wenig Verständnis entwickelt habe. Die Förderung ästhetisch ansprechender Kunstwerke sei Personen, die nicht dem adligen Stand angehörten, daher nicht zuzutrauen. Wenn der Adel in dieser Rolle des kunstverständigen Mäzens hervortrete, so stelle er damit sogleich seine höhere Dignität unter Beweis. Dies erfordere indes auf dem Gebiet der Kunst gewisse Kenntnisse, um sachverständig urteilen und entscheiden zu können: *„Der Edelmann aber, so den Verstandt erleuchter hat, mues distinguieren vom Schlechten zum Bessern und es also achten und schatzen und das Rare zu haben verlangen."*[1186] Wer daher seinen Stand repräsentieren wolle, müsse die richtige Wahl der künstlerischen Mittel treffen. Ein Palast könne nur Ausstrahlung entwickeln, wenn er auch formal den Erfordernissen der Zeit genüge.[1187]

Es soll hier nicht im einzelnen aufgeführt werden, welche Form des Schloßbaus Karl Eusebius von Liechtenstein als vorbildlich ansah. Von größerer Bedeutung sind seine Ansichten über die Wirkung, die von einem vollkommenen Gebäude auf die Betrachter ausgeht. Ein solches Bauwerk *„ziechet und wendet aller Anschauen an sich, ob seiner Brachtigkeit und habenden Annehmblichkeit in sich [...] der Vornehme und Witzige zu noch mehrerer Verwunderung die Kunst erkennent und ermesset, der Ungelehrte aber, wessen Standt er wehre, ob vorstehenden Bracht und Majestet mit Verwunderung gestellet und aufgehalten wiert".*[1188] Der Schloßbau erlaube es, mit den rhetorischen Mitteln der architektonischen Formensprache unterschiedliche soziale Gruppen adressatengerecht anzusprechen. Zum einen galt es, die „Ungelehrten" zu überzeugen, das heißt all jene, die den Belangen der Kunst eher fernstanden; damit, so ist zu vermuten, war vor allem die nichtadlige Bevölkerung gemeint. Allerdings lassen sich die „Ungelehrten" bei Karl Eusebius nicht mehr eindeutig einem Stand zuordnen, da er mit dem Nachsatz, *„wessen Standt er wehre",* den Adelsstand implizit durchaus mit einbezieht: ein Hinweis auf die soziale und kulturelle Vielfalt adliger Lebenswelten unabhängig von der gleichen Standeszugehörigkeit und auf die daraus resultierende Notwendigkeit, sich mit den Mitteln des höfischen Lebensstils auch von den eigenen Standesgenossen abzusetzen, denen diese Zeichen der Distinktion fremd blieben. Brachte es die höfische Lebensform des Adels mit sich, auch in Fragen der Kunst bewandert zu sein,[1189] so ließ sich das von anderen adligen Lebensformen nicht in gleicher Weise voraussetzen. Mitglieder des niederen Landadels und des Ritterstandes wie beispielsweise Wolf von Hohberg, die weder willens noch dazu in der Lage waren, den höfischen Lebensstil zu teilen, könnten Liechtenstein zufolge auch den kulturellen Code des höfischen Adels nicht verstehen; sie waren daher von der Semantik sowie der Formensprache eines barocken Palastbaues in gleicher Weise ausgeschlossen wie der „gemeine Mann". Doch seien auch diese Zuschauer ohne künstlerisches Urteilsvermögen zur Bewunderung genötigt, da ihnen die Größe und die Prachtentfaltung des Bauwerks ebenfalls nicht entgehen konnte. Zum anderen richtete sich das Bauwerk aber auch an die Adresse der Standesgenossen, die mit dem höfischen Lebensstil vertraut waren und ihren kulturellen Code beherrschten. Hatte die Anschauung des adligen Palastes beim „Ungelehrten" bloßes Staunen zur Folge, so führte sie beim adligen Standesgenossen der höfischen Lebenswelt zur Erkenntnis der eingesetzten künstlerischen Mittel, was deren Wertschätzung indes noch steigerte.[1190]

Dieser Argumentation des Karl Eusebius von Liechtenstein liegt die gleiche Anthropologie zugrunde, wie sie auch von den Autoren der Zeremonialwissenschaft vertreten wurde. Den kundigen und zur Einsicht fähigen Menschen stehen die „Ungelehrten" gegenüber, die man nur durch einen Appell an ihre Sinne überzeugen könne. Und war es auf der einen

Seite das Zeremoniell, das diese sinnliche Überzeugung leisten sollte, so
diente der barocke Schloßbau offensichtlich demselben rhetorischen
Zweck. Auch die Botschaft, die mit den Mitteln des Zeremoniells oder des
Schloßbaus vermittelt werden sollte, schien sich nicht wesentlich zu unterscheiden. Hatte das Zeremoniell in den Traktaten der Zeremonialwissenschaft die Aufgabe, die Untertanen zum Gehorsam gegenüber der Obrigkeit anzuhalten, indem man ihnen deren herausgehobene Herrschaftsposition mit den Mitteln ostentativer Präsentation im Zeremoniell vorführte,
so war es Aufgabe der barocken Schloßbauten, ebenfalls mit dem Mittel
ostentativer Prachtentfaltung die besondere soziale Stellung des Adels zu
demonstrieren und zu legitimieren. Investitionen in die Architektur waren
daher immer auch ein Beitrag zur Sicherung der eigenen sozialen Stellung
innerhalb des Hofadels, so lautete die Botschaft dieser Argumentation.

3. Die Bautätigkeit des höfischen Adels

Die Errichtung adliger Palastbauten und die soziale Stellung, die zahlreiche Mitglieder der adligen Hofgesellschaft als „Kunstpatrone" in der
kaiserlichen Residenzstadt einnahmen, ist also keineswegs ein soziales
Randphänomen von nur kunsthistorischem Interesse. Vielmehr zeigt sich
gerade an der aristokratischen Bautätigkeit das Selbstverständnis des höfischen Adels ebenso wie der Handlungsspielraum, über den die Mitglieder
der kaiserlichen Hofgesellschaft in ihrer sozialen Rolle als Mäzene verfügten. Die Errichtung barocker Familienpaläste war ein kommunikativer
Akt, der die Statusansprüche einer Familie innerhalb der höfischen Adelsgesellschaft sichtbar dokumentierte. Zugleich wird an den Schloßbauten
auch erkennbar, ob einer sichtbaren Demonstration der sozialen Statusansprüche von seiten des Kaisers Schranken auferlegt wurden oder nicht.
Ein bekanntes Beispiel aus den Anfangsjahren der Herrschaft Ludwigs XIV. vermag in diesem Zusammenhang anschaulich zu zeigen, welch
enge Grenzen der adligen Selbstdarstellung im Kontext des Fürstenhofes
gesetzt sein konnten.

Nicolas Fouquet, der „Surintendant der Finanzen", beging einen großen
Fehler, als er am 17. August 1661 den jungen französischen König Ludwig XIV. mit einem prachtvollen Fest zu ehren gedachte.[1191] Als Kulisse
diente ihm sein neues Schloß Vaux-le-Vicomte, das an barocker Prachtentfaltung in Schloßbau und Gartenanlage alle königlichen Palastanlagen in
den Schatten stellte. In den Jahren vor diesem Festereignis war Fouquet in
der Tat ein größerer Kunstmäzen als der König selbst. In seinen Diensten
finden sich so illustre Namen wie der Baumeister Le Vau, der auch Vaux-
le-Vicomte errichtet hatte, der Gartenarchitekt Le Nôtre, der Maler Le

Brun sowie die Dichter Corneille und Molière. Doch nur wenige Tage nach dem Fest war der herausgehobenen Position Fouquets am französischen Hof der Boden entzogen worden: Der Veruntreuung königlicher Gelder angeklagt, fristete er von diesem Moment an ein Leben im Kerker. Vaux-le-Vicomte sollte sich von diesem Ereignis ebensowenig erholen wie sein Bauherr. Das Schloß wurde im wahrsten Sinne des Wortes ausgeschlachtet, Möbel, Tapisserien und selbst die Orangenbäume wechselten in den Besitz des Königs, der für vieles bei seinem eigenen Schloßprojekt in Versailles wieder Verwendung fand. Ebenso wurden die Künstler, die Fouquet bis dahin mit seinen Aufträgen unter Vertrag hielt, fast ausnahmslos in königliche Dienste übernommen.[1192]

Das Signal, das von dieser Verhaftung an die höfische Adelsgesellschaft am französischen Königshof ausging, war eindeutig: Der König ließ sich von niemandem aus dem Kreis des französischen Adels oder seiner Amtsträger in den Schatten stellen, schon gar nicht im Bereich der Repräsentation. Zugleich war ein Zeichen gegeben für den Anbruch seiner Selbstregierung nach dem Tode Mazarins.[173] Die negativen Folgen, die die Arrestierung des wichtigsten Finanziers der französischen Krone für die königlichen Finanzen hatte, fielen dagegen nicht ins Gewicht.[1194] Ebenso dürfte der formal angeführte Grund für die Verhaftung, die Veruntreuung königlicher Gelder, nur ein Vorwand gewesen sein.[1195] Es war ein beinahe zu einem Topos geronnenes Argument, das insbesondere beim Phänomen des „Favoritensturzes" stetig wiederkehrte, wenn einem hohen Amtsträger oder Favorit, der sich lange der besonderen Gunst des Fürsten erfreuen durfte, vom Fürsten diese Gunst entzogen wurde, was meist mit dem völligen Verlust an Besitz und Status einherging.[1196] Nach diesem „Favoritensturz" war jedem Höfling am französischen Königshof bewußt, daß er bei der Entfaltung höfischer Pracht bestimmte Grenzen nicht zu überschreiten hatte, wollte er sich nicht einem ähnlichen Schicksal aussetzen. Das bekannte Schicksal des Nicolas Fouquet führt vor Augen, welche politischen Implikationen ostentative Prachtentfaltung in einer stark auf Ehre und Ruhm basierenden Gesellschaftsordnung wie der frühneuzeitlichen Monarchie mit sich bringen konnte. So verwundert es nicht, daß Ludwig XIV. sich durch die augenfällige Mäzenatenhaltung Fouquets in seinem monarchischen Selbstverständnis angegriffen fühlte, da für ihn stets und ausschließlich der Monarch die Rolle des obersten Kunstpatrons und Förderers der Künste zu beanspruchen hatte. Der Versuch, monarchische Prachtentfaltung zu überbieten, konnte daher immer auch als Angriff auf die herausgehobene Herrschaftsposition des Königs selbst verstanden werden. Daß solche Überbietungsversuche abgestraft wurden, ließe sich an mehreren Beispielen demonstrieren; Fouquets Sturz war beileibe kein Einzelfall.

Diese Episode aus der Frühzeit der Regierung Ludwigs XIV. kam deswegen hier so ausführlich zur Sprache, da sich an ihr ein wesentlicher Unterschied zwischen dem französischen Königshof und dem Hof des Kaisers besonders deutlich demonstrieren läßt. Faßte Ludwig XIV. die Repräsentationsbestrebungen seines Finanzministers Fouquet als Konkurrenz zu seiner eigenen monarchischen Stellung auf und suchte daher dessen Stellung am Hof zu vernichten, schien der Kaiser in Wien gegenüber den kulturellen Ambitionen seines Hofadels unempfindlich zu sein. In Wien gab es in den Regierungsjahren Kaiser Leopolds I. bis Kaiser Karls VI. einige Bauwerke, die sich in ihrem Anspruch mit Fouquets Vaux-le-Vicomte durchaus messen konnten, ohne daß die Erbauer deswegen zu fürchten hatten, wegen ihrer Repräsentationsweise in Ungnade zu fallen.[1197] Zwar blieben adlige Bauänderungen bisweilen einem Genehmigungsverfahren kaiserlicher Amtsträger unterworfen. Insbesondere Baumaßnahmen, die öffentlichen Baugrund mitbeanspruchten, wie allgemeine „Fassadenvorrückungen" oder das Vorrücken des Portals eines Stadtpalais,[1198] mußten vom Wiener Unterkammeramt genehmigt werden.[1199] Doch dienten diese Stellen zu keinem Zeitpunkt dazu, die adligen Investitionen in den Palastbau zu beschränken oder gar zu unterbinden. So herrschte an Investitionen des höfischen Adels in barocke Schloßbauten kein Mangel. Insbesondere nach dem Ende der zweiten Belagerung Wiens durch die Türken im Jahre 1683 erlebte Wien bis in die Mitte des 18. Jahrhunderts eine wahre Flut an Neubauten, die vor allem den Repräsentationsbestrebungen der am Kaiserhof anwesenden Adelsfamilien zu verdanken waren. Die Mitglieder des Kaiserhofes nahmen die Residenzstadt Wien damit mehr und mehr in Besitz. Um 1730 gehörte den sozialen Gruppen, die dem Kaiserhof zugewandt waren, bereits mehr als die Hälfte des Häuserbestandes innerhalb der Stadtmauer.[1200]

Dies prägte zunehmend auch die Wahrnehmung der kaiserlichen Residenzstadt. So schrieb Küchelbecker, dessen Urteil über die kaiserliche Hofburg negativ ausfiel, mit Blick auf die Palastbauten des Adels: „*Was die weltlichen Palais anlanget, so findet man deren allhier sehr viel, an welchen die unvergleichlichste Architecture zu sehen ist.*"[1201] Und Johann Georg Keyssler bemerkte über die Palastbauten des Adels in Wien: „*an Pracht und Größe übertreffen sie die [Palais] der Pariser gar sehr, sonderlich wenn man die in den Vorstädten befindlichen herrlichen Gebäude betrachtet.*"[1202] Andere Autoren, die den Kaiserhof des frühen 18. Jahrhunderts beschrieben, kamen zu demselben Urteil.[1203] Sicherlich profitierte der Adel davon, daß sich die Kaiser auf dem Gebiet des barocken Schloßbaus weitgehend zurückhielten. Dies ließ die Bautätigkeit des Adels um so stärker sichtbar werden und prägte daher auch die Wahrnehmung der auswärtigen Besucher des Kaiserhofes: „*Einige Staatsdiener und Grossen, wel-*

che die Hofämter besitzen, wohnen beynahe prächtiger als der Kayser selbst", so faßte Johann Michael von Loen 1717 seine Eindrücke in Wien zusammen.[1204] Da der Kaiser seine Herrschaft mit den Mitteln des Kaiserstils darstellte, um damit die Einzigartigkeit seiner politischen Stellung in der europäischen Fürstengesellschaft sichtbar zu machen, konnte die Selbstdarstellung des Hofadels, die sich auf einem anderen Feld der Repräsentation abspielte, für die kaiserlichen Herrschaftsansprüche keine Gefahr darstellen. Der Kaiser ließ das adlige Baugeschehen daher nicht nur gewähren, sondern war sogar an Repräsentationsbauten der Hofaristokratie interessiert, da deren Glanz auch der Wahrnehmung des Kaiserhofes mittelbar zugute kam. Das nicht selten geäußerte Werturteil, der Kaiserhof verdanke seine Größe und Pracht insbesondere der großen Schar von Höflingen aus hochrangigen Adelsfamilien der Erblande und des Reiches, fand in ihren Palastbauten gewissermaßen sichtbare Bestätigung.[1205] Daß der Kaiser der adligen Selbstdarstellung keinerlei Schranken auferlegte, ermöglichte umgekehrt den Hofmitgliedern, miteinander uneingeschränkt um Prachtentfaltung zu konkurrieren.

Die kaiserliche Duldung war zwar Voraussetzung adligen Bauens, nicht aber deren Antrieb. Die Größe und Qualität der Palastbauten war vielmehr ein Ausdruck der Selbständigkeit und des sozialen Anspruchs der großen Adelsfamilien. Mit der Errichtung großer Palais in der kaiserlichen Residenzstadt übertrugen sie eine Praxis herrscherlichen Bauens von den Stammsitzen ihrer Familien in den Erblanden in die Stadt Wien.[1206] Die Ursprünge der Bautätigkeit der großen in Wien versammelten Adelsfamilien nach dem Dreißigjährigen Krieg sind nicht in der Residenzstadt zu finden, sondern in der Provinz. Da die Entwicklung des Palastbaus in Wien unmittelbar mit den aristokratischen Residenzbauten auf ihren Herrschaftssitzen verknüpft ist, können beide Phänomene nicht isoliert voneinander betrachtet werden.[1207] So entstand der erste barocke Schloßbau nach dem Dreißigjährigen Krieg in Nordböhmen, als Wenzel Franz Eusebius Fürst von Lobkowitz in Raudnitz ab 1653 den Stammsitz seiner Familie neu errichten ließ.[1208] In Wien war die Familie Lobkowitz hingegen erst geraume Zeit später an einem repräsentativen Familienpalais interessiert, als man der Familie Dietrichstein ihr Domizil in unmittelbarer Nähe zur Hofburg abkaufte.[1209] Die Familie Liechtenstein investierte ebenfalls zuerst in den Ausbau bzw. Neubau ihrer Stammsitze in Feldsberg und Eisengrub in Mähren und weitere Schloßbauten in der Provinz,[1210] ehe sich Johann Adam Andreas von Liechtenstein dazu entschloß, auch in Wien mehrere Palastbauten zu errichten. Die große Bedeutung der Schloßbauten in den Herrschaftsgebieten der Familie Liechtenstein läßt sich auch an der architekturtheoretischen Schrift Karl Eusebius' von Liechtenstein ablesen. Seine Anweisungen über die Gestaltung dieser

Herrschaftssitze nimmt bei weitem den größten Raum seiner Denkschrift ein. Die Errichtung und Gestaltung von Stadtpalais findet dagegen in seinen Überlegungen weit weniger Aufmerksamkeit, da er in den beengten Verhältnissen der Residenzstädte Prag und Wien die Möglichkeiten repräsentativer Bauweise eingeschränkt sah.[1211] Weitere Beispiele dafür, daß sich die Bautätigkeit des Hochadels in vielen Fällen zuerst auf die eigenen Herrschaftsgebiete in den Erblanden erstreckte, bevor auch in der kaiserlichen Residenzstadt Wien Palastbauten errichtet wurden, bieten die Familie Abensberg-Traun,[1212] ferner die Familie Esterházy.[1213] Den Ausgangspunkt des barocken Schloßbaus der großen Adelsfamilien in Wien zu vermuten geht an den Tatsachen daher vorbei.

Wohl aber wurde die kaiserliche Residenzstadt Wien für die großen Adelsfamilien gegen Ende des 17. Jahrhunderts zu einem immer wichtigeren Feld der eigenen Selbstdarstellung. Die Konkurrenz der Vertreter des hohen Adels untereinander um Rang, Einfluß und Ansehen am Kaiserhof erstreckte sich nicht nur auf Ämter, Ehrentitel und den zeremoniellen Rang am Hofe. Ebenso bedeutsam schien zu sein, den höfischen Lebensstil auch und gerade am Kaiserhof unter Beweis zu stellen. Einen Familienpalast in der Umgebung des Kaiserhofes zu errichten war die sichtbarste Form, Zugehörigkeit zur kaiserlichen Hofgesellschaft zu demonstrieren – allerdings auch die aufwendigste, was die Möglichkeit, den eigenen sozialen Status in barocken Schloßbauten zu repräsentieren, von vornherein auf wenige Familien einschränkte. Die Adelsfamilien, die mit einem Stadt- oder Gartenpalais in und um Wien vertreten waren, zählten überwiegend zu den etablierten Familien in der kaiserlichen Hofgesellschaft. Zum einen war der barocke Schloßbau ein bevorzugtes Betätigungsfeld vor allem hochadliger Familien: Mehr als 80 % der namentlich aufgeführten Palais waren im Besitz gräflicher oder fürstlicher Familien. Dagegen waren nur 10 von 103 Bauten in der Hand von Rittern oder Freiherren.[1214] Über ein vollständiges Palastensemble, das heißt über sowohl ein Stadt- als auch ein Gartenpalais, verfügten immerhin noch 14 Adelsfamilien – ausschließlich Angehörige des Grafen- und Fürstenstandes.[1215] Insgesamt besaßen diese 14 Adelsfamilien allein 42 Adelspalais in der kaiserlichen Residenz, und damit 40 % aller namentlich in Wien nachweisbaren Paläste. Das im Bereich der Ämterbekleidung und der Teilnahme an zeremoniellen Veranstaltungen gewonnene Bild, daß die höfische Gesellschaft sich überwiegend aus Familien des Hochadels zusammensetzte, bestätigt sich also bei der Besitzverteilung barocker Adelspalais in der Residenzstadt erneut. Zum anderen zählten die Eigner barocker Adelspalais meist auch zu den politisch einflußreichen Personen der kaiserlichen Hofgesellschaft. So sind von den zwanzig Adelsfamilien, aus denen sich die obersten Amtsträger unter Karl VI. rekrutierten, dreizehn im Besitz eines Palais in der

Nähe der kaiserlichen Residenz.[1216] Von den verbleibenden sieben Amtsträgern, für die kein Palais nachgewiesen werden konnte, stammten fünf
Amtsträger aus Böhmen, drei davon bekleideten das Amt des böhmischen
Hofkanzlers;[1217] möglicherweise war deren Repräsentationsstreben in
stärkerem Maße auf Prag ausgerichtet als auf Wien.[1218] Von den elf Mitgliedern der Geheimen Konferenz unter Karl VI. waren nur zwei ohne
eigenes Palais in Wien: Graf Johann Wenzel von Wratislaw und Johann
Christoph von Bartenstein, wobei letzterer erst in den letzten Jahren der
Regierungszeit Karls VI. in die Konferenz berufen wurde, als gebürtiger
Lutheraner aus Straßburg am Kaiserhof erst in den Adelsrang aufstieg
und daher auf eine für Wiener Verhältnisse eher untypische Hofkarriere
zurückblicken konnte.[1219] Von solchen Ausnahmefällen einmal abgesehen,
läßt sich als Ergebnis zusammenfassen, daß diejenigen, die am Kaiserhof
über größeren politischen Einfluß verfügten, in der Regel auch im Stadtbild der Residenzstadt sichtbar vertreten waren. Dies traf insbesondere
für Familien zu, die über mehrere Generationen oberste Amtsträger für
den Kaiser stellten. Für diese einflußreichen Familien des Hochadels war
der repräsentative Schloßbau im Umkreis des kaiserlichen Hofes ein weiteres Mittel, ihren sozialen Status zur Schau zu stellen und das Stadtbild
der kaiserlichen Residenzstadt zu prägen.

Die Erbauer barocker Palastanlagen trugen dabei stets auch untereinander mit den Mitteln der Architektur einen symbolischen Wettkampf aus,
um die Paläste der anderen Familien an Prachtentfaltung und Vortrefflichkeit möglichst zu überbieten.[1220] Dies verlangte allerdings auf mehreren
Feldern besondere Anstrengungen. Insbesondere bei den Stadtpalästen
innerhalb der Residenzstadt waren vor allem Größe und Sichtbarkeit
wichtige Indikatoren für die Vortrefflichkeit des Palastes. Beides ließ sich
jedoch in der bereits sehr verbauten Innenstadt nur schwer erreichen. Bei
der Größe des Palastes waren die Bauherren häufig an die Ausmaße der
schon bestehenden Altbauten gebunden, denen die Architekten mit der
Vorblendung verzierter Barockfassaden einen repräsentativeren Charakter verleihen sollten. Ein vollständiger Neubau war dagegen bei den Stadtpalästen in Wien eher die Ausnahme. Den Repräsentationsabsichten der
adligen Bauherren waren damit meist enge Grenzen gesetzt.[1221] Wollte
sich daher ein adliger Bauherr mit seinem Palast besonders hervortun,
hatte er diese engen Grenzen in irgendeiner Form zu überwinden.

Eine Möglichkeit, der städtischen Enge zu entfliehen, war die Errichtung von Gartenpalais und Lustschlössern in der unmittelbaren Umgebung der Stadt im Bereich der sogenannten Vorstädte. Bauland war hier
insbesondere Ende des 17. Jahrhunderts im Überfluß vorhanden, da die
meisten Vorstädte durch die Türkenbelagerung stark in Mitleidenschaft
gezogen und bisweilen völlig zerstört worden waren. Nach 1683 setzten

dann unmittelbar Bemühungen um den Wiederaufbau an, abgesehen von dem direkten Umfeld der Stadtmauer, das sechshundert Schritt breit als Glacis der Stadt dienen sollte.[1222] Zahlreiche Adlige nutzen hier ihre Chance, größere Gartenanlagen zu errichten und diese mit Lustbauten zu versehen, wie sie vor allem Johann Bernhard Fischer von Erlach in Wien heimisch zu machen suchte. Seine erste Vorlage zu einem Lustgartengebäude fertigte Fischer von Erlach für den Fürsten Johann Adam von Liechtenstein an. Auch wenn seine Vorstellungen bei diesem Bauherren auf wenig Gefallen stießen, entwarf er doch damit den Typus eines Gartenschlosses, der später von zahlreichen Mitgliedern der Hofgesellschaft nachgefragt werden sollte.

Wenn Fischer von Erlach bei Johann Adam von Liechtenstein allerdings mit seinen Ideen eines „maison de plaisance" weniger Erfolg hatte, lag das vor allem daran, daß dieser nicht an einem Gartenpalais interessiert war, sondern an einer Vorstadtresidenz. Nur wenige Jahre nach dem Ende der Türkenbelagerung Wiens entschloß sich Johann Adam Andreas von Liechtenstein, den repräsentativen Sitz der Familie Liechtenstein nicht inmitten der Stadt zu errichten, sondern in einer der alten Wiener Vorstädte, der „Oberen Werd", auch Roßau genannt.[1223] Bereits 1687 erwarb er das Grundstück und beauftragte Johann Bernhard Fischer von Erlach mit der Planung eines Vorstadtpalais. Zu diesem Zeitpunkt verfügte die Familie Liechtenstein innerhalb der Stadt allerdings noch über kein Palais, das den Repräsentationsanforderungen einer Fürstenfamilie genügen konnte. Das spätere Liechtensteinsche Stadtpalais kaufte Johann Adam erst 1694 dem verschuldeten Graf Dominik Andreas Kaunitz ab. Und das bereits existierende Familienpalais Liechtenstein in der Herrengasse war weder in seinen Ausmaßen noch in seiner formalen Gestaltung in der Lage, den prätendierten Status der Familie Liechtenstein wiederzugeben.[1224] Als die Planungen für das Schloß Liechtenstein in der Roßau anstanden, war dies daher das einzige Gebäude, das Johann Adam Andreas als Familienresidenz dienen konnte. Aus diesem Grund waren die Planungen Fischers von Erlach, der ein Lustgartengebäude vorsah,[1225] wo der Bauherr eine Residenz errichtet sehen wollte,[1226] für die Repräsentationsabsichten des Liechtensteinfürsten untauglich, so daß Fischer von Erlach aus den Diensten der Liechtensteins entlassen wurde[1227] und Domenico Egidio Rossi an seine Stelle trat, bevor schließlich 1692 Domenico Martinelli die Bauleitung übernahm.[1228] Auch die nachträgliche Aufstockung beider Seitenflügel des Schlosses um ein weiteres Stockwerk dürfte aus dem Grund erfolgt sein, die für eine Residenzanlage notwendige Größe zu erreichen und daher nicht nur den Mittelrisalit, sondern den Gesamtbau mit drei Stockwerken auszustatten.[1229] Dieser Bautyp entsprach nicht dem klassischen Stadtpalast und war zudem außerhalb der Stadtmauer angesiedelt,

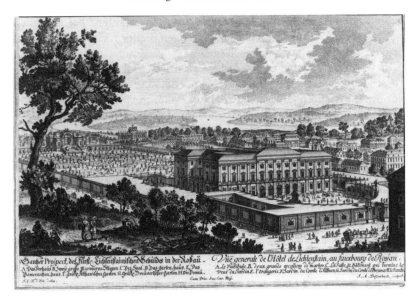

Abb. 8: Salomon Kleiner: Die Liechtenstein-Gartenpalais;
Bild: Universitätsbibliothek Rostock.

Abb. 9: Salomon Kleiner: Das Palais Trautson; Bild: Universitätsbibliothek Rostock.

behielt jedoch gleichwohl den Charakter einer Residenz bei und glich weder in seiner Größe noch in seiner strengen Bauform einem Lustgebäude oder einem reinen Sommerschloß.[1230]

Es waren nicht nur pragmatische Gründe, die Johann Adam Andreas von Liechtenstein dazu veranlaßten, die Familienresidenz vor den Toren der Stadt errichten zu lassen. Friedrich Polleroß vermag zu zeigen, daß damit eine besondere Form der Selbstdarstellung ermöglicht wurde.[1231] Die Entscheidung, vor den Toren der Stadt zu residieren, erlaubte es, in der direkten Umgebung des Kaiserhofes einen ländlichen Herrschaftssitz zu kreieren.[1232] Das Gartenpalais Liechtenstein ist daher ein in dieser Form einzigartiges Beispiel für ein Landschloß in der größtmöglichen Nähe zum kaiserlichen Hof.[1233] Mit der Wahl dieser Bauform war zugleich eine Botschaft verknüpft, die von ungebrochenem aristokratischem Selbstbewußtsein zeugte. Landresidenzen präsentieren sich als Herrschaftssitz und stellen den Schloßinhaber als autochthonen Herrschaftsträger dar. Dieser Anspruch ging über die bloße Zugehörigkeit zur Hofgesellschaft, von der die Adelspalais einer Residenzstadt zeugten, weit hinaus. Daß es sich bei dem Palais Liechtenstein in der Roßau um einen Herrschaftssitz handelte, zeigt vor allem auch die von Johann Adam ebenfalls ab 1687 angelegte wirtschaftliche Mustersiedlung, die zu Ehren des Erbauers den Namen „Liechtenthal" erhielt.[1234] Dieses Gelände, das er fortan in einer Form gutsherrlicher Musterökonomie zu nutzen verstand, war nach den Grundstückskäufen des Fürsten von Liechtenstein dessen Eigenbesitz. Er errichtete dort ein Brauhaus und ließ das aufgekaufte Grundstück zur Besiedlung parzellieren. Die Einnahmen, die sich auf diese Weise, durch Verpachtung, erzielen ließen, überstiegen bei weitem die Einkünfte, die mit einer reinen Grundrente erreichbar gewesen wären.[1235] Da Liechtenthal im Gegensatz zu anderen Vorstädten nicht mehr zum Burgfriedensbereich der Stadt Wien gehörte, hatten die Stadtväter auch nicht das Recht, Steuern oder Taxgebühren zu erheben.[1236] Die Bewohner der Siedlung Liechtenthal waren daher auch nicht auf die Stadt Wien als ihre Obrigkeit verwiesen, sondern auf die Fürsten von Liechtenstein. Dies zeigte sich auch in der architektonischen Ausgestaltung. Die Mittelachse des Schloßgartens war in ihrer Verlängerung zugleich die Achse des gesamten Stadtviertels. Umgekehrt bildete das Schloß den krönenden Abschluß des Gesamtensembles, da alle Straßenachsen auf das Schloß zuliefen.[1237] Die Siedlung Liechtenthal und das Schloß Liechtenstein bildeten zusammen eine Einheit, in der der Herrschaftssitz den politischen und städtebaulichen Bezugspunkt darstellte. Mit dieser kleinen Siedlung Liechtenthal waren die Fürsten von Liechtenstein die einzigen, die ihre Repräsentationsbemühungen auch auf den barocken Städtebau ausdehnten und sich nicht mit der Errichtung eines Barockpalastes beschränkten[1238] – ein weiteres Indiz für die herausgehobene Herrschaftsstellung, die damit ausgedrückt werden sollte.

Das zweite Beispiel eines barocken Vorstadtpalais, das 1710 von Johann Bernhard Fischer von Erlach errichtete Palais Trautson, war in der Konzeption und der Gesamtanlage bescheidener, besaß aber ebenfalls alle Eigenschaften eines Residenzbaus vor den Toren der Stadt. Laut Küchelbeckers Urteil war das Trautsonpalais in der Vorstadt St. Ulrich, in der es sich befand, der gelungenste Repräsentationsbau.[1239] Andere Zeitgenossen waren von dem Bauwerk ähnlich angetan, unter ihnen auch Mathias Fuhrmann in seiner Beschreibung der Residenzstadt Wien.[1240] Wie beim Palais Liechtenstein in der Roßau führte auch beim Palais Trautson die Lage unmittelbar vor den Toren der Stadt sowie die funktionale Verwendung als Residenz und nicht nur als Sommerpalais zu einer eigenwilligen Architektur. Die Schaufassade, die Raumaufteilung, das repräsentative Treppenhaus, der Festsaal sowie die Abfolge der inneren Höfe entsprach dem Typus des barocken Stadtpalais in Wien. Von gänzlich anderem Charakter war dagegen eine der beiden Seitenachsen. Hier entfaltete sich eine Gartenfassade, die in ihrer breiten Erstreckung eher den Charakter einer „villa suburbana" aufwies. Die Gartenfassade rahmte gemeinsam mit der Orangerie, die ein weiteres Beispiel für die bereits klassisch gewordene Lustgebäude-Architektur Fischers von Erlach darstellt, den barock gestalteten Garten des Palais ein.[1241] Auch wenn das Trautsonpalais nicht den krönenden Teil einer städtebaulichen Gesamtplanung darstellte wie die Gartenresidenz der Liechtensteins, so ließ Trautson sich doch vom damals vielleicht anerkanntesten Baumeister der kaiserlichen Residenzstadt eine Residenz errichten, die seiner soeben vom Kaiser übertragenen Fürstenwürde (1711) ebenso Ausdruck verlieh wie seiner herausgehobenen Position in der kaiserlichen Hofgesellschaft.

Der Bautyp des Vorstadtpalais, das sich zugleich als vollwertige Residenz nutzen ließ, hat in Wien mit den Palästen Liechtenstein und Trautson zwei prominente Beispiele. Gleichwohl blieb dieser Palasttypus in Wien die Ausnahme. Statt dessen tendierten die höchsten Familien dazu, sich als Residenz ein Stadtpalais in Wien sowie als Lustschloß und Sommergebäude eine „villa suburbana" vor den Toren der Stadt zu errichten. Immerhin 14 Familien (s. o.) verfügten über ein solches vollständiges Ensemble an Schloßbauten in und vor Wien. Dabei war es auch hier das Bestreben der Bauherren namentlich bei der Gestaltung der Stadtresidenzen, an Größe und Sichtbarkeit ein Gebäude zu bewohnen, das der Konkurrenz der anderen Adelspalais standhalten konnte.

Um einen repräsentativen und hinreichend großen Baukörper zu ermöglichen, war es notwendig, möglichst mehrere nebeneinander liegende Bauparzellen zu erwerben. So kaufte beispielsweise Ferdinand Fürst

Schwarzenberg nach 1688 nacheinander sechs benachbarte Häuser am Neuen Markt, um dort im Anschluß ein langgestrecktes Familienpalais in Auftrag zu geben.[1242] Weitere Grundstückskäufe aus den Jahren 1701, 1705 und 1713 machten es schließlich möglich, den Palast auf der rückwärtigen Seite bis zur Kärntnerstraße hin auszudehnen und dort ebenfalls mit einer Schaufassade zu versehen.[1243] Ebenso ist auch das Stadtpalais des Prinzen Eugen sukzessive entstanden. Grundlage für den Bau war auch hier der Kauf mehrerer benachbarter Baugrundstücke gegenüber dem Jungfrauenkloster „Zu den Himmelspforten", die er in den Jahren 1694, 1695, 1703 und 1709 erwarb.[1244] Nach dem Kauf der ersten beiden Parzellen ließ er ab 1697 einen Neubau errichten, dessen Fassade im Jahr 1702 bereits vollendet war. Zu diesem Zeitpunkt zählte das Stadtpalais mit seinen sieben Fensterachsen und einem Portal – zumindest was die Größe anbelangte – noch zu den eher unscheinbaren Adelspalästen in Wien. Die beiden benachbarten Grundstücke, die der Prinz in den Folgejahren ebenfalls erwerben konnte, ermöglichten es ihm allerdings, die Palastfassade bis 1711 auf 12 und bis 1725 sogar auf 17 Fensterachsen auszudehnen und mit nunmehr drei Portalen zu versehen.[1245] Damit hatte er die Ausmaße seines Stadtpalais um mehr als das Doppelte steigern können und besaß nun einen Schloßbau, der die zahlreichen anderen Adelspalais in der Stadt in den Schatten stellte.[1246]

Aber schiere Größe allein reichte als Kriterium der Repräsentativität eines Palastes nicht aus. Für den Eindruck des Schloßbaus mindestens ebenso bedeutsam war ferner die Lage des Palastes, insbesondere die damit verbundene Sichtbarkeit.[1247] Welche Einbußen prächtige Schloßbauten in der Wahrnehmung erleiden konnten, zeigt der erste Eindruck, den Lady Montagu bei ihrer Reise nach Wien im Jahr 1716 von der Stadt vermittelt: *„The streets are very close and so narrow one cannot observe the fine fronts of the Palaces, though many of them very well deserve observation, being truly magnificent, all built of fine white stone and excessive high."*[1248] Der Pracht der Fassaden und der Größe der Bauten stand die mangelnde Sichtbarkeit der Palastanlagen gegenüber, was deren Repräsentativität empfindlich minderte.[1249] Das Ideal verkörperte ein vollkommen freistehender Palast, an den keine anderen Bauten anschließen konnten.[1250] Um dies zu gewährleisten, reichte der Ankauf mehrerer Bauparzellen indes nicht aus. Um einen Solitär errichten zu können, hatte sich der Bauherr eine vollständige „isola" in der Stadt zu sichern oder diese mit neu angelegten Straßen um das Schloß nachträglich herzustellen.[1251] Kaum ein Adelspalais in Wien läßt sich finden, das dieses Ideal eines vollständig freistehenden Palastes einlösen konnte. Selbst das Starhembergpalais,[1252] das bereits 1661 am Minoritenplatz errichtet wurde und heute einen der wenigen ehemaligen Adelsbauten darstellt, die sich über eine

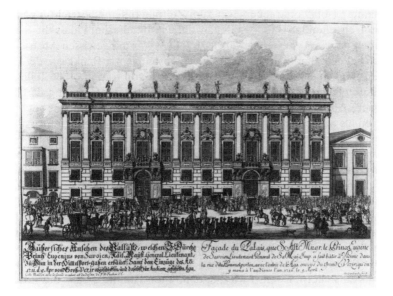

Abb. 10: Salomon Kleiner: Prinz-Eugen-Stadtpalais, mittlere Bauphase;
Bild: Universitätsbibliothek Rostock.

Abb. 11: Salomon Kleiner: Prinz-Eugen-Stadtpalais, späte Bauphase;
Bild: Universitätsbibliothek Rostock.

gesamte „isola" erstrecken, war zum Zeitpunkt seiner Errichtung noch kein freistehender Bau.[1253] Gleichwohl war bei diesem Palais die Sichtbarkeit noch am ehesten gewährleistet. Dies war mit gewissen Abstrichen auch bei dem Stadtpalais Kaunitz-Liechtenstein in der Bankgasse der Fall. Ursprünglich erwarb Dominik Andreas Graf von Kaunitz 1686 Teile des späteren Palastgrundstückes, vermutlich bereits in der Hoffnung, daß hier bessere Ausweitungsmöglichkeiten des eigenen Bauvorhabens gegeben waren als bei seinem bereits existierenden Palast in der Herrengasse.[1254] Nur wenige Jahre später (1689) gelang es ihm dann tatsächlich, ein weiteres angrenzendes Grundstück hinzuzuerwerben, wodurch eine Bebauung der gesamten „isola" mit einem Stadtpalast im Stile des römischen Palazzo Chigi-Odescalchi möglich wurde.[1255] Dieses Bauvorhaben ist dann zuerst von Enrico Zuccalli und anschließend von Domenico Martinelli in Angriff genommen worden. Vollendet wurde der Familienpalast dann allerdings für die Familie Liechtenstein – Johann Adam Andreas von Liechtenstein nutzte die Geldknappheit des Grafen Kaunitz aus, um auf diese Weise den damals modernsten Stadtpalast in Wien für die Liechtensteins zu sichern. Ebenso wie bei dem alten Familienpalais des Grafen Kaunitz bestand nämlich auch beim bisherigen Stadtschloß der Familie Liechtenstein in der Herrengasse wenig Aussicht, hier einen Palast errichten zu können, der den Ansprüchen der fürstlichen Repräsentation gerecht geworden wäre. Mit dem Kauf und der Vollendung des Stadtschlosses in der Bankgasse verschaffte sich Johann Adam von Liechtenstein jedoch einen repräsentativen Stadtsitz, der über mehrere Jahrzehnte, vielleicht bis zur Vollendung des Stadtpalais Prinz Eugens, in Wien zum Maßstab aristokratischer Standesrepräsentation werden sollte.

Der Liechtensteinpalast wirkte auch unter formalen Aspekten stilbildend. So verkörperte die dynamische Fassadengliederung, die sich fortan zum Vorbild des barocken Schloßbaus in Wien entwickelte, mit einem kräftig gegliederten Mittelrisalit das „leistungsfähigste Fassadenschema des Wiener Barock"[1256], das damit den Typus der langgestreckten Kolossalfassade ablösen und fortan zum Prototyp des modernen Adelspalais in Wien werden sollte.[1257] Mit dem ästhetischen Anspruch der Schloßbauten ist ein weiteres Kriterium genannt, das für die Ausstrahlung des Familienpalastes – neben der Größe und der Sichtbarkeit des Baus – von entscheidender Bedeutung war. Daß die Adelsfamilien auch hier um Vortrefflichkeit bemüht waren, läßt sich insbesondere an den Künstlern ablesen, die mit der Planung und der Errichtung der Schloßbauten beauftragt wurden. Der Adel engagierte fast ausschließlich Architekten ersten Ranges für die eigenen Bauvorhaben. Auf der Suche nach geeigneten Künstlern und Architekten griff der Adel in Wien für seine Repräsentationsbauten vor allem auf Künstler zurück, die sich auch beim Kaiser oder bei einzelnen

Reichsfürsten großer Beliebtheit erfreuten und deren Qualitäten daher
außer Frage standen. So waren sowohl Johann Bernhard als auch Joseph
Emanuel Fischer von Erlach an beinahe allen namhaften kaiserlichen
Bauprojekten Karls VI. in der Residenzstadt Wien federführend beteiligt.
Johann Lukas von Hildebrandt war kaiserlicher Hofbaumeister, auch
wenn er nur spärlich mit kaiserlichen Aufträgen bedacht wurde.[1258] Dagegen wußte der Kurfürst von Mainz, Erzbischof Lothar Franz von Schönborn, seine Qualitäten zu schätzen und beauftragte Hildebrandt mit
der Errichtung der barocken Schloßanlage in Pommersfelden.[1259] Enrico
Zuccalli, der die Pläne zur Errichtung des Kaunitzschen Stadtpalais beisteuerte, stand in den Diensten des bayerischen wie des kölnischen Kurfürsten,[1260] Giovanni Pietro Tencala, der das Palais Dietrichstein fertig-
stellen ließ, war kaiserlicher Hofarchitekt.[1261] Johann Michael Rottmayr[1262] wechselte in die Dienste der Familie Liechtenstein, nachdem er
seine Ausmalung des großen Saales im kaiserlichen Lustschloß Schönbrunn vollendet hatte.[1263] Und Domenico Martinelli fertigte ebenfalls für
zahlreiche Reichsfürsten Baupläne an, die allerdings nur zum Teil realisiert wurden.[1264] Für die meisten Architekten und Künstler, die in Wien
auf der Suche nach Aufträgen waren, erwies sich der dort weilende Adel
insbesondere in den Jahrzehnten von 1690 bis 1715 als der größere Kunst-
patron, der wesentlich mehr Aufträge zu verteilen hatte als der Kaiserhof
selbst. Mehrere Künstler, die in der Hoffnung auf kaiserliche Aufträge in
die kaiserliche Residenzstadt zogen, standen bald stärker mit einer der
bauwilligen Adelsfamilien in Verbindung. So fand sich beispielsweise Andrea Pozzo, der eigentlich *„per servizio della Sua Maestrà Cesarea"* nach
Wien gekommen war, sogleich in den Diensten Johann Adams von Liechtenstein, der ihn mit der Ausmalung des Deckenfreskos im Großen Saal
seines Gartenpalastes beauftragte.[1265] Und Johann Lukas von Hildebrandt hatte ebenfalls über mangelnde Aufträge von seiten des Adels
nicht zu klagen, während er auf kaiserliche Bauprojekte meist vergeblich
hoffte.

Dabei waren es in der Anfangszeit des barocken Bauens in Wien vor
allem italienische Künstler, deren Ideen bei der Gestaltung der adligen
Bauprojekte den Ausschlag gaben.[1266] Nicht immer war es hierfür nötig,
die Architekten persönlich nach Wien zu ziehen. Mehrere Adlige haben
sich bei ihren Bauprojekten um Pläne auswärtiger Architekten bemüht:
Philipp Sigmund Graf von Dietrichstein beauftragte 1685 gleich vier verschiedene Architekten mit der Planung eines neuen Stadtpalais. Für die
Planung des Vorstadtpalais der Fürsten von Liechtenstein wurden ebenfalls Planungen aus Rom und Venedig eingeholt.[1267] Und auch Dominik
Andreas Graf von Kaunitz ließ seinen Wiener Stadtpalast zuerst nach den
Plänen des kurbayerischen Hofarchitekten Enrico Zuccalli errichten,[1268]

Abb. 12: Salomon Kleiner: Kaunitz-Liechtenstein-Stadtpalais;
Bild: Universitätsbibliothek Rostock.

bevor er den mittlerweile in Wien residierenden Domenico Martinelli mit
dieser Aufgabe betraute.

Doch blieben diese Fälle eher die Ausnahme. Die meisten Architekten,
denen die Angehörigen des höfischen Adels Bauaufträge erteilten, weilten
auch zumindest zeitweise in Wien. Dabei waren es nicht selten Mitglieder
des höfischen Hochadels, die sich darum bemühten, die Architekten nach
Wien zu locken. So war es insbesondere Graf Ferdinand Bonaventura
Harrach zu verdanken, daß Domenico Martinelli seine Stellung als Lehrer
für Architektur an der „Accademia di San Luca" in Rom im Sommer 1690
aufgab und gegen die Stellung als „Gräflich Harrachischer Architect" in
Wien eintauschte.[1269] Martinelli blieb in Wien insgesamt fünfzehn Jahre
tätig und diente dabei zahlreichen verschiedenen adligen Auftraggebern.[1270] Was den Adel in Wien so für Martinelli einnahm, war wohl insbesondere dessen Vertrautheit mit der römischen Barockarchitektur und
den aktuellen Tendenzen des römischen Palastbaus.[1271] Da Italien in Fragen der Architektur von den meisten Adelsfamilien in Wien als vorbildlich
angesehen wurde,[1272] war man auf der Suche nach Architekten, die diesem
Ideal möglichst nahekommen konnten. Die Vertrautheit mit der römischen Barockarchitektur sollte sich auch für Johann Bernhard Fischer von

Erlach auszahlen.[1273] Zwar erhielt dieser seine ersten Aufträge nach seiner Ankunft in den österreichischen Erblanden vom Kaiser, doch dürfte hierfür die Protektion insbesondere des Hauses Dietrichstein von entscheidendem Einfluß gewesen sein.[1274] Diese Protektion kam Fischer von Erlach auch in den Kreisen des Hochadels zugute. So war das erste Mitglied der kaiserlichen Hofgesellschaft, das den Baumeister verpflichtete, Johann Adam Andreas von Liechtenstein, ein Schwager des Fürsten Ferdinand Joseph von Dietrichstein, der Fischer von Erlach vermutlich dem Kaiser empfohlen hatte. Doch begannen sich auch weitere Kreise des Wiener Hochadels schnell für den eingetroffenen Baumeister zu interessieren. Insgesamt war Johann Bernhard Fischer von Erlach im Laufe seiner Wiener Bautätigkeit an 14 adligen Schloßbauprojekten für die Familien Liechtenstein, Althann, Strattmann, Starhemberg, Schlick, Batthyány, Dietrichstein, Trautson und Schwarzenberg sowie den Prinzen Eugen nachweisbar beteiligt;[1275] die Liste der Bauherren liest sich wie ein Who-is-who des Hochadels am Kaiserhof. Die Familien Mansfeld, Schönborn, Daun und Harrach sowie die Familie Friedrich Karl von Schönborn und der Prinz Eugen griffen ebenfalls auf die Dienste Johann Lukas' von Hildebrandt zurück.[1276]

Mit der Verpflichtung dieser Künstler bildete sich an der Wende vom 17. zum 18. Jahrhundert im Bereich des barocken Palastbaus auch ein spezifischer Baustil heraus, der das Gesicht der Residenzstadt zunehmend prägen sollte. Die Stilentwicklung verlief dabei von unterschiedlichen Variationen der langgestreckten Kolossalfassade hin zu einem stark gegliederten Fassadenschema, das zum ersten Mal beim Stadtpalais Kaunitz-Liechtenstein Anwendung gefunden hatte und sich schnell zum Kanon des Wiener Palastbaus entwickeln sollte. Auslöser für diese Stilentwicklung war vor allem die Orientierung am Vorbild des römischen Palastbaus, der von seiten des in Wien ansässigen Adels in Belangen der Modernität und Repräsentativität als vorbildlich und nachahmenswert angesehen wurde.[1277] Die adligen Bauherren und Mäzene haben diese Stilbildung nicht nur fördernd begleitet, sondern in vielen Fällen auch entscheidend beeinflußt. So ging nicht nur die Verpflichtung von Künstlern, die dem italienischen Palastbau verhaftet waren, auf bedeutende Angehörige des höfischen Adels zurück. Nachdem mit dem Palais Kaunitz-Liechtenstein der Stil des römischen Palastbaus auch in Wien heimisch geworden war, hatten Architekten und Baumeister fortan bei adligen Bauvorhaben ähnliche Lösungen anzubieten, wollten sie im Geschäft bleiben. Im Bereich der adligen Lustgebäude in den Vorstädten der Stadt Wien schienen Johann Bernhard Fischer von Erlachs Ideen zur Gestaltung von „Lustgartengebäuden" ähnlich wirkungsvoll und damit stilbildend gewesen zu sein.[1278]

Die Inventionen der Architekten konnten sich nur durchsetzen, wenn sie mit den Intentionen der adligen Bauherren harmonierten. Projektideen, die diesem Stil zuwiderliefen, hatten in Wien nur wenig Aussicht auf Realisierung. Die Bauherren hatten schließlich das größte Interesse daran, ihren Palast in dem Stil errichten zu lassen, der auch in ästhetischer Hinsicht Aussicht auf größtmögliche Anerkennung bot. Es ist daher nicht verwunderlich, daß sich alle in Wien tätigen Baumeister das Prinzip der gegliederten Fassade zu eigen machten und ebenfalls Lösungen anboten, die diesem neuen Schema entsprachen. Sucht man die Stilentwicklung des Wiener Palastbaus zu erklären, so reicht ein Blick auf die beteiligten Künstler und deren individuelle Formensprache nicht aus. Vielmehr muß das soziale Feld betrachtet werden, in dem sich der aristokratische Palastbau vollzog.[1279] Der Stilwandel im Bereich der adligen Repräsentationsbauten war daher nicht nur den künstlerischen Ambitionen der Architekten geschuldet, sondern in entscheidendem Maße auch den sozialen Interessen der adligen Bauherren: Das Feld der künstlerischen Produktion in der Welt des barocken Hofes war nur wenig autonom, die Künstler hatten daher den Ansprüchen ihrer Auftraggeber Folge zu leisten, und ihre individuelle Formensprache konnte sich nur innerhalb der Stilgrenzen entfalten, die adlige Bauherren als verbindlich ansahen.

Eine politische Potenz blieb für die Stilbildung des barocken Palastbaus in der kaiserlichen Residenzstadt ohne größeren Einfluß: der Kaiser selbst. Hier machte sich deutlich bemerkbar, daß sich die Kaiser Leopold I. und Joseph I. barocker Bauaktivitäten beinahe vollständig enthielten und Karl VI. eine spezifisch kaiserliche Form der Herrschaftsrepräsentation auch dadurch pflegte, daß er sich größere Schloßbauprojekte konsequent versagte. Offenbarte sich darin ein spezifischer „Kaiserstil", so hatte dieser in der barocken Bautätigkeit des Adels ein Pendant. Die neuerstandenen Adelspalais in der Stadt Wien sowie in den Vorstädten etablierten einen höfischen „Adelsstil", der das Gesicht der kaiserlichen Residenzstadt in der ersten Hälfte des 18. Jahrhunderts in mindestens der gleichen Weise bestimmte. Dies war im Vergleich mit anderen europäischen Residenzstädten zumindest ungewöhnlich. Meist wirkten Bauten der gekrönten Häupter ihrerseits stilbildend auf die Repräsentationsbauten der höfischen Adelsfamilien, die in den jeweiligen Residenzstädten präsent waren.[1280] Wenn in Wien die Ausbildung einer barocken Repräsentationssprache dem höfischen Adel beinahe als Monopol zufiel, so ermöglicht dies Rückschlüsse auf seine Stellung in der höfischen Figuration. Gerade in der adligen Bautätigkeit wird die Selbständigkeit des Adels am Kaiserhof sichtbar, der es sich in Wien erlauben konnte, den eigenen sozialen Rang in fürstlicher Weise zur Schau zu stellen. Die hohe künstlerische Qualität der Bauten erfüllte dabei durchaus ihren sozialen Zweck, da aus der formalen Qualität der Bauten die soziale Qualität des Bauherren ablesbar sein sollte.[1281] An Grenzen stießen die Repräsentationsmöglichkeiten nicht infolge äußerer Beschränkungen des Kaisers, sondern nur aufgrund mangelnder Ressourcen bei zahlreichen Hofmitgliedern. Bei weitem nicht alle Teilnehmer der adligen Hofgesellschaft konnten bei diesem Wettkampf um aristokratische Prachtentfaltung mithalten. Insbesondere die horrenden Kosten führten zu einer Differenzierung der adligen Hofgesellschaft in Familien, die mit ihren Familienpalästen und Schloßanlagen auch im Stadtbild für alle symbolisch präsent waren, und Familien, deren Finanzen nicht ausreichten, im Wettlauf um größtmögliche Sichtbarkeit der eigenen Stellung mithalten zu können.[1282] Welche Kosten auf einen Adligen zukamen, wenn er ein Schloß errichten ließ, kann an einigen Beispielen exemplarisch vorgeführt werden. Schon der Kauf eines geeigneten Bauplatzes innerhalb der Stadt, das heißt in der unmittelbaren Umgebung zur kaiserlichen Hofburg, konnte ein Vermögen verschlingen. So zahlte Prinz Eugen für die beiden Parzellen, auf denen er den ersten Teilabschnitt seines Stadtpalais errichtete, die stolze Summe von 48 500 fl.[1283] Hierbei erwarb er nicht nur die Grundstücke, sondern auch die zugehörigen Gebäude, die sich zuvor im Besitz des Grafen Thurn sowie der Gräfin Herberstein befanden. Prinz Eugen entschied sich jedoch für einen Neubau und ließ die Gebäude abbrechen, was wiederum Kosten nach sich zog. Der Zukauf zweier weiterer Parzellen hatte dann noch einmal Ausgaben in Höhe von insgesamt 30 000 fl. zur Folge, so daß sich die Kosten nur für das Grundstück des Stadtpalais auf ca. 80 000 fl. summierten.[1284] Vergleichbare Ausgaben kamen auf jeden Adligen zu, der in der kaiserlichen Residenzstadt bislang über kein eigenes Grundstück oder Palais verfügte oder aus Gründen der Repräsentativität auf der Suche nach neuen Baumöglichkeiten war. Mochte man hierbei auch bescheidenere Ansprüche an die Größe des zu bebauenden Grundstücks stellen als Prinz Eugen, so waren doch 50 000 fl. ein Preis, den man zu zahlen hatte, um ein palastfähiges Grundstück zu erwerben.

Eine mindestens ebenso hohe Summe war für den Schloßbau selbst aufzubringen. So beliefen sich die Gesamtkosten des Kostenvoranschlags für den Kernbau des Eugenschen Stadtpalais auf ca. 54 000 fl.[1285] Die beiden Palasterweiterungen in den Jahren 1708/09 und 1723/24 dürften zusammengenommen ähnlich kostspielig gewesen sein. Um das Stadtpalais zu errichten, hatte Prinz Eugen daher mindestens 150 000 fl. aufzuwenden. Selbst die Errichtung nur des ersten Kernpalais hatte den Prinzen ca. 100 000 fl. gekostet – eine Summe, die wohl für jeden vollständigen Neubau innerhalb der Stadt Wien zu veranschlagen war, wenn auch noch das Bauland erworben werden mußte. Die Anstrengungen des Grafen Dominik Andreas von Kaunitz, sich ein stattliches Stadtpalais zuzulegen, erforderten Ausgaben in ähnlicher Höhe und bestätigen damit die Dimension des für das herrschaftliche Bauen in Wien nötigen Aufwands. Die Kosten summierten sich für das Grundstück in der Bankgasse auf insgesamt 69 000 fl.[1286] Zwar sind die Aufwendungen für den Schloßbau nicht im einzelnen bekannt. Als Graf Kaunitz jedoch aufgrund finanzieller Schwierigkeiten sowie einer bevorstehenden Gesandtschaft in Den Haag den mittlerweile fast fertiggestellten Rohbau samt Baumaterial an den Fürsten Johann Adam Andreas von Liechtenstein verkaufte, ließ sich damit bereits ein Kaufpreis von 115 000 fl. erzielen.[1287] Da weitere Baumaßnahmen erforderlich waren, dürfte auch dieses Bauvorhaben an Gesamtkosten kaum unter 150 000 fl. gelegen haben.

Um das Ensemble adliger Palastbauten zu vervollständigen, bedurfte es neben einem repräsentativen Stadtpalais auch eines Gartenschlosses vor den Toren der Stadt, was weitere finanzielle Lasten für den adligen Bauherren nach sich zog. Allerdings scheinen Gartenpaläste in den Vorstädten und vornehmlich deren Grund und Boden etwas weniger teuer gewesen zu sein. So hatte Graf Kaunitz für seine beiden Gärten in der Rossau nur 7500 fl. zu zahlen. Selbst der Preis für das Grundstück des Prinzen Eugen, auf dem er sein Belvedere errichten ließ, war im Vergleich zur Größe des Grundstückes und zu den Kaufsummen in der Stadt Wien eher gering.[1288] Auch der Kaufpreis eines Gartenpalais lag deutlich unter den zu entrichtenden Summen für ein Stadtpalais in Wien. So hatte etwa der Fürst Adam Franz von Schwarzenberg für den teilweise vollendeten Gartenpalast des verstorbenen Fürsten Mansfeld-Fondi „nur" 50 000 fl. zu zahlen;[1289] deutlich weniger, als ihm der Erwerb eines Stadtpalais abverlangt hätte.

Auch wenn die Vorstadtbauten im Vergleich mit den Stadtpalais preiswerter zu errichten waren: zusammen ergaben sie beträchtliche Summen, die die Adelsfamilien in Palastbauten zu investieren bereit waren.[1290] Außerdem war es mit dem Errichten neuer Schloßbauten allein noch nicht getan. Die Ausstattung der Adelspalais war ebenfalls ein kostspieliges Unterfangen und konnte die Baukosten durchaus noch übersteigen.[1291] So traten manche Adelsfamilien neben ihren Schloßbauten auch durch ihre umfangreichen Sammlungen hervor. Insbesondere die Gemäldesammlungen der Familien Liechtenstein, Harrach und auch des Prinzen Eugen erlangten Berühmtheit und trugen das Ihrige dazu bei, den Glanz dieser Adelshäuser zu steigern.[1292] Der Besitz einer umfangreichen Privatbibliothek war ebenfalls ein Mittel, das Ansehen der Familie zu erhöhen. Bei Johann Basilius Küchelbecker beispielsweise sind die Bibliotheken des Prinzen Eugen, des Fürsten Schwarzenberg sowie des Grafen Sinzendorf, des Grafen Oedt und des spanischen Rates Caroli Pertusati als herausragende Beispiele namentlich aufgeführt.[1293] Prinz Eugen vermochte seine Berühmtheit auch mit Hilfe seiner Orangerie, vor allem aber als Besitzer einer Menagerie, die sogar die des Kaisers übertraf und deren Ruf sich auch innerhalb der europäischen Fürstengesellschaft rasch verbreitete, zu steigern.[1294] Adlige Gold- und Silberkammern,[1295] Münzkabinette und diverse Kuriositäten waren weitere Mittel, das kulturelle Kapital der eigenen Adelsfamilie sichtbar werden zu lassen.[1296] Welche Kosten mit dieser Sammeltätigkeit einhergingen, läßt sich leider nur in den seltensten Fällen rekonstruieren. Berücksichtigt man indes, daß Johann Adam Andreas von Liechtenstein, der bereits als Bauherr der beiden Familienpaläste in Wien in Erscheinung trat, für elf Rubensgemälde fast 20000 fl. zu zahlen bereit war und für Gold- und Silberschmiedearbeiten allein bei dem Augsburger Goldschmied Christoph Rad mehr als 120000 fl. ausgab, so wird zumindest die Dimension deutlich, die solche Unkosten annehmen konnten.[1297]

Auf allen Feldern der kulturellen Repräsentation in der Konkurrenz mit den anderen Adelsfamilien in Wien mithalten zu können erforderte finanzielle Mittel in einem Maße, dem nur noch wenige Adelsfamilien gewachsen waren.[1298] Dieser demonstrative Verbrauch finanzieller Mittel zur Investition in allen Bereichen kultureller Selbstdarstellung ermöglichte es zahlungskräftigeren Vertretern des höfischen Adels, sich von der Mehrzahl der adligen Hofmitglieder sichtbar abzusetzen. Während es damit manchen Hofteilnehmern gelang, das ganze Spektrum der kulturellen Repräsentation abzudecken, waren die meisten Angehörigen des Hofadels aufgrund mangelnder finanzieller Ressourcen dazu gezwungen, die Entfaltung des höfischen Lebensstils auf wenige Bereiche zu beschränken. So hatten viele Hofmitglieder auf vollständige Neubauprojekte in Wien von vornherein zu verzichten. Meist beschränkten sie sich darauf, bestehenden Gebäuden, die sich bereits in ihrem Besitz befanden, mit einer barocken Fassade ein ansprechendes Aussehen zu verleihen sowie eventuell die innere Raumgestaltung den Erfordernissen eines modernen Stadtpalais anzupassen.[1299] Dadurch hatte man zwar eventuell Einbußen bei der Repräsentativität des eigenen Palastes hinzunehmen, doch ließen sich die Kosten dieser Baumaßnahme in kalkulierbaren Grenzen halten. Immerhin hatte man mit Hilfe solcher Investitionen die eigene Zugehörigkeit zur Hofgesellschaft auch auf dem Feld der kulturellen Repräsentation unter Beweis gestellt.

Und auch hierzu waren keineswegs alle in Wien weilenden Adelsfamilien in der Lage. So waren bei weitem nicht alle Häuser in adligem Besitz zugleich auch Familienpalais, die nur eine Adelsfamilie für ihre Wohnzwecke beanspruchen konnte. Nur bei 105 Häusern, die in adligem Besitz waren, handelte es sich um Familienpalais.[1300] Die Mehrzahl dieser Bauten waren vielmehr Mietpaläste, in denen Adelsfamilien sich das Haus mit anderen Mietparteien zu teilen hatten, die also eine gemischte Sozialstruktur aufwiesen.[1301] Lady Montagu äußerte sich über das Zusammenleben mehrerer Stände unter einem Dach wenig begeistert: „*The Apartments of the greatest Ladys and even of the Ministers of state are divided but by Partition from that of a Tailor or a shoe-maker, and I Know no body that has above 2 floors in any house, one for their own use, and one higher for their servants.*"[1302] Daß dieses Zusammenleben mehrerer Stände in einem Gebäude dem Lebensstil des höfischen Adels zuwiderlief, zeigt nicht nur die Mißbilligung der Lady Montagu. Auch Karl Eusebius von Liechtenstein legte bei seinen Empfehlungen zur baulichen Gestaltung eines Stadtpalais viel Wert darauf, die Räumlichkeiten innerhalb des Palastes streng nach Standesgrenzen zu trennen, und beispielsweise das Treppenhaus exklusiv für den Adel einzurichten.[1303] Nicht allen in Wien weilenden Adligen gelang es daher in gleicher Weise, sich mit Hilfe eines Familienpalastes deutlich von den anderen Bewohnern der Stadt abzusetzen und die eigene soziale Exklusivität unter Beweis zu stellen.

Wer zu umfangreichen Investitionen in die eigene kulturelle Selbstdarstellung finanziell in der Lage war, konnte damit rechnen, daß diese Bemühungen auch von einer breiteren Öffentlichkeit wahrgenommen wurden als nur der höfischen Adelsgesellschaft in Wien. Daß das Interesse an den Neubauten in Wien bei den Betrachtern des Kaiserhofes groß war, zeigt sich unter anderem an dem regen Besucherverkehr, der sich bereits für die Baustelle des Liechtensteinischen Vorstadtpalais interessierte. So bemerkte der Bauherr, Johann Adam Andreas von Liechtenstein, nicht ohne Stolz: „*solo pochi forestieri passano, che non guardano questa fabrica*".[1304] Reiseberichte sowie Beschreibungen der kaiserlichen Residenzstadt Wien waren dabei ein geeignetes Medium der Verbreitung auch unter denjenigen Personen, die sich die neu entstandenen Bauwerke in Wien nicht mit eigenen Augen ansehen konnten.[1305] Hier zeigte sich allerdings auch, daß sich die Aufmerksamkeit der Autoren meist auf wenige Adelsbauten reduzierte. Besonderes Interesse genossen die Bauten des Johann Adam Andreas von Liechtenstein, des Fürsten Schwarzenberg sowie in besonderer Weise die beiden Paläste des Prinzen Eugen.[1306] Vor allem die Repräsentation des Fürsten Liechtenstein sowie des Prinzen Eugen fand ferner auch bei Autoren größere Beachtung, deren Anliegen sich gar nicht auf die Beschreibung der Stadt Wien oder des kaiserlichen Hofes konzentrierte. So hob der zeremonialwissenschaftliche Autor Zacharias Zwantzig hervor, das „*Fürstliche hauß Liechtenstein [...] giebet Fürstenpersonen in Teutschland ein schönes modell, Fürstlich zu leben und hauß zu halten*".[1307] Daß ein Teilnehmer der kaiserlichen Hofgesellschaft auf diese Weise zum Vorbild für die Fürstengesellschaft des Reiches avancierte, war ein nicht zu verachtender symbolischer Gewinn für eine Familie, deren Zugehörigkeit zum Reichsfürstenstand von den auf dem Reichstag vertretenen Fürsten des Reiches zu diesem Zeitpunkt noch vehement bestritten wurde.[1308] Auch wenn die rechtliche Aufnahme in den Reichs-fürstenstand noch einige Jahre auf sich warten ließ, hielten die Fürsten von Liechtenstein in ihrem Lebensstil bereits anerkanntermaßen An-schluß an das Niveau fürstlicher Selbstdarstellung.

Zahlreiche Kupferstiche dienten als Medium visueller Kommunikation ebenfalls zur Verbreitung der adligen Repräsentationsbauten in Wien.[1309] Mit ihnen sollten die kulturellen Investitionen des höfischen Adels in Wien gerade in der europäischen Adels- und Fürstengesellschaft weitere Verbreitung finden. Die umfangreichste Sammlung an Kupferstichen mit Abbildungen von prominenten Bauten in Wien, Samuel Kleiners ›Wien-nerisches Welttheater‹, war insbesondere an *„Geist- oder Weltliche Hohe Stands-Personen"* gerichtet, für deren eigene Bauten sich Kleiner in seiner Vorrede zur Stichsammlung ebenfalls als Kupferstecher anbot.[1310] Dersel-be Adressatenkreis, der für Samuel Kleiner als zukünftiger Arbeitgeber von Interesse sein konnte, stand auch bei den adligen Bauherren im Mittelpunkt, wenn es galt, die eigene Repräsentationspraxis außerhalb der höfischen Gesellschaft Wiens zu vermitteln. Es handelte sich um die adli-gen Standesgenossen, die ebenfalls mit dem höfischen Lebensstil vertraut waren und die es mit den Mitteln künstlerischer Selbstdarstellung, wenn möglich, zu übertreffen galt.

So standen bei zahlreichen Kupferstichsammlungen über Bauten in der kaiserlichen Residenzstadt Wien die neuerrichteten adligen Paläste im Vordergrund oder waren doch zumindest prominent vertreten. Bereits das Architekturwerk Wolfgang Wilhelm Prämers, das 1678 erschien, hielt die frühesten barocken Neubauten des Adels in Wien in einigen Abbildungen fest, vor allem das Starhembergpalais sowie die Paläste der Familien Abensberg-Traun und Dietrichstein in der Herrengasse, auch wenn die-sem Werk noch keine große Aufmerksamkeit zuteil wurde.[1311] Von größe-rer Bedeutung waren dann die Wiener Palastansichten Joseph Emanuel Fischers von Erlach und Johann Adam Delsenbachs, die zu Beginn der Regierungszeit Karls VI. im Druck erschienen.[1312] Sie enthielten unter an-derem Abbildungen des Vorstadtpalais der Familie Trautson, der Garten-paläste Strattmann und Althann sowie der Stadtresidenzen Dietrichstein, Batthyány und des Prinzen Eugen (in der vorläufigen Fassadengestalt mit zwölf Fensterachsen).[1313] Noch umfangreicher war schließlich die Stich-sammlung Salomon Kleiners, die in vier Folgen in den Jahren 1724 bis 1737 erschien.[1314] Hier waren Stadtpaläste und Lustgebäude von insge-samt 47 Familien aufgeführt. Eine Kupferstichserie besonderer Art war schließlich Johann Bernhard Fischer von Erlachs 1721 erschienener ›Ent-wurff einer Historischen Architectur‹, die sich in vier Büchern der gesam-ten Weltarchitektur zuwendet und Abbildungen seiner eigenen Bauten und Bauentwürfe Darstellungen von Gebäuden aus dem alten Ägypten, dem Orient, dem alten Israel, aus Griechenland und dem antiken Rom an die Seite stellt.[1315] Zum einen sollte dieses Werk vermutlich dazu dienen, die imperiale Tradition kaiserlicher Bauten aufzuzeigen. Zum anderen stellte sich Fischer von Erlach mit der Auswahl der abgebildeten Gebäude in eine Reihe mit den bekanntesten Bauten der Weltarchitektur – eine unbescheidene Hervorhebung seines künstlerischen Ranges. Hiervon vermochte indes nicht nur der Architekt zu profitieren. Auch die Bauherren der dargestellten Adelspalais sahen sich in diesem Architekturwerk in einer Reihe mit imperialen Vorbildern aus glorreicher Vergangenheit, was ihrer Selbsteinschätzung durchaus entsprochen haben dürfte.

Allerdings war die Sichtbarkeit der Repräsentationsbemühungen des höfischen Adels auch bei denjenigen Familien, deren Bauten mit Hilfe von Kupferstichwerken öffentlich verbreitet wurden, keineswegs in gleicher Weise gewährleistet. Welche Sonderstellung beispielsweise Prinz Eugen in der adligen Hofgesellschaft Wiens auch durch die schiere Dimension seiner kulturellen Selbstdarstellung einnahm, zeigt sich auch in der medialen Verbreitung seiner Bauwerke. So war eine komplette Stichsammlung Salomon Kleiners nur der Abbildung des neuerrichteten Belvedere des Prinzen gewidmet. Ziel dieser Stichserie sei es, so verkündet die Widmung, *„der Welt ihren [das heißt des Prinzen Eugen] ausgezeichneten Geschmack beweisen, indem sie schöne Paläste und Gärten anlegten"*.[1316] Über das Stadtpalais des Prinzen Eugen plante Samuel Kleiner vermutlich ebenfalls eine Stichserie zu veröffentlichen; eine Drucklegung blieb jedoch aus, weshalb nur einzelne Vorzeichnungen aus dieser Serie bekannt sind.[1317]

4. Der kulturelle Code der höfischen Gesellschaft

Das kulturelle Selbstverständnis des höfischen Adels zeigt sich nicht nur in der Praxis des herrschaftlichen Bauens selbst, sondern ebenso auch in der Semantik der Palastbauten. Neben den Insignien der Adelsfamilie, vor allem dem meist über dem Portal angebrachten Wappen der Familie des Bauherrn, waren es wie bei den meisten Barockresidenzen der Zeit vor allem mythologische und allegorische Szenen, die das Figurenprogramm der Fassade – sofern vorhanden – ebenso wie die Ausstattung der zahlreichen Paläste bestimmten. Die Architektur bildete dementsprechend nur den baulichen Rahmen für die Entfaltung einer künstlerischen Formensprache, die Werke der Bildhauerei, der Malerei sowie der Ornamentik unter einem Dach vereinen sollte.[1318] Mit den Mitteln der Malerei und der Bildhauerkunst, den *„redenden Bildungen"*, war es möglich, neben der formalen Formensprache auch eine inhaltliche Aussage zu verbinden, die auf die Tugenden und den Rang des Bauherrn und seiner Familie abzielte.[1319] Ihnen kam daher mindestens die gleiche Bedeutung zu wie der Architektur des Palastes selbst. Leider sind Informationen über die originale Ausstattung der Wiener Adelspalais Mangelware. Im Gegensatz zu der äußeren Bauform der Paläste, die sich in vielen Fällen entweder erhalten hat oder zumindest über alte Ansichten rekonstruieren läßt, ist die innere Raumfolge der Palais ebenso wie deren Ausstattung heute zumeist verloren.[1320] Generalisierende Aussagen über Art und Weise der Ausstattung der Adelspalais in Wien lassen sich daher nur schwer treffen.

Das Gartenpalais der Fürsten Liechtenstein in der Roßau ist eines der wenigen Beispiele, in denen sich zumindest ein Teil der Ausstattung erhalten hat bzw. rekonstruieren läßt. In der Kunstgeschichte wird seit kurzem kontrovers diskutiert, ob den mythologischen Darstellungen ein stimmiges ikonographisches Gesamtkonzept zugrunde gelegen hat oder nicht. Hellmut Lorenz hat dies in mehreren Aufsätzen verneint. So habe es weder einen fest etablierten Kanon gegeben noch ein schriftlich festgelegtes Bauprogramm, ein sogenanntes „concetto", in welchem dem Bauwerk und seiner Ausstattung eine einheitliche programmatische Aussage zugrunde gelegt worden sei. Statt dessen entschied der Bauherr Johann Adam von Liechtenstein meist selbst über den Fortgang der Innenraumgestaltung, wobei er seine Vorstellungen über die Form der Ausstattung mehrfach wechselte.[1321] Seine Vorgaben zur thematischen Ausgestaltung der Räumlichkeiten blieben häufig allgemeiner Art, etwa wenn er dem Maler Franceschini auftrug, zwei Räume des Piano Nobile mit mythischen Szenen aus Ovids ›Metamorphosen‹ auszumalen oder weltliche Themen bei der Ausmalung zu bevorzugen.[1322] Ferner standen die ausgewählten mythologischen Szenen oft in keinem erkennbaren Bezug zu dem Werdegang des Bauherrn selbst. So wählte Andrea Pozzo für die Gestaltung des Deckenfreskos im großen Saal des Palastes als Motiv die „Aufnahme des Herkules in den Olymp", obwohl der Bauherr niemals als Feldherr gedient hatte oder durch militärische Leistungen hervorgetreten war.[1323] In dem gesamten Gartenpalais lasse sich nur ein Motiv direkt mit dem Bauherrn in Verbindung bringen: Die Darstellung der „Übergabe des Goldenen Vlieses an Jason" von Johann Michael Rottmayr ist eine direkte Anspielung an den Bauherrn, der den Orden vom Goldenen Vlies 1693 vom Kaiser verliehen bekam.[1324] Ansonsten war ihm die Verpflichtung moderner und renommierter Künstler aus Italien offenkundig wichtiger als die inhaltliche Geschlossenheit der dargestellten Motive oder deren Bezug zum Bauherrn. Die formale Qualität der Ausstattung, so Lorenz, bedeutete den Fürsten von Liechtenstein mehr als die dargestellten Themen selbst. Für andere Adelspalais in Wien kommt Lorenz, sofern sich über deren Ausstattung Aussagen überhaupt treffen lassen, zum selben Urteil.[1325]

Friedrich Polleroß hat gegen diese Auffassung, die inhaltliche Geschlossenheit der Ausstattung habe beim Bau des Gartenpalais Liechtenstein keine Rolle gespielt, Stellung bezogen und versucht, eine „ikonographische Symmetrie der Fresken" aufzuzeigen.[1326] Seine Interpretation der thematischen Ausgestaltung des Gartenpalais Liechtenstein mündet in der Feststellung, das Bildprogramm wolle die „Exempla virtutis" tugendhafter Helden der antiken Geschichte und Mythologie mit Allegorien auf die irdische Schönheit verbinden. Darüber hinaus vermag Polleroß durchaus einen direkten Sinnbezug zwischen den dargestellten Themen und der Vita des Bauherren zu erkennen: Die „Aufnahme des Herkules in den Olymp" durch Jupiter symbolisiere zweifelsfrei, so Polleroß, die Erhöhung des Hauses Liechtenstein durch den Kaiser. Dieser Lesart zufolge hätte der Betrachter in Jupiter den Kaiser und in Herkules den Fürsten Liechtenstein zu erblicken.[1327] Anstelle einer postulierten Beliebigkeit der verwendeten Themen vermutet Polleroß in dem Bildprogramm einen inhaltlichen Bezug zum Bauherrn und dessen Familie.

Ganz vermag Polleroß' Einwand indes nicht zu überzeugen. So kann die Darstellung des Herkules von Polleroß nur dann direkt mit dem Bauherrn Johann Adam von Liechtenstein in Verbindung gebracht werden, wenn man ihn nur allgemein als bedeutsamen Typus eines Tugendhelden ansieht und nicht im engeren Sinne als symbolischen Vertreter militärischer Leistungen versteht, da der Bauherr ja nie in militärischen Diensten stand. In der allgemeineren Bedeutung als Tugendheld könnte Herkules allerdings auch bei jedem anderen adligen Bauherrn als mythologisches Alter ego Pate stehen – eine Beziehung zum Werdegang des Fürsten von Liechtenstein ist daher auch dann nicht erkennbar, wenn Herkules tatsächlich den Bauherren symbolisieren sollte. Dies heißt allerdings, daß das Bildprogramm nur in einem eher allgemeinen Sinne auf die Verdienste des Hauses Liechtenstein Bezug nimmt und die thematische Ausgestaltung mit zahlreichen „Exempla virtutis" der antiken Mythologie sich nicht in spezifischer Weise nur auf den Bauherrn selbst applizieren läßt, was sich mit Lorenz' Feststellung durchaus deckt. Ebenso wie in anderen Adelspalästen kreiste das Bildprogramm des Palais Liechtenstein um Attribute von Tugend und Vortrefflichkeit, die meist der antiken Mythologie, bisweilen auch aus der antiken Geschichte entnommen waren.

Diese „Exempla virtutis" galten als Abbild und Richtschnur aristokratischen Handelns und dienten der imaginären Selbstverortung der höfischen Aristokratie. Hinter dem wahllos erscheinenden Zugriff auf den mythologischen Themenkanon verbirgt sich durchaus eine soziale Logik. Je allgemeiner und damit auch beliebiger die mythologischen Anspielungen waren, die das Adelspalais zierten, desto eher ließen sie sich nicht nur mit dem Bauherrn in Verbindung bringen, sondern auf alle Mitglieder der

Familie übertragen. War die Adelsfamilie aber Träger der Tugenden und nicht nur jeweils herausragende Amtsträger des Hofes, so konnte sich die Familie des Bauherrn auch dann in deren Glanz sonnen, wenn keiner ihrer Angehörigen in hohen kaiserlichen Diensten stand. In der kulturellen Selbstdarstellung des Hofadels war daher ein wichtiges Ziel sowohl der Praxis herrschaftlichen Bauens als auch der Semantik der verwendeten Bildersprache, den Rang und das Prestige einer Adelsfamilie unabhängig von den wechselvollen Konjunkturen am Hof dauerhaft zu sichern. Der Amtsträger, dessen soziale Existenz am Hofe und damit verbunden auch dessen Ehre an die kaiserliche Gunst geknüpft war, trat in der adligen Selbstdarstellung hinter die Familie zurück, deren Rang und Status als unabhängig vom Kaiser in fürstlicher Art und Weise zur Schau gestellt wurde. Dies zeigt sich auch daran, daß das Dienstverhältnis der einzelnen Amtsträger zum Kaiser nur in – meist äußerst glanzvollen – Ausnahmefällen thematisiert wurde, beispielsweise in dem Gemäldezyklus Nicola Maria Rossis, der die öffentlichen Funktionen des Vizekönigs Harrach in Neapel festhielt und ein prominenter Bestandteil der Ausstattung des Harrachschen Gartenpalais war.[1328] Doch blieben solche Fälle eher die Ausnahme. Meist behalf man sich mit dem typischen Inventar des mythologischen Bilderkanons der Antike. Diese Bildersprache ließ sich von einer fürstlichen Bildersprache nicht mehr unterscheiden. Aus einem Dienstverhältnis gegenüber dem Kaiser wurde so in der Selbstdarstellung des höfischen Adels eine eigenständige Exklusivität, die sich allein aus der Vortrefflichkeit der Familie ableiten ließ. Der soziale Rang war auf diese Weise gleichsam naturalisiert und damit – zumindest im Bereich des „kulturellen Imaginären" des höfischen Adels[1329] – der Gefahr einer Abhängigkeit vom Kaiser entzogen. In der Selbstbeschreibung suchte sich der Adel von den sozialen und politischen Zwängen einer Existenz in der kaiserlichen Hofgesellschaft frei zu machen, die seine Lebenswelt mehr und mehr bestimmten.

Die Semantik aristokratischer Repräsentation korrelierte dabei mit der sozialen Logik aristokratischer Bautätigkeit insgesamt. Der Schloßbau war als bedeutsamer Teil eines höfischen Lebensstils ein Mittel, die Zugehörigkeit zur höfischen Adelsgesellschaft aus eigener Kraft sichtbar zu dokumentieren. Der Besitz einer höfischen Residenz war ein wahrnehmbares Indiz der Teilnahme des Schloßbesitzers an der höfischen Adelsgesellschaft. In dieser spezifischen Ausprägung des Lebensstils des höfischen Adels etablierten sich eigene Formen der Inklusion in die höfische Adelsgesellschaft, die sich von den anderen Kategorien der Zugehörigkeit zur adligen Hofgesellschaft deutlich unterschieden. So war der soziale Status, der sich im Schloßbau ausdrückte, anders als der zeremonielle Rang oder die Stellung in der höfischen Ämterhierarchie keinerlei kaiserlichen

Normen unterworfen. Auf dem Feld der höfischen Repräsentation entschied damit nicht der Kaiser über die Zugehörigkeit zum Kreis des höfischen Adels, sondern die Fähigkeit, einen adäquaten höfischen Lebensstil zu pflegen und an den Repräsentationspraktiken der Hofgesellschaft teilhaben zu können. Hier konnte sich daher ausbilden, was im Bereich des zeremoniellen Handelns durch die normative Regelung zum Beispiel der Rangverhältnisse limitiert war: eine spezifische Ästhetik der höfischen Lebensform des Adels, ein spezifischer kultureller Code der höfischen Gesellschaft. Zur Hofgesellschaft konnte sich zugehörig fühlen, wer diesen kulturellen Code des höfischen Adels verinnerlicht hatte und darüber hinaus in der Lage war, seinen Lebensstil nach diesem Code auszurichten, also auch die erforderlichen Investitionen in die diversen Anforderungen des höfischen Lebensstils, wie eben beispielsweise des Schloßbaus in der Residenzstadt Wien, zu erbringen. Diese Anforderung gestaltete sich allerdings für Teile der Hofgesellschaft zunehmend schwierig, da der finanzielle Aufwand, der für Investitionen in kulturelle Repräsentationspraktiken erforderlich war, die Kosten, die der Wettkampf um kaiserliche Ämter erforderte, durchaus noch übersteigen konnte. Da der Kaiser der adligen Repräsentation im Umkreis seiner Residenz keinerlei Schranken auferlegte, konnte der soziale und kulturelle Wettbewerb um Inklusion und Exklusion mit größtmöglichen Einsätzen auch finanzieller Art geführt werden, was nur noch einigen Familien der Hofgesellschaft möglich war. Diesem exklusivsten Teil der Hofgesellschaft gelang es mit den Mitteln demonstrativer Repräsentation, symbolisches Kapital zu erwerben und mit seiner Hilfe sichtbare Differenzen innerhalb der Hofgesellschaft zu etablieren. Der Kreis der höfischen Familien wurde symbolisch auf jene eingeschränkt, die das gesamte Spektrum kultureller Selbstdarstellung finanzieren konnten. Dieser Kreis der Familien ging bei den symbolischen Kämpfen um Inklusion und Exklusion, die vor allem innerhalb der höfischen Adelsgesellschaft selbst ausgefochten wurden, letztlich als Gewinner hervor, da es diesen Familien gelang, ihren Lebensstil als kulturelles Ideal höfischer Lebensweise und damit als Maßstab für die höfische Adelsgesellschaft insgesamt zu etablieren.

V. Schlußbetrachtung

*„Sich unterscheiden und etwas bedeuten
ist ein und dasselbe"*[1330]

Die Anwesenheit zahlreicher hochrangiger Adliger am Kaiserhof und
deren höfische Interaktion waren Ausdruck einer besonderen Ökonomie:
der Ökonomie der Ehre. Mit dieser Deutung sucht sich diese Arbeit abzu-
grenzen sowohl von älteren Arbeiten zur Hofforschung im allgemeinen als
auch im speziellen zum Kaiserhof, die darzulegen suchten, daß der Adel
vom Landesherrn an den Hof gezwungen worden sei, daß der Hof vor
allem ein Mittel zur Domestizierung des Adels darstellte und die Adligen
sich dieser Domestizierung und der damit einhergehenden Entmachtung
vor allem infolge finanzieller Verarmung haben unterwerfen müssen.
Diese machtfunktionalistische Interpretation hat sich mit der Frage nach
der Rationalität des Hofes immer nur auf den Landesherrn selbst konzentriert, den höfischen Adel hingegen in eine mehr oder weniger passive Sta-
tistenrolle gedrängt. Auch weiterführende Arbeiten der Hofforschung, die
das machtfunktionalistische Deutungsmuster anhand empirischer Untersuchungen als haltlos verwarfen, ließen diesem negativen Ergebnis keine
positive Deutung der zahlreichen Präsenz des Hochadels an den europäischen Fürstenhöfen des 17. und 18. Jahrhunderts folgen.

Bei der Untersuchung der adligen Hofgesellschaft am Kaiserhof Karls
VI. hat sich gezeigt, daß der Kaiserhof für den höfischen Adel durchaus
Gewinnmöglichkeiten bereithielt. Der Kaiserhof war für zahlreiche Angehörige des Hochadels der Erblande und aus Teilen des Reiches der am besten geeignete Ort, um den eigenen Anspruch auf Mitsprache, Exklusivität
und Glanzentfaltung durchsetzen zu können. Am Kaiserhof büßten die
Angehörigen des Hochadels nicht ihre soziale und politische Führungs-
stellung ein, sie konnten sie im Gegenteil noch weiter ausbauen. Die Strategie der Hofteilnehmer war auf die Stabilisierung und den Ausbau der
privilegierten sozialen Position gerichtet. Dabei spielte die Sichtbarkeit
der Exklusivität der Hofgesellschaft eine entscheidende Rolle. Es galt, sich
von anderen sozialen Gruppen zu unterscheiden, von nichtadligen Personen ebenso wie von Standesgenossen, die nicht willens oder in der Lage
waren, die höfische Lebenswelt zu teilen.

Es ließ sich zeigen, daß zumindest am Kaiserhof der primäre Antrieb
für eine höfische Existenz nicht in ökonomischen Motiven im engeren

Sinne zu finden ist. Der Kaiserhof war für den höfischen Adel in jedem
Fall zuerst ein Kostenfaktor, keineswegs jedoch eine gesicherte Einnahmequelle. Um eine höfische Lebensform bestreiten zu können, waren beträchtliche eigene finanzielle Mittel unverzichtbar, da mit einer mehr oder
weniger dauerhaften Existenz am Kaiserhof Ausgaben in den unterschiedlichsten Bereichen verknüpft waren: Kredite für den Kaiser und die kaiserliche Hofkammer, notwendige Ausgaben zum Erwerb und zur Bekleidung kaiserlicher Ämter, Kosten, die zur Erfüllung der kaiserlichen
Kleidungsvorschriften insbesondere bei herausgehobenen zeremoniellen Anlässen – Bauernhochzeiten oder Schlittenfahrten – anfielen, und
schließlich die Finanzierung einer Repräsentationspraxis, die für den höfischen Lebensstil des Adels konstitutiv war. Die Summe der erforderlichen
finanziellen Investitionen konnte nur von Angehörigen adliger Familien
getragen werden, die aufgrund ihrer grundherrlichen Besitzungen über
hinreichende finanzielle Leistungskraft verfügten.

Aus den finanziellen Anforderungen erklärt sich die Zusammensetzung
der kaiserlichen Hofgesellschaft. In kaiserlichen Diensten standen am Hof
daher vor allem Angehörige der besonders begüterten Familien des erbländischen Hochadels. Die soziale Exklusivität des höfischen Adels am
Kaiserhof war in der ökonomischen Exklusivität begründet. Daß es eine
ökonomische Krise gewesen sei, die den Adel an den kaiserlichen Hof und
damit in die politische Abhängigkeit des Kaisers getrieben habe, kann
daher als Erklärungsmuster ausgeschlossen werden. Nur den begüterten,
zahlungsfähigen Adelsfamilien war eine Existenz am Kaiserhof finanziell
möglich.

Um die Differenz des höfischen Adels zu anderen sozialen Gruppen jeweils herzustellen und sichtbar werden zu lassen, war Geld als Kommuni-
kationsmedium allerdings ungeeignet. Sozial wirksam wurden die ökonomischen Ressourcen vor allem dadurch, daß sie in symbolisches Kapital
überführt wurden und damit Sichtbarkeit für alle am Kaiserhof anwesenden Personengruppen erlangten. Natürlich konnte sich ein Individuum
dieser Ökonomie verweigern. Waren die Strategien hoher Adliger darauf
ausgelegt, das symbolische Kapital ihrer Person zu steigern, so war der
Gang an den Kaiserhof – und das bedeutete zumeist auch den in kaiserliche Dienste – beinahe unverzichtbar. Die kaiserlichen Ämter waren
nicht für sich genommen begehrenswert. Vielmehr waren es das soziale
Ansehen und der mit bestimmten Hofehrenämtern einhergehende zeremonielle Rang, die die Ämter auch dann für die meisten kaiserlichen
Amtsträger attraktiv erscheinen ließen, wenn sich mit ihnen mehr Kosten
als Einnahmen verbanden.

Schon die sichtbare Nähe zum Kaiser allein, dokumentiert durch die
Teilnahme an Hofveranstaltungen und am Hofzeremoniell, steigerte das

Ansehen und bot den Angehörigen einer Adelsfamilie zahlreiche Anlässe, auf der Ebene der europäischen Adelsgesellschaft den eigenen Rang innerhalb der Hofgesellschaft sichtbar hervorzuheben. Es hat sich gezeigt, daß sich dieser zeremonielle Rang für die Hofmitglieder bei manchen Anlässen als ausgesprochenes Privileg erweisen konnte, insbesondere bei der Interaktion mit Adligen und Fürsten, die nicht zur höfischen Adelsgesellschaft des Kaiserhofes zählten. Diese symbolischen Gewinnchancen, die das Hofzeremoniell für die Mitglieder der Hofgesellschaft bereithielt, drohten in bisherigen Deutungen des Hofzeremoniells übersehen zu werden, insbesondere wenn man das Zeremoniell ausschließlich als Instrument der Herrschaftsrepräsentation des Fürsten ansah.

Sowohl bei der Bekleidung kaiserlicher Ämter als auch in der Ranghierarchie des Zeremoniells war die Inklusion in die kaiserliche Hofgesellschaft – und die damit einhergehende symbolische Auszeichnung – von Entscheidungen des Kaisers abhängig. Er verteilte Ämter und Ehrungen und verfügte damit auch über die zeremonielle Rangfolge innerhalb der höfischen Gesellschaft. Allerdings verband der Kaiser mit seinen Gnadenerweisen auch Eigeninteressen: Für den Geldbedarf der Krone waren die Mitglieder der Hofgesellschaft eine nie versiegende Finanzierungsquelle. Ferner war die einflußreiche Stellung zahlreicher Hofadliger in den Erblanden für die Durchsetzung kaiserlicher Forderungen gegenüber den Ständen von Vorteil. Und schließlich konnte die Anwesenheit ranghoher Adliger dem Kaiserhof einen Glanz verleihen, der auch dem Kaiser selbst zugute kam. Nur wer der kaiserlichen Erwartungshaltung entsprach, konnte sich auch Chancen auf eine Karriere am Kaiserhof ausrechnen. Der Zugewinn an symbolischem Kapital, den die Zugehörigkeit zur kaiserlichen Hofgesellschaft mit sich brachte, blieb dabei stets an die kaiserliche Gunst geknüpft und damit Gefährdungen unterworfen, die der adlige Amtsträger selbst nur teilweise berechnen konnte. Mit dem Verlust seiner Vertrauensstellung am Kaiserhof aber war für ihn zugleich auch das symbolische Kapital verloren, das er sich zuvor in kaiserlichen Diensten erworben hatte.

Die Repräsentationspraxis des Hofadels läßt sich als ein Mittel deuten, die Abhängigkeit von kaiserlichen Entscheidungen auf symbolische Weise zu vermindern. Um den Gefahren zu begegnen, die eine Stellung am Hof für den einzelnen Amtsträger mit sich brachte, war es notwendig, das symbolische Kapital zu verstetigen und damit der Unberechenbarkeit einer Stellung am Kaiserhof zu entziehen. Es galt, die Ehre und das Prestige, über die ein Mitglied der kaiserlichen Hofgesellschaft verfügte, nicht nur mit Hilfe ständig aktualisierter Zeichen seiner Amtsträgerschaft unter Beweis zu stellen, sondern auch mit den Mitteln eines höfisch-aristokratischen Lebensstils, der die Zugehörigkeit zur kaiserlichen Hofgesellschaft als gleichsam „natürliche" Folge erscheinen ließ.

Die Entfaltung eines ostentativen höfischen Lebensstils ließ die Frage
nach der Zugehörigkeit zur kaiserlichen Hofgesellschaft offener werden
und war zugleich weitgehend unabhängig von kaiserlichen Einflußmöglichkeiten. Zur Hofgesellschaft konnte in deren Selbstdefinition legitimer-
weise nur gezählt werden, wer seine Zugehörigkeit mit der Entfaltung des
höfisch-aristokratischen Lebensstils hinreichend zum Ausdruck brachte.
Es zeigte sich, daß das in Wien vor allem den Familien des Hochadels gelang, die bereits über einen längeren Zeitraum in den höfischen Kreisen
des Kaiserhofes verkehrten. Ein solcher Lebensstil betonte allerdings
nicht nur die Nähe zum Kaiser, sondern vor allem den Rang und das Ansehen der Adelsfamilie, die innerhalb der europäischen Adelsgesellschaft
unter Beweis gestellt werden sollten. Dabei bot der Kaiserhof den Adelsfamilien weitaus größere Möglichkeiten, ihre soziale Exklusivität durch
ostentative Repräsentationsbemühungen zur Schau zu stellen, als es ihnen
abseits des Kaiserhofes möglich gewesen wäre. Die Entfaltung des höfischen Lebensstils und dessen soziale Bedeutung zeigen sich besonders
deutlich in einem Teilbereich: den Investitionen des höfischen Adels in barocke Schloßbauten in der direkten Umgebung zur kaiserlichen Residenz.
Auf dem Feld barocker Palastbauten waren diese Anstrengungen auch
deshalb besonders erkennbar, da hier das Fehlen kaiserlicher Baubemühungen die Sichtbarkeit des adligen Glanzes noch steigerte.

Hinter den Anstrengungen zahlreicher Adelsfamilien auf dem Feld des
Schloßbaus und der damit einhergehenden symbolischen Glanzentfaltung
ließ sich eine Strategie ausmachen: Sie war darauf angelegt, das symbolische Kapital nicht nur der eigenen Person, sondern auch der Familie zu
steigern und damit über einen längeren Zeitraum zu sichern. Dies gelang
mit Hilfe eines doppelten Transformationsprozesses. Ökonomisches Kapital wurde investiert, um damit kaiserliche Ämter am Hofe zu erhalten, um
eine Karriere am Kaiserhof zu ermöglichen und um den zeremoniellen
Rang innerhalb der kaiserlichen Hofgesellschaft zu erhöhen. Geld wurde
umgewandelt in den sozialen Status und den höfischen Rang des einzelnen Adligen. Der damit erzielte symbolische Nutzen einer sichtbaren
Position in der kaiserlichen Hofgesellschaft wog im Erfolgsfall die finanziellen Kosten auf. Allerdings war dieser symbolische Gewinn kurzzeitiger
Natur, da er unmittelbar von der bekleideten Position am Kaiserhof abhing. Um jedoch den Statusgewinn der Familie und nicht nur der Person
des Amtsträgers zugute kommen zu lassen, damit zu verstetigen und den
Gefährdungen einer exponierten Position am Kaiserhof zu entziehen,
waren darüber hinaus weitere Investitionen – vor allem die der kulturellen
Selbstdarstellung – erforderlich. Geld wurde transformiert in Äußerungen
des Lebensstils, idealiter in dauerhaft sichtbare Zeichen der Exklusivität
einer Familie. Diese Exklusivität der eigenen Familie dauerhaft für alle

sichtbar unter Beweis stellen zu können – dieses Ziel höfischer Strategie wog alle Investitionen an Zeit und Geld auf.

Für dieses Unterfangen war Geld notwendiges Mittel zum Zweck, aber keineswegs die Maßeinheit höfischer Rationalität. Ziel war es, soziale Differenzen sichtbar werden zu lassen und mit symbolischen Mitteln möglichst zu verstetigen. Die Ressourcen – also das ökonomische, soziale und kulturelle Kapital –, über die die Angehörigen des höfischen Adels am Kaiserhof meist in stärkerem Maße verfügen konnten als andere Mitglieder des adligen Standes, mußten transformiert werden in allgemein anerkannte Zeichen der Vortrefflichkeit. Ausgaben, die diesem Ziel dienten, galten als Investitionen zur Untermauerung des sozialen Status, Prestige, Ehre und die damit einhergehende Legitimität der sozialen Vorrangstellung als die erhofften Gewinne. Auch diese Strategie läßt sich mit Hilfe einer Kosten-Nutzen Rechnung bilanzieren, nicht im ökonomischen, wohl aber im sozialen Sinne. Sie entsprach dem Kalkül des Hofadels am Kaiserhof und bestimmte die Rationalität höfischen Handelns. Was nach den Maßstäben einer Ökonomie der Finanzen als irrational erscheinen muß, besaß durchaus eine soziale Logik, die einem anderen Maßstab verpflichtet war: der Ökonomie der Ehre.

Anmerkungen

[1] Küchelbecker: Allerneueste Nachricht S. 216. Zu Küchelbeckers Beschreibung Wiens Fechner: Küchelbecker S. 45 ff.

[2] Küchelbecker: Allerneueste Nachricht S. 217.

[3] Neben Küchelbecker auch Pöllnitz: Mémoires Bd. 1, S. 287.

[4] Duindam: Court S. 24, 30; Duindam: Myths S. 72; Kunisch: Führungsschichten S. 111–143.

[5] Zu den älteren Forschungspositionen über den europäischen Fürstenhof vgl. den exzellenten Forschungsüberblick bei Winterling: Hof der Kurfürsten S. 3–13.

[6] Elias: Prozeß der Zivilisation Bd. 1, LXXII.

[7] Beispielsweise bei Sombart: Liebe, Luxus S. 87, 97.

[8] Elias: Höfische Gesellschaft S. 168–170.

[9] Elias: Höfische Gesellschaft S. 27–29; zur Def. des Begriffes Figuration Elias: Was ist Soziologie? S. 139 ff.; hierzu auch Chartier: Gesellschaftliche Figuration S. 51–54.

[10] Elias: Höfische Gesellschaft S. 253–258.

[11] Elias: Höfische Gesellschaft S. 253 f.

[12] Hierzu der Forschungsüberblick bei Bauer: Höfische Gesellschaft S. 33–39; Müller: Fürstenhof S. 94–97. Als reine Adaption der Eliasschen Thesen können gelten: Wunder: Hof und Verwaltung; Plodeck: Hofstruktur; Ehalt: Ausdrucksformen; ders.: Zur Funktion.

[13] Winterling: Hof der Kurfürsten S. 151–170.

[14] Duindam: Myths of Power.

[15] Ebd. S. 181–191; siehe auch die Besprechung von Pečar in: ZHF 27 (2000), 309–311. Daß diese These dennoch auch noch in der jüngsten Forschungsliteratur zu finden ist, zum Beispiel bei Vocelka: Habsburg Festivals S. 131; Reinalter: Politische Strukturen S. 21, zeigt ihre Wirkungsmächtigkeit, nicht aber ihre Stimmigkeit an. Zur Beurteilung von Norbert Elias in der heutigen Geschichtswissenschaft vgl. Schwerhoff: Zivilisationsprozeß; van Dülmen: Norbert Elias; Jäger: „Menschenwissenschaft"; Maurer: Prozeß der Zivilisation.

[16] Ehalt: Ausdrucksformen S. 25–32, der das Verhältnis zwischen dem Hochadel und dem Kaiser nur als Ausdruck der Abhängigkeit zu deuten vermag.

[17] Vgl. hierzu die Besprechung von Klingenstein, in: HPL 29 (1981), S. 207 f.; Winterling: Hof der Kurfürsten S. 26 f.

[18] Zu diesem Urteil kamen neben Klingenstein und Winterling auch Vocelka: Habsburg Festivals S. 131 sowie Bahl: Der Hof S. 1 f.

[19] Vgl. Klingenstein: Wiener Hof S. 237–245; Lorenz: Vienna Gloriosa S. 48.

[20] Die jeweilige Literatur wird in den einzelnen thematisch ausgerichteten Kapiteln angeführt.

[21] Ein Überblick über die neueren Forschungen zum Zeremoniell in Teil III, Kap. 1 dieser Arbeit.

[22] Reckwitz: Kulturtheorie S. 317.

[23] Zu diesem Programm einer „kulturalistischen Strukturanalyse" Reckwitz: Struktur S. 172.

[24] Vgl. Bourdieu: Kapital. Zum Kapitalbegriff Bourdieus ferner ders.: Sozialer Sinn S. 220 f., 226–228; ders.: Die feinen Unterschiede S. 193–195; ders.: Praktische Vernunft S. 35–52. Leicht modifizierend hierzu Giddens: Konstitution S. 315–320.

[25] Selbstverständlich soll nicht behauptet werden, der Kaiserhof sei im Reich das einzige politische Zentrum. Mit Regensburg als dem Sitz des Immerwährenden Reichstages, mit der Wahl- und Krönungsstadt Frankfurt sowie mit dem Sitz des Reichskammergerichtes in Speyer und später in Wetzlar verfügte das Reich noch über weitere lokale Bezugspunkte.

[26] Vgl. Bérenger: Habsburgermonarchie S. 440.

[27] St. Saphorin war strenggenommen kein offizieller Gesandter der englischen Krone, galt aber dennoch während seiner Anwesenheit am Wiener Kaiserhof als der maßgebliche Kopf der englischen Gesandtschaft, dessen Urteil für die Politik Englands gegenüber dem Kaiser von großer Bedeutung war; Horn: British Diplomatic Service S. 114.

[28] Walther: Quellen S. 63–97. In einer zweiten Denkschrift aus dem Jahre 1755/56 kommt sie bei der Schilderung des politischen Verhältnisses zwischen Landesherr, Amtsträgern und Ständen zu demselben Ergebnis, ebd. S. 108–130.

[29] Walther: Quellen S. 71.

[30] Ebd. S. 73. Interessanterweise teilt ihr Gegenspieler, der preußische König Friedrich der Große, diese Einschätzung: *„Seine Minister [die Karls VI.] unterhielten ihn mit Entscheidungen von Reichshofratsprozessen, mit pünktlicher Beobachtung der Etikette des Hauses Burgund; und während er sich mit diesen Nichtigkeiten abgab oder seine Zeit auf der Jagd vertat, schalteten sie als wahre Herrscher despotisch im ganzen Staate"*; Friedrich der Große: Geschichte meiner Zeit S. 19.

[31] Walther: Quellen S. 75.

[32] Ebd. S. 78.

[33] Gutkas: Die habsburgischen Länder S. 173; Hassinger: Landstände S. 989 ff.

[34] Walter: Verfassungs- und Verwaltungsgeschichte S. 94–102.

[35] Brunner: Land und Landstände S. 68 f.; Brauneder: Österreichische Verfassungsgeschichte S. 69 f.

[36] Vgl. Koenigsberger: Estates 13–16.

[37] Link: Die habsburgischen Erblande S. 493.

[38] Allgemein zur Residenzbildung und ihrer Funktion für die politische Kommunikation: Andermann (Hrsg.): Residenzen; Engel/Lambrecht: Hauptstadt S. 11 ff.; Art. Hauptstadt, in: Zedler Universal-Lecicon, Bd. 39 (1744), S. 793. Zu Wien als Residenzstadt vgl. Vocelka: Wien S. 263 ff.

[39] Historische Arbeiten zur Gegenreformation in den österreichischen Erblanden sind mittlerweile Legion; vgl. daher nur die Bibliographie in: Dolinar u. a. (Hrsg.): Katholische Reform S. 723–792.

[40] Vgl. Winkelbauer: Fürstendiener S. 104–107; Schnabel: Österreichische Exulanten S. 593 f. Diese politische Folge der katholischen Konfessionalisierung war auch dann gegeben, wenn man die erste Welle der Gegenreformation in den ersten drei

Jahrzehnten des 17. Jahrhunderts als weniger effektiv ansieht als bisher angenommen; vgl. Evans: Grenzen der Konfessionalisierung S. 399.

[41] MacHardy: Nobility S. 224.

[42] Bireley: Counter-Reformation Prince S. 230–232; ferner klassisch: Sturmberger: Ferdinand II. S. 57; Sturmberger: Dualistischer Ständestaat S. 263; Wandruszka: Zum „Absolutismus" S. 266.

[43] Evans: Habsburgermonarchie S. 138f.

[44] Bireley: Counter-Reformation Prince S. 232; ferner Press: Formen des Ständewesens S. 297; Press: Absolutismus, Regionalismus S. 97.

[45] Evans: Habsburgermonarchie S. 85; Press: Patronat und Klientel S. 19–21.

[46] Evans: Habsburgermonarchie S. 152.

[47] Winkelbauer: Fürstendiener S. 34.

[48] Evans: Habsburgermonarchie S. 82–85 und 132–140; Chesler: Crown, Lords S. 230–288.

[49] Vgl. hierzu zusammenfassend Winkelbauer: Fürstendiener S. 24–31.

[50] Dieser Mittlerstellung entsprach auch die Erwartungshaltung, die man einem ständischen Amtsträger entgegenbrachte. So äußerte sich Gundaker Graf von Dietrichstein zu Aloys Graf von Harrach über die notwendigen Qualitäten des neuen Oberstburggrafen in Böhmen (2. September 1734): *„Es wird wohl guth seyn, wenn wir bald widerumb einen Obristburggrafen bekommen werden, welcher aber für das Land und deß Kaysers Dienste guth seye, und nicht villeicht suche, sich ein und andre meriten zu machen, umb mittels solchen seyn vorhabendes particular interehse verhoffen, und von seinem Eigennutz profitieren zu können"*, Harrach (FA) K 64.

[51] Für Karl VI. fanden folgende Huldigungen statt: Bereits 1711 durch die Tiroler Landstände auf dem Erbhuldigungslandtag in Innsbruck während der Durchreise von Mailand zur Kaiserkrönung nach Frankfurt; vgl. Hye: Tirol und Vorderösterreich S. 197. 1712 durch die ungarischen Stände in Preßburg bei der Krönung zum ungarischen König sowie in Wien durch die Landstände Österreichs unter der Enns. 1723 fand die Huldigung durch die böhmischen Stände in Prag statt, ebenfalls anläßlich der Krönung Karls VI. zum böhmischen König. 1728 huldigten dann die Landstände der inneröstereichischen Länder und im Jahre 1732 in Linz die Stände des Landes Österreich ob der Enns; vgl. Gutkas: Die habsburgischen Länder S. 183f.

[52] Chesler: Crown, Lords S. 241f. Auch in ihren Eheverbindungen ließen die großen Adelsfamilien der Erblande die Grenzen des jeweiligen Erblandes zunehmend hinter sich; Jüngling: Heiraten S. 336–342 und S. 345.

[53] Richter: Die böhmischen Länder S. 315. Allerdings riefen sie mit ihrer Bereitschaft, das Land den Steuerforderungen des Kaisers auszuliefern, auch Kritik des eigenen Landes hervor; vgl. Winkelbauer: Fürstendiener S. 37f.

[54] Die Leistungsbereitschaft der österreichischen Stände darf indes auch nicht überschätzt werden. Die Einkünfte, die der Kaiser von den Ständen als Steuereinnahmen zugesprochen bekam, waren nur 20% bis 30% dessen, was der französische König als Einnahmen aus seinem Land verbuchen konnte; vgl. Ardant: Financial Policy S. 201f.; und von den im spanischen Erbfolgekrieg anfallenden Kriegskosten deckten die ständischen Kontributionen allenfalls 50%; vgl. Bruck-

müller: Habsburgische Monarchie S. 95. Die jährlichen Einnahmen für den Militärhaushalt lagen zu Anfang des 18. Jahrhunderts bei ca. 4 Mio. fl. und stiegen dann bis 1739 auf ca. 6 Mio. fl.; vgl. Duchhardt: Balance of Power S. 117–119; ferner Ingrao: Habsburg Monarchy S. 101.

[55] Gutkas: Die habsburgischen Länder S. 173.

[56] Heiligensetzer: Führungsschicht S. 122.

[57] Die Gleichsetzung der Fürstenhöfe mit dem Absolutismus läßt sich in der historischen Forschung vielfach antreffen; vgl. nur exemplarisch Elias: Höfische Gesellschaft S. 9–12, 42 f., 152 u. ö.; Kruedener: Rolle des Hofes S. 3, 80 u. ö.; Wunder: Hof und Verwaltung S. 199–204; Plodeck: Hofstruktur S. 5. Dagegen warnte Notker Hammerstein schon 1981 vor einer vorschnellen Gleichsetzung der höfischen Gesellschaft mit dem Phänomen des Absolutismus; vgl. Hammerstein: Einleitung S. 703. Auch der Kaiserhof galt mitunter als Ausdruck des Absolutismus: Ehalt: Ausdrucksformen. Sturmberger nimmt sogar an, daß die Herrschaft der Habsburger alle drei Phasen des Absolutismus (nach Roscher) durchlaufen habe, den konfessionellen, den höfischen und schließlich den aufgeklärten Absolutismus; Sturmberger: Der absolutistische Staat S. 281.

[58] Als Beispiel für die Aporien von Erklärungen, die auf staatsrechtlichen Begriffen beruhen und damit das habsburgische Herrschaftsmodell zu umschreiben versuchen; vgl. Heilingsetzer: Führungsschicht S. 121 f.: „Die österreichische Monarchie der Barockzeit hatte zwar einen absoluten Monarchen an der Spitze", im Bereich der Länder allerdings „regierten als maßgebliche Kräfte nach wie vor die Stände".

[59] Über die Tauglichkeit der Kategorie des Absolutismus als Epochenbegriff ist damit jedoch nichts ausgesagt; sie soll hier auch nicht zur Debatte stehen. Über die historische Kontroverse zu diesem Thema vgl. Henshall: Myth of Absolutism; Henshall: Early Modern Absolutism; Hinrichs: Abschied; Asch/Duchhardt: Geburt; Blänkner: „Frühmoderner Staat" sowie, auf die Tauglichkeit der erhobenen Vorwürfe eingehend, Kunisch: Absolutismus S. 188–190.

[60] Vgl. hierzu Turner: Das Ritual S. 94–158; Bourdieu: Réponses S. 114.

[61] Bérenger: Finances et absolutisme S. 112 f. u. ö.

[62] Klingenstein: Kaunitz 22 f., ferner Winkelbauer: Fürstendiener S. 22. Der Begriff hat sich dabei in der Geschichtswissenschaft zunehmend verselbständigt, so daß Christine Lebeau schon eine „Triarchie" auszumachen vermag, vgl. Lebeau: Les États de Basse-Autriche S. 183.

[63] So ist die Formulierung des „princeps legibus solutus" zwar eine wirkungsmächtige Utopie gewesen, die den staatspolitischen Diskurs über Jarhunderte hinweg bestimmte; betrachtet man allerdings die konkrete Herrschaftspraxis, dürfte ein in diesem Sinne gesetzesloser Monarch indes nur schwer aufzufinden sein; vgl. Hinrichs: Abschied S. 370 f. Daß die rechtliche Bindung königlicher Herrschaft – aller Modellannahmen des Absolutismus zum Trotz – auch im Frankreich Ludwigs XIV. weiterhin beachtet wurde, vermag einmal mehr die Spannbreite zwischen dem staatstheoretischen Diskurs und der Herrschaftspraxis aufzuzeigen; vgl. Henshall: Absolutism S. 101–119.

[64] Vgl. nur Asch/Duchhardt: Geburt S. 20.

[65] Vgl. nur Dewald: Aristocratic Experience.

[66] Erste Versuche in dieser Richtung unternahm Winterling: Hof S. 11–25, unter

Vermeidung der sich als falsch erwiesenen Grundannahmen bisheriger Theorien. Als wenig ergiebig werte ich den Versuch Jan Hirschbiegels, auf Grundlage der Systemtheorie Niklas Luhmanns den Hof als eigenständiges soziales System zu werten. Insbesondere der Versuch, den Hof als Organisation zu umschreiben und Teilhabe am Hofgeschehen in Form von „Mitgliedschaft" aufzufassen, muß fehlgehen; Hirschbiegel: Hof als soziales System S. 16–20; ders.: Gabentausch S. 46 f.; hierzu bereits kritisch Winterling: Hof S. 11 Anm. 1.

[67] Zum Ausdruck Bedeutungsraum vgl. Koselleck: Begriffsgeschichte S. 32; ferner die Modifikationen von Algazi: Herrengewalt S. 22–29.

[68] Vgl. Winterling: Hof S. 13 f.

[69] Soziale Institutionen werden dabei im sozialwissenschaftlichen Sinne verstanden als „relativ auf Dauer gestellte, durch Internalisierung verfestigte Verhaltensmuster und Sinngebilde mit regulierender und orientierender Funktion"; Göhler: Politische Institutionen S. 22.

[70] Winterling: Hof S. 15; ders.: Fürstenhof S. 37.

[71] Vgl. Goffman: Interaktionsrituale; Goffman: Theater.

[72] Vgl. Bourdieu: Unterschiede S. 378 A. 20, S. 393 f., S. 729–740; ders.: Sozialer Sinn S. 109 A. 1, S. 253 A. 1: Zur Einordnung Goffmans in die Theorielandschaft der Kulturtheorien ferner Reckwitz: Kulturtheorien S. 413–444.

[73] Vgl. Luhmann: Interaktion, Organisation, Gesellschaft; ders.: Organisation S. 22–25; ders.: Soziale Systeme S. 566–573.

[74] Kieserling: Interaktion S. 180.

[75] Kieserling: Interaktion S. 169–171.

[76] Goffman: Wir alle spielen Theater S. 230–233; hierzu auch Rechwitz: Kulturtheorien S. 431.

[77] Hierzu der Teil III meiner Arbeit.

[78] Vgl. Bourdieu: Unterschiede S. 175, 354, 585, 617, 657, 686, 722; ders.: Sozialer Sinn S. 97–121.

[79] Den Kaiserhof aufgrund seiner Besonderheiten gar zu einem eigenständigen Typus zu erklären, wie dies Volker Bauer vorschlägt, halte ich dagegen für wenig ergiebig; Bauer: Höfische Gesellschaft S. 66. Ein „Typus", der für genau ein Fallbeispiel zuzutreffen scheint, hat damit alle typologisierende Kraft eingebüßt. Nicht als Typus, sondern als spezifische Ausprägung des Hofes aufgrund spezifischer Bedingungsfaktoren soll der Kaiserhof in dieser Untersuchung angesehen werden.

[80] Luhmann: Interaktion S. 9.

[81] Luhmann: Struktur S. 25 f.

[82] Luhmann: Oberschichten S. 73–75. Zum Postulat der Gleichheit am Hofe („Vielmehr ist Gleichheit ein teilsysteminternes, Ungleichheit ein teilsystemexternes Ordnungsprinzip", ebd. S. 75) die wegweisende Kritik von Hahn: Differenzierung S. 350–354.

[83] Exemplarisch hierzu Bourdieu: Kapital. Zum Kapitalbegriff Bourdieus ferner ders.: Sozialer Sinn S. 226–228, 220 f.; ders.: Die feinen Unterschiede S. 193–195; ders.: Praktische Vernunft S. 35–52; vgl. ferner Müller: Kultur, Geschmack S. 165–169; Reichardt: Bourdieu S. 75–82; Göhler/Speth: Symbolische Macht S. 37–43; allgemein Gilcher-Holthey: Praktiken.

[84] Hierzu Reckwitz: Struktur S. 153–160, insbesondere S. 159.

85 HAL Vaduz, Instruction; vgl. zur Datierung Winkelbauer S. 549.

86 Falke: Liechtenstein Bd. 2, 401–408.

87 Hierzu die näheren Angaben bei Press: Das Haus Liechtenstein S. 50 f.

88 HAL Vaduz, Instruction fol. 256.

89 HAL Vaduz, Instruction fol. 256.

90 HAL Vaduz, Instruction fol. 335 f.

91 Haupt: Namen und Stammen S. 216.

92 Haupt: Namen und Stammen S. 217.

93 Ebd.

94 Hantsch: Schönborn S. 375 A. 10.

95 Johann Philipp an Leopold Joseph Graf von Lamberg (26. Dezember 1692, Passau), zit. n. Müller: Habsburgischer Adel S. 90.

96 Johann Philipp an Katharina Eleonora von Lamberg (8. Mai 1694, Passau), zit. n. Müller: Habsburgischer Adel S. 103.

97 Die große Bedeutung der Baukunst zur Steigerung des Prestiges der eigenen Familie hebt Karl Eusebius in der Instruktion für seinen Nachfolger ausdrücklich hervor; HAL Vaduz, Instruction fol. 310–314. Daneben steht die Architektur und ihr Stellenwert bei der Selbstdarstellung des Adels in einer weiteren Denkschrift des Karl Eusebius im Mittelpunkt; siehe hierzu ausführlich unten Teil IV, Kap. 2.

98 Siehe hierfür unten Teil III, Kap. 2c dieser Arbeit.

99 Moser: Teutsches Hof-Recht Bd. 2, S. 179; Küchelbecker: Allerneueste Nachricht S. 176 f.

100 So bat Franz Josef Graf von Dietrichstein Aloys von Harrach, sich für seinen Sohn Dismas Josef von Dietrichstein um den Erhalt einer Kammerherrenstelle zu bemühen, da es *„mihr, und meinem Sohn viel zu schmerzlich fallen würde, wan andere ihm in Rang vorgesozt werden möchten"*, Harrach (FA) K 64 (31. März 1728).

101 Die Vergabe der Kammerherrenämter erfolgte beinahe ausschließlich an Katholiken. Als Kaiser Josef I. den protestantischen Reichshofrat Johann Wilhelm Graf von Wurmbrand mit der Kämmererwürde auszeichnete, wurde ihm ein besonderer Schlüssel *„senza buco ed apertura all' estremitá in segno questa chiave non si poteva aprire le porte"* verliehen, Morandi: Relatione S. 114; vgl. ferner Lhotsky: Kaiser Karl VI. S. 61.

102 Eine Ausnahme stellten nur die Ämter des Reichshofrates sowie des Hofkriegsrates dar, in denen auch protestantische Amtsträger aus Adelsfamilien des Reiches ihren Dienst verrichteten.

103 *„In irer kgl. Mt. schlafkamer soll niemand ordinari eingang haben, es wird dann einer durch ir Mt. hinein erfordert als Mt. apoteker oder sonst ir Mt. zuzeiten ainen hinein erfordert, darob der obrist camreroder in seinem abwesen ainer aus den edlen, dem es bevohlen wirdet, streng halten und sonst auf kgl. Mt. person leib-petgewent und anders fleissigs und getreues aufsehen haben"*; Fellner/Kretschmayr: Die österreichische Zentralverwaltung Bd. I/2, S. 108.

104 *„In kgl. Mt. camer soll ir Mt. ain obristen camerer und darzue noch drei ehrlicher ansehenlich person vom adel haben [...]"*; Fellner/Kretschmayr: Die österreichische Zentralverwaltung Bd. I/2, S. 108.

105 Vgl. Mencik: Beiträge S. 472.

106 Moser: Teutsches Hof-Recht Bd. 2, S. 181 f. Küchelbecker: Allerneueste Nach-

richt S. 176, spricht sogar von nur 4 Kämmerern, die zu Dienstzeiten am Kaiserhof anwesend sein mußten. Die diensttuenden Kammerherren hatten insgesamt vier Wochen lang am Kaiserhof ihre Aufwartung zu machen, davon zwei Wochen im Vordienst, zwei Wochen im Hauptdienst.

[107] Moser: Teutsches Hof-Recht Bd. 2, S. 180.

[108] Das Hofstaatsverzeichnis des Jahres 1678 listet 373 Kämmerer auf, von denen den ersten 33 jeweils 450 fl. als Gehalt zugewiesen wurde; ÖNB Cod. 12388.

[109] Vgl. Zolger: Hofstaat S. 140.

[110] Küchelbecker: Allerneueste Nachricht S. 177–185. Vehse: Geschichte Bd. 12, S. 306 f., liefert bei den neuernannten Kämmerern die gleichen Zahlen, kann aber über die Gesamtzahl der kaiserlichen Kämmerer ebenfalls nur Vermutungen anstellen.

[111] Moser: Teutsches Hof-Recht Bd. 2, S. 182.

[112] Hierzu ausführlich Teil III, Kap. 2c.

[113] Vgl. hierzu die Angaben zu den wichtigsten Amtsträgern bei Wurzbach: Biographisches Lexikon.

[114] Wegen der Kämmererernennung anläßlich der Erbhuldigung der steirischen Stände in Graz schrieb Franz Josef Graf von Dietrichstein an Aloys Graf von Harrach (31. März 1728): *„Zumahlen aber Euer Excellenz ohnedeme gnedig wisendt ist, das mein Sohn Dismas gewester kayserlicher Edlknab ein versicherung kayserliches Decret bey erster Promotion als kayserlicher Cammerer würcklich bennet zu werden, erhalten hat. Dahero bleiben für Eure Excellenz gnedig zu beherzigen, das weilen seine kayserliche Mayestät iederzeit gnedigist gepflogen haben, dero geweste meritierte Edlknaben vor andern mit dem Rang des würcklichen kayserlichen Cammerern zu begnaden, also bitte durch dero hohe Vermögenheit zu verhelfen, das mein Sohn Dismas aniezo kayserlicher innerösterreichischer Hof-Cammer-Rath und gewesten kayserlicher Edlknab vor anderen allhier in gräz wahnendten cavaglieren dem Rang als würcklichen kayserlichen Cammerern erhalten möge“*, Harrach (FA) K 64.

[115] So beschwerte sich Gundaker Graf von Dietrichstein über die seines Erachtens zu zahlreiche Vergabe von Kammerherrenstellen anläßlich der Hochzeit von Franz Stephan von Lothringen und der Erzherzogin Maria Theresia (Brief vom 25. Februar 1736 an Aloys Thomas Graf von Harrach): *„Es ist wohl zu verwundern, daß Seiner Mayestät nach so langen Verschub auf einmahl so vill Promotiones gemacht haben, wodurch vile consoliret, und ville durch praeterition disconsoliret worden, zweifle auch sehr, das Seiner Mayestät so bald widerumben derley Promotiones machen werden, mithin jenige so praetendiret worden, wenig hoffnung haben, consoliret zu werden"*, Harrach (FA) K 64.

[116] Moser: Teutsches Hof-Recht Bd. 2, S. 182.

[117] Schwarz: Privy Council S. 130.

[118] Vehse: Geschichte Bd. 12, S. 308.

[119] Fellner/Kretschmayr: Die österreichische Zentralverwaltung Bd. I/1, S. 48 f.; ferner Link: Die habsburgischen Erblande S. 495.

[120] Zu der Entstehung der Geheimen Konferenz und zur Neudatierung dieser Entstehung Sienell: Konferenz S. 75–82; ferner Fellner/Kretschmayr: Die österreichische Zentralverwaltung Bd. I/1, S. 53–55.

[121] Fellner/Kretschmayr: Die österreichische Zentralverwaltung Bd. I/1, S. 56, ferner Hintze: Staatsrat S. 159. Spätestens unter Joseph I. reduzierte sich die Funktion des Geheimen Rats auf Justizangelegenheiten; vgl. Arneth: Correspondenz S. 145.

[122] Sienell: Konferenz S. 349–354.

[123] Vgl. Gutkas: Die führenden Persönlichkeiten S. 76.

[124] S. u. Teil III, Kap. 2c.

[125] Johann Wilhelm von Wurmbrand, der spätere Reichshofratspräsident, erhielt seine Geheime Ratswürde erst im November 1722 offiziell verliehen, *„nachdem er etliche Jahre das geheime Raths Decret in der still gehabt, und iüngst verwichenen sommer die Catholische Religion angenommen"*; Tagebuch Khevenhüller ÖNB Wien, Cod. 14085, fol. 59.

[126] Philipp Ludwig von Sinzendorf, in: Wurzbach: Biographisches Lexikon Bd. 35, S. 21.

[127] Braubach: Prinz Eugen Bd. 1, S. 301.

[128] Holl: Starhemberg S. 22.

[129] Müller: Gesandtschaftswesen S. 191.

[130] Ebd. S. 190f.

[131] Karl Joseph Graf Kollowrat an Aloys Thomas Graf Harrach; Harrach (FA) K 83.

[132] Hierzu siehe unten Teil III, Kap. 2c.

[133] Breunlich-Pawlik: Aufzeichnungen S. 244f.

[134] Pöllnitz: Mémoires Bd. 1, S. 241.

[135] Zu den Hofstaatsverzeichnissen vgl. Fellner/Kretschmayr: Die österreichische Zentralverwaltung Bd. I/2, S. 236f. Dies ist kein spezifisches auf den Kaiserhof beschränktes Quellenproblem. Asch beispielsweise hat bei der Rekonstruktion der Kammerherren des englischen Königs Karls I. mit vergleichbaren Schwierigkeiten zu kämpfen; vgl. Asch: Hof Karls I. S. 137 A. 72.

[136] *„Beschreibung der Römisch kayserlichen May. Hofstadt zu Wienn, von höchsten bis zum geringesten, wie selbige gewesen ist"* (1676) ÖNB Cod. 7418. Hier sind 414 Personen aufgelistet, die ein Kämmereramt innehaben (*„würckliche Cammerer"*), sowie 25 Personen mit einem Kämmerer-Titularamt.

[137] Pickl von Witkenberg: Kämmerer S. 135–148.

[138] Küchelbecker: Allerneueste Nachricht S. 177–185.

[139] Pickl von Witkenberg: Kämmerer S. 151–156.

[140] ÖNB Cod. 7418: *Gehaime Rahts Lista*, die 160 Geheime Räte verzeichnet.

[141] Im folgenden wird die Unterscheidung zwischen den Erblanden auf der einen und dem Reich auf der anderen Seite öfter verwendet werden. Damit soll selbstverständlich nicht geleugnet werden, daß auch der größte Teil der Erblande Teil des Reiches war. Dennoch lassen sich zumindest zwischen dem Reichsadel auf der einen und dem erbländischen Adel auf der anderen Seite Unterschiede feststellen, nahmen sich die Akteure der beiden Adelsgruppen zumindest als jeweils unterschiedlich wahr. So stellte der Präsident des Reichshofrates Wolfgang der IV. Graf zu Oettingen-Wallerstein als Reichsgraf fest, der Kaiser ermögliche *„keinem ehrlichen Cavallier des reichs einigen imposanten dienst, sondern sucht dieselben davon ex odio innato zu halten und allein Böhmen und Österreicher anzubringen, die ständt des reichs desto besser trucken zu können [...]"*, zit. n. Kretschmayr: Reichs-

vicekanzleramt S. 452, Anm. 5. Ob diese Einschätzung zutrifft, wird noch an anderer Stelle zu klären sein. Hier gilt es nur zweierlei festzuhalten: 1. Der Reichshofratspräsident nahm beide Adelsgruppen durchaus als verschieden an. 2. Eine Überprüfung der Einschätzung von der Benachteiligung des Reichsadels am Kaiserhof erfordert eine gesonderte Auswertung beider Personengruppen, um deren Verhältnis zueinander bestimmen zu können.

[142] Insgesamt waren von den 385 Kämmerern 21 Baron oder Herr, 36 Freiherren und 328 Grafen oder Fürsten.

[143] Schon zu Beginn der Regierungszeit Leopolds I. im Jahr 1665 klagte der niederösterreichische Ritterstand in einer Eingabe an den Kaiser, daß seine Mitglieder am Hof bei der Vergabe kaiserlicher Ämter gänzlich leer ausgingen und keine Kämmererstellen mehr erhielten; vgl. Hengerer: Adelsintegration S. 21.

[144] Unter Joseph I. waren dies die Grafen Althann (5 Kämmerer), Breuner (3), Dietrichstein (5), Esterházy (4), Harrach (3), Herberstein (6), Hohenfeld (4), Kienburg (3), Kinsky (3), Kollowrat (6), Königsegg (3), Kueffstein (3), Lamberg (6), Mollard (3 oder 4), Nostitz (3), Oettingen (3), Opperstorf (3), Pálffy (3), Proskau (3), Rosenberg (3), Rothal (3), Saint Julien (3), Schönborn (3), Serenni (4), Starhemberg (3), Starnberg (3), Thurn (3), Trautmannsdorff (7), Wallenstein (3 oder 5), Wellsperg (3), Wratislaw (5), Würmb (4).

Unter Karl VI. waren dies die Grafen Althann (5), Breuner (3), Cavriani (3), Colloredo (3), Esterházy (3), Herberstein (3), Hohenfeld (3), Saint Julien (4), Schaffgotsch (3), Starhemberg (3), Thurn und Vasaßina (3), Traun (3).

[145] Im einzelnen waren dies die Grafen Cavriani, Colloredo, Schaffgotsch und Traun.

[146] Siehe u. Teil II, Kap. 1e.

[147] Vgl. Klingenstein: Kaunitz S. 260. Hier wird auch auf die unterschiedliche Arbeitsbelastung im Reichshofrat hingewiesen. So referierte ein Dr. Wernher auf der Gelehrtenbank im Schnitt 320mal pro Jahr, also beinahe täglich, während der neuintroduzierte Wenzel Graf Kaunitz durchschnittlich nur 15mal pro Jahr referierte; vgl. ferner Maurer: Fürstenberg S. 246–248.

[148] Gschließer: Reichshofrat S. 12.

[149] Im einzelnen waren dies die Grafenfamilien Althann (3), Esterházy (5), Harrach (4), Khevenhüller (3), Königsegg (3), Lamberg (3), Schaffgotsch (3), Schönborn (4), Solms (3), Starhemberg (3), Waldstein (3), Weissenwolff (3) und Wratislaw (3) sowie die Fürstenfamilien Liechtenstein (4) und Trautson (3).

[150] ÖNB Wien, Cod. 7418: „*Geheime Raths Lista*“, undatiert.

[151] Eine Liste sämtlicher Ordensritter von der Gründung des Ordens bis zum Ende des 18. Jahrhunderts findet sich im Ausstellungskatalog La Toison d'or S. 35–49. Sie bildet für die folgende Auswertung die empirische Grundlage.

[152] Althann (2), Auersperg (1), Cobenzl (1), Colloredo (1), Daun (1), Dietrichstein (2), Herberstein (1), Khevenhüller (1), Kinsky (2), Kollowrat (1), Liechtenstein (2), Lobkowitz (2), Martinitz (2), Paar (2), Palffy (2), Schaffgotsch (2), Schlick (1), Schwarzenberg (2), Sinzendorf (2), Starhemberg (2), Thurn und Valaßina (1), Windischgrätz (1), Wrtby (1), Wurmbrand (1).

[153] Fürstenberg (2), Königsegg (1), Plettenberg (1), Salm (1), Schönborn (1), Thurn und Taxis (1).

[154] Harrach (FA) K. 75, Brief Friedrich August Graf von Harrach an Aloys Thomas Raimund Graf von Harrach (1. Dezember 1739). Friedrich August von Harrach wurde erst 1744 in den Orden aufgenommen; Zedinger: Verwaltung S. 145; „Liste nominative" im Ausstellungskatalog La Toison d'or S. 55.

[155] Vgl. zur Rolle eines Ambassadeurs allgemein Lünig: Theatrum Ceremoniale Bd. 1, S. 368: „ *Ein Ambassadeur ist mit dem Charactere repraesentatio versehen, und stellet die Person seines Principalen vor, dahero muß ihm auch bey dem Einzuge, in denen Visiten, bey der Audienz und andern Gelegenheiten eben so viel Ehre und Respect erwiesen werden, als wenn sein hoher Principal selbst zugegen wäre.* "

[156] Lünig: Theatrum Ceremoniale Bd. 1, S. 368.

[157] Vgl. Tabelle 7.

[158] Brief von Philipp Graf von Breuner an Aloys Thomas Graf Harrach (21. Juni 1726), Harrach (FA) K 61.

[159] Brief von Philipp Graf von Breuner an Aloys Thomas Graf Harrach (30. Mai 1727), Harrach (FA) K 61.

[160] Hierzu jetzt Maurer: Fürstenberg S. 252.

[161] Ebd. S. 272–280. Er erhielt schließlich 25 000 fl. jährlich als Prinzipalkommissar, 6000 fl. als einmalige Entschädigungszahlung und 7000 fl. als jährliche Pensionszahlung.

[162] Fürstenberg an Aloys Thomas Graf Harrach; Harrach (FA) K 67 fol. 23–26 (4. Juli 1727). Eine Aufstellung der angefallenen Kosten in Regensburg bei Maurer: Fürstenberg S. 281–290.

[163] Fürstenberg an Aloys Thomas Graf Harrach; Harrach (FA) K 67 fol. 23–26 (4. Juli 1727).

[164] Die Drohung mit dem Rückzug auf die eigenen Güter war ein durchaus übliches Verfahren, um seine Interessen in Abwesenheit vom Hofe dennoch durchsetzen zu können. Konrad Graf von Starhemberg suchte auf diese Weise seine finanziellen Forderungen als Botschafter in England gegenüber der Hofkammer durchzusetzen, vgl. Müller: Gesandtschaftswesen S. 182.

[165] (28. Juni 1735) Harrach (FA) K 67 fol. 68. Es sollte dann noch bis zum Beginn des folgenden Jahres dauern, bis er nach Meßkirch abreisen konnte; BayHStA München, Kasten schwarz 381, fol. 403 f.

[166] Vgl. nur Horn: British Diplomatic Service S. 76–84. Auch der englische Gesandte am Kaiserhof St. Saphorin schließt seinen Lettre particulière über die politischen Verhältnisse am Kaiserhof mit der dringenden Bitte, ihm die ausstehenden Besoldungen umgehend zukommen zu lassen; PRO London, SP 80/40 (10. Februar 1720).

[167] Lünig: Theatrum Ceremoniale Bd. 1, S. 386: „ *Seine Pracht muß er erweisen in seiner Wohnung, Tafel, Domestiquen, Equipage etc. Denn weil ein Ambassadeur die Person seines Principalen vorstellen, seine Hoheit und Reichthum ausserhalb des Landes zeigen, und ihn bey den Ausländern in grossen Credit setzen soll; so kan es gar nicht anders seyn, als daß er sich sehr prächtig aufführen muß* "; vgl. ferner Müller: Gesandtschaftswesen S. 175.

[168] So hatte Graf Johann Wenzel von Gallas als kaiserlicher Gesandter in England allein im letzten Jahr seiner Gesandtschaft 70 000 fl. Sonderausgaben, die er aus eigener Tasche vorstrecken mußte; Jarnut-Derbolav: Gesandtschaft in London S. 176 A. 211.

[169] Zu den Subsistenzgeldern HKA Wien, KZAB 2 (1715, Juli–September) fol. 207–212; KZAB 7 (1720), fol. 239–256; vgl. ferner Müller: Gesandtschaftswesen S. 162–165.

[170] Daß die Ambassadeure die Repräsentationskosten ihrer Gesandtschaft zumindest teilweise aus eigenen Mitteln zu bestreiten hatten, war offenbar allgemein üblich; vgl. Lünig: Theatrum Ceremoniale Bd. 1, S. 368.

[171] Die Hofkammerinstruktion bei Fellner/Kretschmayr: Die österreichische Zentralverwaltung Bd. I/3, S. 251.

[172] So vermerkte der Graf Wratislaw die Forderung ebenso mit Mißfallen wie Karl VI. selbst; vgl. Arneth: Correspondenz S. 188 und 205; ferner Arneth: Prinz Eugen Bd. 2, S. 356.

[173] Zahlreiche Beispiele bei Müller: Gesandtschaftswesen S. 180–187.

[174] So schrieb Gundaker Poppo Graf von Dietrichstein an Aloys Thomas Graf Harrach: *„Was den zukünftigen Herrn Botschafter an diesen Hof [Rom] belanget, ist zu erwarthen, ob er sich darzu resolviren wird, dan es ist nicht ohne, das grosse Spesen hierzu von Nöthen seyn"*, Harrach (FA) K 64 (9. Februar 1735).

[175] Dies geht aus einem Brief des oben erwähnten Grafen Dietrichstein an Aloys Thomas Graf Harrach hervor; Harrach (FA) K 64 (19. November 1735).

[176] Allgemein zu Ferdinand von Plettenberg: Braubach: Plettenberg S. 48f.; Leifeld: Macht und Ohnmacht S. 86–89.

[177] Zu diesem Aspekt ferner u. Teil II, Kap. 2.

[178] Klingenstein: Kaunitz S. 263–266. Die elterliche Finanzausstattung von 20 000 fl. war nicht ausreichend, um das Risiko einer Mission an auswärtige Fürstenhöfe anzunehmen.

[179] Zedinger: Verwaltung S. 153–155.

[180] Zu den einzelnen Karriere Gschließer: Reichshofrat S. 407–412.

[181] Wiener Diarium 955 (24. – 27. September 1712); Wiener Diarium 1132 (6.–8. Juni 1714); Wiener Diarium 9 (31. Januar 1739). Siehe ferner die Darstellung des Einzuges Fürst Anton Florians von Liechtenstein in Rom 1691; Hörmann: Fürst Anton Florian S. 202.

[182] Fürst Joseph Wenzel von Liechtenstein hatte für seinen Einzug in Paris eigens fünf Prunkwagen anfertigen lassen, darunter auch einen sogenannten „Goldenen Wagen", der nicht nur in Wien, sondern auch in Paris aufgrund seiner Pracht Achtung hervorrief; Haupt: Rara sunt cara S. 123. Vgl. hierzu auch den Katalog Der Goldene Wagen S. 11–37.

[183] Zu den obersten kaiserlichen Ämtern wurden gezählt: Obersthofmeister, Oberstkämmerer, Obersthofmarschall, Oberststallmeister, Reichsvizekanzler, Reichshofratspräsident, Hofkammerpräsident, österreichischer Hofkanzler sowie böhmischer Hofkanzler; siehe hierzu auch u. Teil II, Kap. 1d.

[184] Müller: Gesandtschaftswesen S. 194f.

[185] Fellner/Kretschmayr: Die österreichische Zentralverwaltung Bd. I/3, S. 251.

[186] Siehe hierzu Tabelle 7.

[187] Die politischen Aspekte der Statthaltertätigkeit können hier nicht behandelt werden. Hierzu Benedikt: Neapel S. 120–147, Reitter: Spanischer Rat, insbesondere S. 307–311. Zu Prinz Eugen als Statthalter von Mailand Braubach: Prinz Eugen Bd. 4, S. 118–120. Zu den Statthaltern in den österreichischen Niederlanden Zedinger: Verwaltung S. 30–35, 40f., 142–144 u. ö.

[188] Vgl. Müller: Gesandtschaftswesen S. 198 f.

[189] So erhielt Graf Gallas das Vizekönigtum Neapel überwiegend aus finanziellen Gründen. Konrad Graf Starhemberg wurde dasselbe Amt aus den gleichen Gründen zugesagt, doch verstarb er noch vor Amtsantritt; vgl. Müller: Gesandtschaftswesen S. 199.

[190] Dieser Kurs (1:1,4) war in einem Kreditangebot vom 28. Mai 1728 enthalten, das heißt zu Beginn seiner Amtszeit als Vizekönig; Finanzakten Graf Aloys Thomas von Harrach; Harrach (FA) K 127 (22. Mai 1728).

[191] Vgl. Reitter: Spanischer Rat S. 310 f.; Braubach: Prinz Eugen Bd. 5, S. 17 geht von 150000 fl. Jahreseinkommen aus der Statthalterschaft aus, leitet diese Summe indes nur indirekt ab.

[192] Vgl. Braubach: Prinz Eugen Bd. 5, S. 19.

[193] Allerdings äußert sich der Bruder des Vizekönigs von Neapel, Graf Harrach abweichend hierzu (2. März 1729): *„Je suis fort mortifié d'apprendre que malgré votre bon ordre économique vous aurez de la peine à subsister de vos revenues Napolitains, tandis que je me flattois toujours que vous y ferez de grosses épargnes"*, Harrach (FA) K 77. Johann Basilius Küchelbecker war über die Verdienstmöglichkeiten des Grafen von Harrach anderer Meinung: *„Die Revenües desselben [das heißt des Grafen Aloys von Harrach] belauffen sich ungemein hoch: und ob er gleich einen grossen Hof-Staat führen muß, so bleibet ihm dessen ungeachtet nicht wenig zu seinem Privat-Nutzen übrig"*; vgl. Küchelbecker: Allerneueste Nachricht S. 53 f.

[194] Aloys Graf von Harrach war schon über seine Berufung auf diesen Posten wenig erbaut; vgl. Stenitzer: Wirken S. 43.

[195] Aloys Thomas Graf Harrach an Karl VI.; Harrach (FA) K 56 fol. 11 f.

[196] Aloys Thomas Graf Harrach an Karl VI.; Harrach (FA) K 56 fol. 28, fol. 171, fol. 182 f., fol. 286, fol. 290, fol. 346 f., fol. 379 f., fol. 384 f. [hier macht er den Vorschlag, Graf Giulio Visconti als Nachfolger zu benennen!].

[197] Aloys Thomas Graf Harrach an Karl VI.; Harrach (FA) K 56 fol. 11 (*„in Erwegung des hiesigen clima so mir nicht gedeyet"*).

[198] Aloys Thomas Graf Harrach an Karl VI.; Harrach (FA) K 56 fol. 171 (*„Ich wahrhaftig mir nicht getraue diesen Governo vorstehen zu müssen, so wohl wegen meines alter, alß ofters an haltenden ohnbaßlichkaiten, haubtsachlich aber wie bekannt, als Capitan Generale schlechte Dienste leisten künte, auch nichts anders in militari anzubefehlen vermögte, als jenes was man vor dem Comers bei den Generalen an die Handt geben undt eingerathen wurde"*).

[199] Aloys Thomas Graf Harrach an Karl VI.; Harrach (FA) K 56 fol. 35. Zu den „außenpolitischen" Gründen vgl. Gasser: Spanisches Königtum S. 194.

[200] Dies berichtete zumindest der bayerische Gesandte Franz Joseph Kistler nach München; BayHStA München, Kurbayern Äußeres Archiv 4352, fol. 209 (21. Feb. 1731).

[201] Vgl. Benedikt: Neapel S. 438 f. Stenitzer: Wirken S. 51, hielt dagegen bei der kaiserlichen Entscheidung, Graf Harrach im Amt des Vizekönigs zu belassen, vor allem die Interessen der spanischen Partei sowie des österreichischen Hofkanzlers für ausschlaggebend.

[202] Vgl. die zahlreichen Bittschriften um Ämtervergabe und Protektion an den Vizekönig von Neapel, so nur exemplarisch die Bitte um Protektion für Baron von

Wildenheim von seinem Vorgänger als Vizekönig, Kardinal Michael Friedrich Graf von Althann („*bey dero Hoffstadt gleichfalls als Hof-Cavallier zu continuiren*"), (16. Juli 1728) Harrach (FA) K 56 fol. 29.

[203] So sind zahlreiche, über regelmäßige Bittschreiben um Protektion zu rekonstruierende Klientelbeziehungen während der Abwesenheit des Grafen Aloys von Harrach „erloschen" [das heißt für den Zeitraum von 1728–1733 liegen keinerlei Schreiben vor, da wohl in dieser Zeit auf Protektion und Unterstützung in Wien nicht zu rechnen war]. Vgl. hierzu die Korrespondenz von Gyrg Graf von Erdödy, Präsident der ungarischen Kammer in Preßburg, von dem im Zeitraum von 1724 bis 1742 insgesamt 83 Briefe überliefert sind; die Jahre von 1728 bis 1733 indes fehlen, Harrach (FA) K 66, sowie das Beispiel von Maximilian Ulrich Graf von Kaunitz-Rietberg, Landeshauptmann von Mähren, dessen Briefwechsel sich in der Zeit, als Aloys Graf von Harrach Vizekönig in Neapel war, nur auf Todesanzeigen und Gratulationen beschränkte, Harrach (FA) K 82.

[204] Aloys Thomas Graf Harrach an Karl VI.; Harrach (FA) K 56 fol. 410, sowie die Antwort von Oberstkämmerer Johann Caspar Graf von Kobenzl: Harrach (FA) K 63. Aus einem Brief Prinz Eugens, der sich um Protektion in dieser Sache bemüht hatte, an Aloys Graf von Harrach geht allerdings hervor, daß auch bei diesem Ansinnen leichte Widerstände zu überwinden waren: „*wohl aber wegen des zugleich supplicirenden Cammer-Herrn-Schlüssels derumben einige Difficulet machten, daß es nicht gewöhnlich wäre, zweyen brüdern zugleich solchen zu verleihen*", Harrach (FA) K 96 fol. 166 (1. Januar 1732). Die Ernennung zum Kämmerer im Jahr 1733 ist in den Zeremonialprotokollen festgehalten; HHStA Wien, Zeremonialprotokolle 15 (1732–1734), fol. 128f.

[205] Diese Bitte wurde zwar gewährt, stieß allerdings beim Kaiser nicht auf ungeteilte Zustimmung: „*Lieber Landt Marschall, obwohlen allzeit sonders bedencken einig expectanz zu ertheylen, weyl es allzeit auß vihl ursachen sehr anstössig mir vorkombt, so hab ich doch in gnädigster erwägung so wohl nur alß zum ältesten Sohn Friedrich lang undt guten Diensten euch und ihm die sonder Gnad zu erzeigen mich entschlossen, durch gegenzähliges biglet die gnädigst Versicherung zu ertheilen, das euer Sohn Friedrich nach eurem Todt euch in die Landtmarschallstelle succedieren solle. Iß dabey mein will, das Ihr so wohl als er diese gnadt anoch höchst gehaimb halten sollet, alß welches euch sonders anbefohlen haben will*", Harrach (FA) K 56 fol. 453f. (Brief vom 9. August 1737).

[206] Harrach (FA) K 56 fol. 425–427.

[207] Harrach (FA) K 96 fol. 75 (3. Mai 1730), fol. 137 (25. Juli 1735).

[208] Harrach (FA) K 96 fol. 137.

[209] Zolger: Hofstaat S. 66.

[210] Rechtliche Grundlage für die kaiserliche Besetzungspraxis des Reichshofrates war die Reichshofratsordnung, die Ferdinand III. 1654 erlassen hatte; Sellert (Hrsg.): Ordnungen des Reichshofrates Bd. 2, 45–260; Gschließer: Reichshofrat S. 65f.; Klueting: Reich und Österreich S. 51f. Allgemein zum Reichshofrat unter Karl VI. vgl. Hughes: Law and Politics.

[211] Moser: Churfürstlich-Maynzisches Staats-Recht S. 45f.: „*Chur-Maynz hat des Recht, dem Kayser diesen Reichs-Vize-Canzlar, oder Reichs-Hof-Vice Canzlar, zu präsentiren.*" Und weiter: „*Krafft des Erz-Canzler-Amtes hält Chur-Maynz ferner*

beständig an dem kayserlichen Hof eine eigene Canzley, welche die Reichs-Canzley oder die Reichs-Hof-Canzley genannt wird, und ihre Zimmer in der Kayserlichen Burg oder dem Kayserlichen Residenz-Schloß hat."

[212] Hier nur exemplarisch ohne Anspruch auf Vollständigkeit: Fellner/Kretschmayr: Die österreichische Zentralverwaltung Bde. I/1–I/3; Schwarz: Privy Council; Sienell: Geheime Konferenz; Gross: Reichshofkanzlei; Gschließer: Reichshofrat; Holl: Starhemberg; Braubach: Prinz Eugen; Hantsch: Schönborn.

[213] Das Thema des Favoriten rückt insbesondere in jüngster Zeit wieder in den Blick der historischen Forschung; vgl. Elliott/Brockliss (Hrsg.): World of the Favorite; Asch: Sturz des Favoriten. Merkwürdigerweise spielt dieses Thema bislang bei der Interpretation des Kaiserhofes unter Leopold I. bis Karl VI. keine Rolle. Demnächst aber hierzu Kaiser/Pečar: Der zweite Mann, sowie den darin enthaltenen Beitrag von Stefan Sienell.

[214] (1. Januar 1735) Harrach (FA) K 64; so schrieb Gundaker Graf von Dietrichstein an Aloys Graf von Harrach, daß *„ville Pretendenten umb die erledigte Obrist Hofmeistersstelle [der Kaiserin] seyn werden"*.

[215] Beispielsweise Gundaker Graf von Dietrichsteins Kritik an der schleppenden Ernennungspolitik des Kaisers bei vakanten Hofstellen, hier der Stellen des Obersthofmeisters der Kaiserin sowie des kaiserlichen Obersthofmarschalls (8. Oktober 1735): *„Es ist nicht zu begreiffen, warumb diese Ihre vornembe und höchst nothwendige Hoff ambter so lang vacant verbleiben, welche vor die Ziehrte deß Hoffeß er nüzlich sein"*, Harrach (FA) K 64.

[216] Zu den Führungsämtern wurden gezählt: die obersten Hofämter des Kaisers (Obersthofmeister, Oberstkämmerer, Obersthofmarschall, Oberststallmeister), der Reichsvizekanzler, der Reichshofratspräsident, der Hofkammerpräsident, der österreichische Hofkanzler sowie der böhmische Hofkanzler.

[217] Eine Auswertung der Inhaber der führenden Ämter am Kaiserhof von 1655 bis 1740 findet sich bei Hörmann: Fürst Anton Florian S. 206 f.

[218] Zu der Haltung der reichsständischen Adelsfamilien über diese sichtbare Bevorzugung des erbländischen Adels vgl. Maurer: Fürstenberg S. 75 A. 281.

[219] Dabei wurde Adam Fürst von Schwarzenberg aufgrund seiner überwiegend in Böhmen liegenden Besitzungen als Mitglied der Erblande gewertet, trotz der ursprünglichen Herkunft der Familie aus Franken bzw. dem Rheinland. Johann Friedrich (II.) Graf von Seilern stammte zwar aus dem Reich, war aber nur zweiter österreichischer Hofkanzler (von 1735–1742) und wurde daher nicht berücksichtigt.

[220] Aus den Erblanden stammten Fürst Trautson sowie die Grafen Wratislaw, Starhemberg, Sinzendorf, Windischgrätz und Harrach, aus dem Reich stammten die Grafen Seilern, Schönborn, Königsegg-Rothenfels und der Freiherr von Bartenstein.

[221] Zu den Besitzungen in Ungarn vgl. Braubach: Prinz Eugen Bd. 5, S. 16 f., 23 f. Am 16. November 1717 erfolgte darüber hinaus die Aufnahme Prinz Eugens in den niederösterreichischen Herrenstand; Schopf: Neuaufnahmen S. 298 f.

[222] Die biographischen Angaben hierzu bei Zedinger: Verwaltung S. 168–178.

[223] Zu den Räten und den jeweiligen Ernennungsdaten Reitter: Der spanische Rat, Anhang II; zur Person des Grafen Johann Wilhelm von Sinzendorf ebd. S. 79 f.

[224] Vgl. hierzu Fellner/Kretschmayr: Die österreichische Zentralverwaltung Bd. I/1, S. 161–167. Ferner die Hofkanzleiordnung von 1720 in: Fellner/Kretschmayr: Die österreichische Zentralverwaltung Bd. I/3, Aktenstück 50, S. 347–400.

[225] Zolger: Hofstaat S. 59–61.

[226] Vgl. Arneth: Correspondenz S. 144 und 170.

[227] HHStA Wien, ÄZA K 23, fol. 79–82.

[228] Vgl. Arneth: Correspondenz S. 161, ferner S. 179. Dieselbe Weisung ging auch an den Hofkammerpräsidenten Graf Starhemberg; Fellner/Kretschmayr: Die österreichische Zentralverwaltung Bd. I/3, S. 57 f.; vgl. ferner Zolger: Hofstaat S. 60 f.

[229] Vehse: Geschichte Bd. 6, S. 193 f. Insgesamt folgten Erzherzog Karl 164 Personen auf seinem Weg nach Spanien. Siehe hierzu unten Teil II, Kap. 1e.

[230] Vgl. Arneth: Correspondenz S. 36 und 43. Über das besondere Verhältnis Karls zum Grafen Dietrichstein auch Sorel: Recueil des Instructions S. 162: „*le comte Philippe de Dietrichstein, grand écuyer, très bien auprès de l'Empereur*".

[231] Zu den Verhandlungen über die Neubesetzung der politischen Ämter nach dem Tode Kaiser Josephs I.; vgl. Braubach: Prinz Eugen Bd. 3, S. 61–63.

[232] Arneth: Correspondenz S. 216. Vgl. ferner Gutkas: Die führenden Persönlichkeiten S. 79 f.

[233] Arneth: Correspondenz S. 222 f: „*Die hiesige geheimbe räthe haben allererst vorgestern das Juramentum allhier abgeleget, bei welchen actu unterschiedliche theils heimbliche undt theils gar offentliche disgusti hervorgebrochen. Die offentliche seindt gewessen der graff von Waldtstein undt Windischgraz, da der erstere unter Vorwandt eines kopfweh und der andere eines Cathar dabey zu erscheinen sich entschuldigen lassen […].*"

[234] Vgl. Arneth: Correspondenz S. 171, 194, 200, 216. So lautete das Urteil Karls VI. über beide Grafen lapidar, daß sie beide „*zu nichts als zu intriguen gut sein*", vgl. ebd. S. 158.

[235] Arneth: Correspondenz S. 171: „*der Waldstein aber hat sich in der letzten Krankheit des Keysers bey beyden Keyserinnen […] dergestalt recomendiret, dass er einer von ihren grösten favoriten dermahlen ist*".

[236] Vgl. hierzu Arneth: Correspondenz.

[237] Arneth: Correspondenz S. 44.

[238] Arneth: Correspondenz S. 44.

[239] Arneth: Correspondenz S. 191.

[240] Vgl. hierzu knapp Evans: Werden der Habsburgermonarchie S. 115; Wolf: Fürst Wenzel Lobkowitz; Sienell: Die Ersten Minister.

[241] Vgl. Holl: Starhemberg S. 434 f.

[242] Vgl. Braubach: Prinz Eugen Bd. 4, S. 221.

[243] Vgl. Tabelle 8.

[244] Falke: Liechtenstein Bd. 3, S. 17 f.; Press: Das Haus Liechtenstein S. 54.

[245] Arneth: Correspondenz S. 59. Hörmann: Fürst Anton Florian S. 191 f., äußert sich dazu, weshalb das Mißtrauen des Kaisers gegenüber seinem Obersthofmeister nicht die Entlassung aus dieser Position zur Folge hatte.

[246] Vgl. Fellner/Kretschmayr: Die österreichische Zentralverwaltung Bd. I/1, S. 52–54. Abweichend dazu Falke: Liechtenstein Bd. 3, S. 67.

[247] Zur Hofkonferenz und ihrem Zuständigkeitsbereich in Fragen des Zeremoniells s. u. Teil III, Kap. 3 b.

[248] Vgl. Arneth: Correspondenz S. 158, 197.

[249] Vgl. hierzu Reinhard: Staatsgewalt S. 166–171; Asch: Hof Karls I. S. 12–16, spricht in Anlehnung an Geoffrey Elton davon, daß der Hof sich nur mittels einer „series of occasions" konstituierte, und deutet den Hof als „point of contact".

[250] Benna: Königswahlplan S. 9. Dieser Briefwechsel war allerdings nicht rein persönlicher Natur. Vielmehr war Wratislaw mit der Führung der Korrespondenz in Hausangelegenheiten mit Karl III. offiziell beauftragt worden. Daß er allein diese Stellung besetzten durfte, stieß allerdings in Hofkreisen durchaus auf Widerspruch.

[251] Vgl. Arneth: Correspondenz S. 27, 30 f., 157, 163.

[252] Vgl. Arneth: Correspondenz S. 114.

[253] Vgl. Arneth: Correspondenz S. 36 f., 170, 182.

[254] PRO London, SP 80/39 (1719). So schreibt St. Saphorin über die böhmische Hofkanzlei unter dem Grafen Schlick, daß in ihr der Graf Kollowrat als einziger das Vertrauen des Kaisers habe.

[255] Braubach: Prinz Eugen Bd. 3, S. 152 f.

[256] Fellner/Kretschmayr: Die österreichische Zentralverwaltung Bd. I/3, S. 410 f.

[257] Fürst Trautson sowie die Grafen Wratislaw, Starhemberg, Sinzendorf, Windischgrätz, Harrach.

[258] Die Grafen Seilern, Schönborn, Königsegg und der Freiherr von Bartenstein.

[259] Vgl. Schwarz: Privy Council S. 178; Sienell: Konferenz S. 212–214.

[260] Die Konferenz jeweils bei dem führenden Minister zu veranstalten hatte in Wien Tradition. Bereits in den Anfangsjahren der Herrschaft Leopolds I. tagte die Konferenz in den Gemächern des Fürsten Lobkowitz; vgl. Sienell: Konferenz S. 285 f. Eine Abbildung der Geheimen Konferenz während einer Beratung im Belvedere des Prinzen Eugen im Ausstellungskatalog: Prinz Eugen und das barocke Österreich S. 107.

[261] Zum Verhältnis Karls VI. zum Prinzen Eugen fällt Vehse das merkwürdige Urteil, Karl VI. hätte gegenüber dem Prinzen eine Abneigung empfunden und ihn nur selten zu Rate gezogen; Vehse: Geschichte Bd. 12, S. 209 f., 246. Zwar läßt sich der Prinz Eugen zu keiner Zeit als Günstling des Kaisers auffassen. Über seine bedeutsame, bisweilen auch beherrschende Position am Kaiserhof kann indes keinerlei Zweifel bestehen. Dies wurde auch an den anderen Höfen Europas so eingeschätzt. Der preußische König Friedrich der Große übertreibt seine Einschätzung von der Bedeutung des Prinzen Eugen indes, wenn er ihn als „*Premierminister Kaiser Karls VI.*" tituliert und schlußfolgert, „*eigentlich war er Kaiser*"; Friedrich der Große: Geschichte meiner Zeit S. 19.

[262] Fellner/Kretschmayr: Die österreichische Zentralverwaltung Bd. I/3, S. 410 f.

[263] PRO London, SP 80/39 (12. September 1719), fol. 1.

[264] Reitter: Der spanische Rat S. 104.

[265] Hauser: Das Geschlecht S. 80; Kalmár: Porträt S. 270.

[266] Hierzu insbesondere der Bericht des savoyischen Gesandten San Martino über Althann; vgl. Morandi: Relazioni S. 119 f. Welche Bedeutung der Graf Althann auch bei seinem Tode für den Kaiser besaß, zeigt neben anderem auch das Wehkla-

gen Karls VI. über diesen Todesfall, das St. Saphorin mit den Worten wiedergab: „*je sais que rien n'a été plus toûchant, que ses lamentations douloureuses sur la perte de ce cher et unique amy qu'il avoit au monde, et en qui seul il pouvoit se confier*"; PRO London, SP 80/46.

[267] Zu dem Grafen Johann Friedrich Nimptsch, kaiserlicher Kammerherr und Reichshofrat, vgl. Gschließer: Reichshofrat S. 389; Arneth: Prinz Eugen Bd. 3, S. 46 f.

[268] Der Bericht über die Affäre Nimptsch–Tedeschi in St. Saphorins „*Relation de la Situation interne de la Cour de Vienne*" vom 12. September 1719; PRO London SP 80/39; Vgl. ferner die Schilderung dieser Affäre bei Braubach: Prinz Eugen Bd. 4, S. 77–85.

[269] Zu dieser Strategie des Prinzen Eugen ausführlich St. Saphorin in einer „lettre secrete" vom 5. Juni 1721; PRO London, SP 80/43, fol. 25. St. Saphorin beschreibt das Verhältnis des Prinzen Eugen zu Althann in diesem Brief folgendermaßen: „*Elle y verra aussi la situation où ce Prince est, maintenant avec le Favory, qui est telle, qu' à l'heure qu'il est il ne sombragera pas, quand même on le cultivera, pour veu que ce la serfasse de sa connaissance et de concert avec luy: Il le conseillera même. […] Car, par luy, on détermineroit l'Empereur à suivre les sentimens de la conference d'Etat lors qu'ils sont conformes aux vues de Sa Mte.*"

[270] Vgl. Gehling: Ein europäischer Diplomat S. 35 f.

[271] S. u. Teil II, Kap. 3.

[272] Über den Einfluß Stellas auf Karl äußerte sich schon in Barcelona (1708) der Marquis d'Este: „*Stella est celui qui a tout le credit sur le Roy parceque S. M. est persuadée qu' il n' y a que lui qui dise la verité sans seconde intention et qui n' est point intéressé*"; zit. n. Arneth: Prinz Eugen Bd. 2 S. 513 A. 20. Die Nähe des Favoriten Stella zum Kaiser blieb auch am französischen Königshof nicht verborgen, weshalb der französische Botschafter Comte du Luc in seiner Instruktion hierauf besonders vorbereitet wurde; Sorel: Recueil des Instructions S. 161 f.

[273] Morandi: Relazioni S. 91.

[274] Reitter: Der spanische Rat S. 49–51.

[275] Morandi: Relazioni S. 115.

[276] Morandi: Relazioni S. 115: „*e quando vede, che le determinazioni della gionta non prendono quella piega che lui vorrebbe, le fa sotto qualche prestesto sospendere, e puoi più non se ne parla in gionta, ma le fa risolvere a dirittura dall' imperatore*".

[277] Morandi: Relazioni S. 121 f.: „*Il conte Stella è quel solo che l' ha andandoci ogni giorno, ma che v' andava solo di notte.*"

[278] BayHStA München, Kasten schwarz 320, Briefe des Gesandten Mörmann an den bayerischen Kurfürsten (16. Oktober 1715), fol. 76–88.

[279] S. u. Teil II, Kap 1 e.

[280] Vgl. Morandi: Relazioni S. 121. Zur Favoritenstellung Stellas in Barcelona vgl. ferner: Verga: Il „Bruderzwist" S. 40.

[281] Reitter: Der spanische Rat S. 35 f.

[282] So urteilte der venezianische Gesandte Francesco Donado 1725 über den Marquis de Rialp, „*quello […] ha saputo e potuto con rara fortuna e singolare habilità, rendendosi familiare, e frequente all' orrecchio di Cesare, accopiare le incombenze, e la auttorità effettiva della Pressidenza*"; Arneth: Relationen S. 57.

[283] Reitter: Der spanische Rat S. 57.

[284] Vgl. Arneth: Correspondenz S. 141.

[285] Vgl. Sorel: Recueil des instructions S. 193 A. 4; ferner das Urteil von Kalmar: Porträt S. 271, unter Auswertung der französischen Gesandtschaftsberichte.

[286] Reitter: Der spanische Rat S. 56 und 59.

[287] Hierzu s. u. Teil III, Kap. 4b.

[288] Arneth: Correspondenz S. 52.

[289] Wratislaw bringt dieses Problem gegenüber Karl III. gleich mehrmals zur Sprache; vgl. Arneth: Correspondenz S. 33, 36, 165, 169, 176 u. ö.

[290] Hierfür nur exemplarisch als einer von vielen St. Saphorin; PRO London SP 80/46, der von einer *„fatale division qui est entre les Ministres"* berichtet.

[291] Elias: Höfische Gesellschaft S. 253f.; Duindam: Myth of Power S. 148–151. Duindam weist darüber hinaus nach, daß auch die Fraktionsbildung in Versailles quer zu den Rangunterschieden am französischen Königshof verlief, von einer bürgerlichen und einer adligen Fraktion daher auch am Hof Ludwigs XIV. keine Rede sein kann; ebd. S. 138–144.

[292] Diese Form der Einteilung des Kaiserhofes in klar unterscheidbare Personengruppen findet sich u. a. bei Hantsch: Schönborn S. 140–144; Braubach: Rheinischer Fürst S. 325; 327; ders.: Schönborn und Prinz Eugen S. 303; Klueting: Reich und Österreich S. 105–107; Aretin: Das Reich S. 260f. (mit deutlich kritischer Distanz zum Parteienbegriff); Aretin: Das Alte Reich Bd. 2, S. 140f., 218, 264f.; Schmidt: Karl VI. S. 208.

[293] Nicht alle am Kaiserhof weilenden Spanier und Italiener wurden indes gleichermaßen als Partei wahrgenommen. So stand bereits unter Leopold I. ein nicht unbeträchtlicher Anteil von Italienern in kaiserlichen Diensten, ohne daß diese automatisch als Partei wahrgenommen wurden; vgl. hierzu Thiriet: Les Italiens S. 43ff.

[294] Der Parteienbegriff findet als Beschreibungskategorie der Geschichtswissenschaft auch zur Interpretation anderer vormoderner Epochen seine Anwendung. In der Alten Geschichte hat sich eine kritische Beschäftigung mit dem Parteienbegriff als analytischer Kategorie auf vormoderne politische Kommunikation als erstes etabliert; vgl. Meier: Res publica amissa S. 176–180.

[295] Hantsch: Schönborn S. 82, 140.

[296] Hantsch: Schönborn S. 313–315. Allgemein zu der Präsenz der Familie Schönborn in den süddeutschen Bistümern Jürgensmeier: Politische Ziele S. 11–23; Schröcker: Zur Religionspolitik S. 190–199.

[297] Dies war einer der Gründe, weshalb der Reichsvizekanzler am Kaiserhof von manchen Hofmitgliedern mit Skepsis angesehen wurde. St. Saphorin spekulierte daher, daß im Falle des Todes des Mainzer Erzbischofs auch der Reichsvizekanzler Schönborn sein Amt bald hätte aufgeben müssen; St. Saphorin an Townshend (5. Juni 1721); PRO London, SP 80/43.

[298] Aretin: Das Alte Reich, Bd. 2, S. 266. Allerdings gesteht er zu, daß Graf von Windischgrätz dem Reichsvizekanzler ein „unsicherer Verbündeter" war.

[299] Ernst Friedrich Graf von Windischgrätz war zuerst mit Maria Theresia Gräfin von Slavata (verwitwete Gräfin Fünfkirchen) vermählt, nach deren Tod mit Theresia Rosalia Gräfin Rottal (einer verwitweten Freiherrin Fünfkirchen); Ernst Friedrich von Windischgrätz, in: Wurzbach: Biographisches Lexikon Bd. 57, S. 48. Johann Wilhelm Graf von Wurmbrand heiratete zuerst Susanne Marie Gräfin von

Prösing, dann Juliana Dorothea Luise Gräfin von Limburg-Gaildorf (verwitwete Gräfin Löwenstein), dann zweimal eine Gräfin Starhemberg: Maria Dominica und Maria Bonaventura und schließlich Anna Franziska Gräfin von Auersperg, die ihn dann überleben sollte; Johann Wilhelm von Wurmbrand, in: Wurzbach: Biographisches Lexikon Bd. 58, S. 308.

300 Vgl. Hantsch: Schönborn S. 175 f. Der Duellversuch hatte für beide Beteiligten ein kurzzeitiges Hofverbot von ca. zwei Wochen zur Folge; vgl. hierzu das Handschreiben des Kaisers an den Obersthofmeister Anton Florian von Liechtenstein, die Grafen Windischgrätz und Schönborn wieder zum Hof zuzulassen, HHStA Wien, ÄZA K 27 (1715/17) vom 9. Februar 1717. In der Instruktion für den französischen Botschafter Duc de Richelieu (1725) wird der Reichsvizekanzler Schönborn als *„le plus grand ennemi"* des Grafen Windischgrätz vorgestellt; Sorel: Recueil des Instructions S. 231.

301 Zu den politischen Streitigkeiten zwischen dem Reichsvizekanzler und dem Reichshofratspräsidenten vgl. Hantsch: Schönborn S. 177, 242. Zu den Auseinandersetzungen zwischen Schönborn und Windischgrätz im sogenannten „Erbmännerstreit" des Alten Reiches vgl. Aretin: Das Alte Reich Bd. 2, S. 178.

302 Vgl. Braubach: Prinz Eugen Bd. 2, S. 321.

303 Vgl. Gschließer: Reichshofrat S. 327; über Windischgrätz äußerte Wratislaw, dieser habe *„zwar in Reichssachen einige Habilität"*, sei aber *„der größte Brouillon und Kabalist bei diesem Hof"*; vgl. Braubach: Prinz Eugen Bd. 2, S. 380.

304 Zwischen dem Haus Schönborn und dem Grafen Johann Wilhelm von Wurmbrand gab es seit dem Jahr 1700 enge Kontakte, und mehrmals konnte der Graf Wurmbrand in seinen verschiedenen Funktionen zugunsten der Schönborn einwirken; Schröcker: Patronage S. 159 f.

305 Hantsch: Schönborn S. 311; ferner Aretin: Das Alte Reich Bd. 2, S. 332.

306 Gschließer: Reichshofrat S. 339–340.

307 Hierzu zählten der Prinz Eugen, der Hofkammerpräsident Gundaker Graf von Starhemberg, der ehemalige Obersthofmeister Johann Leopold Donat Graf von Trautson, der österreichische Hofkanzler Philipp Ludwig Graf von Sinzendorf sowie der böhmische Hofkanzler Johann Wenzel Graf Wratislaw von Mittrowitz. St. Saphorin bezeichnete die Mitglieder der Geheimen Konferenz als *„le Party allemand"*, was sicherlich nicht deren Verbundenheit mit dem Reich skizzieren sollte; PRO London, SP 80/46, „Relation secrete" vom 1. Mai 1722.

308 Graf von Sinzendorf hatte seine Besitzungen vor allem in Oberösterreich und Mähren, Graf von Starhemberg in Oberösterreich, Graf von Trautson war vor allem in Tirol begütert, und Graf von Wratislaw verfügte über Besitzungen in Böhmen.

309 Braubach: Prinz Eugen Bd. 2, S. 128–151.

310 Vgl. Turba: Reichsgraf Seilern.

311 Ingrao: Joseph I. S. 135 f. Dies hatten auch die borussischen Historiker Sybel und Treitschke bereits als Vorwurf erhoben; vgl. Aretin: Das Reich S. 260 A. 16.

312 Schmidt: Joseph I. S. 194–198.

313 Klueting: Reich und Österreich S. 109–111. Ebenso bereits Hantsch: Schönborn S. 94.

314 Aretin: Das Reich S. 261. Ebenso Press: Josef I. S. 289.

[315] Press: Josef I. S. 287.

[316] Klueting: Reich und Österreich S. 110.

[317] Aretin: Das Reich S. 277 f.

[318] Aretin: Das Reich S. 288.

[319] Arneth: Correspondenz S. 77, 81.

[320] Arneth: Correspondenz S. 23–25.

[321] Arneth: Correspondenz S. 83. Dabei bezeichnet Wratislaw die Befürworter als *„partie"*.

[322] Wratislaw an Karl III. (29. Oktober 1709), zit. n. Arneth: Prinz Eugen Bd. 2, S. 472.

[323] PRO London, SP 80/46, „Relation secrete" vom 1. Mai 1722.

[324] Mit den vier Konferenzmitgliedern waren der Prinz Eugen, Fürst Trautson, die Grafen Philipp Ludwig von Sinzendorf und Graf Starhemberg gemeint.

[325] Gemeint ist folgendes: Die Nichte des Grafen Schönborn heiratete den Neffen der Gräfin Strattmann, die ihrerseits die Schwester der Gräfin Batthyáni war. Prinz Eugen wiederum stand mit der letztgenannten Gräfin auf äußerst vertrautem Fuße. St. Saphorin vermutet, daß beide Damen gemeinsam auf Prinz Eugen Einfluß nahmen, um sein Verhältnis zum Grafen Schönborn zu verbessern.

[326] Sorel: Recueil des Instructions S. 230. Bereits in der Instruktion für den französischen Botschafter Duc de Richelieu im Jahr 1725 findet sich der Hinweis auf Unstimmigkeiten zwischen Starhemberg und dem Prinzen Eugen; Arneth: Prinz Eugen Bd. 3, S. 100–102.

[327] Dies galt insbesondere für den Zeitraum von 1729 bis 1734; vgl. Braubach: Schönborn und Prinz Eugen S. 305–320. Ferner Aretin: Das Alte Reich Bd. 2, S. 324. Mit dem Rücktritt des Reichsvizekanzlers, so Aretin, „verlor Prinz Eugen einen Mann, der in der Konferenz meist auf seiner Seite gestanden hatte".

[328] Hantsch: Schönborn S. 50–52; Srbik: Wien und Versailles S. 33; Klingenstein: Kaunitz S. 48–50, die Kaunitz in etwas günstigerem Licht erscheinen läßt.

[329] Morandi: Relazioni S. 43: *„la dissonanza che passa fra il Ministero Tedesco, et il Spagnolo, ben nota all' Imperatore, e pur' tollerata"*.

[330] So erwähnt der venezianische Botschafter Marco Foscarini explizit die *„partito spagnuolo"*; vgl. Arneth: Relationen S. 108.

[331] Reitter: Der spanische Rat S. 105 f., 112–114. Über den spanischen Hof Karls III. Kalmár: La cort Barcelonina 299–302.

[332] Arneth: Correspondenz S. 112. Zu den Pensionen und Ehrenerweisen für die Hofmitglieder in Barcelona auch León Sanz: Entre Austrias y Borbones S. 90.

[333] Arneth: Correspondenz S. 113.

[334] Arneth: Correspondenz S. 126.

[335] Arneth: Correspondenz S. 130.

[336] Arneth: Correspondenz S. 118.

[337] *„Les étrangers, surtont les Espagnols bannis de leur pays, sans autre ressource que les grâces qu'ils reçoivent de l'Empereur [...]"*; Sorel: Recueil des Instructions S. 162.

[338] Arneth: Correspondenz S. 150, 183 f.

[339] Vgl. die Aussagen Karls im Briefwechsel an Wratislaw; Arneth: Correspondenz S. 157, 163, 203 und 206, 218.

[340] So der venezianische Botschafter Foscarini; vgl. Arneth: Relationen S. 127; ferner allgemein León Sanz: Entre Austrias y Borbones S. 91.

[341] Reitter: Der spanische Rat S. 101.

[342] Vehse: Geschichte Bd. 12, S. 193.

[343] Vgl. Tabelle 8.

[344] Reitter: Der spanische Rat S. 51; León Sanz: Los españoles austriacistas S. 165–167.

[345] Der venezianische Botschafter Foscarini schätzt die Gesamtsumme der Pensionszahlungen für die Spanier am Kaiserhof auf 500 000 fl.; vgl. Arneth: Relationen S. 108.

[346] Diese Versorgungsdekrete machen den überwiegenden Teil des Aktenbestandes von 3000 Dekreten Karls VI. aus, die unter dem Betreff „Spanischer Rat" im HHStA überliefert sind, vgl. Gasser: Spanisches Königtum S. 185 f. Sie haben alle die gleiche Einleitungsformel: *„In atencion a los particulares meritos y servicios [...]"*

[347] Zur Hälfte hatte Neapel diese Kosten zu tragen, die andere Hälfte war von Mailand und Sardinien beizusteuern. Ferner hatten diese drei Provinzen darüber hinaus noch 180 000 fl. jährlich zur Beamtenbesoldung aufzubringen; vgl. Reitter: Der spanische Rat S. 52. Das Zitat findet sich, leider ohne Angabe des Autors, bei Garms Cornides: Das Königreich Neapel S. 28. Hier auch eine Einschätzung der Relation von Pensionslasten und militärischen Ausgaben der Provinzen.

[348] Mecenseffy: Spanische Bündnispolitik S. 26 f. Es gelang Karl VI. allerdings nicht, den spanischen König zu einer vollständigen Wiedereinsetzung der exilierten Adligen in ihre alten Rechte zu bewegen. Vielmehr hatte man sich in Art. IX des Wiener Vertrages nur auf eine allgemeine Amnestie verständigen können; ferner León Sanz: Entre Austrias y Borbones S. 83.

[349] BayHStA München, Bayerische Gesandtschaft Wien K. 153 (27. Februar 1725).

[350] Im Jahr 1738 berichtete der venezianische Botschafter Niccolò Erizzo: *„il credito de quali [Spagnoli] per altro in presente è quasi intieramente scemato alla Corte"*; Arneth: Relationen S. 161.

[351] Kalmar: Porträt S. 272.

[352] Morandi: Relazioni S. 119.

[353] Morandi: Relazioni S. 119. Außerdem St. Saphorin: *„les Espagnols à qui l'Empereur marque le plus de confiance"*; PRO London, SP 80/46; vgl. ferner Lhotsky: Kaiser Karl VI. S. 65.

[354] So die Aussagen des englischen Gesandten St. Saphorin: *„mais avec cette observation, que les Espagnols ne sont point dans le cas des autres. Ils sont bien autorisés à en parler mal; mais jamais l'Empereur ne dit rien à aucun Ministre Allemand qui soit désavantageux a'ces Mess., et lors que quelque uns des Ministres Allemands veulent relever les fautes que commettent si fréquemment les Espanoles, l'Empereur ne leur repond rien"*; PRO London; SP 80/46.

[355] Hierzu ebenfalls St. Saphorin am treffendsten: *„L'Espagnolisme qui a déjà tant fait de mal, ne sera point abatû par la porte de son grand Protecteur, le Comte d'Althan"*; PRO London, SP 80/46.

[356] BayHStA München, Kasten schwarz 358 (10. Januar 1722).

357 BayHStA München, Kasten schwarz 358 (11. Februar 1722).

358 BayHStA München, Kasten schwarz 358 (14. Juni 1722).

359 BayHStA München, Bayerische Gesandtschaft Wien 153 (17. Januar 1725).

360 BayHStA München, Kasten schwarz 358 (22. März 1724): *„Wie dan auch, wenn ein Teutscher ein solches factum begangen hette, wurde man bereits gegen Ihne verfahren sein.“*

361 Zu seiner Teilnahme an den Ordensfeierlichkeiten vgl. Tabelle 13; zur Aufstockung der Pension: BayHStA München, Kasten schwarz 358 (6. August 1724).

362 Benedikt: Neapel S. 501.

363 Ebd. S. 506 f.

364 Don Antonio Pignatelli, Principe di Belmonte, stammte aus derselben Familie wie die Vertraute Karls VI., die Gemahlin des Grafen Althann. So urteilte Gundaker Graf von Dietrichstein (19. Juni 1734): *„besonders da verlautet, daß Bell Monte alles unglick gänzlich auf den Caraffa schieben, und sich damit auß der schlingen ziehen will, und ist grund, das Er ein Spanier ist, also dadurch bey Hofe alle Protection finden wird, mithin das absolutorium erhalten“*, Harrach (FA) K 64. Ebenso mußte auch Fürst Giulio Visconti, der zwar in Mailand geboren und in der Lombardei begütert war, aber während des spanischen Erbfolgekrieges Karl an den spanischen Hof folgte und damit ebenfalls zum Kreis der „spanischen Partei“ zählte, nicht bereuen, daß er als Vizekönig von Neapel mit seinem Hofstaat aus Neapel geflohen war, anstatt die Verteidigung Süditaliens zu organisieren; Benedikt: Neapel S. 493–503, 508–512; Julius Borromeo Graf Visconti, Fürst Beaumont, in: Wurzbach Bd. 51, S. 50. Die Bewerbung des Fürsten Visconti auf den Posten des Obersthofmeisters der Kaiserin kommentierte Gundaker Graf von Dietrichstein folgendermaßen: *„Von dem wällisch und spänischen Gesindl finde ich gar keines a propo, und verhoffe, das durch derley begebenheit der Kayser nicht auf ein Neues die arme Teutsche zu prohlituiren suchen werde, wie er bey der Römischen Crönung solches geschworen hat, keine Spanier und Welische zu denen Hofämbtern an- und aufnehmen [...] zu wollen“*, Harrach (FA) K. 64.

365 Rill: Karl VI. S. 89 f.; Bérenger: Geschichte S. 433; Reitter: Der spanische Rat S. 105 f.; Schmidt: Karl VI. S. 208; Benna: Königswahlplan S. 4; Redlich: Tagebücher S. 147 f.

366 Diese Personeneinteilung zit. bei Hantsch: Schönborn S. 375 A. 9; Press: Josef I. S. 279.

367 Aretin: Das Reich Bd. 2, S. 140 f.

368 Falke: Liechtenstein Bd. 3, S. 47.

369 Arneth: Prinz Eugen Bd. 2, S. 501 f. A. 37–40, der sich auf die Beobachtungen des venezianischen Gesandten Foscarini sowie des Marquese d' Este stützt; vgl. ferner Falke: Liechtenstein Bd. 3, S. 47; Kalmar: Porträt S. 270; Press: Haus Liechtenstein S. 54 f.; Hörmann: Fürst Anton Florian S. 194 f.

370 Press: Haus Liechtenstein S. 55.

371 Schon zu Beginn des 16. Jahrhunderts konnte man in Wien diese Erfahrung mit einem von spanischen Beratern umgebenen Herrscher machen. Als Ferdinand I. seine Herrschaft in den Erblanden antrat, war er ganz als spanischer Infant erzogen, und vertraute zu Amtsantritt insbesondere seiner spanischen Umgebung; vgl. Reitter: Der spanische Rat S. 24. Allerdings war diese besondere Vertrauensstel-

lung bei Ferdinand I., anders als bei Karl VI., auf die ersten Regierungsjahre beschränkt. Unter den engeren Beratern Ferdinands zu Beginn seiner Regierungszeit als Kaiser findet sich nur noch ein einziger Vertrauter, der seine Jugend mit Ferdinand in Spanien verbracht hatte, Martin de Guzmán; vgl. Laubach: Ferdinand I. als Kaiser S. 25.

372 BayHStA München, Kasten schwarz 358 (22. März 1724).

373 Arneth: Correspondenz S. 126.

374 Arneth: Correspondenz S. 86, ferner S. 74.

375 Arneth: Correspondenz S. 51. Dies unterstreicht er mit folgendem Bild: „*Und wan auch ein türk ein ehrlicher und tauglicher man were, werde mich selben auch neben meiner Unterthanen gebrauchen.*"

376 Müller: Gesandtschaftswesen S. 238 f.

377 Graf Gundaker von Dietrichstein an Aloys Thomas Graf Harrach; Harrach (FA) K. 64 (1. Januar 1735).

378 Müller: Gesandtschaftswesen S. 227.

379 Braubach: Prinz Eugen Bd. 4, S. 65 f. So wurde insbesondere aufgrund des Einflusses des Grafen Stella der Vizekönig von Neapel und Feldmarschall Graf von Daun – wegen Differenzen mit dem Spanier Mauleón an seinem Hof – vorzeitig abberufen und Graf von Gallas zu seinem Nachfolger gemacht.

380 Vgl. Reitter: Der spanische Rat S. 170 f.; Aretin: Das Alte Reich Bd. 2, S. 250.

381 Zu der Kompetenzabgrenzung bei der Regierung des Herzogtums Mailand zwischen Joseph I. und Karl III. vgl. den Vertragstext bei Gustav Turba: Pactum S. 105 f.; ferner Schulze: Hausgesetzgebung S. 267; Turba: Grundlagen Bd. 2, S. 136–157. Mailand fiel als Reichslehen in den Herrschaftsbereich des Kaisers, ohne daß Karl III. auf weitere Einwirkungsversuche deswegen verzichtet hätte. Zur Rolle der Kaiserin vgl. Reitter: Der spanische Rat S. 127 f.; die Besetzung des Statthalterpostens ist ebenfalls Gegenstand des Briefwechsels zwischen Graf Wratislaw und Karl III.; Arneth: Correspondenz S. 140.

382 So schrieb Prinz Eugen an den österreichischen Hofkanzler Baron von Seilern: „*Sarebbe necessario che SM Ces. reinerasse di rappresentare alla Maestà del Fratello il pregiudicio, che ne riceve nel non prendere le informationi di qualunque cosa spettante allo stato di Milano dal Governatore o Giunta di Governo, poichè in questa forma alcuni suoi Ministri non farebbero sortire da quella Corte molti Decreti, che non puonno sussitere e sono totalmente in danno dell' interesse di SM et impraticabili*"; zit. n. Reitter: Der spanische Rat S. 155. Die Hauptauseinandersetzung ging dabei über den Entzug finanzieller Mittel aus dem Herzogtum Mailand sowie um die Versuche der spanischen Umgebung Karls, auf Personalentscheidungen innerhalb des Herzogtums Einfluß zu nehmen; Kalmar: Porträt S. 270.

383 Braubach: Prinz Eugen Bd. 3, S. 245.

384 Reitter: Der spanische Rat S. 174, mit dem Verweis auf den beiderseitigen Briefwechsel.

385 Kalmar: Porträt S. 269.

386 Reitter: Der spanische Rat S. 221 und 248 f.

387 St. Saphorin äußerte über Harrach, „*qui est dans la dépendance du Favori*"; „lettre secrette" von St. Saphorin an den Grafen Townshend vom 5. Juni 1721, PRO London, SP 80/43; Stenitzer begründet die Nähe des Grafen Harrach zur spani-

schen Partei mit dessen Tätigkeit in Madrid als kaiserlicher Bevollmächtigter, um die Erbfolgeinteressen Leopolds I. am spanischen Hof zu vertreten; Stenitzer: Das Wirken Graf Harrachs S. 43 A. 10. Zum Protektionsverhältnis des Prinzen Eugen für die Familie Harrach s. u. Teil II, Kap. 2.

[388] Eine Bewertung, die auch in der historischen Forschung ihren Niederschlag gefunden hat; vgl. Mecenseffy: Spanische Bündnispolitik S. 2; Aretin: Das Alte Reich Bd. 2, S. 218, 264 (Sinzendorf als Anwalt erbländischer Großmachtinteressen), 300 f. (als Anwalt Spaniens).

[389] Redlich: Werden einer Großmacht S. 183 f.

[390] BayHStA München, Kasten schwarz 358 (18. März 1724). Mörmann spricht neben der verwandtschaftlichen Beziehung auch davon, daß sie *„gahr guete freundt zusammen seyen"*. Auch bei der Politik gegen Prinz Eugens Vertreter in den österreichischen Niederlanden, den Marquis de Prie, ließ sich die Koalition zwischen dem Grafen Sinzendorf und dem Marquis de Rialp beobachten; „Relation secrette" (1723), PRO London, SP 80/54.

[391] „Relation secrette" (1725), PRO London, SP 80/54. Auch Sorel: Recueil des Instructions S. 228: *„Le prince Eugène [...] est devenu aussi le principal objet de la jalousie de tous les autres ministres; mais son crédit avoit paru tellement prédominant qu'il étoit difficile d'attaquer le prince Eugène directement, en sorte que le comte de Zinzendorff [gemeint ist der österreichische Hofkanzler Sinzendorf] qui s'étoit sèparè de ses intérêts pour se lier avec ses enemies: le marquis de Perlas et le comte Savaglia, Catalans, jugea návoir point dáutre parti [...]."*

[392] Zu den Verhandlungen vgl. Braubach: Prinz Eugen Bd. 4, S. 220–229.

[393] Die politische Beurteilung der Wiener Verträge ist dabei strittig. Mecenseffy betont die Vorteilhaftigkeit des Vertrages für den Kaiser, während Aretin vor allem die zahlreichen ungelösten Probleme und Interessengegensätze aufzeigt, die den Vertrag letztlich wertlos machten; Mecenseffy: Spanische Bündnispolitik S. 31 f.; Aretin: Das Alte Reich Bd. 2, S. 302–305; klar negativ die Einschätzung bei Redlich: Werden einer Großmacht S. 191.

[394] „Relation secrette" (1722), PRO London, SP 80/46.

[395] Redlich: Werden einer Großmacht S. 190 f.

[396] Zum Parteienbegriff im allgemeinen Sprachgebrauch der Zeit vgl. die Artikel Parthey, Parti und Faction, Factio in: Zedler: Universal-Lexicon, Bd. 26 (1740), Sp. 1057 und Bd. 9 (1735), Sp. 64. Zum pejorativen Charakter des Begriffes „Partei" Beyme: Partei, Faktion S. 687.

[397] Pfister: Politischer Klientelismus S. 29 f.; Kettering: Patrons S. 5 und S. 224 f.

[398] Vgl. Reinhard: Freunde und Kreaturen S. 289; Kettering: Patronage S. 839.

[399] Weber: Prudentia S. 238–244, weist nach, daß im staatstheoretischen Diskurs des 17. Jahrhunderts Klientelstrukturen zunehmend als Hemmnis landesherrlicher Politik gesehen wurden. Auf die sozialen Praktiken am Hofe hatten diese kritischen Überlegungen indes keine Auswirkungen.

[400] Vgl. hierzu Eisenstadt/Roniger: Recent Developments S. 271–274. Eine umfassende Bibliographie zu diesen frühen Forschungen in Eisenstadt/Lemarchand (Hrsg.): Political Clientelism S. 297–330.

[401] Vgl. nur exemplarisch die zahlreichen Studien von Wolfgang Reinhard zu diesem Thema. Programmatisch hierzu Reinhard: Freunde und Kreaturen.

[402] Mettam: Power and Factions; Kettering: Patrons; Kettering: Patronage and Kingship; Kettering: Patronage.

[403] Vgl. Häberlein: Brüder, Freunde; Reinhard: Oligarchische Verflechtung.

[404] Vgl. Press: Kaiserliche Stellung S. 199–201; vgl. ferner Press: Patronat und Klientel S. 42–44; Aretin: Das Alte Reich Bd. 1, S. 99–115.

[405] Generell zu den möglichen Quellen, in denen Patronage- und Klientelbindungen aufscheinen können, vgl. Kettering: Patrons S. 10.

[406] Dies änderte sich erst mit der zunehmenden Trennung von Amt- und Privatgeschäften und dem damit einhergehenden Aufkommen eines Korruptionsbegriffes; vgl. Reinhard: Freunde und Kreaturen S. 289 und 305.

[407] Harrach (FA) K 96. Der Briefwechsel erstreckte sich von 1727 bis 1735.

[408] Harrach (FA) K 82. Der Briefwechsel erstreckte sich von 1705 bis 1739.

[409] Vgl. Arneth: Correspondenz S. 12.

[410] Vgl. Asch: Der Hof Karls I. S. 289 f.

[411] Kettering: Patrons S. 13.

[412] Laudé: Clientelism S. XXI f.

[413] Vgl. Wallace-Hadrill: Patronage 72 f.

[414] Harrach (FA) K 66 (5. Dezember 1728).

[415] Reinhard: Oligarchische Verflechtung S. 61.

[416] Harrach (FA) K 64 (23. April 1737).

[417] Zu der Verleihung *„Eure Excellenz […] zweifelsohne durch dero hohen Vorschub das meiste beygetragen haben"*, (1. Dezember 1739) Harrach (FA) K 67. Maximilian Ulrich von Kaunitz wandte sich ebenfalls an Graf Harrach mit der Bitte, dieser möge sich doch beim Kaiser für seine Aufnahme in den Orden der Ritter vom Goldenen Vlies einsetzen: *„Eure Familie ist bekannt, daß meine familie allbereits mit dieser Ehre begnadet gewesen seye: nicht minder ist derselbe allzu wohl wissend, daß meine vorfahren am ambt [des Landeshauptmanns von Mähren] jederzeit damit beehret gewesen seyn […]. Ich habe die gnad, Ihrer Kay. May. und dero glorreichen Vorfahren allbereits 35. Jahr zu dienen"* [20 Jahre als Reichshofrat, 15 Jahre als Geheimer Rat und Landeshauptmann] (28. Oktober 1734) Harrach (FA) K 82. Der Bitte war allerdings, im Gegensatz zu der vom Fürsten von Fürstenberg, kein Erfolg beschieden. Er erhielt das Goldene Vlies erst unter Maria Theresia. Ob sich dies allerdings auf ausbleibende Protektion zurückführen läßt, läßt sich aus dem Briefwechsel nicht entnehmen.

[418] Vgl. Laudé: Clientelism S. XX: „A patron-client relationship is a vertical dyadic alliance, i.e. an alliance between two persons of unequal status, power or ressources each of whom finds it useful to have as an ally someone superior or inferior to himself."

[419] S. o. Teil II, Kap. 1c.

[420] Harrach an Prinz Eugen (3. August 1726), zit. n. Braubach: Prinz Eugen Bd. 4, S. 456 A. 93.

[421] S. o. Teil II, Kap. 1d.

[422] Braubach: Prinz Eugen Bd. 3, S. 152 f.

[423] Vgl. Gschließer: Reichshofrat S. 386.

[424] Herchenhahn: Geschichte des kaiserlichen Reichshofrats Bd. 2, S. 85.

[425] Gschließer: Reichshofrat S. 382–416.

[426] Harrach (FA) K 64 fol. 1–40.

[427] Harrach (FA) K 64 (19. Juli 1725).

[428] Harrach (FA) K 66 (6. Juli 1729).

[429] Vgl. Schröcker: Patronage S. 157.

[430] Ebd. S. 157–163.

[431] Ebd. S. 167.

[432] (2. Februar 1735) Harrach (FA) K 64. Wiederholung der Bitte am 2. März 1735.

[433] Vgl. hierzu Aretin: Das Alte Reich Bd. 2, S. 335.

[434] S. o. Teil I, Kap. 2.

[435] Vgl. Braubach: Prinz Eugen Bd. 1, S. 290 und 315, schildert für das Jahr 1701 die Auseinandersetzung zwischen Ferdinand Bonaventura Graf von Harrach und Dominik Andreas Graf von Kaunitz um die Besetzung der Hofkriegsrats/Hofmarschallstelle, die dieser seinem Schwager Graf von Martinitz zuschanzen wollte, während jener seinen Sohn protegierte.

[436] Asch dagegen rechnet die hohen Adligen zu den Klienten des Herrschers, vgl. Asch: Hof Karls I. S. 293.

[437] Vgl. Kettering: Patrons S. 150–175, der den Machtzuwachs des französischen Königs wesentlich mit erfolgreicher königlicher Patronagepolitik zu deuten sucht.

[438] Vgl. Maczak: Patronage S. 87; Kettering: Patrons S. 178f.

[439] Brief an Aloys Thomas Graf Harrach vom 3. November 1734; Harrach (FA) K 64.

[440] Brief an Aloys Thomas Graf Harrach vom 5. Januar 1735; Harrach (FA) K 64. Dennoch bekam er diesen Posten nicht zugesprochen.

[441] Vgl. Holl: Starhemberg S. 28–31.

[442] Vgl. hierzu Hantsch: Schönborn S. 375 A. 10.

[443] Brief an Aloys Thomas Graf Harrach vom 3. November 1734; Harrach (FA) K 64.

[444] Graf Gundaker von Dietrichstein an Aloys Thomas Graf Harrach; Harrach (FA) K 64 (8. Januar 1735).

[445] Vehse: Geschichte Bd. 12, S. 305.

[446] Mousnier definiert Ämterkäuflichkeit mit den Worten: „vénalité des offices signifiera le commerce organisé en système par l'État"; vgl. Mousnier: La vénalité S. 13f. Diese Definition wird auch aufgegriffen von Malettke: Ämterkauf S. 4.

[447] Zu den Bemühungen des Prinzen Eugen, diese Vergabepraxis einzuschränken, vgl. Arneth: Prinz Eugen Bd. 3, S. 82f.

[448] Im einzelnen zahlte Graf Gallas zweimal 100000 fl., Fürst Wenzel Liechtenstein insgesamt 180000 fl., Graf Franz Cernin 100000 fl. und Graf Waldstein 70000 fl.; vgl. Mensi: Finanzen S. 677.

[449] Ebd. S. 679.

[450] Das Urteil des Hoch- und Deutschmeisters Johann Caspar von Ampringen, das dieser 1681 über den Hof Leopolds I. fällte, läßt sich ohne Abstriche auch auf den Hof Karls VI. übertragen: „*Von gelt oder güthern is bey iezigen des Hoffs zustandt, wans auch schon versprochen würdt, kein sichere oder doch schlechte hoffnung zu machen [...]*"; zit. n. Spielman: Status as Commodity S. 111.

[451] HKA Wien, KZAB 7 (1720), fol. 239.

[452] HKA Wien, KZAB 7 (1720), fol. 241.

[453] HKA Wien, KZAB 14 (1727), fol. 297.

[454] HKA Wien, KZAB 7 (1720), fol. 256. Im Jahr 1727 gab die Hofkammer schon ca. 419000 fl. Für die kaiserlichen Gesandtschaften aus: HKA KZAB 14 (1727), fol. 332.

[455] Vgl. Müller: Gesandtschaftswesen S. 172.

[456] Sapper: Zahlamtsbücher S. 405–408, 423 f., 443 f.

[457] Vgl. Müller: Gesandtschaft S. 163; zu den Länderkammern vgl. Fellner/ Kretschmayr: Die österreichische Zentralverwaltung Bd. I/1, S. 92.

[458] Brief von Johann Franz Graf von Dietrichstein (12. Februar 1729), Harrach (FA) K 64 fol. 29.

[459] HKA Wien, KZAB 14 (1727), fol. 295.

[460] S. o. Teil II, Kap. 1c.

[461] Müller: Gesandtschaftswesen S. 164 f.

[462] Mensi: Finanzen S. 558. Den Zusammenhang zwischen finanziellen Auszahlungen der Hofkammer und einem sozialen Beziehungsnetz am Kaiserhof betont zu Recht Hengerer: Adelsintegration S. 27 f.

[463] HKA Wien, KZAB 7 (1720), fol. 320a, weist für das Gesamtjahr Kosten von 6 654 237 fl. aus.

[464] Vgl. Mensi: Finanzen S. 655. In den Jahren 1734 und 1740 kam es zu ähnlichen Vorschlägen in der Finanzkonferenz. Ein Beschluß erfolgte allerdings in beiden Fällen nicht.

[465] Vgl. Keyssler: Neueste Reisen S. 1233.

[466] Vgl. Tabelle 9a und b. Bei den vorhandenen Cassa-Rechnungen lassen sich nur für drei Jahre höhere Ämtereinnahmen als Haushaltskosten feststellen (1722: 1378 fl.; 1732: 20188 fl.; 1733: 3383 fl.). In allen anderen Jahren konnten die Amtseinkünfte die Repräsentationskosten hingegen nicht decken (1721: –19276 fl.; 1724: –17653 fl.; 1725: –5708 fl.; 1734: –10393 fl.; 1736: –25462 fl.; 1737: –1247 fl.; 1738: –7495 fl.).

[467] Hierzu ausführlich in Teil IV, Kap. 3.

[468] Quellen: HHStA Wien, Herrschaftsarchiv Jaidhof (Kassarechnungen und Rechnungsbücher): I/36, 50 (S. 20–22) [1721]; I/36, 65 (S. 2–29) [1732]; I/36, 68 (S. 28 f.) [1733]; I/36, 79 (S. 38 f.) [1737]; I/36, 81 (S. 43–45) [1738]; V/1 (S. 21) [1722]; V/1 (S. 22) [1724]; V/1 (S. 16) [1725]; V/1 (S. 31–33) [1734]; V/1 (S. 34–36) [1736].

[469] In dieser Kassarechnung sind nur die Einkünfte der Herrschaft Gföhl verzeichnet. Die in allen anderen Kassarechnungen verbuchten Einnahmen aus den Herrschaften Seelowitz, Karlswald und Sabor fehlen.

[470] Nicht in der Tabelle aufgeführt ist eine Einnahme von 120522 fl., die in der Kassarechnung mit der Überschrift „Empfang aus Ihro hochgräflichen Excellenz selbst gnädigen Händen" vermerkt ist.

[471] Diese Kosten umfassen auch die Reisespesen nach Karlsbad, Prag und Linz, als Philipp Ludwig Graf von Sinzendorf die kaiserliche Familie zuerst zur Kur nach Karlsbad und anschließend zur Huldigung der oberösterreichischen Stände begleitete.

[472] Unterhalt für die Söhne Johann Wilhelm Edmund, Octavian Graf Nikolaus sowie Joseph Bernhard, Grafen von Sinzendorf.

[473] Johann Philipp an Leopold Josef Graf von Lamberg (8. Mai 1694, Passau), zit. n. Müller: Habsburgischer Adel S. 90; vgl. ferner o. Teil II, Kap. 1, S. 30 f.

[474] Vgl. Kruedener: Rolle des Hofes S. 43–46 und S. 48–51, der am Hof eine „Monopolisierung ökonomischer Chancen" in den Händen des Fürsten erkennen mag.

[475] Vgl. noch zuletzt Müller: Fürstenhof S. 33–35.

[476] Ehalt: Ausdrucksformen S. 41, spricht von der „Möglichkeit einer standesgemäßen Versorgung durch ein besoldetes Hofamt", um gleich anschließend zu erwähnen, daß „viele Adlige den Ehrendienst ohne Besoldung leisteten".

[477] Hassenpflug-Elzholz: Böhmen S. 338 und 344.

[478] Vgl. Klingenstein: Kaunitz S. 266 f.

[479] Vgl. Stekl: Finanzen S. 67.

[480] HAL Vaduz, Instruktion des Fürsten Karl Eusebius, fol. 335.

[481] HAL Vaduz, Instruktion des Fürsten Karl Eusebius, fol. 336.

[482] Allein von den Inhabern kaiserlicher Führungsämter waren jüngere Söhne: Johann Leopld Donat Fürst Trautson, Anton Florian Fürst Liechtenstein, Sigmund Rudolf Graf Sinzendorf, Adam Franz Fürst Schwarzenberg, Hieronymus Graf Colloredo, Gundaker Thomas Graf Starhemberg, Philipp Ludwig Graf Sinzendorf, Franz Ferdinand Graf Kinsky und Wilhelm Albert Graf Kollowrat; nach Wurzbach: Biographisches Lexikon.

[483] HAL Vaduz, Instruction fol. 336.

[484] Vgl. Tabelle 9.

[485] Allgemein: Knittler: Renten S. 192–194; Kittler: Adel S. 45–54; ders.: Between East und West S. 154 ff. (Anm. 4 mit weiterer Literatur); Winkelbauer: Robot und Steuer; Winkelbauer: Herren und Holden S. 73–79; Bastl: Besitzstruktur; Berthold: Einkommensstruktur. Zu den Maßnahmen einzelner Familien: Oberhammer: „Stuck und Güeter" S. 34–45; Stekl: Finanzen S. 64–85; Beine: Kaunitz-Rietberg S. 441–465; Klingenstein: Kaunitz S. 31 f., 62–72, 127–130; zum böhmischen Adel generell: Hassenpflug-Elzholz: Böhmen; Klima: Agrarian Class Structure.

[486] Zum Aufstand in Ungarn allgemein Evans: Werden der Habsburgermonarchie S. 195 f.; Bérenger: Geschichte des Habsburgerreiches S. 423–429, der den Aufstand etwas verfehlt als ungarischen Unabhängigkeitskrieg deutet.

[487] Knittler: Renten, Nutzen, Erträge S. 87 ff.; ferner Otruba: Wirtschaftssystem S. 74.

[488] Stekl: Finanzen S. 70 f.

[489] Knittler: Nutzen S. 107.

[490] Winkelbauer: Fürstendiener S. 34.

[491] Braubach: Prinz Eugen Bd. 5, S. 15.

[492] Ebd. S. 16.

[493] Vgl. Tabelle 9.

[494] Angaben entnommen aus: Elia Hassenpflug-Elzholz: Böhmen und die böhmischen Stände in der Zeit des beginnenden Zentralismus. Eine Strukturanalyse der böhmischen Adelsnation um die Mitte des 18. Jahrhunderts, München 1982, S. 312–329.

[495] Vgl. Bastl: Besitzstruktur; Berthold: Einkommensstruktur.

[496] Hassenpflug-Elzholz: Böhmen S. 332.

497 Vgl. Hassenpflug-Elzholz: Böhmen S. 346.

498 Dies war das Ergebnis von Teil II, Kap. 1 b.

499 Winkelbauer: Fürstendiener S. 34 f.

500 HKA Wien, KZAB 14 (1727), fol. 86 f.

501 HKA Wien, KZAB 14 (1727), fol. 66.

502 HKA Wien, KZAB 14 (1727), fol. 89.

503 HKA Wien, KZAB 14 (1727), fol. 123.

504 HKA Wien, KZAB 14 (1727), fol. 77.

505 HKA Wien, KZAB 14 (1727), fol. 86.

506 HKA Wien, KZAB 14 (1727), fol. 66.

507 HKA Wien, KZAB 14 (1727), fol. 89 und fol. 168.

508 HKA Wien, KZAB 7 (1720), fol. 59–320a.

509 HHStA Wien, ÄZA K 32 (1723–1725) unfol. Das Hofkonferenzgutachten ist hier erneut in den Akten aufgeführt worden, als die Hofkonferenz über die Gehaltsanweisung für den neuernannten Obersthofmeister Sigmund Rudolf Graf von Sinzendorf zu befinden hatte.

510 Zolger: Hofstaat S. 140.

511 Schröcker: Besitz und Politik S. 218.

512 Noel: Reichsbelehnungen S. 110.

513 Vgl. Tabelle 12; vgl. ferner Gross: Reichshofkanzlei S. 130.

514 Vgl. Tabelle 9. Zum Jahresgehalt des Grafen Philipp Ludwig Graf von Sinzendorf auch HKA Wien, KZAB 7 (1720), fol. 155.

515 Erstellt nach: Lothar Gross: Die Geschichte der deutschen Reichshofkanzlei von 1559 bis 1806 (Inventare Österreichischer Staatlicher Archive, 5), Wien 1933, S. 130.

516 HKA Wien, KZAB 3 (1715/16), fol. 319.

517 HKA Wien, KZAB 3 (1715/16), fol. 239.

518 HKA Wien, KZAB 3 (1715/16), fol 239.

519 OÖLA Linz, Starhemberg Archiv (Verschiedene Herrschaften), Schachtel 30, fasc. 11 (24. April 1715): Brief Karls VI. an Gundaker Thomas Graf von Starhemberg; vgl. ferner Holl: Hofkammerpräsident S. 428.

520 BayHStA München, Äußeres Archiv 4352, fol. 209 (21. Februar 1731).

521 Braubach: Prinz Eugen Bd. 5, S. 16 f.

522 Ebd., S. 18.

523 Vgl. Mensi: Finanzen S. 621.

524 OÖLA Linz, Starhemberg Archiv (Verschiedene Herrschaften), Schachtel 30, fasc. 11 (24. April 1715); vgl. ferner Holl: Hofkammerpräsident S. 428 A. 97.

525 OÖLA Linz, Starhemberg Archiv (Verschiedene Herrschaften), Schachtel 30, fasc. 11 (24. April 1715).

526 So St. Saphorin über die Intention des Kaisers bei der Freigebigkeit von Gratifikationen an seinen Favoriten; PRO London, SP 80/46.

527 Vgl. Morandi: Relazioni S. 119 f.

528 Vehse: Geschichte Bd. 12, S. 208.

529 Hierzu ausführlich St. Saphorin in seiner Relation secrete vom 1. Mai 1722; PRO London, SP 80/46, fol. 2: „Aussi depuis cette mort, l'Empereur [...] n'y a point trouvé de plus grand soulagement, que celuy de répandre à pleines mains ses biens faits sur la veuve, et sur les Enfans."

530 PRO London, SP 80/46.

531 Zu der Amtszeit des Kardinals Althann vgl. Benedikt: Neapel S. 267–372. St. Saphorin charakterisiert ihn kurz und knapp als „*un homme fougueux et incapable*", doch ist dieses Urteil, wie alle Stellungnahmen Saphorins zur Familie Althann, nicht „sine ira et studio" entstanden; PRO London, SP 80/46.

532 Klein: Erhebungen S. 169. Dies betraf insbesondere den kaiserlichen General Antonio Pignatelli, Marchese di San Vincenzo und Principe di Belmonte, der im polnischen Erbfolgekrieg als General der Kavallerie gegen die vorrückenden Spanier in Süditalien kämpfen sollte.

533 Vgl. Mecenseffy: Spanische Bündnispolitik S. 25.

534 Ebd.

535 Vgl. Hartmann: Geld als Instrument S. 66. Die Gesamtkosten der Heirat beliefen sich auf 4 Millionen Gulden, was den bayerischen Staatseinkünften eines ganzen Jahres entsprach (ebd. S. 67 f.).

536 Ebd. S. 55 A. 136. (1716). Zu den jährlichen Amtseinkünften des österreichischen Hofkanzlers vgl. Tabelle 9.

537 BayHStA München, Bayerische Gesandtschaft Wien 83.

538 BayHStA München, Bayerische Gesandtschaft Wien 83.

539 Vgl. Gerüchte zum Mätressenwesen (unwahrscheinlich); Kalmar: Zum Porträt S. 275 Anm. 24.

540 Hartmann: Geld als Instrument S. 67.

541 Gross: Reichshofkanzlei S. 133 A. 161.

542 Hartmann: Geld als Instrument S. 61.

543 Gehling: Ein europäischer Diplomat S. 34 f.

544 Arneth: Prinz Eugen Bd. 2, S. 553 f., Anm. 25–27.

545 Die Unterscheidung des vormodernen Amtsträgers vom modernen Fachbeamtentum klassisch bei Weber: Wirtschaft und Gesellschaft S. 126. Die klare Trennung von Amts- und Privatgeschäften und Amts- und Privatvermögen ist dabei eine kategoriale Unterscheidung, die erst die moderne Verwaltung kennt, nicht aber die patrimoniale Verwaltung. Eine Diskussion dieser idealtypischen Kategorien bei Reinhard: Staatsgewalt S. 125–132 und S. 134.

546 HKA Wien, KZAB 7 (1720), fol. 64, 72, 155.

547 HKA Wien, KZAB 7 (1720), fol. 59, 64, 80, 155.

548 Vgl. Braubach: Prinz Eugen Bd. 5, S. 17.

549 Ebd. S. 19

550 Arneth: Relationen S. 94.

551 Vgl. Tabelle 9.

552 Bourdieu: Kapital S. 185–190.

553 Ebd. S. 186 f.

554 Zum Habitusbegriff vgl. Bourdieu: Unterschiede S. 175, 354, 585, 617, 657, 686, 722; ders.: Sozialer Sinn S. 97–121.

555 S. o. Teil I und Teil II, Kap. 1.

556 Müller: Aristokratisierung S. 34.

557 Küchelbecker: Allerneueste Nachricht S. 688.

558 Vgl. Stichweh: Universität S. 269 f.

⁵⁵⁹ Brizzi: Formazione S. 31 und 38–41, der den größten Zulauf an die Ritterakademien von Bologna, Modena, Parma und Siena im Zeitraum zwischen 1660 und 1720 feststellt. Allein auf der Ritterakademie in Parma waren aus den Erblanden von 1670 bis 1740 insgesamt 530 Adlige eingeschrieben; ein Anteil von 20 %. Weitere 184 Studenten kamen aus dem Reich (ein Anteil von knapp 7 %). In Bologna waren im selben Zeitraum 25 Studenten aus den Erblanden, weitere 13 aus dem Reich, in Siena stellten Angehörige des erbländischen Adels 82 Studenten.

⁵⁶⁰ Zu den Adelsstudenten an süddeutschen Universitäten vgl. Müller: Aristokratisierung S. 40–42.

⁵⁶¹ Weigle: Perugia S. 127–144; Weigle: Pisa S. 173 ff.; Brizzi: Pratica del viaggio S. 208; Conrads: Ritterakademien S. 270, der die Matrikel der Universität Siena quantitativ ausgewertet hat.

⁵⁶² Wagenseil: Von der Erziehung S. 14–16.

⁵⁶³ Lünig: Theatrum Ceremoniale Bd. 1, S. 387.

⁵⁶⁴ Lünig: Theatrum Ceremoniale Bd. 1, S. 387: „*Sonderlich aber gebraucht man sich öfters solcher Secretarien mit grossen Nutzen, wenn ein Souverain, zu Erspahrung der Unkosten, einer begüterten Standes-Person eine Ambassade commitiret, diese aber die zu einer so wichtigen Function erforderliche Requisita nicht hat; denn da kömmt alles auf einen geschickten Gesandtschaffts-Secretarium an, welcher die Poltzen verfertiget, so der Ambassadeur verschiessen muß.*"

⁵⁶⁵ Lünig: Theatrum Ceremoniale Bd. 1, S. 385: „*denn ein Ambassadeur wird deswegen von seinem Principalen an einem anderen Hofe mit grossen Kosten unterhalten, nicht aber in seinem Cabinet Verse zu machen, sich mit seiner Courtisanin im Bette zu divertiren, oder den Stein der Weisen hinter einem Schmeltz-Ofen zu suchen […]. Vornehmlich aber soll er sich bemühen, sich mit einem modesten majestätischen Staat und honorablen Gefolg in allen öffentlichen Functionen, die an dem Hofe, wo er sich befindet, gehalten weden, sehen zu lassen, und dabey den Rang seines hohen Principalen zu behaupten.*"

⁵⁶⁶ Lünig: Theatrum Ceremoniale Bd. 1, S. 385; vgl. ferner Braungart: Hofberedsamkeit S. 142–148.

⁵⁶⁷ HAL Vaduz, Instruktion des Fürsten Karl Eusebius von Liechtenstein für seinen Sohn, Johann Adam von Liechtenstein [Abschrift Bibliothek Vaduz]; HAL Vaduz, Karton 98: Instruktion Hartmanns von Liechtenstein für Anton Florian von Liechtenstein (1. 10. 1674); HAL Vaduz, Karton 567: Instruktion Anton Florians von Liechtenstein für Joseph Wenzel von Liechtenstein s. d. (1715).

⁵⁶⁸ HAL Vaduz, Karton 98: Instruktion Hartmanns von Liechtenstein für Anton Florian von Liechtenstein (1. 10. 1674).

⁵⁶⁹ HAL Vaduz, Karton 98.

⁵⁷⁰ Vgl. Heiss: Erziehung und Unterricht S. 168.

⁵⁷¹ Zu der Bezeichnung „Ritterakademie" Conrads: Ritterakademien S. 15 f. Der Begriff „Ritter" ist dabei nicht deckungsgleich mit dem geburtsständischen Rang des Ritters als Teil des niederen Adels, sondern meint den Adel als Ganzes. Auch die zahlreichen äquivalenten Einrichtungen, wie die „collèges" in Frankreich und die „collegi dei nobili" in Italien, werden in dieser Arbeit einheitlich mit dem Begriff „Ritterakademie" umschrieben.

⁵⁷² Brizzi: Pratica del viaggio S. 207 f.

[573] Hier insbesondere die von den Benediktinern 1711 gestiftete Ritterakademie in Ettal, vgl. Mayer: Ständische Akademie S. 314; Klingenstein: Kaunitz S. 149 f.

[574] Vgl. hierzu Küchelbecker: Allerneueste Nachricht S. 657: *„die meisten Studenten arme Bettler sind, welche vom Allmosen leben".* Vgl. ferner Klingenstein: Vorstufen S. 352; ferner Müller: Aristokratisierung S. 35.

[575] Klingenstein: Kaunitz S. 151 f.

[576] Klingenstein: Vorstufen S. 343.

[577] Klingenstein: Vorstufen S. 346 f. Die Kosten einer adligen Kavalierstour konnten leicht mehr als 10000 fl. betragen, vgl. Conrads: Probleme der Kavalierstour S. 57; Grosser: Reiseziel Frankreich S. 25–30, mit zahlreichen Beispielen. Antje Stannek errechnete die durchschnittlichen Kosten einer Kavalierstour Ende des 17. Jahrhunderts mit 250 fl. pro Monat für die Grafen Leopold Joseph und Karl Adam von Lamberg (1674–1677) und 1000 fl. pro Monat für den Fürsten Ferdinand von Fürstenberg (1680–1681). Bei den Grafen Lamberg kostete die Kavalierstour insgesamt 12000 fl., beim Fürsten von Fürstenberg 11000 fl.; Stannek: Höfische Bildungsreise S. 186–196.

[578] Vgl. für Wien: Mayer: Ständische Akademie S. 350–352. Eine Ausnahme waren allerdings die Grafen Johann Philipp und Friedrich Karl von Schönborn, die beide ab 1695 als Akademisten an der Wiener Landschaftsakademie eingeschrieben waren, vgl. Conrads: Historie und Jus S. 133.

[579] Klingenstein: Vorstufen S. 356; Grosser: Reiseziel Frankreich S. 32 f.; vgl. ferner Conrads: Ritterakademien S. 271, und ders.: Probleme der Kavalierstour S. 59, der darin allerdings die Wirksamkeit landesherrlicher Reiseverbote günstiger beurteilt.

[580] Heiss: Erziehung und Unterricht S. 162, zu den Verhandlungen zwischen dem Fürsten Anton Florian von Liechtenstein, dem Kaiser und der böhmischen Hofkanzlei um die Genehmigung der Kavalierstour für Joseph Wenzel von Liechtenstein.

[581] Klingenstein: Vorstufen S. 349.

[582] Kagan: Universities S. 166 f. und 174. So gab es im Jahr 1700 ca. 40 „collegi dei nobili" in Italien. Darunter waren diejenigen in Parma, Bologna, Modena, Siena und Turin besonders stark frequentiert. Vgl. ferner die statistische Auswertung bei Brizzi: Formazione S. 208.

[583] Brizzi: Formazione S. 207.

[584] Müller: Aristokratisierung S. 35.

[585] Klingenstein: Vorstufen S. 348.

[586] Kagan: Universities S. 177, Brizzi: Formazione S. 22–30.

[587] HAL Vaduz, Karton 98.

[588] Hierzu schon Castiglione; Cordiè: Opere di Baldassare Castiglione S. 125: *„Così chi conversa con ignoranti o mali, è tenuto per ignorante o malo; e per contrario chi conversa con boni e savii e discreti, è tenuto per tale: ché da natura par che ogni cosa volentieri si congiunga col suo simile";* vgl. ferner Scheffers: Höfische Konvention S. 16 f.

[589] Heiss: Erziehung und Unterricht S. 170 und S. 180 A. 153.

[590] Anton Florian erwähnte in seinen Briefen nach Wien insbesondere die Grafen Trautson, Kolowrat, Götz; ebd. S. 180 A. 151.

[591] Müller: Aristokratisierung S. 43. Dabei reisten adlige Studenten meist gemein-

sam mit einem Hofmeister und richteten – oft mit anderen Adelsstudenten – einen gemeinsamen Haushalt am Studienort ein, an welchem sie gewissermaßen hofhalten konnten.

[592] Mayer: Ständische Akademie S. 350–352. Die hohen Kosten der Wiener Akademie erwähnt Conrads: Historie und Jus S. 123.

[593] Brizzi: Pratica del viaggio S. 206; Mayer: Ständische Akademie S. 313.

[594] Vec: Zeremonialwissenschaft S. 185–192.

[595] Als Tendenz gilt dies auch für den Kaiserhof in Wien, doch behält das Lateinische hier weiterhin große Bedeutung. Insbesondere bei den politischen Geschäften im Reich waren Lateinkenntnisse unerläßlich; vgl. Gschließer: Reichshofrat S. 332, ferner Müller: Gesandtschaftswesen S. 246f. Latein und Deutsch waren in den Wahlkapitulationen auch als verbindliche Verkehrssprache des Reiches festgeschrieben, Londorp VIII. S. 359.

[596] Hübl: Schulen S. 383.

[597] Mayer: Ständische Akademie S. 313, ferner Müller: Gesandtschaftswesen S. 248.

[598] Mittels eines goldenen Abzeichens mit dem Wappen von Niederösterreich war dieses Privileg für alle sichtbar, vgl. Garretson: Landständische Akademie S. 115.

[599] ÖNB Cod. 7853, fol. 143; vgl. Garretson: Landständische Akademie S. 122–124.

[600] Garretson: Landständische Akademie S. 114 f.

[601] Vgl. Stichweh: Universität S. 263.

[602] Stichweh: Universität S. 343.

[603] Hammerstein: Jus und Historie S. 254 A. 194.

[604] Vec: Zeremonialwissenschaft S. 204–208.

[605] HAL Vaduz, Karton 567: Auf der Länderreise solle sich Joseph Wenzel von Liechtenstein mit Hilfe von „*Studium undt Exercitia zu einer dem publico nüzlichen, auch uns undt unserm fürstlichen Haus so wohl als seiner liebsten selbsten rühmlichen maturität bringen*" lassen.

[606] Moser: Studio juris C 2 § 5.

[607] Vgl. Klingenstein: Vorstufen S. 339. Insbesondere die Jesuiten hielten das Lehren von Reiten, Fechten und Tanzen sowie die Orientierung auf moderne Sprachen für unstatthaft und rechneten sie zu den „*weltlichen Wollüsten*".

[608] Vgl. Vec: Zeremonialwissenschaft S. 200–204.

[609] Klingenstein: Vorstufen S. 349, Hammerstein: Deutsche Universitäten S. 74.

[610] HAL Vaduz, Karton 567.

[611] Hammerstein: Deutsche Universitäten S. 74–78.

[612] Conrads: Historie und Jus S. 125; zur Universität Wien allg. Hammerstein: Aufklärung S. 170–178.

[613] Klingenstein: Vorstufen S. 331, hier weitere Literatur.

[614] Brizzi: Pratica del viaggio S. 200 ff.; Stichweh: Universität S. 277. Über die Verschränkung von Aufenthalten an Akademien und Universitäten mit der Kavalierstour auch Stannek: Höfische Bildungsreise S. 68–73.

[615] Zu den zunehmend standardisierten Routen der Kavalierstour und ihren bevorzugten Reisezielen vgl. Grosser: Reisen S. 140.

[616] Heiss: Erziehung und Unterricht S. 165, wo die Reiserouten der fünf Fürsten von Liechtenstein dargestellt sind; zu den Kavalierstouren der Fürsten von Fürstenberg vgl. Maurer: Fürstenberg 74–82; zum Bildungsgang der Grafen von Lamberg Stannek: Höfische Bildungsreise S. 120–125.

[617] Diese Idealrouten finden sich auch als Leitmotiv im zeitgenössischen Diskurs zur Kavalierstour wieder; vgl. Grosser: Reiseziel Frankreich S. 21 A. 5; vgl. ferner Loebenstein: Kavalierstour S. 81 f.

[618] HAL Vaduz, Instruktion des Fürsten Karl Eusebius fol. 315.

[619] HAL Vaduz, Instruktion des Fürsten Karl Eusebius fol. 316. Allgemein zu Frankreich als Zentrum der vorbildlichen Adelskultur Grosser: Reiseziel Frankreich S. 54 f.

[620] HAL Vaduz, Instruktion des Fürsten Karl Eusebius fol. 314–333; ferner Grosser: Reisen S. 143 f.

[621] HAL Vaduz, Karton 567.

[622] Zum Aspekt des höfischen Geschmacks, seiner sozialen Funktion sowie der Repräsentationspraxis des höfischen Adels am Kaiserhof ausführlich Teil IV dieser Arbeit.

[623] Brief an Aloys Thomas Graf Harrach vom 31. Juli 1734; Harrach (FA) K 66.

[624] So begründete Aloys Graf von Harrach seine Bitte an den Kaiser um eine Amtswürde für seinen jüngsten Sohn Ferdinand am Hof nicht nur mit Studium und Länderreise, sondern auch mit in Neapel gesammelten Erfahrungen in politischen Dingen: *„und meines vierten und jüngsten Sohn Ferdinand, so vier und zwanzig Jahr alt, und nach seinem Studium und hinterlegten Länder Reiß, von seit zwei Jahren sich bey mir hier [Neapel] befindet, und in apertirung deren vechten [fechten] nicht allein, sondern auch in Sachen des governo, statuten, pragmatiquen, und was in publicis ihme fähig machen kann, mit allem fleiß sich applicieret"*, Harrach (FA) K 56 fol. 410 (28. Dezember 1732); zur Bedeutung der praktischen Erfahrung auch Weber: Prudentia S. 37; Sellin: Politik S. 817–819.

[625] Vgl. Reichardt: Honnête Homme S. 368 f.

[626] Die Natürlichkeit und Leichtigkeit des Auftretens war in allen höfischen Verhaltenslehren fester Bestandteil. Baldassare Castiglione erklärte die *„sprezzatura"* zum Ideal höfischen Auftretens, vgl. als Locus classicus Castiglione: Il Cortegiano S. 47, der über den Ursprung der Grazie – dem höfischen Schönheitsideal – als *„una regula universalissima"* verlautbart: *„e ciò è fuggir quanto più si po, e come un asperissimo e periculoso scoglio, la affettazione; e, per dir forse una nova parola, usar in ogni cosa una certa sprezzatura, che nasconda l' arte, e dimostri, ciò che si fa e dice, venir fatto senza fatica e quasi senza pensarvi. […] Però si po dir quella esser vera arte, che non appare esser arte; ne più in altro si ha da poner studio, che nel nasconderla: perché se è scoperta, leva in tutto il credito, e fa l'omo poco estimato."* Und Baltasar Gracián führte aus: *„Die ausgezeichnetsten Eigenschaften büßen durch Affektation ihr Verdienst ein, weil sie jetzt mehr durch Kunst erzwungen als aus der Natur hervorgegangen scheinen; und überall gefällt das Natürliche mehr als das Künstliche. Immer hält man dafür, daß dem Affektierenden die Vorzüge, welche er affektiert, fremd sind"*, vgl. Gracián: Handorakel § 123.

[627] Vgl. nur Freiherr von Loudon als Beispiel für fehlende Interaktionsfähigkeit am Hofe und damit einhergehende Ausschlußmechanismen der Hofgesellschaft; Kunisch: Loudons Nachruhm S. 47, 52 f.

[628] HAL Vaduz, Bibliothek: Instruktion des Fürsten Karl Eusebius von Liechtenstein fol. 306.

[629] Vgl. Bourdieu: Kapital S. 185.

[630] Stichweh: Universität S. 71–76, 261–264.

[631] Vgl. Sellin: Politik S. 826–832.

[632] Vgl. Seckendorff: Teutsche Reden (Vorrede, S. 59): *„Ferner war seiner Qualitäten eine / daß er natürlich und wohlfliessender Weise connectirte / und alles ohne Zwang und Darstellung der Disposition an einander zu fügen wuste / daß ob er gleich ein statlicher Philosophus und Methodist war / ihm doch nicht leicht jemand die Kunst abmerckte.“*

[633] Die Kategorie des Habitus ist Teil der praxeologischen Soziologie Pierre Bourdieus, vgl. Bourdieu: Sozialer Sinn S. 97–121.

[634] Welche Probleme es mit sich brachte, am Hof zu erscheinen, ohne das höfische Auftreten zu beherrschen, hat noch Adolph Freiherr von Knigge hervorgehoben, allerdings bereits mit der deutlichen Kritik eines Aufklärers am höfischen Lebensstil; Knigge: Über den Umgang S. 18–20.

[635] Vgl. nur die stets gleichbleibenden Kernthemen der Adelserziehung in den einzelnen, über 50 Jahre auseinanderliegenden Instruktionen der Familie Liechtenstein.

[636] Vgl. Grosser: Reisen S. 145 f.

[637] Vgl. Bourdieu: Kapital S. 183–198.

[638] Stollberg-Rilinger: Zeremoniell, Ritual, Symbol S. 390; Muir: Ritual S. 6 f.

[639] Beetz: Frühmoderne Höflichkeit S. 23; Vec: Zeremonialwissenschaft S. 6.

[640] Schramm: Kaiser Friedrichs II. Herrschaftszeichen; ders.: Herrschaftszeichen und Staatssymbolik; Die weitgehende Verkürzung der monarchischen Repräsentationspraxis auf den Bereich materiell überlieferter Bauten und Kunstwerke bestimmt auch Peter Burkes ansonsten exzellente Studie über die mediale Herrschaftsdarstellung Ludwigs XIV.; vgl. Burke: Inszenierung.

[641] Ein besonders prominentes Beispiel: Bloch: Die wundertätigen Könige.

[642] Vgl. Schümer: Höfling S. 19.

[643] S. o. Teil I, Kap. 1.

[644] Althoff: Rituale; Althoff: Zur Bedeutung; Stollberg-Rilinger: Höfische Öffentlichkeit; dies.: Zeremoniell; dies.: Honores regii; dies.: Wissenschaft. Als theoretische Grundlage für den Zusammenhang von Symbol und politischer Ordnung vgl. Göhler: Zusammenhang S. 35–37.

[645] Berns/Rahn: Zeremoniell und Ästhetik S. 654 f.

[646] Berns/Rahn: Zeremoniell und Ästhetik S. 660 f.: „Wo demnach eine modische Zeremoniellindustrie die höfische Zeit durch ästhetische Wegwerfwerte strukturiert […].“

[647] Schlechte: Nachwort S. 8; Weber: Sozialdisziplinierung S. 2–20.

[648] Elias: Prozeß der Zivilisation Bd. 2, S. 351–369.

[649] Dies wurde hervorgehoben durch Milos Vec: Zeremonialwissenschaft S. 5 f.

[650] Duindam: Myth S. 102–107; auch Hofmann: Hofzeremoniell S. 24, weist bereits zu Recht auf diesen Fehler hin.

[651] Duindam: Vienna & Versailles, Kap. Court and Ceremony S. 2.

[652] Art. „Etiquette“, in: Zedler: Universal-Lexicon, Bd. 8 (1734), S. 2039: *„Etiquet-*

te heist so viel als das Ceremoniell, so man an grossen Potentaten Höfen, sonderlich am spanischen Hofe beobachtet."

653 Weber: Sozialdisziplinierung 10–20.

654 Stieve: Europäisches Hof-Ceremoniel S. 2 f.

655 Vgl. nur exemplarisch: Burke: Geschicke des Hofmanns; Scheffers: Höfische Konvention S. 13–27; allgemein hierzu Magendie: La politesse mondaine.

656 Vgl. hierzu Stollberg-Rilinger: Zeremoniell; Müller: Gesandtschaftswesen S. 116–143; Holenstein: Huldigung und Herrschaftszeremoniell.

657 Vgl. Stollberg-Rilinger: Zeremoniell S. 94; Vec: Zeremonialrecht, in: Handwörterbuch zur deutschen Rechtsgeschichte Bd. 5, Sp. 1673–1677.

658 Zur Kategorie der Norm vgl. Weber: Wirtschaft und Gesellschaft S. 16 f.; Luhmann: Normen S. 28–48; Wilke: Funktionen S. 434; Reckwitz: Struktur S. 121–128.

659 Diese Unterscheidung bei Duindam: Myths S. 99.

660 Giddens: Konstitution S. 91–95. Einen umfangreichen Überblick über diese Kategorie bei Reckwitz: Struktur S. 128–135.

661 Wie Anm. 78.

662 Elias: Höfische Gesellschaft S. 130.

663 Ebd. S. 137.

664 Ehalt: Funktion des Zeremoniells S. 417; ders.: Ausdrucksformen S. 8.

665 Wunder: Hof und Verwaltung S. 199.

666 Kruedener: Rolle des Hofes S. 60–63. Auch in neuester Literatur findet sich diese Deutung immer wieder: Jahn/Rahn/Schnitzer: Einleitung S. 7.

667 Lünig: Theatrum Ceremoniale Bd. 1, S. 5.

668 Diese Argumentationskette läßt sich bei nahezu allen zeremonialwissenschaftlichen Schriften aufzeigen; vgl. Vec: Zeremonialwissenschaft S. 150–154. Sie hat auch den Weg in die maßgebliche deutsche Enzyklopädie der damaligen Zeit gefunden: *„Der Fürst muß bey Freunden sowohl, als Einheimischen Ansehen haben. Fehlet dieses, wer wird seinen Befehlen gehorchen? Wären alle Unterthanen von der tieffen Einsicht, daß sie den Fürsten wegen innerlichen Vorzuges verehrten, so brauchte es keines äusserlichen Gepränges; so aber bleibet der gröste Theil derer gehorchenden an dem äusserlichen hängen. Ein Fürst bleibet derselbe, er gehe alleine oder habe einen grossen Comitat bey sich. Gleichwohl fehlet es nicht an Exempeln, da der Fürst, wenn er allein unter seinen Unterthanen herum gegangen, wenig oder gar kein Ansehn gehabt, da man ihm hingegen gantz anders begegnet, wenn er seinem Stand gemäß aufgezogen."* Art. „Hof", in: Zedler: Universal-Lexicon, Bd. 13 (1739), Sp. 405.

669 Vgl. Berns: Der nackte Monarch S. 334.

670 Wolff: Gedancken S. 460.

671 Ebd. S. 505.

672 Vgl. Gestrich: Höfisches Zeremoniell S. 58.

673 Vgl. nur exemplarisch: Sommer-Mathis: Theatrum S. 513; Weber: Sozialdisziplinierung S. 20; Kovacs: Kirchliches Zeremoniell S. 110; Holenstein: Huldigung und Herrschaftszeremoniell S. 31–36; Polleroß: Repräsentation S. 87; Straub: Repraesentatio S. 4 f.

674 Vgl. aber jetzt Stollberg-Rilinger: Höfische Öffentlichkeit S. 11.

675 Kovacs: Kirchliches Zeremoniell S. 110.

[676] Vgl. zu den älteren Vorläufen der Zeremonialwissenschaft, dem Rangrecht, Stollberg-Rilinger: Wissenschaft S. 6–15.

[677] Zum Begriff der Semantik vgl. Luhmann: Gesellschaftliche Struktur S. 17–21.

[678] Vgl. Stollberg-Rilinger: Wissenschaft S. 15 f., die die Funktionalität der Zeremonialwissenschaft vor allem in der Bereitstellung von aktuellen Fallsammlungen für die Höflinge an europäischen Höfen erkennt.

[679] Die Unterscheidung zwischen einem „maximischen" und einem „berichthaften Diskurs" verdanke ich Egon Flaig, der in seiner Diskursanalyse am Beispiel von Tacitus' „Historien" aufzeigt, wie sich wertende Äußerungen, die dem Selbstverständnis – der „Ideologie" – der Nobilität als sozial herausgehobener Schicht entsprechen, über die Darstellung der Ereignisse (= den berichthaften Diskurs) im Principat des 1. Jahrhundert n. Ch. legen und den Text dabei unentwegt in Aporien enden lassen, vgl. Flaig: Den Kaiser herausfordern S. 14–37.

Die Unterscheidung von maximischem und berichthaftem Diskurs scheint mir deshalb auf die Zeremonialwissenschaft übertragbar zu sein, weil hier ebenfalls Aussagen (über die Legitimation und die Funktion des Zeremoniells), die dem Selbstverständnis der Herrschaftselite entstammen, sich mit beschreibenden Passagen von zeremoniellen Abläufen an einzelnen Höfen verbinden. Daraus ergeben sich ebenfalls Unstimmigkeiten zwischen der Beschreibung und der „Interpretation" des Zeremoniells, die aufzuzeigen und zu deuten sind.

[680] So versucht Rohr, die verschiedenen zeremoniellen Anlässe folgendermaßen zu bündeln: *„Das Staats-Ceremoniell schreibet den äusserlichen Handlungen der Regenten, oder derer, die ihre Personen vorstellen, eine gewisse Weise der Wohlanständigkeit vor, damit sie hierdurch ihre Ehre und Ansehen bey ihren Unterthanen und Bedienten, bey ihren Hoch-Fürstlichen Anverwandten und bey andern Mitregenten entweder erhalten, oder noch vermehren und vergrössern. Die Staats-Ceremoniell-Wissenschaft reguliret die Handlungen der grossen Herren, die sie in Ansehung ihrer selbst, ihrer Familie und ihrer Unterthanen vornehmen […]"*; Rohr: Ceremoniel-Wissenschafft der grossen Herren S. 1 f. Als mögliche Adressaten werden also Hofgesellschaft, Mitregenten und Untertanen benannt. Die Untertanen sind demnach nur ein Bezugspunkt zeremoniellen Handelns neben anderen, und zwar nur bei bestimmten Ereignissen, von denen noch die Rede sein wird (s. u. Teil III, Kap. 4c). Dies hindert Rohr indes nicht, schon in § 2 den Topos des uneinsichtigen Untertanen als Legitimation für das Zeremoniell insgesamt anzuführen, ebd. S. 2.

[681] Auch die Tatsache, daß die schriftliche und bildliche Darstellung der zeremoniellen Anlässe eben durch die zeremonialwissenschaftlichen Schriften, aber auch durch Stiche u. ä. die hofinternen Anlässe einem „breiteren Publikum" zugänglich machen sollten, ist hier kein Gegenargument. Auch dieses „breitere Publikum" dürfte sich auf die höfische Welt beschränkt haben: Adressaten waren wohl vor allem die konkurrierenden Höfe des Reiches.

[682] Dies ist die Einschätzung von Vec: Zeremonialwissenschaft S. 5, der zum ersten Mal die Zeremonialwissenschaft selbst systematisch als in sich geschlossene Gattung in den Blick nimmt.

[683] Vgl. hier und im folgenden Gestrich: Höfisches Zeremoniell S. 60–73, dem ich in meiner Argumentation weitgehend folge.

[684] Ebd. S. 65.

685 Vgl. Vec: Zeremonialwissenschaft S. 204–213.

686 Ebd. S. 185–192.

687 „Das System braucht imaginäre Zahlen oder imaginäre Räume, um sich weiterzuhelfen. [...] Die kommunikative Unerreichbarkeit der Gesellschaft, also das Versagen der Operationen, die das System reproduzieren, steht empirisch eindeutig fest, und auch hier gibt es statt dessen imaginäre Konstruktionen der Einheit des Systems, die es ermöglichen, in der Gesellschaft zwar nicht mit der Gesellschaft, aber über die Gesellschaft zu kommunizieren. Wir werden solche Konstruktionen Selbstbeschreibungen des Gesellschaftssystems nennen"; Luhmann: Gesellschaft Bd. 2, S. 866 f.

688 Der Nutzen eines zeremonialwissenschaftlichen Textes ist für eine praxeologische Untersuchung dann am größten, wenn der Anteil von Rationalisierungen, Erklärungen und Systematisierungen des zeremoniellen Handelns möglichst klein, dafür aber das gesammelte Datenmaterial über einzelne zeremonielle Abläufe möglichst umfangreich ist. Daher eignet sich Lünigs Theatrum Ceremoniale weitaus besser als der wesentlich systematischere Rohr in seinen beiden zeremonialwissenschaftlichen Schriften. Über die Unterschiede beider Werke in Herangehensweise und Aufbau vgl. Vec: Zeremonialwissenschaft S. 63–80 (über Lünigs Kompendium, das er treffend als „Exempel-Buch mit Überbau" charakterisiert) und S. 80–98, ins. S. 89–91 (über Rohrs Ceremoniel-Wissenschafft).

689 Vgl. nur Lünig: Theatrum Ceremoniale Bd. 1, S. 2; Stieve: Europäisches Hof-Ceremoniel S. 2; Rohr: Ceremoniel-Wissenschafft der grossen Herren, S. 35, der den Kaiserhof unter Leopold I. sogar als Musterbeispiel einer ordentlichen Tageseinteilung anführt.

690 Vgl. Braudel: Alltag S. 14. Zum Begriff des Alltags ferner Jaritz: Zwischen Augenblick und Ewigkeit; Widder: Alltag und Fest; Mohrmann: Fest und Alltag. Auf den Hof angewandt zählt Paravicini folgende Lebensfelder zum höfischen Alltag: tägliches Leben, Zugang zum Herrscher, Prestigesteigerung, Integration von Machteliten, Regieren und Verwalten; Paravicini: Alltag bei Hofe S. 11–21.

691 Eine weitgehende Gleichsetzung des höfischen Alltags mit dem Tagesablauf des Herrschers sowie der Höflinge bei Widder: Alltag und Fest S. 21.

69 Lünig: Theatrum Ceremoniale Bd. 1, S. 299.

693 Einzig Küchelbecker wendet sich ausführlicher dem kaiserlichen Tagesablauf zu; Küchelbecker: Allerneueste Nachricht S. 354–376.

694 Zur Hofkonferenz s. u. Teil III, Kap. 3b.

695 Eine Ausnahme hierbei Rohr: Ceremoniel-Wissenschafft der grossen Herren, der allerdings über den kaiserlichen Tagesablauf ebenfalls nicht viel zu vermelden weiß.

696 Rohr: Ceremoniel-Wissenschafft der grossen Herren S. 18–25; Lünig: Theatrum Ceremoniale Bd. 1, S. 299 und S. 311–316; Küchelbecker: Allerneueste Nachricht S. 358 f.

697 Vgl. Saint-Simon: Memoiren Bd. 3, S. 331 f.; Elias: Höfische Gesellschaft S. 126–129; Force: Louis XIV. S. 74–106.

698 Küchelbecker: Allerneueste Nachricht S. 358: „Hierbey ist zu mercken, daß zu solchen Lever niemand kommen kann, als diejenigen, so die Aufwartung haben, welches in frankreich, vornehmlich was das petit Lever anlanget, fast einem jedweden zu sehen frey steht."

[699] Vgl. exemplarisch den kurbayerischen Hof: Klingensmith: Utility of Splendor S. 157–159.

[700] Winterfeld: Ceremoniale-Politica Bd. 2, S. 948. Zum Speisezeremoniell am Hof Ludwigs XIV. vgl. Kunisch: Einsamkeit des Königs S. 219–230.

[701] Zu den Zugangsvoraussetzungen zur Ratsstube s. u. Teil III, Kap. 2c.

[702] Dabei war es bedeutsam, daß die Botschafter sich ihr Haupt erst wieder bedeckten, wenn die Mitglieder der kaiserlichen Familie ihren ersten Schluck zu sich genommen hatten. Andernfalls konnte es zu Verstimmungen kommen. So vermerkt das Zeremonialprotokoll, der venezianische Botschafter sei beobachtet worden, daß *„Selber sich bey der Taffel eher bedecket, alß die durchlauchtigste Frau Herzogin von Lothringen [Maria Theresia] getruncken hat, ein welches auf allerhöchst kayserl. Befehl durch den kayserlichen Obrist-Hoff Marschallen Herrn Fürst von Auersperg, alß eine wider höchst Seiner Durchlaucht gebührenden Respect abzielende Nachteiligkeit gegen besagten Herrn Bottschaftern geandet worden"*; HHStA Wien, Zeremonialprotokolle 16 (1735–1738), fol. 411 f.

[703] Küchelbecker: Allerneueste Nachricht S. 361 f.

[704] Küchelbecker: Allerneueste Nachricht S. 359 f.

[705] Wer im einzelnen das Zugangsrecht zur Ritterstube beanspruchen konnte, geht aus der kaiserlichen Kammerordnung hervor. Hierzu s. u. Teil III, Kap. 2c.

[706] Klingensmith unterteilt die unterschiedlichen Formen von Öffentlichkeit in die Kategorien „private", „social" und „public", vgl. Klingensmith: Utility of Splendor S. 114 f.

[707] HHStA Wien, Zeremonialprotokolle 17 (1710–1712), fol. 121, 226.

[708] Beispiele hierfür anläßlich des Besuchs der Pfalzgräfin Dorothea am Kaiserhof im Jahr 1713; HHStA Wien, Zeremonialprotokolle 8 (1713–1715), fol. 31; anläßlich des Besuchs Prinz Franz Stefans von Lothringen in Laxenburg 1713; Zeremonialprotokolle 8 (1713–1715), fol. 91; anläßlich des Besuchs des Kurfürsten von Mainz im Jahr 1731; HHStA Wien, Zeremonialprotokolle 14 (1728–1731), fol. 496.

[709] So hielt das Zeremonialprotokoll zum Beispiel über die gemeinsame Mahlzeit des Prinzen Franz von Lothringen mit der kaiserlichen Familie ausdrücklich fest: *„Der Printz ist von der Taffel auffgestanden, alß mann das Confect aufzuheben angefangen hat, tratte hinter den Sessel des Kaysers, ruckte selben beym aufstehen, und reichte Ihro May. das Handtuch beym Waschen"*; HHStA Wien, Zeremonialprotokolle 8 (1713–1715), fol. 91 f., eine Geste, die vermutlich die besondere Verbundenheit des Hauses Lothringen mit dem Kaiser ausdrücken sollte.

[710] Zur Distanzwahrung als Mittel der Ehrwahrung und Ehrsteigerung und die Reflexion darüber im politischen Diskurs auch Weber: Honor, fama S. 89.

[711] Lünig: Theatrum Ceremoniale Bd. 1, S. 303–316.

[712] Küchelbecker: Allerneueste Nachricht S. 219.

[713] So nahmen beispielsweise in den Briefen der Lady Montagu die Berichte von ihrer Teilnahme an Festveranstaltungen des Hofadels, sogenannten „Assembléen", ebenso großen Raum ein wie ihre Beschreibung des kaiserlichen Zeremoniells sowie ihrer Audienzen bei der Kaiserin und beim Kaiser; Halsband (Hrsg.): The complete letters Bd. 1, S. 271, S. 275 f. Lady Montagu erwähnt dabei vor allem die Feierlichkeiten der Gräfin Dorothea Elisabeth Rabutin in Wien, einer Tochter des Herzogs Philipp Ludwig von Holstein, die „constantly every night at her House"

eine Assemblée abhalte und die erste Adresse für alle Vertreter des Hochadels darstelle (ebd. S. 275); ferner Pöllnitz: Briefe und Memoiren Bd. 1, S. 268.

[714] Vgl. Klingensmith: Utility of Splendor S. 155–159.

[715] Vgl. Straub: Repraesentatio S. 117, 128. Leider hat Bauer diese zeremoniellen Ähnlichkeiten bei seiner Typologie der deutschen Fürstenhöfe nur unzureichend berücksichtigt. Insbesondere die idealtypische Unterscheidung zwischen dem „Kaiserhof" auf der einen und dem „zeremoniellen Hof" auf der anderen Seite vermag nicht zu überzeugen; vgl. Bauer: Höfische Gesellschaft S. 57–66.

[716] Konter: Schloß S. 84, 88–90.

[717] Ebd. S. 84 f.

[718] Hierzu allgemein Vehse: Geschichte, Bd. 12, S. 291; Vocelka: Habsburg Festivals S. 128 ff.

[719] Vgl. Lorenz: Tradition S. 21. Vehse hebt hervor, daß sich nicht nur der kaiserliche Hofstaat, sondern ebenso auch die meisten Kanzleien in den Frühlingsmonaten nach Laxenburg begaben, um dort die Regierungsgeschäfte aufrechtzuerhalten; Vehse: Geschichte Bd. 12, S. 295.

[720] Küchelbecker: Allerneueste Nachricht S. 253 f.

[721] In München konnten dagegen weder die Schlösser Nymphenburg noch Schleißheim als Residenz fungieren, vgl. Klingensmith: Utility of Splendor S. 6; vgl. ferner über den Unterschied zu den Sommerschlössern Ludwigs XIV. Benedik: Zeremonielle Abläufe S. 177 f.; Benedik: Repräsentationsräume S. 15.

[722] Küchelbecker: Allerneueste Nachricht S. 778 f.

[723] Suttner: Laxenburg S. 54.

[724] Vgl. Schlöss: Begegnungen S. 149–162, mit Angaben zu den einzelnen Tagen des Besuchs sowie dem genauen Programm. Untergebracht war Zar Peter der Große allerdings nicht in der Favorita, sondern im Gartenpalast des Grafen Königsegg in Gumpendorf; ebd. S. 151. Allgemein zu den zeremoniellen Ereignissen in der Favorita unter Karl VI. mit einer Zeittafel Schwarz: Favorita S. 108.

[725] Schwarz: Favorita S. 47.

[726] Vgl. Schlöss: Begegnungen S. 158 f.

[727] HHStA Wien, Zeremonialprotokolle 10 (1717–1719), fol. 358–369.

[728] Siehe hierzu u. Teil III, Kap. 3b.

[729] HHStA Wien, Zeremonialprotokolle 11 (1720–1722), fol. 218–226.

[730] Vgl. Topka: Hofstaat S. 31 ff. Daß dem Schloß Schönbrunn vor Maria Theresia nie der Charakter einer Residenz zugebilligt wurde, betont Benedik: Zeremonielle Abläufe S. 177 A. 17.

[731] Allgemein zur Unterscheidung von Stadt- und Landresidenz und den Auswirkungen auf das Hofzeremoniell: Rohr: Ceremoniel-Wissenschafft der grossen Herren S. 83 f.

[732] Küchelbecker: Allerneueste Nachricht S. 254; allgemein zur Bedeutung der Jagd für die fürstliche Selbstdarstellung vgl. Salvadori: La chasse; Martini (Hrsg.): Jagd der Eliten.

[733] Zum genauen Ablauf der Hirschjagd vgl. Rohr: Ceremoniel-Wissenschafft der grossen Herren S. 862–864.

[734] Vehse: Geschichte Bd. 12, S. 296.

[735] Küchelbecker: Allerneueste Nachricht S. 254–257.

736 Die Teilnehmer sowie die Gewinner des Scheibenschießens wurden stets in der Zeitung Wiener Diarium namentlich aufgeführt.

737 Zum Ablauf des Scheibenschießens vgl. Rohr: Ceremoniel-Wissenschafft der grossen Herren S. 853 f.

738 Küchelbecker: Allerneueste Nachricht S. 262 f.

739 Vgl. Moser: Teutsches Hof-Recht Bd. 2, S. 294 f.; Rohr: Ceremoniel-Wissenschafft der grossen Herren S. 76; nur beispielhaft für Kurköln Winterling: Hof der Kurfürsten S. 78–80, für Kurbayern Straub: Repraesentatio S. 127 f.; Klingensmith: Utility of Splendor S. 152–155.

740 Diese „Volksnähe" des französischen Königs war unter Louis XIV. auch Teil seiner Selbstdarstellung. So ließ er zu Beginn seiner Alleinregierung eine Medaille prägen mit der Aufschrift: „FACILIS AD PRINCIPEM ADITUS", vgl. Burke: Ludwig XIV. S. 129; ferner Möseneder: Entrée Solennelle S. 421–430.

741 Zu den unterschiedlichen Typen der Raumfolge in Europa sowie zur Unterscheidung von „privat" und „öffentlich" vgl. Baillie: Etiquette S. 182–193 (zu Frankreich), S. 193–199 (zur Situation an deutschen Höfen).

742 Vgl. allgemein zu den „Tabuzonen" des barocken Schlosses Schütte: Höfisches Zeremoniell S. 421 f.

743 HHStA Wien, ÄZA K 38 (1737III–1738), unfol.: „*Die von anderwerts her erst ankommende Frembe, und anfangs unbekante Stands Persohnen sollen sich beym Obrist Cammerer umb die Erlaubnus des Zutritts in die Raths Stuben, oder anderte Ante Camera nach ihres Standts Condition gebührend anmelden.*"

744 Lünig: Theatrum Ceremoniale Bd. 1, S. 299; Loen: Der kayserliche Hof S. 21 f.

745 Hierzu das Beispiel Khevenhüller; Breunlich-Pawlik: Aufzeichnungen S. 244.

746 Hatten unter Kaiser Leopold I. noch alle Begleitpersonen einer Gesandtschaft bis zum zweiten Vorzimmer (große Ante-Camera) ungehinderten Zutritt, mußten nach der neuen Kammerordnung die Begleitpersonen eines Botschafters oder Gesandten schon im ersten Vorzimmer (erste oder kleine Ante-Camera) zurückbleiben, Rohr: Ceremoniel-Wissenschafft der grossen Herren S. 78.

747 HHStA Wien, Zeremonialprotokolle 8 (1713–1715), fol. 266–272.

748 Im Zeremonialprotokoll ist davon die Rede, daß sich „*in denen ördentlich eingetragenen Protocollis sich nichts, in denen besondere fasciculis aber, nur die ferdinandische ordnung, und diese nicht vollständig gefunden*", HHStA Wien, Zeremonialprotokolle 8 (1713–1715), fol. 266.

749 „*Euer Kayserl. May. […] die Meinung gewesen, und zwar in Specie dahin erfolget ist, daß man nemblichen keine weithläuffige detaille oder neüe Clahsification der Personen, so den Zutritt in die Rathstuben, Erst- und andte Anti camera haben sollten, sich einzulassen, sondern nur in generalibus zu publiciren hatte, daß Eüer kayserl. May. Die ehegeweste Cammer-ordnung […] von nun an von neuem eingeführt, und auff genaueste beobachtet haben wollten*", HHStA Wien, Zeremonialprotokolle 8 (1713–1715), fol. 273.

750 BayHStA München, Kasten schwarz 326, fol. 83 (19. April 1716). Auch in den Folgejahren wurde die Kammerordnung und damit die Regelung des Zugangs zum Kaiser immer wieder festgehalten und in Erinnerung gerufen; HHStA Wien, ÄZA K 38 (1737 III–1738), unfol.

751 Vgl. Abbildung 1; allgemein zur kaiserlichen Raumfolge Benedik: Wiener

Hofburg S. 42; ders.: Die herrschaftlichen Appartements S. 552–560; ders.: Repräsentationsräume 7–23; Graf: Das kaiserliche Zeremoniell S. 574–582.

[752] HHStA Wien, ÄZA K 38, fol. 1–14.; Lünig: Theatrum Ceremoniale Bd. 1, S. 457.

[753] Benedik: Repräsentationsräume S. 10 f. Baldachin und Thron sind zu sehen auf einem Kupferstich über *„Der Huldigungs-Actus in der Ritter-Stuben"* von G. Ch. Kriegl in seinem Erbhuldigungswerk aus dem Jahr 1740.

[754] Benedik: Wiener Hofburg S. 44; Graf: Das kaiserliche Zeremoniell S. 581 f.

[755] Lünig: Theatrum Ceremoniale Bd. 1, S. 457.

[756] HHStA Wien, Zeremonialprotokolle 8 (1713–1715), fol. 276.

[757] HHStA Wien, Zeremonialprotokolle 8 (1713–1715), fol. 275.

[758] Benedik: Hofburg S. 45, 48.

[759] Lünig: Theatrum Ceremoniale Bd. 1, S. 456 f.

[760] Benedik: Hofburg S. 45, 48.

[761] HHStA Wien, Zeremonialprotokolle 8 (1713–1715), fol. 274. Zu der politischen Bedeutung der unterschiedlichen Personenkreise am Hofe mit und ohne Zugangsrecht zum Kaiser s. o. Teil II, Kap. 1a.

[762] Lünig: Theatrum Ceremoniale Bd. 1, S. 456.

[763] Benedik: Repräsentationsräume S. 11.

[764] Benedik: Hofburg S. 46–49; Graf: Das kaiserliche Zeremoniell S. 582.

[765] Vgl. Rohr: Ceremoniel-Wissenschafft der grossen Herren S. 374 f. [hier weitere Details].

[766] Über die Privataudienz des Prinzen Ferdinand von Bayern vermerkt das Zeremonialprotokoll: *„die Audienz bey Ihro kayserl. May. zwarn in der Retirada, der Empfang aber weiter darinnen gewesen [ohne Entgegenkommen zur Tür], Ihme auch nirgendtwo zum sitzen, sondern die Audienzen überall stehender gegeben worden"*, HHStA Wien, Zeremonialprotokolle 10 (1717–1719), fol. 52.

[767] Hierzu Schlöss: Favorita S. 162, 166 f. (mit dem Grundriß der Favorita); ferner Benedik: Zeremonielle Abläufe S. 174.

[768] BayHStA München, Bayerische Gesandtschaft Wien 153, o. fol.

[769] Lünig: Theatrum Ceremoniale Bd. 1, S. 295.

[770] HHStA Wien, Zeremonialprotokolle 8 (1713–1715), fol. 284–285.

[771] Bereits Rinck: Leopolds des Grossen S. 319. Ferner Lünig: Theatrum Ceremoniale Bd. 1, S. 295; Desing: Auxilia Historica, Bd. 4, S. 95; Moser: Teutsches Hof-Recht Bd. 1, S. 46 f.

[772] Der Baron von Pöllnitz hebt insbesondere den gewaltigen Unterschied zwischen der täglichen Hofkleidung und der überbordenden Prachtentfaltung bei einer goldenen Gala hervor: *„Es ist auch kein Hof anzutreffen, an dem man geschwinder aus dem allerschlechtesten äusserlichem Ansehen zu dem allerprächtigsten gelanget; […] An feyerlichen Tagen, als Geburts-Tagen, Vermählungen etc. sieht man nichts als Gold und Diamanten ohne Zahl. Dergleichen Fest-Tage, so man sonst Gala nennet, sind nicht so bald wieder vergangen, so erblickt man einen jeden wieder in einem schlechten Aufzuge"*; Pöllnitz: Neue Nachrichten Teil 2, S. 40.

[773] Vehse: Geschichte Bd. 12, S. 286.

[774] Vgl. allgemein zu Kleiderordnungen: Dinges: Der feine Unterschied S. 52–61, zur ständischen Differenzierung mittels Kleidung und Kleidungsvorschriften. Zu

den österreichischen Kleidungsvorschriften Hampl-Kallbrunner: Beiträge S. 56. Die letzte Kleiderordnung in den österreichischen Erblanden ist unter Leopold I. 1697 erlassen worden.

[775] Vgl. nur exemplarisch Herrn Leopoldi Policey-Ordnung S. 1–3. In der mangelnden Unterscheidbarkeit zwischen Adel und anderen Standesangehörigen wird der hauptsächliche Mißstand gesehen, der durch die Policeyordnung behoben werden soll: *„daß solcher Mißbrauch von unten an seinen Ursprung genommen / in deme die geringern Stands-Personen sich solcher Klaydungen angemasset / die sonsten denen noch höchern gebühret / und einer den andern so hoch getriben / daß endlich die Oberen Ständ weder in der Materi noch Form / eine Klaidung mehr erfinden können / so nicht die Mindern / insonderheit die Weibs-Personen / alsobalden imitirt, und nachgethan hätten"* (2).

[776] Halsband (Hrsg.): The complete letters Bd. 1, S. 265; Pöllnitz: Neue Nachrichten, Teil 2, S. 40.

[777] Mohmann: Fest und Alltag S. 3. Zur „Alltäglichkeit" des Festes im Kontext des Hofes vgl. Widder: Alltag und Fest S. 11; Stollberg-Rilinger: Hofreisejournal S. 13. Die volkskundliche Perspektive, die Winfried Gebhardt einnimmt, ist dagegen für die historische Analyse wenig hilfreich; Gebhardt: Fest, Feier und Alltag.

[778] Bauer: Hofkalender S. 189 A. 23, führt als erste Ausgabe eines kaiserlichen Hof- und Ehrenkalenders eine Ausgabe aus dem Jahre 1692 an. Ab dem Jahr 1715 ist der „kayserliche Hof- und Ehren-Calender" im HHStA Wien einzusehen.

[779] Vgl. Küchelbecker: Allerneueste Nachricht S. 220.

[780] Art. „Solenn", in: Zedler: Universal-Lexicon, Bd. 38, Sp. 520–541, insbesondere 535: *„Solennität […] heisset bey denen Rechtsgelehrten alles dasjenige, was zu einem Contracte, oder einer iedweden anderen rechtlichen Handlung, ausser der blossen Einwilligung, unumgänglich nöthig ist."*

[781] Vgl. Schnitzer: Höfische Maskeraden S. 51.

[782] *„[…] man darauf gantz gewiß rechnen und trauen kann, daß auch so gar Kayserliche Majestät dieselbe, sollte es auch mit Dero Incommodité geschehen, observiren, es müsse denn seyn, daß eines von denen größten Hindernüssen darzwischen käme"*; vgl. Küchelbecker: Allerneueste Nachricht S. 219.

[783] Küchelbecker: Allerneueste Nachricht Kap. VI. und VII.

[784] Kayserlicher Hof- und Ehren-Calender 1715, o. S.

[785] Küchelbecker: Allerneueste Nachricht S. 252 f.: *„Denn ob es gleich sehr viel Gala-Tage und solenne Feste an solchen zu celebriren pfleget, so passiret doch an denenselben weiter nichts, als daß währender kaysrlicher Tafel eine unvergleichliche Music gehöret wird, und des Nachmittags ist es bey Hofe gemeiniglich wiedrum ganz stille […]."*

[786] Küchelbecker: Allerneueste Nachricht S. 259, beziffert den Kostenaufwand für eine Oper mit bis zu 60 000 fl. Johann Bernhard von Rohr erwähnt als Beispiel für die horrenden Kosten der am Kaiserhof veranstalteten Opern ein Beispiel aus der Regierungszeit Josephs I., bei dem allein die Bühnenmalereien 50 000 fl. verschlungen haben sollen; Rohr: Ceremoniel-Wissenschafft der grossen Herren S. 798; Lady Montagu erwähnt in einem Brief an Alexander Pope, daß allein die Kosten für die Bühnenausstattung sowie die Kostüme einer Opernaufführung £ 30 000 betrugen; Halsband (Hrsg.), The complete letters Bd. 1, S. 262. Auch wenn

diese Berichte vor allem die besonders teureren Fälle erwähnen dürften, waren die Gesamtkosten für die musikalischen Aufführungen am Kaiserhof durchaus beträchtlich. Die Kameralzahlamtsbücher verzeichnen als Kosten für die „*Hofmusic*" nur für ein Quartal des Jahres 1715 24178 fl., für fünf Quartalszahlungen von Oktober 1715 bis Dezember 1716 124866 fl. Im Jahr 1720 fielen für die Hofmusik Kosten von 93446 fl. an, wobei der Aufwand für die aufgeführten Opern und Komödien noch nicht eingerechnet ist; deren Kosten beliefen sich noch einmal auf 32339 fl.; HKA Wien, KZAB Nr. 2 (1715), fol. 123; Nr. 3 (1715–1716), fol. 220; Nr. 7 (1720), fol. 126 und 302.

[787] Küchelbecker: Allerneueste Nachricht S. 259. Die Feststellung von Sommer-Mathis: Theatrum S. 512, es fänden mehr Opern zu Ehren des Kaisers als der Kaiserin statt, läßt sich für die Zeit Karls VI. nicht bestätigen.

[788] Dies ergab eine Durchschau der Zeremonialprotokolle der Jahre 1711–1740. Küchelbeckers Angabe, es fänden pro Jahr nur zwei Opernveranstaltungen statt (eine an dem Geburtstag der Kaiserin [28. August], eine an dem Namenstag des Kaisers [4. November]), vgl. Küchelbecker: Allerneueste Nachricht S. 258f., deckt sich nicht mit den Zeremonialprotokollen.

[789] HHStA Wien, Zeremonialprotokolle 8 (1713–1715), fol. 203: 1715: Faschingoper, vier Wiederholungen; 10 (1717–1719), fol. 2–4: 1717: Faschingsoper, drei Wiederholungen; fol. 76–79: Oper anläßlich des Geburtstages der Kaiserin, zwei Wiederholungen; fol. 87–91: Oper anläßlich des Namenstages des Kaisers, zwei Wiederholungen etc.

[790] So fand am kaiserlichen Geburtstag (5. Oktober) sowie am Namenstag der Kaiserin (19. November) meist eine Serenade statt, vgl. Küchelbecker: Allerneueste Nachricht S. 260.

[791] Moser: Teutsches Hof-Recht S. 486.

[792] Beispielsweise fand am 1. Oktober 1740 ein Kammerfest statt, bei welchem die beiden Erzherzoginnen Maria Theresia und Maria Anna zusammen mit dem Prinzen Karl von Lothringen, dem Grafen Franz Michael Martinitz sowie der Tochter des Musikdirektors Graf von Lamberg selber auf der Bühne auftraten; HHStA Wien, Zeremonialprotokolle 17 (1739–1740), fol. 229.

[793] Zu den Zeremonialstreitigkeiten, die hierbei entstehen konnten, s. u. Teil III, Kap. 4b.

[794] HHStA Wien, Zeremonialprotokolle 16 (1735–1738), fol. 189.

[795] Lünig: Theatrum Ceremoniale Bd. 1, S. 449f.

[796] HHStA Wien, Zeremonialprotokolle 10 (1717–1719), fol. 190: „*Ist die auf den gestrig-glorwürdigsten Nahmens-Tag destinierte opera praesentiret worden, welcher die regierende Kayserin Mayestät durchlauchtigste Erz-Herzoginnen, der päpstliche Herr nuntius und venetianische Botschafter in publico, der ferner Erzbischoff von Salzburg aber incognito unter denen Damen sitzend beygewohnet haben.*"

[797] HHStA Wien, Zeremonialprotokolle 12 (1723–1724), fol. 408: „*Zu ansehung solcher opera [in der großen Anticamera der Favorita], welche beyde Regirende Kayserliche Mayestäten und 2 durchlaucht Leopoldinische Erz-Herzoginnen, alß Spectatores, beygewohnet haben, wurden nur allein die jenige gelassen, welche von Ihro kayserliche Mayestät auf die Lista gesetzet worden, massen allen fremden, ja sogar denen bottschaftern, weilen es eine Cammer opera gewesen, der eingang versaget worden. Jedoch ist der päpstliche Herr Nuntius mit dem alhiesigen Herrn Erz Bi-*

schoffen, dem Ihro Mayestät auß denen obigen fenstern eines erlaubet, alß ein freind
oder gast all' incognito darinnen gewesen, wonebst auch der verwittibten Kayserin
Amalia Mayestät mit der durchlauchtigsten frauen Herzogin zu Bevern so von Baa-
den sich auch herin begeben [...] auf den gängl zugegen gewesen."

[798] HHStA Wien, Zeremonialprotokolle 17 (1739–1740), fol. 212.

[799] ÖNB Cod. 14085, fol. 43 f. u. ö.

[800] Küchelbecker: Allerneueste Nachricht S. 223–249. Bei manchen Terminen war allerdings als einschränkende Bedingung hinzugefügt, daß der Kaiser sich zu diesem Zeitpunkt in der Hofburg aufhalten müsse.

[801] Lünig: Theatrum Ceremoniale Bd. 2, S. 1124.

[802] Die hier wiedergegebene Beschreibung des Festereignisses folgt der Beschreibung im Wiener Diarium 974 (30. 11. 1712–02. 12. 1712); ferner Lünig: Theatrum Ceremoniale Bd. 2, S. 1124.

[803] Lünig: Theatrum Ceremoniale Bd. 2, S. 1123; vgl. Weber: Der österreichische Orden S. 31 ff.

[804] Zu den verschiedenen Möglichkeiten, den Orden zum Goldenen Vlies inhaltlich-programmatisch zu füllen und damit ein Herrschaftsprogramm zu verknüpfen, vgl. Matsche: Kunst S. 259–266. Zu diesem Zweck wurde Karl VI. auch bei verschiedenen Anlässen als „österreichischer Jason" dargestellt, ebd. S. 271 f.

[805] Zur Ordenskleidung vgl. Tresors de la Toison d'Or S. 160 f. Die Anciennität wurde auch bei sämtlichen anderen Festveranstaltungen zum Namenstag des heiligen Andreas streng eingehalten.

[806] Dies waren der Kardinal von Sachsen, der päpstliche Nuntius Kardinal Piazza sowie der venezianische Botschafter Zane.

[807] HHStA Wien, Zeremonialprotokolle 7 (1710–1712), fol. 210.

[808] HHStA Wien, Zeremonialprotokolle 7 (1710–1712), fol. 212, mit Abbildung der Sitzordnung.

[809] HHStA Wien, Zeremonialprotokolle 7 (1710–1712), fol. 219, ebenfalls mit Abbildung der Sitz- und Tafelordnung. Die verschiedenen Tafelordnungen ferner auch bei Lünig: Theatrum Ceremoniale Bd. 2, S. 1132–1135.

[810] Zur Frage nach der möglichen Adressatenrolle der Untertanen s. u. Teil III, Kap. 4c.

[811] Graphische Sammlungen Albertina, Wiener Historische Blätter II (1712), 71; s. u. Abbildung 3. Der Kupferstich ist von Johann Adam Delsenbach erstellt worden.

[812] Überschrieben ist diese Szene mit einem Zitat Vergils: MORIBUS ANTIQUIS. Als Szenenbeschreibung findet sich ferner das Ereignis selbst: AVITI ORDINIS EQU. TORQUATOR AUR. / VELL. SOLEMNIA RESTITUTA. / VINDOB. 1712. 30. Nov.; Wiener Diarium 976 (07. – 09. Dezember 1712); zur Medaillenprägung vgl. ferner Matsche: Kunst S. 255 sowie Abb. 10.

[813] Küchelbecker: Allerneueste Nachricht S. 342 f.; Anonym: Wunderwürdiges Leben S. 311.

[814] S. u. Teil III, 4a.

[815] Wiener Diarium 1078 (29. 11. 1713–1. 12. 1713). Zum geringeren Aufwand der nachfolgenden Feierlichkeiten am Andreastag der Jahre 1714 und 1716 vgl. Lünig: Theatrum Ceremoniale Bd. 2, S. 1133–1135.

[816] Quellen: Wiener Diarium 974 (1712); 1078 (1713); 1182 (1714); 1287 (1715); 1391 (1716); 1495 (1717); 1600 (1718); 1704 (1719); 1809 (1720); 1913 (1721); 883 (1722); 97 (1725); 96 (1730); 99 (1731); 97 (1732); 96 (1733); 96 (1736); 97 (1737); 97 (1738); 96 (1739).

[817] Zur Häufigkeit der Teilnahme der einzelnen Mitglieder des Ordens vgl. Tabelle 13; eine minutiöse Beschreibung der Feierlichkeiten zum 30. November aus der Perspektive eines neuernannten Ordensritters findet sich im Tagebuch des Grafen Sigmund Friedrich von Khevenhüller; ÖNB Cod. 14085, fol. 43 f. Er wurde 1721 in den Orden aufgenommen und nahm fortan an allen Festveranstaltungen, die unter Karl VI. am 30. November veranstaltet wurden, teil.

[818] Vgl. Kovács: Kirchliches Zeremoniell S. 125.

[819] Vgl. hierzu die Auflistung kirchlicher Veranstaltungen im Jahr 1738 bei Kovács: Kirchliches Zeremoniell S. 125 A. 61; ferner die Angaben für das Jahr 1729 bei Küchelbecker: Allerneueste Nachricht Kap. VI.

[820] Coreth: Pietas Austriaca S. 50–56.

[821] Zur Öffentlichkeit der Gottesdienste und der geistlichen Feierlichkeiten s. u. Teil III, Kap. 4c.

[822] Paravicini: Alltag am Hofe S. 22 f.; Stollberg-Rilinger: Hofreisejournal S. 13; Widder: Alltag und Fest S. 11.

[823] Küchelbecker: Allerneueste Nachricht S. 261.

[824] Vgl. Schnitzer: Höfische Maskeraden S. 223; Rohr: Ceremoniel-Wissenschafft der grossen Herren S. 826 f. Eine minutiöse Schilderung des Besuches von Zar Peter dem Großen in Wien bei Schlöss: Begegnungen.

[825] Keyssler: Neueste Reisen S. 1232.

[826] Die Zuordnung der Ballpartnerin geschah am Kaiserhof indes nicht selten abseits des Losverfahrens. So berichtet der französische Botschafter, Duc de Richelieu, in seinen Memoiren, daß es ihm stets angeboten worden sei, sich seine Ballpartnerin auszusuchen, und man ihm das Billet abseits des Losverfahrens ausgeteilt hätte; Vehse: Geschichte Bd. 12, S. 292.

[827] Keyssler: Neueste Reisen S. 1232.

[828] Hierzu zählten immerhin der Fürst Leopold Donaton von Trautson sowie die Grafen Johann Wenzel Wratislaw, Philipp Ludwig von Sinzendorf, Gundaker von Starhemberg, Johann Friedrich von Seilern, ferner Ernst Friedrich von Windischgrätz, Friedrich Karl von Schönborn, Lothar Joseph von Königsegg, Johann Christoph von Bartenstein und Aloys Thomas Raimund von Harrach.

[829] Keyssler: Neueste Reisen S. 1232; ferner Küchelbecker: Allerneueste Nachricht S. 262.

[830] Schnitzer: Höfische Maskeraden S. 226 f.

[831] Abweichend hierzu Bastl: Feuerwerk und Schlittenfahrt S. 227.

[832] Keyssler: Neueste Reisen S. 1232.

[833] Keyssler: Neueste Reisen S. 1233.

[834] Zu diesen Faschingsfesten des Adels vgl. Halsband (Hrsg.): The complete letters Bd. 1 S. 291 f.

[835] Im Wiener Diarium finden sich Teilnahmelisten von zwei Schlittenfahrten im Jahre 1716, sechs Schlittenfahrten 1718, einer Schlittenfahrt im Jahre 1719, fünf Schlittenfahrten im Jahre 1726, vier Schlittenfahrten im Jahre 1729, drei im Jahre 1731, eine im Jahre 1738 und zwei im Jahre 1740.

[836] So ist für die Krönungsfeierlichkeiten des Kaisers Friedrich III. auch eine Schlittenfahrt bezeugt; vgl. Bastl: Feuerwerk und Schlittenfahrt S. 218.

[837] Vgl. Auer: Wiener Prachtschlittenfahrten.

[838] So die Schlittenfahrt am 14. Dezember 1676 anläßlich der dritten Hochzeit Kaiser Leopolds I. mit Eleonore Magdalena Theresia von Pfalz-Neuburg; vgl. Bastl: Feuerwerk und Schlittenfahrt S. 223.

[839] Rohr: Ceremoniel-Wissenschafft der grossen Herren S. 835.

[840] Wiener Diarium 1611 (7.–10. Januar 1719).

[841] Die Schlittenfahrt nahm dabei meist folgenden Weg: von der Hofburg auf der Herrengasse bis zum Palais Dietrichstein, dann zum Neuen Markt, die Kärntnerstraße hinauf, über den Graben, über den Kohlmarkt zum Ballhausplatz und von dort wieder auf den Burghof; Wiener Diarium 1302 (22.–24. Januar 1716).

[842] Küchelbecker: Allerneueste Nachricht S. 265.

[843] So nahmen neben dem Kaiser, der Kaiserin, dem sächsischen Kurprinzen und der Erzherzogin Maria Inhaber von obersten Hofämtern (Oberststallmeister Graf Althann, Oberstkämmerer Graf Sinzendorf, Obersthofmeister der verwitweten Kaiserin Eleonora Graf Martinitz) sowie weitere bedeutsame Amtsträger (Hofkanzler Graf Sinzendorf, Präsident der Finanzkonferenz Graf Starhemberg, Statthalter der niederösterreichischen Landesregierung) an der Schlittenfahrt teil; Wiener Diarium 1611 (7.–10. Januar 1719).

[844] Von einem kollektiven Zwang für die Hofadligen, an diesen Festen teilnehmen zu müssen, wie ihn Ehalt unterstellt, kann also keine Rede sein; Ehalt: Ausdrucksformen S. 68.

[845] Rohr: Ceremoniel-Wissenschafft der grossen Herren S. 168 f. Im Wiener Diarium wurde zum Beispiel vermerkt, daß die Kaiserin sich anläßlich der Dankesfeierlichkeiten wegen des Entsatzes von Wien am 15. September 1715 mit der Sänfte in den Stephansdom hatte tragen lassen, was als öffentliche Demonstration ihrer Schwangerschaft verstanden werden sollte; Wiener Diarium 1326 (15.–17. April 1716).

[846] Die Schilderung des Ereignisverlaufs im Wiener Diarium 1326 (15.–17. April 1716), der ich hier folge. Der Tod des Erzherzogs Leopold, der nur 7 Monate später, am 4. November 1716 erfolgte, fand dagegen in aller Stille ohne Öffentlichkeit statt; HHStA Wien, ÄZA K 27, fol. 11.

[847] Allgemein zum Taufzeremoniell am Kaiserhof vgl. Stöckele: Taufzeremoniell.

[848] Lünig: Theatrum Ceremoniale Bd. 2, S. 526–529.

[849] Vgl. Hawlik-van de Water: Der schöne Tod S. 68. So war es bei der Tochter Leopolds I., Maria Josepha, die 1703 an den Blattern starb, notwendig, auf die Aufbahrung des Leichnams zu verzichten und sie gleich zu beerdigen.

[850] Vgl. Hawlik-van de Water: Der schöne Tod S. 50. Lünig spricht bei dem Trauerzeremoniell für die Beisetzung Leopolds I. davon, daß „alles nach gewöhnlicher Etiquette veranstaltet wurde"; Lünig: Theatrum Ceremoniale Bd. 2, S. 664.

[851] Der genaue Ablauf braucht hier nicht geschildert zu werden. Hierzu in aller Ausführlichkeit Hawlik-van de Water: Der schöne Tod S. 46–67. Die ausführlichste Quellenbeschreibung findet sich bei Lünig: Theatrum Ceremoniale Bd. 2, S. 662–673, der die Trauerfeierlichkeiten für den verstorbenen Leopold I. schildert.

Aus den Beschreibungen des Wiener Diariums 805 (18.–21. April 1711) über das Trauerzeremoniell des verstorbenen Kaisers Joseph I. sowie des Wiener Diariums 179 (5. Mai 1705) mit dem Bericht des Trauerzeremoniells für Leopold I. läßt sich ersehen, daß der zeremonielle Ablauf bei den Trauerfeierlichkeiten jedesmal beinahe vollständig identisch war.

[852] Bei der Beerdigung der verwitweten Kaiserin Eleonora Magdalena im Jahr 1720 gingen allein 1200 arme Frauen und Männer aus dem Armenhaus und den verschiedenen Spitälern im Trauerzug mit; vgl. Schönwetter: Beschreibung S. 21.

[853] Die Hofmitglieder trugen schwarze Trauermäntel und Hüte, die mit schwarzem Flor umhängt waren; vgl. Hawlik-van de Water: Der schöne Tod S. 109.

[854] Meist waren es zwölf Kämmerer, die den Sarg von der Ritterstube zur Hofkirche trugen, und 24 Kämmerer, die den Sarg während des Trauerzuges zu tragen hatten; Lünig: Theatrum Ceremoniale Bd. 2, S. 667.

[855] Schönwetter: Beschreibung S. 21.

[856] So lautete die Meldung des niederösterreichischen Landmarschalls zur Ausrufung der *„große Hofklage"* für die verstorbene Kaiserin Eleonore: *„die grosse Hoffklag allergnädigst resolviret, nebstdeme auch die gebühr und schuldigkeit erfordert, daß zu der den 22ten dises abends umb 6. Uhr angestelten begräbnus des kayserl. Leichnambs alle anwesende oder nechstgelegene Lands-mitglieder und dero gemahlinen in der verwittibten burg erscheinen und aufwarten sollen. Alß wird der Herr Land Marschall dessentwegen die behörige Verordnung zu thuen, und Ihnen zu besagten kayserl. conduit ansagen, oder selbige citiren wie auch denen gesambten zwey obere Ständen, daß Sie in der klag jedoch ohne schwarzen überzug deren wagen, und dergleichen kleydung deren bedienten bey obiger begräbnus sich einfinden sollen, intimiren lassen"*; HHStA Wien, HA Familienakten K 67, fol. 49. Allgemein zu Landestrauern: Rohr: Ceremoniel-Wissenschafft der grossen Herren S. 334.

[857] Ebenfalls für die verstorbene Kaiserin Eleonore wurde verfügt, *„daß in allen Kirchen, und Clöstern drey Tag nacheinander von zwölf biß ain uhr die glocken zu läuten, anbey zu trost und heyl der verstorbenen kayserl. May. Seele in allen christlichen Stüften, Clöstern, Pfarren, und beneficien die gewöhnliche Sacrificia Mihsa und gebetter in so grosser Anzahl als möglich zu halten [...] und denen von Wienn hierzu gleichfals ansagen zu lassen, alle offentliche freüden-fest, Comoedien, Sailtanzen und andere dergleichen Schau- und Saitten-spiell so wohl hier landes, als auch in Ö. ob der Enns gänzlich einzustellen"*; HHStA Wien, HA Familienakten K 67, fol. 51. Am 27. Mai 1720 wurde das landesweite Musikverbot wieder aufgehoben, also nur wenige Wochen später, nicht erst ein Jahr. Dies lag daran, daß der verwitweten Kaiserin, im Gegensatz zu einer regierenden Kaiserin, im Falle des Ablebens nur die große Hofklage, nicht aber die Landestrauer zugebilligt wurde; HHStA Wien, HA Familienakten K 67, fol. 75. Vgl. ferner Hawlik-van de Water: Der schöne Tod S. 131 f.

[858] Abbildungen Hawlik-van de Water: Der schöne Tod S. 54, 109, 112–114, 134.

[859] Ebd. S. 112–114.

[860] Schönwetter: Umbständliche Beschreibung; Schönwetter: Beschreibung; Böcklin: Castrum Doloris, alle Druckwerke in den Familienakten des HHStA Wien, K. 67.

861 Vgl. allgemein Rohr: Ceremoniel-Wissenschafft der grossen Herren S. 328.

862 Moser: Teutsches Hof-Recht S. 460; vgl. ferner Hawlik-van de Water: Der schöne Tod S. 138 f.

863 HHStA Wien, ÄZA K 37 (1735–1737 II), (26. März 1736), unfol.: *„Nach diesem gedoppelten Schema seyend Ihro kayserl. May. mit dem abgeleibten Printzen Carolo in 2., et respective 3. gradu con sanguinitatis verwandt."* Mit dem Hinweis auf fünf vergleichbare Präzedenzfälle am Kaiserhof schlug die Hofkonferenz dem Kaiser eine *„Kleine Klag im Tuch"* als angemessenes Trauerzeremoniell vor. Eine vergleichbare Regelung des Trauerzeremoniells auf der Grundlage des Verwandtschaftsverhältnisses erfolgte nach dem Tod des Herzogs Ferdinand von Bayern am 18. Dezember 1738; HHStA Wien, ÄZA K 38, fol. 6.

864 Vgl. Hawlik-van de Water: Der schöne Tod S. 135 f.

865 HHStA Wien, Zeremonialprotokolle 8 (1713–1715), fol. 281.

866 HHStA Wien, Zeremonialprotokolle 8 (1713–1715), fol. 294.

867 HHStA Wien, Zeremonialprotokolle 8 (1713–1715), fol. 56 f.

868 HHStA Wien, Zeremonialprotokolle 11 (1720–1722), fol. 65, 71, 75.

869 HHStA Wien, Zeremonialprotokolle 8 (1713–1715), fol. 411.

870 HHStA Wien, Zeremonialprotokolle 17 (1739–1740), fol. 62, 65.

871 Moser: Teutsches Hof-Recht S. 460: *„Die Kammertrauer erstrecket sich von der Familie des Regenten an auf den ganzen Hof und alle, die an denselben zu erscheinen das Recht haben."*

872 Vgl. den Vortrag des Obersthofmeisters in der Hofkonferenz über die Bestimmungen anläßlich der Hoftrauer für den verstorbenen preußischen König Friedrich I.: *„daß ew. Kayserliche Mayestät in schwarzem Tuch und […] die Cavalier eben in Schwarz seiden Klagen und diese Klag etwa 6 Wochen dauern könthe, und wofern euer Kayserl. May. so zeitlich auf Laxenburg gehen wurden, ehe diese 6 wochen vorbey weren, so hetten sie dorten in Campagne gefarbten Tuch, mit Schwarz ausgemacht, die Cavalier aber in gefarbten Kleidern zu gehen […]"*; HHStA Wien, ÄZA 15. März 1713, fol. 9–11.

873 So ist in den Zeremonialakten eine *„große Cammer-Klag-guelts-lista"* anläßlich der Trauer für den 1714 verstorbenen Herzog Anton Ulrich von Wolfenbüttel sowie für die Trauer über den verstorbenen französischen König Ludwig XIV. aufgeführt; HHStA Wien, ÄZA K 25 (1713/15), fol. 429 f.

874 Vgl. hierzu nur die Stichfolge Raymond Le Plats über die Audienzen des sächsischen Kurprinzen beim Kaiser, der Kaiserin, der Kaiserin-Witwe Amalie und der Kaiserin-Witwe Eleonora im Jahr 1718 in der Favorita vor seiner Vermählung mit der Erzherzogin Maria Josepha sowie seinen Kupferstich des Galadiners im Theatersaal der Favorita im Jahr 1719. Die Kupferstiche befinden sich im Kupferstichkabinett der Staatlichen Kunstsammlungen Dresden (C 6725–C 6727 sowie A 153206), abgebildet und nachgewiesen bei Benedik: Die herrschaftlichen Appartements S. 558–561.

875 Vgl. Bastl: Tafeln bei Hof S. 196–199.

876 Zu den Feierlichkeiten, die an verschiedenen Orten in den Jahren 1666 bis 1668 begangen wurden, vgl. Goloubeva: Glorification S. 103–120; Seifert: Hochzeit-Gott; Solf: Festdekoration 13–32; Vocelka: Hochzeiten S. 81–83; Haider-Pregler: Roßballett S. 291–324.

[877] Vgl. Schlechte: Kunst der Repräsentation S. 185.

[878] HHStA Wien, Zeremonialprotokolle 10 (1717–1719), fol. 362–368.

[879] HHStA Wien, Zeremonialprotokolle 10 (1717–1719), fol. 367.

[880] HHStA Wien, ÄZA K 29, fasc. 4 a IV, fol. 41–42.

[881] HHStA Wien, Zeremonialprotokolle 10 (1717–1719), fol. 371. Die Zeremonialprotokolle berichten auch davon, daß die Festlichkeiten *„in prächtigster Gala"* begangen worden seien.

[882] Hierzu und im folgenden Gugler: Bankette S. 53–62.

[883] Lünig: Theatrum Ceremoniale Bd. 2, S. 316.

[884] Die Hofordnungen deutet Milos Vec als Bestandteil der *„landesherrlichen Policeygesetzgebung"*, vgl. Vec: Hofordnungen S. 53 f.

[885] Ebd. S. 55.

[886] Elias: Höfische Gesellschaft S. 120 ff.

[887] Kruedener: Rolle des Hofes S. 60 ff.

[888] Die Hofstaatsordnungen Ferdinands I. von 1527 und 1537 in Fellner/Kretschmayr: Die österreichische Zentralverwaltung Bd. I/2, S. 100–126. Eine vergleichbar „lange Dauer" war dem spanisch-burgundischen Hofzeremoniell beschieden, das 1548 von Karl V. in Spanien eingeführt worden war. Es blieb ebenfalls bis zum Ende des 17. Jahrhunderts im wesentlichen unverändert, vgl. Hofmann: Hofzeremoniell S. 290.

[889] Vgl. Hofmann: Hofzeremoniell S. 295.

[890] Zolger: Hofstaat S. 53–64.

[891] Hofmann: Hofzeremoniell S. 294 f.

[892] Müller: Fürstenhof S. 41 f., spricht von einer Übernahme des burgundischen Zeremoniells am Kaiserhof unter dem Namen „spanische Sitte", ohne diese Feststellung indes empirisch oder argumentativ weiter abzusichern. Insbesondere übersieht er, daß sich das kaiserliche Zeremoniell nicht auf Kaiser Maximilian I. zurückführen läßt (ebd. S. 12), sondern auf die bereits oben erwähnten Hofordnungen Ferdinands I.; hierzu auch Zolger: Hofstaat S. 63 f.

[893] Hofmann: Hofzeremoniell S. 295.

[894] Rousset/DuMont: Ceremonial Diplomatique Bd. 1, S. 682; Rinck: Leopolds des Grossen S. 195 f.; Friedrich der Große: Geschichte meiner Zeit S. 19.

[895] Zur Zunahme zeremonieller Regelungen nach dem Westfälischen Frieden vgl. Rohr: Ceremoniel-Wissenschafft der grossen Herren S. 387; zu den Beschwerden einzelner Gesandter über zeremonielle Mißstände vgl. Duindam: Vienna & Versailles (Kap. VI.).

[896] Mencik: Entstehung S. 459 f.

[897] Zolger: Hofstaat S. 53.

[898] Zu dem Aspekt des „institutionellen Gedächtnisses" vgl. das Kapitel „Zeitliche Komplexität" in: Wilke: Systemtheorie Bd. 1, S. 93–96.

[899] S. o. Teil III, Kap. 2c.

[900] Dies faßt Duindam treffend mit folgenden Worten zusammen: „It seems likely that in most cases, rigor was the intention, indulgence the inevitable practice, and disorders the consequence – offering a starting point for yet another revision", Duindam: Vienna & Versailles (Kap. VI).

[901] HHStA Wien, Zeremonialprotokolle 8 (1713–1715), fol. 284–285.

[902] In einem Brief des bayerischen Gesandten an den Kurfürst von Bayern wird dies besonders deutlich. Hier wurde dem „neuen" Patent vom 1. August 1722 noch die Abschrift eines älteren Patentes zum selben Thema beigefügt, das 1695 vom damaligen Obersthofmarschall Heinrich Franz Fürst zu Fondi Graf von Mansfeld verabschiedet worden war; BayHstA München, Bayerische Gesandtschaft Wien 153, o. fol. Auch Mansfelds Ordnung geht auf die zwei Jahre zuvor vom damaligen Obersthofmarschall Gottlieb Graf von Windischgrätz erlassene Einfahrtsordnung zurück; Lünig: Theatrum Ceremoniale Bd. 2, S. 457.

[903] HHStA Wien, Zeremonialprotokolle 12 (1723–1724), fol. 415.

[904] HHStA Wien, Zeremonialprotokolle 13 (1725–1727), fol. 241.

[905] Hierzu Duindam: Vienna & Versailles (Kap. VI.).

[906] Lünig: Theatrum Ceremoniale Bd. 1, S. 3.

[907] Vgl. nur exemplarisch für Frankreich Bély: Société des princes S. 406 ff.; im Reich war das Amt eines Zeremonienmeisters ebenfalls sehr verbreitet, wenn auch die Amtsbezeichnung bisweilen „Hoffourier" oder anders lautete; Stollberg-Rilinger: Hofreisejournal S. 14; zu Zeremonienmeistern an weiteren europäischen Höfen vgl. Stollberg-Rilinger: Wissenschaft S. 3 Anm. 3.

[908] Vgl. hierzu allgemein Rohr: Ceremoniel-Wissenschafft der grossen Herren S. 13–15. Erst im frühen 19. Jahrhundert ist am Kaiserhof ein „Oberceremonienmeister" nachweisbar, worin Duindam einen späten Import französischer Elemente der Hoforganisation vermutet; Duindam: Vienna & Versailles (Kap. VI).

[909] Hier nur als exemplarische Auswahl: HHStA Wien, Zeremonialprotokolle 7 (1710–1712), fol. 105 (der kaiserliche Kämmerer Christoph Graf Volckra wird für die Audienz des venezianischen Botschafters Vettor Zane zum Audienzkommissar ernannt); HHStA Wien, Zeremonialprotokolle 10 (1717–1719), fol. 370 (Generalfeldmarschall Graf Philipp Wirich von Daun als Audienzkommissar bei der Audienz des türkischen Großbotschafters); HHStA Wien, Zeremonialprotokolle 11 (1720–1722), fol. 144f. (Graf Oropesa als Audienzkommissar bei der Audienz des maltesischen Botschafters).

[910] HHStA Wien, Zeremonialprotokolle 7 (1710–1712), fol. 44: Die Konferenz setzte sich zusammen aus Fürst Trautson (Obersthofmeister), Fürst Mansfeld (Oberstkämmerer unter Leopold I.), Graf von Thurn (Obersthofmeister der Kaiserin und Regentin), Graf von Dietrichstein (ehemals Oberststallmeister), Graf Waldstein (Oberstkämmerer), Graf Starhemberg (Hofkammerpräsident), Graf Seilern (Hofkammerherr), Graf Martinitz (Obersthofmarschall), Graf Paar (Obersthofmeister der verwitweten Kaiserin Amalia) und Fürst Schwarzenberg (Oberststallmeister).

[911] HHStA Wien, Zeremonialprotokolle 7 (1710–1712), fol. 266 und 272 sowie 10 (1717–1719), fol. 259.

[912] HHStA Wien, Zeremonialprotokolle 14 (1728–1731), fol. 55f.

[913] HHStA Wien, Zeremonialprotokolle 16 (1735–1738), fol. 356–360.

[914] HHStA Wien, Zeremonialprotokolle 16 (1735–1738), fol. 357.

[915] Zu den Deputationen und Kommissionen, die in der Regierungszeit Leopolds I. insbesondere ab 1680 eine zunehmend größere Bedeutung hatten und die geheime Konferenz als wichtigstes Beratungsgremium zumindest kurzzeitig ersetzten; vgl. Sienell: Geheime Konferenz S. 361–375.

[916] BayHStA München, Kasten schwarz K 370, fol. 359.

[917] BayHStA München, Kasten schwarz K 370, fol. 387 und fol. 449.

[918] HHStA Wien, Zeremonialprotokolle 7 (1710–1712), fol. 47. Als Vorlage dienten die Protokolle von 1657 und 1705.

[919] HHStA Wien, Zeremonialprotokolle 7 (1710–1712), fol. 69–72.

[920] HHStA Wien, Zeremonialprotokolle 13 (1725–1727), fol. 170–187.

[921] Zu den Aushandlungen zwischen dem sächsischen und dem kaiserlichen Hof über das Zeremoniell anläßlich der Anwesenheit des sächsischen Kurprinzen in Wien vgl. Gugler: Bankette S. 57 f. Insgesamt befaßten sich mehrere Konferenzen mit der Frage nach dem „Traktament" des sächsischen Kurfürsten, so am 2. Mai, am 15. Mai, am 5. Juli und am 1. Juli; HHStA Wien, ÄZA K 29, fasc. 4aI; fasc. 4aII; fasc. 4b; fasc. 4aIV.

[922] HHStA Wien, HA Familienakten K 41, fol. 16 f.; HHStA Wien, Zeremonialprotokolle 11 (1720–1722), fol. 218–226.

[923] HHStA Wien, HA Familienakten K 41, fol. 17.

[924] HHStA Wien, Zeremonialprotokolle 10 (1717–1719), fol. 358–369.

[925] Rinck: Leopolds des Grossen S. 196: *„Der Kayser [Leopold] war anbey dem changement und der veränderung so zuwider / daß man ihm keinen grössern verdruß anthun konnte / als wann man ihm einen vorschlag that / den hof prächtiger einzurichten. Alles muste bey den alten titels und besoldung bleiben / ob es schon dem Kayser in vielen stücken / wie oben erwähnet worden / sehr schädlich war."*

[926] Rohr: Ceremoniel-Wissenschafft der grossen Herren S. 387.

[927] Stollberg-Rilinger: Höfische Öffentlichkeit S. 160 f.

[928] Hierzu das erste Kapitel bei Paulmann: Pomp und Politik.

[929] Lünig: Theatrum Ceremoniale Bd. 1, S. 452. Lady Montagu kommt zu demselben Urteil: *„Upon days of Ceremony they [the „poor Envoys"] have no Entrance at Court, and on other days must content themselves with walking after every Soul and being the very last taken Notice of"*; Halsband (Hrsg.): The complete letters Bd. 1, S. 274.

[930] Markel: Entwicklung S. 48 f.

[931] Lünig: Theatrum Ceremoniale Bd. 1, S. 452: *„Am Kayserlichen Hofe ist das Ceremoniale vor die Ambassadeurs einerley, sie mögen Extraordinaires oder Ordinaires seyn."*

[932] Lünig: Theatrum Ceremoniale Bd. 1, S. 455: *„ist auch kein gar zu grosser Unterschied unter einem Residenten und einem Envoyé, ausser daß die Envoyés in die Geheimde-Rath-Stube oder letzte Anti-Chambre gehen dürffen, die Residenten aber nicht [...]"*.

[933] Dickmann: Der Westfälische Frieden S. 208.

[934] Lünig bezieht sich dabei auf folgende Quelle: Gregorio Leti: Ceremoniale Historico e Politico, Lib. I, Bd. 1, S. 194.

[935] Lünig: Theatrum Ceremoniale Bd. 1, S. 449. Vgl. exemplarisch zur Teilnahme des venezianischen Botschafters sowie des Nuntius incognito an der Faschingsoper (10. 2. 1715): HHStA Wien, Zeremonialprotokolle 8 (1713–1715), fol. 203.

[936] Moser: Teutsches Hof-Recht, Bd. 2, Anhang: S. 98–102. Bei den „Fiochi" handelte es sich um eine besondere Schleife, mit der man das Pferd schmückte.

[937] Dies war allerdings nicht nur Privileg, sondern zugleich auch Verpflichtung.

Sollten Botschafter an Feiertagen oder an Galatagen ohne Entschuldigung fernbleiben, so konnte dies durchaus am Kaiserhof zu Verstimmungen führen; HHStA Wien, Zeremonialprotokolle 17 (1739–1740), fol. 22–25. Über die bisweilen ausufernden „Andachten" des Kaisers während des Fastenmonats im Jahr 1726 beklagte sich auch der französische Botschafter Duc de Richelieu in einem Brief an Cardinal Polignac; der Brief ist zitiert bei Vehse: Geschichte Bd. 12, S. 287–289.

[938] Die Schilderung der Ereignisse bei Lünig: Theatrum Ceremoniale Bd. 1, S. 417. Zur Haltung Ludwigs XIV. während dieser Affäre: Louis XIV., Mémoires S. 52–59.

[939] Lünig: Theatrum Ceremoniale Bd. 1, S. 161 f.

[940] Müller: Gesandtschaftswesen S. 124 A. 50.

[941] Lünig: Theatrum Ceremoniale Bd. 1, S. 450: „*Die übrigen gecrönten Häupter senden nur Envoyés anhero, und suchet insonderheit Franckreich hierdurch die Verdrießlichkeit der Competenz mit Spanien zu vermeiden, indem es leicht zu praesumiren, daß man an dem kayserlichen Hofe allezeit vor die Spanische Praerogativen sich favorable bezeugen werde [...].*"

[942] Sorel: Recueil des Instructions S. 180 f.

[943] Über den politischen Charakter dieser diplomatischen Mission und die Person des Duc de Luc vgl. Braubach: Versailles und Wien S. 83–86, zum Zeitpunkt des Einzugs ebd. S. 85.

[944] Lünig: Theatrum Ceremoniale Bd. 1, S. 560.

[945] Müller: Gesandtschaftswesen S. 126 A. 62. Zur Pracht des Einzugs am Beispiel des Gesandtschaftswagens vgl. Wackernagel: Der französische Krönungswagen S. 133 f.

[946] Genaugenommen wurden am 30. April und am 1. Mai 1725 sogar drei Verträge unterzeichnet: ein Friedensvertrag, der die Bestimmungen der Quadrupelallianz von 1718 bestätigte und in dem Karl VI. nun auch formell auf die Krone Spaniens verzichtete, dann ein Defensivbündnis, in dem sich die Vertragspartner im Angriffsfalle gegenseitige Truppenhilfe zusicherten, und schließlich ein Handelsabkommen, in welchem Spanien die Handelskompanie von Ostende anerkannte. Der Bündnisvertrag wurde, im Gegensatz zu den beiden anderen Abkommen, den anderen europäischen Fürsten nicht mitgeteilt; die Verträge sind abgedruckt bei Dumont: Corps Universel Diplomatique Bd. VIII/2, 106 ff.; Bittner: Chronologisches Verzeichnis Bd. 1, 142 f.; vgl. ferner Redlich: Werden einer Großmacht S. 183 f.; Mecenseffy: Spanische Bündnispolitik Kap. IV; Auer: Staatensystem S. 84 f.

[947] Horn: British Diplomatic Service S. 205, postuliert zwar das Ende des Rangstreites nach dem spanischen Erbfolgekrieg, führt hierfür indes keinerlei Belege an.

[948] Zur Rangerhöhung des spanischen Gesandten Duca de Ripperdá sowie zur diplomatischen Aufwertung zum offiziellen Botschafter vgl. Mecenseffy: Spanische Bündnispolitik S. 29 f.

[949] HHStA Wien, Zeremonialprotokolle 13 (1725–1727), fol. 96 f; HHStA Wien, ÄZA K. 33.

[950] HHStA Wien, Zeremonialprotokolle 13 (1725–1727), fol. 119–129; HHStA Wien, ÄZA K 33.

[951] Braubach: Versailles und Wien S. 140 f.

[952] So bemerkt das Wiener Diarium zu dem Einzug des spanischen Botschafters, der Betrachter sehe *„einen so Majestätischen Einzug desgleichen in langer Zeit nicht gehalten worden [...], so daß es unmöglich zu beschreiben ist"*, Wiener Diarium 69 (1725), 29. August 1725.

[953] BayHStA München, Kasten schwarz 381.

[954] BayHStA München, Kasten schwarz 381.

[955] Das Wiener Diarium 91 (1725), 14. November 1725, listet allein 70 Kutschen der adligen Hofgesellschaft auf, die den Einzug begleiteten.

[956] BayHStA München, Bayerische Gesandtschaft Wien 153.

[957] BayHStA München, Kasten schwarz 381.

[958] BayHStA München, Kasten schwarz 381.

[959] BayHStA München, Kasten schwarz 381.

[960] BayHStA München, Kasten schwarz 381.

[961] Mit Beispielen aus dem Völkerrecht des 17. Jahrhunderts Müller: Gesandt-schaftswesen S. 116–118.

[962] Markel: Entwicklung S. 48 A. 155.

[963] Du Mont/Rousset: Le Ceremonial Diplomatique Bd. 1, S. 483.

[964] HHStA Wien, Zeremonialprotokolle 12 (1723–1724), fol. 42–45; Zeremonial-protokolle 13 (1725–1727), fol. 133–135; Zeremonialprotokolle 14 (1728–1731), fol. 158–162; Zeremonialprotokolle 15 (1732–1734), fol. 182–194; Zeremonialproto-kolle 16 (1735–1738), fol. 150–157; fol. 324–330; ferner HHStA Wien ÄZA K 26 (1714/15), fol. 1–11.

[965] HHStA Wien, Zeremonialprotokolle 7 (1710–1712), fol. 101–104.

[966] HHStA Wien, Zeremonialprotokolle 16 (1735–1738), fol. 150–157.

[967] HHStA Wien, Zeremonialprotokolle 12 (1723–1724), fol. 419 (anläßlich der Trauerfeiern für den verstorbenen Obersthofmeister Johann Leopold Donat Fürst Trautson).

[968] HHStA Wien, Zeremonialprotokolle 12 (1723–1724), fol. 415.

[969] So wurde am 27. August 1738 eine Hofkonferenz nur aufgrund der *„annoch incognito stehenden päpstlichen Nuntius machenden Difficultäten"* einberufen; HHStA Wien, Zeremonialprotokolle 16 (1735–1738), fol. 356–360.

[970] HHStA Wien, Zeremonialprotokolle 10 (1717–1719), fol. 393–402; Zeremo-nialprotokolle 11 (1720–1722), fol. 122–126.

[971] HHStA Wien, Zeremonialprotokolle 10 (1717–1719), fol. 376, 370.

[972] HHStA Wien, Zeremonialprotokolle 13 (1725–1727), fol. 187. Als Präzedenz-fälle für das zeremonielle „Traktament" eines türkischen Gesandten wurden Bei-spiele aus den Jahren 1659, 1689, 1704 und 1719 angeführt. Auch im Folgejahr kam es zu umfangreichen Beratungen über das Zeremoniell beim Empfang des türki-schen Gesandten Miri Alem Ibrahim Aga; HHStA Wien, ÄZA K 33 (1725–1727), fol. 1–46.

[973] Vgl. zum Beispiel die Audienz des türkischen Gesandten Omer Aga bei Prinz Eugen im Jahre 1726; HHStA Wien, Zeremonialprotokolle 13 (1725–1727), fol. 169; HHStA Wien, ÄZA K 33 (1725–1727); die Audienz des türkischen Gesandten Mustafa Efendi bei Prinz Eugen, Zeremonialprotokolle 14 (1728–1731), fol. 451.

[974] Vgl. hierzu Kraelitz-Greifenhorst: Bericht 3 f.; Braubach: Prinz Eugen Bd. 5, S. 127 f.

975 HHStA Wien, Zeremonialprotokolle 13 (1725–1727), fol. 169; Zeremonialprotokolle 14 (1728–1731), fol. 451.

976 HHStA Wien, Zeremonialprotokolle 14 (1728–1731), fol. 451–455.

977 Zwar bekam der Sultan bei Johann Christian Lünig einen hohen Rang in der Hierarchie der europäischen Herrschaftsträger zugewiesen, unmittelbar nach dem Kaiser und dem römischen König. Einen Konsens der europäischen Fürsten dürfte er damit jedoch kaum abgebildet haben; vgl. Lünig: Theatrum Ceremoniale Bd. 1, S. 10.

978 Vgl. nur exemplarisch: Wiener Diarium 802 (8.–10. April 1711).

979 Fischer von Erlach: Historische Architectur, Buch IV, Tafel V; vgl. Abbildung XXX.

980 Graphische Sammlungen Albertina, Wiener Historische Blätter II (1740), 28.

981 Auch für die protestantischen Kurfürsten wurde dies als Grund angeführt; Du Mont/Rousset: Le Ceremonial Diplomatique S. 483: „*il se peut encore, que les Electeurs de la Religion Protestante s' abstiennent d' y envoyer des Représentants à cause de la Religion […].*"

982 Rohr: Ceremoniel-Wissenschafft der grossen Herrn S. 344: „*Heutiges Tages aber wird mehrentheils allen gecrönten Häuptern in gleichen Character Ehre und Praerogativ zugeschrieben*".

983 Müller: Gesandtschaftswesen S. 124–126.

984 Horn: British Diplomatic Service S. 205.

985 Müller: Gesandtschaftswesen S. 133.

986 Horn: British Diplomatic Service S. 208, führt an, wie einem englischen Gesandten nur der Titel „Serenitas", nicht jedoch der Titel „Majestas" zugestanden wurde.

987 Lettre secrette St. Saphorins an Townshend (5. Juni 1721); PRO London, SP 80/43. Die Klagen über die Rangprätentionen des Kaiserhofes waren ein ständig wiederkehrendes Leitmotiv der Berichte St. Saphorins: Im Lettre particulière an den Grafen Stanhope vom 10. Februar 1720 beschwerte er sich über die „*prétentions insoutenables*" der kaiserlichen Minister; PRO London, SP 80/40.

988 Müller: Gesandtschaftswesen S. 122 f.

989 HHStA Wien, Zeremonialprotokolle 16 (1735–1738), fol. 386–398.

990 Vgl. hierzu Kap. VI der Goldenen Bulle; Buschmann: Verfassungsgeschichte Bd. 1, S. 125 f.; insgesamt hierzu jetzt Kunisch: Formen symbolischen Handelns.

991 Vgl. Heimpel: Sitzordnung S. 1–9; Helmrath: Das Basler Konzil S. 322–326.

992 Dickmann: Der Westfälische Frieden S. 209. Allerdings wurde nicht allen souveränen Republiken der gleiche Rang zuerkannt, sondern mit den Generalstaaten und Venedig nur solchen, die eine den Monarchen vergleichbare Repräsentationskultur pflegten. Der Schweiz beispielsweise blieben die honores regii versagt; vgl. hierzu Stollberg-Rilinger: Honores regii S. 21 f.

993 Zur Betonung der prinzipiellen gegenüber einer bloß graduellen Unterscheidung im Zeremoniell vgl. Stollberg-Rilinger: Honores regii S. 13 f.

994 Zwantzig: Theatrum praecedentiae Bd. 1, S. 12; Grotius: De iure belli ac pacis; allgemein zum Aufkommen des Souveränitätsprinzips im Diskurs der Zeremonialwissenschaft und des Naturrechts Stollberg-Rilinger: Wissenschaft S. 16 f.; Vec: Zeremonialwissenschaft S. 75.

[995] Dickmann: Der Westfälische Frieden S. 177; Christ: Der Exzellenz-Titel.

[996] Zum Friedenskongreß in Nimwegen: Lünig: Theatrum Ceremoniale Bd. 1, S. 864–911; Stieve: Hof-Ceremoniel, S. 579ff.; zum Friedenskongreß von Rijswijk: Lünig: Theatrum Ceremoniale Bd. 1, S. 372; vgl. ferner Duchhardt: Friedensvermittlung S. 23–88.

[997] Dickmann: Der Westfälische Frieden S. 209; vgl. ferner Becker: Kurfürstenrat.

[998] Stollberg-Rilinger: Höfische Öffentlichkeit S. 162 A. 54.

[999] König: Capitulatio harmonica S. 5 (III §4 der Wahlkapitulation Karls VI.).

[1000] HHStA Wien, ÄZA K 23 (26. Dezember 1711), fol. 150f.

[1001] Rohr: Ceremoniel-Wissenschafft der grossen Herren S. 376, schreibt hierzu: *„haben doch die Könige solches nicht eingehen wollen, weil zwischen einem König und Churfürsten dennoch ein Unterschied wäre, indem ein König ein würcklich gecröntes Haupt, und ein Churfürst hingegen nur ein vornehmer Printz wäre welcher nicht unter die gecrönten Häupter gezehlt"* werde. Lünig: Theatrum Ceremoniale Bd. 1, S. 221–229, listet hierzu Beispiele auf.

[1002] Lünig: Theatrum Ceremoniale Bd. 1, S. 170. Zwei Wochen später, als kein Kurfürst mehr am Hof vertreten war, fand sich auch der spanische Botschafter wieder ein (ebd. S. 172).

[1003] So war beispielsweise der letzte brandenburgische Ambassadeur in Wien, Baron von Löwen, im Jahre 1663 am Kaiserhof vertreten; Lünig: Theatrum Ceremoniale Bd. 1, S. 450.

[1004] Lünig: Theatrum Ceremoniale Bd. 1, S. 450.

[1005] Man vergleiche nur die Kosten für den Ausbau Berlins als brandenburgischer Residenzstadt, die Prachtentfaltung des sächsischen Kurfürsten (und polnischen Königs), die bayerischen Repräsentationsbemühungen und die Neubauten des pfälzischen Hofes in Mannheim. Daß auch die geistlichen Kurfürsten keinerlei Mühen scheuten, zeigt sich insbesondere an den Repräsentationsbemühungen der Kurfürsten zu Köln.

[1006] Dies zeigt sich beispielsweise an der französischen Reaktion auf die Entsendung eines Ambassadeurs durch den Kölner Kurfürsten mit der Bitte, ihn entsprechend seinem Rang zu traktieren. In Versailles spottete man über den *„buffoon de cologne"*; Becker: Politik des Kurfürsten S. 84ff. Diesen Hinweis verdanke ich der Magisterarbeit von André Krischer über ›Symbolisches Handeln als politische Praxis bei Kurfürst Clemens August von Köln‹, Köln 2001.

[1007] BayHStA München, Bayerische Gesandtschaft Wien 153 (24. Juli 1725).

[1008] BayHStA München, Bayerische Gesandtschaft Wien 153 (24. Juli 1725).

[1009] BayHStA München, Bayerische Gesandtschaft Wien 153: Mörmann berief sich gegenüber dem bayerischen Kurfürsten darauf, daß *„vor denen hochen Churfürsten des Reichs die Republic von Venedig den Rang behaupten wolle; und dann zwischen derselben- und Eur Churfürstlichen Durchlaucht das Ceremoniale wegen dero Pottschafter und Gesandten annoch, sovil mir wenigst wissent, nit vergleichet"*.

[1010] HHStA Wien, Zeremonialprotokolle 14 (1728–1731) fol. 497–501.

[1011] Zu den Beschlüssen der Zeremoniell-Konferenz HHStA Wien, Zeremonialprotokolle 14 (1728–1731), fol. 468–481. Zum damaligen Empfang des sächsischen Kurfürsten vermerkt Mörmann in seinem Gesandtenbericht, es sei *„der lezte Churfürst, so in publico alhier angelanget waren"*, BayHStA München, Bayerische Gesandtschaft Wien 44. Zum Besuch des Kurfürsten August von Sachsen in Wien vgl. Vehse: Geschichte Bd. 12, S. 284.

1012 Vgl. hierzu Stollberg-Rilinger: Höfische Öffentlichkeit S. 155 f.

1013 HHStA Wien, Zeremonialprotokolle 14 (1728–1731), fol. 496.

1014 BayHStA München, Bayerische Gesandtschaft Wien 44. Die Teilnehmerliste der bei dieser Empfangsfahrt beteiligten Kammerherren und Geheimen Räte ist verzeichnet im Wiener Diarium 74 (15. September 1731).

1015 BayHStA München, Bayerische Gesandtschaft Wien 44.

1016 HHStA Wien, Zeremonialprotokolle 14 (1728–1731), fol. 494.

1017 Wiener Diarium 74 (15. September 1731).

1018 BayHStA München, Bayerische Gesandtschaft Wien 44.

1019 BayHStA München, Bayerische Gesandtschaft Wien 44: „sich in Armlain-sessl, doch das Ihr. Churfürstlichen Durchlaucht der ihnige unten ware, sich nieder-gelassen". Auch bei den feinen Rangunterscheidungen zwischen Kaiser und Kur-fürst konnte man auf den vorangehenden Besuch Augusts des Starken in Wien im Jahre 1695 zurückgreifen. So hatte der Kurfürst bei einer ihm zu Ehren gehaltenen Opernaufführung hinter dem Kaiser und der Kaiserin Platz zu nehmen. Kaiser und Kaiserin bekamen von zwei Edelknaben kühle Luft zugefächert, dem Kurfürsten indes drückte man nur einen Fächer in die Hand; Vehse: Geschichte Bd. 12, S. 300 f.

1020 Wiener Diarium 74 (15. September 1731).

1021 BayHStA München, Bayerische Gesandtschaft Wien 44.

1022 Vgl. die Ansprüche zur Behandlung der kurfürstlichen Rangstellung im Hof-zeremoniell des Kaisers bei Gotthard: Säulen des Reiches S. 728.

1023 Lünig: Theatrum Ceremoniale Bd. 1, S. 454: „wie dann auch, wenn ein Chur-fürst sich hier befindet, und so lange, als er sich hier aufhält, keinem Botschafter zur Capelle angesaget wird; weil die Ambassadeurs nicht wollen vor des Kaysers Tafel aufwarten, wann ein Churfürst mit an der kayserlichen Tafel sitzet."

1024 BayHStA München, Bayerische Gesandtschaft Wien 44. Mörmann meldete fast trotzig: „die königliche und fürstliche Ministri [Gesandte] werden nun erkhant haben, was ein Churfürst des reiches seye."

1025 Dies hielt beispielsweise Artikel X des sogenannten „Krontractates" fest, der sich vollständig abgedruckt findet bei Moerner (Bearb.): Kurbrandenburgs Staats-verträge S. 814 f.

1026 Lünig: Theatrum Ceremoniale Bd. 1, S. 434–436; Berney: König Friedrich I. S. 216 f.; Pečar: Symbolische Politik.

1027 BayHStA München, Bayerische Gesandtschaft Wien 128 (21. September 1719).

1028 BayHStA München, Bayerische Gesandtschaft Wien 128 (21. September 1719).

1029 BayHStA München, Bayerische Gesandtschaft Wien 128 (21. September 1719).

1030 HHStA Wien, Zeremonialprotokolle 11 (1720–1722), fol. 210 f.

1031 Drei Arten von Lehnstühlen lassen sich zeremoniell unterscheiden: die „Lehn-Stühle mit Arm-Lehnen (Fauteuils)", die „Lehn-Stühle mit Armen, ohne Neben-Lehnen (Chaises à bras)", und schließlich die „Lehn-Stühle ohne Armen (Chaises à dos)" als niedrigste Kategorie; Moser: Teutsches Hof-Recht Bd. 1, S. 310.

[1032] BayHStA München, Kasten schwarz 327 (19. November 1716). Über die zeremonielle Ehrenstellung des portugisischen Prinzen auch Lady Montagu; Halsband (Hrsg.): The complete letters Bd. 1, S. 296.

[1033] Gugler: Bankette S. 59.

[1034] BayHStA München, Kasten schwarz 327 (19. November 1716).

[1035] Vgl. die zahlreichen Beispiele bei Gotthard: Säulen des Reiches S. 806–812. Seine Schlußfolgerung, die Kurfürsten hätten ihre Ehrenposition in den 80er Jahren des 17. Jahrhunderts weitgehend eingebüßt, geht allerdings deutlich zu weit und berücksichtigt nicht, daß neben dem Reichstag auch das zeremonielle Geschehen insbesondere an den Höfen des Reiches von großer Bedeutung war, um die Ranghierarchie zwischen den Kurfürsten und den Fürsten des Reiches auch im Zeremoniell zu stabilisieren.

[1036] BayHStA München, Bayerische Gesandtschaft Wien 44 (19. Januar 1719).

[1037] Lünig: Theatrum Ceremoniale Bd. 1, S. 174: „Denen Königlichen und Fürstlichen Ambassadeurs aber weichen die regierende Herren nicht, wann sie cognito bey kayserlichem Hofe sind."

[1038] Lünig: Theatrum Ceremoniale Bd. 1, S. 192. Dies war beim Besuch der Pfalzgräfin Dorothea anläßlich ihrer Vermählung mit dem Prinz Jakob in Polen der Fall (25. Februar 1713), HHStA Wien, Zeremonialprotokolle 8 (1713–1715), fol. 6–7.

[1039] So zum Beispiel anläßlich der Aufführung der Oper „La clemenza di Tito" am 4. November 1734, bei der sich der „Herzog von Lothringen königliche Hochheit in einer Loge incognito, indeme der Kayser offentlich mit denen Botschaftern in die opera gegangen, eingefunden haben", HHStA Wien, Zeremonialprotokolle 15 (1732–1734), fol. 284.

[1040] HHStA Wien, Zeremonialprotokolle 10 (1717–1719), fol. 184–188.

[1041] HHStA Wien, Zeremonialprotokolle 10 (1717–1719), fol. 190.

[1042] Vgl. Gestrich: Öffentlichkeit S. 83.

[1043] Müller: Gesandtschaftswesen S. 125 A. 55.

[1044] Barbara Stollberg-Rilinger deutet eine auf alten Rechtsansprüchen beharrende Position beim Umgang mit zeremoniellen Normen daher zu Recht als Zeichen politischer Schwäche; vgl. Stollberg-Rilinger: Wissenschaft S. 21.

[1045] Küchelbecker: Allerneueste Nachricht S. 160. Zur Vermehrung des Ansehens aufgrund eines großen Hofstaates vgl. auch Moser: Teutsches Hof-Recht Bd. 2, S. 94. Vgl. hierzu auch Weber: Honor, fama S. 88 f.

[1046] Küchelbecker: Allerneueste Nachricht S. 216 f.

[1047] Lünig: Theatrum Ceremoniale Bd. 2, S. 1497.

[1048] Mit dieser Aussage ist nur die Akzeptanz des Hofzeremoniells am Kaiserhof gemeint. Davon abgesehen gab es immer wieder auftretende Streitfälle, wenn sich Mitglieder der Adelsgesellschaft – abseits des Kaiserhofes – gegenseitig den Rang streitig machten. So berichtet Lady Montagu von der einzigen Leidenschaft, die sie bei den Höflingen des Kaiserhofes habe beobachten können, dem Pochen auf den eigenen Rang, und erwähnt als Beispiel, wie zwei adlige Damen sich nachts in ihren Kutschen auf einer engen Gasse einander gegenüberstanden und beide so lange den Vorrang beanspruchten, bis die Stadtgarde um zwei Uhr nachts dem Treiben ein Ende setzen mußte; ein Streitfall, der vielleicht häufig auftrat, jedoch die Interaktion am Kaiserhof selbst nicht behinderte; Halsband (Hrsg.): The complete letters Bd. 1, S. 273.

[1049] Zu den Argumentationen insbesondere Gundaker von Liechtensteins zur Zugehörigkeit zum Reichsfürstenstand vgl. Winkelbauer: Fürstendiener S. 327 f.; ferner Müller: Regensburger Reichstag S. 225–231.

[1050] Moser: Von denen teutschen Reichs-Ständen S. 550, 608–614. Zu den zeremoniellen Problemen zwischen den alten und den neuen Fürsten auf dem Reichstag ebd. S. 691 f. Allgemein: Klein: Erhebungen S. 137–140.

[1051] Moser: Teutsches Hof-Recht Bd. 1, S. 10–13: „Schluß der Comitial-Gesandten der Alt-Fürstlich-correspondirenden Häuser wegen des Ceremoniels gegen neue Fürsten" vom 14. Dezember 1746. Hierzu auch: Schlip: Die neuen Fürsten S. 261–265.

[1052] HHStA Wien, Zeremonialprotokolle 14 (1728–1731), fol. 55 f.

[1053] Vgl. Winkelbauer: Fürstendiener S. 298–301.

[1054] So trat Fürst Gundaker von Liechtenstein als kaiserlicher Obersthofmeister von seinem Amt zurück, da der Kaiser ihm eröffnete, er hätte auch nach seiner Erhebung zum Reichsfürsten im Geheimen Rat seine alte Position beizubehalten; vgl. Winkelbauer: Fürstendiener S. 294 f.

[1055] Vgl. Lünig: Theatrum Ceremoniale Bd. 2, S. 1497; Rohr: Ceremoniel-Wissenschafft der grossen Herren S. 267–271.

[1056] Vgl. hier und im folgenden Hantsch: Schönborn S. 320–323.

[1057] Ebd. S. 322 f.

[1058] Die gesamte Argumentation findet sich in der Remonstration an Ihro kayserl. May. von dero Obrist Hof Canzler; ÖNB Cod. 14192, fol. 1–5. Aufgetreten ist der Rangstreit in einer Konferenz über die Versorgung der kaiserlichen Truppen (fol. 3).

[1059] Lünig: Theatrum Ceremoniale Bd. 2, S. 526–529.

[1060] HHStA Wien, Zeremonialprotokolle 8 (1713–1715), fol. 101–103.

[1061] Graphische Sammlungen Albertina, Wiener Historische Blätter II (1736), Nr. 35; vgl. hierzu Abbildung 6. Die Sitzordnung der anwesenden Personen anläßlich der kirchlichen Trauung in der Hofkirche war auch im Wiener Diarium dargestellt; Wiener Diarium 12 (12. Februar 1736).

[1062] Wiener Diarium 12 (12. Februar 1736).

[1063] Vergleichbare zeremonielle Rangprivilegien kamen den Mitgliedern zahlreicher Ritterorden an den europäischen Höfen zu; Rohr: Ceremoniel-Wissenschafft der grossen Herren S. 709 f.; zu Kurköln Stollberg-Rilinger: Hofreisejournal S. 31.

[1064] Vgl. Braubach: Prinz Eugen Bd. 1, S. 139.

[1065] Diese Entscheidung war immerhin so bemerkenswert, daß sie sogar den Weg in die zeremonialwissenschaftliche Literatur fand. So bemerkt Lünig über die zeremonielle Rangstellung des Prinzen Eugen am Kaiserhof: „*Der Printz Eugenius von Savoyen selbst hat keinen anderen Rang, als so fern Er von diesem Kayser [Karl VI.] zum ersten Geheimen Rath gemacht ist, da er bey dem Kayser Joseph viele, und bey dem Kayser Leopold noch mehr vor sich hatte*"; Lünig: Theatrum Ceremoniale Bd. 2, S. 1497.

[1066] Wiener Diarium 34 (28. 04. 1736), Anhang.

[1067] Vgl. hierzu Braubach: Prinz Eugen Bd. 5, S. 323.

[1068] Braubach: Prinz Eugen Bd. 5, S. 325.

[1069] HHStA Wien, Zeremonialprotokolle 16 (1735–1738), fol. 159 f.

[1070] Vgl. zur Landestrauer: Hawlik-van de Water: Der schöne Tod, S. 131–135.

[1071] HHStA Wien, Zeremonialprotokolle 16 (1735–1738), fol. 160.

[1072] Die gesamte Beschreibung der Begräbnisfeierlichkeiten findet sich im Wiener Diarium 34 (28. April 1736), Anhang, sowie in den Zeremonialprotokollen; HHStA Wien, Zeremonialprotokolle 16 (1735–1738), fol. 159–165.

[1073] Grimschitz: Hildebrandt S. 144 f.; allgemein zu Trauergerüsten Popelka: Castrum doloris.

[1074] Vgl. Lurz: Kriegerdenkmäler S. 47 f.

[1075] Graphische Sammlung Albertina, Wiener Historische Blätter II (1736), Nr. 6.

[1076] Deren Rahmen läßt sich nachvollziehen anhand der Trauerfeierlichkeiten für den verstorbenen Obersthofmeister Johann Donat Fürst Trautson am 19. Oktober 1724: Für ihn wurden dreitägige Exequien in der Michaelerkirche veranstaltet und schließlich von drei Bischöfen ein Hochamt unter Teilnahme seiner Verwandten, des päpstlichen Nuntius (Grimaldi), des venezianischen Botschafters (Francesco Donado), den Rittern vom Goldenen Vlies, den kaiserlichen Kämmerern und verschiedenen Amtsträgern am Kaiserhof zelebriert. In der Michaelerkirche ist auch das aufwendige Grabmal des Fürsten untergebracht, das von Josef Emanuel Fischer von Erlach gestaltet wurde; HHStA Wien, Zeremonialprotokolle 12 (1723–1724), fol. 419–423; ferner Hadriga: Trautson in Wien S. 63, S. 116 f.

[1077] HHStA Wien, Zermonialprotokolle 8 (1713–1715), fol. 184 f. (25. November 1714).

[1078] Lünig: Theatrum Ceremoniale Bd. 1, S. 458.

[1079] Ebd.

[1080] HHStA Wien, Zeremonialprotokolle 8 (1713–1715), fol. 277.

[1081] HHStA Wien, Zeremonialprotokolle 8 (1713–1715), fol. 277.

[1082] Zu den Kammerfesten s. o. Teil III, Kap. 2d.

[1083] Sommer-Mathis: Theatrum S. 521, erwähnt beispielsweise die Beschwerden des spanischen Botschafters Marqués de los Balbases, 1670 nicht zu einer Kammerkomödie bei der Kaiserin eingeladen worden zu sein.

[1084] Lünig: Theatrum Ceremoniale Bd. 1, S. 433 f.; Stieve: Europäisches Hof-Ceremoniel S. 276 f.; Moser: Teutsches Hof-Recht S. 486–491.

[1085] Auch dies hatte zeremonielle Gründe. So haben sowohl der holländische als auch der französische Gesandte nicht um eine Audienz beim Erzherzog Karl nachgesucht, da er auch bei Audienzen für kurfürstliche und für königliche Gesandten seinen Hut aufbehielt, was bei diesen zeremonielle Bedenken hervorrief, vgl. BayHStA München: Bayerische Gesandtschaft Wien K 37, o. fol. Desgleichen hatten auch die Gesandten von Hessen-Kassel und Holstein auf eine Audienz beim Erzherzog Karl verzichtet, vgl. BayHstA München, Bayerische Gesandtschaft Wien K 37, o. fol. (22. April 1699).

[1086] BayHStA München: Bayerische Gesandtschaft Wien K 37, o. fol. (31. Januar 1699).

[1087] Zu diesen politischen Verhandlungen vgl. Braubach: Versailles und Wien S. 18–26.

[1088] Sommer-Mathis: Theatrum S. 531.

1089 BayHStA München, Bayerische Gesandtschaft Wien K 37, o. fol. (6. Mail 1699).

1090 BayHStA München, Bayerische Gesandtschaft Wien K 37, o. fol. (6. Mai 1699): „*Wann er von Ihr sich hinwekh begebe, der französischer Abgesandter umber der Thier seines appartementen sich befindten mit ihme folgents in dasselbe besagte Fürst von Liechtenstein 3 bis 4 schridt weith sich begeben: und alda ein compliment Ihm abgesandten des inhalts nach solle, daß der Fürst von Liechtenstein [...] gegen Ihro May. Den allerchristlichsten König nit nur alleinig einen besonderen Respect trage; sondern auch sich allezeit angelegen sein lassen, die gute verstandtnus zwischen Ihro kayserl. May. und dem allerchristlichsten König underhalten zu helffen.*"

1091 BayHStA München, Bayerische Gesandtschaft Wien K 37, o. fol. (23. Mai 1699).

1092 Sommer-Mathis: Theatrum S. 532.

1093 S. o. Teil III, Kap. 1a.

1094 Lünig: Theatrum Ceremoniale Bd. 1, S. 179.

1095 Vgl. hierzu Kovacs: Kirchliches Zeremoniell S. 120; ferner aus volkskundlicher Sicht Beitl: Fußwaschung; Bogner: Österreichische Fußwaschung. Zum Problem des Zutrittsrechts der beteiligten Personen in die kaiserliche Ante-Camera und der Notwendigkeit, für diesen Fall die Bestimmungen der Kammerordnung auszusetzen, vgl. die „*kayserliche Resolution über etliche Puncta, so die Anti-Cammer-ordnung betreffen*", HHStA Wien, Zeremonialprotokolle 8 (1713–1715), fol. 287. Zur Fußwaschung allgemein, wenn auch knapp: Maas-Ewerd: Fußwaschung, in: LThK (1995), Bd. 4, Sp. 252 f.

1096 Lünig: Theatrum Ceremoniale Bd. 2, 996 f.

1097 Vgl. hierzu nur Stollberg-Rilinger: Hofreisejournal S. 13, 140 f. (für Kurköln).

1098 Als ein Beispiel sei herausgegriffen: Wiener Diarium 30 (1727) 12.–14. April 1727, das die Namen der Fußwaschungen des Kaisers Karl VI., der Kaiserin Elisabeth Christina sowie der verwitweten Kaiserin Amalia Wilhelmina enthält. Um das hohe Alter der „armen Männer und Frauen" hervorzuheben, verzeichnet das Diarium neben dem Alter der einzelnen Personen auch die Summe der Lebensjahre aller 12 Personen, die in diesem Fall 948, 958 und 951 Jahre betrug.

1099 Wiener Diarium 805 (18.–21. April 1711). Allgemein zum Trauerzeremoniell anläßlich eines verstorbenen Kaisers Hawlik-van de Water: Der schöne Tod S. 46–65, v. a. 62 f. Die Beteiligung von Untertanen am Trauerzeremoniell des verstorbenen Herrschers war in Europa keineswegs selbstverständliche Praxis. Im Trauergeleit für den verstorbenen Herzog August Wilhelm von Braunschweig-Wolfenbüttel beispielsweise waren Untertanen noch nicht einmal als Statisten vorgesehen; vgl. Daniel: Überlegungen S. 60.

1100 Wiener Diarium 883 (26. Januar 1712); Wiener Diarium 918 (18.–20. Mai 1712); Lünig: Theatrum Ceremoniale Bd. 2, S. 997 f.

1101 Wiener Diarium 886 (27.–29. Januar 1712).

1102 Wiener Diarium 883 und 918 (Anm. 1091); Wiener Diarium 871 (5.–8. Dezember 1711).

1103 Zitat anläßlich der öffentlichen Messe des Kaisers im Stephansdom; Wiener Diarium 886 (27.–29. Januar 1712).

1104 Wiener Diarium 69 (29. August 1725); ferner über den Einzug des französischen Botschafters das Wiener Diarium 91 (14. November 1725).

[1105] Zum genauen Weg des Einzugs: HHStA Wien, Zeremonialprotokolle 13 (1725–1727), fol. 96–98.

[1106] Ich folge hier der Interpretation Ute Daniels, die dagegen Stellung bezogen hat, alle Hofveranstaltungen unterschiedslos als Ausdruck der Repräsentation des Herrschers zu subsumieren, was den unterschiedlichen Bedeutungsinhalten ebenso wie den variierenden Formen der Öffentlichkeit bei den unterschiedlichen höfischen Festveranstaltungen nicht gerecht wird; Daniel: Überlegungen S. 47, 52–53.

[1107] Vgl. hierzu auch Stollberg-Rilinger: Hofreisejournal S. 27.

[1108] Vgl. auch Daniel: Überlegungen S. 49.

[1109] Allein im Jahr 1738 hatte der Kaiser insgesamt 86mal zu unterschiedlichen Anlässen an öffentlichen Gottesdiensten teilgenommen; vgl. Kovacs: Kirchliches Zeremoniell S. 125 A. 61.

[1110] HHStA Wien, Zeremonialprotokolle 15 (1732–1734), 125.

[1111] Vgl. hierzu Schlumbohm: Gesetze S. 650 f., 652–654, 659.

[1112] Vgl. Bourdieu: Die feinen Unterschiede S. 104–108, 362–367 u. ö.; ders.: Praktische Vernunft S. 22 f.; ders.: Sozialer Sinn S. 31, 89, 245; Göhler/Speth: Symbolische Macht S. 38 f.

[1113] Diese Differenz wird nicht nur an den Äußerungen des höfischen Lebensstils deutlich, sie läßt sich ebenso auch an der Kritik landsässiger Adliger wie des Grafen Wolf Helmhard von Hohberg am höfischen Lebensstil und insbesondere an den Bauten des höfischen Adels ablesen; vgl. Hohberg: Georgica curiosa Bd. 1, S. 78 f.

[1114] Vgl. Bourdieu: Die feinen Unterschiede.

[1115] Der Begriff der Kunstpatronage tritt in dieser Arbeit an die Stelle des heute gebräuchlichen Begriffs des Mäzenatentums, da mit der Rolle des Mäzens zumeist eine eher zweckfreie Kunstförderung assoziiert wird, die in der frühen Neuzeit allgemein und insbesondere in dem hier untersuchten Fall der höfischen Selbstdarstellung mittels Palastbauten wohl nur in Ausnahmefällen zu beobachten ist. Da hier insbesondere die soziale Funktionalität der Bauten im Mittelpunkt der Betrachtung steht, scheint der Begriff der Kunstpatronage eher angebracht zu sein; vgl. Roeck: Kunstpatronage S. 14.

[1116] Vgl. Lorenz: Ausstattung S. 295.

[1117] Matsche: Kunst S. 2 f.

[1118] Bereits Braunfels: Wien; in jüngerer Zeit ist insbesondere die Forschung Hellmut Lorenz' und Friedrich Polleroß' für die Fragestellung dieser Arbeit einschlägig; Lorenz: Architektur; ders.: Vienna Gloriosa; ders.: Reichsstil; ders.: Hofburg; ders.: Exemplum; ders.: Projekt; ders.: Raumfolge; ders.: „im alten Style"; Polleroß: „Adl"; ders.; Utilità; ders.: Sonnenkönig; ders.: Arbor etc.

[1119] Vgl. Sedlmayr: Politische Bedeutung S. 140–156.

[1120] Ebd. S. 141.

[1121] Hierzu mit weiteren Belegen Lorenz: „Reichsstil" S. 163–165.

[1122] Zur Pestsäule und ihrer Rolle als Bedeutungsträger in der kaiserlichen Selbstdarstellung s. u. S. 258.

[1123] Lorenz: „Reichsstil" S. 164 f.; Lorenz: Barock S. 263 f.

[1124] Lorenz: The Imperial Hofburg S. 94; Goloubeva: Glorification S. 14; allgemein Braunfels: Kunst Bd. 1, S. 41.

[1125] Küchelbecker: Allerneueste Nachricht S. 619f.

[1126] Rinck: Leopolds des Grossen S. 195f.: „*Was den hof unseres Kaysers anbelanget, so befand sich selbiger in einem stande, wie es seine modestie, nicht, wie es seine Majestät erforderte. Wann man von ihm nach seinem äußerlichen splendeur hätte urtheilen wollen, würden gar kleinere Prinzen in Europa über ihn den rang gehabt haben. Alles war sehr schlecht, und voller alterthum, daß, ungeachtet die pracht in den übrigen höfen von Europa gestiegen, dieser alleine in seiner ursprünglichen einrichtung verharret*"; vgl. ferner Loen: Der kayserliche Hof S. 5; Pöllnitz: Neue Nachrichten, Teil 2, S. 39f. Allgemein hierzu Bérenger: Léopold 1er S. 14.

[1127] So berichtete Montesquieu über seine Ankunft in Wien; Montesquieu: Pensées S. 856: „*Le comte de Kinski me dit lorsque j'arrivai à Vienne: 'Vous trouverez le palais de l'empereur bien vilain.'*"

[1128] Rinck: Leopolds des Grossen S. 127f.: „*Laxenburg, wo der Kayser den frühling passirte, ist kaum ein adliges Lust-hauß; die Favorita, so des sommers bezogen wird, ist zwar neu und von dreyen höfen, auch ziemlich regulier, dennoch aber ohne eintzige pracht; desgleichen ist Ebersdorff, wo sich der Kayser im herbst befindet, ser mittelmäßig.*"

[1129] Es waren dies die Winterreitschule, das Burgtheater, die Hofbibliothek und die Reichshofkanzlei; Braunfels: Kunst Bd. 1, S. 42f.

[1130] Zu den Opernaufführungen am Kaiserhof sowie dem hierbei betriebenen Aufwand s. o. Teil III, Kap. 2d.

[1131] Antonicek: Kunst und Wissenschaft S. 92.

[1132] Vgl. Lorenz: Tradition S. 21–23; Müller: Anachronismus als Modernität S. 315f.; Pečar: Symbolische Politik.

[1133] Zur Einweihung der Josephsäule am Hohen Markt vgl. HHStA Wien, Zeremonialprotokolle 15 (1732–1734), fol. 11; zu Klosterneuburg vgl. Lorenz (Hrsg.): Barock S. 273f.

[1134] Vgl. Matsche: Kunst S. 223–233.

[1135] Vgl. Matsche: Kunst S. 1–4.

[1136] Matsche nennt die Karlskirche zu Recht ein „paradigmatisches Beispiel habsburgischer Repräsentation". Seiner Deutung bin ich in den wesentlichen Zügen gefolgt; vgl. Matsche: Kunst S. 201–205; zur Bewertung des Begriffs „Kaiserstil" in bewußter Abgrenzung zum Sedlmayrschen Begriff des „Reichsstils" auch Lorenz: „Reichsstil" S. 169f.

[1137] Carl Gustav Heraeus hebt dies in einem seiner panegyrischen Lobgedichte auf Kaiser Karl VI. besonders hervor: „*Als Er, wo schneller Tod mit Sensen um sich hiebe / Sein Wien durch Gegenwart aus dem Verderben riß / Nachdem Er Sich und Glück, und Mangel hat bestritten / Auch andrer Noth zu sehn, hat selber Noht erlitten*"; Heraeus: Gedichte S. 9, S. 68; ferner auch Conlin: Carolus VI. S. 364.

[1138] Zu den einzelnen Maßnahmen, die den Schutz vor der Epidemie in der Hofburg verstärken sollten: HHStA Wien, ÄZA K 24.

[1139] HHStA Wien, ÄZA K 24 (24. Oktober 1712), fol. 1–2.

[1140] Ein Hinweis auf dieses Gelübde findet sich zum einen auf der Dedukation der Grundsteinlegung (D.O.M. OB CIVES IN PESTE SERVATOS DICATAE D: CAROLO BOR: BASILICAE ...), zum anderen in der Inschrift über dem Portal, die den Text des Psalms 22,26 wiedergibt (VOTA MEA REDDAM IN CONSPECTU TIMENTIUM DEUM); vgl. Matsche: Kunst S. 201–204.

[1141] Vgl. Braunfels: Kunst S. 74 f.; von der Dunk: Das deutsche Denkmal S. 459 f.; Lorenz (Hrsg.): Barock S. 495 f.; Lorenz: Fischer von Erlach S. 56, mit einer kurzen Diskussion über die beteiligten Künstler.

[1142] Zur Pietas Austriaca vgl. Coreth: Pietas.

[1143] Zu Karl Borromeus vgl. Borromeo: Borromäus, Karl, in: LThK, 3. Aufl., Bd. 2 (1994), Sp. 598–600.

[1144] Küchelbecker: Allerneueste Nachricht S. 145 f.

[1145] Vgl. hierzu Sedlmayr: Fischer von Erlach S. 282, der auf einen Stich von Philipp Galle aus dem 16. Jahrhundert hinweist. Weitere Belege bei Matsche: Kunst S. 515 A. 1008; ferner von der Dunk: Das deutsche Denkmal S. 525.

[1146] Sedlmayr: Fischer von Erlach S. 292.

[1147] Zum Herrschermotto Karls VI. vgl. Heraeus: Inscriptiones S. 23 f.

[1148] Das bekannteste Beispiel hierfür ist sicherlich der Bau der Hagia Sophia durch Justinian, der die Fertigstellung des Kirchengebäudes mit den Worten kommentiert haben soll: „Salomon, ich habe dich übertroffen"; vgl. hierzu Krautheimer: Byzantine Architecture S. 205 f.

[1149] Vgl. Heraeus: Gedichte S. 106 f.

[1150] Vgl. hierzu mit zahlreichen Beispielen Matsche: Kunst S. 283–288.

[1151] Vgl. von der Dunk: Das deutsche Denkmal S. 239–280.

[1152] Vgl. von der Dunk: Das deutsche Denkmal S. 415.

[1153] So schreibt Heraeus über die Karlskirche: „*Templi in Suburbio prospectum augustiorem reddunt Columnae Colossicae, [...] imitante in Trajani, Antoninique Monumentis formam*"; vgl. Heraeus: Inscriptiones S. 75 f.

[1154] Vgl. Matsche: Kunst S. 203.

[1155] Vgl. Matsche: Kunst S. 300.

[1156] Vgl. Matsche: Kunst S. 310–327. Besonders prominent war dabei der auf der Weltkugel sitzende kaiserliche Adler dargestellt. Dieses Herrschaftssymbol, dessen inhaltliche Aussage allen Betrachtern offenkundig gewesen sein dürfte, findet sich sowohl an der Fassade des Reichskanzleitraktes (319) als auch an der Fassade der böhmischen Hofkanzlei (315).

[1157] Vgl. Matsche: Kunst S. 309 und Abb. 102 und 103. Fischer von Erlach hat in seiner „Historischen Architektur" seine Rekonstruktion der Domus Aurea und die Abbildung des von ihm errichteten kaiserlichen Hofstallgebäudes nicht unabsichtlich einander gegenübergestellt.

[1158] Dreger: Baugeschichte S. 246.

[1159] Heraeus: Gedichte S. 85.

[1160] So habe Karl VI. „*non semel me armorum strepitus, Musis minus favens, coegit optare Augusti saeculum*"; Heraeus: Inscriptiones S. 6. Mit der Kaiserwahl Karls VI. sei „*CAESAR alter, alter AUGUSTUS accederat*"; Heraeus: Inscriptiones S. 10.

[1161] Zur Formulierung des „neuen Rom" vgl. Heraeus: Gedichte S. 85; ferner J. Sturm: Unverwelklicher Oester-Reichischer Ehren-Kranz ..., Wien 1659, o. S., zit. n. Berger: Quellenmaterial S. 214.

[1162] Vgl. Matsche: Kunst S. 243–245.

[1163] Eine Verknüpfung der Herrschaft Karls VI. mit seinem Namensvetter Karl V. findet sich in der panegyrischen Literatur ebenfalls zahlreich. So heißt es bereits in einem Trauergedicht Heraeus" über Joseph I.: „*Wir haben einen Carl, der schon dem Fünften gleicht*"; vgl. Heraeus: Gedichte S. 128. Die Namensgleichheit der jeweiligen Gemalin Karls V. (Elisabeth) und Karls VI. (Elisabeth Christina) dient ebenfalls als willkommener Anlaß, die Person Karls VI. mit seinem Vorgänger zu identifizieren; vgl. Heraeus: Gedichte S. 81; ferner Heraeus: Inscriptiones S. 7; allgemein Polleroß: Sonnenkönig S. 255.

[1164] Vgl. Matsche: Kunst S. 273.

[1165] So war es auch kein Zufall, daß in Fischer von Erlachs ›Entwurff einer Historischen Architektur‹, das Beispiele großer Herrschaftsarchitektur von der Antike bis in die Zeit Karls VI. aufführte, die Repräsentationsbauten Frankreichs, der Louvre ebenso wie Versailles, vollkommen fehlten; von der Dunk: Das deutsche Denkmal S. 477.

[1166] S. o. Teil III, Kap. 4c.

[1167] Hierzu von der Dunk: Das deutsche Denkmal S. 469–482.

[1168] Freschot: Relation S. 25 f.: „*Und gewiß es ist einem Monarchen viel rühmlicher, an nöthige Sachen zu gedenken, als seine schätze, welche das blut seiner unterthanen sind, zu unnöthigen ausgaben zu verschwenden, angesehen die ehre der urheber eines großen pallasts zu seyn, so mit seinen unterthanen mitleiden hat, und welches kein geld von ihnen genommen, als welches nöthig gewesen, seine ehre und des landes ruhe zu unterhalten.*"

[1169] Vgl. Matsche: Kunst S. 65 f. So preist Heraeus zum Beispiel in seinem Lobgedicht „*Über die grosse Wiennerische Glocke*" Kaiser Joseph I. für die kaiserliche Stiftung einer Glocke für den Petersdom mit den Worten: „... *der auf Gott mehr als sich selbst gedacht / Als er ein Ehrenmahl der Nachwelt wollte schenken / So zu des Höchsten Dienst stets ruffend heist bedenken / Daß Habsburg Christlicher, als Bourbon Denkmal macht*"; vgl. Heraeus: Gedichte S. 122; ebenso Küchelbecker: Allerneueste Nachricht S. 720 f.: „*Und gleichwie man zu Paris, London, und in andern grossen Städten dergleichen herrliche Monumenta findet, welche zum Ruhm und zur Ehre grosser Herren aufgerichtet worden; so hat das kayserliche Haus dergleichen weltlichen Ruhm verachtet, und solche aus Devotion, theils der Heil. Dreyfaltigkeit, theils denen Heiligen zu Ehren aufsetzen lassen [...]*"; die Gegenüberstellung der Bescheidenheit des römischen Kaisers gegenüber dem französischen König findet sich – in diesem Fall angewandt auf Leopold I. – bereits bei Rinck: Leopolds des Grossen Bd. 1, S. 116.

[1170] Hierauf weist zu Recht Ulrich Schütte hin; vgl. Schütte: Fürstenschloß S. 15 f.; Polleroß: Utilità S. 36. Zum Vorwurf der Verschwendung: Florinus: Oeconomus prudens; hierzu Bauer: Hofökonomie S. 135–162 und S. 250–255. Mittlerweile klassisch: Friedrich der Große: Antimachiavell S. 42.

[1171] Vgl. hierzu Krapf: Architekturtheorien S. 93–102.

[1172] Lorenz: Bautätigkeit S. 142.

[1173] S. o. Teil II, Kap. 1, S. 30 f.

[1174] Vgl. Polleroß: Utilità S. 40 f., der davon ausgeht, daß Ausbau und Ausstattung des Gartenpalais Liechtenstein in der Roßau sich in zahlreichen Punkten an die Empfehlungen des Fürsten Karl Eusebius anlehnten.

[1175] Vgl. Bourdieu: Künstlerische Konzeption S. 76, 120.

[1176] Vgl. Lorenz: Bautätigkeit S. 145.

[1177] Falke: Liechtenstein Bd. 2, S. 319.

[1178] Sein Vorbild war das Architekturtraktat ›Regola delli cinque ordini d'architettura‹ von Giacomo Barozzi da Vignola; Fleischer: Liechtenstein als Bauherr S. 84. Über den dilettantischen Charakter der einzelnen Bauvorstellungen vgl. Lorenz: Bautätigkeit A. 145.

[1179] Fleischer: Liechtenstein als Bauherr S. 89. Auch in Leichenpredigten wie der für den verstorbenen Paul Esterházy wird die Dauerhaftigkeit der errichteten Schloßbauten sowie der davon ausgehenden „Fama" betont; vgl. M. Marckl: Le dernier Adieu Das ist, Ultimum vale Oder Letztes behüt Dich Gott, Wien 1714, o. S., zit. n. Berger: Quellenmaterial S. 132. Das Argument der Dauerhaftigkeit adliger Bauten sowie des Nutzens für den Nachruhm war aber auch ein bereits klassischer Bestandteil von Architekturtraktaten; vgl. hierzu nur exemplarisch als erstes prominentes Beispiel Alberti: Zehn Bücher S. 13. Alberti sah die Baukunst als das vornehmste Mittel der Fürsten an, um ihren Namen und ihren Ruhm der Nachwelt zu verbreiten.

[1180] Selbst innerhalb der Kameralwissenschaften gab es positive Stimmen über die Notwendigkeit hoher Repräsentationskosten; vgl. Zincke: Einleitung zu denen Cameral-Wissenschafften S. 17; Florinus: Oeconomus prudens Bd. 2, S. 60: *„daß Sie [die Fürsten] den Unterschied zwischen sich und andern auch in dem äusserlichen Apparatu zeigen"*; Bauer: Hofökonomie S. 135–162.

[1181] Fleischer: Liechtenstein als Bauherr S. 94.

[118] Fleischer: Liechtenstein als Bauherr S. 193.

[1183] Fleischer: Liechtenstein als Bauherr S. 185.

[1184] *„Dergleichen vornembste Werk auch treiben und anleidten meistentheils den Adl hierzue vor anderen, dieweil es ihnen allein gebiehret dergleichen und nicht dehnen schlechteren, minderen und ermeren Standts […]"*; Fleischer: Liechtenstein als Bauherr S. 94 f.

[1185] Vgl. hierzu auch Sturm: Civil-Bau-Kunst (Vorrede).

[1186] Fleischer: Liechtenstein als Bauherr S. 193.

[1187] *„Dan was schlecht ist, ziehet der Menschen Augen nicht an sich"*, so Karl Eusebius lapidar; Fleischer: Liechtenstein als Bauherr S. 123.

[1188] Fleischer: Liechtenstein als Bauherr S. 91.

[1189] So sind auch Karl Eusebius' Ermahnungen an seinen Nachfolger zu verstehen, ein künstlerisches Urteil zu entwickeln: *„Dahero in dergleichen Erkandtnus grosse Erfahrenheit, Uebung und bestes Iuditium und Urtel sein mues, alles recht zu erkennen, ob es recht natierlich und aufs allernatierlichste seie, wie und was es vorstellet"*; Fleischer: Liechtenstein als Bauherr S. 196.

[1190] Über die Wahrnehmung von Pracht und Prachtentfaltung gelangte auch Johann Georg Sulzer noch hundert Jahre später zu einem ähnlichen Urteil: *„Die unmittelbareste Würkung der Pracht ist Ehrfurcht, Verwunderung und Erstaunen. Die schönen Künste bedienen sich ihrer mit dem grossen Vortheil, um die Gemüther der Menschen mit diesen Empfindungen zu erfüllen"*; Sulzer: Allgemeine Theorie Bd. 3, S. 612.

[1191] Zu den Ereignissen vgl. insbesondere Dessert: Fouquet S. 183 ff.

[1192] Vgl. Burke: Ludwig XIV. S. 75 f.

[1193] Vgl. hierzu Dessert: Louis XIV. S. 54–62.

[1194] Zu den Folgen der Verhaftung Fouquets für die Finanzverwaltung und den französischen Kredit vgl. Mettam: Power and Faction S. 98, 108, 181; ferner Bonney: The king's debts S. 258–271.

[1195] Vgl. Goubert: Ludwig XIV. S. 58.

[1196] Vgl. Peck: Court Patronage S. 185–207; Waquet: De la corruption; Asch: Sturz des Favoriten S. 56f.; sowie für die Favoriten an den Höfen deutscher Territorialfürsten jetzt Kaiser/Pečar: Der zweite Mann.

[1197] Es gab zwar am Kaiserhof unter Leopold I. zwei Minister, die beim Kaiser in Ungnade fielen: der Obersthofmeister Wenzel Fürst von Lobkowitz und der Hofkammerpräsident Georg Ludwig von Sinzendorf, der auf seine Güter verbannt und zur Zahlung einer Strafe von 1 Million Gulden verurteilt wurde. Auch hier lautete der Vorwurf auf Korruption. Ein Zusammenhang mit der Art und Weise ihrer Selbstdarstellung ist jedoch in beiden Fällen nicht zu erkennen. S. o. Teil II, Kap. 1 d.

[1198] Zur Bedeutung des Portals für die Schloßfassade vgl. Sturm: Civil-Bau-Kunst S. 129: „*Weil nun die Haupt-Thüre das mercklichste Theil an einem Hause ist / kann man dieselbe an vornehmer Leute Häusern von den gemeinen / sonderlich wenn Platz ist / durch eine hervor geruckte Architectur unterscheiden.*"

[1199] Vgl. nur den Antrag des Grafen Johann Adam von Questenberg, die Fassade vorrücken zu dürfen (1701), den Antrag von Feldmarschall Wierich Philipp Graf Daun, den Raum vor seinem Portal mit Ketten und Pfosten sichern zu dürfen (1719), sowie schließlich den Antrag des Grafen Aloys Thomas von Harrach, sein Portal auf die Straße vorzusetzen (1728). Alle Anträge wurden bewilligt; Grimschitz: Hildebrandt S. 75, 87f.; Grimschitz: Wiener Barockpaläste S. 19, 36.

[1200] Vgl. Lichtenberger: Wien S. 246. Um 1779 waren 369 Bauten in der Stadt Wien im Besitz adliger Familien. Zum beginnenden Bauboom in Wien vgl. auch Pircher: Verwüstung und Verschwendung S. 70.

[1201] Küchelbecker: Allerneueste Nachricht S. 628.

[1202] Keyssler: Neueste Reisen S. 1213.

[1203] Freschot: Relation S. 6f.; Rinck: Leopolds des Grossen S. 130; Nugent: Grand Tour Bd. 2, S. 202f.

[1204] Loen: Der kayserliche Hof S. 5.

[1205] Volkamer: Continuation o. S. (Voransprache): „*Und dieweil insonderheit Wien die allerhöchste Ehre hat, daß das allerhöchste Haupt der ganzen Welt in selbigem seine Residenz aufgeschlagen, bei welchem bei nahe mehr grosse Fürsten und Herren täglich sich befinden, als andere regierende Könige Stands- und Adeliche Personen um sich haben, so ist es unschwer zu begreiffen, daß allda solche ungleichliche Lust-Gärten, in so grosser Menge, anzutreffen, derer ein jedweder ein sattsamer Beweißthum ist, sein Principal seye würdig, in der Bedienung desjenigen Monarchen zu stehen …*"

[1206] Demselben Ziel dienten die Familiengrablegungen in den zahlreichen Kirchen Wiens und insbesondere in den Kirchen in der direkten Umgebung zur kaiserlichen Hofburg, die im 17. Jahrhundert an Zahl und Bedeutung zunahmen; vgl. Hengerer: Raum als Medium S. 54–59.

[1207] So weist Lorenz darauf hin, daß „entwicklungsgeschichtlich bedeutende Hauptwerke der österreichischen Barockarchitektur sich auch an eher entlegenen Orten finden"; vgl. Lorenz: Bautätigkeit S. 149.

[1208] Vgl. Brunner: Frühbarocke Schloßbaukunst S. 156.

[1209] Erst 1753 wechselte der Palast die Besitzerfamilie; vgl. Kraus/Müller: Wiener Palais S. 24.

[1210] Vgl. Lorenz: Bautätigkeit S. 140–146. Das Schloß Plumenau erfuhr unter Johann Adam Andreas eine Neugestaltung, Schloß Landskron wurde ab 1698 von Domenico Martinelli vollständig neu errichtet.

[1211] Fleischer: Liechtenstein als Bauherr S. 187.

[1212] Ernst Graf Abensberg-Traun ließ seinen Herrschaftssitz in Petronell ab 1660 aufwendig neu gestalten, ehe er als einer der ersten Adligen noch vor 1678 auch in Wien ein Palais errichten ließ. Die neugestaltete Vierflügelanlage ist auch auf einem Gemälde zu sehen, auf welchem sich Otto Ehrenreich Graf von Traun, auf einem Schimmel reitend, vor dem Schloß Petronell abbilden ließ; vgl. Polleroß: Auftraggeber S. 35, Abb. 28. Das Stadtpalais Abensberg-Traun zählt zu den sogenannten „Prämerbauten", da sein baulicher Zustand sich nur in einer Architekturzeichnung Wilhelm Prämers erhalten hat. Das Schloß wurde im Laufe des 18. Jahrhunderts vollständig umgebaut; vgl. Brucher: Barockarchitektur S. 97 sowie Abb. 51; ferner Berger: Quellenmaterial S. 62

[1213] Polleroß: Auftraggeber S. 36.

[1214] Dies ergibt sich aus der Auswertung der Angaben zu Palastbauten in und um Wien bei Küchelbecker: Allerneueste Nachricht, sowie des Vedutenwerkes von Salomon Kleiner: Kleiner: Das florierende Wien.

[1215] Dies waren die Familien Althann, Collalto, Dietrichstein, Esterházy, Harrach, Lamberg, Liechtenstein, Mollard, Schwarzenberg, Sinzendorf, Starhemberg, Strattmann, Windischgrätz sowie der Prinz Eugen.

[1216] Zur Bezeichnung „oberste Amtsträger" am Kaiserhof s. o. Teil II, Kap. 1d.

[1217] Kein Palais ließ sich nachweisen für Johann Kaspar Graf Cobenzl (Obersthofmarschall und Oberstkämmerer), Hieronymus und Johann B. Graf Colloredo sowie Adolf Graf Martinitz (alle drei Obersthofmarschälle), Johann Adolf Graf Metsch (Reichsvizekanzler), Johann Wilhelm Graf Wurmbrand (Reichshofratspräsident) sowie die Grafen Johann Wenzel von Wratislaw, Leopold Joseph von Schlick und Wilhelm Albert Krakowsky von Kolowrat (alle drei Oberste böhmische Hofkanzler).

[1218] Dafür spricht, daß insgesamt nur für vier böhmische Adelsfamilien der Besitz eines Palais in Wien nachgewiesen werden konnte: die Grafen Czernin, Kinsky, Volckra sowie die Fürsten Lobkowitz.

[1219] Vgl. zu Bartenstein: Braubach: Johann Christoph Freiherr von Bartenstein, in: NDB Bd. 1, Berlin 1953, Sp. 599 f.; Braubach: Bartensteins Herkunft S. 99 ff. Vehse weiß darüber hinaus von dem Unwillen des Hofadels gegenüber dem Aufsteiger Bartenstein zu berichten; Vehse: Geschichte Bd. 12, S. 273 f.

[1220] Zum Wettbewerbscharakter der Baumaßnahmen zwischen den Adelsgeschlechtern vgl. Bormastino: Historische Beschreibung S. 112, 165. Ein besonders offenkundiger Fall von Konkurrenz war die zeitgleiche Errichtung der beiden Vorstadtpalais der Familien Harrach und Althann in unmittelbarer Nachbarschaft um 1730, die zugleich durch die künstlerische Rivalität der beiden Baumeister Joseph Emanuel Fischer von Erlach und Johann Lukas von Hildebrandt zusätzliche Nahrung erhielt; vgl. Polleroß: Auftraggeber S. 40 f.

[1221] Dies erkannte auch Karl Eusebius von Liechtenstein, als er gegenüber seinem Nachfolger betonte, daß die Stadtpaläste *„nicht gleich sein konnen an Pracht, Magnificenz und Ahnsehen als die Landtgebeu, dan der Blatz [...] ist abgehendt, so der greste Mengl ist. Dan ein schenes und perfectes Werk und Gebeu wil Platz haben, sich ausszubreiten, so in dehnen Steten nicht sein kan, und danenhero was Volkommenes zu machen unmiglich ist"*; Fleischer: Liechtenstein als Bauherr S. 187.

[1222] Fuhrmann: Historische Beschreibung Bd. 1, S. 221.

[1223] Lohrmann: Wiens Stadtbild S. 2.

[1224] Lorenz: Bautätigkeit S. 151; vgl. ferner Feuchtmüller: Die Herrengasse.

[1225] Lorenz: Fischer von Erlach S. 63–66.

[1226] Polleroß: „dem Adl" S. 180

[1227] Zum Verlust der Familie Liechtenstein als Auftraggeber vgl. Sedlmayr: Fischer von Erlach S. 94 f.

[1228] Sedlmayr ging noch davon aus, daß nach Fischer von Erlach gleich Domenico Martinelli an dessen Stelle trat, vgl. Sedlmayr: Fischer von Erlach S. 94.

[1229] Vgl. zur Bauänderung Lorenz: „exemplum" S. 9 f.

[1230] Zu dem Gebäudetyp der Maison de Plaisance, des Lust- oder Sommerschlosses vgl. Hansmann: Barock S. 64–73.

[1231] Polleroß: Utilità S. 36–40.

[1232] Polleroß: Utilità S. 37.

[1233] Polleroß: Utilità S. 40.

[1234] Zur Errichtung der Vorstadt Liechtenthal vgl. Fuhrmann: Historische Beschreibung Bd. 1, S. 294–297. Zum Charakter der Vorstadt Liechtenthal als ökonomischer Mustersiedlung vgl. die Quellen bei Falke: Liechtenstein Bd. 2, S. 333.

[1235] Vgl. Pircher: Verwüstung und Verschwendung S. 40 f.

[1236] Zu den Vorstädten, in denen das Stadtrecht und der Burgfrieden galten, zählten insbesondere die alten Vorstädte: Landstraße, Wieden, Oberer Werd (Roßau), Unterer Werd (Leopoldstadt), Alser Gasse, Währinger Gasse, Unter den Weißgerbern, Laimgrube und schließlich Windmühlgrund; vgl. Lohrmann: Wiens Stadtbild S. 2. Allgemein zur Jurisdiktion in den Vorstädten Wiens vgl. Küchelbecker: Allerneueste Nachricht S. 750.

[1237] Als einzige Abbildung dieser Mustersiedlung ist man leider auf einen Stadtplan angewiesen: den „Plan von Wien und Umgebung" von Leander Anguissola und Jacob Marinoni (1706).

[1238] Vgl. Lorenz: Martinelli S. 255 f.; Lorenz: „exemplum" S. 10.

[1239] Küchelbecker: Allerneueste Nachricht S. 771.

[1240] Mathias Fuhrmann: Historische Beschreibung Bd. 2, S. 63: *„Aus denen in dieser Vorstadt [St. Ulrich] befindlichen weltlichen Gebäuden, die wegen netter Architectur sich ein Ansehen machen, verdient gewisslich den Vorzug der Fürstlich-Trautsohnische Palast, der gleich zu Anfang dieser Vorstadt nach dem Burgtor zu siehet, und keinem Gebäu in der Stadt weichet."* Die Kunstgeschichte hat sich diesem Urteil weitgehend angeschlossen; vgl. Ilg: Fischer von Erlach S. 498; Sedlmayr: Fischer von Erlach S. 231; Brucher: Barockarchitektur S. 172.

[1241] Krapf: Palais Trautson S. 19–21; Lorenz: Fischer von Erlach S. 135–138; Sedlmayr: Fischer von Erlach S. 231.

[1242] Vgl. Lohrmann: Wiens Stadtbild S. 5.

¹²⁴³ Deren Abbildung bei Lorenz: Fischer von Erlach S. 140.

¹²⁴⁴ Vgl. Perger: Haus- und Grundstückskäufe S. 46–60.

¹²⁴⁵ Sedlmayr: Fischer von Erlach S. 158–167, 207; Grimschitz: Lukas von Hildebrandt S. 65 f.

¹²⁴⁶ So urteilt Küchelbecker, unter allen in Wien anzutreffenden Palastbauten *„aber meritiret das schöne und unvergleichliche Palais des Printzen Eugenii in der Himmel-Porten-Gasse mit Recht den ersten Platz, weil es die andern alle, so wohl an Schönheit, als Kostbarkeit, übertrifft“*; vgl. Küchelbecker: Allerneueste Nachricht S. 628; ferner der Brief Jean-Baptiste Rousseaus an den Lausanner Gelehrten Du Lignon vom 24. Juli 1715 bei Zöllner: Das barocke Wien S. 391; über die Wahrnehmung der Stadt Wien aus der Perspektive des französischen Adels vgl. Zöllner: Das barocke Wien.

¹²⁴⁷ Zum Ideal der Sichtbarkeit von adligen Schloßanlagen vgl. Florinus: Grosser Herren Bd. 2, S. 861.

¹²⁴⁸ Halsband (Hrsg.): The complete letters Bd. 1, S. 259 (8. September 1716 an Lady Mar).

¹²⁴⁹ So bemerkt Küchelbecker über die böhmische Hofkanzlei, daß sie zwar ein vortreffliches Gebäude sei, *„nur ist dies eintzige zu bedauren, daß es ebenfalls in der Wiplinger-Straßen liegt, und keinen guten Prospect hat“*; vgl. Küchelbecker: Allerneueste Nachricht S. 631.

¹²⁵⁰ So äußerte sich Karl Eusebius von Liechtenstein, der seinem Sohn bei der Errichtung eines Stadtpalais empfahl: *„Dan das Stattpalatium auch sol isolato sein, umb und umb, dass es von keinem Haus angerieret seie [...]“*; Fleischer: Liechtenstein als Bauherr S. 189 f.

¹²⁵¹ Um einen Solitär zu ermöglichen, so Karl Eusebius von Liechtenstein, *„sol man die Nebenheuser kaufen, auch Gassen zu machen so keine [Häuser] auf dehnen Seiten wehren. Die Heuser aber von hinten man alle kaufen sol mit dem Palatio bis auf die hintere Gassen zu kommen [...]“*; Fleischer: Liechtenstein als Bauherr S. 190.

¹²⁵² Zum Starhembergpalais vgl. Grimschitz: Wiener Barockpaläste S. 3; Brucher: Barockarchitektur S. 94 f.

¹²⁵³ Kraus/Müller (Hrsg.): Wiener Palais S. 34.

¹²⁵⁴ Vgl. Lorenz: Enrico Zuccallis Projekt S. 16 f.

¹²⁵⁵ Vgl. Lorenz: Bautätigkeit S. 151.

¹²⁵⁶ Die Formulierung stammt von Erich Hubala; zit. n. Lorenz: Bautätigkeit S. 152.

¹²⁵⁷ Zur langgestreckten Kolossalfassade vgl. Lorenz: Barock S. 223; zu den Ursprüngen dieser Fassadengestaltung vgl. Brunner: Frühbarocke Schloßbaukunst S. 152–157.

¹²⁵⁸ Grimschitz: Lukas von Hildebrandt S. 14–21; Brucher: Barockarchitektur S. 188.

¹²⁵⁹ Grimschitz: Lukas von Hildebrandt S. 78–84.

¹²⁶⁰ Winterling: Hof der Kurfürsten S. 128. Er errichtete die Bonner Residenz von 1697 bis 1702.

¹²⁶¹ Brucher: Barockarchitektur S. 93 f. Er war mit der Vollendung des sogenannten Leopoldinischen Trakts der Hofburg beauftragt.

[1262] Hubala: Johann Michael Rottmayr S. 152 ff.

[1263] Vgl. Lorenz: „exemplum" S. 18.

[1264] Vgl. Lorenz: Martinelli S. 269–293. Martinelli stand in Diensten der Kurfürsten von Köln und Brandenburg-Preußen sowie des Bischofs von Würzburg.

[1265] Zit. n. Lorenz: „exemplum" S. 16. Vgl. ferner Kerber: Andrea Pozzo.

[1266] Dies wurde auch durch ein Hofdekret des Kaisers erleichtert, *„kraft welchem Ihro Majestät verordnen, daß die Herren Stände an die in den Städten befindlichen Bauleute und Meister nicht gebunden, sondern zu ihren Gebäuden auch fremde Bauleute und Meister aufdingen können"*; Wekebrod: Sammlung S. 66.

[1267] Vgl. hierzu Lorenz: Martinelli S. 23.

[1268] Lorenz: Bautätigkeit S. 151.

[1269] Vgl. Lorenz: Martinelli S. 23. Der Kontakt zu Domenico Martinelli kam vermutlich mit Hilfe des Sohnes Ferdinand Bonaventuras von Harrach, Franz Anton von Harrach, zustande, der während seines Studienaufenthalts in Rom am „Collegium Germanicum" mit Martinelli zusammentraf.

[1270] Lorenz: Martinelli S. 220–260.

[1271] Lorenz: Martinelli S. 24. Allgemein hierzu vgl. Lorenz: Zur Internationalität.

[1272] So äußerte sich bereits Fürst Karl Eusebius von Liechtenstein, der die französischen Bauformen des Pavillons oder des corps de logis ablehnte und die italienische Bauweise zum Vorbild erklärte: *„Walschlandt in dehnen Gebeuen ibertrift die gantze Welt, und also solche Manier mehr als keiner anderen zu folgen, den ihr Ardt ist schen und brachtig und majestosisch"*; Fleischer: Liechtenstein als Bauherr S. 183.

[1273] Vgl. hierzu die Anfrage des Grafen Johann Michael Althann an den Fürsten Maximilian von Liechtenstein, ob Fischer von Erlach sich 16 Jahre in der Nähe Berninis aufgehalten habe; zit. bei Sedlmayr: Fischer von Erlach S. 413 (Dokument 9).

[1274] Sedlmayr: Fischer von Erlach S. 40 f.

[1275] Lorenz: Fischer von Erlach 55 ff.

[1276] Grimschitz: Hildebrandt S. 26 ff.

[1277] Daß der Stil des römischen Palastbaus in Wien als vorbildlich angesehen wurde, geht auch aus einer Selbstbeschreibung Johann Lukas von Hildebrandts hervor: *„Es ist auch keiner [...], der so viell kostbahre und unzählbare Gebäu geführt als ich, absonderlich in Wien, und überahl den modum alla Romana zu bauen mitgebracht wo vorhin die Kunst sehr schlecht war"*; Johann Lukas von Hildebrandt in einem Brief an den Fürstbischof Friedrich Carl von Schönborn (1742), zit. n. Grimschitz: Hildebrandt S. 216.

[1278] Hellmut Lorenz bezeichnet Fischer von Erlach im Bereich der Gartenschlösser in den Vorstädten als „typenbildenden inventor"; vgl. Lorenz: Fischer von Erlach S. 20 und 26–32.

[1279] Vgl. Bourdieu: Künstlerische Konzeption S. 76–79.

[1280] So urteilt Francis Haskell über die Situation in Rom unter Papst Urban VIII., die Päpste entwickelten sich „zunächst zu Protagonisten, dann zu Diktatoren der jeweiligen Mode"; vgl. Haskell: Maler und Auftraggeber S. 17 und 144. Zur stilbildenden Wirkung monarchischer Bauprojekte im Frankreich des 17. Jahrhunderts vgl. Hubala: Kunst des 17. Jahrhunderts S. 84–97.

[1281] Fleischer: Liechtenstein als Bauherr S. 123; s. o. Teil IV, Kap. 2.

[1282] Die Kosten adliger Repräsentation insbesondere in kostspieligen Palastbauten sowie die damit einhergehende Gefahr des sozialen Abstiegs infolge finanzieller Überbeanspruchung scheinen bei Wolf Helmhard von Hohberg mehrfach auf. Aus der Perspektive des landsässigen, nichthöfischen Adligen stießen die Investitionen des höfischen Adels in den barocken Schloßbau auf heftige Kritik; vgl. Hohberg: Georgica curiosa Bd. 1, S. 78 f. (das 82. Kapitel der Schrift über das „Adlige Landleben" trägt bezeichnenderweise die Überschrift *„Von unnothwendiger Pracht-Gebäuen"*); weit schärfer als bei Hohberg lautet die moralische Kritik adligen Bauens bei Abraham a Sancta Clara, der die Baubemühungen des höfischen Adels als Ausdruck ihres Hochmutes mit dem Turmbau zu Babylon vergleicht; Sancta Clara: Etwas für Alle, Würzburg 1711, Bd. 1, zit. n. Berger: Quellenmaterial S. 114.

[1283] Als Relationsmöglichkeiten zu den Baukosten verweise ich auf das Kapitel über die Kosten und die Gewinnmöglichkeiten der Amtstätigkeit für den Kaiser; s. o. Teil II, Kap. 3. Eine weitere Vergleichsmöglichkeit bieten die Arbeitsentgelte für die Künstler, die am Bau des Gartenpalais Harrach 1735 mitgewirkt haben. So erhielt Santino Bussi für die Ausstattung des Festsaals 515 fl., für die Stuckarbeiten im Vestibül 153 fl., für die Arbeiten im Paradezimmer 155 fl. Der Maler Bartolomeo Altomonte bekam 800 fl. zugesprochen, der Freskenmaler Gaetano Fanti 360 fl. Für 8 jonische Kapitelle im Festsaal erhält Johann Trebesky 48 fl.; vgl. Praschl-Bichler: Alltag im Barock S. 225.

[1284] Perger: Haus- und Grundstückskäufe S. 47–58.

[1285] Ebd. S. 50.

[1286] Lorenz: Zuccallis Projekt S. 16 f.

[1287] Vgl. Wilhelm: Fürsten von Liechtenstein S. 87; Lorenz: Martinelli S. 231.

[1288] Vgl. hierzu die Angaben bei Perger: Haus- und Grundstückskäufe S. 64–80.

[1289] Vgl. Grimschitz: Wiener Barockpaläste S. 17 f.

[1290] Von den gleichwohl horrenden Kosten auch eines Vorstadtpalais zeugt die Klage des Bauherren Johann Joseph Graf Harrach an seinen Bruder, den Vizekönig von Neapel: *„Der verfluchte Jean Luca gehet bestialisch in die magnificence"*, zit. n. Grimschitz: Hildebrandt, S. 12.

[1291] Daß die Ausstattung der Adelspalais mit deren baulicher Qualität durchaus mithalten konnte, deutet Küchelbecker an. Die Päläste könnten *„so wohl wegen der zierlichen Architecture, als auch wegen der kostbaren meubles, mit welchen dieselben prangen, die Verwunderung derer anschauenden erwecken"*; vgl. Küchelbecker: Allerneueste Nachricht S. 617 f.

[1292] Zur Gemäldesammlung des Hauses Liechtenstein in Wien s. Wilhelm: Fürsten von Liechtenstein S. 63–79, 109–111; ebenfalls von einigem Wert war die Gemäldegalerie der Grafen Abensberg und Traun: *„Seine Gallerie, so Er von kostbahren mahlerey angeführet, hinterlassen, in seinen gehabten schönen Palatio in Wienn, [...] hat dieselbe als die anderte nach der fürstlich Liechtensteinischen den ruhm von allen kunstverständigen Liebhabern gehabt"*; Anonym: Grafen von Abensberg und Traun Familien Beschreibung, o. O. o. J., zit. n. Berger: Quellenmaterial S. 316. Zur Bildersammlung des Prinzen Eugen vgl. Bellot: Prinz Eugen S. 215 f. Zur Harrachschen Gemäldesammlung und dem maßgeblichen Anteil des Grafen Aloys Thomas von Harrach bei ihrer Entstehung vgl. Prohaska: Vienna versus Napoli S. 80 f.

1293 Küchelbecker: Allerneueste Nachricht S. 688–690; zur Bibliothek des Prinzen Eugen ebenfalls Loen: Der kayserliche Hof S. 19.

1294 So suchte der preußische König Friedrich Wilhelm I. Prinz Eugen dadurch geneigt zu machen, daß er ihm für seine Menagerie Pferde und wilde Tiere zur Verfügung stellen wollte; ein Angebot, das dieser jedoch dankend ablehnte; hierzu s. o. Teil II, Kap. 3. Allgemein zur Orangerie und Menagerie des Prinzen Eugen vgl. Bellot: Prinz Eugen S. 214 f.

1295 Vgl. exemplarisch die Gold- und Silberkammer der Familie Liechtenstein; Wilhelm: Fürsten von Liechtenstein S. 48–51, 94–97, 111 f.

1296 Küchelbecker hebt insbesondere das Münzkabinett des Grafen Carl Joseph von Lamberg hervor. Ferner erwähnt er ein Planetenmodell in der Bibliothek des Prinzen Eugen und eine „Feuer-Maschine" des Fürsten Adam von Schwarzenberg; Küchelbecker: Allerneueste Nachricht S. 733, 735–738 (mit Abb.) und 738–744. Auch die Sammlungen des Grafen und späteren Fürsten Johann Leopold Donat von Trautson erschienen bemerkenswert: „*Mr. le Comte de Trauthson est un des plus considerables Seigneurs de cette Cour; il est curieux, et a dans son Cabinet de toutes les belles choses, des livres, des Médailles antiques et modernes, des paintures, de agathes, des marcassites, des curiositez des Indes, enfin tout ce que vous pouvez vous imaginer …*"; Patin: Relations historiques S. 19.

1297 Vgl. Wilhelm: Fürsten von Liechtenstein S. 68–70 und 94–97.

1298 Daß die Magnifizenz eines Hauses sich selten an nur einem einzigen Merkmal adliger Dignität ablesen ließ, die Selbstdarstellung daher stets in zahlreichen unterschiedlichen Feldern geleistet werden mußte, wollte man entsprechend wahrgenommen werden, betont zu Recht Peter-Michael Hahn: Wahrnehmung und Magnifizenz S. 23 und 41.

1299 Auch noch Jahrzehnte später fiel diese Form der Teilmodernisierung Betrachtern ins Auge: „*Der größte Teil der Häuser ist alt, und diese haben in ihrer ersten Anlage alle Unbequemlichkeiten des Alterthums […]. Man hat nicht wenig von diesen Häusern in neuern Zeiten inwendig bequemer gemacht. Ein Fremder wird zuweilen angenehm überrascht, wenn er über einen dunklen Hausflur und eine unbequeme Wendeltreppe hinansteigt, und dann unvermuthet in eine Reihe wohl angelegter Zimmer kommt, in denen er alle Bequemlichkeit und Pracht des modernen Luxus findet …*"; Nicolai: Reise durch Deutschland Bd. 3, S. 134 f.

1300 Lichtenberger: Wien S. 256.

1301 Ebd.

1302 Halsband: The complete letters Bd. 1, S. 260 (8. September 1716 an Lady Mar).

1303 „*Neben dehnen 2 grossen Stiegen sollen auch bei jeder ein Schneken sein vors Gesindt, auf- und abzugehen, damit die Haubtstiegen sauber vor die Obrigkeit bleiben*"; Fleischer (Hrsg.): Liechtenstein als Bauherr S. 189.

1304 HALV Vaduz, H 67, zit. n. Lorenz: „exemplum" S. 17.

1305 Vgl. hierzu allgemein Zöllner: Das barocke Wien.

1306 Zöllner: Das barocke Wien S. 390, 392.

1307 Zwantzig: Theatrum praecedentiae S. 162.

1308 Anton Florian von Liechtenstein konnte die Reichsstandschaft und damit Sitz und Stimme auf dem Reichstag erst 1713 erwirken. Die feierliche Einführung erfolgte dann am 15. Februar 1715; Moser: Von denen teutschen Reichsständen S. 613; vgl. Klein: Erhebungen S. 140–143; Falke: Liechtenstein Bd. 3, S. 73–75.

[1309] Hierzu allgemein Völkel: Bild vom Schloß S. 237–259 und 269 f.

[1310] Kleiner: Wiennerisches Welttheater (Vorrede).

[1311] Prämer war seit ca. 1660 am Wiener Hof tätig, zuerst als Kammerdiener, dann als Hofquartiermeister, Zeugwart und schließlich seit 1685 als Hofkriegsrat. Das Werk ›Architecturischer schauplatz‹ blieb zwar ohne Drucklegung. 1678 erschien aber eine Topographie Wiens, in der einige Ansichten zeitgenössischer Bauten enthalten waren; vgl. Polleroß: Arbor Monarchia S. 7 f. Vgl. Tietze: Prämers Architekturwerk S. 343–402; Prange: Kleiner S. 81–88.

[1312] Das Druckwerk Joseph Emanuel Fischers von Erlach erschien in drei Ausgaben in den Jahren 1713, 1715 und 1719, zuerst unter dem Titel ›Prospecte und Abrisse einiger Gebäude von Wien‹ (1713) mit 16 Stichen, dann um 10 weitere Tafeln ergänzt unter dem Titel ›Anfang / Einiger Vorstellungen der Vornhmsten Gebäude / so wohl in der Stadt als in denen Vorstädten von Wien / …‹, die in der Ausgabe von 1719 erneut erschien; vgl. Schmidt: Architekturbücher S. 147–156; Prange: Kleiner S. 88–102.

[1313] Lorenz: Fischer von Erlach S. 31, 79, 106, 118, 130, 135 f.

[1314] Kleiner: Wahrhaffte und genaue Abbildung.

[1315] Vgl. Lorenz: Fischer von Erlach S. 42–48.

[1316] Kleiner: Wunderwürdiges Kriegs- und Siegeslager S. 26.

[1317] Vgl. Lorenz: Unbekannte Ansichten S. 223 f.

[1318] Zum Ideal eines Fürstenschlosses vgl. Decker: Fürstlicher Baumeister Bd. 1 (Vorrede), sowie die Interpretation von Lorenz: Ausstattung S. 291 f.

[1319] Das Zitat stammt aus dem Stichwerk des Erbauers des Dresdner Zwingers, Matthäus Daniel Pöppelmann; vgl. Lorenz: Ausstattung S. 293.

[1320] Vgl. Lorenz: Ausstattung S. 295.

[1321] Vgl. Lorenz: Ausstattung S. 294; Lorenz: „exemplum" S. 11, 22 f.

[1322] Vgl. Wilhelm: Neue Quellen Sp. 121 ff., mit den jeweiligen Zitaten aus dem Briefwechsel zwischen Bauherr und Maler.

[1323] Vgl. Lorenz: „exemplum" S. 16 und 20.

[1324] Vgl. Lorenz: „exemplum" S. 19 und Abb. 9. Die Darstellung Jasons mit dem Goldenen Vlies ist bei den Bauten der kaiserlichen Hofgesellschaft – naheliegenderweise – kein selten auftauchendes Motiv. Am Palais Trautson beispielsweise findet sich Jason mit dem Goldenen Vlies als eine der Heldenfiguren oberhalb des Mittelrisalites der Schaufassade; vgl. Krapf: Palais Trautson S. 52.

[1325] Vgl. Lorenz: Ausstattung S. 294–303. Hier geht Lorenz auf die Ausstattung des Palais Strattmann (295 f.), des Prinz Eugenschen Stadtpalais (297 f.), des Palais Harrach (299 f.), des Palais Daun[-Kinsky] (300 f.) sowie schließlich des Palais Caprara[-Geymüller] (301) näher ein. Betrachtet man die Ikonographie des Palais Trautson, so läßt sich dieses Urteil ebenfalls bestätigen; vgl. Krapf: Palais Trautson S. 51 f.

[1326] Vgl. Polleroß: Utilità S. 40–47.

[1327] Vgl. Polleroß: Utilità S. 47; Polleroß: Auftraggeber S. 37 f. (hier auch zu weiteren Beispielen für die Symbolisierung des Kaisers durch Jupiter); vgl. ferner Brucher: Deckenfresken S. 214.

[1328] Lorenz (Hrsg.): Barock S. 39, 388. Der Auftrag an den Maler lautete, die *„principali funzioni pubbliche"* des Vizekönigs von Neapel auf drei großformatigen Bildern zu illustrieren; Prohaska: Vienna versus Napoli S. 82 f.

[1329] Der Begriff des „kulturellen Imaginären" entspricht dem, was Peter Berger und Thomas Luckmann in ihrem Kapitel über „Gesellschaft als subjektive Wirklichkeit" umschreiben; vgl. Berger/Luckmann: Gesellschaftliche Konstruktion S. 139–191.

[1330] Bourdieu: Praktische Vernunft S. 22.

Quellen- und Literaturverzeichnis

1. Archivalische Quellen

Oberösterreichisches Landesarchiv Linz [OöLA]

Starhemberg-Archiv
Riedegg
50, Nr. 90
Verschiedene Herrschaften
30

Public record office London [PRO]

State Papers (SP)
80/39, 80/40, 80/43, 80/46, 80/50, 80/54, 80/61

Bayerisches Hauptstaatsarchiv München [BayHStA]

Auswärtige Staaten Literalia Österreich
60, 86, 88, 89, 90
Bayerische Gesandtschaft Wien
24, 25, 37, 44, 45, 47, 49, 51, 53, 70, 83, 89, 92, 122, 123, 124, 125, 128, 137, 147, 149, 151, 152, 153, 160, 161, 162, 163, 164, 165, 166, 167, 168, 169, 170, 171, 172, 179, 180, 187, 189, 190, 191, 195, 202, 203, 208, 215, 216, 219, 222, 223, 226, 227, 236, 237, 238, 239
Kasten schwarz
320, 323, 325, 326, 327, 346, 347, 353, 358, 360, 369, 370, 371, 378, 379, 380, 381, 387, 388, 389, 390, 406, 407, 411, 412, 414, 423, 424, 427, 428, 429, 438, 439, 440, 441, 442, 448, 449, 450, 451, 452
Kurbayern Äußeres Archiv
4352, 4353

Hausarchiv der regierenden Fürsten von Liechtenstein Vaduz [HAL]

Akten
98, 567
Schloß Vaduz, Bibliothek
Sign. VA 5-2-2: Instruktion des Karl Eusebius von Liechtenstein für seinen Nachfolger Johann Adam Andreas (s. d.; ca. 1680)

Allgemeines Verwaltungsarchiv Wien

Familienarchiv Harrach (FA Harrach)
56, 59, 61, 63, 64, 65, 66, 67, 73, 74, 75, 76, 77, 78, 80, 82, 83, 84, 86, 96, 98, 99, 100,
103, 123, 124, 125, 127

Haus-, Hof- und Staatsarchiv [HHStA]

Reichshofrat
Gratialia et Feudalia, Paßbriefe
9
Reichskanzlei
Geheime Räte
8
Habsburg-Lothringisches Familienarchiv
Hausarchiv
− **Familienakten (HA, Fam.A.)**
18, 41, 67
− **Familienkorrespondenz**
16, 17, 21, 54
Hofarchive
Obersthofmeisteramt, Sonderreihe (OmeA, S.R.)
74, 146, 156, 184, 191, 192, 368
Ältere Zeremonialakten (ÄZA)
23, 24, 25, 26, 27, 28, 29, 30, 31, 32, 33, 34, 35, 36, 37, 38
Zeremonialprotokolle (Zer.Prot.)
7, 8, 9, 10, 11, 12, 13, 14, 15, 16, 17
Familien- und Herrschaftsarchive
Herrschaftsarchiv Jaidhof
I/36 (Akten): 52, 53, 54
I/36 (Bücher): 50, 65, 68, 79, 81
V/1; VI/2; VI/8, 9, 10, 11

Hofkammerarchiv Wien [HKA]

Kameralzahlamtsbücher (KZAB)
1, 2, 3, 4, 5, 6, 7, 14

Österreichische Nationalbibliothek [ÖNB]
Codex
7418, 12388, 14084, 14085, 14192
Graphische Sammlung Albertina
Wiener Historische Blätter Bd. 2

2. Gedruckte Quellen und ältere Literatur (bis 1806)

ALBERTI, Leon Battista: Zehn Bücher über die Baukunst. Ins Deutsche übertragen, eingeleitet und mit Anmerkungen versehen durch Max Theuer, Darmstadt 1975.

ARNETH, Alfred von (Hrsg.): Eigenhändige Correspondenz des Königs Karl III. von Spanien (nachmals Kaiser Karl VI.) mit dem Obersten Kanzler des Königreiches Böhmen, Grafen Johann Wenzel Wratislaw, in: Archiv für österreichische Geschichte 16 (1856), S. 3–224.

ARNETH, Alfred von (Hrsg.): Die Relationen der Botschafter Venedigs über Österreich im achtzehnten Jahrhundert, Wien 1863. (Fontes Rerum Austriacum, II/22)

BERGER, Eva: Quellenmaterial zu den Bedingungen barocker Profanbaukunst in Österreich, Diss. masch., Wien 1984.

BITTNER, Ludwig: Chronologisches Verzeichnis der Österreichischen Staatsverträge, Bd. 1: Die österreichischen Staatsverträge von 1526–1763, Wien 1903. (Veröffentlichungen der Kommission für Neuere Geschichte Österreichs, 1)

BÖCKLIN, Meinard: Castrum Doloris, Oder Trauerburg und Ehren-Gerüst Weyland Der Allerdurchleuchtigst- und Großmächtigsten Frauen/Eleonore Magdalene Theresiae Römischen Kaiserin/Zu Hungarn und Boeheim Königin/Erz-Herzogin zu Oesterreich etc. ..., Wien 1720.

BORMASTINO, A.: Historische Beschreibung von der Kayserlichen Residentz-Stadt Wienn und deren Vorstädten, 2. Aufl., Wien 1719.

BUSCHMANN, Arno: Kaiser und Reich. Verfassungsgeschichte des Heiligen Römischen Reiches Deutscher Nation vom Beginn des 12. Jahrhunderts bis zum Jahre 1806 in Dokumenten, 2. Aufl., Baden-Baden 1994.

CONLIN, Johann Rudolf: Carolus VI. Dei Gratia Gloriosus in orbe Imperator oder Glorreichste Regierung und unvergleichliche Thatten Caroli VI. [...], Augsburg 1721.

CORDIÈ, Carlo (Hrsg.): Opere di Baldassare Castiglione, Giovanni della Casa, Benvenuto Cellini, Milano/Napoli 1960. (La letteratura italiana, 27)

DECKER, Paul: Fürstlicher Baumeister oder Architectura Civilis, 3 Bde., Augsburg 1711/16.

DESING, A.: Auxilia Historica. Oder Historischer Behülff Und Bequemer Unterricht Von Denen/darzu erforderlichen Wissenschaften, 6 Bde., Regensburg 1747.

DUMONT, Jean: Corps Universel Diplomatique du droit des gens, Bd. VIII/2, Amsterdam/Den Haag 1739.

DUMONT, Jean; ROUSSET, Jean: Le Cérémonial diplomatique des Cours de l'Europe, 2 Bde., Amsterdam/Den Haag 1739.

FELLNER, Thomas; KRETSCHMAYR, Heinrich (Hrsg.): Die österreichische Zentralverwaltung. I. Abteilung: Von Maximilian I. bis zur Vereinigung der österreichischen und böhmischen Hofkanzlei (1749), Bd. 2 und 3: Actenstücke, Wien 1907. (Veröffentlichungen der Kommission für neuere Geschichte Österreichs, 7)

FLEISCHER, Victor (Hrsg.): Fürst Karl Eusebius von Liechtenstein als Bauherr und Sammler (1611–1684), Wien/Leipzig 1910. (Veröffentlichungen der Gesellschaft für Neuere Geschichte Österreichs, 1)

FLORINUS, Franz Philipp: Oeconomus prudens et legalis continuatus. Oder Grosser Herren Stands und Adelicher Haus-Vatter bestehend aus fünf Büchern [...], 2 Bde., 2. Aufl., Frankfurt/Leipzig 1722.

FRESCHOT, Casimir: Mémoires de la cour de Vienne contenant les remarques d'un voyageur sur l'état présent de cette cour ..., Köln 1705.

FRESCHOT, Casimir: Relation, von dem kayserlichen Hofe zu Wien. Aufgesetzt von einem Reisenden, Köln 1705.

FRIEDRICH DER GROSSE: Geschichte meiner Zeit, in: Volz, Gustav Berthold (Hrsg.): Die Werke Friedrichs des Großen, 10 Bde., Berlin 1913.

FRIEDRICH DER GROSSE: Der Antimachiavell, in: Volz, Gustav Berthold (Hrsg.): Die Werke Friedrichs des Großen, 10 Bde., Berlin 1913.

FUHRMANN, Mathias: Historische Beschreibung ... Wien und ihren Vorstädten, 3 Teile in 4 Bänden, Wien 1766/70.

GRACIAN, Baltasar: Hand-Orakel und Kunst der Weltklugheit [1647], Zürich 1993.

HALSBAND, Robert (Hrsg.): The complete letters of Lady Mary Wortley Montagu, Bd. 1: 1708–1720, Oxford 1965.

HERAEUS, Carl Gustav: Gedichte und lateinische Inschriften, Nürnberg 1721.

HERAEUS, Carl Gustav: Inscriptiones et symbola varii argumenti, Leipzig 1734.

HERCHENHAHN, Johann Christian: Geschichte der Entstehung, Bildung und gegenwärtigen Verfassung des kaiserlichen Reichshofrathes, 2 Bde., Mannheim 1792.

Herrn Leopoldi Ertzherzogens zu Oesterreich ... Policey-Ordnung In Oesterreich Unter und Ober der Ennß, Wien 1671.

HEYNINGER, Johann Ignatz: Leich- und Lob-Red Der Römisch-Kayserlich, und Königlich-Catholischen Majestät, Erz-Herzogen von Österreich etc. Carl des Sechsten, Da Sr. kayserlichen Majestät Leich-Besingnuß Den 16., 17. und 18.ten Novembris 1740, In der Hof-Kirchen bey herrlichen Trauer-Gerüst gehalten worden ..., Wien 1740.

HOHBERG, Wolf Helmhard von: Georgica curiosa oder Adeliges Land- und Feldleben ..., 2 Bde., Nürnberg 1682.

JORDAN, Johann: Schatz, Schutz und Schantz des Ertz-Herzogthumbs Oesterreich, ... Beschreibung aller Gassen ... Häuser der Stadt Wien, Wien 1701.

Kayserlicher Hof- und Ehren-Calender [...] Zum Gebrauch Der Kayserlichen Hof-Statt/Land-Ständen und Regierungen eingerichtet/und in Form gebracht [...], Wien 1713 ff.

KERN, Arthur (Hrsg.): Deutsche Hofordnungen des 16. und 17. Jahrhunderts. Denkmäler der deutschen Kulturgeschichte, 2. Abt., 2 Bde., o. O. 1905/07.

KEYSSLER, Johann Georg: Neuste Reisen durch Deutschland, Böhmen, Ungarn, die Schweiz, Italien und Lothringen, worinnen der Zustand und das Merkwürdige dieser Länder beschrieben [...], Neue und vermehrte Auflage, hrsg. v. M. Gottfried Schütze, Hannover 1751.

KHEVENHÜLLER-METSCH, Rudolf Graf; SCHLITTER, Hans (Hrsg.): Aus der Zeit Maria Theresias. Tagebuch des Fürsten Johann Josef Khevenhüller-Metsch, Kaiserlichen Obersthofmeisters 1742–1776, 7 Bde., Bd. 8 (1774–1780), hrsg. v. Maria Breunlich-Pawlik und Hans Wagner, Wien/Leipzig 1907/25 und 1972.

KLEINER, Salomon: Das florierende Wien. Vedutenwerk in vier Teilen aus den Jahren 1724–1737, Nachwort von Elisabeth Herget, ND Dortmund 1979.

KLEINER, Salomon: Wahrhaffte und genaue Abbildung Sowohl der keyserl. Burg und Lust-Häußer, als anderer Fürstl. und Gräffl. oder sonst anmuthig und merckwürdiger Palläste und schönen Prospecte, Wien 1725.

KLEINER, Salomon: Wiennerisches Welttheater. Das barocke Wien in Stichen, 4 Teile, Augsburg 1724/40, ND Graz 1967/71.

KLEINER, Salomon: Wunderwürdiges Kriegs- und Siegeslager ... Das Belvedere in Wien, [Augsburg 1731] neu hrsg. v. Hans Aurenhammer, ND Graz 1969.

KNIGGE, Adolph Freiherr von: Über den Umgang mit Menschen [1796], ND Neudeln (Liechtenstein) 1978. (Sämtliche Werke, 10)

KÖNIG, Gustav Georg: Capitulatio harmonica, das ist [...] Josephi und Caroli VI. errichtete Wahl-Capitulationes, Nürnberg 1741.

KÜCHELBECKER, Johann Basilius: Allerneueste Nachricht vom Römisch-Kayserlichen Hofe, nebst einer ausführlichen Beschreibung der kayserlichen Residenz-Stadt Wien und der umliegenden Örter. Theils aus den Geschichten, theils aus eigener Erfahrung zusammen getragen und mit saubern Kupffern ans Licht gegeben, Hannover 1730.

LOEN, Johann Michael von: Der kayserliche Hof. Im Jahre 1717, in: Loen, Johann Michael von (Hrsg.): Gesammelte Kleine Schrifften, Bd. I/2, Frankfurt/Leipzig 1750, S. 5–39.

LOEN, Johann Michael von (Hrsg.): Gesammelte Kleine Schrifften, Bd. I/2, Frankfurt/Leipzig 1750.

LONDORP, Michael Caspar: Acta Publica. Fortsetzung, Bde. 8–18, 4. Aufl., Frankfurt a. M. 1670–1721.

LUDWIG XIV.: Mémoires et divers écrits, hrsg. v. Bernard Champigneulles, Paris 1960.

LÜNIG, Johann Christian: Theatrum Ceremoniale Historico-Politicum oder Historisch und Politischer Schauplatz aller Ceremonien [...], 2 Bde., Leipzig 1719.

MOERNER, Theodor von (Hrsg.): Kurbrandenburgs Staatsverträge von 1601 bis 1700, Berlin 1867.

MORANDI, Carlo (Hrsg.): Relazioni di Ambasciatori sabaudi Genovesi e Veneti durante il Periodo della grande alleanza e della successione di Spagna (1693–1713), Bologna 1935. (Fonti per la storia d'Italia)

MOSER, Friedrich Carl von: Teutsches Hof-Recht, enthaltend eine systematische Abhandlung Von der Geschichte des teutschen Hof-Wesens ..., 2 Bde., Frankfurt/Leipzig 1754/55.

MOSER, Johann Jacob: Von denen teutschen Reichs-Ständen ..., Frankfurt a. M. 1767. (Neues teutsches Staatsrecht, 3)

MOSER, Johann Jacob: Anleitung Zu dem Studio Juris iunger Standes- und anderer Personen, 3. Aufl., Jena 1743.

NICOLAI, Friedrich: Beschreibung einer Reise durch Deutschland und die Schweiz im Jahre 1781, 6 Bde., Berlin/Stettin 1783/85.

NUGENT, Thomas: Grand Tour, Or, A Journey through the Netherlands, Germany, Italy and France ..., 4 Bde., 2. Aufl., London 1756.

PATIN, Charles: Relations historiques et curieuses de voyages, Amsterdam 1695.

PICKL VON WITKENBERG, Wilhelm: Kämmerer-Almanach. Monographie über die Kämmererwürde, 4. erg. Aufl., Wien 1908.

PÖLLNITZ, Karl Ludwig Wilhelm Freiherr von: Mémoires, Lüttich 1734.

PÖLLNITZ, Karl Ludwig Wilhelm Freiherr von: Neue Nachrichten, 2 Bde., Frankfurt a. M. 1739.

PRAEMER, Wolfgang Wilhelm: Ehren-Preiß der Kayserlichen Residentz: und Nider-Oesterreichischen Haubt-Statt Wienn ..., Wien 1678.

RINCK, Eucharius Gottlieb: Josephs des Sieghafften Römischen Kaysers Leben und Thaten ..., 2 Bde., Wien 1712.

RINCK, Eucharius Gottlieb: Leopolds des Grossen ... Leben und Thaten, Leipzig 1713.

ROHR, Julius Bernhard von: Einleitung zur Ceremoniel-Wissenschafft Der grossen Herren ... (2. Aufl. Berlin 1733), hrsg. und kommentiert v. Monika Schlechte, ND Weinheim 1990.

ROHR, Julius Bernhard von: Einleitung zur Ceremoniel-Wissenschafft Der Privat-Personen ... (2. Aufl. Berlin 1728), hrsg. und kommentiert v. Monika Schlechte, ND Weinheim 1990.

ROUSSET, Jean: Mémoires sur le rang et la préséance entre les souverains de l'Europe et entre leurs ministres représentants suivant leurs différents caractères, Amsterdam 1746.

SAINT-SIMON, Louis de Rouvroy Duc de: Die Memoiren des Herzogs von Saint-Simon, hrsg. v. Sigrid von Massenbach, Frankfurt a. M. 1977.

SCHÖNWETTER, Johann Baptist: Beschreibung Weiland Ihrer Majestät / Eleonora Magdalena Theresia / Römischen Kaiserin / Auch zu Hungarn und Boeheim Königin / Erz-Herzogin zu Österreich / etc. Christmildesten Andenkens / Ausgestanden-schwerer Krankheit / Und Höchst-Seeligsten Ableiben / Dan Erfolgt-prächtigster Leich-Begaengnuß / Zu letzten Ehren verfasset, Wien 1720.

SCHÖNWETTER, Johann Baptist: Umbständliche Beschreibung von Weyland Ihrer Majestät / Joseph / Dieses Namens des Ersten / Römischen Kayser / Auch zu Hungarn und Boeheim König / etc. Erz-Herzogen zu Oesterreich / etc. Glorwürdigsten Angedenckens / Ausgestandener Kranckheit / Höchst-seeligstem Ableiben / Und dann erfolgter prächtigsten Leich-Begaengnuß ..., Wien 1711.

SECKENDORFF, Veit Ludwig von: Teutsche Reden/Welche er von An. 1660. biß 1685. in Fürstl. Sächs. respective Geheimen Raths- und Cantzlars-Diensten ... aus Verwand- und Freundschafft abgelegt [...], Leipzig 1691.

SELLERT, Wolfgang (Hrsg.): Die Ordnungen des Reichshofrates 1550–1766, 2 Bde., Köln/Wien 1990. (Quellen und Forschungen zur höchsten Gerichtsbarkeit im Alten Reich, 8)

SOREL, Albert (Hrsg.): Recueil des Instructions donnés aux Ambassadeurs et Ministres de France depuis les traités de Westphalie jusqu'á la Révolution française: Autriche, Paris 1884.

STIEVE, Gottfried: Europäisches Hof-Ceremoniel [...], Leipzig 1715.

STOLLBERG-RILINGER, Barbara (Hrsg.): Das Hofreisejournal des Kurfürsten Clemens August von Köln 1719–1745, Siegburg 2000. (Ortstermine, 12)

STURM, Leonhard Christian: Ausführliche Anleitung zu der gantzen Civil-Bau-Kunst / worinnen nebst denen Lebens-Beschreibungen / und den fünff Ordnungen von J. Bar. de Vignola wie auch dessen und des berühmten Michel-Angelo vornehmsten Gebäuden ..., Augsburg 1725.

SULZER, Johann Georg: Allgemeine Theorie der schönen Künste, in einzelnen, nach alphabetischer Ordnung der Kunstwörter auf einander folgenden, Articeln abgehandelt, 4 Bde., 2. Aufl. Leipzig 1792–1794, ND Hildesheim 1967.

VOLKAMER, Johann Christoph: Nürnbergische Hesperides, oder Gründliche Beschreibung der Edlen Citronat-, Citronen- und Pomeranzen-Früchte ..., Frankfurt/Leipzig 1708.

VOLKAMER, Johann Christoph: Continuation der Nürnbergischen Hesperidum, Nürnberg 1714.

WAGENSEIL, Johann Christoph: Von der Erziehung eines jungen Printzen, der vor allen Studiren einen Abscheu hat, daß er dennoch gelehrt und geschickt werde, Leipzig 1705.

WALTHER, Friedrich (Hrsg.): Maria Theresia. Briefe und Aktenstücke in Auswahl, Darmstadt 1968. (Freiherr vom Stein-Gedächtnisausgabe. Ausgewählte Quellen zur Geschichte der Neuzeit, 12)

WEKEBROD, Franz Xaver (Hrsg.): Sammlung der seit 1600 bis 1740 ergangenen allerhöchsten Gesetze, Brünn (1795).

Wiener Diarium, 1703 ff.

WILHELM, Franz: Neue Quellen zur Geschichte des fürstlich Liechtensteinschen Kunstbesitzes, in: Kunstgeschichtliches Jahrbuch der K.K. Zentral-Kommission für Denkmalpflege 5 (1911), Sp. 87 ff.

WINTERFELD, Friedrich Wilhelm von: Teutsche und Ceremonial-Politica, Deren Erster Theil Eine vollständige Politicam, Der andere aber Eine Ceremonial-Politicam Durch Anführung der neuesten Exempel ..., 2 Bde., Frankfurt a. M./Leipzig 1700.

ZEDLER, Johann Heinrich (Hrsg.): Grosses vollständiges Universal-Lexicon aller Wissenschafften und Künste ..., 64 Bde., 4 Erg.-Bde., Halle/Leipzig 1732/54.

ZINCKE, Georg Heinrich: Grund-Riß einer Einleitung zu denen Cameral-Wissenschafften, in welchen die ersten Vorbereitungs- und Grund-Lehren, so in der wirthschafftlichen Policey-Wissenschaft abzuhandeln, in einem kurtzen Zusammenhang zum Behuff seiner Academischen Vorlesungen vorgestellet werden ..., 2 Bde., Leipzig 1742/43.

ZWANTZIG, Zacharias (Hrsg.): Theatrum Praecedentiae oder Eines Theils Illustrer Rang-Streit, Andern Theils Illustre Rang-Ordnung ..., 2. Aufl., Frankfurt a. M. 1709.

3. Literaturverzeichnis

ADAM, Wolfgang (Hrsg.): Geselligkeit und Gesellschaft im Barockzeitalter, 2 Bde., Wiesbaden 1997. (Wolfenbüttler Arbeiten zur Barockforschung, 28)

Adel im Wandel. Politik – Kultur – Konfession 1500–1700. Katalog der niederösterreichischen Landesausstellung auf der Rosenburg 1990, Wien 1990.

ADRIÁNYI, Gabriel; GOTTSCHALK, Joseph (Hrsg.): Festschrift für Bernhard Stasiewski. Beiträge zur ostdeutschen und osteuropäischen Kirchengeschichte, Köln/Wien 1975.

ALGAZI, Gadi: Herrengewalt und Gewalt der Herren im späten Mittelalter. Herrschaft, Gegenseitigkeit und Sprachgebrauch, Frankfurt a. M./New York 1996. (Historische Studien, 17)

Alteuropa und die moderne Gesellschaft, Festschrift für Otto Brunner, hrsg. v. Historischen Seminar der Universität Hamburg, Göttingen 1963.

ALTHOFF, Gerd: Rituale – symbolische Kommunikation. Zu einem neuen Feld der historischen Forschung, in: GWU 49 (1998), S. 140–154.

ALTHOFF, Gerd: Zur Bedeutung symbolischer Kommunikation für das Verständnis des Mittelalters, in: Frühmittelalterliche Studien 31 (1997), S. 370–389.

ANTONICEK, Theophil: Höhenflug von Kunst und Wissenschaft unter Karl VI., in: Musica Imperialis. 500 Jahre Hofmusikkapelle in Wien 1498–1998. Ausstellungskatalog, Tutzing 1998, S. 91–98.

ARETIN, Karl Otmar Freiherr von: Das Alte Reich 1648–1806, 3 Bde., Stuttgart 1993/97.

ARETIN, Karl Otmar Freiherr von: Das Reich. Friedensgarantie und europäisches Gleichgewicht 1648–1806, Stuttgart 1986.

ARNETH, Alfred von: Prinz Eugen von Savoyen. Nach den handschriftlichen Quellen der kaiserlichen Archive, 3 Bde., Wien 1858.

ASCH, Ronald G.: Der Hof Karls I. von England. Politik, Provinz und Patronage 1625–1640, Köln/Weimar/Wien 1993. (Norm und Struktur, 3)

ASCH, Ronald G.: Der Sturz des Favoriten. Der Fall Matthäus Enzlins und die politische Kultur des deutschen Territorialstaates an der Wende vom 16. zum 17. Jahrhundert, in: Zeitschrift für württembergische Landesgeschichte 57 (1998), S. 37–63.

ASCH, Ronald G.; BIRKE, A. (Hrsg.): Princes, Patronage, and the Nobility. The Court at the Beginning of the Modern Age 1450–1650, Oxford/London 1991.

ASCH, Ronald; DUCHHARDT, Heinz (Hrsg.): Der Absolutismus – ein Mythos? Strukturwandel monarchischer Herrschaft, Köln/Weimar/Wien 1996. (Münstersche Historische Forschungen, 9)

ASCH, Ronald G.; DUCHHARDT, Heinz: Die Geburt des „Absolutismus" im 17. Jahrhundert: Epochenwende der europäischen Geschichte oder optische Täuschung?, in: Asch, Ronald G.; Duchhardt, Heinz (Hrsg.): Der Absolutismus – ein Mythos? Strukturwandel monarchischer Herrschaft, Köln/Weimar/Wien 1996 (Münstersche Historische Forschungen, 9), S. 3–24.

AUER, Erwin M.: Wiener Prachtschlittenfahrten im Zeitalter des Barocks und Rokokos, in: Livrustkammaren. Journal of the Royal Armory Stockholm 10 (1964), S. 1–19.

AUER, Leopold: Das europäische Staatensystem im Zeitalter Prinz Eugens, in: Zöllner, Erich; Gutkas, Karl (Hrsg.): Österreich und die Osmanen – Prinz Eugen und seine Zeit, Wien 1988 (Schriften des Instituts für Österreichkunde, 51/52), S. 69–87.

BABEL, Rainer; MOEGLIN, Jean-Marie (Hrsg.): Identité régionale et conscience nationale en France et en Allemagne du moyen âge à l'époche moderne, Sigmaringen 1997. (Beihefte der Francia, 39)

BACHMANN-MEDICK, Doris: Die ästhetische Ordnung des Handelns. Moralphilosophie und Ästhetik in der Popularphilosophie des 18. Jahrhunderts, Stuttgart 1989.

BACKMANN, Sibylle (Hrsg.): Ehrkonzepte in der Frühen Neuzeit. Identitäten und Abgrenzungen, Berlin 1998.

BAHL, Peter: Der Hof des Großen Kurfürsten. Studien zur höheren Amtsträger-schaft Brandenburg-Preußens, Köln/Weimar/Wien 2001. (Veröffentlichungen aus den Archiven preußischer Kulturbesitz, 8)

BAHLCKE, Joachim; STROHMEYER, Arno (Hrsg.): Konfessionalisierung in Ostmittel-europa. Wirkungen des religiösen Wandels im 16. und 17. Jahrhundert in Staat, Gesellschaft und Kultur, Stuttgart 1999. (Forschungen zur Geschichte und Kultur des östlichen Mitteleuropa, 7)

BAILLIE, Hugh Murray: Etiquette and the Planning of the State Apartments in Baroque Palaces, in: Archaeologia or Miscellaneous Tracts relating to Antiquity CI/LI (1967), S. 169–199.

Barock in Neapel. Kunst zur Zeit der österreichischen Vizekönige: Ausstellungs-katalog, Neapel 1993.

BARTA-FLIEDL, Isebill; GUGLER, Andreas; PARENZAN, Peter (Hrsg.): Tafeln bei Hofe. Zur Geschichte der fürstlichen Tafelkultur, Hamburg 1998. (Publikationsreihe der Museen des Mobiliendepots, 4)

BASTL, Beatrix: Feuerwerk und Schlittenfahrt. Ordnungen zwischen Ritual und Ze-remoniell, in: Wiener Geschichtsblätter 51 (1996), S. 197–229.

BASTL, Beatrix: Materialien zur Einkommens- und Besitzstruktur niederösterrei-chischer Grundherrschaften 1550 bis 1750, Wien/Köln 1992.

BASTL, Beatrix: Tugend, Liebe, Ehre. Die adelige Frau in der frühen Neuzeit, Wien/Köln 2000.

BASTL, Beatrix; HEISS, Gernod: Tafeln bei Hof. Die Hochzeitsbankette Kaiser Leo-polds I., in: Wiener Geschichtsblätter 50 (1995), S. 181–206.

BAUER, Volker: Die höfische Gesellschaft in Deutschland von der Mitte des 17. bis zum Ausgang des 18. Jahrhunderts. Versuch einer Typologie, Tübingen 1993.

BAUER, Volker: Hofökonomie. Der Diskurs über den Fürstenhof in Zeremonialwis-senschaft, Hausväterliteratur und Kameralismus, Wien/Köln/Weimar 1997. (Frühneuzeitstudien, N.F. 1)

BAUER, Volker: Vom Hofkalender zum Staatshandbuch. Entwicklung einer Gat-tung im deutschen Reich im 18. Jahrhundert, in: Simpliciana 16 (1994), S. 187–207.

BAUER, Volker: Zeremoniell und Ökonomie. Der Diskurs über die Hofökonomie in Zeremonialwissenschaft, Kameralismus und Hausväterliteratur in Deutschland 1700–1780, in: Berns, Jörg Jochen; Rahn, Thomas (Hrsg.): Zeremoniell als höfi-sche Ästhetik in Spätmittelalter und früher Neuzeit, Tübingen 1995 (Frühe Neu-zeit, 25), S. 21–56.

BAUMGART, Peter (Hrsg.): Ständetum und Staatsbildung in Brandenburg-Preußen, Berlin/New York 1983.

BECKER, Klaus: Die Politik des Kurfürsten Joseph Clemens von Köln bei Abschluß des Spanischen Erbfolgekrieges, Diss. masch., Bonn 1949.

BECKER, Winfried: Der Kurfürstenrat. Grundzüge seiner Entwicklung in der Reichsverfassung und seine Stellung auf dem Westfälischen Friedenskongreß, Münster 1973. (Schriftenreihe zur Erforschung der Neueren Geschichte, 5)

BEETZ, Manfred: Frühmoderne Höflichkeit. Komplimentierkunst und Gesell-schaftsrituale im altdeutschen Sprachraum, Stuttgart 1990. (Germanistische Ab-handlungen, 67)

BEINE, Manfred: Wenzel Anton von Kaunitz-Rietberg und die Entwicklung von Ausgaben und Erträgen der Grafschaft Rietberg, in: Klingenstein, Grete; Szabo, Franz A. J. (Hrsg.): Staatskanzler Wenzel Anton von Kaunitz-Rietberg 1711–1794. Neue Perspektiven zu Politik und Kultur der europäischen Aufklärung, Graz u. a. 1996, S. 441–465.

BEITL, Klaus: Die österreichische Fußwaschung am Kaiserhofe zu Wien. Öffentlicher Brauch zwischen Hofzeremoniell und Armenfürsorge, in: Beitl, Klaus (Hrsg.): Volkskunde. Fakten und Analysen. Festausgabe für Leopold Schmidt zum 60. Geburtstag, Wien 1972 (Sonderschriften des Vereins für Volkskunde in Wien, 2), S. 275–286.

BEITL, Klaus (Hrsg.): Volkskunde. Fakten und Analysen. Festausgabe für Leopold Schmidt zum 60. Geburtstag, Wien 1972 (Sonderschriften des Vereins für Volkskunde in Wien, 2)

Beiträge zur Neueren Geschichte. Festschrift für Hans Sturmberger zum 70. Geburtstag, hrsg. v. Oberösterreichischen Landesarchiv, Linz 1984.

BELLOT, Christoph: Prinz Eugen als Bauherr und Sammler, in: Kunisch, Johannes (Hrsg.): Prinz Eugen von Savoyen und seine Zeit, Freiburg/Würzburg 1986. S. 178–219.

BELY, Lucien: La société des princes, Paris 1999.

BENEDIK, Christian: Die herrschaftlichen Appartements. Funktion und Lage während der Regierungen von Kaiser Leopold I. bis Kaiser Franz Joseph I., in: Österreichische Zeitschrift für Kunst- und Denkmalpflege 51 (1997), S. 552–570.

BENEDIK, Christian: Die Wiener Hofburg unter Kaiser Karl VI. Probleme herrschaftlichen Bauens im Barock, Diss. masch. Wien 1989.

BENEDIK, Christian: Repräsentationsräume der Wiener Hofburg in der ersten Hälfte des 18. Jahrhunderts, in: Das 18. Jahrhundert und Österreich 6 (1990/91), S. 7–21.

BENEDIK, Christian: Zeremonielle Abläufe in habsburgischen Residenzen um 1700. Die Wiener Hofburg und die Favorita auf der Wieden, in: Wiener Geschichtsblätter 46 (1991), S. 171–178.

BENEDIKT, Heinrich: Als Belgien österreichisch war, Wien/München 1965.

BENEDIKT, Heinrich: Das Königreich Neapel unter Kaiser Karl VI. Eine Darstellung auf Grund bisher unbekannter Dokumente aus den österreichischen Archiven, Wien/Leipzig 1927.

BENEDIKT, Heinrich: Der Pascha-Graf Alexander von Bonneval 1675–1747, Graz/Köln 1959.

BENEDIKT, Heinrich: Kaiseradler über dem Apennin. Die Österreicher in Italien 1700 bis 1866, Wien/München 1964.

BENNA, Anna Hedwig: Ein römischer Königswahlplan Karls III. von Spanien (1708–1710), in: MÖStA 14 (1961), S. 1–17.

BÉRENGER, Jean: Finance et absolutisme autrichien dans le second moitié du XVIIᵉ siècle, Paris 1975.

BÉRENGER, Jean: Geschichte des Habsburgerreiches 1273 bis 1918, Wien/Köln/Weimar 1995.

BÉRENGER, Jean: Léopold 1er, souverain baroque, in: Stolwitzer, Gertrude (Hrsg.): Autriche – le baroque autrichien au XVIIᵉ siècle, Rennes 1989, S. 11–18.

BERGER, Adolph Franz: Felix Fürst zu Schwarzenberg. Ein biographisches Denkmal, Leipzig 1853.

BERGER, Peter L.; LUCKMANN, Thomas: Die gesellschaftliche Konstruktion von Wirklichkeit. Eine Theorie der Wissenssoziologie, 5. Aufl., Frankfurt a. M. 1977.

BERNEY, Arnold: König Friedrich I. und das Haus Habsburg (1701–1707), München/Berlin 1927.

BERNS, Jörg Jochen; RAHN, Thomas (Hrsg.): Zeremoniell als höfische Ästhetik in Spätmittelalter und früher Neuzeit, Tübingen 1995. (Frühe Neuzeit, 25)

BERNS, Jörg Jochen; RAHN, Thomas: Zeremoniell und Ästhetik, in: Berns, Jörg Jochen; Rahn, Thomas (Hrsg.): Zeremoniell als höfische Ästhetik in Spätmittelalter und früher Neuzeit, Tübingen 1995 (Frühe Neuzeit, 25), S. 650–666.

BERTHOLD, Werner: Die Einkommensstruktur der adeligen Herrschaften um die Mitte des 18. Jahrhunderts, in: Knittler, Herbert (Hrsg.): Nutzen, Renten, Erträge. Struktur und Entwicklung frühneuzeitlicher Feudaleinkommen in Niederösterreich, Wien/München 1989, S. 204 ff.

BEYME, Klaus von: Partei, Fraktion, aus: Brunner, Otto; Conze, Werner; Koselleck, Reinhart (Hrsg.): Geschichtliche Grundbegriffe. Historisches Lexikon zur politisch-sozialen Sprache in Deutschland, 8 Bde., Stuttgart 1972/97, Bd. 4, S. 677–733.

BIRELEY, Robert: The Counter-Reformation Prince. Antimacchiavellianism or Catholic Statecraft in Early Modern Europe, North Carolina 1990.

BITTNER, Ludwig; GROSS, Lothar (Hrsg.): Repertorium der diplomatischen Vertreter aller Länder seit dem westfälischen Frieden, 2 Bde., Oldenburg/Berlin 1936.

BLÄNKNER, Reinhard: „Absolutismus". Eine begriffsgeschichtliche Studie zur politischen Theorie und zur Geschichtswissenschaft in Deutschland 1830–1890, Göttingen 1993.

BLÄNKNER, Reinhard: „Absolutismus" und „frühmoderner Staat". Probleme und Perspektiven der Forschung, in: Vierhaus, Rudolf (Hrsg.): Frühe Neuzeit – Frühe Moderne? Forschungen zur Vielschichtigkeit von Übergangsprozessen, Göttingen 1992 (Veröffentlichungen des Max-Planck-Instituts für Geschichte, 104), S. 48–74.

BLÄNKNER, Reinhard; JUSSEN, Bernhard (Hrsg.): Institutionen und Ereignis, Göttingen 1998. (Veröffentlichungen des Max-Planck-Instituts für Geschichte, 138)

BLOCH, Marc: Die wundertätigen Könige, München 1998.

BOGNER, Josef: Die österreichische Fußwaschung und ihr Brauch in der Münchner Residenz, in: Bayerisches Jahrbuch für Volkskunde 1970/71, S. 173 ff.

BONNEY, Richard: The king's debts. Finance and politics in France 1589–1661, Oxford 1981.

BOSL, Karl (Hrsg.): Handbuch der Geschichte der böhmischen Länder, Bd. 2: Die böhmischen Länder von der Hochblüte der Ständeherrschaft bis zum Erwachen eines modernen Nationalbewußtseins, Stuttgart 1974.

BOURDIEU, Pierre: Die feinen Unterschiede. Kritik der gesellschaftlichen Urteilskraft, Frankfurt a. M. 1989.

BOURDIEU, Pierre: Elemente zu einer soziologischen Theorie der Kunstwahrnehmung, in: Bourdieu, Pierre (Hrsg.): Zur Soziologie der symbolischen Formen, Frankfurt a. M. 1991, S. 159–201.

BOURDIEU, Pierre: Künstlerische Konzeption und intellektuelles Kräftefeld, in: Bourdieu, Pierre (Hrsg.): Zur Soziologie der symbolischen Formen, Frankfurt a.M. 1991, S. 75–124.

BOURDIEU, Pierre: Ökonomisches Kapital, kulturelles Kapital, soziales Kapital, in: Kreckel, Reinhard (Hrsg.): Soziale Ungleichheiten, Göttingen 1983, S. 183–198.

BOURDIEU, Pierre: Praktische Vernunft. Zur Theorie des Handelns, Frankfurt a.M. 1998.

BOURDIEU, Pierre: Réponses. Pour une anthropologie reflexive, Paris 1992.

BOURDIEU, Pierre: Sozialer Raum und Klassen. Leçon sur la leçon, Zwei Vorlesungen, Frankfurt a.M. 1992.

BOURDIEU, Pierre: Sozialer Sinn. Kritik der theoretischen Vernunft, Frankfurt a.M. 1987.

BOURDIEU, Pierre (Hrsg.): Zur Soziologie der symbolischen Formen, Frankfurt a.M. 1991.

BRAUBACH, Max: Bartensteins Herkunft und Anfänge, in: MIÖG 61 (1953), S. 99–149.

BRAUBACH, Max (Hrsg.): Diplomatie und geistiges Leben im 17. und 18. Jahrhundert. Gesammelte Abhandlungen, Bonn 1969. (Bonner historische Forschungen, 33)

BRAUBACH, Max: Eine Satire auf den Wiener Hof aus den letzten Jahren Kaiser Karls VI., in: Braubach, Max (Hrsg.): Diplomatie und geistiges Leben im 17. und 18. Jahrhundert. Gesammelte Abhandlungen, Bonn 1969 (Bonner historische Forschungen, 33), S. 385–436.

BRAUBACH, Max: Ein rheinischer Fürst als Gegenspieler des Prinzen Eugen am Wiener Hof, in: Braubach, Max (Hrsg.): Diplomatie und geistiges Leben im 17. und 18. Jahrhundert. Gesammelte Abhandlungen, Bonn 1969 (Bonner historische Forschungen, 33), S. 321–336.

BRAUBACH, Max: Friedrich Karl von Schönborn und Prinz Eugen, in: Braubach, Max (Hrsg.): Diplomatie und geistiges Leben im 17. und 18. Jahrhundert. Gesammelte Abhandlungen, Bonn 1969 (Bonner historische Forschungen, 33), S. 301–320.

BRAUBACH, Max: Ferdinand von Plettenberg, in: Steffens, Wilhelm; Zuhorn, Karl (Hrsg.): Westfälische Lebensbilder, Münster 1962 (Veröffentlichungen der Historischen Kommission Westfalens), Bd. 9, S. 34–51.

BRAUBACH, Max: Geschichte und Abenteuer. Gestalten um den Prinzen Eugen, München 1950.

BRAUBACH, Max: Johann Christoph Bartensteins Herkunft und Anfänge, in: Braubach, Max (Hrsg.): Diplomatie und geistiges Leben im 17. und 18. Jahrhundert. Gesammelte Abhandlungen, Bonn 1969 (Bonner historische Forschungen, 33), S. 337–384.

BRAUBACH, Max: Prinz Eugen von Savoyen. Eine Biographie, 5 Bde., München 1963/65.

BRAUBACH, Max: Versailles und Wien von Ludwig XIV. bis Kaunitz. Die Vorstadien der diplomatischen Revolution im 18. Jahrhundert, Bonn 1952. (Bonner Historische Forschungen, 2)

BRAUDEL, Fernand: Der Alltag, München 1985. (Sozialgeschichte des 15.–18. Jahrhunderts, 1)

BRAUNFELS, Werner: Die Kunst im Heiligen Römischen Reich, 6 Bde., München 1979/89.

BRAUNGART, Georg: Hofberedsamkeit. Studien zur Praxis höfisch-politischer Rede im deutschen Territorialabsolutismus, Tübingen 1988. (Studien zur deutschen Literatur, 96)

BRETHOLZ, Berthold: Kleinere mährische Schloßarchive, in: Archivalien zur neueren Geschichte Österreichs 1 (1913), S. 526–558.

BREUNLICH-PAWLIK, Maria: Die Aufzeichnungen des Sigmund Friedrich Grafen Khevenhüller, in: MöStA 26 (1973), S. 235–253.

BRIZZI, Gian Paolo: La Formazione della classe dirigente nel sei-settecento. I seminaria nobilium nell' Italia centro-settentrionale, Bologna 1976.

BRIZZI, Gian Paolo: La pratica del viaggio d' istruzione in Italia nel Sei-Settecento, In: Annali dell' Istituto storico italo-germanico in Trento 2 (1976), Bologna 1977, S. 203–291.

BRUCHER, Günter: Barockarchitektur in Österreich, Köln 1983.

BRUCHER, Günter: Deckenfresken, in: Brucher, Günter (Hrsg.): Die Kunst des Barock in Österreich, Salzburg 1994, S. 197–296.

BRUCHER, Günter (Hrsg.): Die Kunst des Barock in Österreich, Salzburg 1994.

BRUCKMÜLLER, Ernst: Die habsburgische Monarchie im Zeitalter des Prinzen Eugen zwischen 1683 und 1740, in: Zöllner, Erich; Gutkas, Karl (Hrsg.): Österreich und die Osmanen – Prinz Eugen und seine Zeit, Wien 1988 (Schriften des Instituts für Österreichkunde, 51/52), S. 88–119.

BRUNNER, Otto: Adeliges Landleben und europäischer Geist. Leben und Werk Wolf Helmhards von Hohberg 1612–1688, Salzburg 1949.

BRUNNER, Otto: Land und Landstände in Österreich, in: Mitteilungen des Oberösterreichischen Landesarchivs 5 (1957), S. 61 ff.

BRUNNER, Monika: Frühbarocke Schloßbaukunst in den Habsburgerländern: Schloß Raudnitz, in: Die Künste und das Schloß in der frühen Neuzeit, München 1998 (Rudolstädter Forschungen zur Residenzkultur, 1), S. 151–159.

BRUNNER, Otto; CONZE, Werner; KOSELLECK, Reinhart (Hrsg.): Geschichtliche Grundbegriffe. Historisches Lexikon zur politisch-sozialen Sprache in Deutschland, 8 Bde., Stuttgart 1972/97.

BUCK, August (Hrsg.): Europäische Hofkultur im 16. und 17. Jahrhundert, 3 Bde., Hamburg 1981. (Wolfenbüttler Arbeiten zur Barockforschung, 8)

BURKE, Peter: Die Geschicke des „Hofmann". Zur Wirkung eines Renaissance-Breviers über angemessenes Verhalten, Berlin 1996.

BURKE, Peter: Ludwig XIV. Die Inszenierung des Sonnenkönigs, Berlin 1993.

CHARTIER, Roger (Hrsg.): Die unvollendete Vergangenheit. Geschichte und die Macht der Weltauslegung, Frankfurt a. M. 1992.

CHARTIER, Roger: Gesellschaftliche Figuration und Habitus. Norbert Elias und „Die höfische Gesellschaft", in: Chartier, Roger (Hrsg.): Die unvollendete Vergangenheit. Geschichte und die Macht der Weltauslegung, Frankfurt a. M. 1992, S. 44–69.

CHARTIER, Roger: Kulturgeschichte zwischen Repräsentationen und Praktiken, in:

Chartier, Roger (Hrsg.): Die unvollendete Vergangenheit. Geschichte und die Macht der Weltauslegung, Frankfurt a.M. 1992, S.7–23.

CHESLER, Robert Douglas: Crown, Lords and God. The Establishment of Secular Authority and the Pacification of Lower Austria 1618–1648, Princeton Diss. 1979.

CHRIST, Günter: Der Excellenztitel für die kurfürstlichen Gesandten auf dem Westfälischen Friedenskongreß, in: Parliaments, Estates and Representation 19 (1999), S.89–102.

CONRADS, Norbert: Historie und Jus an der Landschaftsakademie in Wien. Ein Beitrag zum Leben des Historikers und Juristen Gottfried Ferdinand von Buckisch und Löwenfels (1641–1698), in: Adriányi, Gabriel; Gottschalk, Joseph (Hrsg.): Festschrift für Bernhard Stasiewski. Beiträge zur ostdeutschen und osteuropäischen Kirchengeschichte, Köln/Wien 1975, S.120–136.

CONRADS, Norbert: Politische und staatsrechtliche Probleme der Kavalierstour, in: Maczak, Antoni; Teuteberg, Hans Jürgen (Hrsg.): Reiseberichte als Quellen europäischer Kulturgeschichte, Wolfenbüttel 1982, S.45–64.

CONRADS, Norbert: Ritterakademien in der frühen Neuzeit. Bildung als Standesprivileg im 16. und 17.Jahrhundert, Göttingen 1982. (Schriftenreihe der Historischen Kommission bei der Bayerischen Akademie der Wissenschaften, 21)

CORETH, Anna: Pietas Austriaca, München 1959.

CREMER, Albert: Höfische Gesellschaft und „Königsmechanismus" – zur Kritik an einem Modell absolutistischer „Einherrschaft", in: Sozialwissenschaftliches Institut der Bundeswehr, Berichte 12 (1983), S.227–231.

DAMMANN, Klaus; GRUNOW, Dieter; JAPP, Klaus P. (Hrsg.): Die Verwaltung des politischen Systems. Neue systemtheoretische Zugriffe auf ein altes Thema, Opladen 1994.

DANIEL, Ute: Überlegungen zum höfischen Fest der Barockzeit, in: Niedersächsisches Jahrbuch für Landesgeschichte 72 (2000), S.45–66.

DESMET, Robert (Hrsg.): Tresors de la Toison d'or. Exposition placée sous le haut patronage de la République d'Autriche et du Royaume de Belgique (Palais des Beaux-Arts, Bruxelles 16. 9.–16. 12. 1987), (Wien) 1987.

DESSERT, Daniel: Fouquet, Paris 1987.

DESSERT, Daniel: 1661, Louis XIV. prends le pouvoir: naissance d'un mythe?, Brüssel 1989.

DEWALD, Jonathan: Aristocratic Experience and the Origins of Modern Culture: France, 1570–1715, Berkeley 1993.

DICKENS, A. G. (Hrsg.): Europäische Fürstenhöfe. Herrscher, Politiker und Mäzene 1400–1800, Graz/Wien/Köln 1978.

DICKENS, A. G. (Hrsg.): The Courts of Europe. Politics, Patronage, and Royalty 1400–1800, London 1977.

DICKMANN, Fritz: Der Westfälische Frieden, 6. Aufl., Münster 1972.

DICKSON, P. G. M.: Finance and Government under Maria Theresia 1740–1780, 2 Bde., Oxford 1987.

DIMITRIEVA, Marina; LAMBRECHT, Karen (Hrsg.): Krakau, Prag und Wien. Funktionen von Metropolen im frühmodernen Staat, Stuttgart 2000. (Forschungen zur Geschichte und Kultur des östlichen Europa, 10)

DINGES, Martin: Der feine Unterschied. Die soziale Funktion der Kleidung in der höfischen Gesellschaft, in: ZHF 19 (1992), S. 49–76.

DINGES, Martin: Historische Anthropologie und Gesellschaftsgeschichte. Mit dem Lebensstilkonzept zu einer Alltagsgeschichte der frühen Neuzeit, in: ZHF 24 (1997), S. 179–214.

DOLINAR, France M.; LIEBMANN, Maximilian; RUMPLER, Helmut; TAVANO, Luigi (Hrsg.): Katholische Reform und Gegenreformation in Innerösterreich 1564–1628, Graz/Wien/Köln 1994.

DOMINIQUE, Julia; REVEL, Jacques; CHARTIER, Roger (Hrsg.): Les universités euro-péennes du XVIe au XVIIIe siècle, Paris 1986. (Histoire sociale des populations étudiantes, 1)

DREGER, M.: Baugeschichte der K.K. Hofburg in Wien, Wien 1914. (Österreichische Kunst-Topographie, 14)

DUCHHARDT, Heinz: Balance of Power und Pentarchie. Internationale Beziehungen 1700–1785, München/Wien/Zürich 1997. (Handbuch der Geschichte der Internationalen Beziehungen, 4)

DUCHHARDT, Heinz: Studien zur Friedensvermittlung in der frühen Neuzeit, Wiesbaden 1979.

DUINDAM, Jeroen: Myths of Power. Norbert Elias and the Early Modern Court, Amsterdam 1995.

DUINDAM, Jeroen: Norbert Elias und der frühneuzeitliche Hof. Versuch einer Weiterführung, in: Historische Anthropologie 6 (1998), S. 370–387.

DUINDAM, Jeroen: The court of the Austrian Habsburgs: locus of a composite heritage, in: Mitteilungen der Residenzen-Kommission 8 (1998), S. 24–58.

DUINDAM, Jeroen: Vienna & Versailles. The Courts of Europe's Major Dynastic Rivals, 1550–1780, Cambridge 2003.

DÜLMEN, Richard van: Norbert Elias und der Prozeß der Zivilisation. Die Zivilisationstheorie im Lichte der historischen Forschung, in: Rehberg, K.-S. (Hrsg.): Norbert Elias und die Menschenwissenschaften. Studien zur Entstehung und Wirkungsgeschichte seines Werkes, Frankfurt a. M. 1996, S. 264–274.

EDELMAN, Murray: Politik als Ritual. Zur symbolischen Funktion staatlicher Institutionen und politischen Handelns, Frankfurt a. M. 1976.

EDER, Klaus (Hrsg.): Klassenlage, Lebensstil und kulturelle Praxis. Theoretische und empirische Beiträge zur Auseinandersetzung mit Pierre Bourdieus Klassentheorie, Frankfurt a. M. 1989.

EHALT, Hubert Christian: Ausdrucksformen absolutistischer Herrschaft. Der Wiener Hof im 17. und 18. Jahrhundert, Wien 1980. (Sozial- und Wirtschaftshistorische Studien, 14)

EHALT, Hubert Christian: Zur Funktion des Zeremoniells im Absolutismus, in: Buck, August (Hrsg.): Europäische Hofkultur im 16. und 17. Jahrhundert, 3 Bde., Hamburg 1981 (Wolfenbüttler Arbeiten zur Barockforschung, 8), S. 411–419.

EICHBERG, Henning: Fremd in der Moderne? Anmerkungen zur frühneuzeitlichen Zeremonialwissenschaft, in: ZHF 21 (1994), S. 522–528.

EISENSTADT, Shmuel Noah; LEMARCHAND, René (Hrsg.): Political Clientelism, Patronage and Development, Beverly Hills/London 1981. (Contemporary Political Sociology, 3)

EISENSTADT, Shmuel Noah; RONIGER, Luis: The Study of Patron-Client Relations and Recent Developments in Sociological Theory, in: Eisenstadt, Shmuel Noah; Lemarchand, René (Hrsg.): Political Clientelism, Patronage and Development, Beverly Hills/London 1981 (Contemporary Political Sociology, 3), S. 271–295.

ELIAS, Norbert: Die höfische Gesellschaft. Untersuchungen zur Soziologie des Königtums und der höfischen Aristokratie, 6. Aufl., Frankfurt a. M. 1992.

ELIAS, Norbert: Über den Prozeß der Zivilisation. Soziogenetische und Psychogenetische Untersuchungen, 2 Bde., 16. Aufl., Frankfurt a. M. 1991.

ELIAS, Norbert: Was ist Soziologie?, München 1970. (Grundfragen der Soziologie, 1)

ELLIOTT, John; BROCKLISS, Lawrence (Hrsg.): The World of the Favourite, London 1998.

ENGEL, Evamaria; LAMBRECHT, Karen: Hauptstadt – Residenz – Residenzstadt – Metropole – Zentraler Ort. Probleme ihrer Definition und Charakterisierung, in: Engel, Evamaria; Lambrecht, Karen; Nogossek, Hanna (Hrsg.): Metropolen im Wandel. Zentralität in Ostmitteleuropa an der Wende vom Mittelalter zur Neuzeit, Berlin 1995 (Forschungen zur Geschichte und Kultur des östlichen Mitteleuropa), S. 11–31.

ENGEL, Evamaria; LAMBRECHT, Karen; NOGOSSEK, Hanna (Hrsg.): Metropolen im Wandel. Zentralität in Ostmitteleuropa an der Wende vom Mittelalter zur Neuzeit, Berlin 1995. (Forschungen zur Geschichte und Kultur des östlichen Mitteleuropa)

EVANS, R. J. W.: Das Werden der Habsburgermonarchie 1550–1700. Gesellschaft, Kultur, Institutionen, Graz/Wien 1986.

EVANS, R. J. W.: Die Habsburger. Die Dynastie als politische Institution, in: Dickens, A. G. (Hrsg.): Europäische Fürstenhöfe. Herrscher, Politiker und Mäzene 1400–1800, Graz/Wien/Köln 1978, S. 121–145.

EVANS, R. J. W.: Grenzen der Konfessionalisierung. Die Folgen der Gegenreformation für die Habsburgerländer (1650–1781), in: Bahlcke, Joachim; Strohmeyer, Arno (Hrsg.): Konfessionalisierung in Ostmitteleuropa. Wirkungen des religiösen Wandels im 16. und 17. Jahrhundert in Staat, Gesellschaft und Kultur, Stuttgart 1999 (Forschungen zur Geschichte und Kultur des östlichen Mitteleuropa, 7), S. 395–412.

EWERT, Ulf Christian; SELZER, Stephan (Hrsg.): Ordnungsformen des Hofes. Ergebnisse eines Forschungskolloquiums der Studienstiftung des deutschen Volkes, Kiel 1997. (Mitteilungen der Residenzenkommission der Akademie der Wissenschaften zu Göttingen, Sonderh. 2)

FALKE, Jacob von: Geschichte des fürstlichen Hauses Liechtenstein, 3 Bde., Wien 1868/82.

FECHNER, Gertrude: Johann Basilius Küchelbecker über Wien und die Österreicher, in: Wiener Geschichtsblätter 42 (1987), S. 45–53.

FELLNER, Thomas; KRETSCHMAYR, Heinrich: Die österreichische Zentralverwaltung, I/1: Von Maximilian bis zur Vereinigung der österreichischen und böhmischen Hofkanzlei (1749), Wien 1907. (Veröffentlichungen der Kommission für Neuere Geschichte Österreichs, 5)

FEUCHTMÜLLER, Rupert: Die Herrengasse, Wien 1982.

FILLITZ, H.; PIPPAL, M. (Hrsg.): Akten des XXV. Internationalen Kongresses für Kunstgeschichte Wien 1983, Bd. 7, Wien 1986.

FLAIG, Egon: Den Kaiser herausfordern. Die Usurpation im Römischen Reich, Frankfurt/New York 1992. (Historische Studien, 7)

FRANZ, Günther (Hrsg.): Deutsche Führungsschichten in der Neuzeit. Eine Zwischenbilanz, Boppard a. Rhein 1980.

FRIEDRICH, Karin (Hrsg.): Festive Culture in Germany and Europe from the sixteenth to the twentieth Century, Lewingston/Queenstown 2000.

GAETHGENS, Thomas W. (Hrsg.): Künstlerischer Austausch. Artistic Exchange. Akten des XXVIII. internationalen Kongresses für Kunstgeschichte (15.–20. Juli 1992), Berlin 1992.

GARMS-CORNIDES, Elisabeth: Das Königreich Neapel und die Monarchie des Hauses Österreich, in: Barock in Neapel. Kunst zur Zeit der österreichischen Vizekönige: Ausstellungskatalog, Neapel 1993, S. 17–34.

GARMS, Jörg: Kaiser – Kirche – Adel – Architekten. Wien und Neapel. Vergleiche und Verbindungen, in: (Hrsg.): Barock in Neapel. Kunst zur Zeit der österreichischen Vizekönige: Ausstellungskatalog, Neapel 1993, S. 93–107.

GARRETSON, Edwin P.: Die Landständische Akademie in Wien. Geschichte der Institution und Programm der Fassade des Bauwerks, in: Wiener Geschichtsblätter 34 (1999), S. 113–124.

GASSER, Peter: Das spanische Königtum Karls VI. in Wien, in: MÖStA 7 (1954), S. 120–130.

GEBHARDT, Winfried: Fest, Feier und Alltag. Über die gesellschaftliche Wirklichkeit des Menschen und ihre Deutung, Frankfurt a. M./Bern/New York u. a. 1987. (Europäische Hochschulschriften, Reihe 22: Soziologie 143)

GEHLING, Theo: Ein europäischer Diplomat am Kaiserhof zu Wien. François Louis de Pesme, Seigneur de Saint-Saphorin, als englischer Resident am Wiener Hof 1718–1727, Bonn 1964. (Bonner Historische Forschungen, 25)

GERHARD, Dietrich: Amtsträger zwischen Krongewalt und Ständen – ein europäisches Problem, in: Alteuropa und die moderne Gesellschaft, Festschrift für Otto Brunner, hrsg. v. Historischen Seminar der Universität Hamburg, Göttingen 1963, S. 230–247.

GERHARD, Dietrich (Hrsg.): Ständische Vertretungen in Europa im 17. und 18. Jahrhundert, Göttingen 1969.

GERTEIS, Klaus (Hrsg.): Zum Wandel von Zeremoniell und Herrschaftsritualen im Zeitalter des Absolutismus und der Aufklärung, Hamburg 1991. (Aufklärung, 6/2)

Gesamtdeutsche Vergangenheit. Festausgabe für Heinrich Ritter von Srbik, München 1938.

Geschichte, Revitalisierung und Restaurierung des Hauses an der Freyung in Wien Palais Harrach, Wien 1995.

GESTRICH, Andreas: Absolutismus und Öffentlichkeit. Politische Kommunikation in Deutschland zu Beginn des 18. Jahrhunderts, Göttingen 1994. (Kritische Studien zur Geschichtswissenschaft, 103)

GESTRICH, Andreas: Höfisches Zeremoniell und sinnliches Volk. Die Rechtfertigung des Hofzeremoniells im 17. und frühen 18. Jahrhundert, in: Berns, Jörg

Jochen; Rahn, Thomas (Hrsg.): Zeremoniell als höfische Ästhetik in Spätmittelalter und früher Neuzeit, Tübingen 1995 (Frühe Neuzeit, 25), S. 57–73.

GIDDENS, Anthony: Die Konstitution der Gesellschaft. Grundzüge einer Theorie der Strukturierung, Frankfurt a. M./New York 1988.

GIDDENS, Anthony: Interpretative Soziologie. Eine kritische Einführung, Frankfurt a. M./New York 1984.

GILCHER-HOLTHEY, Ingrid: Kulturelle und symbolische Praktiken: das Unternehmen Pierre Bourdieu, in: Hardtwig, Wolfgang; Wehler, Hans-Ulrich (Hrsg.): Kulturgeschichte Heute, Göttingen 1996 (Geschichte und Gesellschaft, Sonderh. 16), S. 111–130.

GOFFMAN, Erving: Interaktionsrituale. Über Verhalten in direkter Kommunikation, Frankfurt a. M. 1971.

GOFFMAN, Erving: Wir alle spielen Theater. Die Selbstdarstellung im Alltag, München 1969. (Texte und Studien zur Soziologie.)

GÖHLER, Gerhard (Hrsg.): Die Eigenart der Institutionen, Baden-Baden 1994.

GÖHLER, Gerhard (Hrsg.): Institution – Macht – Repräsentation, Baden-Baden 1997.

GÖHLER, Gerhard (Hrsg.): Macht der Öffentlichkeit – Öffentlichkeit der Macht, Baden-Baden 1995.

GÖHLER, Gerhard: Politische Institutionen und ihr Kontext. Begriffliche und konzeptionelle Überlegungen zur Theorie politischer Institutionen, in: Göhler, Gerhard (Hrsg.): Die Eigenart der Institutionen, Baden-Baden 1994, S. 19–46.

GÖHLER, Gerhard; SPETH, Rudolf: Symbolische Macht. Zur institutionengeschichtlichen Bedeutung von Pierre Bourdieu, in: Blänkner, Reinhard; Jussen, Bernhard (Hrsg.): Institutionen und Ereignis, Göttingen 1998 (Veröffentlichungen des Max-Planck-Instituts für Geschichte, 138), S. 17–48.

Der Goldene Wagen des Fürsten Joseph Wenzel von Liechtenstein. Ausstellungskatalog, Wien 1977.

GOLOUBEVA, Maria: The glorification of Emperor Leopold I. in image, spectacle and text, Mainz 2000. (Veröffentlichungen des Instituts für europäische Geschichte Mainz. Abt. Universalgeschichte, 184)

GOTTHARD, Axel: Säulen des Reiches. Die Kurfürsten im frühneuzeitlichen Reichsverband, 2 Bde., Husum 1999. (Historische Studien, 457)

GOUBERT, Pierre: Ludwig XIV. und zwanzig Millionen Franzosen, Berlin 1973.

GRACIAN, Baltasar: Hand-Orakel und Kunst der Weltklugheit [1647], Zürich 1993.

GRAF, Henriette: Das kaiserliche Zeremoniell und das Repräsentationsappartement im leopoldinischen Trakt der Wiener Hofburg um 1740, in: Österreichische Zeitschrift für Kunst- und Denkmalpflege 51 (1997), S. 571–587.

Die Grafen von Schönborn: Kirchenfürsten, Sammler, Mäzene, Ausstellungskatalog des Germanischen Nationalmuseums Nürnberg, Nürnberg 1989.

GRIFFIN, Robert Arthur: High Baroque Culture and Theatre in Vienna, New York 1972.

GRIMSCHITZ, Bruno: Johann Lucas von Hildebrandt, Wien/München 1959.

GRIMSCHITZ, Bruno: Wiener Barockpaläste, Wien 1947.

GROSS, Lothar: Die Geschichte der deutschen Reichshofkanzlei von 1559 bis 1806, Wien 1933. (Inventare des Wiener Haus-, Hof- und Staatsarchivs, V)

GROSSER, Thomas: Reisen und soziale Eliten. Kavalierstour – Patrizierreise – Bildungsreise, in: Maurer, Michael (Hrsg.): Neue Impulse der Reiseforschung, Berlin 1999 (Beiträge zum 18. Jahrhundert), S. 135–176.

GROSSER, Thomas: Reiseziel Frankreich. Deutsche Reiseliteratur vom Barock bis zur Französischen Revolution, Opladen 1989.

GRUBER, Alain: Das Festessen anläßlich der Erbhuldigung Joseph I. in Wien (1705), in: Barta-Fliedl, Isebill; Gugler, Andreas; Parenzan, Peter (Hrsg.): Tafeln bei Hofe. Zur Geschichte der fürstlichen Tafelkultur, Hamburg 1998 (Publikationsreihe der Museen des Mobiliendepots, 4), S. 45–52.

GSCHLIESSER, Oswald von: Der Reichshofrat. Bedeutung und Verfassung, Schicksal und Besetzung einer obersten Reichsbehörde von 1559 bis 1806, Wien 1942. (Veröffentlichungen für neuere Geschichte des ehemaligen Österreich, 33)

GUGLER, Andreas: Bankette in Wien und Dresden 1719. Die Hochzeit der Erzherzogin Maria Josepha mit dem Kurprinzen Friedrich August von Sachsen, in: Barta-Fliedl, Isebill; Gugler, Andreas; Parenzan, Peter (Hrsg.): Tafeln bei Hofe. Zur Geschichte der fürstlichen Tafelkultur, Hamburg 1998 (Publikationsreihe der Museen des Mobiliendepots, 4), S. 53–62.

GUTKAS, Karl: Die habsburgischen Länder zur Zeit des Prinzen Eugen, in: Zöllner, Erich; Gutkas, Karl (Hrsg.): Österreich und die Osmanen – Prinz Eugen und seine Zeit, Wien 1988 (Schriften des Instituts für Österreichkunde, 51/52), S. 172–185.

GUTKAS, Karl (Hrsg.): Prinz Eugen und das barocke Österreich, Salzburg/Wien 1985.

HÄBERLEIN, Mark: Brüder, Freunde und Betrüger. Soziale Beziehungen, Normen und Konflikte in der Habsburger Kaufmannschaft um die Mitte des 16. Jahrhunderts, Berlin 1998.

HABERMAS, Jürgen: Strukturwandel der Öffentlichkeit. Untersuchungen zu einer Kategorie der bürgerlichen Gesellschaft, 2. Aufl., Frankfurt a. M. 1991.

HADRINGA, Franz: Die Trautson. Paladine Habsburgs, Graz/Wien 1996.

HADRINGA, Franz: Die Trautson in Wien, in: Wiener Geschichtsblätter 51 (1996), S. 57–65.

HADUMOWSKY, Franz: Barocktheater am Wiener Kaiserhof. Mit einem Spielplan (1625–1740), in: Jahrbuch der Gesellschaft für Wiener Theaterforschung 1951/52, Wien 1955, S. 7–117.

HAHN, Alois: Funktionale und Stratifikatorische Differenzierung und ihre Rolle für die gepflegte Semantik. Zu Niklas Luhmanns „Gesellschaftsstruktur und Semantik", in: Kölner Zeitschrift für Soziologie und Sozialpsychologie 33 (1981), S. 329–344.

HAHN, Peter-Michael; LORENZ, Hellmut (Hrsg.): Pracht und Herrlichkeit. Adligfürstliche Lebensstile im 17. und 18. Jahrhundert, Potsdam 1998. (Quellen und Studien zur Geschichte und Kultur Brandenburg-Preußens und des Alten Reiches, 5)

HAHN, Peter-Michael: Wahrnehmung und Magnifizenz, in: Hahn, Peter-Michael; Lorenz, Hellmut (Hrsg.): Pracht und Herrlichkeit. Adlig-fürstliche Lebensstile im 17. und 18. Jahrhundert, Potsdam 1998 (Quellen und Studien zur Geschichte und Kultur Brandenburg-Preußens und des Alten Reiches, 5), S. 9–43.

HAIDER-PREGLER, Hilde: Das Roßballett im Inneren Burghof zu Wien, in: Maske und Kothurn 15 (1969), S. 291–324.

HALSBAND, Robert (Hrsg.): The complete letters of Lady Mary Wortley Montagu, Bd. 1: 1708–1720, Oxford 1965.

HAMMERSTEIN, Notker: Die deutschen Universitäten im Zeitalter der Aufklärung, in: ZHF 10 (1983), S. 73–89.

HAMMERSTEIN, Notker: Einleitung, in: Buck, August (Hrsg.): Europäische Hofkultur im 16. und 17. Jahrhundert, 3 Bde., Hamburg 1981 (Wolfenbüttler Arbeiten zur Barockforschung, 8), S. 702 ff.

HAMPL-KALLBRUNNER, G.: Beiträge zur Geschichte der Kleiderordnungen mit besonderer Berücksichtigung Österreichs, Wien 1962.

Handwörterbuch zur Deutschen Rechtsgeschichte, hrsg. v. Adalbert Erler/Ekkehard Kaufmann, Berlin 1971 ff.

HANSMANN, Wilfried: Barock. Deutsche Baukunst 1600–1760, Leipzig 1997.

HANTSCH, Hugo: Die drei großen Relationen St. Saphorins über die inneren Verhältnisse am Wiener Hof zur Zeit Karls VI., in: MIÖG 58 (1950), S. 625–636.

HANTSCH, Hugo: Reichsvizekanzler Friedrich Karl Graf von Schönborn (1674–1746). Einige Kapitel zur politischen Geschichte Kaiser Josephs I. und Karls VI., Augsburg 1929. (Salzburger Abhandlungen und Texte aus Wissenschaft und Kunst, 2)

HARTH, Erica: Ideology and Culture in Seventeenth-Century France, Ithaca/London 1983.

HARTMANN, Peter Claus (Hrsg.): Der Mainzer Kurfürst als Reichserzkanzler. Funktionen, Aktivitäten, Ansprüche und Bedeutung des zweiten Mannes im Alten Reich, Stuttgart 1997. (Geschichtliche Landeskunde, 45)

HARTMANN, Peter Claus: Geld als Instrument europäischer Machtpolitik im Zeitalter des Merkantilismus. Studien zu den finanziellen und politischen Beziehungen der Wittelsbacher Territorien Kurbayern, Kurpfalz und Kurköln mit Frankreich und dem Kaiser von 1715 bis 1740, München 1978. (Studien zur bayerischen Verfassungs- und Sozialgeschichte, 8)

HASKELL, FRANCIS: Maler und Auftraggeber. Kunst und Gesellschaft im italienischen Barock, Köln 1996.

HASSENPFLUG-ELZHOLZ, Elia: Böhmen und die böhmischen Stände in der Zeit des beginnenden Zentralismus. Eine Strukturanalyse der böhmischen Adelsnation um die Mitte des 18. Jahrhunderts, München 1982.

HASSINGER, Herbert: Die Landstände der österreichischen Länder. Zusammensetzung, Organisation und Leistung im 16. bis 18. Jahrhundert, in: Jahrbücher für Landeskunde in Niederösterreich 34 (1964), Bd. 2, S. 989–1035.

HASSINGER, Herbert: Ständische Vertretungen in den althabsburgischen Ländern und in Salzburg, in: Gerhard, Dietrich (Hrsg.): Ständische Vertretungen in Europa im 17. und 18. Jahrhundert, Göttingen 1969, S. 247–285.

HAUPT, Herbert: „Rara sunt cara". Kulturelle Schwerpunkte fürstlichen Lebensstils, in: Oberhammer, Evelin (Hrsg.): „Der ganzen Welt ein Lob und Spiegel". Das Fürstenhaus Liechtenstein in der frühen Neuzeit, Wien/München 1990, S. 115–137.

HAUPT, Herbert: „Der Namen und Stammen der Herren von Liechtenstein". Biographische Skizzen, in: Oberhammer, Evelin (Hrsg.): „Der ganzen Welt ein Lob und Spiegel". Das Fürstenhaus Liechtenstein in der frühen Neuzeit, Wien/München 1990, S. 213–222.

HAUSER, W.: Das Geschlecht derer von Althann, Phil. diss., Wien 1949.

HAWLIK-VAN DE WATER, Magdalena: Der schöne Tod. Zeremonialstrukturen des Wiener Hofes bei Tod und Begrabung zwischen 1640 und 1740, Wien 1989.

HEILINGSETZER, Georg: Prinz Eugen und die Führungsschicht der österreichischen Großmacht 1683–1740, in: Zöllner, Erich; Gutkas, Karl (Hrsg.): Österreich und die Osmanen – Prinz Eugen und seine Zeit, Wien 1988 (Schriften des Instituts für Österreichkunde, 51/52), S. 120–137.

HEIMPEL, Hermann: Sitzordnung und Rangstreit auf dem Basler Konzil. Skizze eines Themas, aus dem Nachlaß hrsg. v. Johannes Helmrath, in: Helmrath, Johannes (Hrsg.): Studien zum 15. Jahrhundert. Festschrift für Erich Meuthen, 2 Bde., München 1994, S. 1–9.

HEISS, Gernot: „Ihro kaiserlichen Mayestät zu Diensten ... unserer ganzen fürstlichen Familie aber zur Glori". Erziehung und Unterricht der Fürsten von Liechtenstein im Zeitalter des Absolutismus, in: Oberhammer, Evelin (Hrsg.): „Der ganzen Welt ein Lob und Spiegel". Das Fürstenhaus Liechtenstein in der frühen Neuzeit, Wien/München 1990, S. 155–181.

HEISS, Gernot: Standeserziehung und Schulunterricht. Zur Bildung des niederösterreichischen Adeligen in der frühen Neuzeit, in: Adel im Wandel. Politik – Kultur – Konfession 1500–1700. Katalog der niederösterreichischen Landesausstellung auf der Rosenburg 1990, Wien 1990, S. 391–407.

HELMRATH, Johannes: Das Basler Konzil 1431–1449. Forschungsstand und Probleme, Köln 1987.

HELMRATH, Johannes (Hrsg.): Studien zum 15. Jahrhundert. Festschrift für Erich Meuthen, 2 Bde., München 1994.

HENGERER, Mark: Raum als Medium. Adelsgesellschaft, Hof und adelige Bestattung in der Frühen Neuzeit. Workshop des Teilprojektes C1 „Politische und soziale Integration am Wiener Hof (17. und 18. Jahrhundert)" des SFB 485 „Norm und Symbol. Die kulturelle Dimension sozialer und politischer Integration" an der Universität Konstanz, in: Mitteilungen der Residenzen-Kommission 11/1 (2001), S. 54–59.

HENGERER, Mark; SCHLÖGL, Rudolf: Politische und soziale Integration am Wiener Hof. Adelige Bestattung als Teil der höfischen Symbol- und Kommunikationsordnung, in: Mitteilungen der Residenzen-Kommission 10 (2000), S. 15–35.

HENSHALL, Nicholas: The Myth of Absolutism. Change and Continuity in Early Modern European Monarchy, London 1992.

HENSHALL, Nicholas: Early Modern Absolutism 1550–1700. Political Reality or Propaganda, in: Asch, Ronald G.; Duchhardt, Heinz (Hrsg.): Der Absolutismus – ein Mythos? Strukturwandel monarchischer Herrschaft, Köln/Weimar/Wien 1996 (Münstersche Historische Forschungen, 9), S. 25–53.

HINRICHS, Ernst: Abschied vom Absolutismus? Eine Antwort auf Nicholas Henshall, in: Asch, Ronald; Duchhardt, Heinz (Hrsg.): Der Absolutismus – ein Mythos? Strukturwandel monarchischer Herrschaft, Köln/Weimar/Wien 1996 (Münstersche Historische Forschungen, 9), S. 353–371.

HINTZE, Otto: Der österreichische Staatsrat im 16. und 17.Jahrhundert, in: ZRG G.A. 8 (1887), S.137–164.

HIRSCHBIEGEL, Jan: Der Hof als soziales System, in: Mitteilungen der Residenzen-Kommission 3 (1993), S.11–25.

HIRSCHBIEGEL, Jan: Gabentausch als soziales System? Einige theoretische Überlegungen, in: Ewert, Ulf Christian; Selzer, Stephan (Hrsg.): Ordnungsformen des Hofes. Ergebnisse eines Forschungskolloquiums der Studienstiftung des deutschen Volkes, Kiel 1997 (Mitteilungen der Residenzenkommission der Akademie der Wissenschaften zu Göttingen, Sonderh. 2), S.44–55.

HOFMANN, Christina: Das spanische Hofzeremoniell von 1500–1700, Frankfurt a.M./Bern/New York 1985. (Erlanger Historische Studien, 8)

HOLENSTEIN, André: Huldigung und Herrschaftszeremoniell im Zeitalter des Absolutismus und der Aufklärung, in: Gerteis, Klaus (Hrsg.): Zum Wandel von Zeremoniell und Herrschaftsritualen im Zeitalter des Absolutismus und der Aufklärung, Hamburg 1991 (Aufklärung, 6/2), S.21–46.

HOLL, Brigitte: Hofkammerpräsident Gundaker Thomas Graf von Starhemberg und die österreichische Finanzpolitik der Barockzeit (1703–1715), Wien 1976. (Archiv für österreichische Geschichte, 132)

HÖRMANN, Michael: Fürst Anton Florian von Liechtenstein (1656–1721). Bedingungen und Grenzen adeliger Familienpolitik im Zeitalter Karls VI., in: Press, Volker; Willoweit, Dietmar (Hrsg.): Fürstliches Haus und staatliche Ordnung. Geschichtliche Grundlagen und moderne Perspektiven, München/Wien 1987, S.191–209.

HORN, David B.: The British Diplomatic Service 1689–1789, Oxford 1961.

HUBALA, Erich: Burgen und Schlösser in Mähren. Nach alten Vorlagen, Frankfurt a.M. 1965.

HUBALA, Erich: Die Grafen von Schönborn als Bauherren, in: Die Grafen von Schönborn: Kirchenfürsten, Sammler, Mäzene. Ausstellungskatalog des Germanischen Nationalmuseums Nürnberg, Nürnberg 1989, S.24–52.

HUBALA, Erich (Hrsg.): Die Kunst des 17.Jahrhunderts, Berlin 1970. (Propyläen Kunstgeschichte, 9)

HUBALA, Erich: Johann Michael Rottmayr, Wien/München 1981.

HÜBL, Albert: Die Schulen, in: Mayer, Anton (Hrsg.): Geschichte der Stadt Wien, Bd. 5, Wien 1914, S.331–459.

HUGHES, Michael: Law and Politics in Eighteenth-Century Germany. The Imperial Aulic Council in the Reign of Charles VI., Woodbridge 1988. (Royal Historical Society Studies in History, 55)

HUNT, Lynn: Symbole der Macht, Macht der Symbole. Die Französische Revolution und der Entwurf einer politischen Kultur, Frankfurt a.M. 1989.

ILG, Albert: Die Fischer von Erlach, Bd. 1: Leben und Werke Johann Bernhard Fischers von Erlach, Wien 1895.

INGRAO, Charles W.: Joseph I., der „vergessene" Kaiser, Graz/Wien/Köln 1982.

INGRAO, Charles W. (Hrsg.): State and Society in Early Modern Austria, West Lafayette (Indiana) 1994.

INGRAO, Charles W.: The Habsburg Monarchy 1618–1815, Cambridge 1994. (New Approaches to European History)

JÄGER, W.: „Menschenwissenschaft" und historische Sozialwissenschaft. Möglichkeiten und Grenzen der Rezeption von Norbert Elias in der Geschichtswissenschaft, in: Archiv für Kulturgeschichte 77 (1995), S. 85–116.

JAHN, Bernhard; RAHN, Thomas; SCHNITZER, Claudia: Einleitung, in: Jahn, Bernhard; Rahn, Thomas; Schnitzer, Claudia (Hrsg.): Zeremoniell in der Krise. Störung und Nostalgie, Marburg 1998, S. 7–15.

JAHN, Bernhard; RAHN, Thomas; SCHNITZER, Claudia (Hrsg.): Zeremoniell in der Krise. Störung und Nostalgie, Marburg 1998.

JARITZ, Gerhard: Zwischen Augenblick und Ewigkeit. Einführung in die Alltagsgeschichte des Mittelalters, Wien/Köln 1989.

JARNUT-DERBOLAV, Elke: Die österreichische Gesandtschaft in London (1701–1711). Ein Beitrag zur Geschichte der Haager Allianz, Bonn 1972. (Bonner Historische Forschungen, 37)

JESERICH, Kurt G. A.; POHL, Hans; UNRUH, Georg Christoph (Hrsg.): Deutsche Verwaltungsgeschichte, Bd. 1: Vom Spätmittelalter bis zum Ende des Reiches, Stuttgart 1982.

JÜNGLING, Hans Jürgen: Die Heiraten des Hauses Liechtenstein im 17. und 18. Jahrhundert. Konnubium und soziale Verflechtungen am Beispiel der habsburgischen Hocharistokratie, in: Press, Volker; Willoweit, Dietmar (Hrsg.): Fürstliches Haus und staatliche Ordnung. Geschichtliche Grundlagen und moderne Perspektiven, München/Wien 1987, S. 331–345.

JÜRGENSMEIER, Friedhelm: Politische Ziele und kirchliche Erneuerungsbestrebungen der Bischöfe aus dem Hause Schönborn im 17. und 18. Jahrhundert, in: Die Grafen von Schönborn: Kirchenfürsten, Sammler, Mäzene. Ausstellungskatalog des Germanischen Nationalmuseums Nürnberg, Nürnberg 1989, S. 11–23.

KAGAN, Richard L.: Universities in Italy 1500–1700, in: Dominique, Julia; Revel, Jacques; Chartier, Roger (Hrsg.): Les universités européennes du XVIᵉ au XVIIIᵉ siècle, Paris 1986 (Histoire sociale des populations étudiantes 1), S. 153–186.

KAISER, Michael; PEČAR, Andreas: Der zweite Mann im Staat. Oberste Amtsträger und Favoriten im Umkreis der Reichsfürsten im 17. und 18. Jahrhundert (erscheint 2003 als Beiheft der Zeitschrift für Historische Forschung).

KALMÁR, János: Sobre la Cort Barcelonina de l' Arxiduc Carles d' Austria, in: Pedralbes 18/2 (1998 [2000]), S. 299–302.

KALMÁR, János: Zum Porträt des jungen Kaisers Karl VI., in: Annales Universitatis Scientiarum Budapestinensis; Sectio Historica 25 (1987), S. 263–277.

KERBER, B.: Andrea Pozzo, Berlin/New York 1971. (Beiträge zur Kunstgeschichte, 6)

KETTERING, Sharon: Patronage and Kinship in Early Modern France, in: French Historical Studies 16 (1989), S. 408–435.

KETTERING, Sharon: Patronage, Language, and Political Culture. Patronage in Early Modern France, in: French Historical Studies 17 (1992), S. 839–862.

KETTERING, Sharon: Patrons, brokers and clients in seventeenth-century France, New York 1986.

KIESERLING, André: Interaktion in Organisationen, in: Dammann, Klaus; Grunow, Dieter; Japp, Klaus P. (Hrsg.): Die Verwaltung des politischen Systems. Neue systemtheoretische Zugriffe auf ein altes Thema, Opladen 1994, S. 168–182.

KIESERLING, André: Kommunikation unter Anwesenden. Studien über Interaktionssysteme, Frankfurt a. M. 1998.

KLAITS, Joseph: Printed Propaganda under Louis XIV. Absolute Monarchy and Public Opinion, Princeton (New Jersey) 1976.

KLEIN, Thomas: Die Erhebungen in den weltlichen Reichsfürstenstand 1550–1806, in: Blätter für deutsche Landesgeschichte 122 (1986), S. 137–192.

KLIMA, Arnost: Agrarian Class Structure and economic Development in pre-industrial Bohemia, in: Past and Present 85 (1961), S. 49–67.

KLINGENSMITH, Samuel John: The Utility of Splendor. Ceremony, Social Life, and Architecture at the Court of Bavaria 1600–1800, Chicago/London 1993.

KLINGENSTEIN, Grete: Der Aufstieg des Hauses Kaunitz. Studien zur Herkunft und Bildung des Staatskanzlers Wenzel Anton, Göttingen 1975. (Schriftenreihe der Historischen Kommission der Bayerischen Akademie der Wissenschaften, 12)

KLINGENSTEIN, Grete: Der Wiener Hof in der frühen Neuzeit, in: ZHF 22 (1995), S. 237–245.

KLINGENSTEIN, Grete: Institutionelle Aspekte der österreichischen Außenpolitik im 18. Jahrhundert, in: Zöllner, Erich (Hrsg.): Diplomatie und Außenpolitik Österreichs. 11 Beiträge zu ihrer Geschichte, Wien 1977 (Schriften des Instituts für Österreichkunde, 30), S. 74–93.

KLINGENSTEIN, Grete: Rezension von Ehalt: Ausdrucksformen des Absolutismus, in: HPL 29 (1981), S. 207 f.

KLINGENSTEIN, Grete: Vorstufen der theresianischen Studienreformen in der Regierungszeit Karls VI., in: MIÖG 76 (1968), S. 327–377.

KLINGENSTEIN, Grete; SZABO, FRANZ A. J. (Hrsg.): Staatskanzler Wenzel Anton von Kaunitz-Rietberg 1711–1794. Neue Perspektiven zu Politik und Kultur der europäischen Aufklärung, Graz 1996.

KLUETING, Harm: Das Reich und Österreich 1648–1740, Münster/Hamburg/London 1999. (Historia profana et ecclesiastica, 1)

KNITTLER, Herbert: Adel und landwirtschaftliches Unternehmen im 16. und 17. Jahrhundert, in: Adel im Wandel. Politik – Kultur – Konfession 1500–1700. Katalog der niederösterreichischen Landesausstellung auf der Rosenburg 1990, Wien 1990, S. 45–55.

KNITTLER, Herbert: Between East and West. Lower Austria's Noble „Grundherrschaft" 1550–1750, in: Ingrao, Charles W. (Hrsg.): State and Society in Early Modern Austria, West Lafayette (Indiana) 1994, S. 154–180.

KNITTLER, Herbert (Hrsg.): Nutzen, Renten, Erträge. Struktur und Entwicklung frühneuzeitlicher Feudaleinkommen in Niederösterreich, Wien/München 1989.

KOENIGSBERGER, H. G.: Estates and Revolutions. Essays in Early Modern European History, Ithaka 1971.

KORTH, Thomas; POESCHKE, Joachim (Hrsg.): Balthasar Neumann. Kunstgeschichtliche Beiträge zum Jubiläumsjahr 1987, München 1987.

KOSELLECK, Reinhart: Begriffsgeschichte und Sozialgeschichte, in: Koselleck, Reinhart (Hrsg.): Historische Semantik und Begriffsgeschichte, Stuttgart 1978 (Sprache und Geschichte, 1), S. 19–36.

KOSELLECK, Reinhart (Hrsg.): Historische Semantik und Begriffsgeschichte, Stuttgart 1978. (Sprache und Geschichte, 1)

KOVACS, Elisabeth: Kirchliches Zeremoniell am Wiener Hof des 18. Jahrhunderts im Wandel von Mentalität und Gesellschaft, in: MöStA 32 (1979), S. 109–142.

KOVACS, Elisabeth; FEUCHTMÜLLER, R. (Hrsg.): Welt des Barock, Wien 1986.

KRAELITZ-GREIFENHORST, Friedrich von: Bericht über den Zug des Groß-Botschafters Ibrahim Pascha nach Wien im Jahre 1719, in: Sitzungsberichte der Philosophisch-Historischen Klasse der Kaiserlichen Akademie der Wissenschaften 158 (1908), S. 3 ff.

KRAPF, Michael: Architekturtheorien im 17. Jahrhundert. Die Rolle des Fürsten Karl Eusebius von Liechtenstein, in: Stolwitzer, Gertrude (Hrsg.): Autriche – le baroque autrichien au XVIIᵉ siècle, Rennes 1989, S. 93–101.

KRAPF, Michael: Palais Trautson, 2. ergänzte Aufl., Wien 1990.

KRAUE, Wolfgang; MÜLLER, Peter (Hrsg.): Wiener Palais, München/Wien 1991.

KRAUTHEIMER, Richard: Early Christian and Byzantine Architecture [1965], New Haven/London 1986.

KRECKEL, Reinhard (Hrsg.): Politische Soziologie der sozialen Ungleichheit, Frankfurt a. M./New York 1992. (Theorie und Gesellschaft, 25)

KRECKEL, Reinhard (Hrsg.): Soziale Ungleichheiten, Göttingen 1983.

KRETSCHMAYR, Heinrich: Das deutsche Reichsvicekanzleramt, in: Archiv für österreichische Geschichte 84 (1898), S. 381–502.

KRUEDENER, Jürgen Freiherr von: Die Rolle des Hofes im Absolutismus, Stuttgart 1973. (Forschungen zur Sozial- und Wirtschaftsgeschichte, 19)

KRUSE, Holger; PARAVICINI, Werner (Hrsg.): Höfe und Hofordnungen 1200–1600, Sigmaringen 1999. (Residenzenforschung, 10)

KUNISCH, Johannes: Absolutismus. Europäische Geschichte vom Westfälischen Frieden bis zur Krise des Ancien Régime, 2. Aufl., Göttingen 1999.

KUNISCH, Johannes: Absolutismus und Öffentlichkeit, in: Jäger, Hans-Wolf (Hrsg.): Öffentlichkeit im 18. Jahrhundert, Göttingen 1997 (Das achtzehnte Jahrhundert, 4), S. 33–49.

KUNISCH, Johannes (Hrsg.): Der dynastische Fürstenstaat. Zur Bedeutung von Sukzessionsordnungen für die Entstehung des frühmodernen Staates, Berlin 1982. (Historische Forschungen, 21)

KUNISCH, Johannes: Die deutschen Führungsschichten im Zeitalter des Absolutismus, in: Franz, Günther (Hrsg.): Deutsche Führungsschichten in der Neuzeit. Eine Zwischenbilanz, Boppard a. Rhein 1980, S. 111–141.

KUNISCH, Johannes: Die Einsamkeit des Königs an der Tafel. Das öffentliche Herrschermahl Ludwigs XIV., in: Speisen, Schlemmen, Fasten. Eine Kulturgeschichte des Essens, Frankfurt a. M. 1993, S. 219–230.

KUNISCH, Johannes: Formen symbolischen Handelns in der Goldenen Bulle von 1356, in: Stollberg-Rilinger, Barbara (Hrsg.): Vormoderne politische Verfahren, Berlin 2001 (Zeitschrift für Historische Forschung, Beih. 25), S. 263–280.

KUNISCH, Johannes: Loudons Nachruhm. Die Geschichte einer Sinnstiftung, Opladen 1999. (Nordrhein-Westfälische Akademie der Wissenschaften. Geisteswissenschaften: Vorträge, 359)

KUNISCH, Johannes: Funktion und Ausbau der kurfürstlich-königlichen Residenzen in Brandenburg-Preußen im Zeitalter des Absolutismus, in: FBPG N.F. 3 (1993), 167–192.

KUNISCH, Johannes (Hrsg.): Neue Studien zur frühneuzeitlichen Reichsgeschichte, Berlin 1997. (Zeitschrift für Historische Forschung, Beih. 19)

KUNISCH, Johannes (Hrsg.): Prinz Eugen von Savoyen und seine Zeit, Freiburg/ Würzburg 1986.

KUNISCH, Johannes: Staatsräson und Konfessionalisierung als Faktoren absolutistischer Gesetzgebung. Das Beispiel Böhmen (1627), in: Dölemeyer, Barbara; Klippel, Diethelm (Hrsg.): Gesetz und Gesetzgebung im Europa der Frühen Neuzeit, Berlin 1988. (Zeitschrift für Historische Forschung, Beih. 18), S. 131–156.

Die Künste und das Schloß in der frühen Neuzeit, München 1998. (Rudolstädter Forschungen zur Residenzkultur, 1)

La toison d'or. Cinq siècles d'art d'histoire. Exposition [...] 14 juillet – 30 septembre 1962. Catalogue, Brügge 1962.

LAUBACH, Ernst: Ferdinand I. als Kaiser. Politik und Herrscherauffassung des Nachfolgers Karls V., Münster 2001.

LAUDÉ, Carl H.: The Dyadic Basis of Clientelism, in: Schmidt, Steffen W.; Guasti, Laura; Laudé, Carl H.; Scott, James C. (Hrsg.): Friends, Followers and Factions. A Reader in Political Clientelism, Berkeley/Los Angeles 1977, S. XIII–XXXVII.

LE ROY LADURIE, Emmanuel: Auprès du roi, la cour, in: Annales 38 (1983), S. 21–41.

LEBEAU, Christine: Aristocrates et grands commis à la Cour de Vienne (1748–1791). Le modèle français, Paris 1996.

LEBEAU, Christine: Les États de Basse-Autriche: une élite de pouvoir? (1748–1791), in: Tollet, Daniel (Hrsg.): L'Europe des diètes au XVIIᵉ siècle. Mélanges offerts à Monsieur le professeur Jean Bérenger, Paris 1996 (Regards sur l'histoire, 112), S. 171–183.

LEIFELD, Marcus: Macht und Ohnmacht der Kölner Kurfürsten um 1700. Vier kurkölnische „Erste Minister" als politische Bedeutungsträger, in: Zehnder, Frank Günther (Hrsg.): Im Wechselspiel der Kräfte. Politische Entwicklungen des 17. und 18. Jahrhunderts in Kurköln, Köln 1999 (Der Riß im Himmel, 2), S. 62–96.

LEMARCHAND, René: Comparative Political Clientelism. Structure, Process and Optic, in: Eisenstadt, Shmuel Noah; Lemarchand, René (Hrsg.): Political Clientelism, Patronage and Development, Beverly Hills/London 1981 (Contemporary Political Sociology, 3), S. 7–32.

LEÓN SANZ, Virginia: Entre Austrias y Borbones. El Arquiduque Carlos y la Monarquía de Espana (1700–1714), Madrid 1993.

LEÓN SANZ, Virginia: Los españoles austriacistas exiliados y las medias de Carlos VI (1713–1725), in: Revista de Historia Moderna. Anales de la Universidad de Alicante 10 (1991), S. 165 ff.

LHOTSKY, Alphons: Kaiser Karl VI. und sein Hof im Jahre 1712/13, in: MIÖG 66 (1958), S. 52–80.

LHOTSKY, Alphons: Das Zeitalter des Hauses Österreich. Die ersten Jahre der Regierung Ferdinands I. in Österreich (1520–1527), Wien 1971. (Veröffentlichungen der Kommission für Geschichte Österreichs, 4)

LICHTENBERGER, Elisabeth: Wien – Das sozioökonomische Modell einer barocken Residenz um die Mitte des 18. Jahrhunderts, in: Rausch, Wilhelm (Hrsg.): Städtische Kultur in der Barockzeit, Linz 1982 (Beiträge zur Geschichte der Städte Mitteleuropas, 6), S. 235–262.

LINK, Christoph: Die habsburgischen Erblande, die böhmischen Länder und Salzburg, in: Jeserich, Kurt G. A.; Pohl, Hans; Unruh, Georg Christoph (Hrsg.): Deutsche Verwaltungsgeschichte, Bd. 1: Vom Spätmittelalter bis zum Ende des Reiches, Stuttgart 1982, S. 468–551.

LOEBENSTEIN, Eva Marie: Die adelige Kavalierstour im 17. Jahrhundert – ihre Voraussetzungen und Ziele, Wien Diss. 1966.

LOHRMANN, Klaus: Wiens Stadtbild nach 1683. Kontinuität oder Wende, Wien 1983. (Wiener Geschichtsblätter, Beih. 3)

LORENZ, Hellmut: Balthasar Neumanns Pläne für die Wiener Hofburg, in: Korth, Thomas; Poeschke, Joachim (Hrsg.): Balthasar Neumann. Kunstgeschichtliche Beiträge zum Jubiläumsjahr 1987, München 1987, S. 131–142.

LORENZ, Hellmut: Barockarchitektur in Wien und im Umkreis der kaiserlichen Residenzstadt, in: Gutkas, Karl (Hrsg.): Prinz Eugen und das barocke Österreich, Salzburg/Wien 1985, S. 235–248.

LORENZ, Hellmut: Das „Lust-Garten-Gebäude" Fischers von Erlach – Variationen eines architektonischen Themas, in: Wiener Jahrbuch für Kunstgeschichte 32 (1979), S. 59–76.

LORENZ, Hellmut: Der habsburgische Reichsstil – Mythos und Realität, in: Gaethgens, Thomas W. (Hrsg.): Künstlerischer Austausch. Artistic Exchange. Akten des XXVIII. internationalen Kongresses für Kunstgeschichte (15.–20. Juli 1992), Berlin 1992, S. 163–176.

LORENZ, Hellmut: Domenico Martinelli und das Palais Harrach, in: Geschichte, Revitalisierung und Restaurierung des Hauses an der Freyung in Wien Palais Harrach, Wien 1995, S. 41–50.

LORENZ, Hellmut: Domenico Martinelli und die österreichische Barockarchitektur, Wien 1991.

LORENZ, Hellmut: Ein „exemplum" fürstlichen Bauens in der Barockzeit – Bau und Ausstattung des Gartenpalastes in Wien, in: Zeitschrift des Deutschen Vereins für Kunstwissenschaft 43 (1989), S. 7–24.

LORENZ, Hellmut: Einige unbekannte Ansichten Salomon Kleiners aus dem Stadtpalast des Prinzen Eugen in Wien, in: Wiener Jahrbuch für Kunstgeschichte 40 (1987), S. 223–234.

LORENZ, Hellmut: Enrico Zucallis Projekt für den Wiener Stadtpalast Kaunitz-Liechtenstein, in: Österreichische Zeitschrift für Kunst- und Denkmalpflege 34 (1980), S. 16–22.

LORENZ, Hellmut (Hrsg.): Geschichte der bildenden Kunst in Österreich, Bd. 4: Barock, München/London/New York 1999.

LORENZ, Hellmut: „… im alten Style glücklich wiederhergestellt …". Zur repräsentativen Rolle der Tradition in der Barockarchitektur Mitteleuropas, in: Österreichische Zeitschrift für Kunst- und Denkmalpflege 51 (1997), S. 475–483.

LORENZ, Hellmut: „Nichts Brachtigeres kan gemachet werden als die vornehmen Gebeude". Bemerkungen zur Bautätigkeit der Fürsten von Liechtenstein in der Barockzeit, in: Oberhammer, Evelin (Hrsg.): „Der ganzen Welt ein Lob und Spiegel". Das Fürstenhaus Liechtenstein in der frühen Neuzeit, Wien/München 1990, S. 138–154.

LORENZ, Hellmut: The imperial Hofburg. The Theory and Practice of Architectural

Representation in Baroque Vienna, in: Ingrao, Charles W. (Hrsg.): State and Society in Early Modern Austria, West Lafayette (Indiana) 1994, S. 93–109.

LORENZ, Hellmut: Tradition oder „Moderne“? Überlegungen zur barocken Residenzlandschaft Berlin-Brandenburg, in: FBPG, N.F. 8 (1998), S. 1–23.

LORENZ, Hellmut: Überlegungen zu einer unbekannten Festarchitektur Johann Bernhard Fischers von Erlach, in: Zeitschrift für Kunstgeschichte 57 (1994), S. 430–439.

LORENZ, Hellmut: Johann Bernhard Fischer von Erlach, Zürich/München/London 1992.

LORENZ, Hellmut: Vienna Gloriosa Habsburgica? in: Kunsthistoriker. Mitteilungen des österreichischen Kunsthistorikerverbandes 2 (1985), S. 44–48.

LORENZ, Hellmut: Zur Internationalität der Wiener Barockarchitektur, in: Fillitz, Hermann; Pippal, Martina (Hrsg.): Akten des XXV. Internationalen Kongresses für Kunstgeschichte Wien 1983, Bd. 7, Wien 1986, S. 21–30.

LORENZ, Hellmut: Zur repräsentativen Raumfolge und Ausstattung der barocken Stadtpaläste Wiens, in: Kunsthistorisches Jahrbuch Graz 25 (1993), S. 291–304.

LÖWENSTEIN, Uta: Der Kaiserhof zu Wien und seine Feste im Spiegel der deutschen Zeremonialliteratur des 18. Jahrhunderts, in: Barta-Fliedl, Isebill; Gugler, Andreas; Parenzan, Peter (Hrsg.): Tafeln bei Hofe. Zur Geschichte der fürstlichen Tafelkultur, Hamburg 1998 (Publikationsreihe der Museen des Mobiliendepots, 4), S. 93–100.

LUHMANN, Niklas: Die Gesellschaft der Gesellschaft, 2 Bde., Frankfurt a. M. 1997.

LUHMANN, Niklas: Gesellschaftliche Struktur und semantische Tradition, in: Luhmann, Niklas (Hrsg.): Gesellschaftsstruktur und Semantik. Studien zur Wissenssoziologie der modernen Gesellschaft, 3 Bde., Frankfurt a. M. 1980, S. 9–71.

LUHMANN, Niklas (Hrsg.): Gesellschaftsstruktur und Semantik. Studien zur Wissenssoziologie der modernen Gesellschaft, 3 Bde., Frankfurt a. M. 1980.

LUHMANN, Niklas: Interaktion in Oberschichten. Zur Transformation ihrer Semantik im 17. und 18. Jahrhundert, in: Luhmann, Niklas (Hrsg.): Gesellschaftsstruktur und Semantik. Studien zur Wissenssoziologie der modernen Gesellschaft, 3 Bde., Frankfurt a. M. 1980, S. 72–161.

LUHMANN, Niklas: Interaktion, Organisation, Gesellschaft. Anwendungen der Systemtheorie, in: ders.: Soziologische Aufklärung, Opladen 1975, Bd. 2, S. 9–20.

LUHMANN, Niklas: Normen in soziologischer Perspektive, in: Soziale Welt 20 (1969), S. 28–48.

LUHMANN, Niklas: Organisation und Entscheidung, Opladen 2000.

LUHMANN, Niklas (Hrsg.): Soziale Differenzierung. Zur Geschichte einer Idee, Opladen 1985.

LUHMANN, Niklas: Zum Begriff der sozialen Klasse, in: Luhmann, Niklas (Hrsg.): Soziale Differenzierung. Zur Geschichte einer Idee, Opladen 1985, S. 119–162.

LURZ, Meinhold: Kriegerdenkmäler in Deutschland, Heidelberg 1985. (Befreiungskriege, 1)

LUSCHIN-EBENGREUTH, Arnold: Österreicher an italienischen Universitäten zur Zeit der Rezeption des römischen Rechts, in: Blätter des Vereins für Landeskunde von Niederösterreich 14–19 (1880/85).

MacHardy, Karin J.: Cultural Capital, Family Strategies and Noble Identity in early Modern Habsburg Austria 1579–1620, in: Past and Present 163 (1999), S. 36–75.

MacHardy, Karin J.: Nobility in Crisis. The Case of Lower Austria 1568–1620, Berkeley Diss. 1985.

Maczak, Antoni (Hrsg.): Klientelsysteme im Europa der Frühen Neuzeit, München 1988. (Historisches Kolleg: Kolloquien, 9)

Maczak, Antoni; Teuteberg, Hans Jürgen (Hrsg.): Reiseberichte als Quellen europäischer Kulturgeschichte, Wolfenbüttel 1982.

Magendie, Maurice: La politesse mondaine et les théories de l'honnêteté en France au XVIIe siècle, de 1600 à 1660, 2 Bde., Paris 1925.

Malettke, Klaus: Ämterkauf und soziale Mobilität: Probleme und Fragestellungen vergleichender Forschung, in: Malettke, Klaus (Hrsg.): Ämterkäuflichkeit. Aspekte sozialer Mobilität im europäischen Vergleich (17. und 18. Jahrhundert), Berlin 1980, S. 3–30.

Malettke, Klaus (Hrsg.): Ämterkäuflichkeit. Aspekte sozialer Mobilität im europäischen Vergleich (17. und 18. Jahrhundert), Berlin 1980.

Markel, Erich H.: Die Entwicklung der diplomatischen Rangstufen, Diss. Erlangen 1951.

Martini, Wolfram (Hrsg.): Die Jagd der Eliten in den Erinnerungskulturen von der Antike bis in die Frühe Neuzeit, Göttingen 2000. (Formen der Erinnerung, 3)

Matsche, Franz: Die Kunst im Dienste der Staatsidee Kaiser Karls VI. Ikonographie, Ikonologie und Programmatik des „Kaiserstils", 2 Bde., Berlin/New York 1981. (Beiträge zur Kunstgeschichte, 16/1, 2)

Maurer, Esteban: Südwestdeutscher Reichsadel im 17. und 18. Jahrhundert. Geld, Reputation, Karriere: Das Haus Fürstenberg, Göttingen 2001. (Schriftenreihe der Historischen Kommission bei der bayerischen Akademie der Wissenschaften, 66)

Maurer, Michael: Der Prozeß der Zivilisation. Bemerkungen eines Historikers zur Kritik des Ethnologen Hans Peter Duerr an der Theorie des Norbert Elias, in: GWU 40 (1989), S. 225–238.

Maurer, Michael (Hrsg.): Neue Impulse der Reiseforschung, Berlin 1999. (Beiträge zum 18. Jahrhundert)

Mayer, Anton: Die ständische Akademie in Wien, in: Blätter des Vereins für Landeskunde von Niederösterreich 22 (1888), S. 311–354.

Mayer, Anton (Hrsg.): Geschichte der Stadt Wien, Bd. 5, Wien 1914.

Mecenseffy, Grete: Karls VI. spanische Bündnispolitik 1725–1729. Ein Beitrag zur österreichischen Außenpolitik des 18. Jahrhunderts, Innsbruck 1934.

Meier, Christian: Res publica amissa. Eine Studie zu Verfassung und Geschichte der späten römischen Republik, ND Frankfurt a. M. 1980.

Melville, Ralph (Hrsg.): Deutschland und Europa in der Neuzeit. Festschrift für Karl Otmar von Aretin zum 65. Geburtstag, Stuttgart 1988. (Veröffentlichungen des Instituts für Europäische Geschichte Mainz, Abt. Universalgeschichte, 134)

Mencik, Ferdinand: Beiträge zur Geschichte der kaiserlichen Hofämter, in: Archiv für österreichische Geschichte 87 (1899), S. 449–563.

Mensi, Franz Freiherr von: Die Finanzen Österreichs von 1701–1740, Wien 1890.

MERGEL, Thomas; WELSKOPP, Thomas (Hrsg.): Geschichte zwischen Kultur und Ge-sellschaft. Beiträge zur Theoriedebatte, München 1997.

MERTEN, Klaus: Kommunikation. Eine Begriffs- und Prozeßanalyse, Opladen 1977.

METTAM, Roger: Power and Faction in Louis' XIV. France, New York 1988.

MIKOLETSKY, Hanns Leo: Der Haushalt des kaiserlichen Hofes zu Wien (vornehm-lich im 18. Jahrhundert), in: Carinthia 30 (1956), S. 658–683.

MOHRMANN, Ruth-E.: Fest und Alltag in der frühen Neuzeit – Rituale als Ord-nungs- und Handlungsmuster, in: Niedersächsisches Jahrbuch für Landesge-schichte 72 (2000), S. 1–10.

MORAW, Peter: Die königliche Verwaltung im Einzelnen, in: Jeserich, Kurt G. A.; Pohl, Hans; Unruh, Georg Christoph (Hrsg.): Deutsche Verwaltungsgeschichte, Bd. 1: Vom Spätmittelalter bis zum Ende des Reiches, Stuttgart 1982, S. 31–52.

MÖSENEDER, Karl: Zeremoniell und monumentale Poesie. Die „Entrée Solenelle" Ludwigs XIV. 1660 in Paris, Berlin 1983.

MOUSNIER, Roland: La vénalité des offices sous Henri IV. et Louis XIII., Rouen 1945.

MRAZEK, Wilhelm: Ikonologie der barocken Deckenmalerei, Wien 1953. (Sitzungs-berichte der Akademie der österreichischen Wissenschaften, phil. hist. Klasse, 228, 3)

MUIR, Edward: Ritual in early modern Europe, Cambridge 1997. (New Approaches to European History, 11)

MÜLLER, Andreas: Der Regensburger Reichstag von 1653/54. Eine Studie zur Ent-wicklung des Alten Reiches nach dem Westfälischen Frieden, Frankfurt a. M. u. a. 1992. (Europäische Hochschulschriften, III/511)

MÜLLER, Hans-Peter: Kultur, Geschmack und Distinktion. Grundzüge der Kultur-soziologie Pierre Bourdieus, in: Neidhardt, Friedhelm u. a. (Hrsg.): Kultur und Gesellschaft, Opladen 1986 (Kölner Zeitschrift für Soziologie und Sozialpsycho-logie, Beih. 27), S. 162–190.

MÜLLER, Hans-Peter: Sozialstruktur und Lebensstile. Der neuere theoretische Dis-kurs über soziale Ungleichheit, Frankfurt a. M. 1992.

MÜLLER, Klaus: Das kaiserliche Gesandtschaftswesen im Jahrhundert nach dem Westfälischen Frieden (1648–1740), Bonn 1976. (Bonner Historische Forschun-gen, 42)

MÜLLER, Klaus: Diplomatie und Diplomaten im Zeitalter des Prinzen Eugen, in: Kunisch, Johannes (Hrsg.): Prinz Eugen von Savoyen und seine Zeit, Freiburg/ Würzburg 1986, S. 45–56.

MÜLLER, Klaus: Habsburgischer Adel um 1700: Die Familie Lamberg, in: MöStA 32 (1979), S. 78–108.

MÜLLER, Matthias: Der Anachronismus als Modernität. Die Wiener Hofburg als programmatisches Leitbild für den frühneuzeitlichen Residenzbau im Alten Reich, in: Dimitrieva, Marina; Lambrecht, Karen (Hrsg.): Krakau, Prag und Wien. Funktionen von Metropolen im frühmodernen Staat, Stuttgart 2000 (For-schungen zur Geschichte und Kultur des östlichen Europa, 10), S. 313–342.

MÜLLER, Rainer A.: Aristokratisierung des Studiums? Bemerkungen zur Adels-frequenz an süddeutschen Universitäten im 17. Jahrhundert, in: GG 10 (1984), S. 31–46.

MÜLLER, Rainer A.: Der Fürstenhof in der frühen Neuzeit, München 1995. (Enzy-klopädie deutscher Geschichte, 33)

MÜNKLER, Herfried: Im Namen des Staates. Die Begründung der Staatsräson in der frühen Neuzeit, Frankfurt a. M. 1987.

Musica Imperialis. 500 Jahre Hofmusikkapelle in Wien 1498–1998. Ausstellungskatalog, Tutzing 1998.

NEIDHARDT, Friedhelm (Hrsg.): Kultur und Gesellschaft, Opladen 1986. (Kölner Zeitschrift für Soziologie und Sozialpsychologie, Beih. 27)

NICHOLAS, Ralph W.: Factions. A Comparative Analysis, in: Schmidt, Steffen W.; Guasti, Laura; Laudé, Carl H.; Scott, James C. (Hrsg.): Friends, Followers and Factions. A Reader in Political Clientelism, Berkeley/Los Angeles 1977, S. 55–73.

NOEL, Jean-François: Zur Geschichte der Reichsbelehnungen im 18. Jahrhundert, in: MöStA 21 (1968), S. 106–122.

OBERHAMMER, Evelin (Hrsg.): „Der ganzen Welt ein Lob und Spiegel". Das Fürstenhaus Liechtenstein in der frühen Neuzeit, Wien/München 1990.

OTRUBA, Gustav: Das österreichische Wirtschaftssystem im Zeitalter des Prinzen Eugen, in: Kunisch, Johannes (Hrsg.): Prinz Eugen von Savoyen und seine Zeit, Freiburg/Würzburg 1986, S. 57–90.

PARAVICINI, Werner (Hrsg.): Alltag bei Hofe. 3. Symposion der Residenzen-Kommission der Akademie der Wissenschaften in Göttingen, Sigmaringen 1995. (Residenzenforschung, 5)

PARAVICINI, Werner: Alltag bei Hofe, in: Paravicini, Werner (Hrsg.): Alltag bei Hofe. 3. Symposion der Residenzen-Kommission der Akademie der Wissenschaften in Göttingen, Sigmaringen 1995 (Residenzenforschung, 5), S. 9–30.

PAULMANN, Johannes: Pomp und Politik. Monarchenbegegnungen in Europa zwischen Ancien Régime und Erstem Weltkrieg, Paderborn 2000.

PEČAR, Andreas: Rezension von Jeroen Duindam: Myths of Power, in: ZHF 27 (2000), S. 309–311.

PEČAR, Andreas: Symbolische Politik. Handlungsspielräume im politischen Umgang mit zeremoniellen Normen: Brandenburg-Preußen und der Kaiserhof im Vergleich (1700–1740), in: Luh, Jürgen (Hrsg.): Preußen, Deutschland und Europa (erscheint voraussichtlich 2003).

PECK, Linda Levy: Court Patronage and Corruption in Early Stuart England, Oxford 1990.

PERGER, Richard: Die Haus- und Grundstückskäufe des Prinzen Eugen in Wien, in: Wiener Geschichtsblätter 41 (1986), S. 41–84.

PFISTER, Ulrich: Politischer Klientelismus in der Frühneuzeitlichen Schweiz, in: Schweizer Zeitschrift für Geschichte 42 (1992), S. 28–68.

PIRCHER, Wolfgang: Verwüstung und Verschwendung. Adliges Bauen nach der zweiten Türkenbelagerung, Wien 1984.

PLODECK, Karin: Hofstruktur und Hofzeremoniell in Brandenburg-Ansbach vom 16. bis zum 18. Jahrhundert. Zur Rolle des Herrschaftskultes im absolutistischen Gesellschaftssystem, Ansbach 1972.

POLLEROSS, Friedrich: Arbor Monarchia. Ein Beitrag zur Kulturgeschichte des Wiener Hofes um 1700, in: Frühneuzeit-Info 8 (1997), S. 7–22.

POLLEROSS, Friedrich: Auftraggeber und Funktionen barocker Kunst in Österreich, in: Lorenz, Hellmut (Hrsg.): Geschichte der bildenden Kunst in Österreich, Bd. 4: Barock, München/London/New York 1999, S. 17–50.

POLLEROSS, Friedrich: „Dem Adl und fürstlichen Standt gemes Curiosi". Die Fürsten von Liechtenstein und die barocke Kunst, in: Frühneuzeit-Info 4/2 (1993), S. 174–185.

POLLEROSS, Friedrich: Sonnenkönig und österreichische Sonne. Kunst und Wissenschaft als Fortsetzung des Krieges mit anderen Mitteln, in: Wiener Jahrbuch für Kunstgeschichte 40 (1987), S. 239–256.

POLLEROSS, Friedrich: Utilità, virtù e bellezza – Fürst Johann Adam Andreas von Liechtenstein und sein Wiener Palast in der Rossau, in: Österreichische Zeitschrift für Kunst- und Denkmalpflege 47 (1993), S. 36–52.

POPELKA, Liselotte: Castrum Doloris oder „Trauriger Schauplatz". Untersuchungen zu Entstehung und Wesen ephemerer Architektur, Wien 1994.

PRANGE, Peter: Baukunst „zu ebig Gedechtnus und Namen". Die Bauten der Grafen von Schönborn in den Zeichnungen Salomon Kleiners, in: Frühneuzeit-Info 8 (1997), S. 213–223.

PRANGE, Peter: Salomon Kleiner und die Kunst des Architekturprospekts, Augsburg 1997. (Schwäbische Geschichtsquellen und Forschungen. Schriftenreihe des Historischen Vereins für Schwaben, 17)

PRASCHL-BICHLER, Gabriele: Alltag im Barock, Graz/Wien/Köln 1995.

PRESS, Volker: Absolutismus, Regionalismus und Ständetum im Heiligen Römischen Reich, in: Babel, Rainer; Moeglin, Jean-Marie (Hrsg.): Identité régionale et conscience nationale en France et en Allemagne du moyen âge à l'époque moderne, Sigmaringen 1997 (Beihefte der Francia, 39), S. 89–99.

PRESS, Volker (Hrsg.): Das Alte Reich. Ausgewählte Aufsätze, hrsg. v. Johannes Kunisch, Berlin 1997. (Historische Forschungen, 59)

PRESS, Volker: Das Haus Liechtenstein in der europäischen Geschichte, in: Press, Volker; Willoweit, Dietmar (Hrsg.): Fürstliches Haus und staatliche Ordnung. Geschichtliche Grundlagen und moderne Perspektiven, München/Wien 1987, S. 15–85.

PRESS, Volker: „Denn der Adel bildet die Grundlage und die Säulen des Staates". Adel im Reich 1650–1750, in: Oberhammer, Evelin (Hrsg.): „Der ganzen Welt ein Lob und Spiegel". Das Fürstenhaus Liechtenstein in der frühen Neuzeit, Wien/München 1990, S. 11–32.

PRESS, Volker: Die kaiserliche Stellung im Reich zwischen 1648 und 1740 – Versuch einer Neubewertung, in: Press, Volker (Hrsg.): Das Alte Reich. Ausgewählte Aufsätze, hrsg. v. Johannes Kunisch, Berlin 1997 (Historische Forschungen, 59), S. 189–222.

PRESS, Volker: Formen des Ständewesens in den deutschen Territorialstaaten des 16. und 17. Jahrhunderts, in: Baumgart, Peter (Hrsg.): Ständetum und Staatsbildung in Brandenburg-Preußen, Berlin/New York 1983, S. 280–318.

PRESS, Volker: Josef I. (1705–1711). Kaiserpolitik zwischen Erblanden, Reich und Dynastie, in: Melville, Ralph (Hrsg.): Deutschland und Europa in der Neuzeit. Festschrift für Karl Otmar von Aretin zum 65. Geburtstag, Stuttgart 1988 (Veröffentlichungen des Instituts für Europäische Geschichte Mainz, Abt. Universalgeschichte, 134), S. 277–297.

PRESS, Volker: Patronat und Klientel im Heiligen Römischen Reich, in: Maczak, Antoni (Hrsg.): Klientelsysteme im Europa der Frühen Neuzeit, München 1988 (Historisches Kolleg: Kolloquien, 9), S. 19–46.

PRESS, Volker: The Habsburg Court as a Center of the Emperial Government, in: Journal of Modern History 85 (1986), S. 23–45.

PRESS, Volker; WILLOWEIT, Dietmar (Hrsg.): Fürstliches Haus und staatliche Ordnung. Geschichtliche Grundlagen und moderne Perspektiven, München/Wien 1987.

Prinz Eugen und das barocke Österreich. Ausstellungskatalog, Baden (Wien) 1986.

PROHASKA, Wolfgang: Vienna versus Napoli. Bemerkungen zum Verhältnis neapolitanischer und österreichischer Malerei im 18. Jahrhundert, in: Barock in Neapel. Kunst zur Zeit der österreichischen Vizekönige. Ausstellungskatalog, Neapel 1993, S. 77–92.

RAGOTZKY, Hedda; WENZEL, Horst (Hrsg.): Höfische Repräsentation. Das Zeremoniell und die Zeichen, Tübingen 1990.

RAHN, Thomas: Psychologie des Zeremoniells. Affekttheorie und -pragmatik in der Zeremonialwissenschaft des 18. Jahrhunderts, in: Berns, Jörg Jochen; Rahn, Thomas (Hrsg.): Zeremoniell als höfische Ästhetik in Spätmittelalter und früher Neuzeit, Tübingen 1995 (Frühe Neuzeit, 25), S. 74–98.

RAUSCH, Wilhelm (Hrsg.): Städtische Kultur in der Barockzeit, Linz 1982. (Beiträge zur Geschichte der Städte Mitteleuropas, 6)

RECKWITZ, Andreas: Die Transformation der Kulturtheorien. Zur Entwicklung eines Theorieprogramms, Weilerswist 2000.

RECKWITZ, Andreas: Struktur. Zur sozialwissenschaftlichen Analyse von Regeln und Regelmäßigkeiten, Opladen 1997.

REDLICH, Oswald: Das Tagebuch E. Pufendorfs, in: MIÖG 37 (1917), S. 541–597.

REDLICH, Oswald: Das Werden einer Großmacht. Österreich von 1700 bis 1740, 4. Aufl., Wien 1962.

REDLICH, Oswald: Die Tagebücher Kaiser Karls VI., in: Gesamtdeutsche Vergangenheit. Festausgabe für Heinrich Ritter von Srbik, München 1938, S. 132–165.

REICHARDT, Rolf: Der Honnête Homme zwischen höfischer und bürgerlicher Gesellschaft. Seriell-begriffsgeschichtliche Untersuchungen von Honnêteté-Traktaten des 17. und 18. Jahrhunderts, in: Archiv für Kulturgeschichte 69 (1987), S. 341–370.

REINALTER, Helmut: Politische Strukturen des Absolutismus, in: Stolwitzer, Gertrude (Hrsg.): Autriche – le baroque autrichien au XVIIᵉ siécle, Rennes 1989, S. 19–22.

REINHARD, Wolfgang: Freunde und Kreaturen. „Verflechtung" als Konzept zur Erforschung historischer Führungsgruppen, München 1979.

REINHARD, Wolfgang: Geschichte der Staatsgewalt. Eine vergleichende Verfassungsgeschichte Europas von den Anfängen bis zur Gegenwart, München 1999.

REINHARD, Wolfgang: Oligarchische Verflechtung und Konfession in oberdeutschen Städten, in: Maczak, Antoni (Hrsg.): Klientelsysteme in Europa der Frühen Neuzeit, München 1988 (Historisches Kolleg: Kolloquien, 9), S. 47–62.

REINHARD, Wolfgang (Hrsg.): Power Elites and State Building, Oxford 1996. (The Origins of the Modern State in Europe)

REITTER, Hans: Der spanische Rat und seine Beziehungen zur Lombardei 1713–1720, Wien Diss. 1964.

RICHTER, Karl: Die böhmischen Länder von 1471–1740, in: Bosl, Karl (Hrsg.): Handbuch der Geschichte der böhmischen Länder, Bd. 2: Die böhmischen Länder von der Hochblüte der Ständeherrschaft bis zum Erwachen eines modernen Nationalbewußtseins, Stuttgart 1974, S. 99–412.

RILL, Bernd: Karl VI. Habsburg als barocke Großmacht, Graz/Wien/Köln 1992.

RIZZI, Wilhelm Georg: Ergänzungen zur Baugeschichte des Stadtpalais Liechtenstein in Wien, Bankgasse, in: Österreichische Zeitschrift für Kunst- und Denkmalpflege 31 (1977), S. 57–63.

RIZZI, Wilhelm Georg: Prinz Eugen als Bauherr, in: Zöllner, Erich; Gutkas, Karl (Hrsg.): Österreich und die Osmanen – Prinz Eugen und seine Zeit, Wien 1988 (Schriften des Instituts für Österreichkunde, 51/52), S. 230–238.

ROECK, Bernd: Kunstpatronage in der Frühen Neuzeit, in: Roeck, Bernd (Hrsg.): Kunstpatronage in der Frühen Neuzeit. Studien zu Kunstmarkt, Künstlern und ihren Auftraggebern in Italien und im Heiligen Römischen Reich (15.–17. Jahrhundert), Göttingen 1999, S. 11–34.

ROECK, Bernd (Hrsg.): Kunstpatronage in der Frühen Neuzeit. Studien zu Kunstmarkt, Künstlern und ihren Auftraggebern in Italien und im Heiligen Römischen Reich (15.–17. Jahrhundert), Göttingen 1999.

SALVADORI, Philippe: La chasse sous l'Ancien Régime, Paris 1996.

SAPPER, Christian: Die Zahlamtsbücher im Hofkammerarchiv 1542–1825, in: MöStA 35 (1982), S. 404–455.

SCHEFFERS, Henning: Höfische Konvention und Aufklärung. Wandlungen des Honnête-Homme-Ideals im 17. und 18. Jahrhundert, Bonn 1980.

SCHINDLING, Anton: Leopold I. (1658–1705), in: Schindling, Anton; Ziegler, Walter (Hrsg.): Die Kaiser der Neuzeit 1519–1918. Heiliges Römisches Reich, Österreich, Deutschland, München 1990, S. 169–185.

SCHINDLING, Anton; ZIEGLER, Walter (Hrsg.): Die Kaiser der Neuzeit 1519–1918. Heiliges Römisches Reich, Österreich, Deutschland, München 1990.

SCHLIP, Harry: Die neuen Fürsten. Zur Erhebung in den Reichsfürstenstand und zur Aufnahme in den Reichsfürstenrat im 17. und 18. Jahrhundert, in: Press, Volker; Willoweit, Dietmar (Hrsg.): Fürstliches Haus und staatliche Ordnung. Geschichtliche Grundlagen und moderne Perspektiven, München/Wien 1987, S. 251–292.

SCHLÖSS, Erich: Die Favorita auf der Wieden um 1700, in: Wiener Geschichtsblätter 46 (1991), S. 162–170.

SCHLÖSS, Erich: Hofburg und Favorita in Praemers Architekturwerk. Überlegungen zur Planverfassung der Fassaden, in: Wiener Geschichtsblätter 46 (1991), S. 179–183.

SCHLÖSS, Erich: Über die Begegnungen des Zaren Peter I. mit Kaiser Leopold I., in: Wiener Geschichtsblätter 49 (1994), S. 149–162.

SCHLUMBOHM, Jürgen: Gesetze, die nicht durchgesetzt werden – ein Strukturmerkmal des frühneuzeitlichen Staates?, in: GG 23 (1997), S. 647–663.

SCHMIDT, Justus: Die Architekturbücher der Fischer von Erlach, in: Wiener Jahrbuch für Kunstgeschichte 9 (1934), S. 147–156.

SCHMIDT, Hans: Joseph I. (1705–1711), in: Schindling, Anton; Ziegler, Walter (Hrsg.): Die Kaiser der Neuzeit 1519–1918. Heiliges Römisches Reich, Österreich, Deutschland, München 1990, S. 186–198.

SCHMIDT, Hans: Karl VI. (1711–1740), in: Schindling, Anton; Ziegler, Walter (Hrsg.): Die Kaiser der Neuzeit 1519–1918. Heiliges Römisches Reich, Österreich, Deutschland, München 1990, S. 200–214.

SCHMIDT, Steffen W.; GUASTI, Laura; LAUDÉ, Carl H.; SCOTT, James C. (Hrsg.): Friends, Followers and Factions. A Reader in Political Clientelism, Berkeley/Los Angeles 1977.

SCHNABEL, Werner Wilhelm: Österreichische Exulanten in oberdeutschen Reichsstädten. Zur Emigration von Führungsschichten im 17. Jahrhundert, München 1992. (Schriftenreihe zur bayerischen Landesgeschichte, 101)

SCHNITZER, Claudia: Höfische Maskeraden. Funktion und Ausstattung von Verkleidungsdivertissements an deutschen Höfen der Frühen Neuzeit, Tübingen 1999. (Frühe Neuzeit, 53)

SCHOPF, Dagmar: Die im Zeitraum von 1620–1740 erfolgten Neuaufnahmen in den NÖ. Herrenstand, Wien Diss. 1966.

SCHRAMM, Percy Ernst: Herrschaftszeichen und Staatssymbolik. Beiträge zu ihrer Geschichte vom dritten bis zum sechzehnten Jahrhundert, 3 Bde., Stuttgart 1954. (Schriften der Monumenta Germaniae Historica, 13)

SCHRAMM, Percy Ernst: Kaiser Friedrichs II. Herrschaftszeichen, Göttingen 1955. (Abhandlungen der Akademie der Wissenschaften in Göttingen. Philologisch-Historische Klasse, 3. Folge, 36)

SCHRÖCKER, Alfred: Besitz und Politik des Hauses Schönborn vom 14. bis zum 18. Jahrhundert, in: MÖStA 26 (1973), S. 212–234.

SCHRÖCKER, Alfred: Die Patronage des Lothar Franz von Schönborn (1655–1729). Sozialgeschichtliche Studie zum Beziehungsnetz in der Germania Sacra, Wiesbaden 1981.

SCHRÖCKER, Alfred: Ein Schönborn im Reich. Studien zur Reichspolitik des Fürstbischofs Lothar Franz von Schönborn (1655–1729), Wiesbaden 1978.

SCHRÖCKER, Alfred: Zur Religionspolitik Kurfürst Lothar Franz von Schönborn. Ein Beitrag zum Verhältnis zwischen Adel und Kirche, in: Archiv für hessische Geschichte und Altertumskunde N.F. 36 (1978), S. 189–299.

SCHUDT, Ludwig: Italienreisen im 17. und 18. Jahrhundert, in: Römische Forschungen der Bibliotheca Hertziana 15 (1959), S. 155 ff.

SCHULZE, Winfried: Hausgesetzgebung und Verstaatlichung im Hause Österreich vom Tode Maximilians I. bis zur Pragmatischen Sanktion, in: Kunisch, Johannes (Hrsg.): Der dynastische Fürstenstaat. Zur Bedeutung von Sukzessionsordnungen für die Entstehung des frühmodernen Staates, Berlin 1982 (Historische Forschungen, 21), S. 253–271.

SCHÜMER, Dirk· Der Höfling. Eine semiotische Existenz, in: Journal Geschichte 1 (1990), S. 15–23.

SCHÜTTE, Ulrich: Das Fürstenschloß als „Pracht-Gebäude", in: Die Künste und das Schloß in der frühen Neuzeit, München 1998 (Rudolstädter Forschungen zur Residenzkultur, 1), S. 15–29.

SCHÜTTE, Ulrich: Höfisches Zeremoniell und sakraler Kult in der Architektur des 17. und 18. Jahrhunderts. Ansätze zu einem strukturellen Vergleich, in: Berns, Jörg Jochen; Rahn, Thomas (Hrsg.): Zeremoniell als höfische Ästhetik in Spätmittelalter und früher Neuzeit, Tübingen 1995 (Frühe Neuzeit, 25), S. 410–431.

SCHWARZ, Henry Frederick: The imperial privy council in the seventeenth century. With a supplement: The social structure of the imperial privy council 1600–1674 [1943], ND Westport 1972.

SCHWARZ, Johann: Die kaiserliche Sommerresidenz Favorita auf der Wieden in Wien (1615–1746), Wien/Prag 1898.

SCHWERHOFF, Gerd: Zivilisationsprozeß und Geschichtswissenschaft. Norbert Elias' Forschungsparadigma in historischer Sicht, in: HZ 266 (1998), S. 561–605.

SCOTT, H. M.; STORRS, Christopher (Hrsg.): The European Nobilities in the 17th and 18th Centuries, 2 Bde., London/New York 1995/97.

SEDLMAYR, Hans: Johann Bernhard Fischer von Erlach [1956], Stuttgart 1997.

SEIFERT, Herbert: Der Sieg-prangende Hochzeit-Gott. Hochzeitsfeste am Wiener Hof der Habsburger und ihre Allegorik 1622–1699, Wien 1988. (dramma per musica, 2)

SEIFERT, Herbert: Die Oper am Wiener Kaiserhof im 17. Jahrhundert, Tutzing 1985.

SELLIN, Volker: Politik, in: Brunner, Otto; Conze, Werner; Koselleck, Reinhart (Hrsg.): Geschichtliche Grundbegriffe. Historisches Lexikon zur politisch-sozialen Sprache in Deutschland, 8 Bde., Stuttgart 1972/97, Bd. 4, S. 789–874.

SIENELL, Stefan: Die Geheime Konferenz unter Leopold I. Personelle Strukturen und Methoden zur politischen Entscheidungsfindung am Wiener Hof, Wien 1999.

SOEFFNER, Hans-Georg (Hrsg.): Die Ordnung der Rituale. Die Auslegung des Alltags, Bd. 2, Frankfurt a. M. 1992.

SOLF, Sabine: Festdekoration und Groteske. Der Wiener Bühnenbildner Lodovico Ottavio Burnacini. Inszenierung barocker Kunstvorstellung, Baden-Baden 1975.

SOLNON, Jean-François: La cour de France, Paris 1987.

SOMBART, Werner: Liebe, Luxus und Kapitalismus. Über die Entstehung der modernen Welt aus dem Geist der Verschwendung [1922], Berlin 1983.

SOMMER-MATHIS, Andrea: Theatrum und Ceremoniale. Rang- und Sitzordnungen bei theatralischen Veranstaltungen am Wiener Kaiserhof im 17. und 18. Jahrhundert, in: Berns, Jörg Jochen; Rahn, Thomas (Hrsg.): Zeremoniell als höfische Ästhetik in Spätmittelalter und früher Neuzeit, Tübingen 1995 (Frühe Neuzeit, 25), S. 511–533.

SPIELMAN, John P.: Leopold I. Zur Macht nicht geboren, Graz/Wien/Köln 1981.

SPIELMAN, John P.: Status as Commodity. The Habsburg Economy of Privilege, in: Ingrao, Charles W. (Hrsg.): State and Society in Early Modern Austria, West Lafayette (Indiana) 1994, S. 110–118.

SRBIK, Heinrich Ritter von: Wien und Versailles 1692–1697. Zur Geschichte von Straßburg, Elsaß und Lothringen, München 1944.

STANNEK, Antje: Telemachs Brüder. Die höfische Bildungsreise des 17. Jahrhunderts, Frankfurt a. M./New York 2001. (Geschichte und Geschlechter, 33)

STEFFENS, Wilhelm; ZUHORN, Karl (Hrsg.): Westfälische Lebensbilder, 8 Bde., Münster 1962. (Veröffentlichungen der Historischen Kommission Westfalens)

STEKL, Hannes: „Ein Fürst hat und bedarf viel Ausgaben und also viel Intraden". Die Finanzen des Hauses Liechtenstein im 17. Jahrhundert, in: Oberhammer, Evelin (Hrsg.): „Der ganzen Welt ein Lob und Spiegel". Das Fürstenhaus Liechtenstein in der frühen Neuzeit, Wien/München 1990, S. 64–85.

STENITZER, Peter: Das Wirken Aloys Thomas R. Graf Harrachs als Vizekönig von Neapel (1728–1733), in: Barock in Neapel. Kunst zur Zeit der österreichischen Vizekönige. Ausstellungskatalog, Neapel 1993, S. 43–55.

STICHWEH, Rudolf: Der frühmoderne Staat und die europäische Universität. Zur Interaktion von Politik und Erziehungssystem im Prozeß ihrer Ausdifferenzierung (16. bis 18. Jahrhundert), Frankfurt a. M. 1991.

STÖCKELE, A.: Taufzeremoniell und politische Patenschaften am Kaiserhof, in: MIÖG 90 (1982), S. 271–337.

STOLLBERG-RILINGER, Barbara: Die Wissenschaft der feinen Unterschiede. Das Präzedenzrecht und die europäischen Monarchien vom 16. bis zum 18. Jahrhundert, in: Hinrichs, Ernst (Hrsg.): Die europäische Monarchie. Struktur – Funktion – Symbole eines Herrschaftssystems, Manuskript (erscheint voraussichtlich 2003).

STOLLBERG-RILINGER, Barbara: Höfische Öffentlichkeit. Zur zeremoniellen Selbstdarstellung des brandenburgischen Hofes vor dem europäischen Publikum, in: FBPG N.F. 8 (1998), S. 145–176.

STOLLBERG-RILINGER: „Honores regii". Die Königswürde im zeremoniellen Zeichensystem der Frühen Neuzeit, in: Kunisch, Johannes (Hrsg.): Dreihundert Jahre Preußische Königskrönung. Eine Tagungsdokumentation, Berlin 2002 (Forschungen zur Brandenburgischen und Preußischen Geschichte, N. F. 6), S. 1–26.

STOLLBERG-RILINGER, Barbara: Zeremoniell als politisches Verfahren. Rangordnung und Rangstreit als Strukturmerkmale des frühneuzeitlichen Reichstags, in: Kunisch, Johannes (Hrsg.): Neue Studien zur frühneuzeitlichen Reichsgeschichte, Berlin 1997 (Zeitschrift für Historische Forschung, Beih. 19), S. 91–132.

STOLLBERG-RILINGER, Barbara: Zeremoniell, Ritual, Symbol. Neue Forschungen zur symbolischen Kommunikation in Spätmittelalter und Früher Neuzeit, in: ZHF 27 (2000), S. 389–405.

STOLWITZER, Gertrude (Hrsg.): Autriche – le baroque autrichien au XVIIᵉ siècle, Rennes 1989.

STONE, Lawrence: An open elite? England 1540–1880, erw. Aufl., Oxford 1986.

STRAUB, Eberhard: Repraesentatio Maiestatis oder churbayerische Freudenfeste. Die höfischen Feste in der Münchner Residenz vom 16. bis zum Ende des 18. Jahrhunderts, München 1969. (Miscelanea Bavarica Monacensia, 14)

STURMBERGER, Hans: Der absolutistische Staat und die Länder in Österreich, in: Sturmberger, Hans (Hrsg.): Land ob der Enns und Österreich. Aufsätze und Vorträge, Linz 1979, S. 273–310.

STURMBERGER, Hans: Dualistischer Ständestaat und werdender Absolutismus, in: Sturmberger, Hans (Hrsg.): Land ob der Enns und Österreich. Aufsätze und Vorträge, Linz 1979, S. 246–272.

STURMBERGER, Hans: Ferdinand II. und das Problem des Absolutismus, Wien 1957.

STURMBERGER, Hans (Hrsg.): Land ob der Enns und Österreich. Aufsätze und Vorträge, Linz 1979.

SUTTNER, Maria Ingeborg: Laxenburg 1683–1740. Kaiserresidenz – Adelssitz – Bauernhof, Wien Dipl. masch. 1992.

THIRIET, Jean-Michel: Les Italiens au service de Léopold 1er, in: Stolwitzer, Gertrude (Hrsg.): Autriche – le baroque autrichien au XVIIᵉ siècle, Rennes 1989, S. 43–52.

TIETZE, Hans: Wolfgang Wilhelm Praemers Architekturwerk und der Wiener Palastbau des 17. Jahrhunderts, in: Jahrbuch der Kunsthistorischen Sammlungen des Allerhöchsten Kaiserhauses 32 (1915), S. 343–402.

TÖBBICKE, Peter: Höfische Erziehung – Grundsätze und Struktur einer pädagogischen Doktrin des Umgangsverhaltens nach den fürstlichen Erziehungsinstruktionen des 16. bis zum 18. Jahrhundert, Darmstadt Diss. 1983.

TOLLET, Daniel (Hrsg.): L'Europe des diètes au XVIIe siècle. Mélanges offerts à Monsieur le professeur Jean Bérenger, Paris 1996. (Regards sur l'histoire, 112)

TOPKA, Rosina: Der Hofstaat Kaiser Karls VI., Wien 1954.

TURBA, Gustav: Die Grundlagen der Pragmatischen Sanktion, 2 Bde., Leipzig/Wien 1911/12. (Wiener staatswissenschaftliche Studien, 10/2 u. 11/1)

TURBA, Gustav: „Pactum mutuae successionis", in: Archivar 40 (1931), S. 105 ff.

TURBA, Gustav: Reichsgraf Seilern aus Ladenburg am Neckar (1646–1715) als kurpfälzischer und österreichischer Staatsmann. Ein Lebens- und Zeitbild, Heidelberg 1923.

TURNER, Victor: Das Ritual. Struktur und Anti-Struktur, Frankfurt a. M./New York 1989.

ULLMANN-MARGALIT, Edna: The Emergence of Norms, Oxford 1977.

VEBLEN, Thorstein: Theorie der feinen Leute. Eine ökonomische Untersuchung der Institutionen [1899], Frankfurt a. M. 1986.

VEC, Miloš: Hofordnungen. Versuch einer rechtshistorischen Funktionsanalyse. Zu einem Beispiel spätmittelalterlicher Normdurchsetzung, in: Kruse, Holger; Paravicini, Werner (Hrsg.): Höfe und Hofordnungen 1200–1600, Sigmaringen 1999 (Residenzenforschung, 10), S. 43–63.

VEC, Miloš: Zeremonialwissenschaft im Fürstenstaat. Studien zur juristischen und politischen Theorie absolutistischer Herrschaftsrepräsentation, Frankfurt a. M. 1998. (Studien zur europäischen Rechtsgeschichte, 106)

VEHSE, Eduard: Geschichte der deutschen Höfe seit der Reformation, 48 Bde., Hamburg 1851/60.

VERGA, Marcello: Il „Bruderzwist", la Spagna, l'Italia. Dalle lettere del Duca di Moles, in: Cheiron XI/21 (1994), S. 13–53.

VIERHAUS, Rudolf (Hrsg.): Frühe Neuzeit – Frühe Moderne? Forschungen zur Vielschichtigkeit von Übergangsprozessen, Göttingen 1992. (Veröffentlichungen des Max-Planck-Instituts für Geschichte, 104)

VOCELKA, Karl: „Du bist die port und zir alzeit, befestigung der christenheit" – Wien zwischen Grenzfestung und Residenzstadt im späten Mittelalter und in der frühen Neuzeit, in: Engel, Evamaria; Lambrecht, Karen; Nogossek, Hanna (Hrsg.): Metropolen im Wandel. Zentralität in Ostmitteleuropa an der Wende vom Mittelalter zur Neuzeit, Berlin 1995 (Forschungen zur Geschichte und Kultur des östlichen Mitteleuropa), S. 261–275.

VOCELKA, Karl: Habsburg Festivals in the Early Modern Period, in: Friedrich, Karin (Hrsg.): Festive Culture in Germany and Europe from the sixteenth to the twentieth Century, Lewingston 2000, S. 123–135.

VOCELKA, Karl: Habsburgische Hochzeiten 1550–1600. Kulturgeschichtliche Studien zum manieristischen Repräsentationsfest, Wien 1976.

VÖLKEL, MICHAELA: Das Bild vom Schloß. Darstellung und Selbstdarstellung deutscher Höfe in Architekturstichen 1600–1800, München/Berlin 2001. (Kunstwissenschaftliche Studien, 32)

VON DER DUNK, Thomas H.: Das Deutsche Denkmal. Eine Geschichte in Bronze und Stein vom Hochmittelalter bis zum Barock, Köln/Weimar/Wien 1999. (Beiträge zur Geschichtskultur, 18)

WACKERNAGEL, Rudolf: Der Französische Krönungswagen von 1696–1825. Ein Beitrag zur Geschichte des repräsentativen Zeremonienwagens, Berlin 1966. (Neue Münchner Beiträge zur Kunstgeschichte, 7)

WAGNER-RIEGER, Renate: Zur Typologie des Barockschlosses, in: Buck, August (Hrsg.): Europäische Hofkultur im 16. und 17. Jahrhundert, 3 Bde., Hamburg 1981 (Wolfenbüttler Arbeiten zur Barockforschung, 8), S. 57–67.

WALKER, Jonathan: Gambling and Venetian Noblemen 1500–1700, in: Past and Present 162 (1999), S. 28–69.

WALTER, Friedrich: Österreichische Verfassungs- und Verwaltungsgeschichte von 1500 bis 1955, Wien/Köln/Graz 1972. (Veröffentlichungen der Kommission für Neuere Geschichte Österreichs, 59)

WANDRUSZKA, Adam: Zum „Absolutismus" Ferdinands II., in: Beiträge zur Neueren Geschichte. Festschrift für Hans Sturmberger zum 70. Geburtstag, hrsg. v. Oberösterreichischen Landesarchiv, Linz 1984, S. 261–268.

WAQUET, Jean-Claude: De la corruption. Morale et pouvoir à Florence aux XVIe et XVIIIe siècles, Paris 1984.

WEBER, Max: Gesammelte Aufsätze zur Wissenschaftslehre, hrsg. v. Johannes Winckelmann, 7. Aufl., Tübingen 1988.

WEBER, Max: Wirtschaft und Gesellschaft. Grundriß der verstehenden Soziologie, Studienausgabe hrsg. v. Johannes Winckelmann, 5. Aufl., Tübingen 1976.

WEBER, Wolfgang: J. B. von Rohrs Ceremoniel-Wissenschafft (1728/29) im Kontext der frühneuzeitlichen Sozialdisziplinierung, in: Berns, Jörg Jochen; Rahn, Thomas (Hrsg.): Zeremoniell als höfische Ästhetik in Spätmittelalter und früher Neuzeit, Tübingen 1995 (Frühe Neuzeit, 25), S. 1–20.

WEBER, Wolfgang: Honor, fama, gloria. Wahrnehmungen und Funktionszuschreibungen der Ehre in der Herrschaftslehre des 17. Jahrhunderts, in: Backmann, Sibylle (Hrsg.): Ehrkonzepte in der Frühen Neuzeit. Identitäten und Abgrenzungen, Berlin 1998, S. 70–98.

WEBER, Wolfgang: Prudentia gubernatoria. Studien zur Herrschaftslehre in der deutschen politischen Wissenschaft des 17. Jahrhunderts, Tübingen 1992. (Studia Augustana, 4.)

WEHLER, Hans-Ulrich (Hrsg.): Europäischer Adel 1750–1850, Göttingen 1990. (Geschichte und Gesellschaft, Sonderh. 13)

WEIGLE, Fritz: Deutsche Studenten in Pisa, in: Quellen und Forschungen aus italienischen Archiven und Bibliotheken 39 (1959), S. 173–221.

WEIGLE, Fritz: Die Matrikel der deutschen Nation in Perugia (1579–1727), Tübingen 1956. (Bibliothek des Deutschen Historischen Instituts in Rom, 21)

WELSKOPP, Thomas: Der Mensch und die Verhältnisse. „Handeln" und „Struktur" bei Max Weber und Anthony Giddens, in: Mergel, Thomas; Welskopp, Thomas (Hrsg.): Geschichte zwischen Kultur und Gesellschaft. Beiträge zur Theoriedebatte, München 1997, S. 39–70.

WIDDER, Ellen: Alltag und Fest am welfischen Fürstenhof im 15. und 16. Jahrhundert, in: Niedersächsisches Jahrbuch für Landesgeschichte 72 (2000), S. 11–43.

WILHELM, Gustav: Die Fürsten von Liechtenstein und ihre Beziehung zu Kunst und Wissenschaft, in: Jahrbuch der Liechtensteinischen Kunstgesellschaft 1 (1976), S. 11–179.

WILKE, Helmut: Funktionen und Konstitutionsbedingungen des normativen Systems der Gruppe, in: Kölner Zeitschrift für Soziologie und Sozialpsychologie 28 (1976), S. 426–450.

WINKELBAUER, Thomas: Der Adel in Ober- und Niederösterreich in der Frühen Neuzeit. Versuch eines Literaturüberblicks (seit etwa 1950), in: Verbindendes und Trennendes an der Grenze, Česke Budejovice 1992 (opera historica, 2), S. 13–33.

WINKELBAUER, Thomas: Fürst und Fürstendiener. Gundaker von Liechtenstein, ein österreichischer Aristokrat des konfessionellen Zeitalters, München 1999. (Mitteilungen des Instituts für Österreichische Geschichtsforschung, Beih. 34)

WINKELBAUER, Thomas: Herren und Holden. Die niederösterreichischen Adeligen und ihre Untertanen im 16. und 17. Jahrhundert, in: Adel im Wandel. Politik – Kultur – Konfession 1500–1700. Katalog der niederösterreichischen Landesausstellung auf der Rosenburg 1990, Wien 1990, S. 73–79.

WINKELBAUER, Thomas: Robot und Steuer. Die Untertanen der Waldviertler Grundherrschaften Gföhl und Altpölla zwischen feudaler Herrschaft und absolutistischem Staat (vom 16. Jahrhundert bis zum Vormärz), Wien 1986. (Forschungen zur Landeskunde von Niederösterreich, 25)

WINTERLING, Aloys (Hrsg.): Antike Höfe im Vergleich, München 1997. (Historische Zeitschrift, Beih. 23)

WINTERLING, Aloys: Der Hof der Kurfürsten zu Köln 1688–1794. Eine Fallstudie zur Bedeutung absolutistischer Hofhaltung, Bonn 1986. (Veröffentlichungen des Historischen Vereins für den Niederrhein, 15)

WINTERLING, Aloys: Die frühneuzeitlichen Höfe in Deutschland. Zur Lage der Forschung, in: Internationales Archiv für Sozialgeschichte der deutschen Literatur 21 (1996), S. 181–189.

WINTERLING, Aloys: „Hof". Versuch einer idealtypischen Bestimmung anhand der mittelalterlichen und frühneuzeitlichen Geschichte, in: Winterling, Aloys (Hrsg.): Antike Höfe im Vergleich, München 1997 (Historische Zeitschrift, Beih. 23), S. 11–25.

WOLF, Adam: Fürst Wenzel Lobkowitz, erster geheimer Rath Kaiser Leopold's I. (1609–1677). Sein Leben und Wirken, Wien 1869.

WUNDER, Bernd: Hof und Verwaltung im 17. Jahrhundert, in: Buck, August (Hrsg.): Europäische Hofkultur im 16. und 17. Jahrhundert, 3 Bde., Hamburg 1981 (Wolfenbüttler Arbeiten zur Barockforschung, 8), S. 199–204.

WURZBACH, Constant von (Hrsg.): Biographisches Lexikon des Kaiserthums Österreich, enthaltend die Lebensskizzen der denkwürdigen Personen, welche 1750 bis 1850 im Kaiserstaate und in seinen Kronländern gelebt haben, 60 Bde., Wien 1856/91.

ZEDINGER, Renate: Die Verwaltung der Österreichischen Niederlande in Wien 1714–1795. Studien zu den Zentralisierungstendenzen des Wiener Hofes im Staatswerdungsprozeß der Habsburgermonarchie, Wien/Köln/Weimar 2000. (Schriftenreihe der österreichischen Gesellschaft zur Erforschung des 18. Jahrhunderts, 7)

ZEHNDER, Frank Günther (Hrsg.): Im Wechselspiel der Kräfte. Politische Entwicklungen des 17. und 18. Jahrhunderts in Kurköln, Köln 1999. (Der Riß im Himmel, 2)

ZOLGER, Ivan Ritter von: Der Hofstaat des Hauses Österreich, Wien/Leipzig 1917. (Wiener Staatswissenschaftliche Studien, 14)

ZÖLLNER, Erich: Das barocke Wien in der Sicht französischer Zeitgenossen, in: Zöllner, Erich (Hrsg.): Probleme und Aufgaben der österreichischen Geschichtsforschung. Ausgewählte Aufsätze, hrsg. v. Heide Dienst und Gernot Heiss, München 1984, S. 383–394.

ZÖLLNER, Erich (Hrsg.): Diplomatie und Außenpolitik Österreichs. 11 Beiträge zu ihrer Geschichte, Wien 1977. (Schriften des Instituts für Österreichkunde, 30)

ZÖLLNER, Erich (Hrsg.): Probleme und Aufgaben der österreichischen Geschichtsforschung. Ausgewählte Aufsätze, hrsg. v. Heide Dienst und Gernot Heiss, München 1984.

ZÖLLNER, Erich; GUTKAS, Karl (Hrsg.): Österreich und die Osmanen – Prinz Eugen und seine Zeit, Wien 1988. (Schriften des Instituts für Österreichkunde, 51/52)

Register

Personen

Abensberg-Traun, Grafen von 274
– Ernst Graf 370
– Otto Ehrenreich Graf 177, 370
– Otto Ferdinand Graf 51
Aga, Omer, türkischer Gesandter 215 f.
Alcaudete, Anton Diego Graf 179
Ali Bassa, Tschanibei, türkischer Gesandter 216 f.
Althann, Grafen von 114, 285, 370
– Gundaker Graf 56, 179
– Johann Michael Graf 48, 56, 62, 65–69, 76 f., 81 f., 89, 99, 117, 120 f., 123, 176 f., 182, 318 f., 331, 373
– Marianne (geb. Pignatelli) Gräfin 122
– Michael Ferdinand Graf 49
– Michael Friedrich Graf 121, 315, 332
– Michael Johann Graf 179
Anguissola, Leander, Kartograph 371
Aremberg, Leopold Herzog 177
Aretin, Karl Otmar Freiherr von, Historiker 72, 74, 326
Asch, Ronald G., Historiker 95, 328
Auersperg, Fürsten von 114, 232
– Anna Franziska Gräfin 321
– Heinrich Fürst 56, 179, 182, 203
– Leopold Graf 47
Avelino, Marinus Franciscus Maria Caraccioli Fürst 177

Baden-Baden, Markgrafen von
– Ludwig Georg, Markgraf 40
Baldissero, San Martino, savoyischer Gesandter 66, 82, 318
Bartenstein, Johann Christoph Freiherr 63 f., 275
Batthyány, Grafen von 285

Bauer, Volker, Germanist 342
Bayern, Kurfürsten von
– Ferdinand Maria Herzog 40, 166 f., 344
– Karl Albrecht, später als Karl VII. römischer Kaiser 40, 66, 83, 122, 160, 166, 205
– Max Emanuel Kurfürst 66, 83, 122 f.
– Maria Amalia, s. Österreich
Bérenger, Jean, Historiker 14
Berns, Jörg Jochen, Germanist 143
Borghese, Marcantonio, Principe di Sulmona 51
Bourdieu, Pierre, Soziologe 5, 17, 20, 126, 253
Brandenburg, Kurfürsten von, s. Preußen
Braunschweig-Lüneburg, Herzöge von
– Maximilian Herzog 40, 178
Breuner, Grafen von
– Gräfin 122
– Philipp Graf 42
Bucellini, Julius Friedrich Graf 84
Burgund, Herzöge von
– Karl, gen. der Kühne, Herzog 190
– Philipp, gen. der Gute, Herzog 190

Caraffa, Tiberius Graf 83
Cardenas, Alfons Fürst 178
Cardona, Fra Antonio Folch, Graf/Fürst 65 f., 68 f., 76, 86, 89, 178, 202
Caretto, Otto Heinrich, Marchese di Grana 49
Castellvi di Cervellon, Johann Basilius Graf 179
Castiglione, Baldassare 143, 336

Cernin, Grafen von 106
Choiseul, François Joseph, Marquis de
  Steinille 48
Cienfuegos, Alvarez Kardinal 49
Cifuentes, Ferdinand de Sylva Graf
  82 f., 177
Clary, Graf 98
Cobenzl, Grafen von
– Johann Karl Graf 45, 100
– Johann Kaspar Freiherr/Graf 56, 81,
  100, 116, 118, 178, 182, 203
Colloredo, Grafen von 114
– Hieronymus Graf 56, 330
– Johann Baptist Graf 56, 81, 106
– Rudolf Joseph Graf 123
Colonna, Fabricio, Duca di Pagliano 49
Corneille, Pierre, französischer Dichter
  271

Daniel, Ute, Historikerin 364
Daun, Grafen von 285
– Leopold Wirich Graf 51, 100, 325,
  369
David 259
Delsenbach, Johann Adam 175, 291
Dietrichstein, Grafen/Fürsten von 11,
  114, 232, 273, 285
– Dimas Joseph Graf 308
– Ferdinand Fürst 243, 285
– Franz Joseph Graf 100, 308 f.
– Gundaker Graf 98, 102–104, 305,
  309, 313, 316
– Johann Franz Gottfried Graf 57,
  107, 117, 179
– Philipp Sigmund Graf 56, 58, 62,
  176 f., 189, 283, 317
– Walter Xaver Fürst 178
Donado, Francesco, venezianischer Ge-
  sandter 319
Duindam, Jeroen, Historiker 3, 71, 320,
  352 f.

Ehalt, Hubert Christian, Historiker 3,
  108
Elias, Norbert, Soziologe 1–3, 71, 143,
  157

Elton, Geoffrey, Historiker 318
England, Könige von
– Karl I. König 95, 310
Erdödy, Gyrg Graf 315
Errizo, Andreas 215
Esterházy, Grafen von 274
– Franz Graf 134
– Paul Graf 368

Fichtel, Johann Heinrich 96, 100
Fischer von Erlach, Johann Bernhard,
  Baumeister 216, 255, 259–261, 264,
  276, 279, 284 f., 291, 366, 373
Fischer von Erlach, Joseph Emanuel,
  Baumeister 283, 291, 370, 376
Flaig, Egon, Historiker 339
Foscarini, Marco, venezianischer Ge-
  sandter 125, 324
Fouquet, Nicolas 270–272, 369
Franceschini, Marcantonio, italienischer
  Maler 293
Frankreich, Könige von
– Ludwig XIV. König 2 f., 15, 103,
  152 f., 155 f., 255, 265, 270–272, 306,
  320
– Philipp, s. Orléans
Fuhrmann, Mathias 279
Fürstenberg, Fürsten von 232
– Ferdinand Frobenius Fürst 42 f., 107,
  178, 202, 312, 327, 334
– Joseph Fürst 98

Gallas, Grafen von 106
– Johann Wenzel Graf 46 f., 49, 312,
  314, 325
Gestrich, Andreas, Historiker 149
Giddens, Anthony, Soziologe 5
Giudice, Francesco Kardinal 49
Goes, Johann Peter Graf 46, 48
Goffman, Erving 17, 19, 307
Grémonville, Chevalier 240
Grimani, Vincenzo Kardinal 49, 60

Hahn, Peter-Michael, Historiker 375
Hammerstein, Notker, Historiker
  306

Harrach, Grafen von 7, 99, 285, 288,
370
– Aloys Thomas Raimund Graf 49,
51 f., 63, 83, 89, 94, 96, 98 f., 102, 177,
185, 295, 305, 308 f., 313–315, 325, 327,
336, 369, 374, 377
– Ferdinand Bonaventura Graf 49, 84,
244, 284, 328, 373
– Ferdinand Graf 52, 98, 336
– Franz Anton Graf 100 f., 373
– Friedrich August Graf 41, 98 f., 314
– Johann Ernst Graf 49
Haskell, Francis, Kunsthistoriker 373
Hassenpflug-Elzholz, Elia, Historikerin
108, 113
Haugwitz, Friedrich Wilhelm Graf 9
Heraeus, Karl Gustav 260, 262, 365–367
Herberstein, Leopold Graf 117, 178
Herkules 262 f., 294
Hessen-Darmstadt, Landgrafen von
– Ernst Ludwig Landgraf 193
Hildebrandt, Johann Lukas, Baumeister
239, 283, 285, 370, 373
Hirschbiegel, Jan, Historiker 307
Hofmann, Christina, Historikerin
197
Hohberg, Wolf Helmhard Graf 269,
364, 374
Höller, Anton 264 f.
Huldenberg, Daniel Erasmus Baron
225

Ingrao, Charles, Historiker 73

Jörger, Grafen von
– Johann Joseph Graf 47
– Johann Quentin Graf 84

Karl Borromäus, Heiliger 258, 261
Karl, gen. der Große, römischer Kaiser
260
Kaunitz(-Rietberg), Grafen von
– Dominik Andreas Graf 47, 78, 84,
276, 282 f., 287 f., 328
– Franz Karl Graf 49
– Maximilian Ulrich Graf 94, 315, 327

– Wenzel Anton Graf/Fürst 45, 109,
311
Keyssler, Johann Georg 181, 272
Khevenhüller, Grafen von
– Johann Joseph Graf 45, 100
– Siegmund Friedrich Graf 30, 117,
173, 178
Kinsky, Grafen von 114
– Franz Ferdinand Graf 57, 178
330
– Franz Ulrich Graf 244
– Philipp Graf 29, 41, 47
– Stephan Wilhelm Graf 48
– Wenzel Norbert Oktavian Graf 59,
84, 106
Kistler, Franz Joseph, bayerischer Ge-
sandter 120, 314
Kleiner, Salomon, Kupferstecher 284,
291 f.
Klueting, Harm, Historiker 74
Kolowrat, Grafen von 114
– Karl Joseph Graf 29
– Norbert Graf 177
– Wilhelm Albert Krakowsky Graf 57,
330
Königsegg(-Rothenfels), Grafen von
39
– Josef Lothar Graf 48 f., 63, 179, 213
– Sigismund Wilhelm Graf 47, 106
Konter, Erich, Historiker 156 f.
Kovacs, Elisabeth, Historikerin 147
Kruedener, Jürgen Freiherr von, Histo-
riker 205
Küchelbecker, Johann Basilius 1, 32,
127, 159, 171–173, 256, 259, 272, 279,
288, 314

Lamberg, Grafen von 39, 114
– Johann Philipp Graf 24
– Karl Adam Graf 334
– Karl Joseph Graf 375
– Leopold Joseph Graf 46, 49, 334
– Leopold Mathias Graf 75 f., 84,
101
Le Brun, Charles, französischer Maler
271

Le Nôtre, André, französischer Gartenarchitekt 270
Le Plats, Raymond, Kupferstecher 351
Le Vau, Louis, französischer Baumeister 270
Liechtenstein, Fürsten von 7, 11, 24,
106, 109, 112, 114, 131, 231 f., 273, 276,
282–285, 288, 291, 294, 374
– Anton Florian Fürst 23, 48, 56, 58,
61 f., 65, 81, 84, 112, 117–119, 128 f.,
131, 133 f., 167, 176 f., 182, 203, 232,
240–242, 244, 267, 313, 330, 334, 375
– Gundaker Fürst 361
– Hartmann Fürst 109, 128 f., 134
– Johann Adam Andreas Fürst 23 f.,
104, 109, 266, 273, 276, 278, 282 f., 285,
288–290, 293 f., 308, 370
– Joseph Wenzel Fürst 46, 48, 129,
133 f., 185, 313, 334 f.
– Karl Eusebius Fürst 23 f., 109, 126,
128, 134, 136, 266–269, 273, 290, 308,
367 f., 371–373
– Maximilian Fürst 134, 373
– Philipp Erasmus Fürst 134
Limburg-Gaildorf, Juliana Dorothea
Luise Gräfin 321
Lobkowitz, Fürsten von 232, 273
– Philipp Fürst 178
– Wenzel Eusebius Fürst 60, 202, 273,
369
– Wenzel Ferdinand Graf 46, 48 f.
– Wenzel Fürst 240
Loen, Johann Michael 273
Lorenz, Hellmut, Kunsthistoriker
255 f., 266, 293 f., 373
Lothringen, Herzöge von
– Franz Stephan, später als Franz I.
römischer Kaiser 27, 41, 118, 172,
178, 193, 235, 237, 309, 341
– Karl Prinz 346
– Léopold Clément, Erbprinz 41
Löwenstein-Wertheim, Maximilian
Karl Fürst 89, 101
Lubomierski, Theodor Fürst 179
Luc, Charles François Vintimille Her-
zog 212, 319

Luhmann, Niklas, Soziologe 307
Lünig, Johann Christian 146 f., 149, 151,
162, 200, 210, 221, 340, 357

Mansfeld, Grafen von 285
– Heinrich Franz Graf, Fürst von Fondi
48 f., 59, 75 f., 84, 288
Marinoni, Jacob, Kartograph 371
Martinelli, Domenico, italienischer
Baumeister 276, 283 f., 370, 373
Martinitz, Grafen von 113 f.
– Adolf Bernhard Graf 56, 104, 178,
182
– Franz Michael Graf 346
– Georg Adam Graf 47 f., 59, 84
– Maximilian Guido Graf 178
Matsche, Franz, Kunsthistoriker 254,
257, 365
Mazarin, Jules 271
Mecenseffy, Grete, Historikerin 326
Metsch, Johann Adolf Graf 55 f., 73,
100
Modena, Herzöge von
– Franz Maria d'Éste Herzog 41
– Rinaldo d'Éste Herzog 75, 88 f.
Moles, Francisco Herzog 84
Molière, Jean-Baptiste Poquelin, fran-
zösischer Dichter 271
Mollart, Ferdinand Ernst Graf 84
Montagu, Mary Pierrepont Lady 280,
290, 341, 360
Montecuccoli, Raimund Fürst 244
Monte-Santo, Joseph de Norona Graf
178, 202
Mörmann, Franz Hannibal Graf 67, 83,
86, 213, 222, 224–226, 241
Moser, Friedrich Carl von 27 f.
Mousnier, Roland, Historiker 105,
328
Müller, Klaus, Historiker 46, 51, 87

Nimptsch, Johann Friedrich Graf 65,
319
Nostitz, Grafen von
– Anton Christoph Karl Graf 100
– Franz Wenzel Graf 100

Österreich, Erzherzöge
- Eleonore Magdalena, Kaiserin 59, 62, 171, 349–351, 359
- Elisabeth Christina, Kaiserin 58, 171, 173, 189, 351, 363, 367
- Ferdinand I., römischer Kaiser 26, 197, 198, 324f., 352
- Ferdinand II., römischer Kaiser 10f., 13, 28, 214
- Ferdinand III., römischer Kaiser 10, 28, 163, 191, 198–200, 204, 220
- Friedrich III., römischer Kaiser 349
- Joseph I., römischer Kaiser 7, 9, 24, 27f., 32–36, 58–61, 63, 66, 73–76, 79f., 84f., 88, 90, 101, 104f., 124, 163, 202, 204, 212, 228, 239, 241f., 245, 257, 286, 308, 317, 350
- Joseph II., römischer Kaiser 123
- Karl V., römischer Kaiser 210, 212, 214, 244, 262f., 366f.
- Leopold I., römischer Kaiser 7, 9f., 13, 24, 27f., 30, 32f., 37–39, 59–62, 80, 84, 128, 139, 159, 163, 168, 181, 204, 206, 221, 223, 227f., 231, 234f., 239f., 250, 256–258, 264f., 272, 286, 311, 320, 326, 343, 345, 349f., 367, 369
- Leopold, verstorbener Erbprinz 189f., 349
- Maria Amalia, Erzherzogin u. Kurfürstin von Bayern 83, 98, 160, 171, 205
- Maria Anna, Erzherzogin u. Königin von Portugal 171, 346
- Maria Elisabeth, Erzherzogin 171
- Maria Josepha, Erzherzogin u. Kurfürstin von Sachsen 160, 171, 185, 187, 202, 206, 226
- Maria Magdalena, Erzherzogin 171
- Maria Magdalena Theresia, Kaiserin 171
- Maria Theresia, Kaiserin 6–9, 13, 27, 45, 102, 113, 118, 193, 200, 235, 237, 304, 309, 327, 346
- Maximilian I., römischer Kaiser 241, 261, 352
- Rudolf II., römischer Kaiser 10

- Wilhelmine Amalie, Kaiserin 75, 88, 100, 171, 241, 351, 363
Orléans, Herzöge von
- Philipp II. Herzog 193
Oropesa, Vincent Pierre de Toledo Graf 177
Orsini-Rosenberg, Franz Graf 30
Ostein, Heinrich Karl Graf 100
Öttingen-Wallerstein, Wolfgang Graf 84, 310

Paar, Grafen von
- Carl Joseph Graf 177
- Joseph Ignatz Graf 178
Palffy, Nicolas Graf 177
Palm, Johann David Freiherr 75
Palm, Karl Joseph Freiherr 47
Passionei, Dominicus 202f.
Pentenrieder von Adelshausen, Johann Christoph Freiherr 48
Perlas, Francesco de Vilana, Marqués de Rialp 86, 90
Perlas, Ramón de Vilana, Marqués de Rialp 65, 68, 76f., 86, 89–91, 319
Pesora, Johann Marchese 179
Pfalz-Neuburg, Grafen
- Franz Ludwig, Kurfürst von Mainz 223–225
Pfalz-Sulzbach, Grafen
- Joseph Karl Erbprinz 40
Piccolomini, Fürsten von 232
Pickl von Witkenberg, Wilhelm, Historiker 33
Pignatelli, Grafen/Fürsten von 121
- Antonio Principe di Belmonte 83, 324, 332
- Diego Herzog di Monte Leone 179
- Ferdinand Fürst 179
Plettenberg, Ferdinand Graf 44, 179
Polleroß, Friedrich, Kunsthistoriker 278, 294
Pöllnitz, Karl Ludwig Wilhelm Freiherr 30
Portia, Fürsten von 232
- Fürst, bayerischer Gesandter 122
- Johann Ferdinand Fürst 60

Portugal, Könige von
- Carlos Prinz 193
- Emanuel Prinz/König 40f., 178, 226
- Johann V. König 171
- Maria Anna, s. Österreich
Pozzo, Andrea, italienischer Maler 283, 293
Prämer, Wolfgang Wilhelm, Kupferstecher 291, 370, 376
Preußen, Herzöge/Könige in
- Friedrich Wilhelm, gen. Der Große Kurfürst 157
- Friedrich Wilhelm I., gen. Der Soldatenkönig 123, 375
- Friedrich III./I. Kurfürst/König 351
- Friedrich II., gen. der Große 304, 318
Priè, Hercules Joseph Ludwig Marquis de 46, 49, 242
Prösing, Susanne Marie Gräfin 320f.

Questenberg, Johann Adam Graf 369

Rad, Christoph, Goldschmied 289
Reinhard, Wolfgang, Historiker 326
Richelieu et Firensac, Louis François Armand Herzog 213f., 222, 245
Ripperda, Johann Wilhelm Freiherr 90, 122, 213f., 245, 356
Rohr, Julius Bernhard von 339f.
Roscher, Wilhelm, Nationalökonom 306
Rossi, Domenico Egidio, italienischer Baumeister 276
Rossi, Nicola Maria, italienischer Maler 295
Rottal, Rosalia Gräfin 320
Rottmayr, Johann Michael, Maler 283, 293
Rußland, Zaren von
- Peter, gen. der Große, Zar 159, 181

Sachsen-Hildburghausen, Herzöge von
- Ernst Herzog 40
Sachsen, Kurfürsten von
- Friedrich August I., gen. der Starke, Kurfürst 122, 196, 223, 243f., 359

- Friedrich August II., Kurfürst 40, 160, 173, 183, 185, 187, 196, 202, 206, 226f., 351
- Maria Josepha, s. Österreich
Saint-Saphorin, François Louis de Pesme Baron, englischer Gesandter 6, 65f., 76f., 90, 123, 218, 304, 312, 318–320, 323
Salm, Fürsten von 232
- Karl Theodor Fürst 74f., 84
- Nikolas Fürst 179
Salomon 259f., 263
Sancta Clara, Abraham a 374
Sangro, Lucio Graf 179
Santa Croce, Scipio Pubblicola Fürst 179
Savalla, Johann Anton Graf 178
Savoyen, Herzöge von
- Emanuel Prinz 177
- Eugen Prinz 29, 48, 51f., 55, 59f., 63–66, 68, 73–78, 84, 88–90, 94, 98f., 112, 116f., 120, 122–125, 176f., 182, 189, 215f., 236–239, 280f., 285, 287f., 290, 292, 313, 315, 318f., 322, 361, 375
- Victor Amadeus Herzog 112
Schaffgotsch, Johann Anton Graf 179
Schleswig-Holstein, Herzöge von
- Leopold Herzog 40, 178
Schlick, Grafen von 114, 285
- Leopold Joseph Graf 57, 63, 99, 178, 318
Schmidt, Hans, Historiker 73
Schönborn, Grafen von 285
- Franz Erwin Rudolf Graf 179
- Friedrich Karl Graf 55f., 59, 63, 72f., 76–78, 84, 100f., 117–119, 123f., 187, 202, 233f., 320f., 334
- Lothar Franz, Kurfürst von Mainz 72, 101f., 118, 283, 320
Schröcker, Alfred, Historiker 101
Schwarzenberg, Fürsten von 113f., 232
- Adam Franz Fürst 56, 58, 104f., 117, 120, 166, 176f., 182, 240, 288, 290, 316, 330, 375
- Ferdinand Fürst 243, 279
- Joseph Adam Fürst 179

Sedlmayr, Hans, Kunsthistoriker 255
Seilern, Grafen von 114
– Johann Friedrich Graf 48, 59, 63, 73, 75 f., 78, 101, 116, 316
Seinsheim, Maximilian Franz Graf 222, 225
Sinzendorf, Grafen von 7, 114
– Franz Wenzel Graf 100
– Georg Ludwig Graf 234, 369
– Hans Joachim Graf 234
– Johann Wilhelm Graf 55
– Joseph Graf 100
– Maria Josepha Gräfin 86 f., 90
– Philipp Ludwig Graf 29, 48, 55, 57, 59, 61, 63 f., 66, 73, 75–78, 89–91, 99 f., 108–110, 113, 119, 122, 125, 176 f., 182, 187, 202 f., 205 f., 233, 288, 314, 321 f., 329 f.
– Sigmund Rudolf Graf 56, 58, 81, 99, 116 f., 124, 177, 203, 205, 213, 330 f.
Slavata, Maria Theresia Gräfin 320
Spanien, Könige von
– Karl II. König 236
– Philipp V. König 85, 90, 173, 212
Starhemberg, Grafen von 114, 285
– Antonia Gräfin 240
– Franz Graf 41, 56, 239
– Gundaker Thomas Graf 29, 57, 59–61, 63 f., 74–78, 84, 104, 120, 122, 176 f., 187, 202 f., 322, 330
– Konrad Sigismund Graf 47, 312, 314
– Maria Bonaventura Gräfin 321
– Maria Dominica Gräfin 321
– Rüdiger Graf 240, 244
Stella, Rocco Graf 63, 65–67, 69, 82, 89, 319, 325
Stieve, Gottlieb 143
Stollberg-Rilinger, Barbara, Historikerin 360
Stolte, Johann Philipp 49
Strattmann, Grafen von 285
– Heinrich Johann Franz Graf 47
Stürkh, Grafen von 114
Sulzer, Johann Georg 368

Tedeschi, Giovanni Prospero, Abbé 65
Tencala, Giovanni Pietro, italienischer Baumeister 283
Thomasius, Christian 146
Thun, Grafen von
– Aloys Graf 81
– Joseph Graf 49
Thurn, Franz Sigismund Graf 47
Thurn und Valaßina, Max Graf 177
Tönnemann, Jesuitenpater 84
Törring-Jettenbach, Ignaz Felix Graf 82, 122
Toskana, Großherzöge von
– Cosimo III., Großherzog 193
Trautson, Grafen/Fürsten von 114, 232, 285, 291
– Johann Leopold Donat Graf/Fürst 56, 59, 61–63, 75–77, 83, 100 f., 118 f., 122, 176 f., 182, 203, 205, 232, 321 f., 362, 375
– Johann Wilhelm Graf 100
Trivulzio, Antonio Ptolemeo Fürst 179

Ulfeld, Leo Graf 84

Vec, Miloš, Historiker 148
Villars, Louis Hector Marquis 241 f.
Visconti-Borromeo, Giulio Graf 47, 51 f., 178, 314
Volckra, Otto Christoph Graf 47

Wagenseil, Johann Christoph 128
Waldstein, Grafen von 39, 106, 114
– Karl Ernst Graf 59, 76, 177, 317
Walsegg, Franz Anton Graf 57
Wasner, Ignaz Johann 47 f.
Westerloo, Johann Philipp Eugen Freiherr 117, 177
Windischgrätz, Grafen von 114
– Ernst Friedrich Graf 44, 56, 59, 63, 72, 75–77, 99, 116 f., 177, 203, 317, 320 f.
– Gottlieb Graf 47
– Leopold Victor Graf 179
Winkelbauer, Thomas, Historiker 233

Winterling, Aloys, Historiker 2, 15
Wolff, Christian 146, 149
Wratislaw, Grafen von 39, 114
– Johann Wenzel Graf 47, 57, 59,
  62–64, 73–76, 79 f., 87, 95, 99, 275, 313,
  318, 320 f.
Wrtby, Johann Joseph Graf 178
Wurmbrand, Grafen von 114
– Johann Wilhelm Graf 56, 72, 179,
  202, 308, 310, 320 f.

Württemberg, Herzöge
– Alexander Prinz 40
– Karl Eugen Herzog von Württem-
  berg 40

Zane, Vettor 215
Zuccalli, Enrico, italienischer Baumeister 283
Zwantzig, Zacharias
  290

Orte und Stichwörter

Absolutismus 13–15, 157, 306
Adelserziehung 23, 127–138, 143, 149
Adelskollegien, s. Ritterakademien
Adelspalais, allgemein 254, 266–270,
  272–276, 279 f., 282 f., 287–290, 293,
  295 f., 300, 308, 369–375
– Gartenpalais Althann 291
– Gartenpalais Harrach 295
– Gartenpalais Liechtenstein 276–279,
  290, 293 f., 367
– Gartenpalais Prinz Eugen
  (Belvedere) 215, 290, 292
– Gartenpalais Strattmann 291
– Gartenpalais Trautson 277, 279,
  291
– Stadtpalais Abensberg-Traun 291,
  370
– Stadtpalais Batthyány 291
– Stadtpalais Dietrichstein 283, 291
– Stadtpalais Liechtenstein 276, 282,
  284 f., 290
– Stadtpalais Prinz Eugen 215 f., 238,
  280–282, 287, 290–292
– Stadtpalais Schwarzenberg 279 f.
– Stadtpalais Starhemberg 280, 291
Agrarkonjunktur 111 f.
Ämter/Amtsträger (s. ferner Hof-
  ämter)
– Ämterkäuflichkeit 105, 328
– Amtsträger, erbländische 31, 305
– Amtsträger, kaiserliche 7 f., 11, 13,
  16, 18, 21–25, 31 f., 37, 41–53, 57, 60,

  92, 104, 117, 122, 139, 168, 234, 239,
  298
– Besoldung (für kaiserliche Ämter)
  117
– Führungsämter, kaiserliche 46, 50,
  53 f., 56, 58, 61, 69, 116, 118, 124–126,
  274, 313, 316
– Hofämter 23, 53 f., 58, 118, 197,
  229
– Hofehrenämter, kaiserliche 18, 25,
  31 f., 37, 50, 97 f., 166, 168, 230 f., 234 f.,
  239, 243, 251, 298
– Pensionszahlungen, kaiserliche 119
– Taxeinnahmen (aus kaiserlichen
  Ämtern) 118 f.
Ante-Camera, s. Zeremoniell, Raum-
  folge
Audienz, s. Zeremoniell

Basler Konzil 219
Bautätigkeit, adlige, s. Adelspalais
Böhmen 30, 34 f., 38 f., 102, 112–115, 305
Brandenburg-Preußen 8

Comacchio 74 f.

Dyarchie 14

Einzüge, s. Zeremoniell
England 6, 47, 90, 134
Erblande, österreichische 4, 7–11, 13,
  23, 33–39, 41, 55, 63, 71–74, 77, 81, 91,

101, 106, 111, 115, 128–130, 180, 188, 190, 297, 299, 304 f., 310, 316

Favoriten, kaiserliche 54, 65–67, 70, 92, 120 f., 123, 316, 319, 330
Festveranstaltungen am Kaiserhof
– Bauernhochzeiten 108, 159, 181–185, 187, 298, 348
– Festereignisse, höfische 156, 169–180, 195 f., 201, 211, 228, 245, 247 f., 345, 364
– Galatage, s. Festereignisse
– Hochzeitsfeierlichkeiten, kaiserliche 188, 194–196, 201, 206
– Jagd, kaiserliche 160 f.
– Kammerfest, kaiserliches 172, 211, 241
– Oper, kaiserliche 159, 171 f., 215, 228, 256, 345 f.
– Schlittenfahrten, kaiserliche 181, 185–187, 298, 348 f.
Fideikommiß 109, 114
Frankreich 48, 75, 90, 134

Gegenreformation 9, 10, 13, 26, 176, 258, 304
Gesandte, auswärtige 209–219, 221 f., 225–229, 241 f., 250 f., 312, 341, 354 f., 357–360, 362
Gesandte, kaiserliche 36, 41–51, 88, 106–109, 111, 128, 218, 312, 333
Gesandtschaftsberichte 6, 176, 224, 228
Goldene Bulle 219
Gouverneur von Mailand, s. Hof- und Verwaltungsämter, Statthalter
Grundbesitz, adliger 111–115
Grundherrschaft 11

Habitus 5, 19, 21, 126, 133–135, 137, 143 f., 253–255, 267, 274 f., 295 f., 299, 300, 364
Haus-, Hof- und Staatsarchiv 33,
Herrscherwechsel 56 f., 69, 78, 84 f.
Hof/Hofhaltung allgemein
– Affektkontrolle 2, 143
– Domestizierung (des Adels) 3 f., 145, 147, 157, 197, 205, 207, 243, 252, 297

– Figuration 2, 6, 10, 13 f., 16 f., 21, 286
– Hofforschung 1–4, 141, 297
– Interaktionssystem, höfisches 17–19
– Interdependenz 2, 209 f.
– Rationalität, höfische 1–4, 23, 139, 142, 145, 254, 266 f., 293, 295, 297, 301
– Zivilisationsprozeß 2 f.
Hof- und Ehrenkalender 170, 345
Hofinstitutionen
– Geheime Finanzkonferenz 107, 118, 329
– Geheime Konferenz 24, 28, 53, 55, 58, 60, 62–67, 73, 78, 88, 99, 102, 182, 187, 202 f., 233 f., 250, 275, 309, 318, 321, 353
– Geheimer Rat (Gremium) 28
– Höchster Rat der österreichischen Niederlande 54 f.
– Hofkammer, kaiserliche 12, 43–45, 106 f., 118 f., 124 f.
– Hofkanzlei, böhmische 10, 113
– Hofkanzlei, österreichische 57, 66
– Hofkonferenz, kaiserliche 152, 163, 191, 193, 195, 198–207, 213, 226, 229, 232, 240, 242, 245, 247 f., 250, 318, 351, 353 f.
– Hofkriegsrat, kaiserlicher 53, 308
– Spanischer Rat/Italienischer Rat 54 f., 66–68, 86, 88, 125
Hof- und Verwaltungsämter (s. ferner Reichsinstitutionen und -ämter)
– Edelknaben, kaiserliche 27
– Geheime Räte, kaiserliche 7, 18, 25, 28–32, 37–39, 55, 166 f., 174, 189 f., 203, 212, 216, 230–233, 235 f., 239, 250 f., 310
– Hofkanzler, böhmischer 53, 57
– Hofkanzler, österreichischer 53, 57, 116
– Hofkammerpräsident 57, 117, 120
– Hofkriegsratspräsident 116 f., 215
– Kämmerer, kaiserliche 7, 18, 25–35, 37–39, 55, 82, 108, 118, 152, 154, 156, 166 f., 170, 174, 181–184, 187–192, 212, 215 f., 229–236, 239 f., 251, 309–311

Pragmatische Sanktion 194
Protektion, s. Patronage

Rákóczi-Aufstand (Ungarn) 111
Rangstreitigkeiten, s. Zeremonieller
Rang
Rastatt, Friede von 50
Ratsstube, s. Zeremoniell, Raumfolge
Reich 6, 13, 23, 33–39, 41, 55, 63, 71–75,
91, 101, 129, 133, 156, 219–221, 224,
226f., 229, 231–234, 243, 260, 262f.,
283, 290, 297, 310f., 316, 335
Reichsfürsten, s. Reich
Reichsinstitutionen und Reichsämter
– Immerwährender Reichstag 227, 304
– Reichshofkanzlei 33, 123
– Reichshofrat 308, 311, 315
– Reichshofratspräsident 53, 56, 116f.
– Reichshofräte, kaiserliche 36–38, 45,
117, 166f., 187
– Reichskammergericht 304
– Reichstag in Regensburg (1653/54)
231
– Reichsvizekanzler 53, 56f., 66, 117,
119, 123
Reichsklientel 93f.
Reiseberichte 6, 290
Repräsentation, s. Selbstdarstellung
Residenzen, s. Schlösser
Ressourcen, s. Kapital
Ritterakademien 127, 129–133, 137,
150, 333–335
– Bologna 133, 334
– Ettal 334
– Liegnitz 130
– Modena 333f.
– Olmütz 130
– Parma 333f.
– Siena 131, 333f.
– Turin 131, 334
– Wien (landständische Akademie)
129–133
Ritterstube, s. Zeremoniell, Raumfolge

Schenkungen, auswärtige 122f.
Schenkungen, kaiserliche 120f.

Schlacht am Weißen Berg 111f.
Schlesien 8
Schlösser und Residenzen, kaiserliche
– Ebersdorf, kaiserliches Jagdschloß
160
– Favorita, kaiserliche Sommerresidenz 16, 158–161, 167, 169, 172f.,
195, 205f., 215, 256, 365
– Hofburg 16, 158, 160–164, 169, 174,
203, 205f., 215, 238, 240, 256f., 261,
264, 365
– Laxenburg, kaiserliche Sommerresidenz 16, 158–160, 167, 169, 256,
365
– Residenzenwechsel 16, 158–160, 205,
342
– Schönbrunn, kaiserliches Jagdschloß
160, 255
Selbstdarstellung
– adlige 4f., 14, 45, 108, 112, 134, 140,
243, 253f., 266f., 270–275, 280, 282,
285–287, 289, 291, 295f., 298–300, 364,
368–370, 374
– kaiserliche 51, 128, 153, 155f., 159,
171, 182, 184, 230, 243, 248, 253–257,
261–265, 273, 286, 299, 366f.
Sevilla, Bündnisvertrag von 90
Spanien 6, 34–36, 39, 62, 67f., 80, 90,
134, 262f.
Spanische Partei 65, 68, 71, 76–92, 125,
322–326
Spanischer Erbfolgekrieg 60, 79, 91,
104f., 124, 174, 212, 219, 247, 305
Stände, erbländische 7–10, 12, 130, 131,
157, 188–190, 299, 305, 309
Ständestaat 8, 14
Sternkreuzorden 247

Tafelzeremoniell, s. Zeremoniell, Mahlzeiten

Ungarn 34f., 39, 111, 305
Universitäten 127f., 129–133
– Freiburg 133
– Göttingen 133
– Halle 133

Universitäten (Forts.)
– Innsbruck 133
– Wien 133

Vaux-le-Vicomte 27–272
Vereinigte Niederlande 90
Versailles, Hof von 1–3, 134, 152,
155–157, 161, 270–272
Vizekönig von Neapel, s. Hof- und Ver-
waltungsämter, Statthalter

Wahlkapitulation, kaiserliche 220–222,
226, 232
Westfälischer Frieden 204, 209, 218, 220
Wiener Diarium 7, 46, 174–176, 182,
184, 190, 193, 216, 224, 236f., 245,
343
Wiener Verträge 81, 90f., 122, 213, 323,
326, 355

Zenta, Schlacht von 29, 120
Zeremoniell, kaiserliches
– allgemein 5, 133, 141–150, 197, 201,
210, 243, 270
– Audienz, kaiserliche 159, 161, 163,
165–167, 171, 201, 209, 214f., 223, 225,
228f., 231, 242, 344, 362
– Einzüge 46, 171, 201, 204, 214f., 217,
228f., 245, 250, 313, 356
– Fürstenbegegnungen 223f.
– Fußwaschung, kaiserliche 244f.,
363
– Gesandtenzeremoniell 198, 208–222,
358–360
– Hofzeremoniell 140, 147, 151, 153,
155–161, 168, 174, 176, 180, 185, 191f.,
195, 198, 200, 203, 207, 230, 232f., 247,
249, 254, 298f.

– Huldigungen 16, 144, 154, 160, 171,
188, 201, 305, 309, 329, 344
– Inkognito 172f., 181, 211, 227f., 251
– Kleidungsvorschriften 168–170, 194,
201, 298, 344
– Lehensvergabe, kaiserliche 144, 171
– Lever 150–156, 340
– Mahlzeiten, kaiserliche 153f., 211,
225f.
– Präzedenz, kaiserliche 44, 163, 218,
228f., 357
– Raumfolge, kaiserliche 153f.,
161–168, 174, 189–191, 235, 343
– Tagesablauf, kaiserlicher 152,
154–156
– Taufzeremoniell 189f., 235
– Trauerzeremoniell 169, 188, 190–194,
201–204, 238f., 245, 349–351, 363
– Zeremonialakten 7, 221, 245
– Zeremonialprotokolle 7, 33, 152,
154, 173, 195, 198, 201, 203f., 223f.,
244f., 248
– Zeremonialwissenschaft 131, 133,
145–152, 200, 209, 219f., 244, 247,
269f., 290, 338f.
– Zeremoniell, Entstehung, s. Hofkonferenz
– Zeremonielle Normen 19, 25, 144,
152, 184, 196–204, 206, 209f., 214, 224,
228f., 243–245, 249–252, 352
– Zeremonieller Rang 25–28, 30, 62,
69, 133, 140, 144, 153, 162, 167f., 172f.,
193, 197, 202, 207–212, 230, 233–236,
240, 242f. 246–251, 254, 295, 298f.
– Zugang zum Kaiser 17f., 22, 25–28,
30, 54, 57, 61, 67–69, 93, 98, 100, 121,
132, 144, 151, 155, 158, 161–168, 184,
241f., 250f., 343f., 363

Hof- und Verwaltungsämter (Forts.)
- Obersthofmarschall 56–58, 117 f., 165
- Obersthofmeister 56–58, 60–62,
  116–118, 202, 231
- Oberstkämmerer 33, 56–58, 116–118,
  161, 231
- Oberststallmeister 56–58, 62, 65,
  117 f., 231
- Prinzipalkommissar (des Kaisers am
  Reichstag) 43, 106, 312
- Statthalter, kaiserliche 50–53, 75, 79,
  88, 98, 100, 121, 124, 313, 325
Hofkammerinstruktion 46
Hofkapelle 173, 180, 224, 228, 233
Hofstaat, kaiserlicher 5, 16, 25, 31 f., 53,
  159, 169, 172, 197
Hofstaatsverzeichnisse 27, 32, 309 f.
Hofzahlamtsbücher 32
Huldigungen, s. Zeremoniell

Integration 6, 11 f., 15, 25, 30, 94
Italien 6, 13, 34–36, 38 f., 68, 73 f., 82,
  125, 134

Josephsäule 257, 264

Kameralbesitz, kaiserlicher 7
Kameralzahlamtsbücher 7, 106 f., 116,
  124, 346
Kämmerer, s. Hof- und Verwaltungs-
  ämter
Kammerordnung, kaiserliche 161, 163,
  165, 167, 199, 201 f., 240, 250
Kapital, allgemein 4 f., 17, 20–22, 25, 31,
  53, 69, 93, 100, 103, 127, 138, 140, 300 f.
Kapital, kulturelles 4 f., 20, 126 f., 136,
  301
Kapital, ökonomisches 4 f., 11, 20,
  103–105, 108–111, 115 f., 124, 126, 139,
  184, 268, 287, 289, 298, 300 f., 374
Kapital, soziales 4 f., 20, 92, 139, 301
Kapital, symbolisches 139 f., 266 f., 296,
  298–300
Kavalierstour 27, 130, 133 f., 137 f., 334
Kirchen (in und um Wien)
- Antoniterkirche 238

- Augustiner-Hofkirche 173, 176, 191,
  233, 235
- Karlskirche 257–264, 365 f.
- Kapuzinerkirche, kaiserliche Grab-
  lege 191
- Klosterneuburg 180, 247, 257
- Mariazell 180, 247
- Peterskirche 248
- Stephansdom 173 f., 176, 189, 239,
  245, 248, 264
Kleidungsvorschriften, s. Zeremoniell
Klientel, s. Patronage
Konfessionalisierung, s. Gegenreforma-
  tion
Kredite (an den Kaiser) 104, 106, 108,
  120, 298

Lebensstil, höfischer, s. Habitus
Lebenswelt, höfische 4, 6, 135, 138, 269
Lehensvergabe, kaiserliche, s. Zeremo-
  niell

Mahlzeiten, s. Zeremoniell
Maklerpatronage, s. Patronage

Öffentlichkeit, allgemein 145, 150,
  152–154, 157, 207 f., 292, 339, 364
- europäische Fürstengesellschaft 175,
  192, 197, 210, 224, 228, 238 f., 246, 290
- Hofgesellschaft 172–176, 180, 192,
  194, 290, 292
- Untertanen 192, 239 f., 244–246, 264 f.
Orden zum Goldenen Vlies / Ordensritter 32, 41, 61, 154, 170, 173–180,
  189–191, 231, 233, 235 f.236, 239, 247,
  251, 293, 311, 327, 376
Österreichische Niederlande 6, 34 f.,
  124, 134

Parteien 70–79, 89–92, 320 f., 326
Passarowitz, Frieden von 6
Patronage 21, 29, 52 f., 86–89, 92–103,
  138, 315
Pestsäule 248, 258
Pietas Austriaca 248, 258 f.
Polnischer Erbfolgekrieg 102, 106, 219